WINDOWS XP
HACKS.™

ZWEITE AUFLAGE

WINDOWS XP
HACKS™

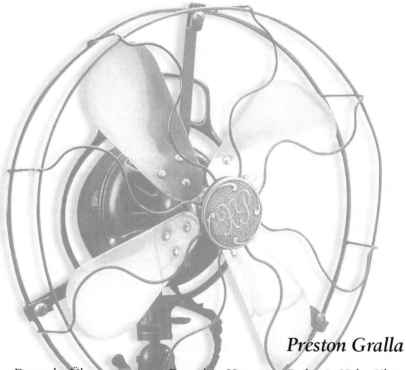

Preston Gralla

Deutsche Übersetzung von Dorothea Heymann-Reder & Helge Klein

O'REILLY®

Beijing · Cambridge · Farnham · Köln · Paris · Sebastopol · Taipei · Tokyo

Kommentare und Fragen können Sie gerne an uns richten:
O'Reilly Verlag
Balthasarstr. 81
50670 Köln
Tel.: 0221/9731600
Fax: 0221/9731608
E-Mail: kommentar@oreilly.de

Bibliografische Information Der Deutschen Bibliothek
Die Deutsche Bibliothek verzeichnet diese Publikation in der
Deutschen Nationalbibliografie; detaillierte bibliografische Daten
sind im Internet über *http://dnb.ddb.de* abrufbar.

Übersetzung und deutsche Bearbeitung: Dorothea Heymann-Reder, Bornheim & Helge Klein, Köln
Lektorat: Alexandra Follenius, Köln
Fachliche Beratung: Helge Klein, Köln & Lars Schulten, Köln
Korrektorat: Sibylle Feldmann, Düsseldorf
Satz: G&U Technische Dokumentation GmbH, Flensburg; www.gundu.com
Umschlaggestaltung: Hanna Dyer, Boston
Produktion: Karin Driesen, Köln
Belichtung, Druck und buchbinderische Verarbeitung:
Druckerei Media-Print, Paderborn

ISBN-10 3-89721-428-8
ISBN-13 978-3-89721-428-6

Inhalt

Credits

Über den Autor

Preston Gralla ist der Autor von mehr als 30 Büchern über Computertechnik und das Internet. Seine Werke, darunter *Internet Annoyances* und *Windows XP Power Hound*, wurden in 15 Sprachen übersetzt. Seit den Anfängen des Computerzeitalters schreibt er über Technologien und ist als Herausgeber und Kolumnist für viele amerikanische Zeitungen, Zeitschriften und Websites tätig. Er war Gründer von *PC Week*, Gründungsherausgeber und danach Herausgeber und Cheflektor von *PC/Computing* und Cheflektor von *ZDNet/CNet*. Gralla veröffentlichte Beiträge in einer Vielzahl von Fachzeitschriften und Zeitungen, unter anderem in *PC Magazine, Computerworld, CIO Magazine, Computer Shopper*, der *Los Angeles Times, USA Today*, der *Dallas Morning News* (wo er Kolumnist im Ressort Technik war) und in vielen anderen. Er ist Kolumnist für *ZDNet/CNet* und gegenwärtig auch für *TechTarget.com*. Seine Kommentare über Technologiethemen erschienen in der Sendung *All Things Considered* des National Public Radio, und er erhielt von der *Computer Press Association* eine Auszeichnung für das »Beste Feature in einer Computerpublikation«. Mit ihm als Cheflektor kam das Magazin *PC/Computing* in die Endausscheidung für die Auszeichnung »General Excellence« der amerikanischen *National Magazine Awards*. Preston Gralla ist überdies der Lektor der O'Reilly-Site *WindowsDevCenter.com*. Er lebt in Cambridge, Massachusetts, mit seiner Frau und zwei Kindern, auch wenn seine Tochter inzwischen flügge geworden ist und aufs College geht. Neben seiner Autorentätigkeit vergnügt er sich mit Schwimmen, Tennis, Opern und der Betrachtung des Widderschädels, der an seiner Bürowand hängt.

Über die Übersetzer

Dorothea Heymann-Reder ist Übersetzerin (für Englisch, Französisch und Spanisch) und Linguistin. Sie übersetzt seit 1996 Informatik-Fachliteratur.

Sie hat mehr als 50 Bücher übersetzt und mit übersetzt, u.a. zu Java, Perl, Tcl/TK, C# und VB.NET, J2EE, UML, Oracle, MySQL, XML, XSLT und ActionScript. Ihre Freizeit verbringt sie am liebsten mit ihrer Familie, mit einem guten Buch oder mit ihrer Geige.

Helge Klein arbeitet als IT-Consultant für Großkunden und hat sich hierbei auf die Planung, das Design und die Implementierung von Terminalserver-lösungen, Windows-Netzwerken sowie auf Domänen-/Server-Migrationen spezialisiert. Er ist der Autor von SetACL (*http://setacl.sourceforge.net*), einem Tool zur Verwaltung von Windows-Berechtigungen. Für den O'Reilly Verlag war er schon mehrfach als Fachgutachter tätig, zudem ist er Koautor des O'Reilly-Bestsellers *Windows-Befehle für XP & Server 2003 – kurz & gut*.

Mitwirkende

Die folgenden Personen haben mit Hacks, Artikeln und Ideen zu diesem Buch beigetragen:

- Eric Cloninger war einer der ersten Entwickler, die beim Entwickeln von Tools für Softwareentwickler auch zum Palm OS beitrugen. Nach 15 Jahren in der »realen Welt« stellte er fest, dass das Leben in einer Klein-stadt in Oklahoma eigentlich auch ganz erträglich war. Wenn er nicht gerade programmiert, widmet er sich seiner Familie, kämpft mit seinem John Deere-Traktor und schaut zu, wie die Tornados übers Land zie-hen. Der Verzicht auf den großstädtischen Verkehr fällt ihm allerdings leichter als der Verzicht auf die großstädtischen pikanten Thunfisch-Rolls.

- Rael Dornfest ist CTO von O'Reilly Media mit Schwerpunkt auf neuen Technologien. Er beurteilt und programmiert diese neuen Tools und schreibt für O'Reilly in unterschiedlichen Funktionen. Rael lektoriert die Hacks-Reihe von O'Reilly (*http://hacks.oreilly.com*), war auch an diver-sen anderen O'Reilly-Büchern als Lektor, Koautor oder in anderer Weise beteiligt, darunter *Mac OS X Panther Hacks*, *Mac OS X Hacks*, *Google Hacks*, *Google: The Missing Manual*, *Essential Blogging* und *Peer to Peer: Harnessing the Power of Disruptive Technologies*. Überdies ist er Pro-grammchef für die O'Reilly Emerging Technology Conference. In seiner raren Freizeit entwickelt er Freeware, insbesondere die Blosxom-Weblog-Anwendung (*http://www.blosxom.com*), ist Chefherausgeber von Mobile-Whack (*http://www.mobilewhack.com*) und pflegt (gelegentlich) sein Rae-lity Bytes-Weblog (*http://www.raelity.org*).

- Jim Foley, auch »The Elder Geek« genannt (*http://www.theeldergeek. com*), hat eine kleine Firma für Consulting und Webdesign in Cam-bridge, NY, die sich auf die Integration von Windows XP in heimische und geschäftliche Computerumgebungen spezialisiert hat. Er ist auch der Schöpfer und Besitzer von *The Elder Geek on Windows XP*, einer Website, die sich bemüht, wichtige Informationen zu Windows XP zu geben, einschließlich eines Nachrichtendiensts und eines Windows XP-Forums, in dem sich die Leser über die neusten Tricks, Problemlösungen und Aktualisierungen im XP-Umfeld schlau machen können.

- Nancy Kotary war früher Lektorin bei O'Reilly. Nun arbeitet sie von zu Hause aus in ihrer Wohnung in Eastern Massachusetts, sieht sich langsam, aber sicher zur Super-Mutter mutieren und wehrt sich standhaft gegen die Anschaffung eines Minivans.

- Thomas Künneth ist ein Senior Professional Softwareentwickler an einer größeren deutschen Behörde und hat sich dort auf Datenbanksysteme und Anwendungsentwicklung spezialisiert. Er hat an der Friedrich-Alexander-Universität in Erlangen-Nürnberg seinen Magister Artium in Computerlinguistik und Germanistik gemacht. Thomas schrieb bereits in den frühen Achtzigerjahren des 20. Jahrhunderts seine ersten Computerprogramme. Er hat lange Zeit in C programmiert und schreibt seit 2000 auch in Java. Mehr über ihn können Sie auf seiner Homepage *http://www.moniundthomaskuenneth.de* nachlesen.

- Wei-Meng Lee ist ein erfahrener Autor und Entwickler auf dem Gebiet der .NET-Technologie. Er gewann im Jahr 2003 die Auszeichnung »Microsoft .NET Most Valuable Professional (MVP)«. Außer für .NET interessiert sich Lee für WLAN-Technologien und war Mitverfasser vieler Bücher und Artikel über die Entwicklung von mobilen Anwendungen und XML-Technologien. Außerdem schrieb er *Windows XP Unwired* (O'Reilly).

- Kyle Rankin ist ein Systemadministrator, der Spaß daran hat, die Feuerwehr zu spielen, Probleme zu lösen und Systeme wiederherzustellen. Gegenwärtig ist er Präsident der North Bay Linux Users' Group und Autor der *Knoppix Hacks*.

- C. K. Sample, III pflegt das Weblog »3650 and a 12-inch« (*http://3650anda12inch.blogspot.com*), in dem das 12-Zoll-PowerBook G4 und ein Nokia 3650 diskutiert werden. Er promoviert in Anglistik an der Fordham-Universität. Sein Schwerpunkt sind die Literatur des 20. Jahrhunderts, Theologie und Kritiktheorie. C. K. (Clinton Kennedy; nicht verwandt) arbeitet in Fordhams Department of Instructional Technology and Academic Computing als Laborkoordinator für das Marymount College und das Fordham Graduate Center in Tarrytown, New York. Sein erster »Computer« war ein Atari 400 und sein erster Mac ein PowerBook 5300CS. Gebürtig aus Jackson, Miss., lebt C. K. nun in

Bronxville, N.Y., mit seiner Verlobten Kristin Landgrebe und seinem Eclectus-Papagei Misha, der zwei Jahre alt ist.

- Margaret Levine Young ist Koautorin mehrerer Bücher, darunter *The Internet for Dummies*, *Windows XP: The Complete Reference*, *UNIX for Dummies*, *Internet: The Complete Reference* und *Poor Richard's Building Online Community*. Sie hat in Yale ihren Abschluss als B.A. in Computer Science gemacht und lebt in Vermont.

Danksagungen

Jedes Buch ist immer auch das Ergebnis der Zusammenarbeit vieler Beteiligter. Mein Dank geht an den Lektor Brian Sawyer, der trotz der Geburt seines ersten Kindes auch noch diesem Buch ans Licht der Welt verhalf. Ich hoffe nur, es hat ihm nicht so viele schlaflose Nächte bereitet wie sein neu geborener Sohn. Ein erneutes Dankeschön geht auch an die Lektorin der ersten Auflage, Nancy Kotary. Danke ebenfalls an Rael Dornfest, der mit Röntgenblick darüber wachte, dass wirklich jeder Hack nützlich ist und über das allgemein Bekannte hinausgeht. Laurie Petrycki und Dale Dougherty gaben in den frühen Phasen des Manuskripts gute Ratschläge und Feedback. Ganz besonders danke ich jedoch Tim O'Reilly, der mir dieses Projekt anvertraute, wenn auch ursprünglich in einer ganz anderen Form, und der in der Frühphase sehr zielgerichtete Tipps und Hinweise gab.

Natürlich danke ich überdies meiner Korrektorin Audrey Doyle und dem Herstellerteam von O'Reilly: Emily Quill, Robert Romano, Jessamyn Read, Jamie Peppard, Claire Cloutier, Reg Aubry, Katherine Pinard, Peter Ryan, Keith Fahlgren und Lydia Onofrei. Und: Danke vielmals an den exzellenten technischen Gutachter Eric Cloninger, der viele Stunden damit verbrachte, Wiederholungen von *The Sopranos* auf TiVo zu schauen und bis in die frühen Morgenstunden hinein zu lesen.

Dank schulde ich, wie stets, auch meiner Familie. Lydia hat meine immer tief in der Nacht liegenden Abgabetermine toleriert, und Mia ließ mich arbeiten, als wir auf ihrer großen Probentour für das Ballettprogramm des Colleges waren. Was Gabe betrifft: Seine Ratschläge und Empfehlungen, welche Hacks man unbedingt aufnehmen sollte, waren mir eine große Hilfe. Gabe schrieb auch die Firefox-Suchmaschine, die im Mittelpunkt des Hacks »Eine eigene Firefox-Suchmaschine« **[Hack #44]** steht, und gab wertvolle Ratschläge, wie der Hack geschrieben werden muss.

Einleitung

Windows XP markiert den größten Umbruch im Betriebssystem Windows seit Windows 95. Es vereint die Stabilität von Windows NT/2000 mit der Benutzerfreundlichkeit und Hardwareunterstützung der Windows-Systeme für den Privatgebrauch – und zwar im wahrsten Sinne des Wortes, da tatsächlich beide Systeme in Windows XP erstmals zusammenkommen. Es gibt zwar mit der Home Edition und der Professional Edition zwei Versionen von Windows XP, aber die Unterschiede zwischen ihnen sind relativ geringfügig und betreffen in erster Linie die Sicherheit und die Administrationstools. Hinter den Kulissen läuft jedoch dasselbe Betriebssystem.

Doch Windows XP weist noch einige weitere Änderungen auf. DOS ist aus dem zu Grunde liegenden Betriebssystem völlig verschwunden. Die Multimedia- und Grafikfähigkeiten wurden stärker als bisher in das Betriebssystem integriert und gelten nicht mehr als Zusatzfunktionen. Doch auch kosmetisch hat Windows XP ein Facelifting erfahren, sowohl was seine Funktionen als auch was sein Aussehen betrifft (mit abgerundeten Fenstern und nahezu Comic-ähnlichen Zügen).

Dies alles ist Musik in den Ohren von Betriebssystem-Hackern. Da das System stabil ist, können Sie sich, wenn Sie in die Tiefen von XP eindringen, auf Ihre Arbeit konzentrieren und das System effizienter machen, anstatt Mängel zu beheben. Da die Benutzeroberfläche reichhaltiger geworden ist und nun auch Grafik und Multimedia besser unterstützt, lassen sich die Funktionsweise und das Aussehen des Betriebssystems einfacher abändern. Und wegen der vielen Wiederherstellungstools können Sie jetzt nach Herzenslust hacken, ohne befürchten zu müssen, dass Sie das Betriebssystem bis zur Unkenntlichkeit verunstalten.

Dieses Buch beruht auf den Praxiserfahrungen derjenigen die oft schon mit PCs gearbeitet hatten, ehe Windows überhaupt geboren wurde. Es sind Leute, die mit jeder neuen Version von Windows gekämpft und gerungen hatten, um jede noch so kleine Einzelheit des Betriebssystems zu ihrem Vorteil zu nutzen. Als XP auf den Markt kam, wurde dieses hart erarbeitete Wissen auch auf dieses neue System angewandt, um aus den unzähligen neuen Funktionen des Betriebssystems den größten Nutzen zu ziehen.

Das Ergebnis dieser Arbeit liegt nun vor Ihnen: 120 Hacks, die nützlich, unterhaltsam und geeignet sind, Ihnen viele Stunden sinnloser Tipperei auf Ihrer Tastatur zu ersparen. Egal ob Sie Ihren PC schneller machen, die Benutzeroberfläche aufpeppen, ein traditionelles oder drahtloses Netzwerk beschleunigen, mehr aus dem Web herausholen, die E-Mail-Funktionen verbessern, die Registrierung Ihrem Willen unterwerfen oder XP für zahllose andere Dinge einsetzen möchten: Hier finden Sie, was Sie brauchen. Und jeder Hack zeigt nicht nur, *wie* es funktioniert, sondern auch, *warum*. Jeder Hack ist eigentlich nur ein Anfang. Das Ende ist offen; Sie können das gewonnene Wissen verwenden, um neue, eigene Hacks zu entwickeln. Probieren Sie's aus! Wer weiß, vielleicht wird in der nächsten Auflage dieses Buchs einer *Ihrer* Hacks veröffentlicht.

Die vorliegende zweite Auflage wurde gegenüber der Erstauflage dieses Buchs massiv überarbeitet. Sie berücksichtigt sämtliche durch das Service Pack 2 (SP2) bedingten Änderungen und enthält eine Menge Neues, wie beispielsweise die Verwendung des Open Source-Browsers Firefox, des Google-Desktops, der MSN-Desktop-Suchfunktion von Microsoft und Google Mail. Außerdem geht es ausführlicher auf die Wireless-Technologien und die Sicherheit im Internet ein, einschließlich der Frage, wie man Spyware loswird.

Wie Sie dieses Buch benutzen

Wenn Sie möchten, können Sie dieses Buch von einem Ende zum anderen durchlesen, aber da jeder Hack eine selbstständige Einheit bildet, können Sie auch einfach blättern und zwischen den Abschnitten hin- und herspringen, die Sie am meisten interessieren. Sofern irgendwo ein spezielles Wissen vorausgesetzt wird, leitet ein Querverweis Sie zu dem richtigen Hack. Wenn Sie sich mit der Registrierung noch nicht auskennen oder Ihr Wissen auffrischen müssen, sollten Sie Kapitel 9 lesen, um eine gute Grundlage zu bekommen.

Wie dieses Buch aufgebaut ist

Dieses Buch ist mehr als nur eine Sammlung mit Tipps und Tricks, die Ihnen sagt, worauf Sie klicken müssen, was Sie wohin ziehen können und welche Befehle Sie eingeben sollen. Es nutzt die Flexibilität und neuen Funktionen von XP, zeigt, welche Aufgaben man mit dem Betriebssystem lösen muss, und vermittelt Ihnen die Funktionalität häppchenweise, so dass Sie sie wenige Minuten später schon einsetzen können. Außerdem zeigt es, wie Sie durch Eigenarbeit den Nutzen der Hacks noch erhöhen können. Um Sie in dieser Form zu unterstützen, gliedert sich das Buch in 13 Kapitel:

Kapitel 1, *Starten und Herunterfahren*
In Windows XP bedeutet das Hoch- und Herunterfahren mehr als nur das Einschalten des PCs oder einen Mausklick auf AUSSCHALTEN im Startmenü. Mit den Hacks in diesem Kapitel können Sie ein anderes Bild auf den Begrüßungsbildschirm zaubern, die manchmal endlose Wartezeit beim Hoch- und Herunterfahren abkürzen, durch Umprogrammieren der Registrierung viele Aspekte des Hoch- und Herunterfahrens steuern, Multiboot-Optionen anpassen und vieles mehr.

Kapitel 2, *Die Benutzeroberfläche*
Sie können das Erscheinungsbild von XP weitreichender als bei jeder anderen Windows-Version ändern. In diesem Kapitel lesen Sie, wie das geht. Sie möchten eine schnelle, auf das Wesentliche reduzierte Betriebssystemversion? Hier ist sie. Oder möchten Sie eigene Themen einbauen und noch tausend weitere im Internet finden? Kein Problem. Außerdem finden Sie hier Hacks zur Steuerung der Systemsteuerung, des Startmenüs und der Taskleiste sowie zur Erstellung transparenter Fenster und selbst definierter Cursor und Symbole. Außerdem erfahren Sie, wie Sie es bewerkstelligen können, dass Ihr PC wie ein Mac aussieht und funktioniert, und wie Sie Linux ausprobieren können, ohne gleich irgendwelche Software installieren zu müssen. Und das ist noch nicht alles. Benutzeroberflächen-Freaks sollten sich als Erstes auf dieses Kapitel stürzen.

Kapitel 3, *Windows Explorer*
Der Windows Explorer ist in XP ein ganz wichtiges Fenster, in dem Sie unter anderem Dateien und Ordner bearbeiten können. Doch mit ein bisschen Eigenarbeit leistet er noch viel mehr. Dieses Kapitel zeigt, wie Sie Ordnersymbole und Sprechblasentexte anpassen, das Kontextmenü verbessern, Dateien mit Hilfe der Abfragesprache des Indexdiensts rascher auffinden, durch NTFS-Kompression mehr Plattenplatz frei machen, Ihren PC mittels Verschlüsselung sichern und vieles mehr.

Kapitel 4, *Das Web*
Da Sie ja ohnehin einen großen Teil Ihrer Computerzeit im Web verbringen, sollten Sie auch das Beste daraus machen. Sie möchten Informationen schnell und direkt in Ihrem Browser finden, ohne erst zu Websites wie Google gehen zu müssen? Dieses Kapitel sagt Ihnen, wie es geht. Außerdem können Sie Popups unterbinden, Spyware abblocken, anonym surfen, ohne Spuren zu hinterlassen und Datei-Downloads beschleunigen. Wenn Sie eine eigene Website hosten, verrät Ihnen dieses Kapitel die Geheimnisse des eingebauten Webservers *Internet*

Information Services (IIS). Dieses Kapitel zeigt Ihnen überdies Hacks mit dem frei erhältlichen Browser Firefox, den nicht wenige für den besten Browser der Welt halten. Außerdem erfahren Sie, wie Sie unbehelligt von Anzeigenwerbung im Internet surfen können und wie Sie Ihren Desktop »googeln«, das heißt E-Mails und Dateien mit Hilfe der Google-Technologie durchsuchen. Auch hierzu gibt es viele Hacks.

Kapitel 5, *Netzwerke*

XP wurde für Netzwerke geschaffen, und dieses Kapitel sagt Ihnen, wie Sie das am besten nutzen. Programmieren Sie Ihre DNS-Einstellungen für einen schnelleren Internetzugang, verbessern Sie Ihr Heimnetzwerk und nutzen Sie Kommandozeilen-Tools für problemlose Netzwerkoperationen. Mit Hilfe dieses Kapitels können Sie die mächtigen eingebauten Netzwerkfähigkeiten von XP optimal nutzen.

Kapitel 6, *E-Mail*

Nichts steigert die Produktivität so sehr und raubt zugleich so viel Zeit wie die E-Mail. Dieses Kapitel sorgt dafür, dass Sie in Zukunft mit E-Mail keine Zeit mehr verschwenden, sondern im Gegenteil noch mehr herausholen. Weg mit Spam! Hier lernen Sie, wie Sie blockierte Dateianhänge in Outlook und Outlook Express öffnen, bessere E-Mail-Software bekommen und mit einem normalen E-Mail-Client die E-Mail aus dem Web abrufen. Dies alles und noch viel mehr können Sie hier nachlesen. Und zudem lernen Sie viele Wege kennen, wie Sie aus Google Mail, dem E-Mail-Service von Google, das Beste machen.

Kapitel 7, *Wireless*

Die Welt wird immer drahtloser und XP ist mittendrin. XP wurde mit der Wireless-Technologie im Hinterkopf entwickelt und verfügt über eine eingebaute drahtlose Netzwerkerkennung. Das macht es Ihnen leicht, zu Hause und im Büro drahtlose Netzwerke einzurichten oder sich in Hotspots einzuwählen, wenn Sie mit Ihrem Laptop oder PDA unterwegs sind. Also finden Sie in diesem Kapitel alles über Wireless Hacking: über War Driving, eine Methode, mit der Sie WLANs finden können, über den Schutz für Ihr eigenes WLAN, Wireless-Verschlüsselung, Lösungen von Hotspot-Problemen und vieles mehr.

Kapitel 8, *Sicherheit*

In dem Moment, in dem Sie Ihren PC einschalten und sich mit dem Internet oder einem Netzwerk verbinden, sind Sie bereits in Gefahr. Snooper und Eindringlinge versuchen, in Ihr System zu gelangen; Crackers versuchen, Trojaner zu installieren, um Ihren Computer unter Kontrolle zu bekommen oder in einen *Zombie* zu verwandeln, von dem aus Attacken gegen andere PCs oder Websites gefahren werden. Die Hacks in diesem Kapitel zeigen Ihnen, wie Sie das Internet und andere Netzwerke nutzen und dennoch in Sicherheit sein können. Sie erfahren, wie Sie Ihre Dateien und Ordner verschlüsseln, wie Sie Sicherheitslücken Ihres PCs feststellen, wie Sie Firewalls nutzen, um Ihren Computer gegen Angriffe abzuschirmen, wie Sie Löcher in Firewalls bohren und dergleichen mehr.

Kapitel 9, *Die Registrierung*

Wenn Sie XP hacken, müssen Sie in die Registrierung gehen. So einfach ist das. In diesem Kapitel lernen Sie jedoch nicht nur, wie die Registrierung aufgebaut ist und genutzt wird (obwohl auch das in allen Einzelheiten behandelt wird). Sie lernen außerdem, wie Sie die Registrierung selbst umprogrammieren, beispielsweise wie Sie die .*reg*-Dateien nutzen, um die Registrierung sicher zu bearbeiten, und wie Sie Änderungen an der Registrierung nachverfolgen und rückgängig machen.

Kapitel 10, *Anwendungen*

Im Lieferumfang von XP sind viele einfache Programme mit Betonung auf *einfach* enthalten. Doch auch diese schlichten Programme kann man mit ein paar knackigen Hacks zu wahren Kraftpaketen machen. Sie können viele Clips in der Zwischenablage speichern, Ihren Spielraum durch virtuelle Desktops erweitern, eine bessere Backup-Strategie fahren, bessere Screenshots erstellen sowie einen universellen Instant Messenger nutzen. Abgesehen von diesen Dienstprogrammen benötigt ein Betriebssystem jedoch auch Anwendungen, um seine Arbeit zu tun, und auch für diese Anwendungen finden Sie Hacks in diesem Kapitel. Haben Sie alte Windows-Anwendungen, die unter XP nicht mehr so richtig funktionieren? Dieses Kapitel sagt Ihnen, wie Sie sie wieder ans Laufen bringen. Nutzen Sie die Befehlszeile, um die Anwendungen an Ihre Bedürfnisse anzupassen, Microsoft-Dokumente ohne Microsoft Office zu öffnen und zu erstellen und vieles mehr.

Kapitel 11, *Grafik und Multimedia*

In XP macht Windows erstmals Ernst mit Multimedia und Grafik. Dieses Kapitel erläutert, wie Sie diese Funktionen am besten nutzen können: Es gibt Hacks, mit denen Sie Audiodateien auf Ihren PC streamen lassen können, Videos mit dem Movie Maker erstellen, Musik ohne Spyware weitergeben und Bilder problemlos konvertieren. Musikfreunde finden mehrere Hacks für iTunes und erfahren, wie sie von dem neuen Musikformat Ogg Vorbis profitieren können.

Kapitel 12, *Systemleistung*

Egal wie schnell Ihr PC ist, er ist nie schnell genug. Dieses Kapitel zeigt Ihnen Möglichkeiten auf, mit XP-Hacks die Performance zu verbessern. Holen Sie alles aus Ihrem Arbeitsspeicher heraus, kurbeln Sie die Systemleistung mit der Leistungskonsole an, beschleunigen Sie Ihr System mit diversen Hacks in der Registrierung und noch anderen Tricks. Diejenigen Nutzer, die bereits SP2 verwenden oder dies in Kürze tun wollen, erfahren, wie sie mit den Schwachstellen des SP2-Upgrades umgehen müssen.

Kapitel 13, *Hardware*

Das Betriebssystem allein ist nutzlos, es braucht eine Hardware, um zu laufen. Dieses Kapitel zeigt XP-Hacks für die Hardware. Verändern Sie die Tastenzuordnungen auf Ihrer Tastatur, stöpseln Sie mit Peer-to-Peer-Kabeln mal schnell ein Netzwerk zusammen, entdecken Sie »verborgene Hardware« mit dem Geräte-Manager und verbessern Sie die Bildschirmauflösung bei Laptops und TFT-Monitoren. Und vieles mehr …

In diesem Buch verwendete Konventionen

In diesem Buch gelten folgende typografische Konventionen:

Kursiv
> Neue Begriffe, URLs, Dateinamen und -erweiterungen, Verzeichnisse und Ordner werden kursiv gedruckt.

`Nichtproportionalschrift`
> In diesem Schrifttyp werden Codebeispiele, Suchbegriffe, Befehle, Dateiinhalte und Befehlsausgaben dargestellt.

`Nichtproportionalschrift fett`
> Dient in Beispielen und Tabellen zur Kennzeichnung von Befehlen und anderem Text, der wortwörtlich eingegeben werden soll.

`Nichtproportionalschrift kursiv`
> Hiermit werden in Beispielen, Tabellen und Befehlen die Teile hervorgehoben, für die benutzerdefinierte Werte eingegeben werden sollen.

KAPITÄLCHEN
> Hiermit werden alle Elemente der Benutzeroberfläche wiedergegeben.

Grau
> Graue Schrift kennzeichnet einen Querverweis innerhalb des Texts.

Bitte achten Sie besonders auf Anmerkungen, die mit den folgenden Symbolen hervorgehoben werden:

> Dies ist ein Tipp, ein Vorschlag oder eine allgemeine Anmerkung. Hier finden Sie ergänzende Informationen zum jeweiligen Thema.

> Dies ist eine Warnung oder ein Hinweis darauf, dass Sie vorsichtig sein sollten.

Die Thermometer-Symbole neben den einzelnen Hacks geben an, wie kompliziert der Hack jeweils ist:

einfach   mittel   schwer

Haben Sie einen guten Hack, den Sie mit anderen teilen möchten? Dann gehen Sie auf die O'Reilly-Hacks-Webseite:

http://hacks.oreilly.com

Verwenden von Codebeispielen

Dieses Buch ist dazu da, Ihnen bei Ihrer Arbeit zu helfen. In der Regel können Sie den Code dieses Buchs in Ihren Programmen und Dokumentationen verwenden. Sie brauchen uns nicht um Erlaubnis zu fragen, solange Sie nicht einen beachtlichen Teil des Codes wiedergeben. Beispielsweise benötigen Sie *keine* Erlaubnis, um ein Programm zu schreiben, das einige Codeteile aus diesem Buch verwendet. Für den Verkauf oder die Verbreitung einer CD-ROM mit Beispielen von O'Reilly-Büchern brauchen Sie *auf jeden Fall* unsere Erlaubnis. Die Beantwortung einer Frage durch das Zitieren dieses Buchs und seiner Codebeispiele benötigt wiederum *keine* Erlaubnis. Wenn Sie einen erheblichen Teil der Codebeispiele dieses Buchs in die Dokumentation Ihres Produkts einfügen, *brauchen* Sie eine Erlaubnis.

Wir freuen uns über einen Herkunftsnachweis, bestehen aber nicht darauf. Eine Referenz enthält i.d.R. Titel, Autor, Verlag und ISBN, zum Beispiel: »*Windows XP Hacks, 2. Auflage*, von Preston Gralla. Copyright 2006, O'Reilly Verlag, ISBN 3-89721-428-8«.

Wenn Sie meinen, Ihre Verwendung unserer Codebeispielen könnte den angemessenen Gebrauch oder die hier gegebene Erlaubnis überschreiten, nehmen Sie einfach mit uns über *permissions@oreilly.com* Kontakt auf.

Anmerkung zur Übersetzung

Beim Lesen dieses Buchs werden Sie feststellen, dass die Tools und Websites, auf die in den einzelnen Hacks verwiesen wird, überwiegend englisch bzw. englischsprachig sind. Dies liegt daran, dass für die jeweils beschriebenen Zwecke tatsächlich überwiegend nur englische Werkzeuge zur Verfügung stehen. In den Fällen, in denen deutsche Versionen der beschriebenen Tools und Websites oder ebenso nützliche deutsche Alternativen vorhanden sind, haben wir den Text entsprechend an die deutschen Begebenheiten angepasst bzw. die Beschreibung des deutschen Tools zusätzlich beigefügt. Hierbei stand uns Helge Klein mit Rat und Tat zur Seite.

KAPITEL EINS

Starten und Herunterfahren
Hacks #1–7

Das Starten und Herunterfahren ist vielleicht der Teil von XP, der am häufigsten übersehen wird. Oder denken *Sie* lange über das Ein- und Ausschalten Ihres Computers nach? Wohl kaum. Zum Starten drücken Sie an Ihrem PC auf einen Knopf, und zum Herunterfahren klicken Sie auf ein paar Schaltflächen. Fertig.

Doch in Wirklichkeit können Sie beim Starten und Herunterfahren viel für Ihre Produktivität tun – und überdies noch Freude an ein paar gepflegten Hacks haben. Sie können Startmenüs erstellen und aus benutzerdefinierten Startoptionen wählen, einen eigenen Startbildschirm kreieren, bei jedem Hoch- und Herunterfahren automatisierte Tasks abwickeln und überflüssige Programme aus den Autostart-Einstellungen herausnehmen, damit es schneller geht. In diesem Kapitel werden Sie all dieses lernen, und überdies erfahren Sie, wie Sie das Starten und Herunterfahren des Systems kontrollieren und an Ihre Bedürfnisse anpassen können.

HACK #1 Betriebssystem-Auswahlmenü

Bearbeiten oder erstellen Sie ein Startmenü, mit dem Sie in Multiboot-Systemen ein Betriebssystem aussuchen können, oder erstellen Sie, falls Sie nur XP installiert haben, ein Menü, mit dem Sie unterschiedliche Startoptionen wählen können.

Wenn Sie zusätzlich zu XP noch ein anderes Betriebssystem auf Ihrem Computer installiert haben, fährt dieser mit einem Auswahlmenü hoch, aus dem Sie sich ein Betriebssystem aussuchen können. Das Menü bleibt für 30 Sekunden aktiv, wobei Ihnen ein Countdown anzeigt, wie viel Zeit Ihnen bleibt, um Ihre Wahl zu treffen. Wenn die 30 Sekunden um sind, wird das Standardbetriebssystem gestartet, in der Regel das zuletzt installierte.

Sie können dieses Auswahlmenü und den Startprozess ändern, indem Sie die Datei *boot.ini* bearbeiten. Diese ist eine verborgene Systemdatei, die eine

Reihe von Startoptionen steuert: wie lange das Menü angezeigt wird, welches Betriebssystem als Standard voreingestellt ist, ob beim Starten der Startbildschirm von XP verwendet wird und Ähnliches mehr. Wie Sie weiter unten in diesem Hack noch sehen werden, können Sie mit dieser Datei überdies ein Startmenü kreieren, das Ihnen die Auswahl zwischen mehreren Versionen Ihres Betriebssystems gestattet, z.B. einer, mit der Sie Startprobleme verfolgen, und einer anderen, die den Computer im abgesicherten Modus hochfährt.

Die Datei *boot.ini* ist eine einfache Textdatei im Wurzelordner *C:*.[1] Eventuell wird sie gar nicht angezeigt, da sie eine Systemdatei ist, und falls sie dennoch angezeigt wird, können Sie sie nicht bearbeiten, weil sie überdies schreibgeschützt ist. Um sie sichtbar zu machen, starten Sie den Windows Explorer, wählen EXTRAS → ORDNEROPTIONEN → ANSICHT und aktivieren dann unter VERSTECKTE DATEIEN UND ORDNER das Optionsfeld ALLE DATEIEN UND ORDNER ANZEIGEN. Damit Sie die Datei bearbeiten können, klicken Sie im Explorer mit der rechten Maustaste darauf, wählen EIGENSCHAFTEN → ALLGEMEIN, entfernen das Häkchen aus dem Kontrollkästchen SCHREIBGESCHÜTZT und klicken auf OK.

Dateien bearbeiten

Um die Datei zu bearbeiten, öffnen Sie sie mit einem Texteditor wie z.B. Notepad. Unten sehen Sie eine typische *boot.ini*-Datei für einen PC, auf dem die beiden Betriebssysteme Windows XP Home Edition und Windows 2000 installiert sind:

```
[boot loader]
timeout=30
default=multi(0)disk(0)rdisk(0)partition(1)\WINDOWS
[operating systems]
multi(0)disk(0)rdisk(0)partition(1)\WINDOWS="Microsoft Windows XP Home
Edition" /fastdetect
multi(0)disk(0)rdisk(0)partition(2)\WINNT="Windows 2000 Professional" /
fastdetect
```

Wie Sie sehen, hat die Datei zwei Abschnitte: [boot loader] und [operating systems]. Um Menü und Startoptionen zu ändern, müssen Sie die Einträge in beiden Abschnitten bearbeiten. Doch ehe Sie dies tun, speichern Sie eine Kopie von *boot.ini* unter anderem Namen (z.B. *boot.ini.alt*), damit Sie wieder darauf zurückgreifen können, falls beim Bearbeiten der Datei Probleme auftreten.

---

1   Hier und im Folgenden wird davon ausgegangen, dass Windows XP auf der Partition C: im Verzeichnis *Windows* installiert ist. Dies könnte bei Ihnen auch anders sein, je nach den von Ihnen bei der Installation gewählten Optionen.

Im Folgenden wird beschrieben, wie die Einträge der verschiedenen Abschnitte bearbeitet werden:

[boot loader]

Dieser Abschnitt steuert den Startprozess. Er gibt an, welches das Standardbetriebssystem ist und wie viel Zeit der Benutzer hat, um etwas aus einem Bootmenü zu wählen, falls ein Bootmenü überhaupt erscheint. Der Wert timeout gibt an, wie viele Sekunden das Menü angezeigt wird und auf eine Eingabe wartet, ehe das Standardbetriebssystem geladen wird. Wenn Sie beispielsweise 15 Sekunden Wartezeit bevorzugen, geben Sie den Wert 15 ein. Soll das Standardbetriebssystem sofort hochfahren, setzen Sie den Wert auf 0. Falls Sie das Bootmenü unbegrenzt lange auf eine Eingabe warten lassen möchten, geben Sie als Wert -1 an. Der Wert von default besagt, welcher Eintrag im Abschnitt [operating system] das Standardbetriebssystem bezeichnet. (Der default-Wert ist selbst dann vorhanden, wenn im Abschnitt [operating system] nur ein einziges Betriebssystem aufgeführt ist.) Um das Standardbetriebssystem zu wechseln, bearbeiten Sie diese Einstellung. In unserem Beispiel würden Sie default=multi(0)disk(0)rdisk(0)partition(2)\WINNT einsetzen.

Wenn Sie also im obigen Beispiel die Menüeinstellungen so ändern, dass der Bildschirm für zehn Sekunden erscheint, bevor das Standardbetriebssystem lädt, und als dieses Standardsystem Windows 2000 Professional einsetzen, würde der Eintrag so lauten:

```
[boot loader]
timeout=10
default=multi(0)disk(0)rdisk(0)partition(2)\WINNT
```

[operating system]

In diesem Abschnitt sind die auf dem Computer installierten Betriebssysteme jeweils mit detaillierten Optionen angegeben. XP gibt den Ort der Startpartition mit dem Advanced RISC Computing-(ARC-)Pfad an. Im Beispiel lautet dieser ARC-Pfad:

```
multi(0)disk(0)rdisk(0)partition(1)\WINDOWS
```

Der erste Parameter, der den Festplatten-Controller identifiziert, sollte 0 lauten. Der zweite Parameter, disk, sollte ebenfalls auf 0 gesetzt sein. Der Parameter rdisk gibt die Festplattennummer des Controllers mit der Startpartition an. Da die Nummern mit 0 beginnen, hat die Einstellung, wenn Sie drei Festplatten installiert haben und sich die Startpartition auf der zweiten befindet, den Wert rdisk(1). Der Parameter partition gibt die Partitionsnummer der Startpartition an. Partitionsnummern beginnen bei 1. Der letzte Abschnitt – in unserem Beispiel \WINDOWS – gibt den Pfad des Ordners an, in dem das Betriebssystem installiert ist.

Im Beispiel steht rechts neben dem ARC-Pfad =\"Microsoft Windows XP Home Edition\" /fastdetect. Die in Anführungszeichen stehenden Wörter sind das, was im Startmenü neben dem jeweiligen Eintrag steht. Diesen Menütext können Sie nach Herzenslust ändern, beispielsweise in »Mein Lieblingsbetriebssystem«. Die Option /fastdetect deaktiviert die Erkennung serieller und paralleler Geräte, um den Startvorgang zu beschleunigen. Die Erkennung dieser Geräte ist in XP überflüssig, da die Funktionen von Plug-and-Play-Treibern übernommen werden. Daher sollte grundsätzlich die Option /fastdetect eingeschaltet werden. Sie ist nur eine von vielen Optionen, mit denen Sie in der Datei *boot.ini* den Betriebssystemstart steuern können. In Tabelle 1-1 finden Sie noch andere Optionen.

Tabelle 1-1: Optionen für boot.ini

Option	Auswirkungen
/BASEVIDEO	Startet XP mit dem Standard-VGA-Treiber. Sehr praktisch, wenn Sie wegen eines Problems mit dem Grafiktreiber nicht normal starten können.
/BOOTLOG	Protokolliert Informationen über den Startprozess in der Datei *ntbtlogl.txt* im Ordner *C:\Windows*.
/CRASHDEBUG	Lädt beim Systemstart den Debugger, der jedoch so lange inaktiv bleibt, bis ein Absturz auftritt.
/DEBUG	Lädt den Debugger beim Starten und führt ihn aus.
/F*DETECT	Deaktiviert die Erkennung von seriellen und parallelen Geräten.
MAXMEM:n	Gibt an, wie viel Arbeitsspeicher XP maximal belegen kann.
/NOGUIBOOT	Verhindert, dass beim Starten der XP-Startbildschirm geladen wird.
/NODEBUG	Verhindert, dass der Debugger geladen wird.
/SAFEBOOT:switch	Lässt XP in dem durch switch angegebenen abgesicherten Modus starten. Diese Option kann minimal, network oder minimal(alternate shell) lauten. Im minimal-Modus werden nur die Treiber geladen, die zum Starten von XP unabdingbar sind. Im network-Modus werden zusätzlich zu diesen Mindesttreibern auch Netzwerktreiber geladen. Im Modus minimal (alternate shell) werden die Mindesttreiber geladen, und XP fährt mit der Kommandozeile hoch.
/SOS	Zeigt den Namen des jeweils geladenen Treibers an und beschreibt, was beim Starten geschieht. Außerdem gibt diese Option weitere Informationen, z.B. die Nummer vom XP-Build und vom Service Pack, die Anzahl der Prozessoren und die Größe des installierten Arbeitsspeichers.

Wenn Sie die Datei *boot.ini* fertig bearbeitet haben, speichern Sie sie. Die Einstellungen treten in Kraft, sobald Sie Ihren Computer das nächste Mal starten.

In unserem Beispiel soll das Menü 45 Sekunden lang angezeigt werden, das Standardbetriebssystem soll Windows 2000 sein, und der XP-Startbildschirm soll beim Laden von XP ausgeschaltet bleiben. Die *boot.ini*-Datei sieht dann so aus:

```
[boot loader]
timeout=45
default=multi(0)disk(0)rdisk(0)partition(2)\WINNT
[operating systems]
multi(0)disk(0)rdisk(0)partition(1)\WINDOWS="Microsoft Windows XP Home
Edition" /fastdetect /noguiboot
multi(0)disk(0)rdisk(0)partition(2)\WINNT="Windows 2000 Professional" /
fastdetect
```

Startmenü erzeugen, wenn nur ein Betriebssystem zur Verfügung steht

Auch wenn Sie nur ein einziges Betriebssystem haben, können Sie dennoch ein Systemstartmenü erstellen, um Ihr Betriebssystem mit verschiedenen Parametern laden zu können. Die Menüauswahl könnte beispielsweise so aussehen, dass Sie erstens Ihr normales Betriebssystem, zweitens einen Modus zur Verfolgung von Startproblemen und drittens den abgesicherten Modus zur Wahl haben. Damit Betriebssysteme mit unterschiedlichen Parametern zur Verfügung stehen, müssen Sie für jedes System einen eigenen Eintrag anlegen. Der Eintrag für die Betriebssystemversion, die sich um Startprobleme kümmert, könnte folgendermaßen aussehen:

```
multi(0)disk(0)rdisk(0)partition(1)\WINDOWS="Trace Problems XP Home Edition"
/fastdetect /bootlog /sos
```

Dieser Eintrag erstellt ein Startprotokoll und zeigt beim Hochfahren Informationen über die Treiber und andere Betriebssystemdaten an.

Eine Betriebssystemversion, die zwar im abgesicherten Modus hochfährt, aber immer noch Netzwerkfähigkeiten bietet, erhalten Sie mit diesem Eintrag:

```
multi(0)disk(0)rdisk(0)partition(1)\WINDOWS="Safe Start XP Home Edition" /
fastdetect /safeboot:network
```

Wenn das Systemstartmenü 30 Sekunden angezeigt werden und das normale XP das Standardbetriebssystem sein soll, würde die Datei *boot.ini* wie folgt aussehen:

```
[boot loader]
timeout=30
default=multi(0)disk(0)rdisk(0)partition(1)\WINDOWS
[operating systems]
multi(0)disk(0)rdisk(0)partition(1)\WINDOWS="Microsoft Windows XP Home
Edition" /fastdetect
multi(0)disk(0)rdisk(0)partition(1)\WINDOWS="Trace Problems XP Home Edition"
/fastdetect /bootlog /sos
multi(0)disk(0)rdisk(0)partition(1)\WINDOWS="Safe Start XP Home Edition" /
fastdetect /safeboot:network
```

Wenn Sie keinen Texteditor einsetzen möchten, um *boot.ini* direkt zu bearbeiten, können Sie stattdessen das Systemkonfigurationsprogramm **[Hack #4]** verwenden. Geben Sie an der Eingabeaufforderung oder im Dialogfeld AUSFÜHREN msconfig ein und klicken Sie auf die Registerkarte BOOT.INI, wie in Abbildung 1-1 gezeigt. Sie können dann mehrere Optionen hinzufügen (aber nicht so viele, wie wenn Sie die Datei *boot.ini* selbst mit einem Texteditor bearbeiten).

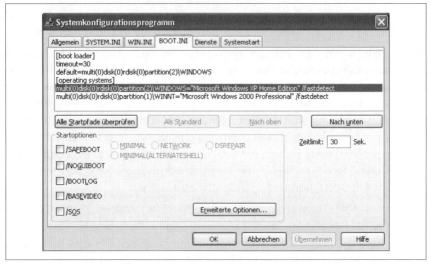

Abbildung 1-1: Das Systemkonfigurationsprogramm

Siehe auch

- »Mehrere Startprofile mit dem Advanced Startup Manager erstellen«
  [Hack #5]

Ändern Sie das Bild auf dem
XP-Startbildschirm

HACK
#2

Sie können das Standardlogo, das XP auf dem Startbildschirm anzeigt, gegen ein beliebiges Bild Ihrer Wahl austauschen.

Eine feine Sache an XP ist seine Wandlungsfähigkeit. Ihnen gefällt das Aussehen nicht? Kein Problem – Sie können es ändern. Zum Beispiel den Startbildschirm.

Diese Hacks funktionieren nur mit XP-Versionen vor SP2. Wenn Sie SP2 besitzen, könnten Sie sogar Ihr System beschädigen. Möchten Sie als SP2-Besitzer trotzdem Ihren Startbildschirm ändern, laden Sie sich am besten eine Software wie Style XP von Tgtsoft bei *http://www.tgtsoft.com/download.php* herunter.

Eine Menge Menschen – mich eingeschlossen – wünschen sich etwas Netteres als das Standardlogo auf dem Startbildschirm. Sie können aus hunderten von anderen Startbildschirmen wählen, die bereits erschaffen wurden, oder einen ganz neuen erstellen, beispielsweise mit einem eigenen Bild oder Firmenlogo.

Um einen aus den bereits vorgefertigten Startbildschirmen auszusuchen, gehen Sie zu *http://www.themexp.org* und klicken auf BOOT SCREENS. Dort finden Sie mehr als tausend Varianten, geordnet nach Kategorien wie SPORTS, TV/MOVIES usw. Ich lebe im kalten, aber zivilisierten New England und träume mich im Winter gern an wildere Orte davon. Daher lasse ich meinen Startbildschirm ein Bild von Wölfen im winterlichen Alaska anzeigen (siehe Abbildung 1-2). Eine schöne Art, den Tag zu beginnen, finden Sie nicht?

Abbildung 1-2: *Jedes Mal, wenn ich meinen PC starte, kann ich mich in die Wildnis Alaskas hineinträumen.*

Sobald Sie das richtige Bild für Ihren Startbildschirm gefunden haben, laden Sie es als *.zip*-Datei herunter. Ich habe für alle meine Startbildschirme einen Ordner namens *C:\Bootscreens* und dann für jedes heruntergeladene Bild einen Unterordner angelegt, in diesem Fall *C:\Bootscreens\Wild*.

> Da Pannen mit dem neuen Startbildschirm nicht auszuschließen sind, sollten Sie, bevor Sie die Änderung vornehmen, einen Systemwiederherstellungspunkt setzen, indem Sie SYS-TEMSTEUERUNG → LEISTUNG UND WARTUNG → SYSTEMWIE-DERHERSTELLUNG wählen und die dortigen Instruktionen beachten. Wenn etwas schief geht, können Sie die Änderungen ab dem Wiederherstellungspunkt rückgängig machen.

Dekomprimieren Sie den Inhalt der *.zip*-Datei in den Ordner. Sie werden eine oder mehrere Dateien vorfinden, darunter auch *ReadMe*-Dateien. Der Startbildschirm selbst heißt *ntoskrnl.exe*. Wenn Sie XP Service Pack 1 installiert haben, müssen Sie gegebenenfalls eine andere Datei namens *ntoskrnlSP1.exe* verwenden, die sich auch in der heruntergeladenen *.zip*-Datei befinden kann. Um sicherzugehen, sollten Sie in die Dokumentation der Datei hineinschauen.Wenn Sie nicht wissen, ob Sie Service Pack 1 installiert haben, können Sie das leicht herausfinden. Klicken Sie mit der rechten Maustaste auf ARBEITSPLATZ und wählen Sie EIGENSCHAFTEN → ALLGEMEIN. Dann wird Ihre Version des Betriebssystems angezeigt. Falls Service Pack 1 installiert ist, wird es Ihnen auf dem Bildschirm mitgeteilt.

Die Datei *ntoskrnl.exe* ist eine ausführbare Datei, die den Startbildschirm von XP enthält. Beim Starten führt XP diese Datei, die in *C:\Windows\System32* vorliegt, aus, so dass sie die Grafik des Startbildschirms anzeigt. Um diese Grafik zu wechseln, müssen Sie folglich Ihre vorhandene *ntoskrnl.exe*-Datei gegen die austauschen, die Sie gerade heruntergeladen haben. Aber bitte nicht sofort, denn da wäre noch etwas.

> Versuchen Sie nie, einen Startbildschirm herunterzuladen und zu verwenden, der in einer *.exe*- statt einer *.zip*-Datei verpackt ist und den Sie mit einem Installationsprogramm installieren müssen. Verwenden Sie nur *.zip*-Dateien und installieren Sie die Startbildschirme manuell statt mit einem Installer. Da viele der Installationsprogramme, die den Startbildschirm ändern, gleichzeitig hinter Ihrem Rücken auch Spyware auf Ihrem PC deponieren, sollten Sie die Finger davon lassen. Wenn Sie wissen möchten, wie man Spyware ausfindig macht und entfernt, schauen Sie in »Spyware und Web-Bugs besiegen« **[Hack #34]**.

Vielleicht denken Sie, es würde ausreichen, die neue Datei *ntoskrnl.exe* über die vorhandene zu kopieren und den Computer neu zu starten, damit die Änderung in Kraft tritt. Doch ganz so einfach ist das nicht. Sie müssen zuerst eine Windows XP-Funktion überlisten, die ein Überschreiben von System-dateien verhindert: Der Windows-Dateischutz ersetzt bestimmte Dateien, wenn sie ausgetauscht wurden, automatisch wieder durch das Original von XP, und zu diesen Dateien gehört auch *ntoskrnl.exe*. Wenn Sie die Ände-rung jedoch im abgesicherten Modus vornehmen, wird der Dateischutz gar nicht erst gestartet, und der Austausch der Dateien funktioniert.

Der Windows-Dateischutz schützt außer *ntoskrnl.exe* noch viele weitere Dateien: namentlich die mit den Extensionen *.dll, .exe, .fon, .ocx, .sys, .tff* und je nach System auch noch *.ax, .cpl, .cpx, .inf, .rsp* und *.tlb.*

Um in den abgesicherten Modus zu gelangen, starten Sie Ihren Computer neu und drücken direkt auf F8. Dann wechseln Sie in den Ordner *C:\ Windows\System32* und suchen die Datei *ntoskrnl.exe*. Kopieren Sie sie in einen anderen Ordner, oder benennen Sie sie als Sicherungsdatei um, damit Sie sie noch zur Verfügung haben, falls Ihnen der neue Startbildschirm nicht mehr gefällt. Kopieren Sie jetzt die neue *ntoskrnl.exe*-Datei in *C:\Windows\ System32.* (Wenn Sie die Datei *ntoskrnlSP1.exe* verwenden müssen, benen-nen Sie sie zuerst in *ntoskrnl.exe* um und kopieren sie danach.)

Nun starten Sie Ihren Computer wieder neu, aber diesmal nicht im abgesi-cherten Modus. Ab jetzt erscheint bei jedem Neustart des PCs der neue Bild-schirm. Um zum alten Bildschirm zurückzukehren, gehen Sie vor, wie oben beschrieben, nur dass Sie dieses Mal Ihre alte *ntoskrnl.exe* über die neue kopieren.

Aus mehreren Startbildschirmen wählen

Je nachdem, wie ich aufgelegt bin, habe ich nicht jeden Morgen Lust auf Huskys. Manchmal ist mir der normale Startbildschirm lieber, manchmal aber auch das berühmte Marilyn-Monroe-Gemälde von Andy Warhol oder Al Pacino in dem Film *Scarface* (alle unter *http://www.themexp.org* erhält-lich). Also habe ich ein Systemstartmenü angelegt, in dem ich die Grafik meines Startbildschirms auswählen kann.

Um ein solches Systemstartmenü anzulegen, laden Sie zunächst alle Bild-schirme herunter, die Sie benutzen möchten. Dann geben Sie der *ntoskrnl. exe-* oder *ntoskrnlSP1.exe*-Datei jedes Bildschirms einen aussagekräftigen Namen, wie etwa *ntospacino.exe, ntosmonroe.exe* und *ntosspongebob.exe*.

Kopieren Sie alle in *C:\Windows\System32*. Die vorhandene *ntoskrnl.exe*-Datei fassen Sie nicht an; sie soll ja eine Ihrer Wahlmöglichkeiten bleiben. Da Sie diese Datei nicht ändern, brauchen Sie nicht im abgesicherten Modus zu arbeiten.

Wie in »Betriebssystem-Auswahlmenü« **[Hack #1]** beschrieben, legen Sie nun einen Auswahlbildschirm an, indem Sie die *boot.ini*-Datei bearbeiten. Im Abschnitt [operating systems] der Datei *boot.ini* erstellen Sie für jeden Bildschirm, der zur Wahl stehen soll, einen Eintrag. Kopieren Sie den vorhandenen Haupteintrag von XP und fügen Sie an seinem Ende /kernel=*neuerstartbildname.exe* an, wobei *neuerstartbildname.exe* der Dateiname des Startbildschirms ist, den Sie für diesen Eintrag verwenden möchten. Die Beschreibung ändern Sie so, dass sie das Bild beschreibt. Wenn der Haupteintrag wie folgt lauten würde:

```
multi(0)disk(0)rdisk(0)partition(1)\WINDOWS="Microsoft Windows XP Home
Edition" /fastdetect
```

müssten Sie für den Bildschirm *Sponge Bob* folgenden Eintrag kreieren:

```
multi(0)disk(0)rdisk(0)partition(1)\WINDOWS="Sponge Bob Startup Screen" /
fastdetect /kernel=ntosspongebob.exe
```

Sie können im Abschnitt [boot loader] beliebig viele Einträge einfügen. Meine *boot.ini*-Datei sieht folgendermaßen aus:

```
[operating systems]
multi(0)disk(0)rdisk(0)partition(1)\WINDOWS="Microsoft Windows XP Home
Edition" /fastdetect
multi(0)disk(0)rdisk(0)partition(1)\WINDOWS="SpongeBob Startup Screen" /
fastdetect /kernel=ntosspongebob.exe
multi(0)disk(0)rdisk(0)partition(1)\WINDOWS="Pacino Startup Screen" /
fastdetect /kernel=ntospacino.exe
multi(0)disk(0)rdisk(0)partition(1)\WINDOWS="Marilyn Monroe Startup Screen"
/fastdetect /kernel=ntosmonroe.exe
```

Ab jetzt können Sie bei jedem Start von XP zwischen dem normalen Startbildschirm und allen anderen Grafiken wählen, die Sie in das Menü geschrieben haben. Auf einem Laptop könnten Sie beispielsweise ein Menü einrichten, das für die Arbeit einen geschäftsmäßigen und für den hobbymäßigen Gebrauch einen verspielteren Bildschirm anbietet.

Startbildschirm aus beliebiger Grafik erstellen

Bisher hat Ihnen dieser Hack gezeigt, wie Sie den Startbildschirm eines anderen Schöpfers verwenden können. Doch darauf sind Sie nicht beschränkt: Sie können jede beliebige Grafik in einen Startbildschirm verwandeln. Dafür gibt es das Sharewareprogramm BootXP (*http://www.bootxp.net*), das Sie gratis ausprobieren und für $ 7,95 erwerben können.

Dieses Programm konvertiert unterschiedliche Grafikformate in eine Grafik, die als Startbildschirm zu gebrauchen ist. Außerdem kann es Ihre Grafik als Startbildschirm einsetzen oder ein Startmenü für Sie anlegen, in dem Sie aus mehreren Bildschirmen wählen können. Auf diese Weise müssen Sie Ihre *boot.ini*-Datei nicht mehr selbst editieren.

Das Programm lässt sich erstaunlich einfach bedienen. Wählen Sie eine Grafik für den Startbildschirm und klicken Sie auf eine Schaltfläche, um das Bild in eine Standard-Bitmap mit 640×480 Pixeln und 16 Farben zu konvertieren, wie sie für einen Startbildschirm erforderlich ist. Dann schauen Sie die Grafik in der Vorschau an, und wenn sie Ihnen gefällt, sagen Sie dem Programm, dass Sie sie als Startbildschirm einsetzen möchten. Das Programm bietet eine Reihe von Optionen: Wählen Sie unter verschiedenen Ladefortschrittsanzeigen für den Startvorgang von XP, stellen Sie den Original-Startbildschirm wieder her oder lassen Sie von den ausgewählten Bildschirmen nach dem Zufallsprinzip bei jedem Systemstart einen anderen anzeigen. Sie können das Programm auch einsetzen, um fertige Startbildschirme von *http://www.bootxp.net* herunterzuladen.

Siehe auch

- »XP-Designs selbst erstellen oder herunterladen« [Hack #17]

HACK #3 Schneller starten und herunterfahren

Sorgen Sie dafür, dass der Desktop schneller startet und auch das Herunterfahren beschleunigt wird.

Egal wie schnell Ihr PC startet, es geht nie schnell genug. Die nachfolgenden Hacks bringen Sie direkt nach dem Startvorgang schnellstmöglich zu Ihrem Desktop.

Schneller starten mit Defragmentierung

Es gibt einen ganz einfachen Weg, XP auf die Sprünge zu helfen: Lassen Sie Ihr System eine Startsektor-Defragmentierung durchführen, bei der alle Startdateien auf der Festplatte zusammenhängend gespeichert werden. Dadurch kann das System schneller hochfahren.

Auf den meisten Systemen müsste die Startsektor-Defragmentierung eigentlich standardmäßig aktiviert sein, aber vielleicht ist das gerade bei Ihnen nicht der Fall – möglicherweise durch eine unbeabsichtigte Änderung der Einstellungen. Um sicherzustellen, dass die Startsektor-Defragmentierung aktiviert ist, führen Sie den Registrierungs-Editor [Hack #83] aus und gehen zu:

```
HKEY_LOCAL_MACHINE\SOFTWARE\Microsoft\Dfrg\BootOptimizeFunction
```

Setzen Sie den Enable-String auf Y, falls das nicht bereits der Fall ist, verlassen Sie die Registrierung und starten Sie den Computer neu. Beim nächsten Neustart läuft automatisch eine Startsektor-Defragmentierung ab.

> Auf vielen Websites findet sich eine Empfehlung zur Beschleunigung der Startprozesse, die das Starten jedoch in Wirklichkeit eher verlangsamen wird – und wahrscheinlich auch das anschließende Laden von Anwendungen. Dort wird gesagt, man solle in das Verzeichnis *C:\WINDOWS\Prefetch* gehen und es jede Woche leeren. Windows verwendet dieses Verzeichnis jedoch, um die Anwendungen schneller zu machen. Es analysiert die Dateien, die Sie zum Starten benutzen, sowie die Anwendungen, die Sie laden, und erstellt einen Index, aus dem hervorgeht, wo diese Dateien und Anwendungen auf Ihrer Festplatte zu finden sind. Ich habe festgestellt, dass mein PC, nachdem ich dieses Verzeichnis geleert hatte, sogar ein paar Sekunden *länger* brauchte, bis nach dem Starten der Desktop angezeigt wurde.

BIOS auf schnelles Hochfahren trimmen

Wenn Sie Ihren PC einschalten, geht er zunächst eine Reihe von Startprozeduren im BIOS durch, bevor XP hochfährt. Durch Beschleunigung dieser Startprozeduren wird folglich das ganze System schneller.

Sie können die Startprozeduren beschleunigen, indem Sie mit dem eingebauten Setup-Programm das BIOS ändern. Wie dieses Programm aufgerufen wird, ist von PC zu PC unterschiedlich, aber in der Regel funktioniert es, indem Sie beim Hochfahren auf Entf, F1 oder F10 drücken. Sie gelangen dann zu einem Menü mit mehreren Auswahlmöglichkeiten, von denen einige den Startprozess schneller machen:

- QUICK POWER ON SELF TEST (POST): Wenn Sie diese Option wählen, führt Ihr System den kurzen POST-Test statt des ausführlichen, normalen Tests durch.

- BOOT UP FLOPPY SEEK: Diese Option sollten Sie deaktivieren. Wenn sie aktiviert ist, verbringt Ihr System wertvolle Sekunden damit, Ihr Diskettenlaufwerk zu suchen. Eine ziemlich sinnlose Prozedur in Anbetracht der Tatsache, wie selten man dieses benutzt.

- BOOT DELAY: Manche Systeme ermöglichen nach dem Einschalten des PCs eine Verzögerung des Startvorgangs, damit die Festplatte vor dem Booten auf Touren kommen kann. Doch in den meisten Fällen ist dieser Aufschub unnötig; Sie können ihn ruhig ausschalten. Falls Sie dadurch Probleme bekommen, können Sie ihn immer noch wieder einschalten.

Schnellerer Systemstart durch Registrierungs-Tuning

Im Laufe der Zeit kann es dazu kommen, dass die Registrierung von nutzlosen Einträgen überquillt. Das verzögert den Systemstart, da das System bei jedem Hochfahren alle diese Einträge lädt. Besorgen Sie sich ein Tool zur Säuberung der Registrierung und Beschleunigung der Startzeiten. Sehr empfehlenswert ist Registry First Aid, das Sie in Abbildung 1-3 sehen. Es kämmt Ihre Registrierung nach veralteten und überflüssigen Einträgen durch und lässt Sie wählen, welche Sie löschen und welche Sie behalten möchten. Zudem erstellt es eine vollständige Sicherung der Registrierung, damit Sie sie bei eventuellen Schwierigkeiten wiederherstellen können.

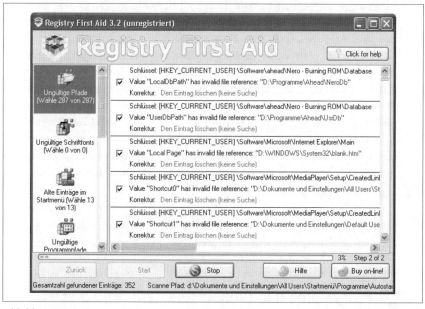

Abbildung 1-3: Wenn Sie Ihre Registrierung mit Registry First Aid aufräumen, fährt Ihr PC schneller hoch.

Registry First Aid ist Shareware und kostet als Probeversion nichts. Wenn Sie das Programm aber weiter benutzen möchten, müssen Sie es für $ 21 kaufen. Sie bekommen es unter *http://www.rosecitysoftware.com/Reg1Aid/index.html*.

Ist die Registrierung gesäubert, sollten Sie sie auch kompakt machen und ungenutzten Platz zur Verfügung stellen. Das kann der Registry Compactor von *http://www.rosecitysoftware.com/RegistryCompactor/index.html*. Eine kompaktere Registrierung belegt weniger Platz und wird schneller geladen. Auch dieses Programm gibt es kostenlos als Shareware zum Ausprobieren, aber es kostet $ 19,95, wenn Sie es weiterhin einsetzen möchten.

Schneller herunterfahren

Sie können nicht nur das Starten, sondern auch das Herunterfahren beschleunigen. Wenn es Ihnen so vorkommt, als ob es Ewigkeiten dauert, bis XP endlich heruntergefahren ist, können Sie mit den nachfolgend beschriebenen Schritten Abhilfe schaffen:

Lassen Sie XP beim Herunterfahren nicht die Auslagerungsdatei leeren
Aus Sicherheitsgründen können Sie veranlassen, dass XP den Inhalt Ihrer Auslagerungsdatei löscht (*pagefile.sys*), wenn Sie das System herunterfahren. Die Auslagerungsdatei speichert temporäre Dateien und Daten, die jedoch beim Herunterfahren erhalten bleiben. Viele Benutzer ziehen es vor, diese Datei zu leeren, da sie schutzwürdige Daten wie zum Beispiel verschlüsselte Kennwörter enthalten kann. Da jedoch das Leeren der Auslagerungsdatei das Herunterfahren beträchtlich in die Länge ziehen kann, sollten Sie darauf verzichten, wenn die Sicherheit Ihnen nicht so wichtig ist. Um XP herunterzufahren, ohne die Auslagerungsdatei zu leeren, rufen Sie den Registrierungs-Editor auf und gehen zu `HKEY_LOCAL_MACHINE\SYSTEM\CurrentControlSet\Control\Session Manager \Memory Management`. Hier setzen Sie den Wert von `ClearPageFileAt-Shutdown` auf 0. Danach schließen Sie die Registrierung und starten den Computer neu. Ab jetzt wird die Auslagerungsdatei beim Beenden des Systems nicht mehr geleert, und das Herunterfahren geht schneller.

Überflüssige Dienste ausschalten
Da auch Dienste zum Beenden Zeit brauchen, können Sie umso schneller herunterfahren, je weniger Dienste laufen. Unter »Programme und Dienste aus dem Systemstart herausnehmen« [Hack #4] wird beschrieben, wie Dienste deaktiviert werden.

HACK
#4 Programme und Dienste aus dem Systemstart herausnehmen

Indem Sie überflüssige Programme und Dienste aus dem Startvorgang verbannen, können Sie die Leistung Ihres PCs steigern und den Startprozess verkürzen.

Eine der besten Möglichkeiten, den PC schneller zu machen, ohne in zusätzlichen Arbeitsspeicher investieren zu müssen, besteht darin, unnötige Programme und Dienste aus dem Startvorgang zu verbannen. Wenn zu viele Programme bei jedem Systemstart automatisch geladen werden, dauert nicht nur der Startprozess selbst länger; auch später, wenn der PC läuft, können die vielen gleichzeitig laufenden Anwendungen die Leistung des Prozessors und den Arbeitsspeicher drücken.

Manche Programme – beispielsweise Virenscanner – sollten beim Start automatisch ausgeführt werden und grundsätzlich immer laufen. Doch bei vielen anderen, wie zum Beispiel dem Instant Messenger Service, ist das automatische Laden sinnlos. Zwar sind einige Hintergrunddienste für eine einwandfreie Funktion von Windows XP notwendig, aber viele andere, die automatisch gestartet werden, sind völlig überflüssig. Auf vielen Systemen läuft beispielsweise der Dienst »Konfigurationsfreie drahtlose Verbindung«, um automatisch eine WiFi (802.11)-Netzwerkkarte zu konfigurieren, die gar nicht vorhanden ist.

Programme aus dem automatischen Startvorgang herausnehmen

Es ist eine Sisyphusarbeit, Programme am automatischen Hochfahren zu hindern, da sie nicht an einer einzelnen Stelle zusammengefasst sind, an der man sie alle anhalten könnte. Manche werden geladen, weil sie im Ordner *Autostart* aufgeführt sind, andere, weil sie in Anmeldeskripten stehen, wieder andere wegen der Einstellungen in der Registrierung usw. Doch mit etwas Zähigkeit können Sie das Laden der Programme verhindern.

Den Ordner AUTOSTART säubern. Als Erstes sollten Sie den *Autostart*-Ordner bereinigen. Sie finden ihn unter *C:\Dokumente und Einstellungen\<Benutzername>\Startmenü\Programme\Autostart,* wobei *<Benutzername>* Ihr Windows-Benutzername ist. Löschen Sie nun die Verknüpfungen zu den Programmen, die Sie beim Starten nicht ausführen möchten. Wie bei allen Verknüpfungen ist es so, dass Sie nur die Verknüpfung löschen, nicht das Programm selbst. (Eine andere Möglichkeit zum Löschen der Autostart-Einträge besteht darin, START → ALLE PROGRAMME → AUTOSTART zu wählen und mit der rechten Maustaste auf die zu entfernenden Elemente zu klicken.) Als Nächstes können Sie den Ordner *Geplante Tasks* säubern. Gehen Sie zu *C:\WINDOWS\Tasks* und entfernen Sie die Tasks, die nicht automatisch planmäßig ablaufen sollen.

Sie können alle Programme im Ordner *Autostart* auch von Fall zu Fall, je nach Bedarf, umgehen. Damit XP aufhört, Programme aus diesem Ordner zu laden, halten Sie beim Hochfahren die Umschalt-Taste gedrückt. So erreichen Sie, dass zwar keine Programme aus dem *Autostart*-Ordner laufen, aber die Einträge in diesem Ordner verbleiben, so dass sie beim nächsten Startvorgang wieder wie üblich geladen werden.

Systemkonfiguration verwenden. Mit den oben beschriebenen Maßnahmen können Sie zwar verhindern, dass erkennbare Programme beim Start ablaufen, aber Sie können damit nicht sämtliche Programme anhalten. Verborgene Programme, die beim Startvorgang laufen, deaktivieren Sie am besten mit dem Systemkonfigurationsprogramm, das in Abbildung 1-4 zu sehen ist. Sie führen es aus, indem Sie in eine Eingabeaufforderung (etwa im Dialogfeld AUSFÜHREN) msconfig eingeben und die Eingabetaste drücken. (Wenn das nicht funktioniert, müssen Sie die Datei *msconfig.exe* suchen und dann auf sie doppelklicken.)

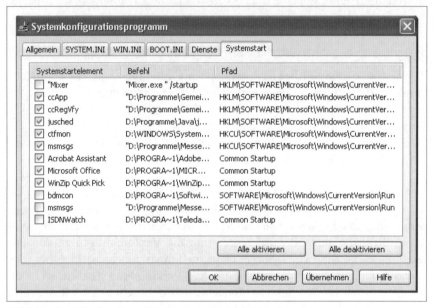

Abbildung 1-4: Registerkarte SYSTEMSTART *im Systemkonfigurationsprogramm*

Damit ein Programm beim Start nicht mehr ausgeführt wird, klicken Sie in der Systemkonfiguration auf die Registerkarte SYSTEMSTART und entfernen die Markierung aus dem Kontrollkästchen neben dem Programm. Es ist nicht immer leicht zu erkennen, welche Programme auf der Registerkarte SYSTEM-START aufgeführt sind. Einige sind klar benannt (z.B. Microsoft Office), aber von anderen sieht man nur eine unverständliche Folge von Ziffern oder Buchstaben, z.B. *hpgs2wnd*. Dies ist der Name der ausgeführten Datei, in diesem Fall *hpgs2wnd.exe* für einen Gerätetreiber der Firma Hewlett-Packard.[2]

Wenn Sie weitere Informationen über eines der Programme benötigen, verbreitern Sie die Spalte BEFEHL in der Überschriftenleiste. Wenn sie breit genug ist, sehen Sie, welcher Befehl das jeweilige Programm startet und un-

---

2 Anm. d. Übers.: Der Autor führt an dieser Stelle unter dem Kürzel fs20 das Programm »Free Surfer mk II« auf, einen exzellenten kostenlosen Popup-Killer **[Hack #33]**.

ter welchem Pfad es zu finden ist, z.B. *C:\Programme\Hewlett-Packard\HP Share-to-Web\hpgs2wnd.exe*. Der Name des Verzeichnisses, in dem das Programm liegt, wird Sie auf den Namen des Programms selbst bringen.

Wenn Sie Programme aus dem Startprozess herausnehmen möchten, tun Sie das nach und nach, nicht gruppenweise. So verhindern Sie, dass durch das Anhalten der Programme Systemprobleme auftreten. Halten Sie ein Programm an und starten Sie Ihren PC neu. Wenn alles funktioniert, halten Sie das nächste an und starten neu. Dies machen Sie so lange, bis alle Programme, die nicht automatisch ausgeführt werden sollen, aus dem Startprozess verschwunden sind.

Immer wenn Sie die Markierung aus einem Kontrollkästchen entfernen und den PC neu starten, erhalten Sie eine Warnung wie in Abbildung 1-5, die Ihnen mitteilt, dass Sie im Systemkonfigurationsprogramm Änderungen vorgenommen haben. Wenn Sie diesen Warnhinweis ausschalten möchten, deaktivieren Sie ihn, indem Sie das Kontrollkästchen im Dialogfeld markieren.

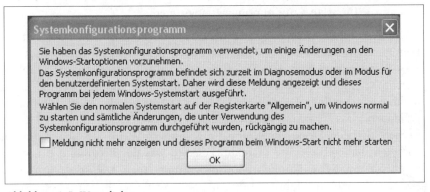

Abbildung 1-5: Warndialog

Wenn Sie mit Hilfe des Systemkonfigurationsprogramms festgestellt haben, welche Programme beim Start geladen werden, möchten Sie vielleicht zum Deaktivieren direkt in die betreffenden Programme selbst hineingehen. Führen Sie jedes der Autostart-Programme aus und schauen Sie nach, ob es dort eine Einstellungsmöglichkeit gibt, die das automatische Starten beim Hochfahren des Systems unterbindet.

Registrierung nutzen, um Autostart-Programme zu stoppen. Auch das Systemkonfigurationsprogramm lässt Sie nicht unbedingt alle Programme erkennen und beenden, die beim Systemstart ausgeführt werden. Um manche Programme zu deaktivieren, müssen Sie die Registrierung bearbeiten. Dazu führen Sie den Registrierungs-Editor [Hack #83] aus und gehen zu HKEY_CURRENT_USER\

SOFTWARE\Microsoft\Windows\CurrentVersion\Run. Das rechte Fenster enthält eine Liste mit einigen der Programme, die automatisch beim Starten ausgeführt werden. Die Spalte WERT verrät Ihnen den Pfad und den Namen der ausführbaren Datei, so dass Sie erkennen können, um welches Programm es sich handelt. Klicken Sie mit der rechten Maustaste auf ein Programm, das Sie nicht mehr wünschen, und wählen Sie LÖSCHEN. Damit halten Sie Programme an, die für Ihre Benutzereinstellungen spezifisch sind. Wenn das Beenden der Programme für alle Systembenutzer gelten soll, gehen Sie zu HKEY_LOCAL_MACHINE\SOFTWARE\Microsoft\Windows\CurrentVersion\Run und befolgen die gleichen Anweisungen, um andere Programme zu löschen, die beim Systemstart nicht laufen sollen.

Automatisch geladene Dienste deaktivieren

Im Hintergrund von Windows XP laufen andauernd irgendwelche *Dienste*, also Prozesse, die die Funktion von Betriebssystemen oder Anwendungen unterstützen. Viele dieser Dienste werden beim Systemstart automatisch geladen, und obwohl einige davon wirklich notwendig sind, gibt es doch auch etliche, die Ihr System nur unnötig verlangsamen.

Auch diese automatisch geladenen Dienste können Sie mit Hilfe der Systemkonfiguration beenden. Das Verfahren ähnelt dem zum Anhalten von Autostart-Programmen, nur dass Sie in diesem Fall die Registerkarte DIENSTE statt SYSTEMSTART anklicken. Das Systemkonfigurationsprogramm listet nicht jeden einzelnen Dienst auf, der beim Starten geladen wird. Schlimmer ist jedoch, dass Sie beim Deaktivieren von Diensten weit stärker im Trüben fischen als beim Deaktivieren von Programmen. Wenn Sie ein Programm anhalten, haben Sie eine Vorstellung davon, was das Programm tut, doch wenn Sie im Systemkonfigurationsprogramm einen Dienst deaktivieren, können Sie nicht in Erfahrung bringen, wie er sich eigentlich auswirkt.

Besser lassen sich Dienste in der Verwaltungskonsole DIENSTE deaktivieren, die in Abbildung 1-6 zu sehen ist. Diese führen Sie aus, indem Sie services. msc in das Dialogfenster AUSFÜHREN eingeben. Die Verwaltungskonsole DIENSTE liefert auch eine Beschreibung aller Dienste, damit Sie im Voraus wissen, ob der betreffende Dienst nötig ist oder ausgeschaltet werden kann. Außerdem können Sie den Dienst pausieren lassen, um zu testen, ob Ihr Computer ihn benötigt oder nicht.

Wenn Sie die Konsole gestartet haben, klicken Sie auf die Registerkarte ERWEITERT. So gelangen Sie zu einer Ansicht, die im linken Fenster die Beschreibung des Diensts anzeigt, der im rechten Fenster hervorgehoben ist. Die Spalte AUTOSTARTTYP gibt an, welche Dienste beim Starten geladen werden – nämlich alle die, die in dieser Spalte den Eintrag AUTOMATISCH haben.

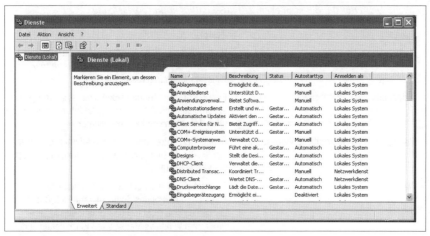

Abbildung 1-6: Die Computerverwaltungskonsole DIENSTE

Klicken Sie auf diese Spalte, um alle Dienste zusammenzusortieren, die beim Systemstart automatisch laufen. Dann markieren Sie die einzelnen Dienste und lesen die zugehörigen Beschreibungen.

Haben Sie einen Dienst gefunden, den Sie deaktivieren möchten, klicken Sie mit der rechten Maustaste darauf und wählen EIGENSCHAFTEN. Im Dialogfeld EIGENSCHAFTEN wählen Sie dann aus der Dropdown-Liste MANUELL als STARTTYP. Von nun an startet der Dienst nicht mehr automatisch, kann aber nach wie vor über die Konsole aktiviert werden. Wählen Sie DEAKTIVIERT, wenn Sie den Dienst so deaktivieren möchten, dass er nicht mehr ausgeführt werden kann. Um zu testen, wie sich das Anhalten des Diensts auswirkt, schalten Sie die nicht benötigten Dienste aus, indem Sie entweder im linken Fenster auf DEN DIENST BEENDEN klicken oder den Dienst selbst mit der rechten Maustaste anklicken und im Kontextmenü BEENDEN wählen.

Tabelle 1-2 listet häufig vorkommende Dienste auf, die man aus dem Startvorgang ausschließen kann.

Tabelle 1-2: Dienste, die man eventuell ausschalten kann

Dienst	Zweck
Seriennummer der tragbaren Medien	Ermittelt die Seriennummer aller tragbaren Abspielgeräte, die an den PC angeschlossen sind.
Taskplaner	Automatische Ausführung von Tasks. Wenn Sie keine automatischen Tasks ausführen, können Sie diesen Dienst ausschalten.
Unterbrechungsfreie Stromversorgung	Verwaltet eine an den Computer angeschlossene unterbrechungsfreie Stromversorgung.

Tabelle 1-2: Dienste, die man eventuell ausschalten kann (Fortsetzung)

Dienst	Zweck
Automatische Updates	Prüft automatisch, ob Windows-Updates vorhanden sind (das können Sie auch manuell unter *http:// windowsupdate.microsoft.com* tun).
Telnet (nur in XP Professional)	Ermöglicht einem Remote-Benutzer, sich am System anzumelden und Programme auszuführen (nicht in allen Versionen von XP Professional).
Konfigurationsfreie drahtlose Verbindung	Konfiguriert automatisch 802.11-Adapter. Deaktivieren Sie diesen Dienst nur, wenn Sie keine WiFi-Netzwerkkarte benutzen
Messenger	Schaltet den Messenger ab, der benutzt werden kann, um über Popups Spam zu verteilen. (Dabei handelt es sich nicht um das Instant Messaging-Programm Windows Messenger.) Einzelheiten finden Sie unter »Popups verhindern – mit oder ohne SP2« [Hack #33].

HACK #5 Mehrere Startprofile mit dem Advanced Startup Manager erstellen

Wenn Sie beim Starten mehrere Programme laden müssen, können Sie mit diesem Startprogramm abhängig von den jeweiligen Aufgaben mehrere Startprofile erstellen.

Die in diesem Kapitel beschriebenen Hacks ermöglichen eine Anpassung des Startprozesses von XP. Doch eines können die Hacks Ihnen nicht abnehmen: das Anlegen verschiedener Startprofile. Um das zu tun, müssen Sie Software herunterladen.

Angenommen, Sie haben einen Laptop, den Sie manchmal mit externer Tastatur, externem Monitor und Standverbindung zum Internet betreiben, manchmal aber auch mit auf Reisen nehmen, also in Flughäfen und Flugzeuge, wo keine Internetanbindung zur Verfügung steht. Außerdem lassen Sie eine Überwachungssoftware laufen, die bei einem Diebstahl des Geräts ein Signal an ein Callcenter aussendet. Diese Software benötigen Sie nur auf Reisen.

Im Idealfall haben Sie also eine Reihe von automatisch ablaufenden Programmen für den Bürobetrieb und eine andere Reihe von Programmen für die Reise. Im Büro möchten Sie vielleicht Instant Messenger und die gemeinsame Dateinutzung beim Systemstart laden, nicht aber die Überwachungssoftware.

Advanced Startup Manager, ein Programm aus Ray's Lab (*http://www. rayslab.com*), das in Abbildung 1-7 gezeigt wird, ermöglicht das Erstellen mehrerer Startprofile, so dass Sie im Büro und auf Reisen oder auch zu anderen Zwecken unterschiedliche Profile verwenden können. Sie können es gratis ausprobieren und für $ 19,95 kaufen.

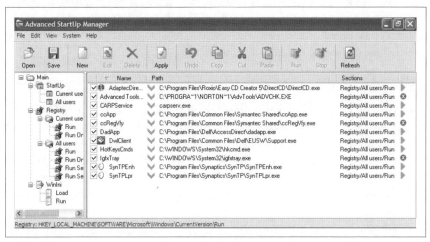

Abbildung 1-7: Mehrere Startprofile mit dem Advanced Startup Manager anlegen

Doch vielleicht möchten Sie nicht nur Profile für die Reise und das Büro, sondern auch noch für andere Zwecke anlegen. Bei Computerspielen sollten im Hintergrund möglichst wenige Dienste und Programme laufen, also erstellen Sie ein Profil, das eine Reihe von Diensten deaktiviert, darunter den Indexdienst, den Taskplaner und den Designs-Dienst, der die Designverwaltung zur Verfügung stellt. Wenn Sie häufig Netzwerkprobleme beheben müssen, können Sie auch für diesen Zweck ein spezielles Profil zusammenstellen, das automatisch ein Netzwerk-Analyseprogramm wie QCheck **[Hack #67]** startet.

Um ein Profil anzulegen, führen Sie alle Programme, die beim Systemstart geladen werden sollen, im Ordner *Autostart*, in der Registrierung oder in der *Win.ini*-Datei auf. Entscheiden Sie selbst, von wo aus Sie sie starten möchten. Um ein Programm hinzuzufügen, markieren Sie einfach den Ort, von dem aus es ausgeführt werden soll, wählen FILE → ADD PROGRAM und markieren die ausführbare Datei des Programms. Auch Optionen können im Feld FLAGS des Bildschirms zum Hinzufügen von Programmen angegeben werden. Außerdem können Sie vorgeben, ob das Programm nur für einen speziellen Benutzer oder für alle Benutzer des Computers laufen soll. Um ein Programm aus dem Profil zu löschen, klicken Sie mit rechts darauf und wählen DELETE.

Wenn das Profil mit allen Programmen, die beim Systemstart laufen sollen, fertig ist, speichern Sie es, indem Sie FILE → BACKUP CONFIGURATION AS und einen Namen für das Profil eingeben. Sie können so viele Profile erstellen, wie Sie möchten. Zum Laden eines Profils wählen Sie FILE → OPEN BACKUP und das zu ladende Profil. Haben Sie ein Profil geladen, wird es bei dieser Startsoftware auch beim nächsten Systemstart wieder geladen. Das bedeutet, dass Sie kein Profil wählen können, während Ihr System gerade startet. Sie müssen vor dem Beenden von XP den Advanced Startup Manager ausführen, das Profil auswählen, das beim nächsten Start von XP verwendet werden soll, und erst dann XP beenden.

Siehe auch

- Mit *OSL 2000* (*http://www.osloader.com*) können Sie bis zu 100 verschiedene Betriebssysteme laden (einschließlich mehrerer Versionen von XP und anderen Windows-Betriebssystemen), von einer zweiten Festplatte aus starten und noch eine Reihe anderer Funktionen nutzen, darunter einen automatischen Starttimer. Die Probeversion gibt es kostenlos als Shareware, aber wenn Sie das Programm dauerhaft nutzen, müssen Sie es für $ 25 kaufen.

- Mit *Shutdown NOW!* (*http://wsw.dworld.de*) können Sie das Herunterfahren anpassen; das Programm bietet zum Beenden des Betriebssystems jede Möglichkeit, die man sich nur vorstellen kann: Sie können damit unmittelbar vor dem Herunterfahren Anwendungen automatisch ausführen oder Dokumente laden, den Zeitpunkt des Herunterfahrens planen, CDs laden oder auswerfen, Verzeichnisse leeren und vieles mehr. Die Probeversion ist auch hier wieder gratis, die Vollversion kostet $ 19,50.

- Als kostenlosen Shutdown-Manager können Sie *Switch Off* (*http://yasoft. km.ru/eng/switchoff*) ausprobieren, ein einfaches Dienstprogramm, das in der Taskleiste läuft. Sie können damit den Zeitpunkt des Herunterfahrens planen und andere, verwandte Aufgaben ausführen, beispielsweise Ihren Computer sperren. Das Ganze geht schnell und komfortabel in der Taskleiste. Das Programm ist zwar nicht annähernd so mächtig wie Shutdown NOW!, aber dafür ist es wirklich gratis.

HACK #6 Diverse Hacks zum Starten und Beenden

Hier finden Sie einen ganzen Bauchladen mit Tricks dazu, wie Sie das Starten und Herunterfahren Ihres Systems anpassen können.

Es gibt eine Menge kleiner Kunstgriffe, mit denen Sie den Systemstart und das Herunterfahren steuern können. Die besten davon sind in den folgenden vier Hacks beschrieben.

Verknüpfungen für das Beenden und den Neustart mit einem Mausklick

Das Beenden und Neustarten von XP läuft in mehreren Schritten ab: Sie klicken auf das Startmenü, wählen AUSSCHALTEN und entscheiden sich dann zwischen AUSSCHALTEN oder NEU STARTEN. Auf Wunsch können Sie diesen Vorgang durch eine Verknüpfung beschleunigen, die das Herunterfahren auf einen Mausklick ermöglicht. Die Verknüpfung kann aber auch dazu dienen, das Herunterfahren oder Neustarten anzupassen, beispielsweise indem eine bestimmte Meldung angezeigt wird oder Programme, die noch laufen, automatisch beendet werden.

Als Erstes erstellen Sie auf dem Desktop eine Verknüpfung. Klicken Sie mit der rechten Maustaste auf den Desktop und wählen Sie NEU → VERKNÜPFUNG. Daraufhin öffnet sich der Assistent VERKNÜPFUNG ERSTELLEN. In das Dialogfeld für den Speicherort des Elements tippen Sie shutdown ein. Sobald Sie die Verknüpfung erstellt haben, brauchen Sie nur noch einen Doppelklick darauf auszuführen, und schon fährt Ihr System herunter.

Mit einer solchen Verknüpfung können Sie jedoch noch viel mehr tun, als nur Ihren PC herunterzufahren. Sie können eine Reihe von Optionen hinzufügen, die Zusatzaufgaben übernehmen, wie hier:

```
shutdown -r -t 01 -c "Neustart"
```

Wenn Sie dies tun, wird Ihr PC bei einem Doppelklick auf die Verknüpfung nach einer Sekunde neu gestartet, und die Meldung »Neustart« wird angezeigt. Zum Befehl shutdown gibt es mehrere Optionen, mit denen man ihn anpassen kann. Tabelle 1-3 listet diese auf und beschreibt ihre Verwendung.

Ich habe mit dieser Technik zwei Shutdown-Verknüpfungen auf meinem Desktop angelegt: Die eine schaltet meinen PC aus, und die andere startet ihn neu:

```
shutdown -s -t 03 -c "See you later!"
shutdown -r -t 03 -c "You can't get rid of me that quickly!"
```

Tabelle 1-3: Optionen beim Herunterfahren des Systems

Option	Zweck
-s	Fährt den PC herunter.
-l	Meldet den aktuellen Benutzer ab.
-t *nn*	Gibt an, wie viele Sekunden gewartet wird, ehe die Aktion ausgeführt wird.
-c "*messagetext*"	Zeigt eine maximal 127 Zeichen lange Meldung im Beendigungsfenster an. Die Meldung muss in Anführungszeichen stehen.
-f	Erzwingt das Beenden aller laufenden Anwendungen.
-r	Startet den PC neu.

Num, Rollen und Feststelltaste automatisch einschalten

Wenn Sie Ihren PC starten, werden Num, Rollen und Feststelltaste nicht automatisch eingeschaltet. Sie können jedoch erreichen, dass diese Tasten für alle Benutzerkonten auf dem PC automatisch beim Hochfahren ein- oder ausgeschaltet werden. In der Praxis möchten zwar die meisten Benutzer nur die Num-Taste automatisch einschalten, aber mit dem folgenden Registrierungs-Hack können Sie auch jede beliebige Kombination dieser drei Tasten ein- oder ausschalten. Rufen Sie den Registrierungs-Editor [Hack #83] auf und gehen Sie zu HKEY_USERS\.Default\Control Panel\Keyboard. Suchen Sie dort in der Spalte NAME den Wert InitialKeyboardIndicators. Dieser ist auf 0 voreingestellt, was bedeutet, dass Num, Rollen und Feststelltaste ausgeschaltet sind. Stellen Sie den Wert, je nachdem, welche Tasten Sie ein- oder ausschalten möchten, auf folgende Werte ein:

0   Num, Feststelltaste und Rollen ausgeschaltet

1   Feststelltaste eingeschaltet

2   Num eingeschaltet

3   Num und Feststelltaste eingeschaltet

4   Rollen eingeschaltet

5   Feststelltaste und Rollen eingeschaltet

6   Num und Rollen eingeschaltet

7   Num, Feststelltaste und Rollen eingeschaltet

Verlassen Sie nun die Registrierung. Sobald Sie den Computer neu starten, treten die Einstellungen in Kraft.

Fehlermeldungen beim Starten ausschalten

Wenn beim Starten jedes Mal eine Fehlermeldung auftritt, die Sie einfach nicht loswerden – z.B. von einer Software, die nicht ordentlich installiert wurde –, können Sie diese Meldung auch unterdrücken. Rufen Sie den Registrierungs-Editor auf und gehen Sie zu HKEY_LOCAL MACHINE\SYSTEM\CurrentControlSet\Control\Windows. (Unter diesem Schlüssel befinden sich einige Systemeinstellungen von Windows, unter anderem auch der Speicherort des Systemverzeichnisses.) Erstellen Sie ein neues DWORD namens NoPopupsOnBoot und geben Sie ihm den Wert 1. Verlassen Sie die Registrierung und führen Sie einen Neustart durch, damit die Änderung wirksam wird. Um die Änderung zu deaktivieren, können Sie den DWORD-Wert entweder löschen oder auf 0 setzen.

Mehr Zeit zum Schließen der Prozesse beim Herunterfahren

Wenn Sie Windows XP herunterfahren, bekommt jeder Prozess, jeder Dienst und jede Anwendung 20 Sekunden Zeit zum Schließen, ehe das Betriebssystem den Computer ausschaltet. Gelingt das Schließen nicht innerhalb dieser Zeit, erscheint ein Dialogfenster, in dem Sie eingeben müssen, ob Sie weitere 20 Sekunden warten, sofort beenden oder das Herunterfahren abbrechen möchten.

Falls dieses Dialogfeld häufig erscheint, führen Sie eine Anwendung, einen Dienst oder einen Prozess aus, der zum Schließen mehr als 20 Sekunden benötigt. Dieses Problem kann man lösen, indem man den Zeitraum verlängert, den XP wartet, ehe das Dialogfeld angezeigt wird. Dazu rufen Sie wieder den Registrierungs-Editor auf und gehen zu `HKEY_CURRENT_USER\Control Panel\Desktop`. Suchen Sie den Wert `WaitToKillAppTimeout` und ändern Sie die Einstellung, indem Sie eingeben, wie viel Zeit (in Millisekunden) verstreichen soll, ehe XP das Dialogfeld anzeigt. Die Voreinstellung beträgt 20000, also 20 Sekunden. Soll XP 25 Sekunden warten, geben Sie 25000 ein. Verlassen Sie nun die Registrierung und starten Sie neu.

HACK #7 Benutzeranmeldungen mit Hilfe der Registrierung steuern

Nutzen Sie den Anmeldebildschirm von XP besser aus.

Wenn mehr als ein Benutzer auf Ihrem System arbeitet oder Sie XP so eingerichtet haben, dass eine Anmeldung erforderlich ist, müssen auch Sie sich anmelden, ehe Sie mit XP arbeiten können. Aber Sie brauchen sich dabei nicht an die Standardregeln zu halten, sondern können den Anmeldemodus in der Registrierung festlegen. Es ist beispielsweise möglich, vor der Anmeldung einen eigenen Text anzeigen zu lassen oder die Benutzer einige Tage vor Ablauf ihrer Kennwörter daran zu erinnern, ein neues Kennwort festzulegen.

Um die Anmeldeoptionen zu ändern, gehen Sie in den Registrierungs-Editor [Hack #83] und dort zum Unterschlüssel `HKEY_LOCAL_MACHINE\SOFTWARE\Microsoft\Windows NT\CurrentVersion\Winlogon`, der eine Reihe von Einstellungen für die Anmeldung (aber auch andere Einstellungen) enthält. Im Folgenden sind die wichtigsten Werte beschrieben, mit denen sich der Anmeldevorgang anpassen lässt:

`DontDisplayLastUserName`
> Mit dieser Einstellung steuern Sie, wie das Dialogfeld WINDOWS-ANMELDUNG verwendet wird. Wenn dieser Wert vorhanden und auf 1 gesetzt ist, müssen alle Benutzer sowohl ihren Benutzernamen als auch ihr Kennwort eingeben, um sich anzumelden. Ist der Wert 0, wird der Name des zuletzt angemeldeten Benutzers angezeigt.

DefaultUserName

> Dieser Wert ist der Name des zuletzt angemeldeten Benutzers. Er wird nur angezeigt, wenn DontDisplayLastUserName nicht vorhanden oder auf 0 gesetzt ist.

LegalNoticeCaption

> Dieser Wert, der zusammen mit dem Wert von LegalNoticeText verwendet wird, zeigt vor der Anmeldung ein Dialogfeld mit irgendeinem Text Ihrer Wahl an. (Das muss nicht unbedingt ein Rechtshinweis sein, wird aber häufig für diesen Zweck benutzt.) Das Dialogfeld hat einen Titel und einen Text, wobei der Wert von LegalNoticeCaption in der Titelleiste steht.

LegalNoticeText

> Dieser Wert, der mit LegalNoticeCaption zusammen verwendet wird, ist der Text, den das Dialogfeld vor der Anmeldung anzeigt.

PasswordExpiryWarning

> Dieser DWORD-Wert zeigt einem Benutzer einige Tage vor Ablauf seines Kennworts eine Warnmeldung an. Sie können entscheiden, wie viele Tage vor Ablauf das geschehen soll. Schreiben Sie die Anzahl der Tage in die runden Klammern am Ende der Zeichenfolge.

ShutdownWithoutLogon

> Dieser Wert aktiviert oder deaktiviert im XP-Anmeldefenster eine Schaltfläche, die das Herunterfahren des Systems gestattet. Diese Schaltfläche wird mit dem Wert 1 aktiviert (gezeigt) und mit dem Wert 0 deaktiviert (nicht gezeigt).

Shell

> Dieser Wert hat zwar eigentlich nichts mit der Anmeldung zu tun, ist aber trotzdem wichtig. Er legt fest, welche Shell – also Benutzeroberfläche – XP verwenden soll. Diese ist laut Voreinstellung Explorer.exe, kann aber auch eine andere Shell sein, etwa der Programm-Manager von älteren Windows-Versionen. Geben Sie einfach den Namen des Programms ein, zum Beispiel Progman.exe für den Programm-Manager oder Taskman.exe für den Task-Manager.

AutoRestartShell

> Dieser DWORD-Wert hat ebenfalls nichts mit der Anmeldung zu tun, ist aber trotzdem wichtig. Mit ihm stellen Sie ein, ob bei einem Absturz automatisch die Windows-Shell neu gestartet wird. Ist der Wert 1, geschieht es, ist er 0, geschieht es nicht, so dass Sie sich in diesem Fall abmelden und wieder neu anmelden müssen, um die Shell neu zu starten.

Nun, da das Starten und Herunterfahren unter Kontrolle sind, können Sie sich in Kapitel 2 um die Benutzeroberfläche kümmern.

Die Benutzeroberfläche

Hacks #8–20

Mit Windows XP erfuhr das Windows-Betriebssystem von Microsoft die größte Überarbeitung seit dem Übergang von Windows 3.1 zu Windows 95. Fenster mit abgerundeten Ecken, Cartoon-ähnliche Symbole und das völlig neue Design der Systemsteuerung sind nur die offensichtlichsten Änderungen. Nicht nur das Aussehen, sondern auch die Funktionen von XP wurden erneuert: Das System basiert nun auf einem stabileren Kern und hat sämtliche Relikte der DOS-Ära endlich über Bord geworfen.

Dennoch ist auch XP nicht vollkommen. Im Originalzustand können die benutzerfreundlichen Bildchen Neulinge ebenso begeistern, wie sie Poweruser abstoßen. Die grafische Benutzeroberfläche (GUI) von XP muss jedoch nicht für alle Benutzer gleich sein: Unter der Oberfläche können Sie an tausend Stellschrauben drehen, um ihr Aussehen und ihre Funktionen zu verändern. In diesem Kapitel wird erklärt, wie Sie eine bessere GUI programmieren können, die an Stelle des marktorientierten Designs von Microsoft Ihre eigenen Benutzereinstellungen widerspiegelt. Sie werden sogar lernen, Ihren PC wie einen Mac zu benutzen und mit Linux zu betreiben, ohne eines der beiden Betriebssysteme installieren zu müssen.

HACK #8 Die GUI mit Tweak UI anpassen

Sie möchten die Benutzeroberfläche von XP verändern, ohne die Registrierung anrühren oder sich durch Unter-Unter-Untermenüs graben zu müssen? Mit diesem ungeheuer nützlichen, kostenlosen Microsoft-Tool können Sie eine an Ihre Bedürfnisse angepasste XP-Version kreieren.

Es gibt unzählige Möglichkeiten, die Benutzeroberfläche von XP anzupassen. Sie können die Registrierung ändern oder tief eingeschachtelte Menüs und Optionen hacken. Wenn Sie aber zu der Sorte Mensch gehören, die auf der Überholspur leben, gern doppelte Espressi trinken und in Rekordzeit im Internet hacken möchten, dann brauchen Sie Tweak UI.

Tweak UI können Sie kostenlos von Microsoft unter *http://
www.microsoft.com/windowsxp/pro/downloads/powertoys.asp*
herunterladen. Es gehört zu einer Reihe von kostenlosen Utilities namens XP PowerToys von Microsoft, für die es keinen
Support gibt. Tweak UI ist bei Weitem das beste dieser Tools.

Mit Tweak UI können Sie nicht nur die Benutzeroberfläche frisieren, sondern auch viele andere Systemeinstellungen, darunter die Suchfunktion des
Internet Explorer, den Anmeldevorgang beim Systemstart und die Aktivie-
rung der automatischen CD-Wiedergabe, so dass die CD beim Einlegen in
das Laufwerk sofort abgespielt wird. In diesem Hack lernen Sie, wie Sie mit
Tweak UI eine schnelle, auf das Wesentliche abgestimmte Version von XP
herstellen. Abbildung 2-1 zeigt Tweak UI in Aktion, wobei die Anzeige von
Bildern in Miniaturansicht im Windows Explorer angepasst wurde.

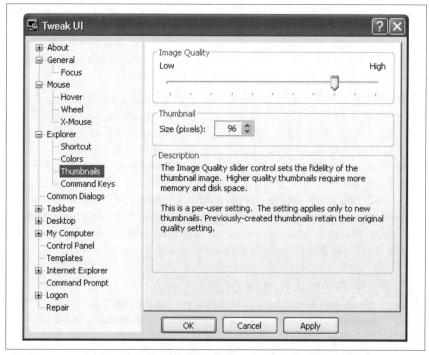

Abbildung 2-1: Größe und Qualität der Miniaturansicht im Windows Explorer anpassen

Ich habe hier gar nicht den Platz, um Ihnen sämtliche Möglichkeiten zur
Umprogrammierung der Benutzeroberfläche mit Tweak UI vorzuführen.
Aber hier sind einige Highlights:

- Im Abschnitt GENERAL können Sie die Animationseffekte von XP sowie Farbverläufe und Schattierungen ändern. Wichtig in diesem Teil ist auch SHOW WINDOWS VERSION ON DESKTOP. Wenn Sie dieses Optionsfeld markieren, wird unten rechts auf Ihrem Bildschirm die exakte Version Ihres XP-Systems angezeigt, zum Beispiel »Windows XP Home Edition Build 2600.xpsp2.021108-1929 (Service Pack 1)«, wie in Abbildung 2-2 gezeigt. Ich finde diese Angabe nützlich, um zu erfahren, ob ich XP Service Packs hinzufügen muss, oder wenn ich mit dem technischen Support ein Problem klären muss. Bevor Ihre Version angezeigt wird, müssen Sie den PC herunterfahren und neu starten.

> **Windows XP Home Edition**
> Build 2600.xpsp1.020828-1920 (Service Pack 1)

Abbildung 2-2: Version und Build Ihres XP-Systems auf dem Desktop anzeigen

Sie können die Angabe Ihrer XP-Versions- und Build-Nummern auch durch eine Anpassung der Registrierung erzwingen. Rufen Sie den Registrierungs-Editor [Hack #83] auf, gehen Sie zu HKEY_CURRENT_USER\Control Panel\Desktop und suchen Sie den DWORD-Wert PaintDesktopVersion. Ändern Sie diesen Wert in 1, verlassen Sie die Registrierung und starten Sie Ihren Computer neu. Damit die Versions- und Build-Nummern wieder verschwinden, setzen Sie den Wert auf 0 zurück. In Betaversionen von XP ist dieser Wert standardmäßig eingeschaltet, aber in der endgültigen Version wurde er ausgeschaltet.

- Symbole, die anscheinend nicht vom Desktop gelöscht werden können, wie zum Beispiel *Internet Explorer*, *Microsoft Outlook*, *Arbeitsplatz*, *Eigene Dokumente*, *Netzwerkumgebung* und der *Papierkorb*, lassen sich immerhin verbergen. Dafür gehen Sie in Tweak UI zum Desktop-Bereich und entfernen die Häkchen aus den Kontrollkästchen neben den zu entfernenden Symbolen. Sie brauchen noch nicht einmal neu zu starten, damit die Änderungen in Kraft treten. (In der Registrierung können Sie dasselbe erreichen; siehe »›Geschützte‹ Desktop-Symbole entfernen« [Hack #13].)

- Im Explorer-Bereich passen Sie die Taskleiste und den Desktop an, indem Sie QuickInfos aktivieren oder deaktivieren und festlegen, welche Programme in der Liste der häufig verwendeten Programme erscheinen. Hinzu kommen weitere Einstellungsmöglichkeiten.

- Sie können das Aussehen und die Funktionsweise des Windows Explorers ändern: Beeinflussen Sie die Qualität der Bilder-Miniaturansichten und das Erscheinungsbild der Verknüpfungen und entscheiden Sie selbst, ob das Startmenü die Optionen HILFE, ZULETZT VERWENDETE DOKUMENTE und HERUNTERFAHREN oder Ähnliches anzeigen soll.

Es gibt noch sehr viel mehr auszuprobieren. Laden Sie Tweak UI herunter und versuchen Sie es.

Eine schnelle, angepasste Oberfläche mit Tweak UI erstellen

Es macht schon Spaß, mit Hilfe von Tweak UI an der Benutzeroberfläche herumzufummeln, aber die eigentliche Stärke dieses Tools zeigt sich, wenn Sie es zum Entwurf eigener XP-Schnittstellen nutzen. Vielleicht gehören Sie zu der Sorte Anwender, denen es nur um die reine Funktionalität geht. Sie wollen schnell mit Ihrer Arbeit fertig werden und empfinden all die netten kleinen Gimmicks von XP nur als Ballast, der Ihre Systemleistung schmälert. Hier erfahren Sie, wie man mit Tweak UI eine schnelle, auf das Wesentliche reduzierte Oberfläche erstellt:

Animationen, Ein- und Ausblenden und andere Effekte ausschalten.   Animationen und Einblendungen sind hübsch, aber sie fressen Ressourcen und verlangsamen Ihr System. Sie können eine Vielzahl dieser Effekte im GENERAL-Bereich von Tweak UI ausschalten. Entfernen Sie einfach die Häkchen aus sämtlichen Kontrollkästchen, etwa bei ENABLE MENU ANIMATION, ENABLE MENU SELECTION FADING, ENABLE TOOLTIP ANIMATION und den vielen anderen aufgeführten Optionen.

Kontextmenüanzeige, Hover-Effekte und andere Mausaktionen beschleunigen.   Wenn Sie beim Rechtsklick auf ein Objekt oder Symbol sofort das Kontextmenü sehen wollen, gehen Sie in den MOUSE-Bereich von Tweak UI und stellen den MENU SPEED-Regler auf die höchste Geschwindigkeit (FAST) ein, indem Sie ihn ganz nach links schieben. Testen Sie, wie schnell die Menüs jetzt erscheinen, indem Sie mit der rechten Maustaste auf das Testsymbol klicken. In diesem Bereich können Sie auch die Empfindlichkeit der Maus so einstellen, dass sie schneller auf das Klicken und Ziehen reagiert. Tragen Sie im Bereich MOUSE SENSITIVITY neben DOUBLE-CLICK und DRAG kleinere Zahlen ein und schauen Sie sich das Ergebnis an, indem Sie auf das Testsymbol doppelklicken.

Außerdem können Sie im MOUSE-Bereich einstellen, wie schnell die GUI reagiert, wenn Sie mit dem Mauszeiger an einer Stelle verharren – auch als »Hovering« bezeichnet. Durch Hovering wird beispielsweise eine QuickInfo angezeigt, wenn die Maus über einem Symbol verharrt. Damit das schneller geht, gehen Sie im linken Fenster im Bereich MOUSE auf HOVER und tragen neben HOVER SENSITIVITY und HOVER TIME kleinere Zahlen ein. Auch diese Einstellungen können Sie an dem Testsymbol ausprobieren.

Die Bildqualität von Miniaturbildern im Windows Explorer verringern.
Wenn der Windows Explorer Miniaturbilder anzeigt, nimmt er den Anwendungen und dem Betriebssystem Arbeitsspeicher fort, was auf Kosten der Schnelligkeit geht. Mit Tweak UI können Sie veranlassen, dass die Miniaturbilder nur minimal RAM belegen. Gehen Sie in den Bereich EXPLORER\THUMBNAILS und dann in IMAGE QUALITY und schieben Sie den Regler dort ganz nach links, um die niedrigste Einstellung der Bildqualität zu erhalten. Verringern Sie die Größe der Miniaturbilder in Pixeln.

Sie können die Miniaturbilder auch komplett ausschalten, so dass sie im Windows Explorer gar nicht erst angezeigt werden. Wählen Sie dazu im Windows Explorer ANSICHT → DETAILS oder ANSICHT → LISTE.

Löschen Sie überflüssige Desktop-Symbole. Da auch Desktop-Symbole Arbeitsspeicher belegen und die Benutzeroberfläche unübersichtlich machen, wünschen Puristen sich möglichst wenige solcher Symbole auf dem Desktop. Die meisten kann man zwar löschen, aber einige, wie zum Beispiel Outlook und Internet Explorer, scheinen schier unauslöschlich zu sein. Doch mit Tweak UITweak UI werden Sie sie los. Gehen Sie in den DESKTOP-Bereich und entfernen Sie die Markierungen aus den Kontrollkästchen neben den Symbolen, die Sie auf dem Desktop nicht wünschen. (Sie können das Gleiche auch mit der Registrierung erzwingen, wie unter »›Geschützte‹ Desktop-Symbole entfernen« [Hack #13] beschrieben.)

Applets der Systemsteuerung verbergen. Die Systemsteuerung steckt voller Applets, die Sie kaum jemals benutzen werden. Überflüssige Applets machen die Oberfläche jedoch unübersichtlich und erschweren das Auffinden der wirklich benötigten Applets. Um Applets zu verbergen, gehen Sie in den Bereich CONTROL PANEL und entfernen die Häkchen aus den Kontrollkästchen der unbenutzten Applets. (Auch dieses können Sie mit der Registrierung erreichen; siehe »Steuern Sie die Systemsteuerung« [Hack #9]. In diesem Hack wird zudem gezeigt, wie man Applets, deren Symbol entfernt wurde, dennoch weiter ausführen kann.)

Das Rechtsklickmenü »Neu« säubern. Wenn Sie mit der rechten Maustaste auf den Desktop klicken und NEU wählen, können Sie durch Auswahl aus einem Untermenü automatisch ein neues Dokument erstellen.

Im Untermenü können Sie wählen, welchen Dokumenttyp Sie anlegen möchten, je nachdem, welche Anwendungen auf Ihrem PC laufen und wie diese Anwendungen den Installationsprozess handhaben. In vielen Fällen sind diese Auswahlmöglichkeiten purer Ballast, da Sie einige Dokumenttypen nie im Leben anlegen werden. Reduzieren Sie doch einfach das Untermenü auf das Wesentliche, damit es nur die Dokumenttypen anbietet, die Sie wirklich benötigen. Dazu wählen Sie TEMPLATES und entfernen die Häkchen aus den Kontrollkästchen neben den unbenutzten Dokumenttypen. Die meisten Anwender benutzen beispielsweise nur selten den Aktenkoffer [Hack #29]. Entfernen Sie ihn, falls Sie nicht regelmäßig Dokumente hineinlegen oder entnehmen. (Wenn Sie sich dafür interessieren, wie man die Rechtsklick-Kontextmenüs mächtiger macht, sollten Sie »Verborgene Waffen eines Powerusers: ein besseres Kontextmenü« [Hack #28] lesen.)

Autologon aktivieren. Wenn meistens nur Sie selbst mit Ihrem PC arbeiten, können Sie das Autologon aktivieren. Dann werden Sie beim Systemstart automatisch angemeldet und brauchen das nicht manuell zu erledigen. Wählen Sie im Bereich LOGON den Eintrag AUTOLOGON und markieren Sie das Kontrollkästchen neben LOG ON AUTOMATICALLY AT SYSTEM STARTUP. Stellen Sie sicher, dass Ihr Benutzername, Ihre Domain und Ihr Kennwort richtig sind.

Steuern Sie die Systemsteuerung

HACK
#9

Egal ob Sie die neue Systemsteuerung nun mögen oder nicht: Sie können eine Menge dafür tun, dass sie noch attraktiver wird: Applets verbergen, die Sie nie benutzen, Applets neu anordnen, die Sie öfter nutzen, und alle Applets in einem bedienungsfreundlichen kaskadierenden Menü anzeigen.

Als ich mit dem neuen XP zu arbeiten begann, war die neue Systemsteuerung eines der größten Ärgernisse für mich. Na schön, die großen neuen Symbole zur Ausführung von Applets sind sicherlich hübsch, aber die neue Organisation in mehreren Ebenen erfordert viel zu viele Mausklicks, bis man das Applet anwerfen kann, das man möchte. Und diese Fülle von Applets, die ich kaum jemals brauche, macht das Ganze noch schwieriger und verwirrender.

Ich klickte sofort auf ZUR KLASSISCHEN ANSICHT WECHSELN, um das alte Design wiederzubekommen, aber auch dies hat seine Tücken: Durch die lange, alphabetisch sortierte Liste von Miniaturbildern ist es genauso schwierig zu navigieren wie durch die neue Systemsteuerung.

Was ist die Lösung? Als Erstes die Systemsteuerung säubern und die Applets, die man nie benötigt, verbergen. Sie müssen wissen, dass auch verborgene Applets weiterhin zur Verfügung stehen, man sieht eben nur ihre Symbole nicht mehr in der Systemsteuerung.

Dieser Hack zeigt Ihnen nicht nur Mittel und Wege, die Systemsteuerung zu steuern, sondern auch, wie Sie dieses Wissen nutzen, um verschiedene angepasste Systemsteuerungen zu erstellen.

Unbenutzte Applets mit Hilfe der Registrierung verbergen

Um ungenutzte Applets mit Hilfe der Registrierung zu verbergen, starten Sie den Registrierungs-Editor [Hack #83] und gehen zu HKEY_LOCAL_MACHINE\SOFT-WARE\Microsoft\Windows\CurrentVersion\Control Panel\don't load.

Wie der Name schon sagt, legt dieser Schlüssel fest, welche Applet-Symbole in der Systemsteuerung nicht auf die Benutzeroberfläche geladen werden. Die Applets lassen sich nach dem Verbergen immer noch auf der Befehlszeile ausführen (wie das geht, wird weiter unten in diesem Hack erklärt). Es sind lediglich die Symbole, die aus der Systemsteuerung verschwinden.

Um ein Applet zu verbergen, erstellen Sie einen neuen String-Wert, dessen Name der Dateiname des zu verbergenden Applets ist. Um beispielsweise das Dialogfeld EIGENSCHAFTEN VON MAUS abzuschaffen, müsste der String-Wert *main.cpl* lauten. In Tabelle 2-1 finden Sie eine Liste der Systemsteuerungs-Applets und der zugehörigen Dateinamen.

Tabelle 2-1: Systemsteuerungs-Applets und ihre Dateinamen

Applet	Dateiname
Systemeigenschaften	*sysdm.cpl*
Eigenschaften von Anzeige	*desk.cpl*
Netzwerkverbindungen	*ncpa.cpl*
Eingabehilfen	*access.cpl*
Software	*appwiz.cpl*
Hardware-Assistent	*hdwwiz.cpl*
Eigenschaften von Internet	*Inetcpl.cpl*
Regions- und Sprachoptionen	*intl.cpl*
Gamecontroller	*joy.cpl*
Eigenschaften von Maus	*main.cpl*
Sounds und Audiogeräte	*mmsys.cpl*
Benutzerkonten	*nusrmgr.cpl*
Datenquelle (ODBC)	*odbccp32.cpl*
Eigenschaften von Energieoptionen	*Powercfg.cpl*
Telefon- und Modemoptionen	*telephon.cpl*
Eigenschaften von Datum und Uhrzeit	*timedate.cpl*
Spracheigenschaften	*sapi.cpl*

Geben Sie für jedes zu verbergende Applet String-Werte ein und verlassen Sie dann die Registrierung. Die Applets werden nun aus der Systemsteuerung verschwinden. Damit sie wieder erscheinen, müssen Sie ihren jeweiligen Namen aus demselben Registrierungsschlüssel wieder entfernen.

Unbenutzte Applets mit dem Gruppenrichtlinien-Editor von XP Pro verbergen

Wenn Sie XP Professional besitzen, brauchen Sie sich nicht an der Registrierung die Finger schmutzig zu machen, um unbenutzte Applets zu verbergen: Verwenden Sie stattdessen den überaus nützlichen Gruppenrichtlinien-Editor von XP. Dieser ist in erster Linie dazu da, die Sicherheitsrichtlinien und Berechtigungen für den Netzwerk- und Mehrbenutzerbetrieb einzustellen; er kann aber auch dazu dienen, das Aussehen und die Arbeitsweise von XP anzupassen. (Wie mit dem Gruppenrichtlinien-Editor beispielsweise das Startmenü und die Taskleiste geändert wird, erfahren Sie in »Startmenü und Taskleiste hacken« [Hack #10].) Sie führen den Editor aus, indem Sie im Fenster AUSFÜHREN oder auf der Befehlszeile gpedit.msc eingeben.

Dann gehen Sie in Benutzerkonfiguration\Administrative Vorlagen\Systemsteuerung, also in den Abschnitt für die Systemsteuerung. Dort sehen Sie, dass Sie in diesem Teil des Gruppenrichtlinien-Editors einiges mehr tun können, als lediglich die unbenutzten Applets der Systemsteuerung zu verbergen. Sie können noch viele andere Änderungen an Aussehen und Funktion der Systemsteuerung vornehmen.

Klicken Sie jetzt mit der rechten Maustaste auf NUR ANGEGEBENE SYSTEM-STEUERUNGSSYMBOLE ANZEIGEN und dann auf EIGENSCHAFTEN. Es erscheint das Bild aus Abbildung 2-3.

Nun müssen Sie ganz unintuitiv vorgehen: Um Symbole der Systemsteuerung auszuschalten, müssen Sie das Optionsfeld AKTIVIERT einschalten, denn Sie aktivieren die Funktion, nur ausgewählte Systemsteuerungssymbole anzuzeigen. Seltsam, aber wahr.

Wenn Sie dies tun, verbergen Sie *alle* Symbole in der Systemsteuerung, eine doch recht drakonische Maßnahme. Falls Sie aus irgendwelchen kühlen Gründen überhaupt keine Symbole dort sehen möchten, brauchen Sie nur noch auf OK zu klicken. Doch höchstwahrscheinlich möchten Sie immerhin einige Symbole angezeigt bekommen, und dazu müssen Sie auf die Schaltfläche ANZEIGEN klicken. Nun erscheint das Fenster INHALT ANZEIGEN. Klicken Sie auf HINZUFÜGEN, und schon können Sie alle Systemsteuerungssymbole eintragen, die Sie anzeigen lassen möchten. Geben Sie für jedes Symbol, das in der Systemsteuerung erscheinen soll, seinen Dateinamen gemäß Tabelle 2-1 ein, zum Beispiel timedate.cpl für Datum und Uhrzeit. Auch mit Tweak UI [Hack #8] lassen sich Systemsteuerungssymbole verbergen.

Abbildung 2-3: Systemsteuerungssymbole im Gruppenrichtlinien-Editor ausschalten

Wenn Sie alle Systemsteuerungssymbole eingegeben haben, die erscheinen sollen, klicken Sie auf OK und verlassen den Gruppenrichtlinien-Editor. Nun zeigt die Systemsteuerung nur noch die Symbole an, die Sie zugelassen haben.

Diese Technik ist sehr nützlich, wenn man die meisten Symbole der Systemsteuerung verbergen und nur einige wenige anzeigen möchte. Möchten Sie jedoch umgekehrt nur wenige verbergen und die meisten anzeigen lassen, ist eine andere Verwendung des Gruppenrichtlinien-Editors besser geeignet. Klicken Sie in Benutzerkonfiguration\Administrative Vorlagen\Systemsteuerung doppelt auf ANGEGEBENE SYSTEMSTEUERUNGSSYMBOLE AUSBLENDEN und wählen Sie dann AKTIVIERT. Danach wählen Sie ANZEIGEN → HINZUFÜGEN und geben für jedes zu verbergende Symbol den Systemsteuerungs-Dateinamen ein (wieder gemäß Tabelle 2-1). Klicken Sie in jedem Dialogfeld, das angezeigt wird, auf OK. Wenn Sie nun den Gruppenrichtlinien-Editor verlassen, werden die von Ihnen angegebenen Symbole nicht mehr angezeigt.

Um noch andere Anpassungen an der Systemsteuerung vorzunehmen, gehen Sie nach demselben Schema vor: Sie klicken mit der rechten Maustaste auf das Element Ihrer Wahl, wählen EIGENSCHAFTEN und suchen die gewünschten Optionen heraus.

Verborgene Applets ausführen

Durch das Verbergen von Applets wird die Systemsteuerung zwar aufgeräumter, aber dafür entsteht ein anderes Problem: Was tun Sie, wenn Sie ein Applet ausführen möchten, dessen Symbol verborgen ist? Ganz einfach. Geben Sie im Dialogfeld AUSFÜHREN oder auf der Befehlszeile den Namen des Applets ein, das Sie ausführen möchten, etwa Inetcpl.cpl für EIGENSCHAFTEN VON INTERNET, und drücken Sie die Enter-Taste. Eine Liste der Dateinamen finden Sie in Tabelle 2-1.

Applets der Systemsteuerung in andere Kategorien einteilen

Das Verbergen von Applets ist erst die halbe Miete, wenn Sie die Systemsteuerung aufräumen möchten. Man kann die Applets auch in andere Kategorien packen oder die Kategorie wechseln lassen. Die Mauseigenschaften finden sich beispielsweise in der Kategorie DRUCKER UND ANDERE HARDWARE, aber wenn Sie sie lieber in der Kategorie EINGABEHILFEN unterbringen möchten, können Sie das tun.

Um ein beliebiges Applet in eine beliebige Kategorie zu packen, benötigen Sie zwei Informationen: den Dateinamen des Applets (zum Beispiel *main.cpl* für das Dialogfeld EIGENSCHAFTEN VON MAUS) und den Wert, den die einzelnen Kategorien der Systemsteuerung in der Registrierung haben (beispielsweise 0x00000007 (7) für Eingabehilfen). Die Dateinamen der Applets stehen in Tabelle 2-1 und die Registrierungswerte für alle Systemsteuerungskategorien in Tabelle 2-2. Wenn Sie diese beiden Werte kennen, können Sie alle Applets der Systemsteuerung neu kategorisieren.

Tabelle 2-2: Systemsteuerungskategorien und ihre Werte in der Registrierung

Kategorie der Systemsteuerung	Wert
Eingabehilfen	0x00000007 (7)
Software	0x00000008 (8)
Darstellung und Designs	0x00000001 (1)
Datums-, Zeit-, Sprach- und Regionaleinstellungen	0x00000006 (6)
Netzwerk- und Internetverbindungen	0x00000003 (3)
Andere Systemsteuerungsoptionen	0x00000000 (0)
Leistung und Wartung	0x00000005 (5)
Drucker und andere Hardware	0x00000002 (2)
Sounds, Sprachein-/ausgabe und Audiogeräte	0x00000004 (4)
Benutzerkonten	0x00000009 (9)
Keine Kategorie	0xffffffff

Um ein Applet der Systemsteuerung neu zu kategorisieren, führen Sie den Registrierungs-Editor [Hack #83] aus und gehen zu HKEY_LOCAL_MACHINE\SOFT-WARE\Microsoft\Windows\CurrentVersion\Control Panel\Extended Properties\{305CA226-D286-468e-B848-2B2E8E697B74}2. Der Schlüssel {305CA226-D286-468e-B848-2B2E8E697B74}2 ist der Behälter für alle Systemsteuerungskategorien. (Vergessen Sie nicht, die Registrierung vorher zu sichern [Hack #86].)

Suchen Sie nun den Registrierungsschlüssel des Applets, das Sie neu kategorisieren möchten. Der Dateiname des Applets steht am Ende des Schlüssels; so steht zum Beispiel %SystemRoot%\system32\main.cpl für das Dialogfeld EIGENSCHAFTEN VON MAUS. Tabelle 2-1 enthält alle Dateinamen der Systemsteuerungs-Applets.

Ändern Sie nun den DWORD-Wert des gefundenen Schlüssels in den Wert der Systemsteuerungskategorie (gemäß Tabelle 2-2) um, in der das Applet in Zukunft auftauchen soll. Soll es zum Beispiel in der Kategorie LEISTUNG UND WARTUNG stehen, geben Sie ihm den Wert 5. Dieser Wert wird dann in der Registrierung als 0x00000005(5) angezeigt.

Nach Abschluss dieser Aktion verlassen Sie die Registrierung. Das Applet erscheint nun in der neuen Kategorie.

Systemsteuerungs-Applets in einem kaskadierenden Menü

Wenn Sie der »Bitte fassen Sie sich kurz«-Typ sind, möchten Sie die Systemsteuerung vielleicht ganz umgehen. Anstatt auf Symbole zu klicken, können Sie XP veranlassen, die Systemsteuerungs-Applets in einem kaskadierenden Menü wie in Abbildung 2-4 anzuzeigen, sobald Sie im Startmenü die Systemsteuerung angeklickt haben.

Damit die Systemsteuerung als kaskadierendes Menü angezeigt wird, klicken Sie mit der rechten Maustaste auf die Taskleiste und wählen EIGENSCHAFTEN → STARTMENÜ. Klicken Sie dann auf die Schaltfläche ANPASSEN und wählen Sie die Registerkarte ERWEITERT. Unter der Überschrift STARTMENÜELE-MENTE gehen Sie auf SYSTEMSTEUERUNG und markieren das Optionsfeld ALS MENÜ ANZEIGEN. Klicken Sie nun zweimal auf OK.

Benutzerdefinierte Systemsteuerungen erstellen

Nachdem Sie so viele Hacks für die Systemsteuerung kennen, sind Sie nun in der Lage, benutzerdefinierte Systemsteuerungen zu erstellen. Sie können zum Beispiel eine Systemsteuerung für Anfänger kreieren, die die technischeren Applets und Kategorien nicht zeigt. Dazu verbergen Sie die Applets der Kategorien NETZWERK UND INTERNETVERBINDUNGEN, LEISTUNG UND WARTUNG sowie SOUNDS, SPRACHEIN-/AUSGABE UND AUDIOGERÄTE. Auf diese Weise

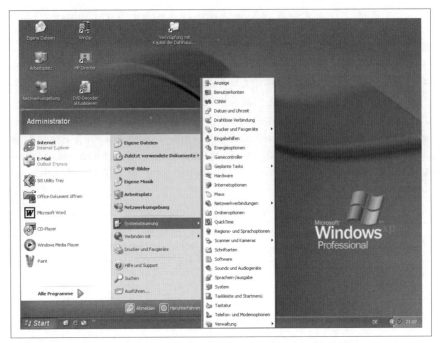

Abbildung 2-4: Systemsteuerung für den schnellen Zugriff in ein kaskadierendes Menü verwandeln

kommen Neulinge nicht in Schwierigkeiten, weil sie unerwartete Änderungen am System vornehmen.

Für Systemadministratoren können Sie alle Applets, die das System betreffen, in einer einzigen Kategorie zusammenfassen, beispielsweise in NETZWERK UND INTERNETVERBINDUNGEN. Die bereits vorhandenen Applets können Sie dort belassen, aber zusätzlich noch VERWALTUNG, GEPLANTE TASKS, SYSTEM sowie DRUCKER UND FAXGERÄTE hineinpacken. (Falls der Administrator noch andere Geräte wie zum Beispiel Scanner verwalten muss, können Sie außerdem noch SCANNER UND KAMERAS hinzufügen.)

Wer gern sein System hackt und sofortigen, umstandslosen Zugriff auf Anpassungswerkzeuge haben will, sollte alle Applets aus NETZWERK UND INTERNETVERBINDUNGEN und aus LEISTUNG UND WARTUNG nehmen und sie in der Kategorie DARSTELLUNG UND DESIGNS zusammenfassen. Wenn dann noch die Systemsteuerung als kaskadierendes Menü angezeigt wird, stehen alle Hacker-Applets sofort zur Verfügung, da die Kategorie DARSTELLUNG UND DESIGNS mit den relevanten Applets ganz oben im Menü steht.

Startmenü und Taskleiste hacken

Der Gruppenrichtlinien-Editor von Windows XP Professional gibt Direktzugriff zu mehr als drei Dutzend Einstellungen der Benutzeroberfläche. Hier erfahren Sie, wie Sie Ihr Startmenü und Ihre Taskleiste personalisieren können.

Der Gruppenrichtlinien-Editor von XP Professional kann noch mehr, als nur die Systemsteuerung anzupassen [Hack #9]: Er gibt Ihnen Kontrolle über viele Elemente der Benutzeroberfläche von XP, insbesondere über das Startmenü und die Taskleiste. Sie haben darin Zugriff auf drei Dutzend unterschiedliche Einstellungen für diese beiden Elemente.

Führen Sie nun den Gruppenrichtlinien-Editor aus, indem Sie gpedit.msc im AUSFÜHREN-Dialog oder auf der Befehlszeile eingeben. Gehen Sie zu Benutzerkonfiguration\Administrative Vorlagen\Startmenü und Taskleiste. Wie Abbildung 2-5 zeigt, befinden sich im rechten Fenster alle Einstellungen, die man ändern kann. Wenn Sie unten im Bildschirm auf die Registerkarte ERWEITERT klicken, erscheint eine Beschreibung der von Ihnen markierten Einstellung zusammen mit einer Erklärung zu den einzelnen Optionen. Unter anderem können Sie anpassen: das Symbol für EIGENE BILDER, die Einträge AUSFÜHREN und EIGENE MUSIK im Startmenü, eine Sperre der Taskleiste, so dass diese nicht mehr geändert werden kann, und vieles andere mehr. Um eine Einstellung zu ändern, doppelklicken Sie darauf und wählen aus dem angezeigten Menü die Optionen, wie es in »Steuern Sie die Systemsteuerung« [Hack #9] skizziert wird.

Der Platz für diesen Hack reicht nicht aus, um jedes Detail jeder Einstellung zu erklären, die man ändern kann. Daher werde ich mich auf meine Favoriten beschränken. Von den Ordnern EIGENE DOKUMENTE, EIGENE BILDER und EIGENE MUSIK war ich noch nie begeistert. Da ich die Dinger nie benutze, hat es auch keinen Sinn, sie im Startmenü zu behalten. Über Einstellungen im Gruppenrichtlinien-Editor kann man sie loswerden.

Wenn Sie Ihren PC mit anderen gemeinsam nutzen, lässt sich mit Hilfe des Gruppenrichtlinien-Editors sicherstellen, dass niemand außer Ihnen das Startmenü oder die Taskleiste abändern kann. Haben Sie diese beiden Tools nach Ihren Wünschen eingerichtet, bleiben sie so, bis Sie sie ändern. Sobald Sie ÄNDERN DER EINSTELLUNGEN FÜR DIE TASKLEISTE UND DAS STARTMENÜ VERHINDERN aktiviert haben, kann niemand anderer als Sie diese Einstellungen ändern. Und wenn Sie DRAG-AND-DROP-KONTEXTMENÜS AUS DEM STARTMENÜ ENTFERNEN auswählen, kann auch niemand anders mehr Elemente des Startmenüs entfernen oder umsortieren. Sie können die anderen Nutzer sogar am Herunterfahren von Windows hindern, indem Sie BEFEHL »HERUNTERFAHREN« ENTFERNEN UND ZUGRIFF DARAUF VERWEIGERN aktivieren. (Natürlich lässt sich der Rechner dann immer noch auf die gute alte Art ausschalten: durch Drücken des Stromschalters.)

Abbildung 2-5: Startmenü und Taskleiste im Gruppenrichtlinien-Editor anpassen

Doch unter all diesen vielen Einstellungen gibt es auch völlig sinnlose. Man kann beispielsweise die Schaltfläche COMPUTER AUSSCHALTEN deaktivieren und entfernen, doch das ist eine Maßnahme, auf die ich ganz gut verzichten kann. Aber wer weiß: Vielleicht werden Sie doch einmal die eine oder andere Einstellung aus dem Gruppenrichtlinien-Editor benötigen. Stöbern Sie ein wenig darin herum, es gibt einiges zu entdecken.

Taskleiste mit Tweak UI bearbeiten

Tweak UI [Hack #8] kann bis zu einem gewissen Grad auch auf die Taskleiste Einfluss nehmen. Wenn Sie dieses Tool ausführen und in den Abschnitt TASK-LEISTE gehen, können Sie die QuickInfos aktivieren oder deaktivieren und ebenso die Warnmeldungen, wenn Ihr Festplattenplatz zur Neige geht. Unterhalb des Taskleisten-Bereichs sehen Sie einen Teilabschnitt namens GROUPING, der festlegt, wie die Elemente der Taskleiste zusammengefasst werden. Wenn Sie zu viele Programme mit zu vielen geöffneten Dateien gleichzeitig betreiben, passt nicht jede Datei auf die Taskleiste. Daher fasst XP Dateien derselben Anwendung zusammen. Haben Sie beispielsweise vier Word-

Dateien geöffnet, wird ein einziges Word-Symbol mit der Zahl 4 darin angezeigt. Sobald Sie auf dieses Symbol klicken, erscheint ein Popup-Menü, das alle vier Dateien anzeigt. In diesem Menü können Sie dann wählen, welches Dokument Sie öffnen möchten. Mit Tweak UI können Sie einstellen, wie die Symbole der Taskleiste gruppiert werden: ob an erster Stelle die Anwendungen kommen, in denen die meisten Dokumente geöffnet sind, oder die, die am wenigsten benutzt wurden. Oder Sie gruppieren die Anwendungen nach der Zahl der geöffneten Dateien, so dass zuerst die mit zwei oder mehr oder mit drei oder mehr Dokumenten angezeigt werden.

HACK #11 Die Liste der zuletzt verwendeten Dokumente aufräumen

Machen Sie dieses selten benutzte Tool zu einer nützlichen Einrichtung. Verbannen Sie Einträge aus der Liste häufig verwendeter Programme oder schaffen Sie diese ganz ab, um mehr Platz für angeheftete Programme zu schaffen.

Windows merkt sich Programme, die oft benutzt werden, und setzt sie auf die Liste häufig verwendeter Programme, die im neuen Startmenü von Windows XP (also nicht im klassischen Startmenü) zwischen der Liste angehefteter Programme ganz oben und der Verknüpfung ALLE PROGRAMME ganz unten steht. Diese Liste häufig verwendeter Programme gibt Ihnen schnellen Zugriff auf die Programme, die Sie am häufigsten nutzen. Doch die Regeln, wann Programme auf dieser Liste erscheinen und wann sie wieder daraus verschwinden, sind bestenfalls schwammig und folgen keiner erkennbaren Logik.

Aber im Verborgenen gibt es diese Logik eben doch. XP schließt einige Programme aus dieser Liste aus. Wenn im Namen der Verknüpfung eines Programms ein Wort aus der folgenden Liste auftaucht, wird es nicht in die häufig benutzten Programme aufgenommen: Documentation, Help, Install, More Info, Readme, Read me, Read First, Setup, Support, What's New.

Außerdem bleiben folgende ausführbare Dateien ausgeschlossen: *Setup.exe*, *Install.exe*, *Isuninst.exe*, *Unwise.exe*, *Unwise32.exe*, *St5unst.exe*, *Rundll32.exe*, *Explorer.exe*, *Icwconn1.exe*, *Inoculan.exe*, *Mobsync.exe*, *Navwnt.exe*, *Realmon.exe* und *Sndvol32.exe*.

Programme aus der Liste verbannen

Vielleicht möchten Sie auch noch andere als diese standardmäßig ausgeschlossenen Anwendungen aus der Liste der häufig verwendeten Programme verbannen. Nur weil Sie ein Programm ein- oder zweimal einsetzen, möchten Sie es noch längst nicht in Ihre Favoriten aufnehmen. Mit einem Registrierungs-Hack können Sie verhindern, dass das geschieht.

Rufen Sie den Registrierungs-Editor [Hack #83] auf und gehen Sie zu HKEY_
CLASSES_ROOT\Applications. Unterhalb dieses Schlüssels befindet sich eine
Reihe von Unterschlüsseln, von denen jeder eine Anwendung repräsentiert.
Wie weiter unten in diesem Hack noch erläutert wird, besteht der Haupt-
zweck dieser Schlüssel darin festzulegen, ob das zugehörige Programm in
dem Dialogfeld ÖFFNEN MIT erscheint, das angezeigt wird, wenn Sie eine
Datei unbekannten Typs zu öffnen versuchen. Doch Sie können den Unterschlüsseln auch einen Wert hinzufügen, der das zugehörige Programm aus
der Liste der häufig verwendeten Programme heraushält.

Suchen Sie nach einem Unterschlüssel mit dem Namen der ausführbaren
Datei derjenigen Anwendung, die Sie aus dem Startmenü tilgen möchten,
etwa visio.exe für das Programm Visio. Wenn Sie den Unterschlüssel ge-
funden haben, geben Sie für ihn einen neuen String-Wert ein, nämlich
NoStartPage. Den eigentlichen Wert lassen Sie leer. Verlassen Sie nun die
Registrierung. Eventuell müssen Sie den Computer neu starten, damit die
Änderung Wirkung zeigt und das Programm aus der Liste verschwindet.

Eine andere Anwendung von HKEY_CLASSES_ROOT\Applications. Wo Sie schon
mal in HKEY_CLASSES_ROOT\Applications sind, können Sie auch gleich das Dialogfeld ÖFFNEN MIT abändern (siehe Abbildung 2-6), das immer erscheint,
wenn Sie eine Datei unbekannten Typs zu öffnen versuchen. Die Unterschlüssel zu den einzelnen Programmen in HKEY_CLASSES_ROOT\Applications steuern,
ob die betreffende Anwendung in diesem Dialogfeld vorgeschlagen wird.

Wenn Sie verhindern möchten, dass ein bestimmtes Programm im Dialogfeld
ÖFFNEN MIT vorgeschlagen wird, müssen Sie unterhalb von HKEY_CLASSES_
ROOT\Applications nach dem Schlüssel dieses Programms suchen und unter
NAME NoOpenWith eingeben. Lassen Sie den String-Wert leer.

Mit Tweak UI die Liste der häufig verwendeten Programme aufräumen.   Wenn Sie
sich nicht durch die Registrierung kämpfen möchten, können Sie auch mit
Tweak UI Anwendungen aus der Liste häufig verwendeter Programme aus-
schließen. (Wie Sie Tweak UI herunterladen und ausführen können, steht in
Die GUI mit Tweak UI anpassen [Hack #8].) Starten Sie Tweak UI und wählen
Sie TASKBAR → XP START MENU. Es erscheint der in Abbildung 2-7 gezeigte
Bildschirm mit einer Liste von Programmen, neben denen zumeist ein mar-
kiertes Kontrollkästchen steht.

Jedes Programm mit markiertem Kontrollkästchen erscheint auf der Liste
häufig verwendeter Programme. Damit das nicht mehr geschieht, entfernen
Sie die Markierung und klicken auf OK.

Abbildung 2-6: Das Dialogfeld ÖFFNEN MIT verändern

Anzahl der aufgelisteten Programme ändern

Standardmäßig bietet die Liste häufig verwendeter Programme Platz für sechs Anwendungen. Diese Voreinstellung können Sie ändern, so dass weniger oder mehr Programme erscheinen. Klicken Sie mit der rechten Maustaste auf die Schaltfläche START und wählen Sie EIGENSCHAFTEN → ANPASSEN → ALLGEMEIN. Es erscheint das in Abbildung 2-8 gezeigte Fenster STARTMENÜ ANPASSEN. Bearbeiten Sie nun den Wert ANZAHL DER PROGRAMME IM STARTMENÜ. Sie können jede Zahl zwischen 0 und 30 eingeben, müssen allerdings berücksichtigen, dass je nach Ihrer Bildschirmauflösung und der Frage, ob Sie kleine oder große Symbole verwenden, eventuell nicht die komplette Liste auf den Bildschirm passt, wenn Sie eine hohe Anzahl einstellen. Egal, welche Auflösung Sie haben: Erwarten Sie nicht, dass genug Raum für 30 Progamme vorhanden ist.

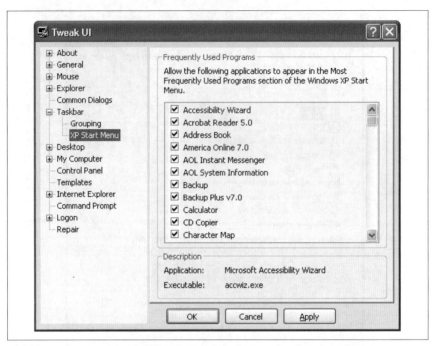

Abbildung 2-7: Tweak UI entfernt Einträge aus der Liste häufig verwendeter Programme

Abbildung 2-8: Anzahl der Elemente in der Liste häufig verwendeter Programme ändern

Platz für die Liste angehefteter Programme schaffen

Ebenso wie die Liste häufig verwendeter Programme gibt auch die Liste angehefteter Programme im Startmenü von XP sofortigen Zugriff auf jedes Programm, das Sie wünschen. Nicht das Betriebssystem, sondern Sie selbst entscheiden, welche Programme hier aufgeführt werden. Um ein Programm hinzuzufügen, ziehen Sie sein Symbol oder seinen Dateinamen auf das Startmenü, und wenn das Menü erscheint, ziehen Sie das Programm auf die Stelle der Liste, an der es erscheinen soll.

Diese Liste ist weitaus sinnvoller als die Liste häufig verwendeter Programme: Schließlich wissen Sie besser als XP, welche Programme Sie in Reichweite haben wollen. Machen Sie es also wie ich: Entfernen Sie die Liste häufig verwendeter Programme, um Raum für die Liste angehefteter Programme zu schaffen. Wenn Sie das getan haben, erscheint viel freier Platz zwischen der Liste angehefteter Programme und der Schaltfläche ALLE PROGRAMME. Ziehen Sie Programme in diesen Raum; die Verknüpfungen bleiben dort, bis Sie sie löschen.

Die Liste häufig verwendeter Programme können Sie mit einem Registrierungs-Hack entfernen. Rufen Sie den Registrierungs-Editor [Hack #83] auf und gehen Sie zu HKEY_CURRENT_USER\SOFTWARE\Microsoft\Windows\CurrentVersion\Policies\ Explorer. Erstellen Sie dort den neuen DWORD-Wert NoStartMenuMFUprogramsList und geben Sie ihm den Wert 1. Damit sich die Änderung auswirkt, müssen Sie das System neu starten oder sich ab- und wieder anmelden. Danach haben Sie viel freien Platz, den Sie mit Ihren Lieblingsprogrammen füllen können.

HACK #12 »Unveränderliche« Desktop- und Systemsymbole umbenennen und ändern

Um die perfekte Oberfläche für XP zu schaffen, möchten Sie in der Lage sein, jedes Desktop-Symbol und Systemobjekt mit dem Namen und Icon Ihrer Wahl zu versehen. Hier erfahren Sie, wie das geht – sogar bei Objekten, die scheinbar unveränderlich sind.

GUI-Hacker wie ich hängen an Details. Wir wollen jeden einzelnen Teil der Oberfläche so anpassen, dass sie unsere Persönlichkeit widerspiegelt. Das bedeutet, dass wir auch eigene Bilder für die Desktop-Symbole und Systemobjekte, gefällige Namen für Systemobjekte und eigene QuickInfos erschaffen möchten. Beispielsweise könnten wir dem Papierkorb eine Sprechblase mit den Worten »Weg mit dem Müll!« hinzufügen.

Aber das ist gar nicht so einfach. Microsoft schützt, was es erfunden hat. Sie können zum Beispiel nicht den Text und die QuickInfos einiger Systemobjekte ändern. Dazu zählen der Papierkorb, Outlook, Internet Explorer, der Arbeitsplatz und die Netzwerkumgebung.

Im Normalfall lassen sich sowohl Name als auch Text der QuickInfo (die erscheint, wenn Sie mit dem Mauszeiger über einem Symbol verharren) für alle Desktop-Symbole ändern, aber nicht für die oben genannten. Das übliche Verfahren, um Name und Hilfetext eines Symbols zu ändern, funktioniert folgendermaßen: Sie klicken mit der rechten Maustaste auf das Symbol und wählen EIGENSCHAFTEN. Um den Namen zu ändern, wählen Sie die Registerkarte ALLGEMEIN und geben in das obere Feld den Namen ein, der unter dem Symbol erscheinen soll.

Danach klicken Sie, um den Text zu ändern, auf die Registerkarte VERKNÜP-FUNG und geben den gewünschten Text in das Kommentarfeld ein. Wenn Sie fertig sind, klicken Sie auf OK, und schon haben Sie den Namen und den Text geändert.

Doch versuchen Sie dies bei Systemobjekten wie Outlook, Internet Explorer, Arbeitsplatz und Netzwerkumgebung, funktioniert es nicht. Wenn Sie mit der rechten Maustaste darauf klicken und aus dem Kontextmenü EIGEN-SCHAFTEN wählen, werden nicht die erforderlichen Optionen angezeigt.

Doch auch diese Systemobjekte können Sie ändern, um Ihre persönliche Benutzeroberfläche für XP zu kreieren.

Registrierung an die Front

Das beste Werkzeug, um XP eine persönliche Note zu geben, ist die Registrierung. Hier können Sie sowohl das Bild als auch den Text einer QuickInfo zu Systemobjekten ändern. Dazu benötigen Sie zunächst die Klassen-ID (CLSID) des betreffenden Objekts: Sie ist der eindeutige Schlüssel zu einem Systemobjekt. Tabelle 2-3 listet CLSIDs gebräuchlicher Desktop-Objekte auf.

Tabelle 2-3: CLSIDs für Desktop-Objekte

Desktop-Objekt	CLSID
Arbeitsplatz	{20D04FE0-3AEA-1069-A2D8-08002B30309D}
Papierkorb	{645FF040-5081-101B-9F08-00AA002F954E}
Microsoft Outlook	{00020D75-0000-0000-C000-000000000046}
Internet Explorer	{FBF23B42-E3F0-101B-8488-00AA003E56F8}
Internet	{3DC7A020-0ACD-11CF-A9BB-00AA004AE837}
Netzwerkumgebung	{208D2C60-3AEA-1069-A2D7-08002B30309D}
Aktenkoffer	{85BBD920-42A0-1069-A2E4-08002B30309D}
DFÜ-Netzwerk	{992CFFA0-F557-101A-88EC-00DD010CCC48}

Wenn Sie die richtige CLSID haben, ist es ein Leichtes, Namen und Texte von Systemobjekten zu ändern. Zuerst suchen Sie aus Tabelle 2-3 die CLSID des

Objekts heraus, dessen Namen oder Text Sie ändern möchten. Dann rufen Sie den Registrierungs-Editor [Hack #83] auf und gehen zu HKEY_CLASSES_ROOT\CLSID, einem Schlüssel, in dem Sie die Merkmale von Systemobjekten ändern können. Dort markieren Sie Ihre zu verändernde CLSID. Für den Arbeitsplatz markieren Sie beispielsweise den Unterschlüssel HKEY_CLASSES_ROOT\CLSID\ {20D04FE0-3AEA-1069-A2D8-08002B30309D}. Beachten Sie, dass unter HKEY_ CLASSES_ROOT\CLSID eine Fülle von CLSIDs aufgelistet ist, so dass es eine Weile dauern kann, bis Sie die passende ID gefunden haben.

Wenn Sie den richtigen Unterschlüssel ermittelt haben und nun den Namen des Objekts bearbeiten möchen, öffnen Sie den Default-Wert und geben den neuen Namen ein. Möchten Sie den Sprechblasentext ändern, öffnen Sie den Wert InfoTip und geben den gewünschten Text ein. Ist alles erledigt, verlassen Sie die Registrierung und starten den Computer neu.

Eventuell können Sie die Änderungen auch ohne Neustart wirksam werden lassen: Nach dem Verlassen der Registrierung gehen Sie auf Ihren Desktop und drücken die Taste F5, um den Bildschirm zu aktualisieren. Unter Umständen erscheinen jetzt schon die neuen Namen und Texte.

Desktop-Symbole von Systemobjekten ändern

Mit dem hier dargestellten Verfahren können Sie auch die Bilder ändern, die neben den Objektnamen und zugehörigen Sprechblasentexten erscheinen. Das gilt sogar für die Desktop-Symbole von Systemobjekten, deren Icons scheinbar unveränderlich sind.

Zuerst müssen Sie aus Tabelle 2-3 die CLSID des Objekts heraussuchen, dessen Symbol Sie ändern möchten. Dann rufen Sie den Registrierungs-Editor auf, gehen zu HKEY_CLASSES_ROOT\CLSID und suchen nach dem CLSID-Unterschlüssel (gemäß Tabelle 2-3) des Objekts, dessen Symbol Sie ändern möchten. Öffnen Sie den Unterschlüssel und darunter den Unterschlüssel DefaultIcon. Wenn Sie zum Beispiel das Arbeitsplatzsymbol ändern möchten, öffnen Sie den Unterschlüssel HKEY_CLASSES_ROOT\CLSID\{20D04FE0-3AEA-1069-A2D8-08002B30309D}\DefaultIcon. Dann tragen Sie als Default-Wert den Pfad des gewünschten Symbols ein und verlassen die Registrierung. Die Änderungen treten eventuell erst nach einem Neustart in Kraft.

 Bei einigen Benutzern funktioniert dieses Verfahren nicht. An Stelle von HKEY_CLASSES_ROOT\CLSID müssen sie HKEY_ CURRENT_USER\SOFTWARE\Microsoft\Windows\CurrentVersion\ Explorer\CLSID\ bearbeiten, um das gleiche Resultat zu erzielen.

»Geschützte« Desktop-Symbole entfernen

Um eine persönliche Benutzeroberfläche zu entwerfen, müssen Sie bestimmte Desktop-Symbole entfernen können. In der Registrierung können Sie beliebige Symbole entfernen, auch die scheinbar geschützten.

Um eine vollkommen persönliche XP-Oberfläche zu erstellen, müssen Sie Symbole nicht nur ändern, sondern auch entfernen können. Viele Power-user rümpfen die Nase, wenn sie das AOL-Symbol sehen, doch leider ist es gar nicht so einfach zu löschen.

AOL ist nicht das einzige derart geschützte Symbol; es gibt noch viel mehr von dieser Sorte. Welche Desktop-Symbole auf Ihrem eigenen System geschützt sind, hängt von Ihrer XP-Version (zum Beispiel SP1) und dem Hersteller Ihres Computers ab. Der Papierkorb ist in allen Versionen geschützt, aber AOL nur auf bestimmten Systemen.

Um XP nach Lust und Laune anzupassen, möchten Sie auch diese geschützten Symbole löschen können. Das erfordert einen Registrierungs-Hack. Öffnen Sie den Registrierungs-Editor [Hack #83] und gehen Sie zu `HKEY_LOCAL_MACHINE\SOFTWARE\Microsoft\Windows\CurrentVersion\Explorer\Desktop\Name-Space`. Hier finden Sie diverse spezielle Desktop-Symbole, die nicht nach Namen, sondern nach CLSID aufgeführt sind, zum Beispiel {645FF040-5081-101B-9F08-00AA002F954E} für den Papierkorb. Tabelle 2-3 in »›Unveränderliche‹ Desktop- und Systemsymbole umbenennen und ändern« [Hack #12] listet die CLSIDs gebräuchlicher Desktop-Symbole auf. Hier können Sie die CLSID des Symbols nachschlagen, das Sie löschen möchten.

Um ein Symbol vom Desktop zu entfernen, löschen Sie einfach seinen Schlüssel, beispielsweise {645FF040-5081-101B-9F08-00AA002F954E} für den Papierkorb. Dann verlassen Sie die Registrierung, gehen auf den Desktop und drücken F5, um den Bildschirm zu aktualisieren. Das Papierkorb-Symbol müsste jetzt verschwunden sein.

Auf manchen Computern werden die Symbole nicht direkt gelöscht. Nach dem Ändern der Registrierung müssen Sie mit der rechten Maustaste auf das Symbol klicken und LÖSCHEN auswählen.

Manche CLSIDs in `HKEY_LOCAL_MACHINE\SOFTWARE\Microsoft\Windows\CurrentVersion\Explorer\Desktop\NameSpace` lassen sich auch ohne diese Prozedur vom Desktop löschen, doch in dem Fall würden Sie eine Warnmeldung erhalten. Versuchen Sie beispielsweise, Microsoft Outlook vom Desktop zu entfernen, erscheint eine Warnmeldung, denn das Desktop-Symbol von Outlook bietet Spezialfunktionen und sollte daher nicht gelöscht werden.

Wenn Sie möchten, können Sie diese Meldung bearbeiten und einen Text Ihrer Wahl anzeigen lassen. Im Unterschlüssel der CLSID, zum Beispiel {00020D75-0000-0000-C000-000000000046} für Microsoft Outlook, finden Sie den Wert Removal Message. Geben Sie hier den von Ihnen gewünschten Text ein, und schon erscheint Ihre eigene Meldung, wenn jemand das Symbol zu löschen versucht.

Denken Sie daran, dass Sie mit diesem Verfahren nur Symbole entfernen, keine Programme oder Funktionen. Der Papierkorb funktioniert nach wie vor, auch wenn das Symbol nicht mehr angezeigt wird. Um ihn zu öffnen, gehen Sie zu C:\RECYCLER und öffnen den Ordner darin. Um ein gelöschtes Element wiederherzustellen, klicken Sie mit der rechten Maustaste darauf und wählen EIGENSCHAFTEN → WIEDERHERSTELLEN. Löschen können Sie die Elemente wie immer.

Manche Hersteller schützen das AOL-Symbol. Wenn das auf Ihrem PC der Fall ist und Sie das Symbol entfernen möchten, müssen Sie die CLSID {955B7B84-5308-419C-8ED8-0B9CA3C56985} löschen. AOL funktioniert dann zwar immer noch, aber das Symbol verunziert nicht mehr den Desktop.

HACK #14 Hacks für die Benutzeroberfläche

Die Registrierung bietet eine Fundgrube für alle möglichen Änderungen an der Benutzeroberfläche.

In den Tiefen der Registrierung finden Sie zahllose Möglichkeiten, die Benutzeroberfläche von XP zu verändern. Im Folgenden beschreibe ich einige meiner Favoriten.

Alle Symbole im Infobereich ausblenden

Der Systembereich, auch Infobereich genannt, ist die Stelle ganz rechts auf der Taskleiste, an der die Symbole der im Hintergrund laufenden Programme, beispielsweise des Virenscanners, angezeigt werden.

Da ich diese Nutzung von Bildschirmressourcen nicht sonderlich sinnvoll finde, wäre es mir lieber, die Symbole stünden dort nicht. Um sie zu verbergen, führe ich den Registrierungs-Editor [Hack #83] aus und gehe zu HKEY_CURRENT_USER/SOFTWARE/Microsoft/Windows/CurrentVersion/Policies/Explorer. Dieser Schlüssel steuert unter anderem die Anzeige der Objekte im gesamten Windows XP. Dort erstelle ich ein neues DWORD namens NoTrayItemsDisplay und weise ihm den Wert 1 zu. (Wenn der Wert 0 lautet, werden die Symbole weiterhin angezeigt.) Dann verlasse ich die Registrierung und starte neu.

Wenn man schon mal gerade in HKEY_CURRENT_USER/SOFTWARE/Microsoft/ Windows/CurrentVersion/Policies/Explorer ist, kann man auch gleich das Symbol ZULETZT VERWENDETE DOKUMENTE aus dem Startmenü tilgen. Dazu wird ein neues DWORD namens NoRecentDocsMenu erstellt und mit dem Wert 1 versehen. (Lautet der Wert 0, wird das Symbol weiter angezeigt.) Danach verlässt man die Registrierung und startet neu.

Nur bestimmte Symbole im Infobereich verbergen

Vielleicht möchten Sie einige Symbole im Infobereich anzeigen und andere verbergen – auch das ist möglich. Allerdings müssen Sie sich dazu durch Menüs graben und nicht durch die Registrierung. Klicken Sie mit der rechten Maustaste auf die Taskleiste und wählen Sie EIGENSCHAFTEN. Es erscheint das Dialogfeld EIGENSCHAFTEN VON TASKLEISTE UND STARTMENÜ. Wie der Name schon sagt, ermöglicht es die Anpassung der Funktion und Darstellung von Taskleiste und Startmenü.

Unter der Überschrift INFOBEREICH markieren Sie das Kontrollkästchen neben INAKTIVE SYMBOLE AUSBLENDEN und klicken dann auf ANPASSEN. Nun erscheint das Dialogfeld INFOBEREICH ANPASSEN.

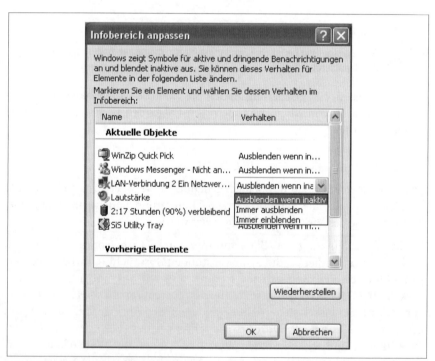

Abbildung 2-9: Inaktive Symbole verbergen

Klicken Sie nun in der Spalte VERHALTEN auf den Eintrag des betreffenden Programms und wählen Sie aus der Dropdown-Liste, ob Sie das Programm nur verbergen möchten, wenn es inaktiv ist, oder ob Sie es immer oder nie verbergen möchten (siehe Abbildung 2-9). Wenn Sie nun zweimal auf OK klicken, treten die Änderungen sofort in Kraft.

Dem Dialogfeld ÖFFNEN weitere Ordner hinzufügen

Wenn Sie mit bestimmten Windows-Anwendungen (zum Beispiel Notepad) eine Datei öffnen, sehen Sie links im Dialogfeld ÖFFNEN eine Gruppe von Symbolen und Ordnern (etwa EIGENE DATEIEN, ZULETZT VERWENDETE DOKUMENTE, DESKTOP, ARBEITSPLATZ und NETZWERKUMGEBUNG). Diese sind Navigationshilfen beim Öffnen von Dateien.

Die Idee ist gut, die Umsetzung schlecht. Legen Sie wirklich Dokumente unter EIGENE DATEIEN ab? Ziemlich unwahrscheinlich. Es wäre viel hilfreicher, wenn man dort nur Ordner auflisten könnte, die man wirklich benötigt, und wenn man wirklich beliebige Ordner dort aufführen könnte und nicht nur die, die XP für angebracht hält.

Und das geht tatsächlich – mit einem Registrierungs-Hack, der es Ihnen ermöglicht, nur die Ordner Ihrer Wahl links vom Dialogfeld ÖFFNEN anzuzeigen. Denken Sie daran, dass diese Maßnahme nur die Anwendungen betrifft, die die allgemeinen ÖFFNEN- und SCHLIESSEN-Dialoge nutzen, wie beispielsweise Notepad oder Paint, aber nicht Office-Anwendungen und andere Programme, die Spezialversionen dieser Dialoge verwenden.

Rufen Sie den Registrierungs-Editor auf und gehen Sie zu HKEY_CURRENT_ USER\SOFTWARE\Microsoft\Windows\CurrentVersion\Policies\comdlg32. Sollte dieser Schlüssel nicht vorhanden sein, legen Sie ihn an. Dieser Schlüssel legt die Verwendung der normalen Dialogfelder fest. Dort werden Sie einen Unterschlüssel anlegen, der den Ordnern einen selbst definierten Speicherort zuweist, und diesen Unterschlüssel dann mit einer Reihe von Werten für die verschiedenen Speicherorte versehen.

Das funktioniert nur mit der XP Home Edition und nicht mit XP Professional.

Doch als Erstes legen Sie unter HKEY_CURRENT_USER\SOFTWARE\Microsoft\Windows\CurrentVersion\Policies\comdlg32 einen neuen Unterschlüssel namens Placesbar an und erstellen für diesen einen String-Wert namens Place0. Place0 erhält den Wert des obersten Ordners, der im Dialogfeld ÖFFNEN erscheinen soll, zum Beispiel C:\Projekte.

Nun erstellen Sie für Placesbar einen zweiten String-Wert namens Place1. Diesem geben Sie den Wert des zweiten Ordners, den Sie im Dialogfeld ÖFF-NEN sehen möchten. Sie können bis zu fünf Symbole in dieses Dialogfeld laden, also neue String-Werte bis hin zu Place4 erstellen und, wie oben skizziert, mit Werten füllen. Wenn Sie damit fertig sind, verlassen Sie die Registrierung. Ein Neustart ist nicht nötig, damit die Änderungen wirksam werden. Abbildung 2-10 zeigt ein Beispiel für ein angepasstes ÖFFNEN-Dialogfeld.

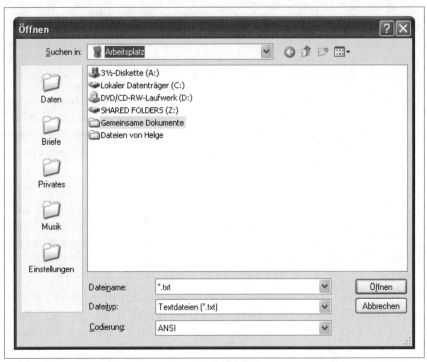

Abbildung 2-10: Ein geändertes ÖFFNEN-Dialogfeld

Wollen Sie in normalen ÖFFNEN-Dialogfeldern gar keine Ordner angezeigt bekommen, erstellen Sie in HKEY_CURRENT_USER\SOFTWARE\Microsoft\Windows\CurrentVersion\Policies\comdlg32 einen neuen DWORD-Wert namens No-PlacesBar und geben ihm den Wert 1. Dann verlassen Sie die Registrierung. Falls Sie wieder die alten Ordner sehen möchten, löschen Sie NoPlacesBar oder geben ihm den Wert 0.

Akustische Systemwarnungen ausschalten

Für mich sind akustische Systemwarnungen, die mein PC ausstößt, wenn er auf Fehler trifft, dasselbe wie QuickInfos: Ärgernisse, auf die ich gut verzichten kann. Dagegen hilft ein Registrierungs-Hack: Sie rufen den Registrierungs-Editor [Hack #83] auf, gehen zu HKEY_CURRENT_USER\Control Panel\Sound und suchen dort die Werte Beep und ExtendedSounds String. Setzen Sie beide Werte auf No, verlassen Sie die Registrierung und starten Sie neu. Die Piepser sind verschwunden.

Eine eigene Grafik für Ihr Benutzerkonto

Dies hier ist zwar kein Registrierungs-Hack, aber ich konnte einfach nicht widerstehen, ihn ebenfalls an dieser Stelle zu nennen, weil er so ungemein nützlich ist. Die Grafik, die Windows XP für Ihr Benutzerkonto im Startmenü verwendet, ist vielleicht nicht nach Ihrem Geschmack, und die anderen zur Verfügung stehenden Bildchen sind es ebenso wenig. Nicht jeder möchte sich gern durch ein gelbes Quietsche-Entchen, eine Schneeflocke oder zwei Pferde repräsentieren lassen.

Aber Sie sind nicht auf die von XP mitgelieferten Bilder angewiesen: Sie können auch jedes andere Bild im *.gif-*, *.jpg-*, *.png-* oder *.bmp-*Format einsetzen. Wie das funktioniert, erfahren Sie in diesem Hack.

Wenn Sie das Symbol für Ihr Benutzerkonto gegen ein anderes Bild Ihrer Wahl austauschen möchten, wählen Sie in der Systemsteuerung BENUTZERKONTEN, suchen das zu ändernde Konto heraus und wählen dann BILD ÄNDERN → WEITERE BILDER SUCHEN. Gehen Sie zu dem gewünschten Bild und klicken Sie auf OK. Abbildung 2-11 zeigt den Bildschirm, auf dem Sie das Bild ändern können.

Abbildung 2-11: Bild für das Benutzerkonto ändern

Ist an Ihren Computer eine Digitalkamera oder ein Scanner angeschlossen, erscheint auf dem Bildschirm in Abbildung 2-11 eine Schaltfläche, die es ermöglicht, ein Foto mit der Kamera aufzunehmen oder ein Bild einzuscannen, das dann sofort als Symbolbild für Ihr Benutzerkonto eingesetzt wird.

Wer tippfaul ist, gelangt auch schneller auf den Anpassungsbildschirm: Wenn Sie im Startmenü von Windows XP auf Ihr Bild klicken, wird dieser Bildschirm aufgerufen.

HACK #15 XP-Programme entfernen

Denken Sie, es sei nicht möglich, Windows Messenger, WordPad und ähnliche Komponenten zu entfernen? Weit gefehlt!

Windows hatte schon immer ein Problem mit dem Deinstallieren von Software, und am schlimmsten ist es mit Windows-eigenen Dienstprogrammen wie WordPad oder Windows Messenger. Wenn Ihre Festplatte voll wird, kann jedoch die Deinstallation solcher Programme viel Platz schaffen. Und wenn Sie Windows Messenger ohnehin nie benutzen, sollten Sie ihn definitiv deinstallieren, da dieses lästige Programm sich selbst automatisch immer wieder startet, auch wenn Sie es geschlossen haben. Wie Dracula ersteht es jedes Mal von den Toten auf. Doch wenn Sie es deinstallieren, stört es Sie nicht mehr.

Um XP-Dienstprogramme und Komponenten zu deinstallieren, wählen Sie normalerweise SYSTEMSTEUERUNG → SOFTWARE → WINDOWS-KOMPONENTEN HINZUFÜGEN ODER ENTFERNEN, um zu dem in Abbildung 2-12 gezeigten ASSISTENT FÜR WINDOWS-KOMPONENTEN zu gelangen. Um ein Dienstprogramm oder eine Komponente zu deinstallieren, müssen Sie nur den Anweisungen des Assistenten folgen.

Aber dabei gibt es einen Haken: Eine Reihe von Windows-Dienstprogrammen und Komponenten – insbesondere auch Windows Messenger und WordPad – werden vom Assistenten gar nicht aufgeführt, so dass es kein Mittel zu geben scheint, sie zu deinstallieren. Aber in Wirklichkeit ist das eben doch möglich. XP hat eine Datei mit Setup-Informationen, die festlegt, welche Programme im Assistenten für Windows-Komponenten erscheinen. Indem Sie diese Datei bearbeiten, können Sie erzwingen, dass die Komponenten im Assistenten angezeigt werden und sich somit wie alle anderen deinstallieren lassen.

Öffnen Sie als Erstes mit einem Texteditor die Datei *sysoc.inf*, die im Allgemeinen im Ordner *C:\WINDOWS\INF* zu finden ist. Zur Sicherheit sollten Sie vor dem Bearbeiten eine Kopie dieser Datei anlegen, um sie notfalls wiederherstellen zu können. Außerdem sollten Sie einen Systemwiederherstellungspunkt

Abbildung 2-12: Der Assistent für Windows-Komponenten

erstellen, ehe Sie mit den Änderungen beginnen. Wählen Sie dazu SYSTEM-
STEUERUNG → LEISTUNG UND WARTUNG → SYSTEMWIEDERHERSTELLUNG und
befolgen Sie die Instruktionen.

> Da *C:\WINDOWS\INF* ein verborgener Ordner ist, müssen
> Sie, um seinen Inhalt zu sehen, zuerst die Anzeige verborge-
> ner Ordner aktivieren. Gehen Sie in den Windows Explorer,
> wählen Sie EXTRAS → ORDNEROPTIONEN → ANSICHT und
> markieren Sie unter VERSTECKTE DATEIEN UND ORDNER das
> Optionsfeld ALLE DATEIEN UND ORDNER ANZEIGEN.

Öffnen Sie die Datei und suchen Sie nach der Zeile, die das zu deinstalli-
rende Programm beschreibt. Die Zeilen haben folgendes Format:

```
program=program.dll,OcEntry,program.inf,,numeral
```

Programme, die sich nicht deinstallieren lassen, haben alle das Wort hide
(oder HIDE) in der Beschreibung. Taucht dieses Wort in der Zeichenkette
auf, wird das Programm aus dem Assistenten für Windows-Komponenten
herausgehalten. Der Eintrag für das nicht deinstallierbare Spiel Flipper sieht
wie folgt aus:

```
Pinball=ocgen.dll,OcEntry,pinball.inf,HIDE,7
```

Damit ein Programm im Assistenten angezeigt wird, entfernen Sie das Wort HIDE aus seinem Eintrag. Im Fall des Flipperspiels ändern Sie den Eintrag in:

```
Pinball=ocgen.dll,OcEntry,pinball.inf,,7
```

Speichern Sie die Datei *sysoc.in*, und führen Sie dann den Assistenten für Windows-Komponenten aus. Die Komponente erscheint jetzt im Assistenten und lässt sich so einfach wie jede andere Komponente entfernen.

Nicht alle Einträge in *sysoc.inf* sind so leicht zu verstehen wie Pinball und WordPad. Wenn Sie beispielsweise Windows Messenger entfernen möchten, müssen Sie den Eintrag suchen, der mit msmsgs anfängt. Wollen Sie den Eingabehilfen-Assistenten entfernen, schauen Sie nach AccessOpt. Tabelle 2-4 listet die »nicht-deinstallierbaren« Programme und ihre Namen in der Datei *sysoc.inf* auf.

Tabelle 2-4: »Nicht-deinstallierbare« Programme und ihre Einträge in sysoc.inf

Eintrag	Programm/Komponente
AccessOpt	Eingabehilfen-Assistent
MultiM	Multimedia-Komponenten einschließlich Media Player, Lautstärkeregelung und Audiorecorder
CommApps	Kommunikationskomponenten einschließlich Chat, Hyperterminal, und Wählhilfe
AutoUpdate	Automatisches Update von Windows
TerminalServer	Terminal Server
dtc	Distributed Transaction Coordinator
dom	COM+
WBEM	Windows Management Instrumentation
Pinball	Flipper
MSWordPad	WordPad
msmsgs	Windows Messenger

Vielleicht treffen Sie bei der Deinstallation »nicht-deinstallierbarer« Komponenten auf den einen oder anderen Stolperstein. Von manchen Systemen lässt sich Windows Messenger einfach nicht deinstallieren, da dieses Programm auch nach einem Bearbeiten der Datei *sysoc.inf* einfach nicht im Assistenten für Windows-Komponenten erscheinen will. Und manche Komponenten, wie beispielsweise Terminal Server, erscheinen zwar im Assistenten, wenn Sie *sysoc.inf* bearbeitet haben, aber lassen sich dennoch nicht deinstallieren.

Verbergen von Komponenten zum Schutz vor Deinstallation

Diese Technik können Sie umgekehrt auch einsetzen, um ein versehentliches Deinstallieren von benötigten Komponenten zu verhindern. Schreiben Sie einfach das Wort HIDE an die richtige Stelle des Eintrags, der zu dem Programm gehört, das nicht im Assistenten für Windows-Komponenten angezeigt werden soll. Wenn Sie zum Beispiel den DEINSTALLIEREN-Eintrag für Faxgeräte verbergen möchten, ändern Sie den zugehörigen Eintrag

```
Fax=fxsocm.dll,FaxOcmSetupProc,fxsocm.inf,,7
```

in:

```
Fax=fxsocm.dll,FaxOcmSetupProc,fxsocm.inf,HIDE,7
```

HACK #16 Aus dem PC einen Mac machen

Sind Sie neidisch auf die schicken Mac-Features? Dazu gibt es keinen Grund mehr. Mit diesen Tools erscheint und arbeitet Ihr PC fast wie ein Mac.

Haben Sie sich nicht auch schon einmal einen Mac gewünscht? Da sind Sie nicht allein. Viele Windows-Nutzer beäugen die schicke Benutzeroberfläche und die praktischen Features eines Mac mit Neid. Doch nun gibt es keinen Grund mehr zur Eifersucht: In diesem Hack erfahren Sie, wie Sie Ihren PC wie einen Mac aussehen und arbeiten lassen können.

Als Erstes wollen wir das Aussehen von XP verändern, um uns ein Mac-Erlebnis zu schaffen. Dazu gehören drei Schritte: Zuerst wird der Startbildschirm geändert, dann der Standard-Anmeldebildschirm ersetzt und zum Schluss Windows auf Mac umfrisiert.

Der Mac-ähnliche Startbildschirm

Wenn Sie den Computer starten, sehen Sie einen herstellerabhängigen Begrüßungsbildschirm, der Ihnen Zugang zu Ihren BIOS-Einstellungen gibt. Je nach Ihrem eigenen Setup erscheint danach vielleicht ein Menü, in dem Sie zwischen mehreren Betriebssystemen [Hack #1] wählen können. Doch wenn auf Ihrem Rechner nur eine einzige Instanz von Windows XP läuft, werden Sie direkt vom Windows-Startbildschirm begrüßt. Um das Aussehen eines Mac fast vollkommen zu simulieren, werden wir das normale Windows-Logo durch etwas eher Tiger-Ähnliches ersetzen (Tiger ist zurzeit der Name der neusten Version von Mac OS X, Version 10.4). Um das zu erreichen, nutzen wir BootSkin von Stardock (*http://www.stardock.com/products/bootskin*), ein Programm, das für nicht kommerzielle Nutzer kostenlos ist.

Nach dem Download und der Installation des Programms müssen wir einen Mac-ähnlichen Hintergrund für den Startbildschirm erstellen. Einen besonders hübschen namens G5 bekommt man unter *http://www3.wincustomize. com/skins.asp?library=32&SkinID=740*. Sobald Sie ihn heruntergeladen haben, können Sie ihn in BootSkin importieren. Hier wählen Sie dazu FILE → IMPORT FROM FILE. Nach dem Import erscheint er in BootSkin, wie in Abbildung 2-13 gezeigt.

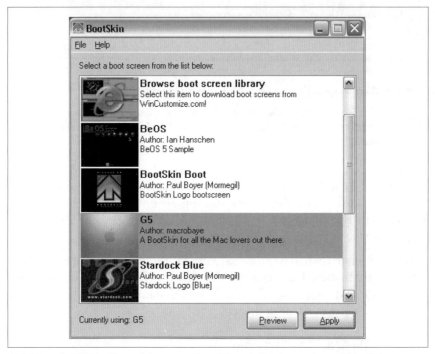

Abbildung 2-13: Das Hauptfenster von BootSkin mit dem importierten Skin G5

Um sich besser vorstellen zu können, wie Ihr Startbildschirm später aussehen wird, wählen Sie G5 aus der Liste und klicken auf PREVIEW. Mit einem Klick auf APPLY speichern Sie Ihre Einstellungen und stellen den G5-Startbildschirm für den nächsten Bootvorgang ein. Vorhandene Startbildschirme abzuändern ist einfach: Wenn Sie einen Skin importiert haben, finden Sie es im Verzeichnis für Skins wieder, das standardmäßig unter *C:\Programmdateien\Stardock\WinCustomize\BootSkin\skins* liegt. Eine Dokumentation steht im Hilfemenü von BootSkin zur Verfügung.

Weitere Möglichkeiten zur Modifikation des Startbildschirms finden Sie unter »Ändern Sie das Bild auf dem XP-Startbildschirm« [Hack #2].

Anmeldebildschirm ändern

Der nächste Schritt bei der Transformation des PCs in einen Mac besteht darin, den Standard-Anmeldebildschirm durch eine Tiger-ähnlichere Version zu ersetzen. Dazu verwenden Sie das kostenlose Programm LogonStudio von Stardock (*http://www.stardock.com/products/logonstudio*). Laden Sie das Hauptprogramm sowie den Anmeldebildschirm mit dem Namen Mac OS X Tiger (*http://www.wincustomize.com/ViewSkin.aspx?SID=1&SkinID=4007&LibID=26*) herunter.

Nachdem Sie LogonStudio installiert und gestartet haben, können Sie den neuen Anmeldebildschirm installieren. Klicken Sie dazu auf LOAD und navigieren Sie zu dem Ort, wo Sie die Datei *Mac OS X Tiger.logonxp* beim Download abgelegt haben. Wählen Sie die Datei aus und klicken Sie dann auf ÖFFNEN. In der Liste der verfügbaren Logon-Screens erscheint jetzt Mac OS X Tiger, wie in Abbildung 2-14 zu sehen.

Abbildung 2-14: Hauptbildschirm von LogonStudio

Wählen Sie ihn aus und klicken Sie auf APPLY. Wenn Sie den neuen Anmeldebildschirm (wie in Abbildung 2-15) betrachten möchten, können Sie auf Windows-L drücken.

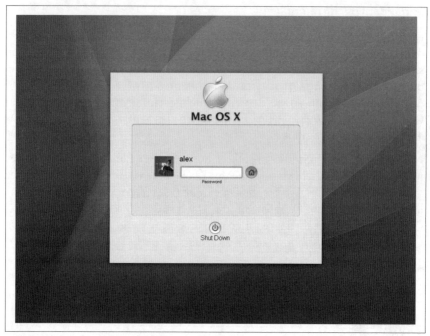

Abbildung 2-15: Der Startbildschirm im Tiger-Outfit

Aussehen von Windows und den Menüs ändern

Als Nächstes frisieren Sie das Erscheinungsbild von Windows auf Mac um. Dazu verwenden Sie WindowBlinds von Stardock (*http://www.stardock.com/ products/windowblinds*).

Genauere Anleitungen für die Benutzung von WindowBlinds finden Sie unter »XP mit WindowBlinds umbauen« **[Hack #18]**.

Das Programm ist Shareware; seine Registrierung kostet $ 20. Sie können jedoch eine freie Version mit Nagscreens und einem geringeren Funktionsumfang bekommen. Laden Sie nun das Programm und einen visuellen Style namens Mac OS X Tiger (*http://www.wincustomize.com/ViewSkin. aspx?SID=1&SkinID=4007&LibID=26&u=0*) herunter. Nach dem Start von WindowBlinds wählen Sie INSTALL SKIN FROM DISK, um den Skin wie in Abbildung 2-16 gezeigt zu laden.

Nun ändern Sie den Desktop-Hintergrund in einen anderen um, der dem blauen Apple-Bildschirm sehr ähnlich sieht. Wenn Sie LogonStudio installiert haben, gehen Sie zu C:\Programmdateien\WinCustomize\LogonStudio\

Abbildung 2-16: Den Skin installieren

Mac OS X Tiger und suchen *OSX_Background.bmp*. Diese Datei verwenden Sie als Bildschirmhintergrund, indem Sie mit rechts auf den Windows-Desktop klicken, EIGENSCHAFTEN → DESKTOP wählen und dann auf DURCHSUCHEN klicken. Auf diesem Weg navigieren Sie zu der Datei *OSX_Background. bmp*, wählen sie aus und klicken auf OPEN und dann auf OK.

Mac-Features für den PC

Jetzt sieht Ihr PC dem Mac OS X im Hinblick auf Start- und Anmeldebildschirm sowie Look-and-Feel schon recht ähnlich. Doch bisher betrafen die Änderungen nur Äußerlichkeiten. Als Nächstes wollen wir nun auch Mac-ähnliche Funktionen einrichten.

Konfabulator. Ein beliebtes Mac-Tool namens Konfabulator zeigt so genannte *Widgets* an, kleine Applikationen, die eine bestimmte Aufgabe erfüllen, beispielsweise den Batterieladestand eines Notebooks, die CPU-Auslastung oder die Wettervorhersage für Ihren Ort anzeigen. Widgets sind keine in normalen Programmiersprachen wie C++ oder Java verfassten Programme, sondern werden in JavaScript geschrieben und können daher ganz leicht entwickelt werden. Es ist also kein Wunder, dass gewaltige Mengen von Widgets zur Verfügung stehen. Im Tiger-Release von Mac OS X stellt Apple ein neues Feature namens Dashboard zur Verfügung, das dem Konfabulator sehr ähnlich sieht. Lange Zeit gab es Konfabulator ausschließlich für Mac OS, doch zum Glück funktioniert eine neue Version auch mit Windows (*http://www.konfabulator.com*). Das Programm wird von Yahoo angeboten und kann frei heruntergeladen werden.

Konfabulator lässt sich sauber in Windows integrieren. Auf seine Funktionen können Sie zugreifen, indem Sie ein Symbol im Nachrichtenbereich anklicken, um ein neues Widget zu installieren. Sobald Sie dieses im Dialogfeld FILE ausgewählt haben, erscheint es schon auf dem Bildschirm. Wenn Sie den Mauszeiger über ein Widget bewegen und auf die rechte Maustaste drücken, erscheint ein Menü, mit dem das Widget geschlossen oder seine Einstellungen geändert werden können, wie in Abbildung 2-17 gezeigt.

Abbildung 2-17: Das Konfabulator-WiFi-Widget mit seinem Menü

Manche Einstellungen sind Widget-spezifisch, aber andere gelten für alle Widgets. Ein schönes Feature namens Konspose verbirgt alle Widgets, die im Konspose-Modus sind, bis eine bestimmte Taste gedrückt wird. Genau wie beim Mac ist dafür nach Voreinstellung die Taste F8 zuständig.

Zwischen Fenstern und Programmen wechseln. Der Panther-Release von Mac OS X bot unter der Bezeichnung »Exposé« erstmals eine intuitive Möglichkeit zum Wechseln zwischen Anwendungen und Fenstern. Wenn Sie die Funktionstaste F9 drücken, werden Ihnen schön arrangierte Vorschauen aller geöffneten Fenster präsentiert. F10 funktioniert ähnlich, zeigt aber nur die Fenster einer bestimmten Anwendung. Das ist besonders nützlich, da es Ihnen einen schnellen Überblick über die Vorgänge auf Ihrem Bildschirm verschafft.

Entbloess 2 von Nipaco Enterprises (*http://www.entbloess.com*) verhilft XP zu Exposé-ähnlichen Features. Das Programm ist Shareware, es kann kostenlos ausprobiert und für $ 7,99 registriert werden. Abbildung 2-18 zeigt dieses Programm bei der Arbeit.

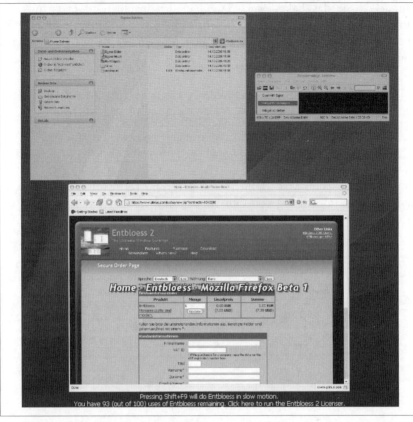

Abbildung 2-18: Entbloess im Exposé-Modus

Das Dock. Ein anderer Blickfang von Mac OS X ist das Dock. Ähnliche Funktionalitäten sind in anderen Betriebssystemen vorhanden; auch die Taskleiste von Windows kann man als eine Art Dock betrachten. Im Grunde geht es um einen Ablageplatz, in den man häufig benutzte Dateien und Programme ziehen kann. Danach kann man einfach durch Anklicken des entsprechenden Symbols, das die ganze Zeit sichtbar bleibt, darauf zugreifen. Außerdem zeigt das Dock alle gegenwärtig offenen Programme. Wenn Sie ein Anwendungsfenster minimieren, finden Sie die Programmausgabe im Dock.

Das Besondere an der Mac OS X-Version dieses Features ist sein Aussehen mit den vielen schönen Animationen. Doch auch für Windows gibt es mehrere Programme, die ein Dock-ähnliches Erscheinungsbild besitzen. Eines von ihnen ist ObjectDock (*http://www.stardock.com/products/objectdock*), ebenfalls von Stardock. Das Programm ist kostenlos. Haben Sie die Hauptapplikation installiert, müssen Sie auch die Erweiterung TigerTabs (*http://www. wincustomize.com/download.aspx?LibID=29&SkinID=4607*) herunterladen.

Entpacken Sie das Paket *MacOSX.zip* in das Installationsverzeichnis von ObjectDock, das Sie standardmäßig unter *C:\Programmdateien\Stardock\ObjectDock* finden. Das *TigerTabs.zip*-Paket müssen Sie in das *Backgrounds*-Unterverzeichnis entpacken.

> Möchten Sie die verschiedenen Programme für diesen Hack wieder deinstallieren, sollten Sie vor allem anderen XP auf sein Original-Erscheinungsbild zurücksetzen. Wenn Sie dies vergessen, sieht XP hinterher immer noch wie ein Mac aus, obwohl die zu Grunde liegende Software deinstalliert ist.

Um einen hübschen Mac-ähnlichen Hintergrund zu bekommen, öffnen Sie den Konfigurationsdialog von ObjectDock und wählen TIGERZOOMER, wie in Abbildung 2-19 zu sehen.

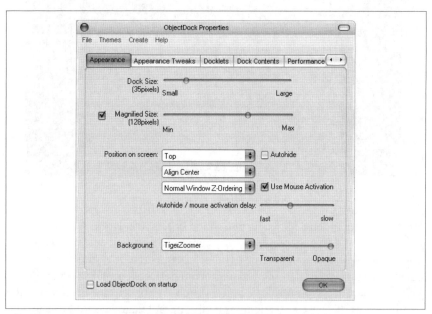

Abbildung 2-19: Der Konfigurationsdialog von ObjectDock

Um die Anwendungssymbole zu ändern, starten Sie das gewünschte Programm, klicken mit rechts sein Symbol in ObjectDock (Abbildung 2-20) an und öffnen das Dialogfeld PROPERTIES.

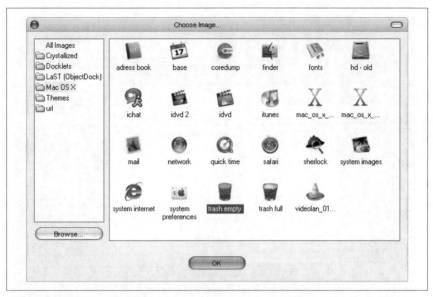

Abbildung 2-20: Ein Symbol aus dem Mac OS X-Package wählen

Nun haben Sie einen PC mit Mac OS X-ähnlichen Dock.

Die Ergebnisse

Das war's schon. Sie haben jetzt einige Mühen investiert, um aus Ihrem PC einen Mac zu machen. Abbildung 2-21 zeigt Ihnen, wie das Ergebnis aussieht.

Siehe auch

- »Betriebssystem-Auswahlmenü« [Hack #1]
- »Ändern Sie das Bild auf dem XP-Startbildschirm« [Hack #2]
- »Die GUI mit Tweak UI anpassen« [Hack #8]
- »XP-Designs selbst erstellen oder herunterladen« [Hack #17]
- »XP mit WindowBlinds umbauen« [Hack #18]

Thomas Künneth

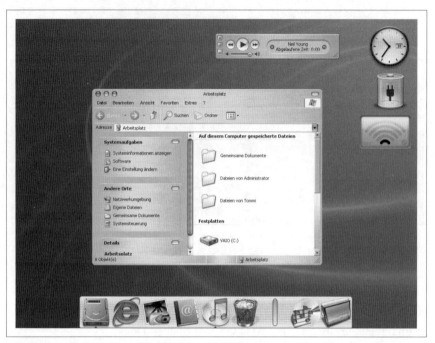

Abbildung 2-21: Mein Sony-Notebook läuft mit Windows XP Pro, sieht aber jetzt mehr nach Mac OS X aus

HACK #17 XP-Designs selbst erstellen oder herunterladen

Ändern Sie Erscheinungsbild und Sounds von XP und machen Sie es mit den besten Designs aus dem Internet noch hübscher.

Das Aussehen und die Sounds von XP, einschließlich der Hintergrundbilder, Farben, Symbole, Einfügemarken, Sounds, Schriftarten, Bildschirmschoner, sowie der Stil von Fenstern und Schaltflächen werden maßgeblich durch Designs bestimmt. Standardmäßig nutzt Ihr Computer das Basisdesign von Windows XP, das von manchen Anwendern auch *Luna* genannt wird, weil dies sein Arbeitstitel war. Es gibt jedoch zahllose Designs für XP, obwohl das System nur mit zweien geliefert wird – nämlich Windows XP und Windows klassisch, einem althergebrachten Design, das auf den älteren Windows-Versionen basiert und rechteckige Fenster und durchgehende Farben verwendet.

Um zwischen mehreren Designs zu wechseln, klicken Sie mit der rechten Maustaste auf den Desktop und wählen EIGENSCHAFTEN → DESIGNS. Nachdem Sie aus der Dropdown-Liste, wie in Abbildung 2-22 gezeigt, das passende Design ausgewählt haben, klicken Sie auf OK, damit das Design angewendet wird.

Abbildung 2-22: Neues Design auswählen

Der Eintrag WEITERE DESIGNS ONLINE in der Dropdown-Liste stellt nicht wirklich andere Designs aus dem Internet zur Verfügung. Daher ist diese Option eigentlich eine Vorspiegelung falscher Tatsachen. Wenn man sie anklickt, gelangt man nur auf eine Website, die den Kauf von Microsoft Plus! für Windows XP empfiehlt. Das müssen Sie jedoch nicht kaufen, um an Designs zu kommen, denn auf Nicht-Microsoft-Seiten im Internet stehen tausende Designs zur Verfügung.

Eigene Designs entwickeln

Wenn es Ihnen wie mir (und den meisten anderen) geht, sind Sie mit den einfachen Designs, die im Lieferumfang von XP enthalten sind, nicht ganz glücklich. Was nützt schließlich ein Betriebssystem, dem man nicht nach Herzenslust seinen eigenen Stempel aufdrücken kann?

Es gibt keinen bestimmten, zentralen Ort, an dem Sie in XP ein Design entwickeln können. Sie müssen jeden Teil von XP einzeln anpassen und dann das Ganze zu einem einzigen Design zusammenfassen. Sobald Ihr System alle Elemente davon hat, speichern Sie Ihr Design mit den folgenden Anweisungen.

Sie klicken mit der rechten Maustaste auf den Desktop, wählen EIGENSCHAF-
TEN und passen dann das Design mit Hilfe folgender Registerkarten an:

Desktop
Hier können Sie den Hintergrund und die Farbe des Desktops einstellen und außerdem vorgeben, welche Systemsymbole auf dem Desktop
erscheinen sollen.

Bildschirmschoner
Hier können Sie einen Bildschirmschoner aussuchen und seine Funktionen und Eigenschaften bestimmen. Außerdem wird eine Energieverwal-
tung für den Monitor angeboten.

Darstellung
Auf dieser Registerkarte lassen sich Farben, Stil und Schriftgrade für
Fenster, Symbolleisten und Schaltflächen einstellen. Hinzu kommen
Effekte, wie beispielsweise Einblendeffekte, Schatten unter den Menüs,
Kantenglättung bei Bildschirmschriften und dergleichen mehr.

Einstellungen
Hier können Sie die Bildschirmauflösung, Farbqualität und fortgeschrittene Funktionen einstellen, wie beispielsweise die Bildwiederholfrequenz.

Nun verschönern Sie Ihren Mauszeiger, indem Sie in das Fenster AUSFÜHREN
main.cpl eingeben und Enter drücken. Es erscheint das Dialogfeld EIGEN-
SCHAFTEN VON MAUS, in dem Sie ein voreingestelltes Mauszeigerschema oder
individuelle Zeiger wählen können, die Sie für Ihr Design benutzen möchten.

Um Systemsounds für Ihr Design zu wählen, geben Sie in das Fenster AUS-
FÜHREN mmsys.cpl ein und drücken auf Enter. Nun öffnet sich das Dialogfeld EIGENSCHAFTEN VON SOUNDS UND AUDIOGERÄTEN. Klicken Sie auf die
Registerkarte SOUNDS und wählen Sie ein voreingestelltes Soundschema,
oder Sie wählen einzelne Sounds für verschiedene System- und Programm-
ereignisse.

Sind diese Anpassungen erledigt, gehen Sie wieder zurück auf die Registerkarte DESIGNS im Dialogfeld EIGENSCHAFTEN VON ANZEIGE, wählen SPEI-
CHERN und sichern das Design im Dialog SPEICHERN UNTER entweder im
Ordner *Eigene Dateien* oder unter *C:\Windows\Resources\Themes*. Nun können Sie das neue Design wie jedes andere benutzen.

XP-Designs herunterladen

Das zuvor beschriebene Verfahren zur Erstellung eigener Designs ist, nun ja,
vielleicht etwas umständlich. Und Hand aufs Herz: Die wenigsten von uns
sind Bild- oder Tonkünstler (ich selbst auch nicht). Besser als das Entwickeln eigener Designs ist es, online zu gehen und aus tausenden Designs

auszuwählen, die kostenlos zum Herunterladen bereitstehen. Für manche Menschen ist es ein Hobby, Designs zu entwerfen und durch die Gegend zu schicken, Firmen erstellen Designs zur Vermarktung ihrer Produkte, und Fernsehsendungen und Kinofilme nutzen Designs für kostenlose Publicity.

Natürlich stehen im Internet auch viele Designs, die Urheberrechte verletzen. Da gibt es Menschen, die Designs mit fremden Zeichen und Sounds sowie Personen des öffentlichen Lebens erstellen und diese Designs dann online anderen Nutzern anbieten. Die Rechtsanwälte der Medienunternehmen werden Ihnen erklären, dass diese Designs illegal seien, doch andere sind der Meinung, dass sie unter die Fair-use-Klausel der amerikanischen Copyright-Gesetze fallen und mithin erlaubt seien. Wer hat Recht? Ich weiß es nicht und die Gerichte vermutlich auch nicht. Sie müssen es mit Ihrem Gewissen ausmachen, ob und welche Designs Sie herunterladen.

Beliebte Websites für Designs sind *http://www.themeworld.com* und *http://www.topthemes.com* sowie der Abschnitt »Themes« der Download-Site *http://www.tucows.com*. Darüber hinaus bieten viele Download-Sites ebenfalls Themes bzw. Designs an. Bei Filmstudios und Websites zu Kinofilmen wird man oft fündig.

 Auf manchen Design-Sites gibt es eine Menge Popup-Werbung. Wie man diese loswird, erfahren Sie in »Popups verhindern – mit oder ohne SP2« **[Hack #33]**. Und bitte lassen Sie immer Anti-Spyware-Software **[Hack #34]** laufen, wenn Sie Designs herunterladen und installieren. So stellen Sie sicher, dass Ihr Computer nicht infiziert wird.

Da unterschiedliche Designs unterschiedlich installiert werden müssen, sollten Sie auf der Download-Site oder in der heruntergeladenen Datei in Erfahrung bringen, was zu beachten ist. Allgemein gilt, dass Sie ein heruntergeladenes Design im Ordner *C:\Windows\Resources\Themes* installieren müssen. Eine Datei mit der Erweiterung *.theme* wird generell dort installiert, und die dazugehörigen Bild-, Sound-, Symbol-, Wallpaper- und Cursordateien legen Sie in einen Unterordner von *C:\Windows\Resources\Themes*. Ist das neue Design installiert, können Sie es auswählen, wie weiter oben in diesem Hack beschrieben.

Meine Lieblingsdesigns. Ich habe so viele Designs auf meiner Festplatte, dass man sie gar nicht alle auflisten kann. Aber einige aktuelle Favoriten und Dauerbrenner aus meiner Sammlung werde ich Ihnen verraten. Ich mag einige Wallace & Gromit-Designs von *http://www.topthemes.com*. (Falls sie Ihnen noch nicht begegnet sind: Wallace & Gromit sind zwei schreiend komische Knetgummianimationen vom Oscarpreisträger Nick Park.)

Dennoch muss ich sagen: Mein Lieblingsdesign war und ist eines von *http://www.themeworld.com,* das auf der Verdi-Oper *Don Carlos* basiert. Nichts ist besser, als morgens den Computer anzuwerfen und von den Klängen einer der dramatischsten Opern aller Zeiten begrüßt zu werden. Ich kann fast sehen, wie der Großinquisitor auf die Bühne kommt und Vorbereitungen trifft, ein oder zwei Ketzer auf dem Scheiterhaufen zu verbrennen. Abbildung 2-23 zeigt das Hintergrundbild dieses Designs; es passt gut zur Stimmung der Oper. Andere Elemente sind der Startsound, der aus dem Präludium zum letzten Akt der Oper stammt, das Geräusch beim Herunterfahren (die letzten Sekunden der Oper) und viele weitere Sounds und Symbole.

Abbildung 2-23: Hintergrundbild des Don-Carlo-Designs, das auf der Verdi-Oper Don Carlos beruht

Siehe auch

- Style-XP, eine Shareware von TFT Soft LLC unter *http://www.tgtsoft.com,* verwaltet Ihre Designs, lässt sie automatisch zeitgesteuert rotieren und gestattet unter anderem eine einfache Anpassung der Designs.

XP mit WindowBlinds umbauen

Kontrollfreaks dürfen sich freuen: Mit dem mächtigen WindowBlinds brauchen Sie sich nicht mehr mit simplen, allgemeinen GUI-Elementen wie den Standardsymbolleisten und Bildlaufleisten abzugeben. Sie können Windows jetzt nach Herzenslust umfrisieren.

In den Jahren nach dem Zweiten Weltkrieg erkannte Bill Levitt, dass Soldaten Häuser brauchen. Er plante und baute vor den Toren von New York City eine Gemeinde, die er Levittown nannte. In Lewittown gab es nur zwei Haustypen, die sich kaum unterschieden. Es war die erste amerikanische Gemeinde vom Reißbrett und ist immer noch der Inbegriff für solche Städte.

Die Benutzeroberfläche von Windows XP ist ebenfalls »vom Reißbrett«. Oft machen sich die Benutzer nicht die Mühe, den Hintergrund mit dem grünen Feld und dem blauen Himmel zu ersetzen, und noch viel weniger tasten sie das Standardmenü und die Farben an. Aber Sie brauchen sich zum Glück nicht an den gleichen Desktop zu setzen wie der Typ nebenan. Eine Möglichkeit, Windows XP zu verändern, ist die Nutzung von Designs **[Hack #17]**, doch noch besser ist es, mit einer Software namens WindowBlinds mit Hilfe von so genannten Skins viele Aspekte der Benutzeroberfläche auf einen Schlag zu verändern.

WindowBlinds wird von einer Firma namens Stardock hergestellt und kann von der Website dieser Firma unter *http://www.stardock.com* heruntergeladen werden. Es wird entweder allein für $ 19,95 oder im Rahmen eines größeren Programms namens Object Desktop für $ 49,95 verkauft. Auf der Website ist jedoch auch eine kostenlose Probeversion verfügbar.

Nach der Installation von WindowBlinds werden Sie zunächst einmal keine Änderung bemerken. Sie müssen die Software erst mal über SYSTEMSTEUERUNG → EIGENSCHAFTEN VON ANZEIGE → DARSTELLUNG aktivieren.

WindowBlinds nimmt mehrere Änderungen an der Darstellung vor, wie in Abbildung 2-24 gezeigt wird. Über die Schaltfläche ADD können Sie Skins suchen und der Popup-Liste WINDOWS AND BUTTONS hinzufügen, und die Schaltfläche DELETE entfernt Skins aus dieser Liste. Die kleine Symbolschaltfläche rechts vom WINDOWS AND BUTTONS-Fenster leitet Sie zur Website von Skin Studio (die weiter unten in diesem Hack beschrieben wird).

Wählen Sie einen Skin aus der WINDOWS AND BUTTONS-Liste. Falls es zu einem Skin mehr als ein »Subdesign« gibt, können Sie diese hier ebenfalls wählen. Ein Subdesign eines Skins wäre beispielsweise dasselbe Design in einer anderen Farbzusammenstellung. Wenn derselbe Skin in Braun-, Grünund Blautönen gleich gut aussieht, könnte der Autor alle drei Subdesigns in ein Paket packen.

Abbildung 2-24: Einstellungen der Anzeige mit WindowBlinds

WindowBlinds enthält schon bei der Installation eine Reihe von Skins. Eine der interessanteren darunter heißt Colony, und an ihr lassen sich auch einige der Fähigkeiten von WindowBlinds aufzeigen. Wählen Sie aus der Popup-Liste das Design COLONY und klicken Sie auf die Schaltfläche APPLY. Beachten Sie die texturierten Bereiche rund um die Fenstergrenzen, die veränderten Menüleisten und die glatten Schaltflächen auf der Taskleiste. Solche Fähigkeiten machen WindowBlinds nützlicher als Windows XP-Designs mit manueller Nachkorrektur jedes einzelnen Aspekts der Benutzeroberfläche.

Wenn Sie einen Skin markiert haben, klicken Sie auf die Schaltfläche WIN-DOWBLINDS, um auf den WINDOWBLINDS ADVANCED CONFIGURATION-Bild-schirm zu gelangen (siehe Abbildung 2-25). Dort können Sie fast jeden Teil der Benutzeroberfläche, der von WindowBlinds beeinflusst wird, modifizieren.

Wenn Sie auf BASIC SETTINGS klicken, können Sie die Standardschaltflächen in den Fenstern, die Schaltflächen auf der Taskleiste und in den Symbolleisten sowie die Ränder von Menüs, die Ladefortschrittsanzeigen und die Statusleiste abändern – oder auch jede beliebige Teilmenge dieser Optionen (vielleicht möchten Sie ja nur für die Fenster eigene Schaltflächen kreieren). Außerdem können Sie den Skin veranlassen, den Hintergrund und die Sounds zu wechseln. Wenn Sie aus irgendeinem Grund verhindern möchten, dass der Skin bestimmte Teile der Benutzeroberfläche außer Kraft setzt, können Sie diese Teile auf diesem Bildschirm ändern. Sobald Sie mit dem Ergebnis zufrieden sind, klicken Sie links auf die Schaltfläche APPLY CHANGES.

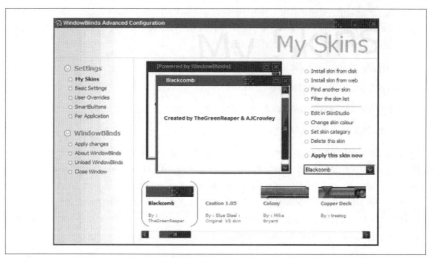

Abbildung 2-25: Der Bildschirm WINDOWBLINDS ADVANCED CONFIGURATION

Manche Skins sehen auf dem Desktop gut aus, aber nicht in einem anderen Programm. So kann es passieren, dass gewisse Skins mit Schriftarten nicht richtig umgehen, was die Textverarbeitung behindert. WindowBlinds bietet die Möglichkeit, ein Verhalten für bestimmte Programme zu ändern. Dazu müssen Sie im linken Bildschirmteil auf PER APPLICATION klicken. Darauf gelangen Sie zu einem Bildschirm, in dem Sie Programme einzeln auf die Liste setzen und ihr Verhalten ändern können.

Skins herunterladen

Heutzutage sind die Programme am beliebtesten, mit denen sich Windows verändern lässt. Aus dieser Erkenntnis heraus haben User unabhängig voneinander Websites eingerichtet, um ihre Ideen und Kreationen öffentlich zu machen. Eine solche Website ist WinCustomize unter *http://www.wincustomize.com*.

Die WinCustomize-Website ist kostenfrei. Wenn Sie einen Skin finden, die Sie mögen, brauchen Sie nur auf DOWNLOAD zu klicken, um sie auf Ihren Computer herunterzuladen. Möchten Sie hingegen auf fortgeschrittenere

Funktionen zugreifen, müssen Sie sich bei der Website registrieren. Das kostet zwar nichts, aber es gibt mehrere Zugriffsebenen, je nachdem, wie viel Sie einerseits verlangen und andererseits zu zahlen bereit sind. Wenn Sie sich registrieren, dürfen Sie bessere Suchmaschinen benutzen. Das ist von Vorteil, weil es mehr als 2.000 benutzerdefinierte Skins zu durchforsten gibt.

WinCustomize hängt mit Stardock, dem Hersteller von WindowBlinds, und Object Desktop zusammen und bietet daher die meisten Skins für die Software dieser Firmen. Wenn Sie nicht finden, was Sie suchen, können Sie noch auf folgenden Websites nachschauen:

- *http://www.lotsofskins.com*
- *http://www.skinbase.org*
- *http://www.deskmod.com*
- *http://www.deviantart.com*

Jede dieser Websites bietet andere Funktionen, aber alle stellen Skins für diverse Programme zur Verfügung. Die DeviantArt-Website ist insofern einzigartig, als sie sich für Digitalkunst als Kunstform interessiert und nicht nur Skins veröffentlicht. Manche Kunstwerke, die dort ausgestellt sind, sind vielleicht nicht jedermanns Sache, aber wenn Sie sich für die Möglichkeiten digitaler Medien interessieren, sollten Sie sich hier umschauen.

Eigene WindowBlinds-Skins erstellen

Finden Sie nicht den richtige Skin für Ihren Geschmack, können Sie auch einen eigenen Skin für WindowBlinds erstellen, sei es von Grund auf oder durch Abändern eines vorhandenen Skins mit SkinStudio. SkinStudio lässt sich kostenlos von der Stardock-Website herunterladen. Vergessen Sie jedoch nicht, die Software registrieren zu lassen.

Einen Skin von Grund auf neu zu erstellen ist nicht so einfach. Übung macht auch hier den Meister, wie bei den meisten Dingen im Leben. Viele Elemente der Windows-Benutzeroberfläche können modifiziert werden, und Sie benötigen gute Tools und viel Übung, damit Ihre eigenen Skins vernünftig aussehen. Anstatt sich nun gleich ins kalte Wasser zu stürzen, sollten Sie zuvor von den Meistern lernen, indem Sie einen existierenden Skin abändern.

Eine meiner bevorzugten WindowBlinds-Skins ist Liquid2. Sie emuliert die Benutzeroberfläche von Macintosh OS X. (Ich bin ein leidenschaftlicher Mac-User.) Was mir an Liquid2 nicht gefällt, ist die Tatsache, dass auf der Startschaltfläche das Wort »Liquid« steht. Ich hätte lieber die ganz normale Beschriftung »Start«.

Mit Photoshop habe ich das Bild in Abbildung 2-26 erstellt. Die Vorlage für eine Startschaltfläche besteht aus fünf separaten Bildern, die alle 57 × 23 Pixel groß sind und in derselben Datei vorliegen. Das erste zeigt die Schaltfläche im Normalzustand, das zweite zeigt sie angeklickt, das dritte deaktiviert, das vierte fokussiert, und das fünfte ist das Standardbild. Wenn mir die Schaltfläche gefällt, muss ich sie an einer Stelle speichern, an der ich Zugriff auf sie habe. Da sie in den Liquid2-Skin integriert wird, speichere ich sie unter *C:\Programme\ Stardock\Object Desktop\WindowBlinds\Liquid2\StartButtonNew.bmp*.

Abbildung 2-26: Die neue START-Schaltfläche in fünf Erscheinungsbildern

Da ein geeignetes Bild gefunden ist, kann der Skin nun mit SkinStudio modifiziert werden. Laden Sie den Skin-Browser (FILE → EDIT). Er sieht anders aus als ein normaler Dateibrowser. Klicken Sie auf den Kasten neben WINDOWBLINDS SKINS, suchen Sie den Skin Liquid2 und klicken Sie auf EDIT.

Abbildung 2-27 zeigt das Bearbeitungsfenster für den Skin Liquid2. Der Kasten oben links beinhaltet die vielen verschiedenen Elemente der Benutzeroberfläche, der Kasten in der Mitte zeigt eine Vorschau der Skin, und Kasten oben rechts dient der Modifikation einzelner Attribute der Benutzeroberfläche. Der Kasten unten links gibt Hilfestellung und ermöglicht das Zoomen von Teilen des Bildschirms. Unten rechts befindet sich ein weiterer Editor für einzelne Attribute.

Um die Schaltfläche START zu ersetzen, klicken Sie in das Feld, das sich im Explorer-Fenster von SkinStudio neben DESKTOP befindet, dann auf TASKBAR und schließlich auf START BUTTON, wie in Abbildung 2-27 gezeigt. Unten rechts klicken Sie auf das Popup-Fenster neben den Wörtern ADJUSTED IMAGE. In der angezeigten Liste müsste jetzt auch die neue START-Schaltfläche namens *StartButtonNew.bmp* stehen. Nachdem Sie NEW gewählt haben, klicken Sie im PREVIEW-Bereich auf die Schaltfläche XP TASKBAR.

Wenn Sie mit dem abgeänderten Skin zufrieden sind, klicken Sie in der Symbolleiste auf das Symbol zum Speichern (die dritte Schaltfläche von links). Das Speichern eines Skins aktiviert sie jedoch noch nicht. Damit sie aktiv wird, klicken Sie in der Symbolleiste auf das Symbol zum Übernehmen (die siebte Schaltfläche von links). Nun müsste die neue START-Schaltfläche auf Ihrer Taskleiste erscheinen. Wenn Sie sie anklicken, sehen Sie die dunkler gefärbte Variante, bis Sie die Maustaste wieder loslassen.

SkinStudio ist ein recht kompliziertes Programm, in dem sich viele Einstellungen modifizieren lassen. Die offizielle Dokumentation ist ziemlich dünn, aber unter *http://www.aleksyandr.com/tutorial.htm* finden Sie ein hervorragendes Tutorial zu SkinStudio.

Eric Cloninger

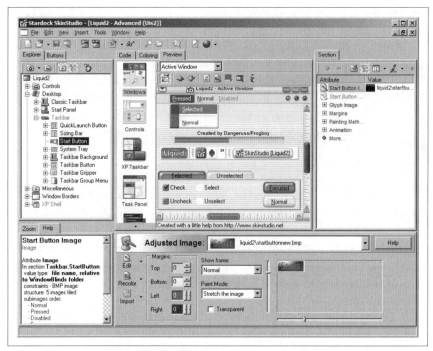

Abbildung 2-27: Der Editor SkinStudio

Eigene Cursor und Symbole kreieren

Geben Sie sich nicht mit den vorgefertigten Symbolen und Cursorn zufrieden, sondern erstellen Sie mit herunterladbarer Software eigene.

Wenn Ihnen die vorgefertigten Cursor und Symbole von XP nicht gefallen, brauchen Sie nicht gleich zu verzweifeln: Es geht auch anders, und zwar mit *Microangelo* von *http://www.microangelo.us*. Das Programm lässt sich als Shareware kostenlos ausprobieren, kostet aber als Vollversion $ 54,95. Sie können damit animierte oder normale Symbole sowohl in der standard-mäßigen 32-Pixel- als auch in der großen 48-Pixel-Größe und überdies noch eine Vielzahl von Cursorn erstellen. Mit Programmen wie Paint erstellen Sie die Bilder in einem Raster, wie in Abbildung 2-28 zu sehen ist. Auch eine Vorschau steht zur Verfügung, so dass Sie einschätzen können, wie sich Ihr Werk auswirken wird.

Am nützlichsten finde ich an dem Programm, dass es vorhandene Cursor, Symbole oder andere Grafiken importieren, bearbeiten und dann speichern kann. Da ich kein großer Künstler bin, finde ich es viel einfacher, vorhan-dene Grafiken abzuändern, als eigene zu kreieren. Die Kunst, Pixel in winzi-gen Symbolbildern richtig zu platzieren, ist schwieriger, als man denkt.

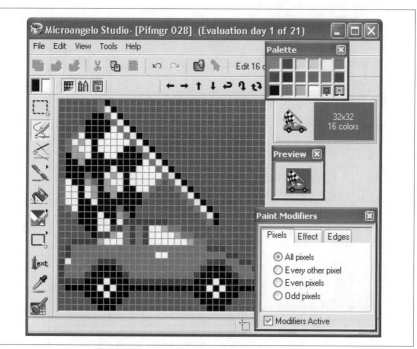

Abbildung 2-28: Ein Symbol mit Microangelo erstellen

Eine große Auswahl an Cursorn bekommen Sie, wenn Sie *CursorXP Free* von *http://www.windowblinds.net* herunterladen, derselben Firma, die auch das Programm WindowBlinds **[Hack #18]** zur Modifikation von Benutzeroberflächen herstellt. CursorXP Free ist, wie der Name schon sagt, kostenfrei. Sobald Sie es installieren, wird dem Dialogfenster EIGENSCHAFTEN VON MAUS eine neue Registerkarte namens CURSORXP hinzugefügt, die Sie in Abbildung 2-29 sehen.

In dem Dialogfenster können Sie aus vielen neuen Cursorn wählen, die mit dem Programm mitgeliefert werden. Indem Sie auf die Schaltfläche OPTIONS/ CONFIGURE ganz unten im Dialogfeld klicken, können Sie bestimmen, wie die einzelnen Cursor funktionieren und aussehen. (Auf der Schaltfläche steht OPTIONS oder CONFIGURE, je nachdem, ob Sie auf die CONFIGURE-Schaltfläche oben im Dialogfeld klicken oder nicht.) Sie können auch Cursor importieren, die Sie mit Microangelo oder einem anderen Programm selbst erstellt haben.

Wenn Sie eine mächtigere Version des Programms bevorzugen, die auch Spezialeffekte bietet – Cursor kolorieren, Trail-Effekte und dergleichen –, können Sie von derselben Website das Programm *CursorXP Plus* beziehen, das für $ 10 zu registrieren ist.

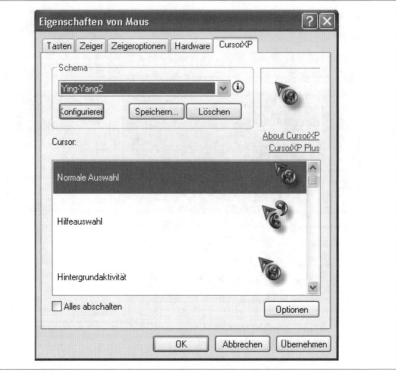

Abbildung 2-29: Cursor mit CursorXP Free erstellen

Falls Sie Cursor lieber von Grund auf neu erschaffen möchten, ist *Axialis AX-Cursors* (*http://www.axialis.com*) am besten. Die Probeversion ist kostenlose Shareware, aber die Vollversion muss für $ 14 erworben werden. Dafür enthält das Programm nicht nur Zeichentools, sondern ermöglicht es auch, jede Grafik in einen Cursor zu verwandeln. Außerdem können Sie einen Screenshot damit schießen und das resultierende Bild zu einem Cursor machen. Dazu bietet es überaus reichhaltige Bearbeitungstools für Cursor. Um Ihnen einen Eindruck von der Mächtigkeit des Programms zu geben, werde ich einen neuen Cursor erstellen, den ich größer als normal mache. Falls jemand aus Ihrem Bekanntenkreis schlecht sieht, können Sie ihm also Cursor kreieren, die leicht zu erkennen sind.

Da ich leider überhaupt nicht künstlerisch veranlagt bin, werde ich von den Zeichentools des Programms keinen Gebrauch machen, sondern stattdessen im Internet eine Grafik suchen, die den Ausgangspunkt bildet. Dann lasse ich AX-Cursors automatisch einen Cursor daraus machen und ziehe diesen auf Übergröße.

Eine Rakete hat eine für Cursor überaus geeignete Form, daher suche ich über die Bildsuche von Google eine. Ich gehe zu *http://www.google.de*, klicke auf BILDER und gebe als Suchbegriff Rakete ein. Statt eines Fotos suche ich eine Grafik mit dicken Strichen und kräftigen Farben heraus, denn diese gibt einen guten Cursor ab. Abbildung 2-30 zeigt das Ergebnis der Suche. Die Rakete im unteren rechten Bildschirmbereich benutze ich als Ausgangspunkt.

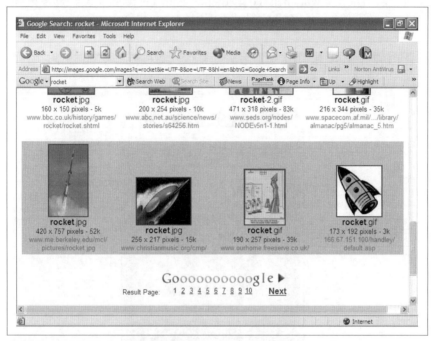

Abbildung 2-30: Mit der Google-Bildsuche eine Grafik ausfindig machen

Ich speichere die Grafik auf meiner Festplatte, indem ich darauf klicke, um sie als Vollbild zu sehen, dann mit der rechten Maustaste auf das vergrößerte Bild klicke und es zu guter Letzt auf meiner Festplatte ablege. AX-Cursors kann nur wenige Grafikformate importieren: *.bmp*, *.jpg*, *.dib* und *.rle*. Da ich es hier mit einer *.gif*-Datei zu tun habe, muss ich sie also zuerst in eine *.jpg*-Datei konvertieren **[Hack #99]**.

Jetzt lasse ich AX-Cursors laufen. Da ich einen neuen Cursor erstellen möchte, stelle ich mit DRAW → NEW IMAGE FORMAT zuerst die Größe ein. Ich habe die Möglichkeit, das Bild in der Größe 32×32, 48×48, 64×64 oder 72×72 zu speichern. Also wähle ich die größte Größe und die Option mit 256 Farben.

Als Nächstes wähle ich DRAW → IMPORT BITMAP und zeige auf das soeben abgespeicherte Raketenbild. Das Programm lässt mich das Bild so zuschneiden, dass ich es auch nur teilweise importieren kann, aber da ich in diesem Fall das komplette Bild benötige, schneide ich nichts ab. Ich kann auch die Transparenz des Cursors einstellen. Weil er für jemanden mit Sehproblemen gedacht ist, lasse ich ihn undurchsichtig. Schließlich ist das Bild in einen Cursor konvertiert, den ich bearbeiten kann, wie in Abbildung 2-31 zu sehen ist. Die vorhandenen Tools dienen zum Bearbeiten des Bilds in der Mitte des Bildschirms. Rechts wird die Originalgrafik angezeigt.

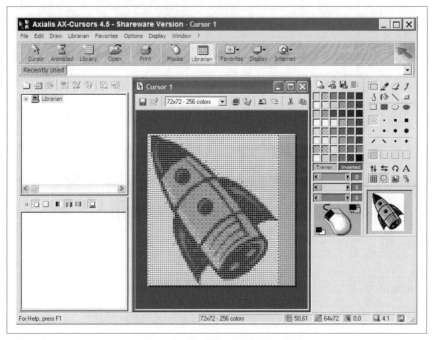

Abbildung 2-31: Das Bild in einen Cursor konvertieren

Da mir der Cursor gefällt, speichere ich ihn mit FILE → SAVE. Er ist nun einsatzbereit. Daher verlasse ich das Programm, wähle SYSTEMSTEUERUNG → DRUCKER UND ANDERE HARDWARE → MAUS → ZEIGER → DURCHSUCHEN und gehe zu dem soeben erstellten Symbol. Nun ist alles fertig; das Ergebnis sehen Sie in Abbildung 2-32.

Abbildung 2-32: Der fertige Cursor in Aktion

Siehe auch

- Eine Sammlung von mehr als 7.000 Gratissymbolen zum Herunterladen finden Sie unter *http://www.iconarchive.com*. Auch unter *http://www.icon-bazaar.com* befindet sich eine Sammlung von kostenlosen Symbolen.

- Kostenlose Cursor stehen unter *http://www.1freecursors.com* zum Download bereit. Beachten Sie, dass einige Cursor- und Symbol-Websites jede Menge Popup-Werbung einsetzen. Wie man diese loswird, ist unter »Popups verhindern – mit oder ohne SP2« [Hack #33] beschrieben.

Instant Linux

Sie möchten wissen, weshalb alle Welt so ein Aufhebens um Linux macht? Jetzt können Sie es ganz einfach ausprobieren, ohne auch nur ein Programm auf Ihrem PC installieren zu müssen: Es läuft direkt von der CD aus.

Das Betriebssystem Linux wird von seiner Anhängerschaft heiß geliebt. Und das aus gutem Grund: Es ist schnell, es kostet nichts, es hat nicht die Sicherheitsprobleme von Windows – und es macht tierisch Spaß.

Aber es kann einem auch den Verstand rauben. Und der Gedanke, neben XP ein völlig anderes Betriebssystem zu installieren oder mal schnell die Festplatte neu zu formatieren, ist ... nun, sagen wir mal, man möchte es erst tun, wenn man sicher ist, Linux auch wirklich nutzen zu wollen.

Doch man bekommt Linux auch als Instant-Erlebnis: mit einer kostenlosen Software namens Knoppix. Es läuft direkt von der CD aus, so dass gar keine Installation auf dem Rechner notwendig ist. Sie booten einfach Ihren Computer von CD, und *voilà*: Instant Linux macht sich an die Arbeit.

> Wenn Sie mehr über Knoppix wissen und es vielleicht sogar auf einem System installieren möchten, sollten Sie die *Knoppix Hacks* von Kyle Rankin (O'Reilly Verlag) lesen. Der folgende Hack ist ein Auszug aus diesem Buch.

Knoppix herunterladen

Am einfachsten kommen Sie an Knoppix, wenn Sie den Inhalt der CD herunterladen, wieder auf eine CD brennen und dann von dieser CD aus booten. Um die neuste Version von Knoppix zu erhalten, sollten Sie das CD-Image von einem der Mirrors von Knoppix herunterladen oder eine CD bestellen. Wenn Sie unbegrenzten Breitband-Internetzugang und einen CD-Brenner haben, sollten Sie das CD-Image herunterladen, das ist der schnellste Weg zu Knoppix. Eine Sammlung von Mirrors unter *http://www.knopper.net/knoppix-*

mirrors/ stellt CD-Images in ISO-Form über HTTP, FTP oder rsync zur Verfügung. Wenn Sie BitTorrent nutzen (eine Peer-to-Peer-Filesharing-Anwendung für die gemeinsame Nutzung großer Dateien), können Sie den Knoppix-Torrent-Link auf dieser Seite verwenden. Klicken Sie einen Mirror an, gelangen Sie auf eine Webseite mit einer Lizenzvereinbarung. Diese lassen Sie von Ihrem Rechtsanwalt durchlesen (oder zeigen Sie etwa nicht alle Lizenzvereinbarungen einem Rechtsanwalt?), klicken auf ACCEPT und wählen aus der dann erscheinenden Liste eine Datei. Zusätzlich zu der neusten Knoppix-Version stellen die meisten Mirrors auch ein paar ältere CD-Images mit ihrer MD5sum (die gleich erklärt wird) zur Verfügung.

Bei der Entscheidung für eine CD ist es hilfreich, wenn man das Knoppix-Namensschema für CD-Images durchschaut. Ein Beispiel eines ISO-Dateinamens wäre:

```
KNOPPIX_V3.9-2005-05-27-DE.iso
```

Den Dateinamen zu entziffern ist nicht schwer und kann recht informativ sein. Im obigen Beispiel steht hinter `KNOPPIX` die aktuelle Version, in diesem Fall also 3.9. Hinter der Version folgt ein Datumsstempel, der das Release-Datum der CD verrät, hier also der 27. Mai 2005. Die Datumsstempel zeigen die inkrementelle Version an. Nach dem Datumsstempel folgt ein Sprachcode, hier `DE` für Deutsch. Knoppix ist ein deutsches Projekt. Man kann zwar beim Hochfahren durch Cheatcodes die Spracheinstellung wählen, aber das Knoppix-Projekt bringt darüber hinaus deutsche und englische CDs separat heraus, damit die englischsprachigen Benutzer nicht immer beim Booten den Code wählen müssen. Wer Englisch spricht, holt sich ein CD-Image mit dem Sprachcode EN, für Deutsch gibt es den Sprachcode DE. Andere Benutzer können sich ein Image ihrer Wahl herunterladen und den Sprachcode beim Hochfahren wählen.

Sie suchen also die neuste Version von Knoppix heraus und klicken auf den Dateinamen. Die 700 MByte große Datei herunterzuladen kann ein paar Stunden oder auch einen ganzen Tag dauern, je nachdem, wie schnell Ihr Breitband-Internetzugang funktioniert und wie stark der Mirror gerade ausgelastet ist.

Sobald Sie das Image heruntergeladen haben, bestätigen Sie, dass die gesamte Datei angekommen und eine exakte Kopie des Originals ist. Eine *MD5sum* ist eine Prüfsumme, die aus einem großen Daten-Stream mit Hilfe des Algorithmus MD5 generiert wird und häufig genutzt wird, um zu prüfen, ob ein großer Download auch richtig abgeschlossen werden konnte. Ein Programm, das eine MD5sum-Prüfsumme generiert, nimmt Ihre Knoppix-ISO-Datei und erstellt einen elektronischen Fingerabdruck, den nur eine einzige Datei haben kann. Selbst wenn nur ein einziges Bit verändert wird, hat dies bereits Auswirkungen auf die MD5sum. Treten also während des Downloads irgendwelche Fehler auf, weicht die generierte Prüfsumme von der auf dem Mirror ab. Stimmen dagegen beide Prüfsummen überein, ist gewährleistet, dass Ihre Datei exakt die gleiche wie auf dem Mirror ist.

Für Windows stehen eine Reihe von Utilities zur Verfügung, die eine MD5-sum generieren können. Eines dieser Tools finden Sie unter *http://www.md5summer.org*. Dieses Programm sollten Sie installieren, ausführen und auf Knoppix ISO setzen, dann klicken Sie auf OK. Auf einem Linux-Rechner werden Sie vermutlich das Programm md5sum bereits fertig installiert vorfinden. Wenn nicht, installieren Sie es selbst. Nach der Installation sollten Sie sich vergewissern, dass die Datei *.md5* von dem Mirror im selben Verzeichnis wie das Image liegt. Geben Sie dann ein:

```
greenfly@clover:~$ md5sum -cv KNOPPIX_V3.9-2005-05-27-DE.iso.md5
KNOPPIX_V3.9-2005-05-27-DE.iso OK
greenfly@clover:~$
```

Wenn die MD5sum-Summen übereinstimmen, erscheint wieder ein Prompt, ansonsten folgende Fehlermeldung:

```
greenfly@clover:~$ md5sum -cv KNOPPIX_V3.9-2005-05-27-DE.iso.md5
KNOPPIX_V3.9-2005-05-27-DE.iso FAILED
md5sum: 1 of 1 file(s) failed MD5 check
greenfly@clover:~$
```

Eine MD5sum können Sie auch von der Kommandozeile aus generieren:

```
greenfly@clover:~$ md5sum KNOPPIX_V3.9-2005-05-27-DE.iso
7ee0382655abf194aa300a98100cacde KNOPPIX_V3.9-2005-05-27-DE.iso
```

Vergleichen Sie die selbst erstellte MD5sum-Summe mit der zugehörigen *.md5*-Datei vom Mirror. Stimmen beide überein, haben Sie eine komplette ISO-Version und können Ihre CD jetzt brennen.

Die Knoppix-ISO-Datei können Sie mit Ihrer üblichen Brennsoftware auf eine CD brennen. Es ist jedoch wichtig, dass Sie die Option IMAGE AUF DISK BRENNEN oder den entsprechenden Befehl Ihrer Software wählen. Geben Sie nicht den Befehl, eine Daten-CD zu brennen, sonst haben Sie am Ende eine CD mit einer einzigen ISO-Datei, die nicht bootfähig ist.

Wenn Sie sich nicht die Mühe machen möchten, eine CD herunterzuladen und zu brennen, können Sie die Knoppix-CD von etlichen Drittanbietern auch auf dem Versandweg erhalten. Eine Liste von Anbietern finden Sie unter *http://www.knopper.net/knoppix-vendors/*. Diese Anbieter haben mit dem Knoppix-Projekt selbst nicht direkt etwas zu tun und bieten auch andere Linux-Distributionen auf CD an. Wenn Sie eine Bestellung aufgeben, achten Sie darauf, dass der Hersteller die neuste Version schickt, indem Sie die Release-Nummer mit dem auf Knoppix-Mirrors bereitgestell-

ten Release vergleichen. Eine Knoppix-CD gibt es bereits für
€ 3,50 zuzüglich Versandkosten, ein geringer Preis, wenn
man bedenkt, dass Sie sich dann den langwierigen Download und das Brennen der CD ersparen können.

Knoppix von einer CD booten

Für Computer, die ab dem Jahr 2000 gekauft wurden, ist das Booten von
Knoppix ganz einfach: Sie legen die CD in das CD-ROM-Laufwerk und
starten den Computer neu. Bei einigen wenigen Computern muss allerdings
für das Booten von Knoppix die Boot-Reihenfolge im *BIOS* geändert werden. Das BIOS wird auf dem Bildschirm dargestellt, den Sie beim Hochfahren des Computers sehen; normalerweise erkennt man darauf die Größe des
RAM und die Festplatten. Alte Systeme, die das Booten von einer CD nicht
unterstützen, verlangen eventuell, dass Sie von einer Diskette booten.

Wenn Ihr Computer zwar von einer CD-ROM booten kann, dies aber mit
der Knoppix-CD nicht tut, liegt dies vermutlich an der Boot-Reihenfolge im
BIOS. Um diese zu ändern und die Änderung zu speichern, müssen Sie in
das BIOS-Setup gehen, indem Sie während des Hochfahrens eine spezielle
Taste drücken. Manche BIOS verraten Ihnen beim Hochfahren, welche
Taste dies ist; üblich sind Esc, F1, F2, F10 oder Entf.

Im BIOS suchen Sie dann den Abschnitt, in dem die Reihenfolge der Boot-
Devices umgestellt werden kann. Manchmal kann man diese Einstellung
ändern, indem man aus den am oberen Rand angeordneten Registerkarten
diejenige namens BOOT auswählt; auf anderen Systemen kann die Option
auch BOOT DEVICE ORDER, STARTREIHENFOLGE oder ähnlich heißen. Haben
Sie diese Einstellung gefunden, schieben Sie das CD-ROM-Laufwerk vor
die Festplatten. Wenn Sie diese Option nicht finden oder nicht ändern können oder weitere, systemspezifische Informationen benötigen, müssen Sie in
das BIOS-Handbuch schauen, das mit Ihrem Computer oder Motherboard
zusammen ausgeliefert wurde. Sobald Sie die Boot-Reihenfolge geändert
haben, speichern Sie Ihre Einstellungen. Dann müsste der Computer neu
starten, die Knoppix-CD finden und Sie mit dem Knoppix-Boot-Prompt
begrüßen.

Der Knoppix-Boot-Prompt

Wenn Sie Knoppix von CD oder Diskette gestartet haben, erblicken Sie den
Knoppix-Startbildschirm aus Abbildung 2-33.

Um direkt in Knoppix hineinzukommen, drücken Sie entweder die Eingabetaste oder warten ein paar Sekunden, bis Knoppix den Boot-Prozess startet.
An diesem Boot-Prompt können Sie spezielle Knoppix-Cheatcodes einge-

ben, um den Boot-Prozess zu steuern. Wenn Sie an diesem Prompt F2 und F3 drücken, werden einige der Cheatcodes angezeigt.

Abbildung 2-33: Der Boot-Bildschirm von Knoppix

Beim Hochfahren zeigt Knoppix farbenprächtige Bilder an, während es Ihre Hardware sucht. Sobald das System die Hardware erkannt und eingerichtet hat, startet es automatisch die Desktop-Umgebung und öffnet abschließend einen Web-Browser mit der Knoppix-Dokumentation. Jetzt können Sie Programme starten, im Web surfen und spielen. Wenn Sie sich aus dem Desktop ausloggen, fährt Knoppix herunter, und die CD wird ausgeworfen. Wurde Knoppix von Diskette gestartet, müssen Sie daran denken, die Diskette wieder herauszunehmen, sonst wird auch beim nächsten Einschalten des Computers automatisch Knoppix gestartet.

Der Knoppix-Desktop

Sie haben also Knoppix gebootet. Und nun? Jetzt ist die Zeit gekommen herauszufinden, wozu all diese komischen Fenster, Symbole und Kontrollleisten gut sind, um dann selbst auf Entdeckungsreise zu gehen.

Nach dem Hochfahren müssten Sie den Knoppix-Desktop aus Abbildung 2-34 vor Augen haben.

Der Desktop. Nach dem Hochfahren fällt Ihnen vermutlich als Erstes der Konqueror-Web-Browser auf, der sich öffnet, wenn das K Desktop Environment (KDE) gestartet wird. KDE ist eine der beiden beliebtesten Desk-

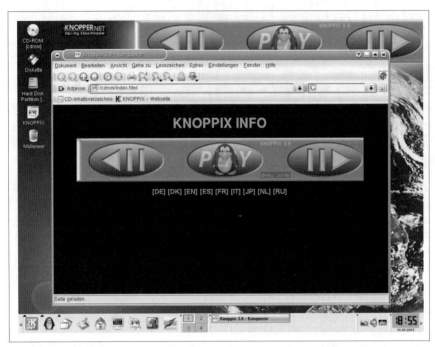

Abbildung 2-34: Der Standard-Desktop von Knoppix

top-Umgebungen für Linux (die andere ist Gnome). Die Aufgabe von KDE ist es, Ihre gesamte Desktop-Umgebung zu managen. Es stellt den Bildschirmhintergrund dar, gibt über Menüs und Symbole Zugriff auf Programme und verwaltet die Fenster, die angezeigt werden, wenn Sie eine Anwendung starten. Wenn KDE startet, erscheint zunächst die Hilfeseite von Knoppix. Diese Webseite bietet Informationen und Hilfe zu Knoppix in vielen verschiedenen Sprachen und umfasst auch Links zu Websites, auf denen Knoppix-CDs und Zusatzinformationen zu haben sind. Die Hilfe steht ebenfalls offline zur Verfügung, so dass sie auch dann von Nutzen ist, wenn die Netzwerkverbindung einmal nicht funktioniert.

Der Desktop selbst enthält Verknüpfungen zu den Festplatten-, CD-ROM- und Diskettenlaufwerken auf Ihrem System (Abbildung 2-35). Mit einem Klick auf einen der Laufwerkbuchstaben können Sie das Laufwerk automatisch schreibgeschützt mounten und das gemountete Dateisystem in Konqueror öffnen. Unter KDE wird ein Verzeichnis oder eine Datei nach Voreinstellung mit einem einzigen Klick geöffnet, was einige Anpassungen erforderlich machen kann, wenn Sie an Doppelklickverknüpfungen auf dem Desktop gewöhnt sind. Da Knoppix diese Dateisysteme nach Voreinstellung mit nur lesendem Zugriff mountet, können Sie die angezeigten Dateien zwar sehen und öffnen, aber nicht bearbeiten, löschen oder verschieben. Sie können die Dateien jedoch auf Ihren Desktop kopieren und dort bearbeiten. Um die Dateisysteme mit Schreibzugriff zu versehen, klicken Sie mit rechts auf das Laufwerksymbol und wählen AKTIONEN → LESE/SCHREIBMODUS ÄNDERN. Das per Rechtsklick zugängliche Kontextmenü gibt Ihnen auch die Möglichkeit, das Laufwerk zu unmounten und, sofern es ein CD-ROM-Laufwerk ist, die darin befindliche CD auswerfen zu lassen.

Abbildung 2-35: Desktop-Symbole

Das K-Menü. Die KDE-Kontrollleiste erstreckt sich über den gesamten unteren Fensterrand. Auf der linken Seite der Kontrollleiste befindet sich das K-Menü, dargestellt durch das K-Ritzelsymbol. Mit einem Klick auf dieses Symbol rufen Sie das K-Menü auf, in dem Sie die meisten Grafikanwendungen und einige Kommandozeilen-Programme vorfinden, die in Knoppix in Kategorien wie Editoren, Spiele, Internet und Einstellungen (Abbildung 2-36) organisiert sind. Wenn Sie mit KDE, Linux oder Knoppix noch nicht vertraut sind, sollten Sie die Kategorien in diesem Menü genau untersuchen und lernen, wie die auf der CD befindlichen Anwendungen organisiert sind.

Oben im K-Menü befindet sich ein Bereich, der für die zuletzt benutzten Anwendungen reserviert ist. Wenn Sie Programme im K-Menü aufrufen, erscheinen ihre Symbole in diesem Bereich. So haben Sie schnellen Zugriff auf diese Programme, wenn Sie sie erneut aufrufen möchten. Darunter befindet sich der Bereich der Anwendungen mit ihren jeweiligen Untermenüs. Unter diesem finden Sie Symbole zur Ausführung spezifischer Aktionen in KDE.

Es lohnt sich, das K-Menü genau kennen zu lernen. Durchstöbern Sie die verschiedenen Kategorien und probieren Sie die riesige Programmbibliothek aus, die mit Knoppix mitgeliefert wird. Da alles von der CD aus läuft, können Ihre Experimente keinen Schaden anrichten. Wenn Sie sich mit dem K-Menü vertraut gemacht haben, schauen Sie sich die anderen Teile des Knoppix-Desktops genauer an:

Die Kontrollleiste. Die Kontrollleiste ist der graue Balken am unteren Bildschirmrand. Sie enthält das K-Menü sowie andere Elemente und ist eine Art erweiterungsfähige Windows-Taskleiste, in die auch Applets eingebettet

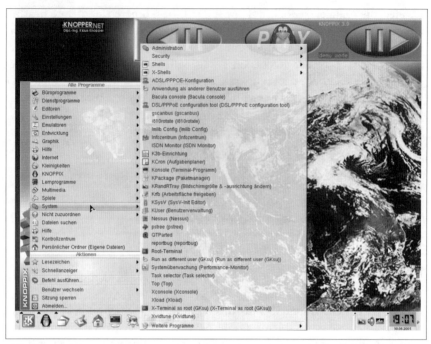

Abbildung 2-36: Das K-Menü

werden können. Die Standard-Kontrollleiste von Knoppix (Abbildung 2-34) besitzt schon mehrere davon. Unmittelbar rechts vom K-Menü befinden sich noch zwei weitere Menüs. Das erste, gekennzeichnet durch ein Pinguin-Symbol, ist eine Verknüpfung zum Knoppix-Untermenü. Das zweite listet sämtliche Anwendungen auf, die auf allen Desktops geöffnet sind. Um die sichtbaren Anwendungen zu minimieren, klicken Sie auf das nächste Symbol, das einem Schreibtisch mit einem Bleistift darauf ähnelt. Mit einem erneuten Klick auf dieses Symbol können Sie alle Anwendungsfenster wieder maximieren. Neben diesen Symbolen gibt es eine Reihe von Verknüpfungen zu Anwendungen im K-Menü. Diese sollen schnellen Zugriff auf häufig genutzte Programme geben. Klicken Sie mit rechts auf eines dieser Symbole, um ein Kontextmenü aufzurufen, das Ihnen die Möglichkeit gibt, das Symbol zu verschieben oder zu löschen. Durch Ziehen mit der Maus können Sie Symbole aus dem K-Menü in die Kontrollleiste verlagern.

Rechts neben den Anwendungssymbolen sehen Sie einen Kasten mit den Nummern 1, 2, 3 und 4. Das ist ein so genannter Desktop-Pager, mit dem Sie rasch zwischen Desktops hin- und herspringen können, indem Sie einfach die passende Nummer anklicken oder mit Strg-Tab die Anwendungen bzw. mit Strg-Umschalt-Tab die Desktops durchblättern. Nach Voreinstellung besitzt Knoppix vier virtuelle Desktops, die Ihnen helfen, Ordnung zu halten: So können Sie nämlich offene Programme auf verschiedene Desktops verteilen. Der Pager hebt zu Ihrer Orientierung den aktiven Desktop hervor.

Neben dem Pager befindet sich eine Aufgabenliste, auf der alle Ihre offenen Anwendungen erscheinen. Klicken Sie mit rechts auf den Namen des Programms, um das Programmfenster in den Vorder- oder Hintergrund zu befördern. Ein Rechtsklick auf die Fenster in der Aufgabenliste zeigt Ihnen eine Liste der Aktionen an, die Sie mit diesem Fenster ausführen können: schließen, maximieren, auf einen anderen Desktop verlagern usw.

Neben der Aufgabenliste befinden sich einige nützliche Applets, die im Systembereich zusammengefasst sind. Viele Anwendungen, die im Hintergrund laufen, deponieren hier ein Symbol, um Ihnen schnellen Zugriff auf die Programmoptionen zu geben. Als Erstes sehen Sie ein Flag, das das KDE-Tastaturprogramm darstellt. Mit diesem können Sie die auf dem Desktop verwendete Gebietseinstellung für die Tastatur ändern. Danach folgt ein Applet zur Bildschirmanzeige, eine Neuigkeit in Knoppix seit Version 3.4. Mit einem Klick auf dieses Applet können Sie Bildschirmauflösung und Monitorfrequenz ganz nebenbei ändern. Das Lautsprecher-Symbol repräsentiert das KDE-Mixer-Applet, mit dem Sie die Lautstärke ändern können. Wenn Knoppix Ihre Soundkarte nicht konfigurieren konnte, ist das Mixer-Applet mit einem roten Balken durchgestrichen. Schließlich befindet sich ganz rechts auf der Kontrollleiste noch eine Uhr. Bevor Sie das Datum und die Uhrzeit einstellen können, müssen Sie ein Root-Passwort erstellen. Hierzu öffnen Sie ein Terminalfenster und geben Folgendes ein:

```
knoppix@ttyp0[knoppix]$ sudo passwd
Enter new UNIX password:
Retype new UNIX password:
Passwd: password updated successfully
```

Experimentieren Sie ruhig mit der Kontrollleiste herum. Klicken und ziehen Sie die Symbole, um sie auf der Kontrollleiste hin- und herzubewegen. Auch die Applet-Handles können Sie mit der Maus ziehen. Klicken Sie mit rechts auf Symbole und Applets, um eine Liste mit Optionen aufzurufen, mit denen man das Applet auf Wunsch auch komplett aus der Kontrollleiste entfernen kann. Ziehen Sie Symbole aus dem Desktop oder dem K-Menü in die Kontrollleiste. Um die Größe der Kontrollleiste anzupassen, klicken Sie sie mit rechts an und wählen eine passende Größe aus.

Siehe auch

* *Knoppix Hacks* von Kyle Rankin (O'Reilly Verlag)

Kyle Rankin

KAPITEL DREI

Windows Explorer
Hacks #21–31

Den Windows Explorer benutzen Sie jeden Tag, oft sogar mehrmals täglich, ohne sich große Gedanken darum zu machen. Sie öffnen ihn, lassen einige Dateien anzeigen, löschen andere, ziehen Dateien in andere Ordner und setzen dann Ihre Arbeit fort.

Dabei kann Ihnen der Explorer in vielerlei Hinsicht das Leben einfacher machen. Sie können beispielsweise Dateien mit Hilfe einer Verschlüsselung verbergen, durch Datenkompression mehr Platz auf der Festplatte schaffen und Dateien leichter auffinden, indem Sie den Indexdienst und seine Abfragesprache nutzen. Und auch für den Explorer gibt es Hacks, die seine Bedienung vereinfachen, beispielsweise durch Anpassung seines Kontextmenüs, das bei einem Rechtsklick erscheint. In diesem Kapitel zeige ich Ihnen all dieses und noch viel mehr.

HACK #21 Ordner oder Dateilisten zum Drucken oder Bearbeiten generieren

Wer lange mit einem PC gearbeitet oder bis jetzt einen Mac benutzt hat, ist oft schockiert, dass keine einfache, eingebaute Möglichkeit zur Verfügung steht, um eine Liste von Dateien in einem Ordner auszudrucken. Dieser Hack erstellt ein per Rechtsklick aufrufbares Kontextmenü mit einer Option zur Erstellung solcher Listen. Diese lassen sich bearbeiten, kopieren, einfügen und vor allem drucken.

Haben nicht auch Sie schon oft Ihre Verzeichnisse im Windows Explorer durchforstet und sich gewünscht, Sie könnten eine Textdatei oder einen Ausdruck mit einer Liste der Dateien und Ordner generieren? So simpel dieser Wunsch auch sein mag, er lässt sich überraschenderweise nicht erfüllen. Sie glauben mir nicht? Dann klicken Sie doch mit der rechten Maustaste auf einen Ordner und schauen selbst nach, ob dort irgendeine Funktion ist, mit der man die Dateistruktur auflisten oder drucken könnte. Fehlanzeige. Doch dieser Mangel lässt sich ohne fremde Software beheben. Hier erfahren Sie, wie Sie ein Kontextmenüelement [Hack #28] erstellen können, das auf Mausklick eine druckbare (und bearbeitungsfähige) Textdatei mit einem Listing des gewählten Verzeichnisses generiert.

Um den Eintrag im Kontextmenü herzustellen, müssen Sie zuerst eine *Batchdatei* erstellen. Eine Batchdatei ist eine Textdatei mit einer Folge von Betriebssystembefehlen und der Erweiterung *.bat*. Der Inhalt der *.bat*-Datei ist:

```
dir /a /-p /o:gen >dateilisting.txt
```

Der Name der *.txt*-Datei lässt sich beliebig wählen. In diesem Beispiel habe ich *dateilisting.txt* gewählt, aber der Name könnte ebenso gut *dateiliste, listevondateien, benanntedateien* oder gar *Wally* lauten, wenn Sie komische Dateinamen lieben. Wenn Sie sich für einen Namen entschieden haben, legen Sie eine Notepad-Datei wie in Abbildung 3-1 an.

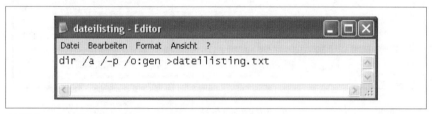

Abbildung 3-1: Eine Batchdatei in Notepad erstellen

Speichern Sie die Datei in Ihrem *WINDOWS*-Ordner, wie in Abbildung 3-2 gezeigt, und achten Sie darauf, dass sie die Erweiterung *.bat* und nicht die standardmäßige *.txt*-Erweiterung erhält. Es ist wichtig, unter SPEICHERN UNTER als Dateityp ALLE DATEIEN und unter CODIERUNG ANSI einzustellen.

Nun, da die *.bat*-Datei angelegt ist, muss sie funktionsfähig und durch Integration in das Kontextmenü auch erreichbar gemacht werden. Öffnen Sie den Windows Explorer und wählen Sie EXTRAS → ORDNEROPTIONEN → DATEITYPEN → ORDNER → ERWEITERT → NEU. Es erscheint das Dialogfeld NEUE AKTION aus Abbildung 3-3.

In dieses Feld geben Sie den Namen ein, der im Kontextmenü erscheinen soll. Auch hier haben Sie viele Wahlmöglichkeiten, aber am sinnvollsten wäre so etwas wie »Dateilisting erstellen«. Gehen Sie zum Speicherort der neuen *.bat*-Datei und wählen Sie sie in dem Kasten mit der Beschriftung ANWENDUNG FÜR DIESEN VORGANG aus. Wenn Sie nun auf OK klicken, werden Sie erkennen, dass der Eintrag DATEILISTING ERSTELLEN (oder der Name, den Sie davon abweichend gewählt haben) zu den Aktionen im Fenster DATEITYP BEARBEITEN (siehe Abbildung 3-4) hinzugefügt wurde. Klicken Sie überall auf OK, bis sich die Fenster geschlossen haben.

Abbildung 3-2: dateilisting.bat wird gespeichert

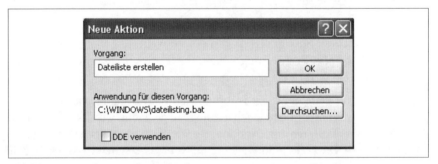

Abbildung 3-3: Eine neue Aktion für die Kontextmenüs

Das war's. Herzlichen Glückwunsch! Sie haben jetzt ein neues, funktionsfä-higes Element in das Kontextmenü integriert. Doch nun, da Sie es haben, stellt sich die Frage, was Sie damit machen.

Öffnen Sie den Windows Explorer, gehen Sie auf einen beliebigen Ordner, aus dem Sie eine Dateiliste generieren möchten, und klicken Sie mit der rechten Maustaste, um das Kontextmenü zu öffnen. Klicken Sie auf DATEI-LISTING ERSTELLEN (siehe Abbildung 3-5), und schon wird die Liste gene-

Abbildung 3-4: Das neue Dialogfeld DATEITYP BEARBEITEN mit der neuen Aktion

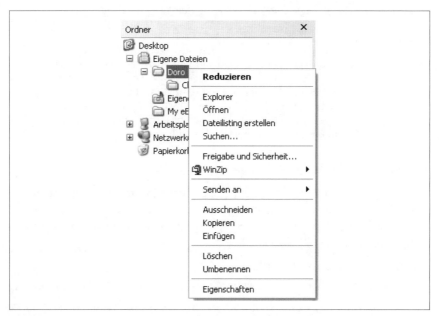

Abbildung 3-5: Die neue Kontextmenüaktion: Dateilisting erstellen

riert und unten im geöffneten Editorfenster als *dateilisting.txt* angezeigt. Abbildung 3-6 zeigt das Listing des Ordners EIGENE DATEIEN der Übersetzerin dieses Buchs. Da die Liste eine Textdatei ist, kann sie für jeden Zweck bearbeitet, kopiert, eingefügt und gedruckt werden.

```
dateilisting - Editor
Datei  Bearbeiten  Format  Ansicht  ?
 Volume in Laufwerk C: hat keine Bezeichnung.
 Volumeseriennummer: ECC0-D8AA

 Verzeichnis von C:\Dokumente und Einstellungen\Administrator\Eigene Dateien

20.10.2003  16:38     <DIR>          .
20.10.2003  16:38     <DIR>          ..
20.10.2003  16:37     <DIR>          Doro
14.10.2003  14:18     <DIR>          Eigene Musik
09.10.2003  08:54     <DIR>          My eBooks
31.07.2003  13:51            382 hpothb07.dat
14.10.2003  14:18             86 desktop.ini
08.10.2003  09:52         31.436 1-6tif.TIF
08.10.2003  13:02         79.372 1-7tif.TIF
19.10.2003  11:05         53.228 2-15.TIF
20.10.2003  07:50        188.040 2-17.TIF
20.10.2003  08:54         43.800 2-18.TIF
20.10.2003  11:23        102.424 2-26.TIF
20.10.2003  11:25         35.546 2-27.TIF
15.10.2003  16:53         75.346 2-3.TIF
15.10.2003  21:08        664.726 2-4.TIF
15.10.2003  21:33        168.460 2-5.TIF
16.10.2003  08:23         56.540 2-6.TIF
16.10.2003  08:42         87.416 2-8.TIF
16.10.2003  12:53        191.336 2-9.TIF
20.10.2003  16:04         25.468 3-1.TIF
20.10.2003  16:13         86.968 3-2.TIF
20.10.2003  16:10         28.320 3-3.TIF
20.10.2003  16:30         37.966 3-4.TIF
20.10.2003  16:31         27.660 3-5.TIF
20.10.2003  16:38              0 dateilisting.txt
             21 Datei(en)     1.984.520 Bytes
              5 Verzeichnis(se), 12.748.255.232 Bytes frei
```

Abbildung 3-6: Das erzeugte Dateilisting – fertig zum Bearbeiten und Drucken

Wenn Sie den neuen Eintrag aus irgendwelchen Gründen wieder aus dem Kontextmenü entfernen möchten, müssen Sie die Registrierung bearbeiten **[Hack #83]**. Gehen Sie zu HKEY_ CLASSES_ROOT\Folder\shell\Create_File_Listing und löschen Sie den Schlüssel Create_File_Listing im linken Fenster. Schließen Sie den Registrierungs-Editor und starten Sie neu, um den Löschvorgang abzuschließen.

Alternative Methode für Nutzer von Outlook XP

Wenn Sie mit Outlook XP arbeiten, gibt es noch eine andere Möglichkeit zum Ausgeben von Verzeichnis-Listings, für die keine Änderungen am System erforderlich sind. Mit der Outlook-Leiste können Sie mit wenigen Mausklicks eine schön formatierte Liste erstellen:

1. Öffnen Sie Microsoft Outlook.

2. Wählen Sie ANSICHT → OUTLOOK-LEISTE → WEITERE VERKNÜPFUNGEN.

3. Standardmäßig werden nun die drei Verknüpfungen ARBEITSPLATZ, EIGENE DATEIEN und FAVORITEN aufgeführt. Wählen Sie eine davon aus und gehen Sie im Verzeichnisbaum so weit hinunter, bis das Verzeichnis, das Sie ausdrucken wollen, im rechten Fenster angezeigt wird.

4. Wenn das rechte Fenster das anzeigt, was Sie drucken möchten, klicken Sie auf das Druckersymbol auf der Outlook-Symbolleiste.

Jim Foley

Windows Explorer mit Befehlszeilen-Verknüpfungen steuern

Kreieren Sie auf der Befehlszeile neue Explorer-Ansichten und speichern Sie Ihre Favoriten in Desktopverknüpfungen.

Ich öffne den Windows Explorer kaum jemals in der Standardansicht. In der Regel möchte ich einen bestimmten Speicherort mit bestimmten Ansichtsoptionen anzeigen lassen – beispielsweise mit ein- oder ausgeschalteter Ordnerleiste am linken Rand.

Ich starte den Windows Explorer in der Eingabeaufforderung und steuere dabei mit einer Reihe von Optionen die Art, wie er dargestellt wird. Außerdem erstelle ich Desktop-Verknüpfungen für diese Befehlszeilenstarts, damit meine bevorzugten Explorer-Ansichten nie weiter als ein paar Mausklicks entfernt sind.

Wenn ich beispielsweise im Windows Explorer nur den Unterordner *C:\ Power Tools Book\Hacks* und keine übergeordneten Ordner sehen, aber die Ordnerleiste anzeigen lassen möchte, öffne ich die Eingabeaufforderung und gebe folgenden Befehl ein:

```
explorer /e,/root,c:\Power Tools Book\Hacks
```

Auf diese Weise erscheint die Ansicht aus Abbildung 3-7.

Vergleichen Sie dies einmal mit der normalen Ansicht (Abbildung 3-8), die erscheint, wenn ich den Explorer auf die übliche Weise öffne.

Der Explorer in Abbildung 3-7 öffnet sich nicht nur mit einem speziellen Unterordner, sondern zeigt auch keine übergeordneten Ordner. Abbildung 3-8 dagegen zeigt die vollständige Verzeichnisstruktur meiner Festplatte und öffnet sich im Wurzelverzeichnis C:\. Die Ansicht in Abbildung 3-7 verwende ich, wenn ich ausschließlich in einem Unterordner arbeiten und schnell dorthin gelangen möchte.

Das ist nur eine von vielen Möglichkeiten, den Windows Explorer mit bestimmten Optionen über die Eingabeaufforderung zu starten. Bestimmt finden Sie noch weitere Verwendungszwecke für diese Methode. Sie können den Explorer nicht nur mit Hilfe der Eingabeaufforderung und Desktop-Verknüpfungen starten, sondern auch Skripten und Batchprogramme darauf ausführen.

An der Eingabeaufforderung verwenden Sie folgende Syntax, um den Explorer mit Optionen aufzurufen:

```
explorer [/n] [,/e] [,root,object,] [[,/select],subobject]
```

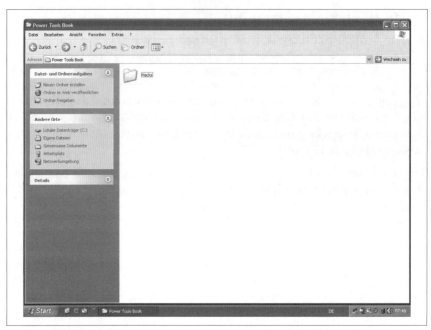

Abbildung 3-7: Den Windows Explorer mit einem bestimmten Ordner in einer bestimmten Ansicht öffnen

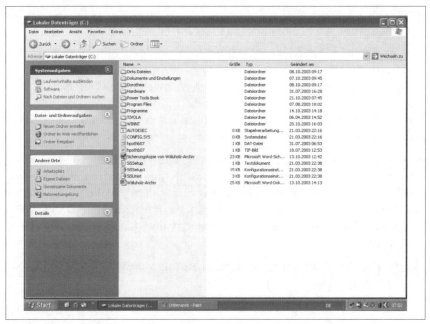

Abbildung 3-8: Meine Standard-Startansicht des Windows Explorer

Sie müssen nicht unbedingt Optionen verwenden, sondern können auch einfach nur explorer eingeben. Doch damit starten Sie nur die Standardansicht des Explorer.

Im Weiteren erkläre ich die Optionen und ihre Syntax:

/n

Öffnet den Windows Explorer, ohne die Ordnerleiste, also die Baumstruktur der Festplatte zu öffnen. Es erscheint die in Abbildung 3-9 gezeigte Ansicht.

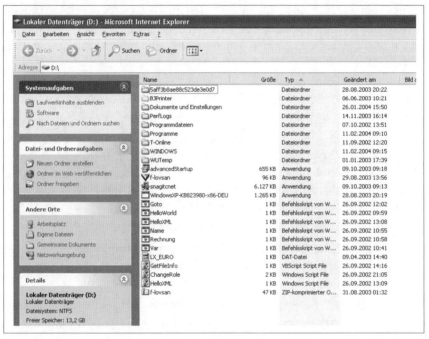

Abbildung 3-9: Der Explorer mit der Option /n

/e

Öffnet den Windows Explorer mit der Ordnerleiste.

/root,*object*

Öffnet den Windows Explorer bei einem bestimmten Objekt (beispielsweise einem Ordner), ohne die übergeordneten Ordner anzuzeigen, wie in Abbildung 3-7 zu sehen. Mit dieser Option können Sie auch die weiter unten in diesem Hack erklärten Globally Unique Identifiers verwenden.

[[/select],*subobject*]

Öffnet den Windows Explorer auf einer spezifischen Datei bzw. einem Ordner, der dann hervorgehoben und ausgeklappt wird. Die Option subobject darf nur ohne den Parameter /select verwendet werden. Wenn Sie diesen Parameter benutzen, werden die Zweige nicht expandiert, aber links wird der Ordner und im rechten Fenster das Unterobjekt hervorgehoben.

Desktop-Verknüpfungen für den Explorer

Da die manuelle Eingabe von Befehlszeilen-Kommandos eine elende Arbeit sein kann, ist es besser, diese als Desktop-Verknüpfungen bereitzuhalten. Klicken Sie mit der rechten Maustaste auf den Desktop, wählen Sie NEU → VERKNÜPFUNG und geben Sie in das Textfeld als Speicherort die Befehlszeilen-Syntax für den Explorer ein. Anschließend geben Sie der Verknüpfung einen aussagekräftigen Namen – beispielsweise »Ordner Hacks« – und klicken auf OK.

Globally Unique Identifiers (GUIDs) mit Befehlszeilen-Optionen verwenden

Vielleicht möchten Sie den Windows Explorer auf bestimmten Systemordnern öffnen, beispielsweise in der Netzwerkumgebung. Dazu müssen Sie an der Eingabeaufforderung explorer, gefolgt von einem Leerzeichen, zwei Doppelpunkten und dem Globally Unique Identifier (GUID) eingeben, der den gewünschten Systemordner identifiziert, etwa so:

```
explorer  ::{208D2C60-3AEA-1069-A2D7-08002B30309D}
```

Dieser Befehl öffnet im Windows Explorer die Netzwerkumgebung. Wenn Sie Optionen verwenden möchten, setzen Sie ein Leerzeichen und zwei Doppelpunkte vor die GUID:

```
explorer /e, ::{208D2C60-3AEA-1069-A2D7-08002B30309D}
```

Sie können GUIDs in Desktop-Verknüpfungen, Batchdateien und Skripten ebenso wie auf der Befehlszeile verwenden. Tabelle 3-1 listet die GUIDs für diverse Systemordner auf.

Tabelle 3-1: GUIDs für Systemordner

Ordnername	GUID
Arbeitsplatz	{20D04FE0-3AEA-1069-A2D8-08002B30309D}
Netzwerkumgebung	{208D2C60-3AEA-1069-A2D7-08002B30309D}
Netzwerkverbindungen	{7007ACC7-3202-11D1-AAD2-00805FC1270E}
Drucker und Faxgeräte	{2227A280-3AEA-1069-A2DE-08002B30309D}
Papierkorb	{645FF040-5081-101B-9F08-00AA002F954E}
Geplante Tasks	{D6277990-4C6A-11CF-8D87-00AA0060F5BF}

HACK #23 Den Windows Explorer durch den Total Commander ersetzen

Dieser mächtige Explorer-Ersatz bietet Ihnen wesentlich mehr Funktionen, als der Explorer beherrscht.

Da Sie dieses Buch lesen, gehören Sie vermutlich zu denjenigen, die mehr von ihrem Computer erwarten als nur eine schicke bunte Oberfläche. Diese User möchten, dass das Gerät genau das tut, was sie möchten, und nicht etwas, von dem das System denkt, dass sie es möchten. Sie wollen nicht mehrere Mauskilometer zurücklegen, nur um eine größere Anzahl von Dateien umzubenennen, zu verschieben oder zu kopieren. Sie möchten eine übersichtliche, leicht anzupassende Ansicht aller Dateien und Ordner des Computers, in der nicht die interessantesten Ordner ausgeblendet sind, um die Benutzer vor den Folgen ihres eigenen Handelns zu schützen. Sie möchten nicht ein halbes Dutzend Zusatztools installieren, nur um Dateien zu packen, FTP-Verbindungen herzustellen oder Verzeichnisse zu synchronisieren. Und sie möchten all das sowohl bequem mit der Maus als auch über konfigurierbare Tastatur-Shortcuts machen können. Für diese Leute ist der Total Commander genau das Richtige.

Der Total Commander ist kein einfaches Utility, das einige wenige im Explorer fehlende Funktionen nachrüstet. Er kann vielmehr den Explorer vollständig ersetzen, und der Autor dieser Zeilen verwendet ihn auch so. Total Commander ist die perfekte Kreuzung aus dem Windows Explorer und der Shell von Linux. Vielleicht klingt das übertrieben – falls Sie das denken, probieren Sie ihn einfach aus und bilden sich Ihre eigene Meinung!

Total Commander (*http://www.ghisler.com*) ist Shareware und kann in einer voll funktionsfähigen Version 30 Tage lang getestet werden. Falls Ihnen das Programm gefällt, können Sie für € 28 eine Lizenz erwerben.

Bei der Installation können Sie beim Schritt ORT DER INI-DATEIEN ÄNDERN den Speicherort der Einstellungsdateien festlegen. Normalerweise werden diese im Windows-Verzeichnis abgelegt. Wenn Sie jedoch gern Ihre Daten und Einstellungen an einem Ort haben, können Sie hier ein beliebiges Verzeichnis auswählen. Falls Sie ein Update von einer älteren Version durchführen, ist es nicht nötig, die alte Version vorher zu deinstallieren. Vielmehr installieren Sie die neue Version einfach in das gleiche Verzeichnis, und alle Einstellungen werden übernommen.

Der Total Commander (TC) arbeitet mit der vom guten alten Norton Commander bekannten Zwei-Fenster-Ansicht. Auch die Tastaturbelegung ist in Teilen von diesem Urahn übernommen worden, was die Eingewöhnung für viele leicht machen dürfte, die den Norton Commander oder einen seiner unzähligen Klone und Nachfolger benutzt haben. Der Vorteil der Zwei-Fenster-Ansicht gegenüber der gemischten Darstellung im Explorer liegt auf der Hand: Die allermeisten Dateioperationen haben eine Quelle und ein Ziel, die naturgemäß an verschiedenen Stellen im Dateisystem liegen. Im Explorer würden Sie beim Verschieben von Dateien zunächst zum Quellverzeichnis gehen, die gewünschten Dateien ausschneiden, dann zum Zielverzeichnis navigieren und die Dateien dort einfügen. Dabei sehen Sie jedoch nie die Inhalte beider Verzeichnisse gleichzeitig! Im Total Commander navigieren Sie einfach auf der einen Seite zur Quelle, auf der anderen zum Ziel und können beide Verzeichnisse übersichtlich miteinander vergleichen. Manchmal sind jedoch auch zwei Fenster zu wenig, wenn Sie zum Beispiel Dateien aus drei verschiedenen Verzeichnissen parallel bearbeiten. Für solche Fälle bietet der TC die so genannten Tabs, die Sie in Abbildung 3-10 auf der linken Seite sehen. Ein Tab zeigt das Verzeichnis *Inetpub*, der andere den Windows-Ordner. Zum Erzeugen eines neuen Tabs drücken Sie Strg-T, woraufhin Sie zunächst zwei Tabs mit dem aktuellen Verzeichnis erhalten. Im aktiven Tab können Sie nun weiternavigieren; der andere Tab behält seine Position im Dateisystem. Um zwischen den Tabs zu wechseln, drücken Sie Strg-Tab, und um ein Tab wieder zu schließen, drücken Sie Strg-F4.

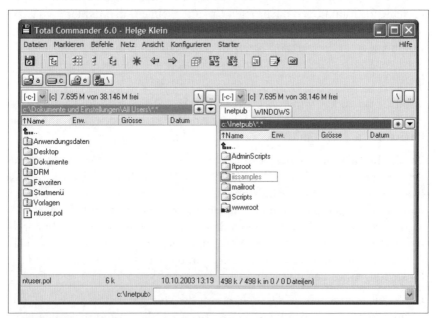

Abbildung 3-10: Das Hauptfenster von Total Commander

Während Sie in einem Fenster oder Tab navigieren, wird die Datei oder das Verzeichnis, das gerade den Fokus hat, mit einem kleinen Rahmen markiert. Im Fall von Dateien werden unterhalb des Fensters die Größe, das Datum und die Attribute der Datei angezeigt. Falls der Fokus auf einem Verzeichnis liegt, wird nach dem Drücken der Leertaste die Gesamtgröße des Verzeichnisses angezeigt, inklusive aller Dateien und Unterverzeichnisse. Dies sehen Sie in Abbildung 3-10 auf der rechten Seite.

Die Leertaste dient auch dazu, Dateien und Ordner für die spätere Bearbeitung, zum Beispiel für das Verschieben, Kopieren oder Packen, zu markieren. Für die Auswahl von Dateien stehen jedoch noch weit mächtigere Funktionen zur Verfügung. Über MARKIEREN → GRUPPE MARKIEREN gelangen Sie zum Dialogfeld AUSWAHL ERWEITERN. Dort können Sie Dateien nach ihrer Endung selektieren, aber auch komplexe Auswahlen definieren, die sogar reguläre Ausdrücke enthalten können. Dateien lassen sich anhand ihrer Attribute, eines Mindest- oder Maximalalters oder einer Mindest- oder Maximalgröße auswählen. Damit Sie wiederkehrende Auswahlvorgänge nicht jedes Mal aufs Neue konfigurieren müssen, können Sie die verwendeten Auswahlkriterien speichern und wieder laden.

Bei der Bearbeitung größerer Datenbestände, beispielsweise bei Bildern einer Digitalkamera, möchte man oft Dateien nach einem bestimmten Schema umbenennen. Hierfür bietet der Total Commander im Menü DATEIEN das MEHRFACH-UMBENENN-TOOL, das neben der Verwendung von Zählern, Datum/Uhrzeit und Suchen-/Ersetzen-Vorgängen auch die Groß-/Kleinschreibung ändern kann. Die vorgenommenen Einstellungen lassen sich, wie bei der Auswahlfunktion, speichern und laden. Eine Vorschau zeigt an, wie die Dateinamen mit den vorgenommenen Einstellungen aussehen würden.

Falls Sie mehrere Computer besitzen, vielleicht einen Laptop und einen Heim-PC, haben Sie vermutlich den Wunsch, Ihre Dateien auf den Computern zu synchronisieren, damit Sie jederzeit Zugriff auf sämtliche Daten haben. Auch dies können Sie mit dem Total Commander einfach erledigen. Navigieren Sie hierzu in einer Fensterhälfte zu Ihrem Datenverzeichnis auf dem lokalen PC, in der anderen Hälfte zu dem Datenverzeichnis auf dem anderen Computer. Voraussetzung dafür ist natürlich, dass die beiden PCs über ein Netzwerk miteinander verbunden sind. Wählen Sie dann BEFEHLE → VERZEICHNISSE SYNCHRONISIEREN. Nach einem Klick auf die Schaltfläche VERGLEICHEN führt der Total Commander einen Vergleich der Datenbestände durch, zeigt das Ergebnis an und markiert mit farbigen Pfeilen die ermittelte Kopierrichtung einer jeden Datei. Diese Ansicht können Sie nun vielfältig anpassen, und Sie können für jede Datei einzeln die Kopierrichtung ändern oder sie ganz von der Synchronisation ausschließen. Nach einem

Klick auf SYNCHRONISIEREN wird der eigentliche Kopiervorgang gestartet. Anschließend wird ein erneuter Vergleich durchgeführt, der nun wesentlich weniger zu synchronisierende Dateien auflisten sollte.

Der Total Commander bietet noch unzählige weitere nützliche Funktionen, die alle zu beschreiben hier aus Platzmangel schlicht unmöglich ist. Nicht unerwähnt bleiben sollen jedoch der FTP-Client, der unter anderem auch die direkte Kopie von Server zu Server unterstützt, sowie die Pack-/Entpackfunktion, die die Formate ZIP, ARJ, LZH, TAR, GZ, CAB, RAR und ACE direkt unterstützt.

Helge Klein

HACK #24 Bessere Umbenennung von Dateien
Benennen Sie mehrere Dateien rasch und einfach um.

Ich gebe es nicht gern zu, aber manchmal bin ich ungeduldig. Warum sollte ich auch meine Zeit mit immer der gleichen Tätigkeit vergeuden? Wenn Sie jemals mehr als eine Datei auf einmal umbenennen mussten, wissen Sie, wie dämlich das ist: Klick, Pause, Klick, neuen Namen eingeben, Enter drücken – und das für jede Datei, bloß um sie umzubenennen. Ex-Unix-User werden das besonders lästig finden, da sie von den mächtigen Jokerzeichen und Mustervergleichen von Unix verwöhnt sind. Das Tool *Better File Rename* (das seine $ 19,95 Shareware-Registrierungsgebühr wert ist) von *http://www.publicspace. net/windows/BetterFileRename/* macht alles, was man sich von einem Dateiumbenennungsprogramm nur wünschen kann, und noch mehr. Es ist bequem über das Kontextmenü erreichbar, nur einen Rechtsklick von einer Gruppe ausgewählter Dateien entfernt.

Abbildung 3-11 zeigt einige Möglichkeiten zur Umbenennung, die auf Mustern oder auf der Stellung einer Zeichenkette im Dateinamen (zum Beispiel am Anfang oder am Ende) beruhen. Zu jeder Muster- oder Stellungsoption stehen mächtige Variablen und Einstellungen zur Wahl, so dass Sie Dateien schnell und einfach auf alle möglichen Weisen umbenennen können.

Sie können dieses Programm beispielsweise einsetzen, wenn Sie einer Liste von Dateien, die zu demselben Projekt gehören, aber mit ganz unterschiedlichen Dateinamen beginnen (etwa Abbildungen für ein Buch), ein Präfix voranstellen wollen. Großen Nutzen bringt es auch für Besitzer von Digitalkameras, die keine numerisch oder sonstwie automatisch generierten Dateinamen möchten. Vielleicht haben Sie sich gemerkt, dass dieser Haufen willkürlich nummerierter Bilder Fotos Ihrer Tochter sind, aber es ist einfacher, ihren Namen mit *Better File Rename* in einem Schritt allen Dateien voranzustellen, als solche Informationen im Gedächtnis zu behalten oder den quä-

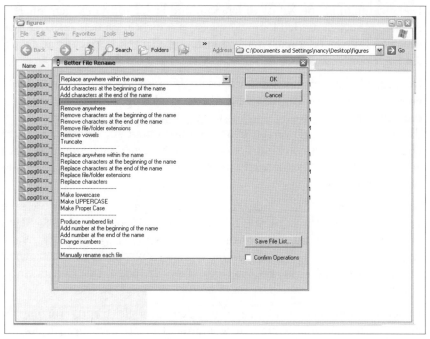

Abbildung 3-11: Optionen von Better File Rename

lend langsamen Klicken-und-Umbenennen-Zirkus für jede einzelne Datei durchzumachen. Sie können auch eine ganze Liste von Dateinamen von Groß- in Kleinbuchstaben und umgekehrt ändern. Die Möglichkeiten, Muster zu ersetzen und Dateien automatisch aufsteigend zu nummerieren, sind besonders nützlich. Wer ein ungeduldiger Kontrollfreak ist, der wird sich freuen!

Nancy Kotary

HACK #25 Dateien mit der Abfragesprache des Indexdiensts schneller finden

Ihre Festplatte ist voller Dateien, und Sie haben keine einfache Möglichkeit, rasch herauszufinden, welche Sie wollen? Mit dem Indexdienst und seiner Abfragesprache kommen Sie schnell an die gewünschte Datei.

Arbeitstiere wie ich (und mein Lektor) müssen oft lange suchen, bis sie auf ihrer Festplatte genau das finden, was sie wollten. Ich habe dort tausende von Dateien gespeichert, einige davon zehn Jahre alt oder älter, die ich bei jedem Hardware-Upgrade pflichtschuldigst wieder auf das neue System kopiere. Man kann ja nie wissen, vielleicht benötige ich irgendwann noch einmal die Liste der Bücher, die ich 1996 aus der Bibliothek leihen wollte.

Die Suchfunktion von XP ist zu langsam und bietet zu wenige verschiedene Arten von Suchen an. Ich kann beispielsweise nicht nach den zuletzt ausgedruckten Dateien oder nach der Wortzählung oder mit Hilfe einer ausgereiften Suchsprache suchen.

Der Indexdienst, der zuerst mit Microsofts *Internet Information Services* (IIS) eingesetzt wurde, ist ein weit mächtigeres Werkzeug. Er sucht hundertmal schneller und enthält eine überaus fortgeschrittene Abfragesprache, die für das Suchen eingesetzt werden kann. Er funktioniert so, dass er zuerst die Dateien auf der Festplatte indiziert und dann bei einer Suche nur den Index abfragt, anstatt den gesamten Festplatteninhalt zu durchforsten. Die Indizes, die dieser Dienst anlegt, nennt man *Kataloge*.

Per Voreinstellung ist der Indexdienst ausgeschaltet. Um ihn zu aktivieren, wählen Sie zuerst START → SUCHEN. Im Such-Assistenten wählen Sie dann BEVORZUGTE EINSTELLUNGEN ÄNDERN → INDEXDIENST VERWENDEN. Wenn statt INDEXDIENST VERWENDEN nur die Option INDEXDIENST NICHT VERWENDEN zur Verfügung steht, bedeutet das, dass der Indexdienst bereits eingeschaltet ist.

Ist der Indexdienst aktiviert, steht er trotzdem nicht gleich zur Verfügung. Er muss zuerst einen Index aufbauen, und das kann je nach der Anzahl der Dateien auf der Festplatte und der Prozessorleistung recht lange dauern. Am besten lassen Sie den Computer über Nacht an, damit er den Index fertig stellen kann.

Um den Indexdienst im Such-Assistenten wieder auszuschalten, wählen Sie BEVORZUGTE EINSTELLUNGEN ÄNDERN → INDEXDIENST NICHT VERWENDEN. Danach wird wieder der normale Such-Assistent verwendet. Der Index bleibt erhalten, aber er wird nicht mehr durchsucht. Sie können ihn aber jederzeit wieder einschalten.

Die Abfragesprache des Indexdiensts

Die Abfragesprache des Indexdiensts ist eine ausgereifte Sprache, die eine Suche anhand von Dateieigenschaften ermöglicht – beispielsweise nach dem Autor oder nach der Anzahl der Bytes eines Dokuments – und überdies Boolesche Operatoren und andere Suchkriterien verwendet.

Die Sprache verwendet Tags, um Suchkriterien zu definieren. Folgende Abfrage sucht beispielsweise nach der Phrase »That dog won't hunt«:

```
{phrase} That dog won't hunt {/phrase}
```

Als grundlegende Arten der Textsuche bietet die Abfragesprache phrase oder freetext an. Eine phrase-Suche sucht nach präzisen Wörtern in einer präzisen Reihenfolge, wie hier:

```
{phrase} old dog barks backwards {/phrase}
```

Auf die Ergebnisliste kommen nur Dateien, die genau diese Phrase enthalten.

Ein freetext-Ausdruck sucht in der Phrase nach beliebigen Wörtern und liefert Dateien zurück, die irgendeines der vorgegebenen Wörter enthalten. Er funktioniert wie das Boolesche OR. Die folgende Abfrage

```
{freetext} old dog barks backwards {/freetext}
```

gibt folglich viel mehr Ergebnisse zurück als die phrase-Abfrage, nämlich Dateien, die irgendeines der Wörter aus der Suchzeichenkette enthalten.

Suche anhand von Eigenschaften

Die Abfragesprache des Indexdiensts ist deswegen so mächtig, weil sie nicht nur nach Text, sondern auch nach Dateieigenschaften suchen kann. Die Syntax dafür lautet:

```
{prop name=eigenschaftsname} abfrage {/prop}
```

Dabei ist *eigenschaftsname* der Name der Eigenschaft, beispielsweise solche aus Tabelle 3-2, und *abfrage* ist der Text, nach dem Sie suchen. Um nun alle Dateien zu suchen, die zuletzt von Preston Gralla bearbeitet wurden, geben Sie Folgendes ein:

```
{prop name=DocLastAuthor} Preston Gralla {/prop}
```

Abfragen können die Jokerzeichen * und ? sowie reguläre Ausdrücke ähnlich denen von Unix verwenden. (Mehr über reguläre Ausdrücke erfahren Sie in *Reguläre Ausdrücke* von Jeffrey Friedl, O'Reilly Verlag.) Um diese Jokerzeichen einzusetzen, müssen Sie das Tag {regex} wie folgt verwenden:

```
{prop name=filename} {regex} *.xl? {/regex} {/prop}
```

Der Indexdienst indiziert nicht nur den Text jeder Datei, sondern auch zusammenfassende Informationen, die mit ihr zusammenhängen. (Um diese Informationen aufzurufen, klicken Sie mit der rechten Maustaste auf die betreffende Datei und wählen EIGENSCHAFTEN → ZUSAMMENFASSUNG.) Sie können jedoch nicht nur nach Eigenschaften aus dieser Zusammenfassung suchen, sondern auch nach Eigenschaften aus Tabelle 3-2. Diese enthält eine Liste der wichtigsten Eigenschaften für Suchoperationen.

Tabelle 3-2: Wichtige Eigenschaften für das Suchen mit dem Indexdienst

Eigenschaft	Beschreibung
Access	Zeitpunkt des letzten Zugriffs auf die Datei
All	Alle verfügbaren Eigenschaften; funktioniert nur mit Text-, nicht mit numerischen Abfragen
AllocSize	Gesamter Festplattenplatz, der der Datei zugewiesen wurde

Tabelle 3-2: Wichtige Eigenschaften für das Suchen mit dem Indexdienst (Fortsetzung)

Eigenschaft	Beschreibung
Contents	Inhalt der Datei
Created	Erstellungszeitpunkt der Datei
Directory	Vollständiger Verzeichnispfad, in dem die Datei erzeugt wurde
DocAppName	Name der Anwendung, mit der die Datei angelegt wurde
DocAuthor	Autor der Datei
DocByteCount	Anzahl Bytes in der Datei
DocCategory	Typ der Datei
DocCharCount	Anzahl der Zeichen in der Datei
DocComments	Kommentare zu der Datei
DocCompany	Name der Firma, für die die Datei geschrieben wurde
DocCreatedTime	Zeit, die mit der Bearbeitung der Datei verbracht wurde
DocHiddenCount	Anzahl der verborgenen Folien in einer PowerPoint-Datei
DocKeyWords	Schlüsselwörter aus der Datei
DocLastAuthor	Name des letzten Bearbeiters der Datei
DocLastPrinted	Letztes Druckdatum
DocLineCount	Anzahl der Zeilen in der Datei
DocLastSavedTm	Zeitpunkt der letzten Speicherung der Datei
DocManager	Name des Managers des Dateiautors
DocNoteCount	Anzahl der Seiten mit Notizen in einem PowerPoint-Dokument
DocPageCount	Anzahl der Seiten in der Datei
DocParaCount	Anzahl der Absätze in der Datei
DocPartTitles	Namen der einzelnen Dokumentteile, z.B. der Tabellen in einem Excel-Dokument oder der Folien in einer PowerPoint-Diashow
DocRevNumber	Aktuelle Versionsnummer der Datei
DocSlideCount	Anzahl der Folien in einer PowerPoint-Datei
DocTemplate	Name der Vorlage des Dokuments
DocTitle	Titel des Dokuments
DocWordCount	Anzahl der Wörter im Dokument
FileName	Dateiname des Dokuments
Path	Der Pfad zu dem Dokument, einschließlich des Dateinamens des Dokuments
ShortFileName	Name des Dokumets im 8.3-Format
Size	Größe des Dokuments in Bytes
Write	Datum und Uhrzeit der letzten Änderung am Dokument

Suchen mit Operatoren und Ausdrücken

Die Abfragesprache ermöglicht auch die Nutzung von Operatoren und Ausdrücken, sowohl für Text als auch für Zahlen:

Die Operatoren EQUALS *und* CONTAINS

Wenn Sie eine Abfrage erstellen, die Text verwendet, können Sie die Suche mit den Operatoren EQUALS und CONTAINS einengen. Der Operator EQUALS dient dazu, präzise Wörter in einer vorgegebenen Reihenfolge zu finden, etwa wie hier:

```
{prop name=DocTitle} EQUALS First Draft of Final Novel {/prop}
```

Diese Abfrage findet alle Dateien mit dem Titel »First Draft of Final Novel«, aber zum Beispiel nicht mit dem Titel »Final Draft of First Novel« oder »First Draft of Novel«. Der Operator EQUALS funktioniert wie ein phrase-Ausdruck.

CONTAINS wird verwendet, um irgendwelche der vorgegebenen Wörter in einer Datei zu finden, ganz ähnlich wie der freetext-Ausdruck.

Relationale Operatoren

Mit relationalen Operatoren führen Sie eine Suche durch, bei der Zahlen eingesetzt werden:

= Gleich

!= Ungleich

< Kleiner als

<= Kleiner oder gleich

> Größer als

>= Größer oder gleich

Datums- und Uhrzeitausdrücke

Die folgenden Formate können Sie für die Suche nach Datums- und Uhrzeitangaben einsetzen:

```
yyyy/mm/dd hh:mm:ss
yyyy-mmmm-dd hh:mm:ss
```

Datums- und Uhrzeitausdrücke lassen sich auch mit relationalen Operatoren verbinden, zum Beispiel für die Suche nach Dateien, die in den letzten beiden Tagen angelegt wurden:

```
{prop name=Created} >-2d {/prop}
```

Tabelle 3-3 listet Datums- und Uhrzeitabkürzungen auf, die Sie verwenden können.

Tabelle 3-3: Datums- und Uhrzeitausdrücke, die mit relationalen Operatoren zusammen funktionieren

Abkürzung	Bedeutung	Abkürzung	Bedeutung
Y	Jahr	D	Tag
Q	Quartal	H	Stunde
M	Monat	N	Minute
W	Woche	S	Sekunde

Boolesche Operatoren

Die Abfragesprache verwendet außerdem die Booleschen Operatoren aus Tabelle 3-4.

Tabelle 3-4: Boolesche Operatoren für die Abfragesprache des Indexdiensts

Boolescher Operator	Langform	Kurzform
AND	&	AND
OR	|	OR
Unäres NOT	!	NOT
Binäres NOT	&!	AND NOT

Den unären Operator NOT verwenden Sie, wenn Sie nicht mit Text, sondern mit Zahlen suchen. Um beispielsweise alle Dokumente zu suchen, die nicht aus sieben PowerPoint-Folien bestehen, verwenden Sie folgende Abfrage:

```
{prop name=DocSlideCount} NOT = 7 {/prop}
```

Mit dem binären NOT engen Sie eine Suche ein, indem Sie zwei Eigenschaften in einer Abfrage kombinieren. Um beispielsweise alle Dateien des Autors »Preston Gralla« zu suchen, die nicht »Kapitel 10« heißen, verwenden Sie folgende Abfrage (auf einer einzigen Zeile):

```
{prop name=DocAuthor} Preston Gralla  {/prop} NOT {prop
name=DocTitle} Kapitel 10  {/prop}
```

Alternative Verbformen

Mit dem Doppelstern als Jokerzeichen können Sie in einem Dokument alternative Verbformen suchen. Die Abfrage

```
{prop name=Contents} run** {/prop}
```

liefert alle Dokumente mit dem Wort »ran« oder »run«.

Reihenfolge der Suchergebnisse

Wenn eine Suche voraussichtlich viele Resultate zurückliefert, möchte man die wichtigsten ganz oben und die unwichtigsten ganz unten anzeigen lassen. Sie können mit dem Tag weight die relative Wichtigkeit jedes Suchterms angeben und das Ergebnis nach Relevanz einordnen lassen. Beachten Sie, dass kein schließendes Tag dazugehört:

```
{weight value = n} query
```

Der Wert des Parameters value liegt zwischen 0.000 und 1.000.

Wenn Sie nach den drei Wörtern »fire«, »ice« und »slush« suchen und dabei »fire« am stärksten, »ice« am zweitstärksten und »slush« am schwächsten gewichten möchten, verwenden Sie folgende Syntax (auf einer einzigen Zeile):

```
{weight value=1.000}fire AND {weight value=.500}ice AND {weight value=.
250}slush
```

Den »Geräuschfilter« des Indexdiensts bearbeiten

Sie können den Indexdienst veranlassen, bei der Suche mehr Wörter oder weniger Wörter zu ignorieren, indem Sie eine einfache Textdatei bearbeiten. In der Datei *noise.deu*, die normalerweise unter *C:\Windows\System32* zu finden ist, steht eine Liste der Wörter, die der Indexdienst ignoriert. (Die Erweiterung *.deu* steht für Deutsch, aber es gibt auch für andere Sprachen solche »Geräuschfilter«: *.eng* für Englisch, *.fra* für Französisch und so weiter.)

Der Filter *noise.deu* enthält häufig vorkommende Artikel, Präpositionen, Pronomina, Konjunktionen, unterschiedliche Formen gebräuchlicher Verben und andere Wörter. Sie können sie im Editor öffnen und Wörter, die Sie ignorieren möchten, hinzufügen oder Wörter, die Sie nicht ignorieren möchten, löschen. Wenn Sie dann die Datei speichern, hält sich der Indexdienst an die neuen Regeln.

HACK #26 Der Windows Explorer wird jetzt richtig nützlich

Es gibt eine Fülle von Tricks, um den Nutzwert des Explorer zu erhöhen.

Mit vielen kleinen Kunstgriffen am Explorer können Sie Ihre PC-Sitzungen produktiver machen, beispielsweise indem Sie das Kontextmenü ändern, das mit einem Rechtsklick aufgerufen wird. Probieren Sie es aus!

Kontextmenübefehle für spezifische Dateitypen hinzufügen

Wenn Sie mit der rechten Maustaste im Explorer auf eine Datei klicken, erscheint ein Kontextmenü mit einer Liste von Programmen, mit denen Sie die Datei öffnen können. Doch das Programm, das Sie sich wünschen, ist unter Umständen nicht darunter. Dabei lassen sich dem Kontextmenü ganz leicht neue Programme hinzufügen. Angenommen, Sie möchten *.gif*-Dateien automatisch mit dem Freeware-Grafikprogramm IrfanView **[Hack #99]** öffnen lassen. Wählen Sie im Windows Explorer EXTRAS → ORDNEROPTIONEN → DATEITYPEN. In dem Feld REGISTRIERTE DATEITYPEN wählen Sie den Dateityp, für den Sie im Kontextmenü eine neue Verknüpfung erstellen möchten. In unserem Beispiel ist dies eine GIF-Datei. Nach diesem Hack erhalten Sie jedes Mal, wenn Sie auf eine Datei dieses Typs klicken, das neue Programm zur Auswahl.

Nachdem Sie den Dateityp eingestellt haben, wählen Sie ERWEITERT → NEU. Nun erscheint das in Abbildung 3-12 gezeigte Dialogfeld NEUE AKTION.

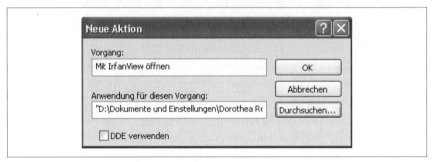

Abbildung 3-12: Dem Kontextmenü wird ein neues Programm hinzugefügt

In das Feld VORGANG geben Sie den Text ein, der im Kontextmenü für die Verknüpfung erscheinen soll, beispielsweise Mit Irfanview öffnen. In das Feld ANWENDUNG FÜR DIESEN VORGANG tragen Sie den vollständigen Pfad des ausführbaren Programms ein, mit dem der betreffende Dateityp geöffnet werden soll. Setzen Sie alles in Anführungszeichen. Dahinter lassen Sie ein Leerzeichen frei und tippen "%1" ein. Das "%1" ist ein Platzhalter und wird als Ersatz für den Namen der Datei benötigt, die Sie mit der rechten Maustaste anklicken. Bei mir (der Übersetzerin dieses Buchs) sieht die gesamte Zeichenkette wie folgt aus:

```
"D:\Dokumente und Einstellungen\Dorothea Reder\Eigene Dateien\iview380g.exe"
"%1"
```

Klicken Sie auf OK. Die Änderung findet sofort statt, und die neue Verknüpfung erscheint im Kontextmenü.

Globale Kontextmenüverknüpfungen für alle Dateitypen hinzufügen

Im vorigen Abschnitt wurde beschrieben, wie man dem Kontextmenü abhängig vom Dateityp neue Verknüpfungen hinzufügt. Das betreffende Programm steht dann nur für solche Dateien zur Verfügung, die auch den angegebenen Dateityp haben. Sie können dem Kontextmenü aber auch für sämtliche Dateitypen eine neue Verknüpfung hinzufügen, indem Sie die Registrierung bearbeiten. Das ist nützlich, wenn Sie ein Programm haben, das Dateien vieler Typen öffnen kann, und nicht für jeden einzelnen Typ eine neue Verknüpfung im Kontextmenü anlegen möchten. Da ich IrfanView für viele verschiedene Grafiktypen verwende, möchte ich das Programm für alle diese Typen aufrufen. Dann erscheint es zwar auch bei anderen Dateitypen, für die ich es nicht nutze (beispielsweise Word-Dateien), aber es lohnt sich dennoch, die Verknüpfung in das allgemeine Menü zu setzen, da ich viel Zeit dadurch spare, dass ich nicht für jeden einzelnen Dateityp ein Menüelement hinzufügen muss.

Rufen Sie den Registrierungs-Editor [Hack #83] auf und gehen Sie zu HKEY_ CLASSES_ROOT*. Dort erstellen Sie einen neuen Unterschlüssel namens Shell, falls dieser nicht bereits existiert. Der Unterschlüssel Shell kann Teile der Benutzeroberfläche steuern. Legen Sie unterhalb von Shell einen neuen Unterschlüssel an und nennen Sie ihn nach dem neuen Befehl, also zum Beispiel OeffnenMitIrfanView. Als Standardwert des neuen Unterschlüssels geben Sie den Text ein, der im Kontextmenü erscheinen soll, etwa Öffnen mit IrfanView. Erstellen Sie nun noch einen Unterschlüssel namens Command unter dem soeben angelegten neuen Schlüssel. Dieser Unterschlüssel wird die Zeichenkette des Befehls enthalten, den Sie zum Öffnen der Datei ausführen möchten. Als Standardwert des Unterschlüssels Command geben Sie den Befehlspfad ein, der ausgeführt werden soll, wenn das neue Kontextmenüelement ausgewählt wird, zum Beispiel:

```
"D:\Dokumente und Einstellungen\Ihr Name\Eigene Dateien\iview380g.exe" "%1"
```

Verlassen Sie die Registrierung. Der neue Kontextmenübefehl müsste nun direkt zur Verfügung stehen; unter Umständen müssen Sie aber vorher das System neu starten.

Dateiverknüpfungen bearbeiten

Mit dem Windows Explorer können Sie die Art und Weise ändern, wie XP mit Dateitypen umgeht: beispielsweise die Standardaktion bei einem Doppelklick auf die Datei, die mit dem betreffenden Dateityp verknüpfte Anwendung, das Symbol des Dateityps und das Verbergen oder Anzeigen der Dateierweiterung. Die meisten dieser Aktionen sind über EXTRAS → ORDNER-OPTIONEN → DATEITYPEN zugänglich. Wählen Sie den Dateityp, dessen zugehörige Aktion Sie ändern möchten, und klicken Sie dann auf ERWEI-TERT. Sie sehen den Bildschirm aus Abbildung 3-13.

In dem Dialogfeld DATEITYP BEARBEITEN können Sie ein anderes Symbol zuweisen, die Aktion ändern, die mit der Datei ausgeführt wird, und wählen, ob der Dateityp im Windows Explorer angezeigt wird oder nicht. Das Dialogfeld ist selbsterklärend. Um das Symbol zu wechseln, klicken Sie auf ANDERES SYMBOL, um eine Aktion zu bearbeiten, markieren Sie sie und kli-

cken auf BEARBEITEN. Wenn Sie ein anderes Programm als bisher mit dem
Dateityp verknüpfen möchten, wählen Sie EXTRAS → ORDNEROPTIONEN →
DATEITYPEN, suchen den gewünschten Dateityp aus, klicken auf ÄNDERN
und wählen dann die Anwendung, die neu mit dem Dateityp verbunden
werden soll. Sie gehen genau so vor, wie in Abbildung 3-12 gezeigt.

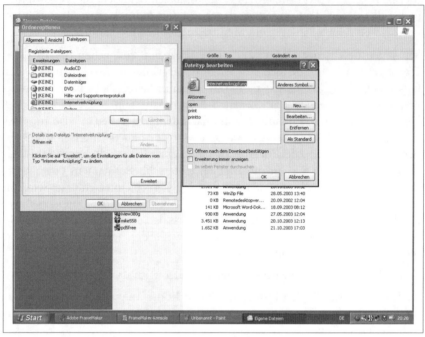

Abbildung 3-13: Dateiverknüpfungen und zugehörige Aktionen bearbeiten

Kontextmenüelemente aus dem Explorer entfernen

Das Explorer-Menü kann mit der Zeit chaotisch werden, lässt sich aber mit
einem Registrierungs-Hack ein wenig aufräumen, der immerhin zwei Elemente aus dem Menü unter EXTRAS entfernt: NETZLAUFWERK VERBINDEN
und NETZLAUFWERK TRENNEN. Rufen Sie den Registrierungs-Editor auf und
gehen Sie zu:

```
HKEY_CURRENT_USER\SOFTWARE\Microsoft\Windows\CurrentVersion\Policies\
Explorer
```

Erstellen Sie dort den DWORD-Eintrag NoNetConnectDisconnect und geben Sie
ihm den Wert 1. Verlassen Sie die Registrierung. Eventuell müssen Sie neu
starten, damit die neue Einstellung wirksam wird und die Einträge aus dem
Menü verschwinden. Um sie wieder in das Explorer-Menü zurückzuholen,
setzen Sie den Wert auf 0 oder löschen den Eintrag.

Das Menü ALLE PROGRAMME mit dem Explorer organisieren

Wenn Sie das Standard-Startmenü von Windows XP verwenden und mit der Organisation des Menüs ALLE PROGRAMME nicht einverstanden sind, können Sie es mit dem Windows Explorer modifizieren. ALLE PROGRAMME ist nichts weiter als eine Sammlung von Verknüpfungen, die in zwei Ordnern vorliegen: *C:\Dokumente und Einstellungen\<Ihr Benutzerkonto>\Startmenü* (wobei *<Ihr Benutzerkonto>* Ihr Benutzername ist) und *C:\Dokumente und Einstellungen\All Users\Startmenü*. Einträge, die ganz oben in ALLE PROGRAMME stehen, sollten in einen der *\Startmenü*-Ordner verlagert werden (je nachdem, ob Sie den Eintrag nur in Ihrem eigenen ALLE PROGRAMME-Menü oder in dem für alle Benutzer haben möchten). Elemente, die unten im Menü ALLE PROGRAMME erscheinen sollen, gehören in den Ordner *\Startmenü\Programme*, wobei auch hier entschieden werden muss, ob alle Benutzer oder nur Sie den Eintrag dort zu sehen bekommen sollen: Im ersten Fall setzen Sie ihn in Ihr eigenes Menü ALLE PROGRAMME, im zweiten in das für alle Benutzer.

Ordnersymbole und zugehörige Texte

Machen Sie es leichter, bestimmte Ordner zu erkennen und ihren Inhalt im Gedächtnis zu behalten, indem Sie ihnen eigene Bilder und aussagekräftigen Text zuweisen.

Nicht alle Ordner sind gleich: Manche sind wichtiger als andere. Die Ordner, in denen ich Bücher und Artikel schreibe oder digitale Musik speichere, sind für mich wichtiger als die mit der Steuererklärung von vor acht Jahren.

Daher liebe ich optische Hinweise auf den Inhalt der Ordner und ihre Wichtigkeit. Ich habe so viele Ordner auf meiner Festplatte, dass ich nicht immer sofort weiß, welchen ich vor mir habe. Daher erstelle ich zusätzlich Sprechblasentexte, die den Zweck eines Ordners beschreiben, wenn der Mauszeiger über ihm verharrt.

Um für einen Ordner ein bestimmtes Symbol und den Sprechblasentext anzeigen zu lassen, wenn sich die Maus über ihm befindet, erstellen Sie in diesem Ordner eine *Desktop.ini*-Datei. Diese enthält Instruktionen über das Symbol und den anzuzeigenden Text.

Wenn Sie keinen veränderten Sprechblasentext haben möchten, können Sie ein neues Ordnersymbol anzeigen, ohne eine *Desktop.ini*-Datei eigenhändig anlegen zu müssen. Klicken Sie mit der rechten Maustaste auf den Ordner, wählen Sie EIGENSCHAFTEN → ANPASSEN → SYMBOL ändern und gehen Sie zu dem Symbol, das Sie verwenden möchten. Dabei erzeugen Sie automatisch eine *Desktop.ini*-Datei, die das richtige Symbol anzeigt.

Bevor Sie die Datei anlegen, wählen Sie das Symbol für den Ordner. Symbole haben die Dateierweiterung *.ico*. Sie können auch *.bmp*-(Bitmap-)Dateien als Symbole verwenden. Egal ob Icon oder Bitmap, Sie müssen den Namen des Symbols zusammen mit dem vollständigen Pfad angeben. Wenn Sie möchten, können Sie sogar ein eigenes Symbol erschaffen [Hack #19].

Nicht alle Symbole liegen in *.ico*-Dateien; viele gehören auch zu regelrechten Symbolbibliotheken in *.dll*-Dateien. So finden Sie zum Beispiel hunderte von Symbolen in der Datei *shell32.dll* im Ordner *C:\WINDOWS\System32*. Jedes Symbol in einer *.dll*-Datei hat einen Index, wobei die Indizes mit 0 beginnen. Um Symbole aus *.dll*-Dateien einsetzen zu können, müssen Sie die Indexzahl des betreffenden Bilds kennen. Diese erfahren Sie jedoch nicht durch manuelles Untersuchen der Datei, Sie benötigen dazu eine andere Software. Mit *Resource Tuner* (*http://www.heaventools.com*) können Sie die Inhalte beliebiger Dateien untersuchen, unter anderem auch Symbole und ihre zugehörigen Indexnummern. Das Shareware-Programm ist als Probeversion gratis, kostet aber als Vollversion $ 34,95.

Abbildung 3-14 zeigt, wie Resource Tuner in die Datei *Shell32.dll* hineinschaut und die Indexnummer eines Symbols anzeigt.

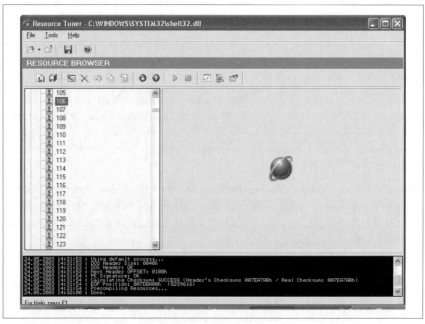

Abbildung 3-14: Der Resource Tuner liefert die Indexnummer eines Symbols

Für meinen *Music*-Ordner verwende ich als Symbol eine *.bmp*-Datei mit dem Konterfei der Mezzosopranistin Cecilia Bartoli.

Nun ist der Zeitpunkt gekommen, die *Desktop.ini*-Datei anzulegen. Mit einem Editor erzeugen Sie die Datei in dem Ordner, den Sie anpassen möchten. Da ich meinen Ordner *C:\Music* anpassen möchte, lege ich die Datei in diesen Ordner. Sie sieht folgendermaßen aus:

```
[.ShellClassInfo]
IconFile=C:\MusicPics\Bartoli.bmp
IconIndex=0
InfoTip=The Best of Puccini, Donizetti, Verdi, and the Rest
```

Da die Überschrift [.ShellClassInfo] notwendig ist, sollten Sie diese ganz oben in die Datei setzen. Der Eintrag IconFile= sollte auf die Datei verweisen, die als Symbol verwendet werden soll. Wie gesagt, kann dies eine *.ico*-Datei, eine *.bmp*-Datei oder ein Symbol aus einer Symbolsammlung sein, wie sie beispielsweise in einer *.dll*-Datei vorliegen kann. Geben Sie den vollständigen Pfadnamen ein. Der Eintrag IconIndex= sollte auf die Indexnummer des Symbols verweisen, falls dieses aus einer Sammlung stammt. Kommt es nicht aus einer Sammlung, verwenden Sie den Wert 0. Der Eintrag InfoTip= verweist auf den Text, der als Sprechblase angezeigt werden soll.

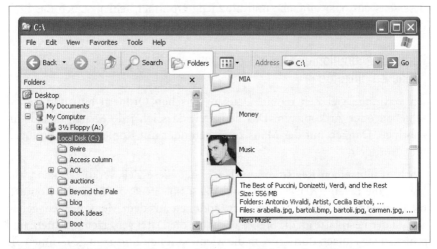

Abbildung 3-15: Mein Music-Ordner mit benutzerdefiniertem Symbol und Sprechblasentext

Nachdem Sie die Datei *Desktop.ini* angelegt haben, müssen Sie den Ordner, den Sie ändern möchten, als Systemordner definieren, damit er das Symbol und die QuickInfo anzeigen kann. An der Eingabeaufforderung setzen Sie den Befehl attrib +s *ordnername* ab, wobei *ordnername* der Name des Ordners ist, den Sie anpassen.

Nun sollten das neue Symbol und der Sprechblasentext angezeigt werden. Abbildung 3-15 zeigt, wie das bei mir aussieht.

HACK
#28

Verborgene Waffen eines Powerusers: ein besseres Kontextmenü

Das Kontextmenü wird eigentlich zu wenig genutzt. Doch mit diesen vier Zusätzen und Überarbeitungen wird es zum Kraftprotz, der Sie täglich unterstützt.

Das Rechtsklick-Kontextmenü des Windows Explorer gehört zu den elementarsten Werkzeugen von XP. Es hat eine Fülle von Einträgen für alle Lebenslagen, in denen Sie eine Aktion auf einer Datei oder einem Ordner ausführen möchten. Doch andererseits fehlen ein paar grundlegende Optionen, etwa die Möglichkeit, einen Ordner, in den man eine markierte Datei kopieren oder verschieben möchte, einfach auszuwählen, anstatt die Datei mit Ausschneiden oder Kopieren zu bearbeiten. Und wenn Sie neue Anwendungen installieren, haben diese die unangenehme Angewohnheit, dem Menü ihre eigenen Optionen hinzuzufügen, die Sie im Rechtsklick-Menü kaum jemals benötigen.

Das Resultat: Ein Kontextmenü, das einerseits vollgestopft ist, dem aber andererseits ein paar einfache und nützliche Optionen fehlen. Doch das können Sie mit den folgenden vier Hacks beheben.

Kontextmenüoptionen KOPIEREN IN ORDNER und VERSCHIEBEN IN ORDNER hinzufügen

Ich verbringe viel Zeit damit, Dateien zwischen Ordnern hin- und herzuschieben oder zu kopieren. Das bedeutet, dass ich jede Menge Zeit damit zubringe, Dateien mit der Maus zu ziehen oder mit Kopieren und Einfügen umzusortieren.

Doch es gibt einen Registrierungs-Hack, der diese Zeit verkürzen kann. Sie können die Befehle KOPIEREN IN und VERSCHIEBEN IN direkt in das Kontextmenü integrieren. Wenn Sie eine der Optionen aus dem Menü wählen, gehen Sie auf der Festplatte an die Stelle, an die Sie die Datei versetzen möchten, und schicken sie einfach dorthin. Um die Menüoptionen hinzuzufügen, öffnen Sie den Registrierungs-Editor **[Hack #83]** und gehen zu `HKEY_CLASSES_ROOT\`
`AllFilesystemObjects\shellex\ContextMenuHandlers`. `shellex` bedeutet »Shell-Extension«, also handelt es sich um einen Schlüssel zur Erweiterung der Benutzerschnittstelle oder Shell. Erstellen Sie dort einen neuen Schlüssel namens `Kopieren in` und setzen Sie seinen Wert auf `{C2FBB630-2971-11d1-A18C-`
`00C04FD75D13}`. Legen Sie dann einen weiteren neuen Schlüssel namens `Verschieben in` an, der den Wert `{C2FBB631-2971-11d1-A18C-00C04FD75D13}` erhält. Verlassen Sie die Registrierung. Die Änderungen müssten sofort wirksam werden und die Menüeinträge KOPIEREN IN ORDNER und VERSCHIEBEN

IN ORDNER im Kontextmenü erscheinen. Wenn Sie jetzt mit der rechten Maustaste auf eine Datei klicken, erhalten Sie durch ein Dialogfeld wie das in Abbildung 3-16 die Möglichkeit, diese zu kopieren oder zu verlagern.

Abbildung 3-16: Ein Ziel mit der Menüoption KOPIEREN IN angeben

Ziele für die Option SENDEN AN hinzufügen oder entfernen

Das Kontextmenü bietet die nützliche Option SENDEN AN, mit der Sie eine Datei an eine Anwendung oder Speicherstelle senden können, die in einer Liste vorgegeben ist – also beispielsweise an ein Laufwerk, Programm oder Verzeichnis.

Es wäre doch nett, diese Liste bearbeiten und neue Speicherstellen und Anwendungen hinzufügen bzw. die unbenutzten daraus entfernen zu können. Es scheint nur auf den ersten Blick merkwürdig, wie die Speicherorte und Programme im Menü erscheinen, aber in Wirklichkeit ist das leicht zu ändern. Gehen Sie zu *C:\Dokumente und Einstellungen\<Benutzername>\ SendTo*, wobei *<Benutzername>* Ihr Benutzername ist. Der Ordner ist voller Verknüpfungen zu allen Orten, die im Kontextmenü SENDEN AN vorgegeben sind. Um ein Element aus diesem Menü zu entfernen, löschen Sie einfach die betreffende Verknüpfung aus dem Ordner, und um eines hinzuzufügen, setzen Sie eine Verknüpfung hinein. Dazu markieren Sie den Ordner, wählen DATEI → NEU → VERKNÜPFUNG und halten sich an das Rezept zur Erstellung einer Verknüpfung. Die neue Einstellung wird sofort wirksam; Sie brauchen den Windows Explorer noch nicht einmal zu verlassen.

Die Eingabeaufforderung vom Kontextmenü aus öffnen

Ich arbeite schon seit der DOS-Ära mit Computern und kann mich einfach nicht von der Eingabeaufforderung trennen. Wenn es ans Eingemachte geht, zum Beispiel beim Löschen oder Umbenennen mehrerer Dateien auf einmal, ist die Eingabeaufforderung unschlagbar. Oft schalte ich zwischen ihr und dem Explorer hin und her.

Wenn ich mit dem Windows Explorer arbeite, passiert es häufig, dass ich die Eingabeaufforderung in dem Ordner öffnen möchte, in dem ich mich gerade befinde. Dazu sind aber zu viele Schritte erforderlich: Man muss die Eingabeaufforderung öffnen und dann zum aktuellen Ordner navigieren. Doch das geht auch schneller: mit einer neuen Option im Kontextmenü, die eine Eingabeaufforderung in Ihrem aktuellen Ordner öffnet. Wenn Sie dann zum Beispiel mit rechts auf C:\Privates klicken, können Sie wählen, ob Sie die Eingabeaufforderung im Ordner C:\Privates öffnen möchten.

Um diese Menüoption einzurichten, starten Sie den Registrierungs-Editor [Hack #83] und gehen zu HKEY_LOCAL_MACHINE\SOFTWARE\Classes\Folder\Shell. Erstellen Sie einen neuen Befehl namens Eingabeaufforderung. Als Standardwert geben Sie den Text ein, der bei einem Rechtsklick auf einen Ordner erscheinen soll, etwa Eingabeaufforderung öffnen. Erstellen Sie nun unterhalb von Eingabeaufforderung einen neuen Schlüssel namens Kommando. Setzen Sie dessen Standardwert auf Cmd.exe /k pushd %L. Dies startet die Datei Cmd.exe, also die Eingabeaufforderung von XP. Die Option /k versetzt die Eingabeaufforderung in den interaktiven Modus, so dass Sie Befehle an der Eingabeaufforderung absetzen können; schließlich wird sie nicht nur verwendet, um einen einzigen Befehl zu geben und dann zu gehen. Der Befehl pushd speichert den Namen des aktuellen Verzeichnisses, und %L verwendet diesen Namen, um in diesem Verzeichnis die Eingabeaufforderung zu öffnen. Wenn Sie die Registrierung jetzt verlassen, erscheint sofort der neue Eintrag im Kontextmenü. Er erscheint jedoch nicht bei einem Rechtsklick auf eine Datei, sondern nur bei einem Rechtsklick auf einen Ordner.

> Viele Hacker kämpfen zwar lieber mit der Registrierung, anstatt es sich leicht zu machen, aber das Hinzufügen dieser Kontextmenüoption funktioniert auch ohne Registrierung. Von Microsoft gibt es ein kostenloses Programm zum Herunterladen, nämlich das PowerToy »Open Command Window Here« von *http://www.microsoft.com/windowsxp/pro/downloads/powertoys.asp*, mit dem man dasselbe erreichen kann. Auf dieser Webseite gibt es noch viele weitere PowerToys, die an anderen Stellen dieses Buchs besprochen werden.

Die Option ÖFFNEN MIT aufräumen

Wenn Sie mit der rechten Maustaste auf eine Datei klicken, erscheint unter anderem die Menüoption ÖFFNEN MIT, die eine Liste von Programmen zum Öffnen der Datei anbietet. Diese Liste weist je nach Dateityp andere Programme auf und kann unter Umständen sehr lang werden, weil sich neue Programme oft bei der Installation selbst auf diese Liste setzen. Schlimmer noch: Einige der aufgelisteten Programme sind auf den Dateityp gar nicht anwendbar. Oder würden *Sie* eine *.bmp*-(Bitmap-)Grafik mit Microsoft Word öffnen? Wohl nicht.

Die ÖFFNEN MIT-Liste können Sie mit einem Registrierungs-Hack aufräumen. Starten Sie den Registrierungs-Editor und gehen Sie zu HKEY_CURRENT_USER\ SOFTWARE\Microsoft\Windows\CurrentVersion\Explorer\FileExts. Dort suchen Sie die Dateitypen, deren ÖFFNEN MIT-Liste Sie bearbeiten möchten, und suchen den Unterschlüssel OpenWithList, zum Beispiel HKEY_CURRENT_USER\ SOFTWARE\Microsoft\Windows\CurrentVersion\Explorer\FileExts\.bmp\Open- WithList. Der Unterschlüssel enthält eine alphabetische Liste von String-Werten. Öffnen Sie jeden Wert und untersuchen Sie die enthaltenen Daten. Diese bezeichnen Programme der ÖFFNEN MIT-Liste (zum Beispiel Winword.exe). Löschen Sie die Einträge, die Sie abschaffen möchten; entfernen Sie dabei aber nicht die Daten, sondern den String-Wert-Eintrag. Mit anderen Worten: Wenn die Daten für den String-Wert Winword.exe lauten, löschen Sie den gesamten Wert und nicht nur die Daten. Verlassen Sie die Registrierung.

Mit Offlinedateien und dem Aktenkoffer mobil arbeiten

Zwei Möglichkeiten, wie Sie Daten einfacher mit auf Reisen nehmen und nach der Rückkehr Ihren PC synchronisieren können.

Wenn Sie einen Laptop oder ein Firmen-LAN nutzen, speichern Sie manchmal Dateien im Netzwerk und vergessen dann, sie mit nach Hause oder auf Dienstreise zu nehmen. Das passiert besonders Leuten wie mir, die manchmal zerstreut sind (ich habe sogar schon einmal meinen Autoschlüssel im Kühlschrank liegen lassen).

Wenn Sie XP Professional besitzen, können Sie seine Funktion OFFLINE-DATEIEN zur automatischen Synchronisierung von LAN-Dateien mit Ihrem Laptop nutzen. Auf diese Weise steht Ihnen, wenn Sie Ihr Büro verlassen, jeweils die aktuellste Version Ihrer Dateien zur Verfügung. Um mit Offlinedateien zu arbeiten, wählen Sie ARBEITSPLATZ → EXTRAS → ORDNEROPTIONEN → OFFLINEDATEIEN (siehe Abbildung 3-17) und markieren das Kontrollkästchen neben OFFLINEDATEIEN AKTIVIEREN.

Abbildung 3-17: Offlinedateien aktivieren

Sie werden erst dann mit Offlinedateien arbeiten können, wenn Sie die SCHNELLE BENUTZERUMSCHALTUNG deaktivieren. Dazu wählen Sie SYSTEMSTEUERUNG → BENUTZERKONTEN → ART DER BENUTZERANMELDUNG ÄNDERN, entfernen die Markierung aus dem Kästchen neben SCHNELLE BENUTZERUMSCHALTUNG VERWENDEN und klicken auf OPTIONEN ÜBERNEHMEN.

Auf der Registerkarte OFFLINEDATEIEN finden Sie eine Reihe von Optionen für Offlinedateien. Am wichtigsten für eine optimale Nutzung der Offlinedatei-Synchronisierung sind folgende:

Alle Offlinedateien vor der Abmeldung synchronisieren. Diese Option muss unbedingt markiert sein, denn dann werden automatisch die aktuellsten Versionen der Dateien auf Ihren Laptop kopiert. Wenn Sie diese Option nicht auswählen, wird nur eine Teilsynchronisierung vorgenommen, die Ihnen keine wirklich aktuellen Daten liefert. Denken Sie daran, dass Sie sich abmelden oder Ihren Computer ausschalten müssen, damit diese Option funktioniert. Wenn Sie den PC lediglich physisch vom Netzwerk trennen, werden keine Dateien kopiert.

Alle Offlinedateien beim Anmelden synchronisieren. Wenn Sie diese Option wählen, werden Ihre Dateien vom Laptop wieder mit denen im LAN synchronisiert, sobald Sie sich mit diesem verbinden. Das bedeutet, dass Sie sie nicht lokal, sondern nur im LAN benutzen können. Wenn Sie diese Option deaktiviert lassen, können Sie die Dateien auch lokal bearbeiten und die Ordner dann manuell mit dem LAN synchronisieren.

Erinnerungen alle ... Minuten anzeigen. Wenn Sie die Verbindung zum Netzwerk getrennt haben, lässt diese Option automatisch in regelmäßigen Abständen eine Meldung erscheinen, die Ihnen mitteilt, dass Sie vom Netzwerk getrennt sind. Diese Option ist eigentlich eher lästig und bringt nur dann etwas, wenn Sie häufig unabsichtlich vom Netzwerk getrennt werden.

Verknüpfung mit Offlinedateien auf dem Desktop erstellen. Wenn Sie diese Option wählen, legt XP eine Desktop-Verknüpfung zum Ordner *Oflinedateien* an. Der Ordner wird automatisch erstellt, wenn Sie Offlinedateien aktivieren.

Offlinedateien verschlüsseln, um Daten zu schützen. Wenn Sie um die Sicherheit Ihrer Daten besorgt sind, sollten Sie diese Option auswählen. Wie der Name schon sagt, verschlüsselt sie Ihre Offlinedateien.

Zu verwendender Speicherplatz für temporäre Offlinedateien. Wenn Sie Offlinedateien nutzen, werden die Dateien aus dem LAN auf Ihrer Festplatte vorübergehend zwischengespeichert. Mit dieser Option können Sie festlegen, wie viel Speicherplatz Sie diesen temporären Dateien auf der Festplatte zuweisen möchten.

Nachdem Sie Ihren Laptop für die Nutzung von Offlinedateien eingerichtet haben, wählen Sie, welche Ordner auf dem Server Ihnen offline zur Verfügung stehen sollen. Öffnen Sie den Windows Explorer, klicken Sie mit der rechten Maustaste auf den Netzwerkordner und wählen Sie OFFLINE VERFÜGBAR MACHEN. Wenn es in dem Ordner Unterordner gibt, werden Sie gefragt, ob Sie auch diese offline zur Verfügung stellen möchten.

Nachdem all dies geschehen ist, kopiert der Server alle von Ihnen markierten Ordner auf Ihren Laptop, sobald Sie sich abmelden. Dann stehen sie Ihnen genau wie andere Ordner zur Verfügung. Sie können mit Anwendungen oder über den Windows Explorer bzw. Arbeitsplatz oder die Netzwerkumgebung darauf zugreifen. Sie bearbeiten Ihre Ordner auf Ihrem Laptop, und wenn Sie sich erneut im Netzwerk anmelden, werden sie je nach den von Ihnen gewählten Optionen automatisch mit den Netzwerkordnern synchronisiert.

Synchronisierung nach Bedarf oder nach Fahrplan

Wenn Sie es möchten, können Sie Ihre Daten statt automatisch beim Abmelden auch manuell auf Anforderung synchronisieren lassen oder Vorgaben für eine planmäßige Synchronisierung machen. Für die manuelle Synchronisierung wählen Sie im Windows Explorer EXTRAS → SYNCHRONISIEREN. Es erscheint ein Dialogfeld, in dem Sie die zu synchronisierenden Elemente wählen und dann auf SYNCHRONISIEREN klicken können. Um Zeitpunkte für eine planmäßige Synchronisierung vorzugeben, klicken Sie auf SETUP und verwenden dort die Registerkarten BEI LEERLAUF und GEPLANT.

Den Aktenkoffer für mobiles Arbeiten nutzen

Offlinedateien funktionieren nur, wenn Sie XP Professional und ein LAN zur Verfügung haben, an das sowohl Ihr Computer als auch Ihr Laptop angeschlossen sind. Wenn Sie jedoch Daten zwischen zwei Computern im Netzwerk synchronisieren müssen – selbst wenn Sie kein Windows XP haben –, gibt es trotzdem eine Möglichkeit, die Daten zwischen diesen Computern zu synchronisieren: den Aktenkoffer. Der ist zwar nicht ganz so einfach zu benutzen wie Offlinedateien, aber es funktioniert. Der Aktenkoffer synchronisiert die Dateien der beiden Computer mit Hilfe von Wechselmedien wie zum Beispiel einer CD, einem Zip-Laufwerk oder einem USB-Stick.

 Disketten sollten Sie nur verwenden, wenn Sie sehr wenige oder sehr kleine Dateien übertragen müssen und keine andere Übertragungsmöglichkeit, wie etwa E-Mail-Anhänge, zur Verfügung steht.

Um mit Hilfe des Aktenkoffers Dateien von einem Laptop auf einen Desktop-Computer zu übertragen, müssen Sie, falls nötig, zuerst das Speichermedium formatieren. Legen Sie es dann in ein Laufwerk ein, öffnen Sie den Windows Explorer, klicken Sie auf den Ordner, der das Medium repräsentiert, und wählen Sie DATEI → NEU → AKTENKOFFER. Wenn Sie mehr als einen Aktenkoffer gleichzeitig benutzen, geben Sie ihm einen aussagekräftigen Namen. Der Aktenkoffer ist ein Ordner wie alle Ordner auf Ihrem Computer. Öffnen Sie ihn und klicken Sie auf FERTIG STELLEN, um das Dialogfeld zu schließen, das dabei aufgetaucht ist.

Kopieren Sie nun die Dateien in den Aktenkoffer, die Sie auf Ihren Laptop übertragen und auf beiden Computern synchron halten möchten. Sie können Dateien aus verschiedenen Ordnern kopieren. Wenn Sie mit der Zeit mehr Dateien in den Aktenkoffer kopieren oder davon ausgehen, dass die darin befindlichen Dateien anwachsen werden, müssen Sie dafür sorgen, dass genügend Platz auf dem Speichermedium verbleibt. Nehmen Sie das

Speichermedium jetzt aus dem Desktop-Computer. (Wenn Sie beim Versuch, eine CD auszuwerfen, eine Fehlermeldung bekommen, schließen Sie den Windows Explorer und versuchen es erneut.) Legen Sie das Speichermedium in den Laptop ein und verschieben oder kopieren Sie den Aktenkoffer auf dessen Festplatte. Sie müssen den gesamten Ordner verschieben, nicht die einzelnen darin befindlichen Dateien. Danach bearbeiten Sie die Dateien ganz normal; auch das Hinzufügen oder Löschen von Dateien ist zulässig. Wenn die Zeit gekommen ist, die Daten wieder zurück auf den Desktop zu befördern, kopieren Sie den Aktenkoffer wieder auf das Speichermedium und legen dieses in den Desktop-Computer ein.

Um alle Dateien wieder mit den Daten auf dem Desktop zu synchronisieren, wählen Sie AKTENKOFFER → ALLES AKTUALISIEREN und klicken dann im Dialogfeld AKTENKOFFER AKTUALISIEREN (siehe Abbildung 3-18) auf AKTUALISIEREN. Möchten Sie nur einzelne Dateien synchronisieren, markieren Sie sie, wählen AKTENKOFFER → MARKIERUNG AKTUALISIEREN und klicken dann auf AKTUALISIEREN.

Abbildung 3-18: Alle Aktenkofferdateien mit dem PC synchronisieren

Den Aktenkoffer genau anschauen

Sie sollten die Dateien in Ihrem Aktenkoffer vor dem Synchronisieren immer genau anschauen, um ihren Status zu kennen. Wie in Abbildung 3-19 zu sehen, können Sie erkennen, ob eine Datei geändert wurde und somit auf

Ihrem Computer aktualisiert werden muss oder ob sie unverändert blieb. Außerdem zeigt der Aktenkoffer den ursprünglichen Speicherort der Datei und andere Einzelheiten wie beispielsweise ihre Größe an.

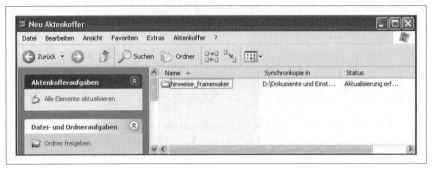

Abbildung 3-19: Der Aktenkoffer-Ordner

Klicken Sie mit der rechten Maustaste auf eine beliebige Datei im Aktenkoffer, und wählen Sie EIGENSCHAFTEN → AKTUALISIERUNGSSTATUS. Dann erhalten Sie aktuelle Informationen über jede Datei. Sie können folgende Vorgänge ausführen:

Aktualisieren
Hiermit wird diese – und nur diese – Datei aktualisiert.

Vom Original trennen
Hiermit wird die Verknüpfung zwischen der Aktenkofferdatei und der Originaldatei auf der Festplatte getrennt. Danach sind keine automatischen Aktualisierungen mehr möglich. Die Festplattendatei wird im Statusfeld der Explorer-Ansicht als verwaist gekennzeichnet. Sie können sie jedoch nach wie vor kopieren, auch wenn die automatische Verknüpfung nicht mehr funktioniert.

Original suchen
Diese Schaltfläche öffnet auf Ihrem Computer den Ordner, der die Originaldatei enthält.

Siehe auch

- Backer (*http://www.cordes-dev.de/deutsch/uebersicht.html*) ist ein kombiniertes Sicherungs- und Synchronisierungsprogramm, mit dem Sie Laptop-Daten mit einem PC oder Server abstimmen können. Außerdem können Sie auf Reisen Daten mit dem Server synchronisieren, Dateien zwischen PCs übertragen und alte Dateiversionen archivieren. Das Programm lässt sich als Probeversion kostenlos herunterladen, kostet aber als Vollversion € 39,-.

Mehr Festplattenplatz mit NTFS-Kompression

Die schnellste und einfachste Möglichkeit, mehr Platz zu bekommen, bietet das in XP integrierte Kompressionsverfahren für NTFS-Laufwerke. Hier erfahren Sie, wie Sie es benutzen und Ihre Festplatte in ein NTFS-Laufwerk umwandeln können, falls das nicht bereits geschehen ist.

Wenn Sie mehr Platz benötigen, müssen Sie deswegen nicht gleich eine neue Festplatte kaufen. Zuvor sollten Sie sich mit der Datenkompression des NTFS (NT File System) auseinander setzen, denn diese kann durch die Kompression sämtlicher Dateien auf Ihrem PC eine Menge Platz freischaufeln. Die automatischen Datenkompressionsmöglichkeiten von NTFS können die Größe einzelner Dateien und Ordner, aber auch kompletter Laufwerke eindampfen. Dabei werden die Dateien auf der Festplatte Platz sparend komprimiert, aber bei Benutzung automatisch dekomprimiert und bei einer erneuten Speicherung auf der Festplatte wiederum komprimiert. Das bedeutet, dass Sie, anders als bei einem Kompressionsprogramm wie WinZip (*http://www. winzip.com*), mit dem Komprimieren und Dekomprimieren von Dateien gar nichts zu tun haben. Sie können die Komprimierung zudem ganz leicht ein- und ausschalten.

Beachten Sie, dass die NTFS-Kompression nicht für FAT32-Dateisysteme zur Verfügung steht. Haben Sie also ein FAT32-System, müssen Sie es zuerst in NTFS umwandeln, wie weiter unten in diesem Hack beschrieben wird. Wenn Sie nicht wissen, welches Dateisystem Ihr Laufwerk benutzt, klicken Sie mit der rechten Maustaste im Explorer darauf, wählen EIGENSCHAFTEN → ALLGEMEIN und schauen nach, was neben DATEISYSTEM steht.

Wie viel Plattenplatz können Sie durch eine NTFS-Kompression sparen? Das hängt sehr davon ab, welche Arten von Dateien Sie gespeichert haben. Bitmap-Grafiken lassen sich stark komprimieren; wenn Sie viele davon haben, werden Sie eine Menge Platz schaffen können. Auch Dokumente wie zum Beispiel Word-Dateien sind ziemlich gut komprimierbar. Dagegen gibt es andere Dateitypen, wie zum Beispiel PDF (Adobe Acrobat), die fast gar nicht zu komprimieren sind.

 Wenn Sie eine Datei mit NTFS komprimieren, lässt sie sich mit den Verschlüsselungsfunktionen von XP nicht mehr verschlüsseln. Passen Sie also auf, dass Sie keine Dateien komprimieren, die Sie verschlüsseln möchten.

Bei Tests auf meinem eigenen PC habe ich festgestellt, dass Bitmap-Grafiken mit der Dateierweiterung *.tif* zu mehr als 80 Prozent komprimiert wurden.

Ein Ordner mit solchen Grafiken schrumpfte von 295 auf 57 MByte. Word-Dateien verkleinerten sich um 66 Prozent; ein Ordner damit schrumpfte von 131 auf 44 KByte. PDF-Dateien hingegen wurden kaum komprimiert: Eine Gruppe von PDFs verkleinerte sich lediglich um 6 Prozent, von 5,59 auf 5,27 MByte.

Wenn Sie mit Datenkompression arbeiten, kann es zu leichten Einbußen an Systemleistung kommen. Eventuell müssen Sie beim Öffnen oder Schließen von Dateien, je nachdem, wie schnell Ihr System läuft, ganz kurz warten, da die Dateien beim Öffnen dekomprimiert und beim Schließen wieder komprimiert werden müssen. Auf modernen Systemen ist diese Verzögerung kaum spürbar. Auf meinem mittlerweile in die Jahre gekommenen 1,8-GHz-Desktop merke ich keinen Unterschied, ob ich mit komprimierten oder unkomprimierten Dateien arbeite.

Sie können die NTFS-Kompression für einzelne Dateien, Ordner oder ganze Laufwerke verwenden. Um eine Datei oder einen Ordner mit NTFS zu komprimieren, klicken Sie im Windows Explorer mit der rechten Maustaste darauf und wählen EIGENSCHAFTEN → ALLGEMEIN → ERWEITERT. Es erscheint der Bildschirm aus Abbildung 3-20.

Abbildung 3-20: Dateien oder Ordner zu komprimieren spart Festplattenplatz

Markieren Sie das Kästchen neben INHALT KOMPRIMIEREN, UM SPEICHER-PLATZ ZU SPAREN, und klicken Sie auf OK. Klicken Sie wiederum auf OK, wenn das Dialogfeld EIGENSCHAFTEN erscheint.

Falls Sie ein komplettes Laufwerk komprimieren möchten, klicken Sie im Windows Explorer mit der rechten Maustaste darauf und wählen EIGENSCHAFTEN → ALLGEMEIN → LAUFWERK KOMPRIMIEREN, UM SPEICHERPLATZ ZU SPAREN. Sie werden um Bestätigung ersucht. Danach werden nacheinander alle Ordner auf dem Laufwerk komprimiert. Je nachdem, wie groß es ist, kann das mehrere Stunden dauern. Sie können XP weiter benutzen, während die Kompression läuft, müssen aber damit rechnen, dass Sie aufgefordert werden, Ihre Datei zu schließen, damit XP sie komprimieren kann.

Standardmäßig trifft XP eine optische Unterscheidung zwischen komprimierten und nicht komprimierten Dateien. Komprimierte Dateien werden in Blau dargestellt. Wenn Ihre komprimierten Dateien aus irgendwelchen Gründen nicht blau sind, Sie dies aber möchten, wählen Sie im Windows Explorer EXTRAS → ORDNEROPTIONEN → ANSICHT. Scrollen Sie nach unten und markieren Sie das Kontrollkästchen neben VERSCHLÜSSELTE ODER KOMPRIMIERTE NTFS-DATEIEN IN ANDERER FARBE ANZEIGEN.

Komprimieren Sie besser keine System- oder *.log*-Dateien (Protokolldateien). Wenn Sie das tun, kann die Leistung Ihres Systems ernsthaft leiden, da diese Dateien oft im Hintergrund benötigt werden und durch das ständige Komprimieren und Dekomprimieren Prozessorzeit beanspruchen. Wenn diese Dateien in komprimierten Ordnern liegen, können Sie die einzelnen Dateien dekomprimieren, indem Sie das Häkchen neben INHALT KOMPRIMIEREN, UM SPEICHERPLATZ ZU SPAREN wieder entfernen. Den Ordner, in dem diese Dateien liegen, können Sie übrigens genauso dekomprimieren.

Auswirkungen der Kompression auf die Dateien

Wenn Sie Dateien in einem Ordner komprimieren, sind sie hinterher natürlich alle komprimiert. Aber wenn Sie auf der Festplatte komprimierte und unkomprimierte Ordner vermischen bzw. komprimierte Dateien in dekomprimierten Ordnern oder umgekehrt haben, kann die Lage chaotisch werden. Was passiert zum Beispiel, wenn Sie eine dekomprimierte Datei in einen komprimierten Ordner oder eine komprimierte Datei von einem komprimierten in einen unkomprimierten Ordner verschieben? Da brummt einem ja der Kopf. Hier sind die Regeln, nach denen komprimierte und unkomprimierte Dateien und Ordner vermischt werden:

- Dateien, die in einen komprimierten Ordner kopiert werden, werden automatisch komprimiert.

- In einem komprimierten Ordner neu angelegte Dateien werden automatisch komprimiert.

- Dateien, die von einem anderen NTFS-Laufwerk in einen komprimierten Ordner verschoben werden, werden automatisch komprimiert.

- Dateien, die von demselben NTFS-Laufwerk in einen komprimierten Ordner verschoben werden, behalten ihren Kompressionsstatus bei. Wenn sie komprimiert waren, bleiben sie es; wenn sie unkomprimiert waren, bleiben sie es ebenfalls.

- Wenn Sie eine Datei von einem komprimierten in einen unkomprimierten Ordner auf demselben NTFS-Laufwerk verschieben, bleibt sie komprimiert.

- Wenn Sie eine Datei von einem komprimierten in einen unkomprimierten Ordner auf einem anderen NTFS-Laufwerk verschieben, wird sie dekomprimiert.

- Dateien, die von einem komprimierten Ordner eines NTFS-Laufwerks auf ein FAT32-Laufwerk verschoben werden, werden dekomprimiert.

- An E-Mails angehängte Dateien werden dekomprimiert.

Wie viel Festplattenplatz spart die NTFS-Kompression?

Wenn Sie eine Datei oder einen Ordner komprimieren, kommt es Ihnen zunächst nicht so vor, als bekämen Sie tatsächlich Platz auf der Festplatte frei. Wenn Sie im Explorer auf ein Datei-Listing schauen, bleibt die Dateigröße vor und nach der Kompression scheinbar gleich. Doch in Wirklichkeit fand sehr wohl eine Kompression statt, und Platz wurde gespart. Der Explorer meldet eben nur die dekomprimierte Dateigröße und nicht die komprimierte. Um diese für eine Datei oder einen Ordner anzuzeigen, klicken Sie mit der rechten Maustaste im Windows Explorer darauf und wählen EIGEN-SCHAFTEN → ALLGEMEIN. Sie sehen dann zwei Listen mit Dateigrößen; eine mit der Überschrift GRÖSSE und eine mit der Überschrift GRÖSSE AUF DATEN-TRÄGER. Der zweite Wert ist die komprimierte Dateigröße, der erste die dekomprimierte Dateigröße, wie in Abbildung 3-21 gezeigt.

Wann verwendet man ZIP- und wann NTFS-Kompression?

Eine andere Möglichkeit, Platz auf der Festplatte zu sparen, bieten die eingebauten ZIP-Fähigkeiten von XP. ZIP ist ein Industriestandard zur Dateikompression und komprimiert die Daten viel wirkungsvoller als NTFS. In Tests habe ich ermittelt, dass die ZIP-Kompression Grafikdateien doppelt so stark verkleinert wie die NTFS-Kompression – die resultierenden ZIP-Dateien waren nur halb so groß wie die NTFS-komprimierten.

Das bedeutet aber nicht, dass Sie immer und überall mit ZIP arbeiten sollten; manchmal ist NTFS die bessere Lösung. So lassen sich gezippte Dateien

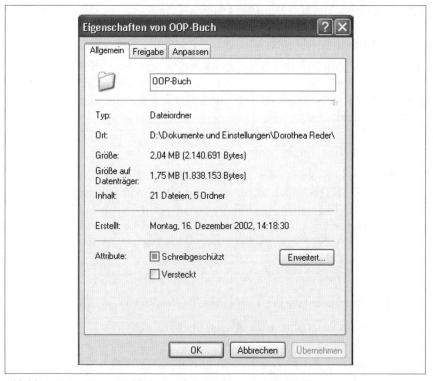

Abbildung 3-21: Die tatsächliche Größe einer komprimierten Datei

nicht mehr in ihrer Anwendung per Doppelklick öffnen. Sie müssen zuerst das ZIP-Archiv öffnen und dann auf die Datei doppelklicken. Gezippte Dateien sind generell schwieriger zu handhaben als NTFS-komprimierte. Die Ausnahme ist die Fähigkeit von ZIP, eine Gruppe von Dateien in einem einzigen Ordner zu archivieren, der dann per E-Mail oder auf Diskette an eine andere Stelle übertragen werden kann.

Was bedeutet das? Für die alltägliche Arbeit ist NTFS bei häufig benutzten Dateien besser. Doch es gibt auch eine Reihe von Gründen, die für ZIP sprechen:

- Wenn Sie eine oder mehrere große Dateien per E-Mail verschicken, können Sie diese in ein einziges ZIP-Archiv speichern und dieses versenden.
- Zur Speicherung selten benutzter Dateien können Sie ZIP-Archive erstellen und dann die Originale löschen.
- Wenn Sie möglichst viel Festplattenplatz frei machen müssen, ist ZIP die platzsparendere Lösung.

- Verwenden Sie ZIP, wenn Sie Dateien nicht nur komprimieren, sondern auch verschlüsseln möchten. NTFS-komprimierte Dateien lassen sich nicht verschlüsseln, aber gezippte sehr wohl.

Wenn Sie sich für ZIP-Dateien entscheiden, sollten Sie sich WinZip (*http://www.winzip.com*) herunterladen. Es lässt sich einfacher bedienen als die eingebaute ZIP-Kompression von XP, hat integrierte Verknüpfungen zu E-Mail und vieles mehr.

Festplatte in NTFS umwandeln

Um die Verschlüsselung oder Kompression von XP verwenden zu können, benötigen Sie NTFS. Doch auch wenn Sie ein älteres Dateisystem wie beispielsweise FAT32 haben, sind Sie nicht aufgeschmissen: Sie können es in NTFS konvertieren, und zwar mit dem XP-Dienstprogramm convert. Um ein Laufwerk in NTFS zu konvertieren, geben Sie an der Eingabeaufforderung Folgendes ein:

```
convert d: /fs:ntfs
```

Hier ist d: der Buchstabe des Laufwerks, das Sie konvertieren möchten.

Sie können das Programm auch mit Parametern benutzen:

/v
 Hiermit wird das Programm mit ausführlichen Meldungen (»verbose«) ausgeführt und gibt Informationen über das zu konvertierende Laufwerk.

/nosecurity
 Stellt die Berechtigungen auf dem konvertierten Laufwerk so ein, dass jeder auf seine Dateien und Ordner Zugriff hat.

/x
 Diesen Parameter benötigen Sie, wenn Sie im Netzwerk arbeiten und verhindern möchten, dass ein anderer Benutzer die Konvertierung stört, indem er auf Ihr Laufwerk zuzugreifen versucht. Dieser Parameter trennt das Laufwerk vom Netzwerk.

Den Hack hacken

Wenn Sie in NTFS konvertieren, können Sie mit dem folgenden Registrierungs-Hack die Leistung erhöhen. Immer wenn Sie auf einem NTFS-Laufwerk ein Verzeichnis betrachten, aktualisiert das System den Datums- und Uhrzeitstempel so, dass er den Zeitpunkt des letzten Zugriffs auf das Verzeichnis zeigt. Wenn Ihr NTFS-Laufwerk sehr groß ist, kann dieses andauernde Aktualisieren die Systemleistung beeinträchtigen. In der Registrierung können Sie die automatischen Aktualisierungen jedoch abschalten. Laden Sie den Registrierungs-Editor [Hack #83] und gehen Sie zu HKEY_LOCAL_MACHINE\

SYSTEM\CurrentContolSet\Control\Filesystem. Suchen Sie nach NtfsDisable-LastAccessUpdate. Wenn dieser Wert fehlt, legen Sie ihn als DWORD an. Setzen Sie seinen Wert auf 1.

HACK #31 Eingabeaufforderung auf den Desktop laden

Befehlszeilen-Junkies wollen die Eingabeaufforderung immer in Reichweite haben. Hier erfahren Sie, wie Sie eine Eingabeaufforderung direkt auf den Desktop laden können, damit sie bei Bedarf an Ort und Stelle ist.

Wenn Sie oft mit der Eingabeaufforderung arbeiten – beispielsweise um den Windows Explorer mit Verknüpfungen zu starten [Hack #22] –, möchten Sie leicht an die Eingabeaufforderung herankommen können. Am liebsten hätten Sie sie direkt auf dem Desktop, aber in XP ist dafür keine Möglichkeit vorgesehen.

Es gibt jedoch ein ganz tolles Gratisprogramm namens MCL (*http://www.mlin.net/MCL.shtml*), das eine kleine Befehlsauforderung öffnet, die Sie dann an irgendeine Stelle Ihres Desktops laden können. Sie sehen sie in Abbildung 3-22.

Abbildung 3-22: Eingabeaufforderung mit MCL direkt auf den Desktop laden

Diese Eingabeaufforderung können Sie wie jede normale Befehlszeile nutzen. Das heißt, Sie können auch alle üblichen Optionen eingeben, die Sie zum Starten von Programmen benötigen.

Doch mit MCL können Sie noch mehr tun, als nur Befehle einzugeben. MCL enthält eine Reihe von Schmankerln, die in der XP-Eingabeaufforderung fehlen:

- Es pflegt eine Verlaufsdatei der letzten 100 Befehle, so dass Sie frühere Befehle einfach neu eingeben oder bearbeiten können.
- Es hat eine AutoComplete-Funktion, die den Befehl für Sie vervollständigt.
- Sie können damit URLs direkt auf der Befehlszeile starten. Wenn Sie eine URL eingeben, öffnet sich Ihr Standard-Browser auf dieser URL.

- Es kann für den Systeminfobereich minimiert werden.
- Es lässt sich auch mit einer Tastenkombination, standardmäßig mit Strg-Alt-M, starten.

Doch das Programm hat auch ein paar Macken, an die Sie denken sollten. Wenn Sie einen DOS-Befehl ausführen, müssen Sie % als Präfix verwenden. Um beispielsweise eine Datei aus *C:\Lieblingsdateien* in *C:\Sommer* zu kopieren, geben Sie folgenden Befehl ein:

```
%copy C:\Lieblingsdateien\Gabecamp.doc C:\Sommer\Gabecamp.doc
```

Um im Windows Explorer ein bestimmtes Verzeichnis zu öffnen, setzen Sie ein $ vor den Befehl. Der Ordner *C:\Programmdateien* wird also mit dem Befehl $C:\Programmdateien geöffnet.

Befehlszeilen-Fans sollten sich außerdem 4NT (*http://www.jpsoft.com*) beschaffen. Wenn Sie dieses an Stelle der normalen Eingabeaufforderung benutzen, bekommen Sie unzählige neue Funktionen, wie beispielsweise einen Befehlszeilen-Editor zum Ändern und Neuausführen vergangener Befehle, die Fähigkeit, Gruppen von Dateien und Verzeichnissen mit einem einzigen Befehl umzubenennen, zu kopieren oder zu löschen, einen integrierten Dateibetrachter, die Möglichkeit, Dateien nach diversen Kriterien wie Datum, Zeit und Größe auszuwählen oder einzubeziehen, die Fähigkeit, bis zu 511 Zeichen lange Beschreibungen anzuhängen, und eine überaus mächtige Batch-Sprache. Das Programm ist als Probeversion gratis, kostet aber als Vollversion $ 69,95.

Siehe auch

- Mit dem kostenlos erhältlichen *Command Prompt Explorer Bar* (*http://www.codeproject.com/csharp/CommandBar.asp*) können Sie direkt im Windows Explorer eine Symbolleiste für die Eingabeaufforderung integrieren. Diese kombiniert die Befehlszeile mit der Navigation des Explorer, so dass Sie nicht nur die Eingabeaufforderung nutzen, sondern auch mit dem Explorer in Ihrem PC herumstöbern können.

- Cygwin ist eine kostenlose Befehls-Shell mit einer Reihe von Anwendungen, durch die sich Ihr Windows XP an eine Linux-Umgebung annähert. Wenn Sie wissen, was ein *Bash Prompt* ist, und beklagen, dass es ihn bei Windows nicht gäbe, sollten Sie den Cygwin-Installer von *http://www.cygwin.com* herunterladen. Cygwin installiert sich anders als die meisten anderen Anwendungen. Sie laden ein kleines Programm herunter, das den Rest des Installationsprozesses für Sie in die Hand nimmt. Wenn der Installer läuft, wird eine aktive Internetverbindung benötigt, damit die richtigen *Packages* auf den Cygwin-Mirror-Servern in aller Welt gefunden werden können.

Das Web
Hacks #32–48

Das Internet ist heutzutage allgegenwärtig, und so verwischten auch die Trennlinien zwischen Betriebssystem und Web mit jeder neuen Iteration von Windows. XP hat noch mehr integrierte Internet-Tools als seine Vorgänger.

In diesem Kapitel finden Sie Hacks, die die Nutzung des Webs noch angenehmer gestalten. Darunter sind Hacks, die Ihnen helfen, beim Surfen Ihre Daten zu schützen, Popup-Werbung und Spyware zu bekämpfen, dem Internet Explorer ein Facelifting zu verpassen, den tollen neuen Gratis-Browser Firefox zu hacken, Internetrecherchen durchzuführen, den neuen Google Desktop und die Windows-Desktopsuche zu nutzen, das Herunterladen von Dateien zu beschleunigen und vieles mehr.

HACK #32 Ein Lifting für den Internet Explorer

Sie können das Aussehen des Internet Explorer nicht leiden? In der Registrierung können Sie ihn verschönern.

Dem Internet Explorer tropft die Langeweile aus jedem Button. Von dem generischen Logo bis hin zu dem schmucklosen Hintergrund der Symbolleisten ist alles so öde, dass man nur hoffen kann, durch die abgerufenen Inhalte einigermaßen wach gehalten zu werden. Doch dieser öde Look ist kein Schicksal. Die folgenden Registrierungs-Hacks lassen den Internet Explorer so aussehen, wie Sie es möchten.

Internet Explorer-Logo ändern

Der Internet Explorer hat sowohl ein statisches als auch ein animiertes Logo. Das statische wird angezeigt, wenn der Browser inaktiv ist, und das animierte, wenn er eine Website kontaktiert und Inhalte aus dem Web herunterlädt. Da Sie bei der Gestaltung der Symbolleiste des Internet Explorer die Wahl zwischen großen und kleinen Symbolen haben (mit ANSICHT → SYM-

BOLLEISTEN → ANPASSEN → SYMBOLOPTIONEN → GROSSE SYMBOLE/KLEINE SYMBOLE), sind sowohl das statische als auch das animierte Logo ebenfalls in zwei Größen vorhanden.

Doch zuvor sollten Sie die vorhandenen Symbole durch neue ersetzen. Dazu müssen Sie zwei Symbolsätze im *.bmp*-Format erstellen: einen für das kleinere und einen für das größere Logo. Jeder Satz enthält ein statisches und ein animiertes Logo. Die Größe des kleineren statischen Logos sollte 22×22 Pixel und die des größeren 38×38 Pixel betragen. Die animierten Logos müssen animierte Bitmaps sein und jeweils insgesamt 10 Frames aufbieten. Die kleinere animierte Bitmap müsste also 22 Pixel breit und 220 Pixel hoch und die größere 38 Pixel breit und 380 Pixel hoch sein.

Kreieren Sie die statischen Bitmaps mit einem beliebigen Grafikprogramm; auch das mit XP mitgelieferte Paint eignet sich dazu. Sie können jedoch auch spezielle Programme für die Erstellung von Symbolen verwenden, wie beispielsweise Microangelo (*http://www.microangelo.us/*). Einzelheiten finden Sie unter »Eigene Cursor und Symbole kreieren« [Hack #19]. (Wenn Sie Microangelo verwenden, müssen Sie TOOLS → NEW IMAGE FORMAT wählen, damit die Symbole gleich mit den richtigen Pixel-Maßen wie im vorigen Absatz beschrieben angelegt werden.)

Um die animierten Bitmaps zu erstellen, benötigen Sie spezielle Tools. Microangelo eignet sich dafür hervorragend. Sie können jedoch auch die zehn einzelnen Frames für die animierten Bitmaps in einem Grafikprogramm wie Paint zu erstellen und dann mit dem Animated Bitmap Creator (*http://jsanjuan.tripod.com/download.html*), einem freien Kommandozeilen-Tool, zusammenfügen.

Um die statischen Logos des Internet Explorer auf Ihre neuen Kreationen umzustellen, führen Sie den Registrierungs-Editor [Hack #83] aus und gehen zu:

```
HKEY_LOCAL_MACHINE\SOFTWARE\Microsoft\Internet Explorer\Main
```

Legen Sie zwei String-Werte namens SmallBitmap und BigBitmap an und versehen Sie beide mit dem Dateinamen sowie Speicherort und -pfad Ihrer Logos, beispielsweise *C:\Windows\IEbiglogo.bmp* und *C:\Windows\IEsmalllogo.bmp*. Wie wahrscheinlich schon geahnt, verweist der Wert von SmallBitmap auf das kleine und der Wert von BigBitmap auf das große Logo.

Um die neuen animierten Logos einzusetzen, gehen Sie zu:

```
HKEY_LOCAL_MACHINE\SOFTWARE\Microsoft\Internet Explorer\Toolbar
```

Legen Sie auch hier zwei String-Werte an, nennen Sie sie SmBrandBitmap und BrandBitmap und geben Sie wieder Wert und Speicherpfad der neuen Logos an, etwa *C:\Windows\IEbiganimatelogo.bmp* und *C:\Windows\IEsmallanimatelogo.bmp*. In diesem Fall ist SmBrandBitmap das kleinere und BrandBitmap das größere animierte Logo.

Nun verlassen Sie die Registrierung und schließen den Internet Explorer. Wenn Sie ihn das nächste Mal aufrufen, müsste er die neuen Logos anzeigen. Um die Default-Logos zurückzuholen, löschen Sie einfach die, die Sie neu erstellt haben.

Mehr Hintergrund für die Internet Explorer-Symbolleiste

Die Internet Explorer-Symbolleiste, die sich am oberen Rand des Internet Explorer-Fensters erstreckt, ist zum Gähnen: Wie der Rest des IE hat sie einen einfarbigen, schmucklosen Hintergrund. Dabei können Sie jeden Hintergrund einstellen, den Sie sich nur wünschen!

Zuerst legen Sie den Hintergrund an oder verwenden einen bereits vorhandenen. Dieser Hintergrund sollte im *.bmp*-Format vorliegen. Sie können ihn mit einem Grafikprogramm wie Paint Shop Pro (unter *http://www.jasc.com*) oder Microangelo erstellen. Weitere Einzelheiten finden Sie unter »Eigene Cursor und Symbole kreieren« **[Hack #19]**.

Da sich auch im Ordner *C:\Windows* bereits eine Reihe von *.bmp*-Dateien befindet, sollten Sie hier nachschauen, ob Ihnen eine gefällt. Vielleicht möchten Sie es mit dem *Feder.bmp*-Hintergrund versuchen, den Sie als Hintergrund für die Internet Explorer-Symbolleiste in Abbildung 4-1 bewundern können. Was immer Sie aussuchen: Es muss so hell sein, dass der schwarze Text darauf erkennbar ist, und es darf nicht so bewegt sein, dass der oben liegende Menütext unsichtbar wird. Wenn die verwendete Datei zu klein ist, stellt der Internet Explorer sie im Kacheldesign dar. Verwenden Sie jedoch keine Bitmap, die kleiner als 10×10 Pixel ist, da der Internet Explorer mit dem Kacheln der Bilder so viel Arbeit hat, dass die Leistung des Web-Browsers darunter leidet.

Abbildung 4-1: Internet Explorer mit Feder.bmp als Symbolleisten-Hintergrund

Sobald Sie eine Bitmap gefunden haben, können Sie den Registrierungs-Editor öffnen und folgenden Schlüssel suchen:

```
HKEY_CURRENT_USER\SOFTWARE\Microsoft\Internet Explorer\Toolbar
```

Erstellen Sie einen neuen String-Wert namens `BackBitmapIE5` und geben Sie ihm den Dateinamen und den Speicherort des gewünschten Hintergrunds an, etwa *C:\Windows\Feder.bmp*. Verlassen Sie die Registrierung und schließen Sie den Internet Explorer. Wenn Sie ihn das nächste Mal starten, zeigt er den gewünschten Symbolleisten-Hintergrund an. Wollen Sie ihn dann doch irgendwann wieder entfernen, löschen Sie einfach den Schlüssel BackBitmap-IE5.

> Sie können den Hintergrund der Internet Explorer-Symbol-leiste auch ändern, ohne die Registrierung zu bearbeiten. Hierzu verwenden Sie das Tool Tweak UI [Hack #8]. Starten Sie Tweak UI, klicken Sie auf INTERNET EXPLORER und kli-cken Sie dann auf die Schaltfläche neben USE CUSTOM BACK-GROUND FOR INTERNET EXPLORER TOOLBAR. Danach klicken Sie auf die Schaltfläche CHANGE und wählen die Datei aus, die Sie als Hintergrund verwenden möchten. Da ein Muster der geänderten Symbolleiste angezeigt wird, können Sie die Datei so oft wechseln, bis Sie eine passende gefunden haben. Dann klicken Sie auf OK, schließen den Internet Explorer und starten ihn neu. Der neue Symbolleisten-Hintergrund wird jetzt angezeigt.

Text der Internet Explorer-Titelleiste ändern

Die Titelleiste vom Internet Explorer zeigt den Text MICROSOFT INTERNET EXPLORER und den Titel der Seite an, die Sie gerade besuchen. Den String »Microsoft Internet Explorer« können Sie jedoch ändern. Dazu öffnen Sie den Registrierungs-Editor und gehen zu:

```
HKEY_CURRENT_USER\SOFTWARE\Microsoft\Internet Explorer\Main
```

Fügen Sie einen neuen String-Wert namens Window Title hinzu und geben Sie ihm als Wert den Text, den Sie in der Titelzeile angezeigt sehen möch-ten. Verlassen Sie die Registrierung und schließen Sie den IE, falls er geöff-net ist. Wenn Sie ihn das nächste Mal aufrufen, wird die Titelzeile den gewünschten Text anzeigen.

Soll die Titelzeile, abgesehen von dem Titel der besuchten Seite, gar keinen Text enthalten, erstellen Sie den Window Title-String einfach mit einem lee-ren Value-Feld.

Popups verhindern – mit oder ohne SP2
Sie müssen nicht unter diesen ärgerlichen Programmen aus dem Internet leiden. Mit folgenden Tipps und Tricks schlagen Sie zurück!

Früher war das Surfen im Internet einfach und schön. Man ging auf die Website seiner Wahl, hatte seine Freude daran und ging woandershin.

Das war einmal. Heute sieht das Web aus wie ein schmieriges Rotlichtvier-tel mit flackernden Neonlichtern, lauter Musik und Türstehern, die einen andauernd anmachen, man solle doch hineinkommen. Betrüger versprechen goldene Berge, wenn man dieses und jenes Produkt ausprobiert, und finstere Gestalten hängen in den Ecken herum.

Das haben wir den Popups zu verdanken. Popups sind Anzeigen, die, wie der Name schon sagt, schlagartig auf Ihrem Browser erscheinen – oft in einem kleineren Fenster und mit blinkenden Meldungen sowie anderen lästigen Anbiedereien. Die infame Überwachungskamera X10 hat dieser unverschämten Form der Anzeigenwerbung den Weg bereitet, und nun findet man sie überall.

Popups sind jedoch nicht nur unerträglich lästig, sondern können auch regelrecht gefährlich sein. Mit einem unbeabsichtigten Klick auf eine Popup-Einladung können Sie sich, ohne es zu wissen, Spyware oder Trojaner auf Ihren PC laden.

Mehr über die Bekämpfung von Spyware lesen Sie unter »Spyware und Web-Bugs besiegen« [Hack #34].

Solchen Tricks müssen Sie nun nicht mehr zum Opfer fallen. Wie der folgende Hack zeigt, können Sie einiges tun, damit Ihr PC kein virtueller Zombie wird.

Der eingebaute Popupblocker von SP2

Wenn Sie bisher noch kein Upgrade auf Windows XP Service Pack 2 (SP2) gemacht haben, gibt es jetzt mindestens einen guten Grund, das nachzuholen: den eingebauten Popupblocker des Internet Explorer. Dieser versieht seine Arbeit außergewöhlich gut und ermöglicht Ihnen auch, Popups von manchen Sites zuzulassen und von allen anderen abzublocken.

Wenn der Popupblocker nicht eingeschaltet ist, wählen Sie EXTRAS → POPUPBLOCKER → POPUPBLOCKEREINSTELLUNGEN, markieren das Kontrollkästchen INFORMATIONSLEISTE ANZEIGEN, WENN EIN POPUP GEBLOCKT IST und klicken auf SCHLIESSEN.

Standardmäßig ist der Popupblocker eingeschaltet. Wenn Sie eine Site mit einem Popup besuchen, erscheint ein Bildschirm wie in Abbildung 4-2.

Hieran sind zwei Dinge bemerkenswert: erstens die Informationsleiste am oberen Bildschirmrand, die Ihnen verrät, dass ein Popup abgeblockt wurde, und zweitens in der Bildschirmmitte der Hinweis, auf die Informationsleiste zu schauen. Da diese Nachricht offensichtlich überflüssig ist, wählen Sie DIESE MELDUNG NICHT MEHR ANZEIGEN und klicken auf OK.

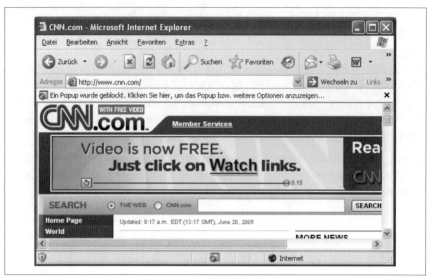

Abbildung 4-2: Der Internet Explorer weist Sie auf ein blockiertes Popup hin

Da normalerweise niemand ein Popup sehen möchte, brauchen Sie jetzt nichts weiter zu tun, als erleichtert zu seufzen. Doch in ganz wenigen Fällen möchte man eben doch ein Popup durchlassen: Sehr selten dienen solche Popups einem guten Zweck, indem sie beispielsweise in einem kleinen Fenster zusätzliche Informationen geben.

Wenn Sie Popups von einer Website durchlassen möchten, klicken Sie auf die Informationsleiste. Schon sehen Sie den Bildschirm in Abbildung 4-3. Wählen Sie POPUP TEMPORÄR ZULASSEN, um Popups für diesen Moment zuzulassen, oder POPUPS VON DIESER SITE IMMER ZULASSEN, damit Popups von der betreffenden Website grundsätzlich durchgelassen werden. In beiden Fällen wird das Popup sofort auf dem Bildschirm erscheinen.

Wenn Sie den Popupblocker komplett abschalten möchten, wählen Sie EINSTELLUNGEN → POPUPBLOCKER DEAKTIVIEREN. Und möchten Sie die Informationsleiste abschalten, damit sie nicht mehr bei jedem abgeblockten Popup erscheint, wählen Sie EINSTELLUNGEN → WEITERE EINSTELLUNGEN und deaktivieren das Kontrollkästchen INFORMATIONSLEISTE ANZEIGEN, WENN EIN POPUP GEBLOCKT IST.

Doch was tun Sie, wenn Sie sich entschlossen haben, grundsätzlich alle Popups einer Site durchzulassen, und später diese Entscheidung bereuen? Sie sagen einfach dem Popupblocker, dass er diese Popups nicht mehr durchlassen soll.

Wählen Sie EXTRAS → POPUPBLOCKER → POPUPBLOCKEREINSTELLUNGEN, um das Dialogfeld POPUPBLOCKEREINSTELLUNGEN aus Abbildung 4-4 aufzurufen.

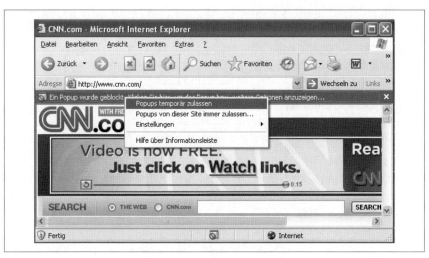

Abbildung 4-3: Popups werden nur einmalig durchgelassen

Die Installation von SP2 hat bei einigen XP-Systemen Probleme verursacht und dazu geführt, dass Betriebssystem-Updates von der Windows Updates-Website nicht mehr durchkamen. Abhilfe schafft der Hack »Probleme mit SP2-Upgrades beseitigen« **[Hack #114]**.

Abbildung 4-4: Popup-Einstellungen anpassen

Alle Sites, deren Popups Sie zulassen, sind im Feld ZUGELASSENE SITES aufgeführt. Um Popups von diesen Sites zu blockieren, markieren Sie sie und klicken auf ENTFERNEN. Falls Sie von weiteren als den hier angezeigten Sites Popups zulassen möchten, geben Sie die Sites in das Feld ADRESSE DER WEBSITE, DIE ZUGELASSEN WERDEN SOLL ein und klicken auf HINZUFÜGEN.

Sie können dem Internet Explorer auch sagen, wie aggressiv er Popups blockieren soll, indem Sie aus der Auswahlliste FILTERUNGSSTUFE einen Wert auswählen. Sie haben die Wahl zwischen drei Stufen:

Niedrig

> Erlaubt Popups von sicheren Sites, also von SSL-verschlüsselten Sites wie die von Banken. Eine sichere Site erkennen Sie daran, dass ihre URL mit *https://* anfängt.

Mittel

> Diese voreingestellte Stufe blockiert die meisten Popups. Doch es werden immer noch diejenigen durchgelassen, von denen das Programm annimmt, dass Sie sie vielleicht wünschen könnten. Welche sind das? In manchen Fällen hat eine Website einen Link, der ein Popup aufruft, wenn man darauf klickt, um beispielsweise eine kleine Landkarte aufzurufen. Solche Popups werden in der mittleren Stufe durchgelassen.

Hoch

> Blockiert Popups jeder Art, selbst wenn Sie sie selbst durch einen Klick auf einen Link aufgerufen haben.

Zum Schluss können Sie in diesem Dialogfeld einstellen, ob ein Geräusch das Blockieren eines Popups anzeigen soll. Außerdem finden Sie hier die Einstellungsmöglichkeit, die Informationsleiste anzeigen zu lassen, wenn ein Popup geblockt wurde.

Popups im IE mit spezieller Software blockieren

Wenn Sie SP2 noch nicht besitzen, möchten Sie natürlich dennoch Popups blockieren. Es gibt viele kostenpflichtige Popup-Killer, aber dieses Geld können Sie sich sparen: EMS Free Surfer mk II ist ein exzellenter Popup-Blocker, der gar nichts kostet. Er wird in Abbildung 4-5 dargestellt. Auch in diesem Programm lassen sich mehrere verschiedene Schutzebenen einstellen: Sie können alle Popups blockieren oder nur offensichtlich unerwünschte. Und Sie können das Programm mit einem einzigen Klick an- und abschalten.

Dazu verfügt es noch über weitere hilfreiche Tools: Sie können jede offene Instanz des Internet Explorer mit einem einzigen Klick schließen, und ein Add-in reinigt Ihren Cache von kürzlich besuchten Websites. Das Programm kann von *http://www.kolumbus.fi/eero.muhonen/FS/fs.htm* herunter-

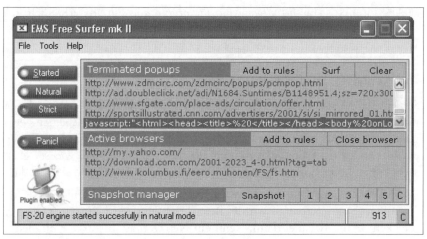

Abbildung 4-5: EMS Free Surfer mk II

geladen werden. (Verwechseln Sie es bitte nicht mit dem ähnlichen Produkt EMS Free Surfer Companion, das zwar mehr Funktionen als dieses freie Programm hat, aber dafür auch $ 20,- kostet.) Ein anderer guter Popup-Blocker ist Pop-Up No-No! von *http://www.popupnono.com*. Er blockiert nicht nur Popups, sondern auch Flash-animierte Anzeigen. (Einzelheiten finden Sie unter »Surfen ohne Anzeigenwerbung« **[Hack #42]**.)

Weg mit dem IE: Stoppen Sie Popups mit einem anderen Browser

Eine Möglichkeit, die lästigen Popups loszuwerden, ist: Lassen Sie den Internet Explorer weg! Opera, Mozilla und auch Firefox haben als Menüoption einen eingebauten Popup-Killer.

Opera. Opera können Sie von *http://www.opera.com* herunterladen.[1] Den Popup-Killer aktivieren Sie mit FILE → PREFERENCES → REFUSE POP-UP WINDOWS. Sie können das Programm auch veranlassen, Popup-Fenster im Hintergrund statt ganz oben auf dem Browser zu öffnen.

Mozilla. Mozilla erhalten Sie von *http://www.mozilla.org*. Hier schalten Sie den Popup-Killer mit EDIT → PREFERENCES → PRIVACY & SECURITY → POPUPS → und einem Häkchen im Kontrollkästchen REJECT POP-UP WINDOWS ein.

---

1   Die kostenlose Version von Opera zeigt Werbebanner auf dem Bildschirm an. Die werbefreie Vollversion ist für € 34,- erhältlich.

Firefox. Firefox ist bei *http://www.mozilla.org/products/firefox* erhältlich. Um seinen Popup-Killer zu aktivieren, wählen Sie EXTRAS → EINSTELLUNGEN → WEB-FEATURES und markieren das Feld POP-UP-FENSTER BLOCKIEREN.

Popups des Nachrichtendiensts stoppen

Seit einigen Monaten gibt es die lästigsten Popupsüberhaupt: Popups, die gar nicht mit einem Browser zusammenhängen, die sogar dann erscheinen, wenn man gar nicht im Internet ist, und die ohne ersichtlichen Grund im Fenster einer Textnachricht angezeigt werden. Sie haben nichts getan, was sie verursacht haben könnte, auch keine Website besucht, und trotzdem sind sie da.

Diese Text-Popups benutzen den Nachrichtendienst von Windows XP, der eigentlich dazu geschaffen wurde, Benachrichtigungen in Intranets zu verschicken – zum Beispiel dann, wenn ein Netzwerkadministrator die Benutzer vorwarnen muss, dass der Server heruntergefahren wird, oder wenn der Drucker Sie benachrichtigt, dass Ihr Druckjob erledigt ist.

 Der Nachrichtendienst hat nichts mit dem Sofortbenachrichtigungsprogramm Windows Messenger von Microsoft zu tun.

Doch inzwischen haben sich Spammer diese Technologie zu Eigen gemacht und jagen Popups quer durch das Internet an alle möglichen IP-Adressen. Wie allgegenwärtig sind diese Popups mittlerweile? Neulich kaufte ich mir einen neuen Laptop, schaltete ihn zum ersten Mal ein, und binnen zehn Minuten hatte ich mein erstes Nachrichtendienst-Popup auf dem Bildschirm.

Um diese Popups zu unterbinden, müssen Sie den Nachrichtendienst deaktivieren. Rufen Sie die MMC-Konsole DIENSTE auf, indem Sie an der Eingabeaufforderung oder im Dialogfeld AUSFÜHREN services.msc eingeben und die Enter-Taste drücken. Doppelklicken Sie auf den Eintrag NACHRICHTEN-DIENST, wählen Sie im folgenden Dialogfeld als Starttyp DEAKTIVIERT und klicken Sie auf OK. Jetzt kommen die Popups nicht mehr durch – aber leider auch nicht die Nachrichten Ihres Netzwerkadministrators, falls Sie in einem LAN arbeiten.

Wenn Sie einen Router haben, an dem Sie Ports blockieren können, killen Sie diese Nachrichten einfach, indem Sie Port 135 abklemmen. Wie das geht, hängt von Ihrem Router ab. Bei einem Router von Linksys gehen Sie zum Administratorbildschirm und wählen ADVANCED → FILTERS. In FILTERED PRIVATE PORT RANGE wählen Sie BOTH, und als Bereich (Range) geben Sie zweimal 135 ein. Klicken Sie auf APPLY. Nun müssten die Popups deaktiviert sein.

Ein anderer guter Grund, SP2 herunterzuladen und zu installieren, ist der, dass es automatisch Messenger-Popups abblockt.

Siehe auch

- »Spyware und Web-Bugs besiegen« [Hack #34]
- »Landen Sie nicht am Haken der Phisher« [Hack #37]
- »Surfen ohne Anzeigenwerbung« [Hack #42]

Spyware und Web-Bugs besiegen

Seien Sie nicht mehr das Opfer von widerwärtigen Programmen, die Sie ausspionieren, Ihren Browser missbrauchen oder noch Schlimmeres. Schlagen Sie zurück!

Für die meisten Anwender hat *Spyware* die Viren und Würmer in der Hitliste der widerlichsten und gefürchtetsten Internetgefahren längst abgelöst. Von Viren und Würmern werden nur relativ wenige infiziert, aber fast jeder wurde bereits Opfer irgendeiner Art von Spyware.

Spyware ist der Oberbegriff für viele verschiedene Arten von fiesen Programmen. Am harmlosesten sind noch die, die Ihre Surfaktivitäten an eine Website weitermelden, die Sie dann beobachtet und anhand der erkannten Interessen Werbung auf Ihren PC lädt. Manche dieser Sites schicken ganze Schwärme von Popups in so schneller Folge, dass Ihr PC in die Knie geht und nicht mehr funktioniert. Andere nehmen die Homepage Ihres Browsers in Beschlag, so dass Sie, egal was Sie tun, immer auf die Seite gelangen, die Ihr Widersacher wählt, sei es eine Porno-Site oder eine Website, die Ihnen noch mehr Popups beschert. Und dann gibt es noch die so genannten *Keylogger*, eine andere Art von Spyware, die buchstäblich hinter jedem Ihrer Tastendrücke herschnüffelt und diese Informationen dann an jemanden im Internet übermittelt.

Web-Bugs sind unsichtbare Datenwinzlinge, oft nur ein einziges Pixel groß (manchmal nennt man sie auch *Clear GIFs*), die alle Ihre Aktivitäten auf einer Website beobachten und dann an einen Server zurückmelden können.

Doch jetzt brauchen Sie das nicht länger zu dulden. Wie im Rest dieses Hacks deutlich werden wird, gibt es Möglichkeiten, sich Spyware und Web-Bugs vom Leibe zu halten.

Vorsicht vor Web-Bugs

Web-Bugs sind eine ganz gemeine Technologie zum Ausspähen Ihrer Online-Aktivitäten, egal welchen Browser Sie benutzen. Manchmal senden die

Bugs ihre Informationen an eine ganz andere Website als die, von der sie kommen, also beispielsweise zu einem Werbenetzwerk.

Web-Bugs sind überraschend weit verbreitet. Die Technologie- und Analysefirma Cyveillance hat festgestellt, dass ihr Einsatz zwischen 1998 und 2001 um fast 500% zunahm. Web-Bugs können folgende Informationen an einen Server senden:

- Die IP-Adresse Ihres Computers.
- Die URL der Seite, auf der sich der Bug befindet, damit man weiß, dass Sie dort waren.
- Den Zeitpunkt, an dem die Seite mit dem Bug betrachtet wurde, so dass man weiß, wann genau Sie dort waren.
- Die URL des Web-Bug-Bilds.
- Ihren Browsertyp.
- Ihre Cookie-Werte.

Eine kostenlose Software namens *Bugnosis* (*http://www.bugnosis.org*) warnt Sie, wann immer Sie im Web auf eine entsprechend präparierte Seite stoßen. Das Programm teilt Ihnen mit, an welche Website der Bug Bericht erstattet, und erzeugt bei einigen Bugs eine Verknüpfung, über die Sie eine Beschwerde-E-Mail an die Betreiber-Website des Bugs schicken können. Das Programm läuft im Internet Explorer als Symbolleiste und funktioniert mit keinem anderen Browser.

Das Programm kann Sie zwar nicht im eigentlichen Sinne gegen Web-Bugs abschirmen, aber es kann Sie warnen, wenn Sie Websites besuchen, die sie benutzen. Gelangen Sie auf so eine Website, sagt Ihnen die Bugnosis-Symbolleiste, wie viele verdächtige Elemente dort lauern, die Web-Bugs sein könnten. Genauere Informationen über diese möglichen Web-Bugs erhalten Sie, wenn Sie neben dem Bugnosis-Logo auf den Pfeil nach unten klicken und BUGS FOUND IN THIS SESSION wählen. Sie sehen dann eine Liste aller verdächtigen Web-Bugs, wie in Abbildung 4-6 gezeigt. Klicken Sie auf ein Element, erscheint eine detailliertere Beschreibung und eine Analyse dazu, ob das Element tatsächlich ein Web-Bug ist oder nur Verdachtsmomente enthält.

Bugnosis blockiert Web-Bugs also zwar nicht, aber es warnt Sie, wenn welche in Sicht sind. Wenn Sie möchten, dass Ihre Privatsphäre beim Surfen im Web geschützt bleibt, lesen Sie »Anonym surfen, ohne Spuren zu hinterlassen« [Hack #36].

Abbildung 4-6: Bugnosis in Aktion

Schützen Sie sich gegen Spyware

Spyware wird immer umstrittener und immer verbreiteter. Doch das braucht Sie nicht zu schrecken; jetzt können Sie viel zu Ihrem Schutz unternehmen:

Holen Sie sich einen kostenlosen Spyware-Detektor und -Vernichter. Eines der besten und populärsten Programme dieser Art ist Ad-Aware von *http://www.lavasoft.de*. Es untersucht Ihr System auf Spyware und findet dabei nicht nur Programmdateien, sondern auch Registrierungseinträge und Cookies, wie Abbildung 4-7 zeigt. Nach der Systemüberprüfung können Sie wählen, welche Spyware-Probleme Sie mit dem Programm beheben möchten, und schon geht es an die Arbeit, löscht Dateien, Ordner und Cookies und repariert Registrierungseinträge. Da jedoch kein Spyware-Killer perfekt ist, empfehle ich noch ein weiteres kostenloses Programm: Spybot Search & Destroy von *http://www.safernetworking.org/en/index.html*. Verwenden Sie diese beiden regelmäßig, um Ihr System sauber zu halten.

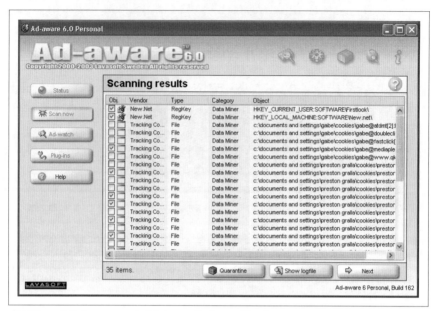

Abbildung 4-7: Spyware mit Ad-Aware finden und löschen

 Vergessen Sie nicht: Wenn Sie Spyware löschen, kann das auch Programme deaktivieren. Daher ist es immer empfehlenswert, vor dem Löschen von Spyware einen Wiederherstellungspunkt einzurichten. Wählen Sie SYSTEMSTEUERUNG → LEISTUNG UND WARTUNG → SYSTEMWIEDERHERSTELLUNG und folgen Sie den Anweisungen. Wenn Sie zum Beispiel das Spyware-Programm Cydoor entfernen, läuft das Filesharing-Programm Kazaa nicht mehr. Alternativ zu Kazaa gibt es Shareaza (*http://www.shareaza.com*), ein Frontend des populären Filesharing-Netzwerks Gnutella, das sich auch in andere Filesharing-Netzwerke wie etwa das von Kazaa einklinken kann.

Ein zahlungspflichtiger Spyware-Killer. Ad-Aware und Spybot Search & Destroy finden und löschen Spyware, die Ihr System bereits infiziert hat. Noch besser ist also eine Software, die es gar nicht erst zu einer Infektion kommen lässt. Ein exzellentes Programm ist der Webroot Spy Sweeper von Webroot Software, zu bekommen unter *http://www.webroot.com*. Sie können ihn herunterladen und kostenlos ausprobieren, müssen aber als Dauernutzer $ 19,95 pro Jahr bezahlen. Dieses Programm warnt Sie vorbildlich, wenn eine Spyware Ihr System infizieren will, und stoppt diese Spyware dann. Außerdem bekommen Sie eine Warnung, wenn ein Programm versucht, automatisch zu starten, wenn XP hochfährt, und wenn ein Programm versucht, Ihre Homepage zu ändern. Und genau wie Ad-Aware und Spybot Search & Destroy sucht es in Ihrem System auch nach vorhandener Spyware, um sie zu löschen. Abbildung 4-8 zeigt den Konfigurationsbildschirm des Programms.

Abbildung 4-8: Konfigurationsbildschirm von Spy Sweeper

 Auch Microsoft hat einen exzellenten Spyware-Killer, Microsoft Windows AntiSpyware, der Spyware bereits vor der Infektion aufhält und nach Bedrohungen sucht. Zu haben ist er unter *http://microsoft.com/spyware*.

Achten Sie darauf, was Sie herunterladen. Programme mit Werbeanzeigen können Spyware enthalten, auch wenn das nicht immer der Fall ist. Eine Liste mit Spyware-Programmen finden Sie im Index of Known Spyware von Gibson Research unter *http://grc.com/oo/spyware.htm*.

Verwenden Sie eine Firewall wie ZoneAlarm [Hack #78]. Mit einer Firewall können Sie Programme auf Ihrem Computer daran hindern, ohne Ihre Zustimmung ins Internet zu gehen. Somit eignen sie sich auch zum Blockieren von Spyware. Da die eingebaute XP-Firewall diese Fähigkeit nicht hat, können Sie sie nicht benutzen, um Spyware zu blockieren.

Killen Sie Popups. Mit Popup-Werbung wird oft auch Spyware auf Ihren Rechner geladen. Mit jedem Klick auf ein Popup können Sie theoretisch auch mit Spyware infiziert werden. Daher sollten Sie Popups abblocken. Einzelheiten finden Sie unter »Popups verhindern – mit oder ohne SP2« [Hack #33].

Stoppen Sie ungewollte Downloads. Eine Website kann versuchen, ohne Ihr Wissen Software auf Ihren PC zu laden, und diese Software hat nicht selten auch Spyware im Gepäck. Installieren Sie SP2; es enthält einen Download-Blocker. Der Firefox-Browser [Hack #43] weist übrigens ebenfalls einen Download-Blocker auf.

Halten Sie Ihre Antivirus-Software aktuell. Antivirus-Software kann Sie auch vor so mancher Spyware schützen. Achten Sie daher auf regelmäßige Aktualisierungen, damit Ihre Antivirus-Software aktuell bleibt.

Siehe auch

- »Popups verhindern – mit oder ohne SP2« [Hack #33]
- »Cookie gefällig?« [Hack #35]
- »Anonym surfen, ohne Spuren zu hinterlassen« [Hack #36]
- »Landen Sie nicht am Haken der Phisher« [Hack #37]

HACK #35 Cookie gefällig?

Wenn Sie mit Cookies richtig umgehen, bleiben Privatsachen privat und Ihre Surfgewohnheiten Ihr Geheimnis.

Cookies sind kleine Textdateien, die Websites auf Ihrer Festplatte ablegen, um Sie persönlich ansprechen zu können oder um Ihre Aktivitäten auf der Site zu beobachten und aufzuzeichnen. Cookies haben bereits viel Presse bekommen – meistens schlechte –, aber eigentlich ist nicht alles an ihnen schlimm. Als Mittel zur Anpassung von Websites helfen sie, das Beste aus dem Web herauszuholen. Sie können auch Informationen über Anmeldenamen und Kennwörter speichern und Ihnen dadurch Zeit sparen, da Sie sich nicht bei jedem Besuch auf einer Website einloggen müssen. Wenn Sie alle Ihre Cookies löschen würden, würden Sie nicht mehr an Ihre Amazon-Wunschliste kommen.

Cookies können durch die automatisierte Anmeldung auf Websites viel Zeit sparen, aber sie können auch Sicherheitslöcher darstellen. Wenn Sie sie zum automatischen Einloggen verwenden, kann jeder, der an Ihren Computer herankommt, mit Ihrem Benutzernamen und Ihrem Kennwort diese Websites benutzen.

Aber Cookies können auch dazu missbraucht werden, Ihre Online-Aktivitäten auszuspionieren und Sie wiederzufinden. Je nachdem, welche Daten das Cookie sammelt, landen Informationen über Sie in Datenbanken, und werden Profile von Ihnen und Ihren Surfgewohnheiten angelegt.

Da Cookies die Privatsphäre verletzen können, gibt XP Ihnen eine Reihe von Mitteln an die Hand, Websites bei der Platzierung und Nutzung von Cookies auf Ihrem PC einschränken. Um zu verstehen, wie das funktioniert, müssen Sie zunächst einige Fachausdrücke über Cookies kennen:

First-Party-Cookie (bei Microsoft »Cookie von Erstanbietern«)
Ein Cookie, das von der gerade besuchten Website erzeugt wird. Solche Cookies werden oft von Websites erstellt, auf denen Sie sich automatisch anmelden können, ohne Ihren Benutzernamen und Ihr Kennwort eingeben zu müssen, und die Sie an Ihre Bedürfnisse anpassen können. Solche Cookies sind in der Regel nicht aufdringlich.

Third-Party-Cookie (bei Microsoft »Cookie von Drittanbietern«)
Ein Cookie, das von einer anderen als der soeben besuchten Website erzeugt wird. Solche Cookies werden oft von Werbeagenturen oder Werbenetzwerken benutzt. Viele Anwender (darunter auch ich) empfinden solche Cookies als aufdringlich.

Compact Privacy Statement (Datenschutzerklärung)
Dies ist eine öffentlich zugängliche Richtlinie, die in allen Einzelheiten beschreibt, wie Cookies auf einer Website benutzt werden. Es wird zum Beispiel der Zweck des Cookies, die Art seiner Verwendung, seine Quelle und seine Verweildauer auf Ihrem PC angegeben. (Manche Cookies werden automatisch beim Verlassen der Website gelöscht, andere bleiben bis zu einem angegebenen Datum gültig.)

Im Zusammenhang mit dem Datenschutz sind auch die Begriffe »stillschweigende Zustimmung« und »ausdrückliche Zustimmung« von Belang. *Ausdrückliche Zustimmung* bedeutet, dass Sie einer Website explizit gestatten, Ihre personenbezogenen Daten zu nutzen (Sie geben eine *Einwilligung*). Von einer *stillschweigenden Zustimmung* geht man aus, wenn Sie einer Website nicht ausdrücklich verbieten, Ihre Daten zu verwenden (Sie versäumen es, ein Verbot auszusprechen bzw. ausdrücklich zu verlangen, dass man Sie von der Liste streicht).

Im Internet Explorer können Sie die Cookie-Behandlung einstellen. Sie haben die Wahl zwischen sechs Datenschutzebenen, von ALLE COOKIES ANNEHMEN bis ALLE COOKIES SPERREN. Dabei müssen Sie berücksichtigen, dass manche Websites schlecht oder gar nicht funktionieren, wenn der Datenschutz zu streng ist, insbesondere wenn Sie grundsätzlich alle Cookies zurückweisen.

Ich halte die mittlere Einstellung für einen guten Kompromiss zwischen Datenschutz und der Möglichkeit, personalisierte Websites zu nutzen.

Um Ihre Cookie-Einstellungen im Internet Explorer zu ändern, wählen Sie EXTRAS → INTERNETOPTIONEN → DATENSCHUTZ. Bewegen Sie den Schieberegler (gezeigt in Abbildung 4-9) auf die gewünschte Stufe.

Abbildung 4-9: Cookie-Einstellungen im Internet Explorer ändern

Tabelle 4-1 zeigt die Auswirkungen der einzelnen Einstellungen auf die Cookie-Behandlung im Internet Explorer.

Tabelle 4-1: Datenschutzeinstellungen im Internet Explorer

Einstellung	Auswirkungen
Alle Cookies sperren	Sperrt ausnahmslos alle Cookies.
	Verhindert, dass Websites vorhandene Cookies lesen.
Hoch	Sperrt Cookies von Drittanbietern von Websites ohne Datenschutzrichtlinie.
	Sperrt alle Cookies, die ohne Ihre ausdrückliche Zustimmung personenbezogene Daten verwenden.
Mittelhoch	Sperrt Cookies von Drittanbietern von Websites ohne Datenschutzrichtlinie.
	Sperrt Cookies von Drittanbietern, die ohne Ihre ausdrückliche Zustimmung personenbezogene Daten verwenden.
	Sperrt auch Cookies von Erstanbietern, die ohne Ihre ausdrückliche Zustimmung personenbezogene Daten verwenden.

Tabelle 4-1: Datenschutzeinstellungen im Internet Explorer (Fortsetzung)

Einstellung	Auswirkungen
Mittel (Standard-einstellung)	Sperrt Cookies von Drittanbietern von Websites ohne Datenschutzrichtlinie.
	Sperrt Cookies von Drittanbietern, die ohne Ihre ausdrückliche Zustimmung personenbezogene Daten verwenden.
	Nimmt Cookies von Erstanbietern an, die ohne Ihre ausdrückliche Zustimmung personenbezogene Daten verwenden, löscht sie jedoch, sobald Sie den IE schließen.
Niedrig	Sperrt Cookies von Drittanbietern von Websites ohne Datenschutzrichtlinie.
	Nimmt Cookies von Drittanbietern an, die ohne Ihre ausdrückliche Zustimmung personenbezogene Daten verwenden, löscht sie jedoch, sobald Sie den IE schließen.
Alle Cookies annehmen	Nimmt ausnahmslos alle Cookies an.
	Gestattet anderen Websites, vorhandene Cookies zu lesen.

In Firefox ist ein ziemlich gutes Cookie-Management einge-baut. Die Einstellungen erreichen Sie über EXTRAS → EINSTEL-LUNGEN → DATENSCHUTZ. Sie können Cookies blockieren oder nur von bestimmten Websites annehmen, Verfallszeiten einstellen und vieles mehr.

Cookie-Behandlung im IE ändern

Sie sind nicht auf die vorgegebenen Datenschutzebenen des IE festgelegt. Auf Wunsch können Sie die Cookie-Behandlung auch ändern, also beispiels-weise alle Cookies von bestimmten Websites oder Cookies von Erst- oder Drittanbietern annehmen oder zurückweisen.

Um alle Cookies einer bestimmten Website anzunehmen oder zu sperren, wählen Sie EXTRAS → INTERNETOPTIONEN → DATENSCHUTZ → SITES. Es er-scheint das Dialogfeld DATENSCHUTZAKTIONEN PRO SITE aus Abbildung 4-10. Geben Sie den Namen der Site ein, deren Cookies Sie annehmen oder zurückweisen möchten, und klicken Sie auf SPERREN oder ZULASSEN.

Um die Behandlung der Cookies von Erst- und Drittanbietern einzustellen, wählen Sie EXTRAS → INTERNETOPTIONEN → DATENSCHUTZ → ERWEITERT. Markieren Sie das Kästchen neben AUTOMATISCHE COOKIE-BEHANDLUNG AUFHEBEN, wie in Abbildung 4-11 gezeigt. Sie können alle Cookies von Erst-oder Drittanbietern annehmen oder sperren oder sich von Fall zu Fall mit Hilfe der Eingabeaufforderung entscheiden. Außerdem können Sie einstel-len, ob Sie Sitzungscookies immer zulassen möchten. Sitzungscookies sind Cookies, die nur so lange erhalten bleiben, wie Sie sich auf einer Website befinden, und gelöscht werden, wenn Sie den Browser schließen.

Abbildung 4-10: Das Dialogfeld DATENSCHUTZAKTIONEN PRO SITE

Abbildung 4-11: Das Dialogfeld ERWEITERTE DATENSCHUTZEINSTELLUNGEN

Cookies exportieren, importieren oder speichern

Cookies können zwar gelegentlich aufdringlich sein, aber manchmal sind sie auch hilfreich. Sie können eine automatische Anmeldung bei Websites bewerkstelligen und die Bedienung und Darstellung der Site Ihren Bedürfnissen anpassen. Daher sollten Sie beim Kauf eines neuen PCs die Cookies von dem alten auf den neuen Rechner übertragen. Wenn Sie mehr als einen PC besitzen, sollten auf allen die gleichen Cookies gespeichert sein. Und vielleicht möchten Sie Ihre Cookies sogar sichern, nur für den Fall, dass Sie versehentlich einmal die falschen löschen.

Um Cookies im IE zu exportieren oder zu sichern, wählen Sie DATEI → IMPORTIEREN UND EXPORTIEREN, damit sich der Import/Export-Assistent öffnet. Wählen Sie COOKIES EXPORTIEREN und folgen Sie den Anweisungen. Im Ordner EIGENE DOKUMENTE wird eine einzige Textdatei angelegt, die alle Ihre Cookies enthält; Sie können aber auch einen anderen Speicherort dafür wählen. Um Cookies zu importieren, starten Sie ebenfalls den Import/Export-Assistenten, wählen Cookies importieren und gehen zu dem Speicherort, an dem Sie die Cookie-Datei gespeichert hatten.

Cookies manuell untersuchen und löschen

Cookies kann man nicht im Internet Explorer untersuchen und löschen. Da jedoch XP jedes IE-Cookie als separate Textdatei speichert, können Sie sie lesen und löschen wie jede andere Textdatei auch. Unter *C:\Dokumente und Einstellungen\<Ihr Name>\Cookies* im Windows Explorer finden Sie eine Liste einzelner Cookies in folgendem Format:

```
ihr name@abcnews.com[1].txt
```

Im Allgemeinen steht hinter dem @ der Name einer Website oder eines Netzwerks, aber manchmal steht dort nur eine Nummer. Öffnen Sie die Datei wie jede andere Textdatei (mit dem Editor, WordPad oder einem anderen Textverarbeitungsprogramm). Normalerweise ist darin eine Liste mit Zahlen und Buchstaben gespeichert, aber manchmal auch andere nützliche Informationen: beispielsweise Ihr Benutzername und Ihr Kennwort für die betreffende Website. Wenn Sie das Cookie nicht auf Ihrer Festplatte behalten möchten, löschen Sie es wie jede x-beliebige Textdatei.

Netscape Navigator und Mozilla behandeln Cookies anders als der Internet Explorer. Sie speichern alle Cookies in einer einzigen Datei namens *cookies.txt* in *C:\Dokumente und Einstellungen\<Ihr Name>\Anwendungsdaten\Mozilla\Profiles\default*******.slt*, wobei ******* eine zufällige Zusammenstellung von Ziffern und Buchstaben ist. Also könnte das Verzeichnis beispielsweise *C:\Dokumente und Einstellungen\Name\Mozilla\Profiles\default\46yhu 2ir.slt* heißen. Wenn Sie unterschiedliche Netscape/Mozilla-Profile eingerichtet haben (TOOLS → SWITCH PROFILE → MANAGE PROFILES → CREATE PRO-FILE), befindet sich die Datei *cookies.txt* nicht im Unterordner *default*, sondern unterhalb der jeweiligen Profilnamen. Sie können die Datei öffnen und jedes einzelne Cookie anschauen, aber keine einzelnen Einträge löschen, indem Sie diese Datei bearbeiten. Stattdessen müssen Sie den integrierten Cookie-Manager von Netscape (unter TOOLS → COOKIE MANAGER → MANAGE STORED COOKIES) benutzen, um Cookies zu lesen oder zu löschen.

In Firefox liegt die Datei *cookies.txt* unter *C:\Dokumente und Einstellungen\ <Ihr Name>\Anwendungsdaten\Mozilla\Firefox\Profiles\default.xxx*, wobei *xxx* eine zufällige Zusammenstellung von drei Buchstaben ist. Mit dem eingebauten Cookie-Manager von Firefox (EXTRAS → EINSTELLUNGEN → DATENSCHUTZ) können Sie Cookies lesen und löschen.

Cookie-Manager von anderen Herstellern

Zwar hat XP ganz gute Werkzeuge zur Cookie-Verwaltung, aber mit einem Tool eines anderen Herstellers bekommen Sie mehr Flexibilität. Mein Favorit (und auch der meines Lektors) ist Cookie Pal von *http://www.kburra.com*. Mit diesem Programm können Sie ganz leicht vorgeben, welche Sites Cookies auf Ihrem PC absetzen dürfen, und zudem verfügt es über einen Cookie-Manager, mit dem Sie Cookies lesen und löschen können. Es ermöglicht auch, Cookies beim Surfen von Fall zu Fall anzunehmen oder abzulehnen. Doch wenn Sie einen anderen Browser als IE benutzen, haben Sie möglicherweise Pech. Zum gegenwärtigen Zeitpunkt funktioniert Cookie Pal nur mit den Versionen 3 und 4 von Netscape Navigator und 4, 5 und 6 von Opera. (Mozilla und neuere Versionen von Netscape haben jedoch ähnlich gute Manager bereits eingebaut.)

Cookie-basierte Werbenetzwerke abweisen

Werbenetzwerke im Internet sind in der Lage, tief gehende und die Persönlichkeitsrechte verletzende Profile Ihres Surfverhaltens und Ihrer persönlichen Interessen anzulegen, da sie ein Cookie auf Ihrer Festplatte absetzen können, der Sie über mehrere Websites hinweg verfolgt. Normalerweise können Websites Cookie-Daten nicht gemeinsam nutzen, aber solche Werbenetzwerke haben einen Weg gefunden, sich um diese Einschränkung herumzumogeln und Ihre Aktionen von mehreren Websites zu sammeln.

Dagegen können Sie vorgehen, indem Sie sich gegen die größten Online-Werbenetzwerke verwahren (in Amerika spricht man von »*Opting out*«). Sie veranlassen, dass diese Werbenetzwerke ein Opt-Out-Cookie auf Ihrer Festplatte absetzen, das den diversen Websites verwehrt, Ihre Aktivitäten zu beobachten. Damit ist für den Schutz Ihrer Daten schon viel erreicht.

Um sich gegen das Online-Werbenetzwerk DoubleClick zu verwahren, gehen Sie zu *http://www.doubleclick.com/us/corporate/privacy/privacy/ad-cookie/* und klicken unten auf der Seite auf die Schaltfläche AD COOKIE OPT-OUT.

Wenn Sie den Internet Explorer benutzen und nachschauen möchten, ob das funktioniert, gehen Sie zu Ihrem Cookies-Ordner, der normalerweise unter *C:\Dokumente und Einstellungen\<Ihr Name>\Cookies* gespeichert ist. Suchen Sie nach einem Cookie namens *Ihr Name@doubleclick[1].txt*, zum Beispiel *preston gralla@doubleclick[1].txt*. Er sollte ungefähr folgenden Inhalt haben:

```
id OPT_OUT doubleclick.net/ 1024 468938752 31583413 3447013104 29418226 *
```

Im Netscape Navigator liegt die Datei *cookies.txt* normalerweise unter *C:\ Dokumente und Einstellungen\<Ihr Name>\Anwendungsdaten\Mozilla\ Profiles\default********.slt*, wobei ******** eine zufällige Zusammenstellung von Ziffern und Buchstaben ist. Das Verzeichnis könnte also *C:\Dokumente und Einstellungen\Name\Mozilla\Profiles\default\46yhu2ir.slt* heißen. Suchen Sie dort nach einem Eintrag wie diesem:

```
.doubleclick.net    TRUE  /    FALSE 1920499138    id    OPT_OUT
```

Das Cookie kann auch mit dem eingebauten Cookie-Manager von Netscape untersucht werden: Wählen Sie TOOLS → COOKIE MANAGER → MANAGE STORED COOKIES.

Auch aus anderen Werbenetzwerken können Sie aussteigen. Einzelheiten finden Sie unter *http://www.networkadvertising.org/optout_nonppii.asp*. Folgen Sie dort den Anweisungen für das Opting-out. Um zu prüfen, ob alles erfolgreich war, klicken Sie am linken Seitenrand auf den Menübefehl VERIFY COOKIES.

Siehe auch

- »Popups verhindern – mit oder ohne SP2« [Hack #33]
- »Spyware und Web-Bugs besiegen« [Hack #34]
- »Anonym surfen, ohne Spuren zu hinterlassen« [Hack #36]
- »Landen Sie nicht am Haken der Phisher« [Hack #37]

HACK #36 Anonym surfen, ohne Spuren zu hinterlassen

**Sie fühlen sich beobachtet? Im Web werden Sie es vermutlich auch.
Schützen Sie Ihre Daten mit Hilfe von anonymen Proxyservern.**

Sobald Sie im Internet surfen, sind Sie Spionageprogrammen von Websites ausgeliefert. Diese beobachten Ihr Surfverhalten, kennen Ihr Betriebssystem und Ihren Browser, finden den Namen Ihres Computers heraus, spähen in Ihre Zwischenablage, entdecken, welche Seiten Sie zuletzt besucht haben, untersuchen Ihre Verlaufsordner, stöbern in Ihrem Cache herum, sehen Ihre IP-Adresse und benutzen all das, um Informationen über Sie zu sammeln, wie beispielsweise Ihren geografischen Standort und vieles andere. Ihr Internetverhalten ist ein offenes Buch.

Sie glauben mir nicht? Besuchen Sie doch einmal *http://www.anonymizer. com/privacytest/*. Dieser von *Anonymizer.com* betriebene Webdienst sagt Ihnen, wie Ihre IP-Adresse und Ihr Computername lauten. Und das ist nur der Anfang! Klicken Sie oben auf die Links, wie etwa YOUR IP-ADDRESS oder HIDDEN TRACKING FILES, und schon sehen Sie einen kleinen Ausschnitt von dem, was Websites über Sie in Erfahrung bringen. Abbildung 4-12 zeigt eine Webseite, die den Inhalt meiner Zwischenablage verrät.

Websites können unter anderem deswegen diese Informationen sammeln, weil die Infrastruktur des Internet auf Vertrauen aufbaut, das für die offene Client/Server-Beziehung zwischen Ihrem Web-Browser und den Servern auf den besuchten Websites kennzeichnend ist. Doch vielfach geht es auch darum, Daten von Ihrem PC mit Daten in öffentlichen Datenbanken abzugleichen, beispielsweise solchen, die Informationen über IP-Adressen sammeln.

Dass Websites personenbezogene Daten über Sie sammeln, können Sie am besten verhindern, indem Sie anonym surfen. Schalten Sie einfach einen anonymen Proxyserver zwischen sich und die besuchten Websites. Wenn Sie das tun, kontaktiert Ihr Browser diese Sites nicht direkt, sondern teilt einem Proxyserver mit, welche Site Sie anschauen möchten. Es ist dieser Proxyserver, der dann die Website kontaktiert, und wenn Sie sie laden, erhalten Sie sie eben nicht direkt von der Quelle, sondern über den Proxyserver. Auf diese Weise tritt Ihr Browser nie in direkte Verbindung mit dem Server der Website. Diese bekommt nicht Ihre IP-Adresse, sondern nur die des Proxyservers zu Gesicht. Sie kann weder Ihre Cookies noch Ihre Verlaufsliste noch Ihre Zwischenablage oder Ihren Cache ausspähen, da Ihr PC nie in direkten Kontakt mit ihr tritt. Sie surfen anonym, hinterlassen keine Spuren.

Anonyme Proxyserver lassen sich auf zwei Arten einsetzen. Sie können entweder auf Ihrem PC eine Client-Software laufen lassen, die den Kontakt mit dem Server für Sie herstellt, oder Sie können eine Website besuchen, die das tut.

Webbasierter Anonymizer

Wenn Sie sich nicht den Stress machen möchten, für das anonyme Surfen einen Client zu installieren – und nebenbei bemerkt nichts für Software ausgeben möchten –, gehen Sie zu Anonymizer.com (*http://www.anonymizer. com*). In das Feld oben auf der Seite geben Sie den Namen der Website ein, auf die Sie möchten, und schon sind Sie anonym dort. Der Proxyserver holt

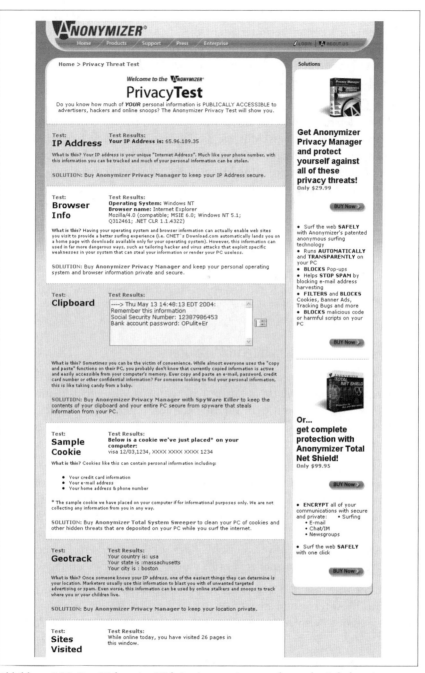

Abbildung 4-12: Der Webservice Website Anonymizer.com kennt den Inhalt meiner Zwischenablage

die Seite für Sie aus dem Web und reicht sie an Sie weiter. Sie können auch eine kostenlose Version herunterladen, die als Toolbar im Internet Explorer läuft. Dann surfen Sie wie gewöhnlich und besuchen die Seiten direkt. Wenn Sie aber eine Seite anonym besuchen möchten, klicken Sie auf eine Schaltfläche, und schon tut der anonyme Proxyserver die Arbeit für Sie.

Eine umfangreichere Version dieser Software ist als Abonnement für $ 29,95 pro Jahr oder für $ 9,95 für drei Monate erhältlich. Sie blockt Bannerwerbung und Popups ab, verschlüsselt die URLs, die Sie eingeben, so dass Ihr Provider oder Netzwerkadministrator sie nicht mehr lesen kann, und bietet darüber hinaus noch weitere Funktionen. Ich finde nicht unbedingt, dass die Zusatzfunktionen die Ausgabe wert sind, aber wenn diese Dinge für Sie wichtig sind, sollten Sie ein bisschen Geld investieren. (Wie man Popups blockiert, erfahren Sie auch in »Popups verhindern – mit oder ohne SP2« [Hack #33].)

> Wenn Sie diese Website nutzen, entsteht der Eindruck, dass manche Sites nicht mehr richtig funktionieren und Text sowie Grafik seltsam anzeigen. Doch das ist ein geringer Preis für den Schutz Ihrer Daten.

Anonym surfen mit dem Internet Explorer

Wenn Sie beim Surfen anonym bleiben möchten, müssen Sie dazu keinen gebührenpflichtigen Dienst in Anspruch nehmen. Mit einem kleinen Hack funktioniert das auch mit dem Internet Explorer oder irgendeinem anderen Browser. Man verwendet dazu einen anonymen Proxyserver, der zwischen Ihnen und den besuchten Websites steht.

Um einen anonymen Proxyserver mit Ihrem Browser zu verbinden, müssen Sie zuerst einen solchen anonymen Proxy finden. Hunderte dieser Server stehen öffentlich und kostenfrei zur Verfügung, aber sie sind häufig offline oder sehr langsam. Um den besten zu finden, gehen Sie zu *http://www.atomintersoft.com/products/alive-proxy/proxy-list*. Diese Website gibt Informationen über jeden Server, einschließlich des Uptime-Prozentsatzes und des Zeitpunkts, an dem zuletzt geprüft wurde, ob der Server online war.

Suchen Sie also den Server mit der besten Uptime-Zeit heraus und notieren Sie seine IP-Adresse und den Port, den er benutzt. In der Angabe 24.236. 148.15:80 zum Beispiel ist die IP-Adresse 24.236.148.15 und die Portnummer 80.

Wählen Sie im Internet Explorer EXTRAS → INTERNETOPTIONEN, gehen Sie auf die Registerkarte VERBINDUNGEN und klicken Sie dann auf die Schaltfläche LAN-EINSTELLUNGEN. Hier markieren Sie das Kontrollkästchen PROXY-

SERVER FÜR LAN VERWENDEN. Im Adressfeld geben Sie die IP-Adresse des Proxyservers ein und im Feld PORT seine Portnummer. Dann markieren Sie PROXY-SERVER FÜR LOKALE ADRESSEN UMGEHEN, wie in Abbildung 4-13 gezeigt. In Ihrem lokalen Netzwerk brauchen Sie nicht anonym zu bleiben.

Abbildung 4-13: Internet Explorer für anonymes Surfen einrichten

Klicken Sie OK und noch einmal auf OK, um die Dialoge zu schließen. Wenn Sie jetzt im Web surfen, schützt der Proxyserver Ihre Privatsphäre. Denken Sie aber daran, dass das Surfen durch Proxyserver eventuell stark verlangsamt werden kann.

Software zum anonymen Surfen

Wenn Sie lieber ein spezielles Programm installieren möchten, sollten Sie sich *Steganos Internet Anonym 5* (*http://www.steganos.com/en/sia*) besorgen. Dieses bietet nicht nur eine Verbindung über einen anonymen Proxyserver, sondern killt auch Popups und verwaltet Cookies. Die Probeversion ist gratis, aber wenn Sie das Progamm länger nutzen möchten, müssen Sie $ 29,95 bezahlen.

Siehe auch

• Unter *http://www.gilc.org/speech/anonymous/remailer.html* können Sie anonyme E-Mail versenden, ohne dass der Absender erkennbar wird. Wer seine Klappe nicht halten kann, sollte diese Site nutzen, aber bitte missbrauchen Sie sie nicht!

- Eine Shareware, die Ihren Cache aufräumt, Ihren Verlaufsordner löscht und noch andere Methoden kennt, um alle Spuren Ihres Surfens zu verwischen, heißt *SurfSecret Privacy Protector* (*http://ww.surfsecret.com*).
- »Popups verhindern – mit oder ohne SP2« [Hack #33]
- »Spyware und Web-Bugs besiegen« [Hack #34]
- »Cookie gefällig?« [Hack #35]
- »Landen Sie nicht am Haken der Phisher« [Hack #37]

HACK #37 Landen Sie nicht am Haken der Phisher

Passen Sie bloß auf, wenn Ihre Bank, eBay oder PayPal Sie in einer E-Mail nach Ihren Kontodaten fragt: Vielleicht sind Sie im Begriff, der »Phishing«-Aktion eines Betrügers auf den Leim zu gehen, der Sie auf eine Website schickt, um Ihre Kontoverbindung an sich zu bringen. Wenn Sie das Folgende beherzigen, landen Sie nicht am Haken der Phisher.

Von all den Widerwärtigkeiten, die im Internet kursieren, sind *Phishing*-Attacken vielleicht die perfidesten. Sie bekommen eine gefälschte E-Mail, scheinbar von einer Bank, eBay, PayPal oder einer anderen Finanzinstitution. Oft sieht die E-Mail-Adresse harmlos aus, und die Mail trägt sogar das Logo der Finanzinstitution und präsentiert sich damit genau wie jede andere Mail aus, die die Bank Ihnen schickt. Viele der Links in der E-Mail verweisen überdies auch auf die richtige Website.

Die E-Mail fordert Sie jedoch unter Angabe irgendeines vorgeschobenen Grundes auf, sich in Ihr Konto einzuloggen, vielleicht um Ihre persönlichen Daten zu überprüfen oder weil die Revision verdächtige Aktivitäten auf Ihrem Konto beobachtet hat und Sie nun um weitergehende Informationen bittet.

Diese E-Mails können überaus überzeugend klingen. So sieht zum Beispiel die in Abbildung 4-14 gezeigte Mail echt aus, ist aber in Wirklichkeit gar nicht von PayPal. Ein Klick auf den Link unten auf der Seite bringt Sie auf eine Website, die so aussieht, als sei sie von PayPal.

Die Site in Abbildung 4-15 sieht wie die normale PayPal-Website aus. Auf solchen betrügerischen Websites sehen Design, Logo und manchmal sogar die URL aus wie auf der echten Site.

Doch sie ist gefälscht. Wenn Sie sich einloggen, stiehlt der Phisher Ihren Benutzernamen und Ihr Passwort. Dann kann er Ihr Bankkonto leer räumen oder mit den erschlichenen Daten einen Identitätsdiebstahl begehen und unter Ihrem Namen neue Konten eröffnen oder Kreditkarten beantragen.

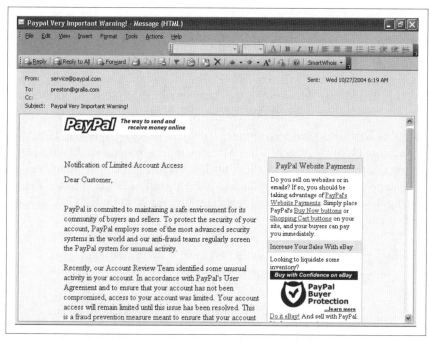

Abbildung 4-14: Eine Phishing-E-Mail, die aussieht wie eine Nachricht von PayPal

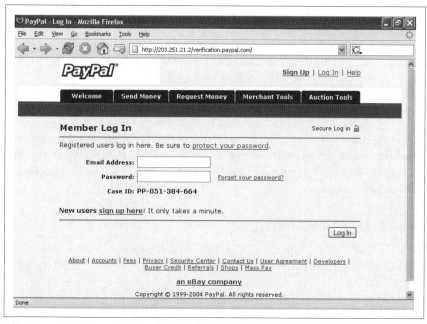

Abbildung 4-15: Eine gefälschte Version der PayPal-Site

Wie wirkungsvoll ist Phishing? Laut der amerikanischen Anti-Phishing Working Group (*http://www.antiphishing.org*) lassen sich bis zu fünf Prozent der Empfänger von Phishing-Mails verleiten, persönliche Daten offen zu legen. Informative deutsche Websites zum Thema bieten die »Arbeitsgruppe Identitätsmissbrauch im Internet« der Ruhr-Universität Bochum (*http://www.a-i3.org/*) und das Bundesamt für Sicherheit in der Informationstechnik (*http://www.bsi-fuer-buerger.de/abzocker/05_08.htm*).

Das Problem wird immer schlimmer. Die Anti-Phishing Working Group erklärt, dass Phishing-Attacken pro Monat um 50% zunehmen. Die Research-Firma Gartner schätzt, dass allein in den USA 57 Millionen Menschen bereits eine Phishing-Mail empfangen haben. Und laut der Truste-Website betrug der Schaden durch Phishing allein im Jahr 2003 in den USA 500 Millionen Dollar.

> Für Polizei und Justiz ist es extrem schwierig, die Quelle eines Phishing-Angriffs ausfindig zu machen, da die E-Mails oft nicht direkt von den Betrügern verschickt werden. Stattdessen nutzen die Verbrecher so genannte *Zombie-Netzwerke*, um die Attacken zu starten. Diese Netzwerke bestehen aus hunderten oder tausenden von PCs, deren arglose Besitzer gar nicht wissen, dass ihre Computer so missbraucht werden. Man hat Trojaner in die Rechner eingeschleust, die nun die Phishing-Mails verschicken. Das Sicherheitsunternehmen Ciphertrust schätzt, dass nur fünf Zombie-Netzwerke für einen Großteil der Phishing-E-Mails im Internet genutzt werden. Der beste Schutz gegen Trojaner ist ein aktueller Virenscanner und eine persönliche Firewall. Einzelheiten über die Benutzung einer Firewall finden Sie unter »Computerschutz mit der neuen Windows-Firewall« **[Hack #77]** und »Zone-Alarm: Die beste kostenlose Firewall« **[Hack #78]**.

Phishing-Attacken sind zunehmend nicht mehr das Werk von Einzeltätern, sondern von organisiertem Verbrechen. Im November 2004 wurde ein mutmaßliches Mitglied der russischen Mafia auf Grund von Phishing-Vorwürfen festgenommen.

Was Sie tun können

Phishing-Attacken können einem schon Angst einjagen, aber es gibt mehrere Gegenmaßnahmen, die verhindern, dass Sie jemals das Opfer von Phishern werden.

Zunächst können Sie ein einfaches kleines JavaScript-Programm nutzen, um die echte URL der Website herauszufinden, auf der Sie sich befinden. Geben Sie Folgendes in Ihren Browser ein und drücken Sie die Enter-Taste:

```
javascript:alert("Eigentliche URL: " + location.protocol + "//" + location.
hostname + "/");
```

Ein kleines Fenster erscheint in der Mitte Ihres Browsers und teilt Ihnen, wie in Abbildung 4-16 zu sehen, mit, welche Website Sie tatsächlich besuchen. Ein Blick auf die URL verrät Ihnen, ob Sie sich auch wirklich dort befinden, wo Sie meinen, hingesurft zu sein. Wenn die angezeigte Adresse nicht zu der Website passt, die Sie im Browser sehen, ergreifen Sie die Flucht, denn es handelt sich um eine Phishing-Attacke.

Abbildung 4-16: JavaScript beweist, dass Sie auf einer Betrüger-Website sind

Das folgende JavaScript-Programm macht im Grunde dasselbe, gibt aber etwas mehr Informationen aus:

```
javascript:alert("Die eigentliche URL lautet:\t\t" + location.protocol + "//
" + location.hostname + "/" + "\nDie Adresszeile lautet:\t\t" + location.
href + "\n" + "\nWenn beide Angaben unterschiedlich sind, kann dies eine
Phishing-Seite sein.");
```

Wie in Abbildung 4-17 gezeigt, enthält auch dieses Popup-Fenster die echte URL der besuchten Site, zeigt aber zusätzlich auch noch die angebliche URL, die in der Adressleiste des Browsers erscheint.

Abbildung 4-17: Mehr JavaScript gibt mehr Informationen

Es ist natürlich unwahrscheinlich, dass Sie sich jetzt diesen Code merken und abrufbereit im Kopf haben, wann immer Sie auf einer Website einen Betrugsverdacht hegen. Daher ist hier eine einfachere Lösung: Holen Sie sich doch ein nettes kleines Add-in, das Ihnen immer die richtige URL der besuchten Website verrät.

SpoofStick (*http://www.corestreet.com/spoofstick*) ist ein kostenloses Add-in, das sowohl mit dem Internet Explorer als auch mit Firefox funktioniert und Phishing-Attacken verrät. Es installiert sich als Symbolleiste im Browser und kann somit an- und abgeschaltet werden, wie es Ihnen beliebt. Wenn Sie auf einer Website das Gefühl beschleicht, sie könnte nicht koscher sein, schalten Sie die SpoofStick-Symbolleiste mit ANSICHT → SYMBOLLEISTEN → SPOOFSTICK ein, und schon erscheint die SpoofStick-Symbolleiste wie in Abbildung 4-18 mit der tatsächlichen URL der Site. Handelt es sich wie vermutet um einen Betrug, gehen Sie schnell weg: Sie sind im Begriff, Phishing-Opfer zu werden.

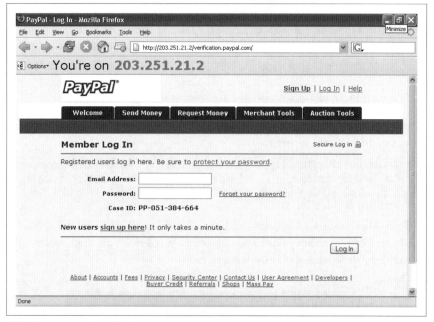

Abbildung 4-18: SpoofStick zeigt einen Phishing-Betrug an

Die Größe und Farbe der »You're On«-Meldung können Sie über die OPTI-ONS-Schaltfläche verändern: Wählen Sie CONFIGURE SPOOFSTICK, stellen Sie die Wunschgröße (SMALL ist klein, MEDIUM ist mittel, LARGE ist groß) und die Farbe der Meldung ein und klicken Sie auf OK.

Um die Symbolleiste auszuschalten, wählen Sie ANSICHT → SYMBOLLEISTEN → SPOOFSTICK.

EarthLink ist ein beliebter amerikanischer Internet Service Provider (ISP), der auch eine kostenlose Antiphishing-Symbolleiste bietet, die allerdings nur mit dem Internet Explorer und nicht mit Firefox funktioniert. Gehen Sie zu *http://www.earthlink.net/home/tools.*, laden Sie die EarthLink-Toolbar und installieren Sie sie. Immer wenn eine Website verdächtig ist, werden Sie von der Phishing-Site weg- und zur Website in Abbildung 4-19 hingeleitet

Abbildung 4-19: ScamBlocker der EarthLink-Toolbar

Lieben Sie den Nervenkitzel und möchten trotz der Warnung zurück auf diese Website, klicken Sie auf den Button mit der Aufschrift CONTINUE TO THIS POTENTIALLY DANGEROUS OR FRAUDULENT SITE unten auf der Seite. Doch selbst wenn Sie dies anklicken, kommen Sie erst auf die Site zurück, wenn Sie das ScamBlocker-Feature der Symbolleiste abgeschaltet haben (klicken Sie hierzu auf den Button SCAMBLOCKER, so dass er rot wird).

 Selbst wenn Sie die EarthLink-Toolbar nicht eingeschaltet haben, verhindert sie den Besuch von Phishing-Sites.

Welche Symbolleiste sollten Sie nun nutzen? Ich persönlich bevorzuge Spoof-Stick. Die Symbolleiste von EarthLink prüft, ob die besuchte Site auf einer Liste potenzieller Betrugssites steht. Und wenn Sie eines der ersten Opfer einer neuen Site sind, die noch nicht auf der Liste steht, werden Sie durchgelassen und wähnen sich in Sicherheit.

Wer paranoid veranlagt ist, kann natürlich auch beide benutzen.

Den Hack hacken

Der obige Hack gibt Ihnen schon eine sehr große Sicherheit vor Phishing. Sie können allerdings zusätzlich noch die folgenden Vorsichtsmaßnahmen treffen:

- Beantworten Sie niemals eine ungebetene Mail von jemandem, der sich als Kreditkartenunternehmen, Bank, eBay oder sonstige Finanzinstitution ausgibt. Klicken Sie auch keine Links in solchen E-Mails an. Die meisten Finanzinstitutionen wissen, was Phishing ist, und würden Sie niemals per E-Mail auffordern, sich in Ihr Konto einzuloggen. Wenn Sie eine Nachricht erhalten, die Sie für echt halten, gehen Sie zunächst einmal selbst, also nicht über einen E-Mail-Link, auf die Website des Unternehmens, oder rufen die betreffende Finanzinstitution an und fragen nach.

- Füllen Sie keine Formulare in E-Mails aus, die von Ihnen persönliche Finanzdaten oder Passwörter verlangen. Die E-Mail könnte gefälscht sein.

Siehe auch

- Microsoft hat in seiner Knowledge Base einen nützlichen Artikel gespeichert, der Ihnen erläutert, wie Sie sich gegen betrügerische Websites wehren können. Gehen Sie zu *http://support.microsoft.com/default.aspx? scid=kb;en-us;833786*. Wenn Sie einem Identitätsdiebstahl zum Opfer gefallen sind, holen Sie sich auf der Website der »Arbeitsgruppe Identitätsmissbrauch im Internet« der Ruhr-Universität Bochum (*http://www.a-i3.org/*) und beim Bundesamt für Sicherheit in der Informationstechnik (*http://www.bsi-fuer-buerger.de/abzocker/05_08.htm*) Rat.

Webseiten offline lesen

Nehmen Sie das Web überallhin mit und legen Sie es in einer Datenbank auf dem PC ab, die sich leicht durchsuchen lässt.

Zwei Probleme bei Internetrecherchen sind, dass es online keine einfache Möglichkeit gibt, die gefundenen Informationen zu speichern, und offline keine einfache Möglichkeit besteht, Webseiten zu lesen. Der Internet Explorer enthält ein paar einfache Werkzeuge, um Webseiten zu speichern und dann offline durchzulesen. Wenn Sie nur selten Seiten speichern und keine Suchoperationen darauf durchführen müssen, reichen diese Werkzeuge völlig aus. Möchten Sie jedoch Webseiten in Kategorien und Ordnern speichern und Volltextsuchen darauf durchführen, benötigen Sie ein anderes Programm. Dieser Hack erklärt beide Möglichkeiten.

Webseiten mit dem IE offline lesen

Wenn Sie die aktuelle Webseite auf der Festplatte speichern möchten, um sie später offline im Internet Explorer durchzulesen, wählen Sie DATEI → SPEI-CHERN UNTER. Dort bekommen Sie mehrere Speicheroptionen zur Wahl. Wenn Sie nicht die HTML-Version der Seite speichern möchten, speichern Sie sie am besten als WEBARCHIV, EINZELNE DATEI (.*MHT*). Auf diese Weise stopfen Sie die Festplatte nicht mit zusätzlichen Ordnern und Dateien voll, die an unterschiedlichen Stellen gespeichert werden, sondern legen alles in einer einzigen Datei ab. Wenn Sie die Seite als WEBSITE, KOMPLETT (.*HTM*, .*HTML*) speichern, wird eine HTML-Datei inklusive eines Ordners erzeugt, der sämtliche Bilder und etwaige sonstige Elemente der Webseite enthält. Sie können die Site auch als Textdatei speichern, aber wenn Sie das tun, müssen Sie Zeit für eine Überarbeitung einplanen, da alles völlig unstrukturiert gespeichert wird. Um die Webseite nach dem Speichern zu lesen, wählen Sie DATEI → ÖFFNEN, gehen auf das Verzeichnis mit der Seite und öffnen diese.

Es gibt Momente, da möchte man nicht nur die aktuelle Website, sondern auch die mit ihr verlinkten Sites speichern. Dazu benötigen Sie ein anderes Verfahren. Zuerst speichern Sie die Website in Ihren Favoriten ab, indem Sie auf Strg-D drücken oder FAVORITEN → ZU FAVORITEN HINZUFÜGEN wählen. Dann klicken Sie mit der rechten Maustaste auf die Stelle der Favoritenliste, an der die Website aufgeführt ist, und klicken auf OFFLINE VERFÜGBAR MACHEN. Folgen Sie den Anleitungen des Assistenten und sagen Sie ihm, wenn der Bildschirm aus Abbildung 4-20 angezeigt wird, bis zu welcher Schachtelungstiefe die verlinkten Websites gespeichert werden sollen. Dabei müssen Sie vorsichtig vorgehen, denn eine einzige Schachtelungsebene kann schon jede Menge Speicherplatz auf der Festplatte belegen.

Wenn Sie den Assistenten fertig ausgeführt haben, werden Sie gefragt, wie Sie die gespeicherten Webseiten synchronisieren möchten. Beim Synchronisie-ren einer Webseite nimmt IE die neuste Version davon aus dem Internet und überschreibt die gespeicherte Version damit. Möchten Sie eine dauerhafte Kopie der Seite speichern und nicht aktualisieren, wählen Sie NUR MANUELL SYNCHRONISIEREN (Option SYNCHRONISIEREN im Menü EXTRAS) und lassen dann das Synchronisieren einfach bleiben. Falls Sie die Seite synchronisieren möchten, um eine aktuellere Version auf der Festplatte zu haben, wählen Sie EINEN NEUEN ZEITPLAN ERSTELLEN und folgen den Instruktionen.

Webseiten mit SurfSaver in einer Offline-Datenbank speichern

Wenn Sie viele Webseiten speichern und mit Volltext- oder Schlagwort-suchen durchforsten möchten, benötigen Sie eine andere Software. Mein Favorit ist SurfSaver von *http://www.surfsaver.com* (siehe Abbildung 4-21).

Abbildung 4-20: Websites lassen sich mit dem Offlinefavoriten-Assistenten mehrere Schachtelungsebenen tief speichern

Dieses Programm lässt sich direkt in den Internet Explorer integrieren und ermöglicht das Speichern von Webseiten in getrennten Ordnern innerhalb des Programms. Fügen Sie den einzelnen Seiten Schlagwörter und Notizen hinzu und durchsuchen Sie sie dann mit Volltextsuche oder nach Suchbegriffen bzw. blättern Sie die Ordner durch.

Falls Sie auf eine Webseite stoßen, die Sie lokal speichern möchten, klicken Sie mit der rechten Maustaste auf die Seite, wählen SURFSAVER SAVE und entscheiden sich für einen der Ordner von SurfSaver. Die Seite kann mit oder ohne Grafik gespeichert werden. Für eine Suche klicken Sie mit der rechten Maustaste auf die Seite, wählen SURFSAVER SEARCH und suchen dann mittels Suchbegriff, Notizen oder Volltext. So finden Sie ganz einfach die Seite und die Informationen, die Sie benötigen. SurfSaver integriert sich auch nahtlos in die Freeform-Datenbank *askSam*. Das Programm ist Shareware: Nach einer kostenlosen Probephase muss es für $ 19,95 erworben werden.

Mein derzeitiger Favorit unter diesen Programmen ist Onfolio, das Sie in Abbildung 4-22 sehen. Wie SurfSaver integriert es sich in den Internet Explorer, aber auch in Firefox, und kann auch unabhängig vom Browser arbeiten. Es sieht gefälliger aus als SurfSaver; die Seiten lassen sich einfacher in Ordner und Unterordner organisieren, und es verfügt über hervorragende Suchfunktionen. Wenn Sie eine Webseite lokal speichern möchten, drücken Sie auf F9 oder ziehen die Adressleiste in Onfolio.

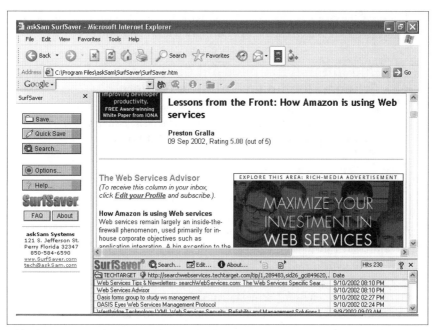

Abbildung 4-21: Webseiten werden mit SurfSaver in einer Datenbank gespeichert

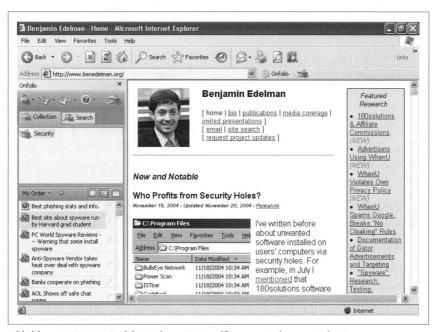

Abbildung 4-22: Mit Onfolio stöbern Sie in offline gespeicherten Webseiten

Onfolio ist Shareware und kann nach einer kostenlosen Probezeit für $ 49,95 erworben werden. Sie erhalten es bei *http://www.onfolio.com.*

HACK #39 Den Internet Explorer mit dem Gruppenrichtlinien-Editor verändern

Mit dem Gruppenrichtlinien-Editor von XP Professional können Sie den Internet Explorer auf zahllose Arten frisieren, beispielsweise sein Logo und seinen Hintergrund, seine Titelleiste und noch andere Dinge abändern.

Die Benutzer von XP Professional können mit ihrer Investition in dieses Betriebssystem zufrieden sein: Der Gruppenrichtlinien-Editor, der nur in der Professional-Version zur Verfügung steht, kann still und leise alle möglichen Verbesserungen am Internet Explorer vornehmen. Dieses Tool ist zwar in erster Linie zur Einstellung von Parametern für den Netzwerk- und Mehrbenutzerbetrieb gedacht, aber es ermöglicht auch eine Anpassung der Darstellung und Funktionen von Windows XP und des Internet Explorer. Es gestattet eine einfache und zentrale Anpassung vieler verschiedener Aspekte des Verhaltens und Aussehens des Internet Explorer an einem einzigen Ort, ohne dass Sie deswegen in die Registrierung oder in die Tiefen von Menüs, Dialogfeldern und Optionen abtauchen müssen. Sie können das Aussehen und die Funktionen des Internet Explorer für jedes Benutzerkonto einzeln anpassen oder auch nur für ein einziges, wenn mehr nicht vorhanden sind.

Das bedeutet, dass Sie für unterschiedliche Zwecke unterschiedliche Versionen des IE gestalten können, beispielsweise spezielle Browser für Ihre Kinder oder für eine Firma, falls Sie ein kleines Unternehmen betreiben.

Führen Sie den Gruppenrichtlinien-Editor aus, indem Sie an der Eingabeaufforderung oder im Dialogfeld AUSFÜHREN gpedit.msc eingeben und auf Enter drücken. Wenn sich der Editor öffnet, gehen Sie zu *Benutzerkonfiguration\Windows-Einstellungen\Internet Explorer-Wartung.* Hier können Sie die Internet Explorer-Einstellungen in fünf Kategorien modifizieren:

- Benutzeroberfläche des Browsers
- Verbindung
- URLs
- Sicherheit
- Programme

Um einzelne Einstellungen zu ändern, gehen Sie in eine dieser Kategorien und wählen dann im rechten Fenster diejenige, die Sie konfigurieren möchten, also beispielsweise den Browsertitel. Doppelklicken Sie auf die Einstellung und füllen Sie, wie in Abbildung 4-23 gezeigt, das Dialogfeld aus, in dem Sie die statischen und animierten Logos des Internet Explorer ändern können.

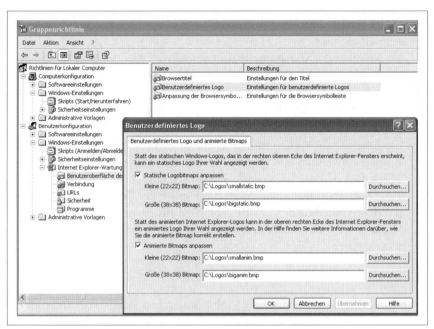

Abbildung 4-23: Mit dem Gruppenrichtlinien-Editor die IE-Einstellungen ändern

Es gibt eine Menge Einstellungen, die Sie mit dem Gruppenrichtlinien-Editor ändern können. Im Folgenden erfahren Sie die besten Tricks in den einzelnen Kategorien.

Benutzeroberfläche des Browsers

Wie der Name schon sagt, können Sie in diesem Bereich die Oberfläche des Internet Explorer ändern und eine eigene, benutzerdefinierte Version dieses Browsers kreieren. Sie können beispielsweise eine Version speziell für Ihr Kind einrichten, etwa ein Bild von ihm als Desktop-Hintergrund verwenden oder aus einem zurechtgeschnittenen Foto des Kindes ein animiertes Logo machen und den Browsertitel so ändern, dass er seinen Namen anzeigt. In diesem Bereich können Sie drei Arten von Änderungen vornehmen:

Browsertitel
Hier können Sie den Titelleistentext des IE anpassen, wenn auch nur begrenzt: Sie können dem Text »Microsoft Internet Explorer bereitgestellt von« Ihren Namen oder Firmennamen hinzufügen, nach dem

Muster »Microsoft Explorer bereitgestellt von Preston Gralla«. Wenn Sie das tun, hat Outlook Express später die gleiche Titelleiste. Da Sie den ersten Teil des Texts nicht ändern können, ist dies kein toller Hack, es sei denn, Sie sind ein Computerhersteller und möchten dem Browser Ihren Stempel aufdrücken.

Benutzerdefiniertes Logo
Hier können Sie das statische und animierte Logo des Internet Explorer durch eigene Logos ersetzen. Dazu müssen Sie diese aber zuerst erstellen. Mit dem Gruppenrichtlinien-Editor lässt sich ein Logo leichter ändern als in der Registrierung.

Anpassung der Browsersymbolleiste
Sie können als Hintergrund für die Browser-Symbolleiste eine eigene Bitmap verwenden und darüber hinaus die vorhandenen Symbolleisten-schaltflächen entfernen und eigene Schaltflächen hinzufügen. Keine Bange, wenn Ihre Bitmap nicht die gleiche Größe hat wie die Bitmaps auf der Symbolleiste. XP wird die Größe für Sie anpassen und beispielsweise eine zu kleine Grafik als Kacheldesign anzeigen, so dass sie mehrmals erscheint.

Verbindung

In diesem Bereich können Sie die Verbindungseinstellungen des Internet Explorer an einer zentralen Stelle anpassen. Ansonsten müssten Sie an mehreren Stellen arbeiten, um dies zu erreichen.

Verbindungseinstellungen
Hier werden die vorhandenen Internet-Verbindungseinstellungen geändert oder für einen anderen Benutzer des PCs importiert. Das ist sinnlos, wenn Sie der einzige Benutzer Ihres PCs sind; es dient lediglich der Verbindungseinstellung für andere Benutzerkonten. Wenn Sie zu Hause ein Netzwerk haben, können Sie beispielsweise die Verbindungseinstellungen von einem Computer auf alle anderen angeschlossenen Computer kopieren.

Automatische Browserkonfiguration
Das ist ein reines Administratortool, mit dem sich automatisch die Browsereinstellungen der Anwendercomputer ändern lassen.

Proxyeinstellungen
Lässt den Internet Explorer Proxyserver benutzen. Sie können auch innerhalb des Internet Explorer Proxyserver einrichten, wie in »Computerschutz mit der neuen Windows-Firewall« [Hack #77] beschrieben.

Benutzeragententext
> Hier können Sie den Benutzeragententext ändern, der bei jedem Besuch auf einer Website an diese weitergegeben wird. Dieser Text gibt der Site Grundinformationen über Ihr Betriebssystem und Ihren Browser, damit sie die Benutzerstatistik nachhalten kann. Mit dieser Einstellung können Sie dem Benutzeragententext Ihres PCs einen eigenen Text hinzufügen.

URLs

Dieser Bereich ist hauptsächlich für Administratoren gedacht. Wenn Sie sich nicht für Administratoraufgaben interessieren, können Sie ihn weitgehend überspringen. Sind Sie aber ein Administrator, können Sie hier IE-Einstellungen für mehrere Computer angeben, also beispielsweise für alle angeschlossenen PCs eine Homepage einstellen oder eine URL, auf die sie umgeleitet werden, wenn jemand auf HILFE klickt, oder Sie fügen allen PCs zusätzliche Favoriten nach Ihren Wünschen hinzu. Wenn Sie eine kleine Firma haben, können Sie mit diesen Einstellungsmöglichkeiten einen firmenspezifischen Browser für alle Ihre Angestellten einrichten, indem Sie zum Beispiel Ihre Homepage als Startseite angeben und als Favoriten Intranetseiten oder andere Webseiten einsetzen, auf die Ihre Angestellten regelmäßig zugreifen müssen, etwa auf Gewinninformationen.

Favoriten und Links
> Hier können Sie einen Favoritenordner und Links erstellen oder importieren. Das ist hauptsächlich ein Tool für Administratoren, da es über die normale Favoritenverwaltung hinaus keine zusätzlichen Funktionen bietet.

Wichtige URLs
> Hier können Sie die Startseite angeben, eine eigene Suchleiste erschaffen und eine Hilfeseite erstellen, die angezeigt wird, wenn jemand auf HILFE → ONLINESUPPORT klickt. Auch dieses ist hauptsächlich ein Tool für Administratoren.

Sicherheit

An dieser Stelle entscheiden Sie über die Sicherheitseinstellungen des Internet Explorer. Diese können Sie aber genauso einfach im Internet Explorer selbst ändern, es sei denn, Sie müssen mehrere Benutzerkonten bearbeiten. Dann ist dieses der richtige Ort für Ihr Vorhaben.

Sicherheitszonen und Inhaltsfilter
> Sowohl Sicherheitszonen als auch Inhaltsfilter lassen sich anpassen. Diese verhindern, dass Websites mit zweifelhaftem Inhalt besucht werden können. Das Tool ist hauptsächlich für Administratoren gedacht, da

sich diese Einstellungen auch ganz einfach im Internet Explorer selbst ändern lassen: Wählen Sie EXTRAS → INTERNETOPTIONEN → INHALT. Es ist jedoch auch ideal für Eltern, die zu Hause ein Netzwerk haben und verschiedene Sicherheitseinstellungen für die Computer ihrer Kinder anpassen möchten. Sie können für die Kindercomputer strengere und für die Elterncomputer lockerere Sicherheitsvorkehrungen treffen.

Authenticode-Einstellungen

Hier können Sie spezielle Zertifizierungsagenturen und Softwareherausgeber als vertrauenswürdig einstufen. Auch dieses ist ein Administrator-Tool, denn auch diese Einstellungen lassen sich ganz leicht im Internet Explorer ändern, indem man EXTRAS → INTERNETOPTIONEN → INHALT → ZERTIFIKATE wählt.

Programme

Dieser Bereich ist wiederum vor allem für Administratoren interessant. Hier können Sie die Standardprogramme für mehrere Computer verwalten. Wenn Benutzer nur ein einfaches E-Mail-Programm wünschen, können Sie Outlook Express als Standard einsetzen; wenn jemand Sonderwünsche hat, können Sie statt Outlook auch ein anderes E-Mail-Programm einstellen.

Programme

Hier können Sie die Standardprogramme beispielsweise für E-Mail, HTML-Bearbeitung usw. ändern. Das Tool ist hauptsächlich für Administratoren gedacht, da Sie dasselbe einfach im IE selbst über EXTRAS → INTERNETOPTIONEN → PROGRAMME einstellen können.

Datei-Downloads beschleunigen

#40 Warten Sie nicht mehr auf langwierige Datei-Downloads. Verwenden Sie dieses kostenlose Programm, um sie unabhängig von Ihrer Verbindung zu beschleunigen.

Egal wie schnell Ihre Internetverbindung ist, sie ist nie schnell genug. Ob Sie nun mit einer ollen Modem- oder mit einer modernen Breitbandverbindung arbeiten, immer gibt es Ärger, und immer geht es zu langsam.

Das gilt ganz besonders, wenn Sie große Dateien herunterladen. Auch wenn Sie die Geschwindigkeit Ihrer physischen Internetverbindung nicht ändern können, so können Sie die Downloads über FTP und HTTP doch deutlich schneller machen. Dazu gibt es das kostenlose Programm *Download Accelerator Plus* (DAP) von SpeedBit (*http://www.speedbit.com*).

Dieses Progamm beschleunigt Ihre Downloads auf zweierlei Weise: Wenn Sie mit dem Download einer Datei beginnen, startet DAP eine Suche auf allen Spiegelservern, die diese Datei anbieten, findet den schnellsten Server in Ihrer Nähe und lädt die Datei dann von diesem Spiegel statt von dem ursprünglich ausgewählten Server. Außerdem richtet es einen Mehrfachverbindungs-Download ein, indem es von mehreren schnellen Servern zugleich Teile der Datei herunterlädt und die Teile wieder zusammensetzt, sobald alles auf Ihrem PC ist. Das holt ein Höchstmaß an Schnelligkeit aus Ihrer vorhandenen Verbindung heraus, denn die Pausen und Verzögerungen, die es normalerweise bei jedem Download gibt, werden über die Mehrfachverbindung minimiert.

Das Programm nimmt auch unterbrochene Downloads wieder auf. Wenn Ihre Verbindung aus irgendeinem Grund abbricht, nimmt es das nächste Mal, wenn Sie ins Internet gehen, seine Arbeit an derselben Stelle wieder auf. Eine weitere nützliche Funktion ist eine ZIP-Vorschau, mit der Sie den Inhalt eines ZIP-Archivs vor dem Herunterladen anschauen können. Auch einen Zeitplan für Downloads kann das Programm für Sie erstellen. So können Sie beispielsweise Downloads über Nacht planen, wenn Sie nicht am Computer sitzen.

DAP ist kostenfrei, aber die Gratisversion enthält Anzeigenwerbung. Für $ 29,95 können Sie eine Version ohne Werbung bekommen, die außerdem einige kleine Extras enthält, wie beispielsweise die Fähigkeit, einzelne Dateien aus *.zip*-Archiven zu extrahieren, anstatt gleich das ganze Archiv auszupacken.

HACK #41 Eine Website mit Internet Information Services (IIS) hosten

XP Professional enthält einen kostenlosen integrierten Webserver. Wenn Sie diesen einsetzen möchten, können Sie mit Hilfe der folgenden Tipps die Leistung Ihrer Site steigern, Bandbreite sparen, Seiten schneller liefern und Page-Not-Found-Fehler minimieren.

Wenn Sie einen Webserver betreiben möchten, ohne sich die Mühe zu machen, extra einen separaten Rechner und Server zu konfigurieren, kann XP Professional Ihnen helfen. Windows XP Professional enthält die Internet Information Services (IIS) Version 5.1, einen eingebauten Server, auf dem Sie Web- und FTP-Sites hosten und einen *Simple Mail Transfer Protocol*-(SMTP-) Dienst für das Senden von E-Mail betreiben können. (Die Home Edition hat dies alles nicht.) Mit diesen Programmen können Sie allerdings keine ausgefeilte Website betreiben, da sie einige Schwächen aufweisen. Der Webserver und der FTP-Server gestatten beispielsweise nur zehn Verbindungen gleichzeitig, und der SMTP-Server ist auch kein richtiger Mailserver, sondern lediglich ein Relay.

Dennoch: Wenn Sie lediglich für Freunde oder Familie oder für die internen Bedürfnisse einer kleinen Firma eine Website hosten oder Ihre Website auf einem »Probeserver« ausprobieren möchten, ehe sie ins Internet gestellt wird, ist IIS eine ganz gute Lösung.

IIS wird bei XP Professional nicht standardmäßig mit installiert. Um das nachzuholen, gehen Sie zu SYSTEMSTEUERUNG → SOFTWARE → WINDOWS-KOMPONENTEN HINZUFÜGEN/ENTFERNEN, markieren, wenn der Assistent für Windows-Komponenten erscheint, den Eintrag INTERNET INFORMATIONS-DIENSTE (IIS) und klicken auf DETAILS.

Am besten administrieren Sie Ihre Website mit dem Snap-in *Microsoft Management Console* (MMC) IIS. Wählen Sie SYSTEMSTEUERUNG → VERWAL-TUNG und doppelklicken Sie auf INTERNET-INFORMATIONSDIENSTE. Der Verzeichnisbaum, den Sie in Abbildung 4-24 sehen, zeigt Ihnen die Struktur Ihrer Web- und FTP-Sites und gibt Ihnen Kontrolle darüber.

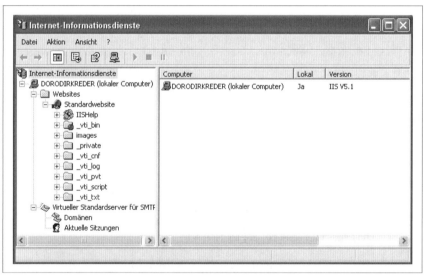

Abbildung 4-24: Verzeichnisbaum für das Snap-in MMC IIS

In diesem Hack setze ich Grundkenntnisse im Erstellen einer Website mit IIS voraus. Anstatt die Grundlagen zu erklären, weihe ich Sie lieber in die Geheimnisse von IIS ein.

Verzeichniswechsel und Umleitung

Standardmäßig verwendet IIS das Verzeichnis *C:\Inetpub\wwwroot* für Ihre Website. Doch stattdessen verwenden Sie besser ein Verzeichnis, das zur Einrichtung Ihres PCs passt. Um es zu ändern, starten Sie das MMC-Snap-in

IIS, wie weiter oben in diesem Hack beschrieben, klicken dann mit der rechten Maustaste auf STANDARDWEBSITE, wählen im Kontextmenü EIGENSCHAFTEN und gehen im dann erscheinenden Dialogfeld EIGENSCHAFTEN VON STANDARDWEBSITE auf die Registerkarte BASISVERZEICHNIS, die Sie in Abbildung 4-25 sehen. In das Feld LOKALER PFAD geben Sie manuell oder mit DURCHSUCHEN den Verzeichnispfad ein, den Sie benutzen möchten.

Abbildung 4-25: Die Registerkarte BASISVERZEICHNIS im Dialogfeld EIGENSCHAFTEN VON STANDARDWEBSITE

Wenn Sie ein Verzeichnis auf einem anderen Netzwerkcomputer verwenden möchten, wählen Sie das Optionsfeld EINER NETZWERKFREIGABE AUF EINEM ANDEREN COMPUTER. Das Feld LOKALER PFAD zeigt jetzt \\{Server}\{Freigabe} an, und die DURCHSUCHEN-Schaltfläche verwandelt sich in die Schaltfläche VERBINDEN ALS. Geben Sie die Verzeichnisdaten des anderen Computers ein und klicken Sie dann auf VERBINDEN ALS, um mit Hilfe Ihrer Anmeldedaten die Netzwerkfreigabe nutzen zu können.

Auf dieser Registerkarte können Sie Ihre Website auch mit einer Umleitung versehen, damit Besucher der Site auf eine andere Site weitergeleitet werden. Diese muss sich nicht unbedingt in Ihrem Netzwerk befinden, sondern kann eine x-beliebige Website im Internet sein. Diese Möglichkeit ist besonders nützlich, wenn Sie Ihre Website auf eine andere URL verlagern, aber auch über die alte URL den Zugriff darauf weiterhin gewährleisten möchten. Um eine solche Umleitung zu erstellen, wählen Sie das Optionsfeld EINER UMLEITUNG ZU EINEM URL. Dann wird der Bildschirm aus Abbildung 4-26 angezeigt.

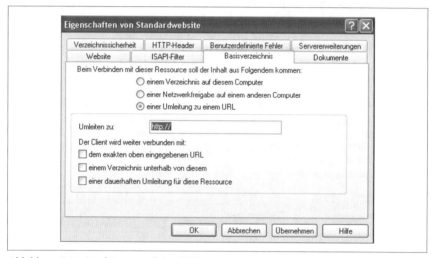

Abbildung 4-26: Umleitung auf eine URL

Für die Umleitung haben Sie drei Möglichkeiten:

Den exakten oben eingegebenen URL eingeben
Dann wird aller Verkehr auf die angegebene URL umgeleitet.

Ein Verzeichnis unterhalb von diesem
Mit dieser Option können Sie eine Umleitung von einem übergeordneten in ein untergeordnetes Verzeichnis veranlassen. Wenn jemand zum Beispiel *www.mysite.com* in seinen Browser eingibt und Sie ihn auf *www.mysite.com/pics* umleiten möchten, markieren Sie dieses Kontrollkästchen und schreiben *www.mysite.com/pics* in das Feld UMLEITEN ZU.

Dauerhafte Umleitung für diese Ressource
Ist dieses Kontrollkästchen aktiviert, wird eine »301 Permanent Redirect«-Meldung an den Browser des Besuchers gesandt. Manche Browser können diese Meldung verwenden, um ihre Lesezeichen oder Favoritenliste automatisch mit Ihre neuen URL zu aktualisieren.

Falsch geschriebene URLs umleiten

Sie sind der Albtraum jedes Website-Administrators: User, die nicht in der Lage sind, eine URL richtig einzutippen, und daher den gefürchteten Fehler »404 Die Seite kann nicht gefunden werden« angezeigt bekommen. Wenn jemand beispielsweise *http://www.gralla.com/mybio.htm* besuchen möchte, aber stattdessen *http://www.gralla.com/myboi.htm* in seinen Browser eingibt, bekommt er eine Fehlermeldung, und ich verliere einen Besucher.

Dieses Problem lösen Sie mit URLSpellCheck für IIS (*http://www.port80 software.com/products/urlspellcheck/*). Das Programm leitet falsch geschriebene URLs zur richtigen Site weiter, so dass die Besucher keine Fehlermeldungen erhalten. Es kann mit Vertippern umgehen, bei denen ein Zeichen zu viel oder zu wenig in die URL eingegeben wurde, sowie mit Zeichendrehern oder Fällen, in denen ein Zeichen falsch ist. Auch die Eingabe einer verkehrten Dateierweiterung wird korrigiert.

 URLSpellCheck kann keine Probleme beheben, die mit der Eingabe einer verkehrten Domain zu tun haben, etwa *http:// www.grala.com* an Stelle von *http://www.gralla.com*. Da Domains vom Domain Name System (DNS) verarbeitet werden, ist dieses Problem mit Add-ins nicht zu lösen, sondern lediglich mit dem Verfahren, sich auch die verschiedenen falsch geschriebenen Domainnamen zu reservieren und das DNS den Besucher dann auf die richtige Domain geleiten zu lassen.

Das Programm läuft als Snap-in in der MMC. Markieren Sie Ihre Website in der MMC, klicken Sie mit rechts auf PROPERTIES und gehen Sie dann zu der Registerkarte URLSPELLCHECK. Von dort aus können Sie das Programm ein- oder ausschalten.

URLSpellCheck ist Shareware und kann nach einer kostenlosen Probezeit von 30 Tagen für $ 49,95 erworben werden.

Bessere Leistung durch Caching

Wenn Sie eine Website betreiben, stehen drei Fragen ganz oben auf der Prioritätenliste: Wie schone ich die Bandbreite, wie reduziere ich die Prozessorlast, und wie kann ich den Besuchern die Seite möglichst schnell liefern?

Hier ist die Antwort auf alle drei: mit richtigem Caching. Wenn ein Besucher auf Ihre Website kommt, lassen Sie ihn Bilder wie zum Beispiel Logos, Navigationsleisten und ähnliche Inhalte auf dem eigenen PC zwischenspeichern, anstatt jedes Mal einen Zugriff auf Ihren Server erforderlich zu machen. Wenn Sie das tun, wird die Seite, nachdem sie einmal geladen wurde, bei jedem weiteren Zugriff weit schneller geladen, da die Bilddateien vom Computer des Benutzers statt von Ihrem Server kommen. Die Seiten sind schnell da, Ihr PC muss nicht so viel Inhalt liefern, und Sie benötigen weniger Bandbreite.

Um sicherzustellen, dass Ihre Website mit Caching arbeitet, installieren Sie CacheRight (*http://www.port80software.com/products/cacheright/*). Wie URL-SpellCheck läuft auch dieses Progamm als Snap-in der MMC. Um es zu nutzen, markieren Sie auf der MMC Ihre Website, klicken mit der rechten Maustaste auf EIGENSCHAFTEN und wählen die Registerkarte CACHERIGHT. Dort können Sie das Programm aktivieren und deaktivieren sowie Optionen für eine bestmögliche Cache-Nutzung einstellen. Die wichtigste Option ist das Ablaufdatum, also der Zeitpunkt, an dem der Browser des Besuchers auf Ihrer Website nachsehen soll, ob der zwischengespeicherte Inhalt veraltet ist und aktualisiert werden muss. Stellen Sie die Gültigkeit ein, zum Beispiel eine Woche, und den Anfangszeitpunkt, also entweder den, an dem der Browser das letzte Mal Ihre Site besucht hat, oder den, an dem Sie den zwischengespeicherten Inhalt zum letzten Mal geändert haben. Ich bevorzuge die zweite Lösung, denn dann müssen die Browser nicht unnötig auf meiner Site nach neuem Inhalt suchen.

CacheRight ist als Probeversion gratis zu haben, kostet aber nach 30 Tagen $ 149,95.

Siehe auch

- Die Website von IISFAQ (*http://www.iisfaq.com*) ist eine tolle Quelle für Tipps und Tricks sowie für Downloads für den IIS.

Surfen ohne Anzeigenwerbung

HACK
#42   Wer heutzutage im Internet surfen möchte, kommt sich vor wie auf dem Berliner Ku'damm. Hier erfahren Sie, wie Sie die Werbung abschalten und in Ruhe surfen können.

Es gab einmal eine Zeit, da beschränkte sich Anzeigenwerbung im Internet auf ein paar relativ kleine und diskrete Banner am oberen Seitenrand.

Das hat sich geändert. Inzwischen hat die Werbung überall Einzug gehalten mit großen Anzeigen mitten auf dem Bildschirm, langen Balken am rechten Rand und gewaltigen Aufreißern, die ganze Seiten bedecken. Doch die Werbung ist nicht nur lästig, sondern wird von manchen Websites auch benutzt, um Ihnen beim Surfen hinterherzuschnüffeln.

Das muss sich niemand gefallen lassen! Surfen im Internet ist auch ohne Werbung möglich. Dazu gibt es mehrere Möglichkeiten: Software, die Werbung blockiert, oder System-Hacks, die den gleichen Effekt gratis erzielen. Wie auch immer: Die Werbung landet auf dem Müll.

Anzeigen mit einer HOSTS-Datei abschaffen

Wenn Sie Anzeigen loswerden möchten, ohne etwas dafür zu bezahlen, ist die *HOSTS*-Datei eine tolle Lösung. Diese Technik profitiert von der Tatsache, dass nur wenige Websites wirklich eigene Anzeigen hosten. Stattdessen nutzen sie Werbeserver, von denen die Anzeigen geliefert werden. Da es gar nicht so viele dieser Server gibt, können Sie einfach Ihren PC gegen Inhalte von diesen speziellen Servern abblocken. Dann sind Sie schon die meisten Internetwerbungen los.

Doch zuerst einige Erklärungen zu *HOSTS*-Dateien: Immer wenn Sie eine URL wie beispielsweise *http://www.oreilly.com* eintippen, muss Ihr PC diese Buchstaben in eine numerische IP-Adresse übersetzen, die er verstehen kann, etwa 208.201.239.37. Das bezeichnet man als *Namensauflösung*. DNS-Server im Internet lösen alle Domainnamen im Hintergrund automatisch auf, wenn Sie im Web surfen.

Wenn Sie eine URL eingeben, schaut er in eine *HOSTS*-Datei, die auf Ihrem PC liegt, bevor Ihr PC einen DNS-Server kontaktiert. Findet er den Domainnamen und die IP-Adresse in dieser Datei, verwendet er die gefundene IP-Adresse, ansonsten wendet er sich an einen DNS-Server. Dass Ihr PC Domainnamen immer zuerst in seiner *HOSTS*-Datei nachschlägt, können Sie zum Blockieren von Werbung nutzen.

Die *HOSTS*-Datei ist eine einfache Textdatei, die man in einem Editor wie Notepad bearbeiten kann. Die Datei hat keine Erweiterung, sondern heißt einfach nur *HOSTS*. Sie liegt in *C:\WINDOWS\system32\drivers\etc\hosts*.

Jede Zeile der Datei besteht aus einer IP-Adresse und einem Domainnamen, zum Beispiel:

```
208.201.239.37     oreilly.com
216.92131.107      simtel.net
```

Wenn Sie eine Adresse wie *http://www.oreilly.com* eintippen, schaut Ihr PC in der Datei nach, findet die zugehörige IP-Adresse 208.201.239.37 und schickt Sie dann dorthin.

Jede *HOSTS*-Datei hat auch einen Standardeintrag:

```
127.0.0.1     localhost
```

127.0.0.1 ist eine spezielle IP-Adresse namens *Loopback*, da sie auf Ihren lokalen Computer zurückverweist und nicht auf das Internet oder ein Netzwerk. Entwickler nutzen sie, um Netzwerksoftware zu testen, ohne dass der Computer mit einem Netzwerk verbunden ist. Sie können die Loopback-Adresse aber auch als Anzeigenverhinderer einsetzen.

Um Anzeigen mit Hilfe der *HOSTS*-Datei abzublocken, fügen Sie für jeden Anzeigenserver einen Eintrag hinzu und verbinden ihn dann mit der Loopback-Adresse: Ihrem eigenen Computer. Wenn Sie jetzt eine Website mit Werbung besuchen, schaut Ihr PC in die *HOSTS*-Datei, findet den Eintrag für den Anzeigenserver, gelangt aber nie dorthin, da er an die Loopback-Adresse verwiesen wird. Also werden die Anzeigen nie angezeigt und Ihre Surfaktivitäten nicht beobachtet.

Für jeden Anzeigenserver schreiben Sie also in Ihre *HOSTS*-Datei einen Eintrag wie diesen:

```
127.0.0.1    ads.doubleclick.net
```

Da Doubleclick einer der größten Anzeigenserver im Internet ist, blockiert dieser Eintrag eine Vielzahl von Werbeanzeigen.

Wie findet man Anzeigenserver? Klicken Sie in Ihrem Browser mit rechts auf eine Anzeige und wählen Sie VERKNÜPFUNG KOPIEREN. So laden Sie die URL der Anzeige in die Zwischenablage von Windows. Dann können Sie sie in Ihre *HOSTS*-Datei kopieren. Achten Sie darauf, nur den Domainnamen anzugeben. Ein Beispiel: Wenn Sie mit rechts auf eine Anzeige klicken und ihren Ursprung kopieren, erhalten Sie vielleicht einen sehr langen Eintrag wie diesen:

```
http://ar.atwola.com/link/93182535/html?badsc=BOQOAoVXYvX-nBcuskw4IZTGAt-
b7n1Q2V6vctHpvtzTK5RxgZIq9FU6ESe4QfJ7ELVJ3ENBHgvUkPknRBjhXGQIU32DP3fv_uj-
LT3lA5W-A3k5mRc7pQl6QXJ6G9mgrNblbJDXkPLBNqQXvIwmZby-bDLeZvaX9kP33XkOXAO5jQ-
u5hUSd4k7tpzXK8soyJBOZQ3lNAt5qcj8tMoKpLG_tKzaoJSChRrO8af31JSM5-
UX69B1BFEpSfUmp4ZfT5XLEI35bYTQoHS6tbTvZRcK7C8YjgqxdH
```

In Ihre *HOSTS*-Datei kopieren Sie jedoch nur den Domainnamen. Der Eintrag in der *HOSTS*-Datei würde also folgendermaßen lauten:

```
127.0.0.1    ar.atwola.com
```

Eine Liste sämtlicher Anzeigenserver im Internet lässt sich auf diese Weise jedoch schwerlich zusammenstellen. Und da sich die Servernamen dauernd ändern, ist es schwierig, sie aktuell zu halten. Anstatt das selbst zu versuchen, gehen Sie doch einfach zu einer Website, die eine *HOSTS*-Datei mit hunderten von Einträgen enthält, wie beispielsweise *http://banner.fastix.de/ hosts?20050622145628*. Dort finden Sie eine Liste mit *HOSTS*-Einträgen für Anzeigenserver. Diese kopieren Sie und fügen sie in Ihre eigene *HOSTS*-Datei ein. (Weitere Informationen über *HOSTS*-Dateien und das Blockieren von Anzeigen finden Sie unter *http://banner.fastix.de/anleitung.php*.)

Wie gut das funktioniert? Schauen Sie sich die Vorher-Nachher-Screenshots an. Abbildung 4-27 zeigt eine CNN-Seite ohne und Abbildung 4-28 dieselbe Seite mit Anzeigenblockierung per *HOSTS*-Datei. Außerdem ist zu sehen, wie der eingebaute Popupblocker des Browsers ein Popup blockiert hat.

Abbildung 4-27: Normale CNN-Seite ohne Anzeigenblockierung

Abbildung 4-28: CNN-Seite mit Anzeigenblockierung über die HOSTS-Datei

Software zum Blockieren von Anzeigen

Auch wenn die *HOSTS*-Datei schon eine ganze Menge Anzeigen blockiert, ist sie noch bei Weitem nicht perfekt. Wenn die Anzeigen beispielsweise von derselben Domain geliefert werden wie die Website, die Sie gerade besuchen, funktioniert es nicht. Das Gleiche gilt, wenn der Server nicht auf Ihrer *HOSTS*-Liste steht. Auch die besonders lästige Werbung mit Flash-Animationen wird mit dieser Methode leider nicht erfasst.

Wenn Sie noch effektiver alle Anzeigen blockieren möchten, können Sie eine Software kaufen oder freie Software für denselben Zweck herunterladen. Aber vielleicht ist das ja gar nicht nötig, wenn Ihre vorhandene Software eine solche Möglichkeit bereits umfasst. Wenn Sie beispielsweise die kostenpflichtige Version der ZoneAlarm-Firewall **[Hack #78]** nutzen, haben Sie eine eingebaute Anzeigenblockierung. Führen Sie einfach ZoneAlarm aus und klicken Sie links im Bildschirm auf PRIVACY oder DATENSCHUTZ. Dann erscheint eine Seite, auf der Sie im Abschnitt AD BLOCKING die Wahl haben zwischen den Optionen HIGH (alle Anzeigen blockieren) und MEDIUM (die meisten Anzeigen blockieren, aber Banner und *Skyscraper*, also Anzeigen, die sich senkrecht am rechten Rand der Webseite aufbauen, zulassen). Mit CUSTOM können Sie selbst bestimmen, welche Art von Anzeigen Sie blockieren und welche Sie durchlassen möchten.

Wenn Sie diese ZoneAlarm-Version nicht gekauft haben, können folgende kostenlose oder kostenpflichtige Programme Anzeigen in unterschiedlichem Ausmaß blockieren:

Webwasher Classic
> Dieses freie Programm blockiert viele Arten von Anzeigen, darunter Banner und Flash-Animationen. Sie bekommen es bei *http://www.webwasher.com*. Dort schauen Sie nach dem Bereich WEBWASHER CLASSIC und klicken auf den Link DOWNLOAD FREE VERSION.

AdSubtract Pro
> Dies ist der umfassendste Anzeigenkiller, den Sie finden können. Er blockiert fast alle nur erdenklichen Anzeigen und kann sogar kostenpflichtige Listings aus Websites wie Google herausfiltern (Einzelheiten finden Sie im nachfolgenden Abschnitt »Den Hack hacken«). Das Programm ist Shareware und kann von *http://www.intermute.com/adsubtract* heruntergeladen werden. Nach einer kostenlosen Probezeit sind $ 29,95 fällig.

Pop-Up No-No
> Diese freie Software von *http://www.popupnono.com* blockiert, wie der Name schon sagt, Popups, darüber hinaus aber auch Flash-Animationen.

Ad Muncher

> Dieses Tool verwendet eine interessante Technik zum Blockieren von Anzeigen: Es filtert HTML-Dateien von Anzeigenservern heraus und ersetzt sie durch gutartige Inhalte. Das Shareware-Programm ist unter *http://www.admuncher.com* erhältlich und kann nach einer kostenlosen Probezeit für $ 25 erworben werden.

Den Hack hacken

Die schlimmste Werbung von allen ist die, der man es nicht anmerkt, beispielsweise gekaufte Suchmaschinenresultate, die so aussehen, als seien es richtige Ergebnisse. Doch selbst solche Arten von Anzeigen kann man herausfiltern: mit dem Search Sanity-Feature von AdSubtract Pro.

Wenn Sie AdSubtract benutzen, ist Search Sanity nicht automatisch eingeschaltet. Das können Sie jedoch leicht nachholen: Setzen Sie einen Doppelklick auf das AdSubtract-Symbol im Windows-Systembereich rechts auf der Taskleiste, wählen Sie SEARCH SANITY und markieren Sie die Kästchen neben den Suchmaschinen, deren Ergebnisse Sie filtern möchten. Wenn Sie jetzt auf OK klicken, werden die gekauften Resultate und Anzeigen herausgefiltert. Abbildung 4-29 zeigt normale Google-Suchergebnisse und Abbildung 4-30 die gleichen Ergebnisse nach der Filterung durch AdSubtract.

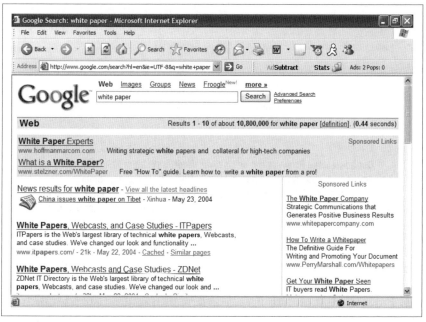

Abbildung 4-29: Normale Google-Ergebnisse

Abbildung 4-30: Google-Ergebnisse nach dem Filtern mit AdSubtract

Siehe auch

- »Popups verhindern – mit oder ohne SP2« [Hack #33]
- »Spyware und Web-Bugs besiegen« [Hack #34]
- »Cookie gefällig?« [Hack #35]
- »Anonym surfen, ohne Spuren zu hinterlassen« [Hack #36]
- »DNS-Einstellungen für schnelleren Internetzugriff« [Hack #49]

HACK
#43   Firefox

Der kostenlose Browser hat seit seiner Veröffentlichung Millionen von Anhängern gewonnen: wegen seiner Sicherheits-Features, seiner Anpassungsfähigkeit und sowie den Funktionen, die dem Internet Explorer fehlen, wie beispielsweise Tabbed Browsing. Hier finden Sie einen ganzen Bauchladen voller Tipps und Tricks für Firefox.

Der Internet Explorer leidet immer noch unter einer Reihe von ernsten Problemen. Da er eng mit Windows XP verbunden ist, ist er ein Lieblingsziel bösartiger Programme, die seine Sicherheitslöcher ausnutzen, um nicht nur den Browser selbst zu schädigen, sondern auch in die Tiefen des Betriebssystems abzutauchen. Und es sieht ganz danach aus, als könne man seine Sicherheitslöcher gar nicht alle stopfen.

Außerdem hat er seit Jahren kein Facelifting und keine besonderen neuen Features spendiert bekommen (abgesehen von dem Popupblocker in SP2), und so langsam sieht man ihm sein Alter an. Mit dem IE können Sie nicht mit Hilfe von Registerkarten im Internet surfen, Sie können also nicht mehrere Sites gleichzeitig besuchen, die jeweils auf einer eigenen Registerkarte dargestellt werden.

Daher hat der freie Open Source-Browser Firefox (bei *http://www.mozilla. org/products/firefox* erhältlich), den Sie in Abbildung 4-31 sehen, bereits Millionen von Anhängern gewonnen. Er ist sicherer als der Internet Explorer, hat Features wie beispielsweise einen Popupblocker, kann mehrere Sites als Registerkarten anzeigen (das so genannte Tabbed Browsing) und hat noch einiges mehr zu bieten.

Abbildung 4-31: Mit Tabs kann man auf mehreren Websites gleichzeitig surfen

Viele Benutzer ziehen Firefox dem Internet Explorer noch aus einem anderen Grund vor: Firefox lässt sich viel besser an die eigenen Bedürfnisse anpassen. Und es gibt hunderte von Add-ins, um seine Mächtigkeit und seinen Funktionsreichtum zu erweitern. In diesem Hack erfahren Sie, wie Sie mit Firefox-Erweiterungen neue Features hinzufügen und wie Sie seine Benutzeroberfläche mit einem verborgenen Stylesheet verschönern können.

Firefox-Erweiterungen

Das vielleicht bemerkenswerteste Feature von Firefox ist seine Fähigkeit, *Erweiterungen* (Extensions) zu nutzen. Diese sind frei erhältliche Add-ins, die dem Browser alle möglichen neuen Features verleihen. Da Firefox Open Source ist, kann jeder Erweiterungen für ihn erfinden, und überall im Internet haben Entwickler ihre Kreativität spielen lassen. Ihre Zahl geht in die hunderte, und jeden Tag kommen neue hinzu (bis Sie dies lesen, ist vielleicht schon die Schallgrenze von 1.000 Erweiterungen erreicht). Die Vielfalt der auf diese Weise hinzugekommenen Fähigkeiten ist Schwindel erregend: Erweiterungen verraten Ihnen die tatsächliche URL einer Website, damit Sie kein Phishing-Opfer werden; sie lassen Sie mit *Mausbewegungen* im Web surfen, so dass Sie mit Gesten statt mit Klicks browsen können, sie blockieren Anzeigen und vieles mehr.

Doch wie findet man diese Erweiterungen? Wählen Sie im Menü von Firefox Extras → Erweiterungen → Erweiterungen herunterladen. Schon gelangen Sie auf eine Webseite, auf der die Erweiterungen nach Kategorien unterteilt aufgelistet sind, wobei die beliebtesten und die neusten hervorgehoben werden. Das ist die offizielle Website der Firefox-Erweiterungen, aber nicht der einzige Ort, an dem man Erweiterungen findet: Es gibt sie auch an anderen Orten im Web, insbesondere unter *http://texturizer.net/ firefox/extensions* und *http://extensionroom.mozdev.org*.

Gehen Sie also zu der Erweiterung, die Sie installieren möchten, und klicken Sie auf INSTALL. Wenn Sie sich vor der Installation genauer über die Erweiterung informieren möchten, klicken Sie auf ihren Titel. So gelangen Sie zu einer Site mit Informationen, von der Sie dann dieselbe Erweiterung ebenfalls herunterladen können (siehe Abbildung 4-32).

Nachdem Sie auf INSTALL geklickt haben, erscheint der Bildschirm aus Abbildung 4-33.

Wenn Sie nun auf JETZT INSTALLIEREN klicken, wird die Erweiterung kurz darauf installiert und erscheint im Fenster ERWEITERUNGEN, wie in Abbildung 4-34 gezeigt. Die Erweiterung tritt aber erst in Kraft, nachdem Sie Firefox geschlossen und erneut geöffnet haben.

Wenn Sie Firefox neu starten, funktioniert die Erweiterung. Da viele Erweiterungen anpassungsfähig sind, sollten Sie sich dies nicht entgehen lassen. Um die Optionen einer Erweiterung anzupassen, wählen Sie EXTRAS → ERWEITERUNGEN, gehen zu der Erweiterung, die Sie anpassen möchten, und wählen EINSTELLUNGEN. Möchten Sie die Erweiterung deinstallieren, wählen Sie sie aus, klicken auf DEINSTALLIEREN und dann auf OK. Um die Deinstallation abzuschließen, müssen Sie wiederum Firefox schließen und neu starten.

Abbildung 4-32: Erweiterungen suchen

Abbildung 4-33: Die Erweiterung installieren

Die Zahl der Erweiterungen geht in die hunderte, und jeder hat andere Vorlieben. Hier sind einige meiner Favoriten:

Googlebar

Installiert die Entsprechung der Google-Toolbar in Firefox. (Weitere Informationen über die Google-Toolbar finden Sie unter »Bessere Internetsuche auf dem Desktop« **[Hack #47]**.)

Abbildung 4-34: Die installierte Erweiterung

BugMeNot

> Viele Websites fordern eine kostenlose Registrierung, ehe sie ihren Inhalt preisgeben. Dieses freundliche Add-in liefert Ihnen Login-Informationen und meldet Sie bei den meisten dieser Websites an, ohne dass Sie Registrierungsformulare ausfüllen müssen.

SpoofStick

> Eine fantastische Phishing-Abwehr! SpoofStick zeigt die tatsächliche URL einer Website an, damit Sie kein Spoofing-Opfer werden. Weitere Informationen über dieses Tool und über Phishing-Attacken finden Sie in »Landen Sie nicht am Haken der Phisher« [Hack #37].

Autofill

> Wenn Sie online Einkäufe machen oder sich bei einer Website registrieren, müssen Sie oft lange Formulare ausfüllen. Das ist lästig und Zeit raubend. Mit dieser Erweiterung klicken Sie einfach einen Button an, und das Formular wird automatisch ausgefüllt.

Mouse Gestures

> Sie müssen sich nicht durch das Web klicken, sondern können auch einfach mit Mausbewegungen surfen. Dabei können Sie Fenster öffnen und schließen oder von Seite zu Seite navigieren, indem Sie die Maustaste gedrückt halten und eine Handbewegung machen. Um beispielsweise einen Tab zu schließen, halten Sie die rechte Maustaste gedrückt und machen mit der Maus eine Bewegung wie ein umgekehrtes »L«: Schon schließt sich der Tab.

Bandwidth Tester

> Wie schnell ist Ihre Internetverbindung wirklich? Installieren Sie diese Erweiterung und finden Sie es heraus! Abbildung 4-35 zeigt sie bei der Arbeit.

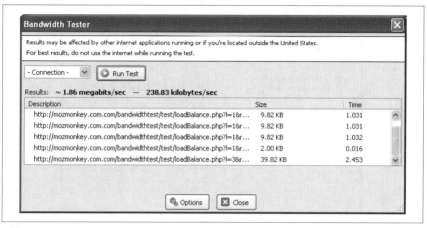

Abbildung 4-35: Bandbreiten-Tester in Aktion

Firefox-Interface-Hacks

Designs mit neuen Farben und Grafiken gibt es auch für Firefox. Um ein solches Design, das im Firefox-Jargon »Theme« heißt, anzuwenden, klicken Sie auf EXTRAS → THEMES → THEMES HERUNTERLADEN, und schon befinden Sie sich auf einer Website mit Massen von Themes. Haben Sie eines gefunden, das Ihnen gefällt, klicken Sie auf INSTALLIEREN. Wenn Sie über ein Theme mehr wissen möchten, klicken Sie auf seinen Titel. So gelangen Sie auf eine Seite mit Informationen, die manchmal auch eine Vorschau-Ansicht enthält. Von dieser Seite aus können Sie das Theme ebenfalls installieren.

Nach einem Klick auf INSTALLIEREN steht das Theme zur Verfügung. Klicken Sie auf EXTRAS → THEMES, suchen Sie sich ein Theme aus, wie in Abbildung 4-36 gezeigt, und wählen Sie dann THEME BENUTZEN. Damit die Neuerung Wirkung zeigt, müssen Sie Firefox zuerst neu starten. Wenn Sie ein Theme deinstallieren möchten, um es definitiv nicht mehr zu nutzen, klicken Sie auf dem in Abbildung 4-36 gezeigten Bildschirm auf DEINSTALLIEREN.

Firefox hat jedoch noch weit mehr als nur einen Theme-Wechsel zu bieten. Sie können die Benutzeroberfläche richtig hacken. Diese lässt sich nämlich über ein Cascading Style Sheet (CSS) kontrollieren, eine Datei, die Anweisungen für die Bildschirmdarstellung von Firefox enthält. Wenn Sie diese Datei ändern, können Sie das ganze Aussehen von Firefox auf den Kopf stellen.

Die besagte Datei heißt *userChrome.css* und muss im Ordner *C:\Dokumente und Einstellungen\<Ihr Name>\Anwendungsdaten\Mozilla\Firefox\Profiles\ default.xxx\chrome* liegen, wobei *<Ihr Name>* Ihr XP-Benutzername ist und *.xxx* drei willkürliche Zeichen sind.

Abbildung 4-36: Ein neues Thema in Firefox auswählen

Wenn Sie Firefox installieren, liegt in diesem Ordner keine *userChrome.css*-Datei. Stattdessen finden Sie sie in *C:\Dokumente und Einstellungen\<Ihr Name>\Anwendungsdaten\Mozilla\Profiles\Default\xxxxxxxx.slt\chrome*, wobei *xxxxxxxx* wiederum eine Zusammenstellung beliebiger Zeichen ist. Kopieren Sie die Datei in *C:\Dokumente und Einstellungen\<Ihr Name>\ Anwendungsdaten\Mozilla\Firefox\Profiles\default.xxx\chrome*. Danach können Sie sie bearbeiten, um die Benutzeroberfläche von Firefox zu ändern. Da sie eine einfache Textdatei ist, können Sie sie in Notepad bearbeiten. Im Folgenden sind einige Hacks beschrieben, die sich durch Bearbeitung dieser Datei umsetzen lassen. Besitzen Sie noch keine *userChrome.css*-Datei, können Sie eine leere Textdatei anlegen und sie *userChrome.css* nennen.

Sie sollten sich, wenn Sie diesen Code in die Datei schreiben, eine Gedächtnisstütze einbauen, damit Sie später noch wissen, was Sie eigentlich getan haben. Sie müssen *userChrome.css* allerdings mitteilen, dass diese Gedächtnisstütze lediglich für Sie da ist und nicht als Code interpretiert werden soll. Solche Kommentare werden daher zwischen die Zeichen /* und */ gesetzt, wie hier:

```
/* Dies ist ein Kommentar. */
```

Eigene Grafik auf die Firefox-Toolbar setzen. Wenn Ihnen der einfache Hintergrund der Firefox-Menüleiste nicht gefällt, können Sie ihn durch eine eigene Grafik ersetzen. Tippen Sie dazu Folgendes in die *userChrome.css*-Datei ein und legen Sie die gewünschte Grafik, z.B. *background.gif*, in dasselbe Verzeichnis wie *userChrome.css*:

```
/* Menüleisten-Grafik ändern. */
menubar, toolbox, toolbar, .tabbrowser-tabs {
    background-image: url("background.gif") !important;
    background-color: none !important;
}
```

Den aktiven Tab leichter auffindbar machen. Wenn Sie beim Browsen viele Tabs benutzen, kann es manchmal schwierig sein, den aktiven herauszufinden. Sie können diesen Tab jedoch besser hervorheben und die anderen Tabs ausgrauen. Dazu geben Sie in die *userChrome.css*-Datei Folgendes ein:

```
/* Farbe des aktiven Tabs ändern. */
tab{
    -moz-appearance: none !important;
}
tab[selected="true"] {
    background-color: rgb(222,218,210) !important;
    color: black !important;
}

/* Farbe der anderen Tabs ändern. */
tab:not([selected="true"]) {
    background-color: rgb(200,196,188) !important;
    color: gray !important;
}
```

Breite der Suchleiste ändern. Die Breite der Suchleiste in der oberen rechten Ecke von Firefox lässt sich ebenfalls ändern. (Suchleisten-Hacks finden Sie unter »Eine eigene Firefox-Suchmaschine« [Hack #44].) Hierzu müssen Sie die neue Breite in Pixeln definieren. Der folgende Code verbreitert die Suchleiste auf 400 Pixel:

```
/* Suchleiste verbreitern
   (in diesem Fall auf eine Breite von 400 Pixeln). */
#search-container, #searchbar {
    -moz-box-flex: 400 !important;
}
```

Sidebar nach rechts verschieben. In Firefox können Sie eine Sidebar öffnen, wenn Sie eine History oder Lesezeichen anzeigen lassen möchten. Die Seitenleiste wird an der linken Seite angezeigt, wenn Sie ANSICHT → SIDEBAR wählen. Wenn Sie möchten, können Sie die Sidebar auch rechts anzeigen lassen. Geben Sie dazu Folgendes in *userChrome.css* ein:

```
/* Sidebar am rechten Fensterrand platzieren. */
window > hbox {
    direction:rtl;
}
window > hbox > * {
    direction:ltr;
}
```

Natürlich benutzt man nicht alle diese Hacks gleichzeitig. Aber möglich wäre es natürlich. Abbildung 4-37 zeigt, wie Firefox aussieht, wenn sie alle in der *userChrome.css*-Datei gespeichert wurden.

Abbildung 4-37: Firefox nach der Bearbeitung der Datei userChrome.css

Firefox lässt sich über die *userChrome.css*-Datei noch weiter umbauen. Mehr Informationen finden Sie unter *http://www.mozilla.org/support/firefox/tips* und *http://www.mozilla.org/unix/customizing.html*.

Siehe auch

- »Eine eigene Firefox-Suchmaschine« [Hack #44]
- »Bessere Internetsuche auf dem Desktop« [Hack #47]
- »Ein Lifting für den Internet Explorer« [Hack #32]

Eine eigene Firefox-Suchmaschine
#44
Über das integrierte Suchfenster von Firefox können Sie googlen, wo immer Sie sind. Doch mit dieser eingebauten Suchmöglichkeit müssen Sie sich nicht zufrieden geben. Bauen Sie doch ein eigenes Firefox-Suchmaschinen-Plug-in, um beliebige Websites vom Google-Suchfeld aus zu durchforsten.

Schauen Sie doch einmal in die obere rechte Ecke des Firefox-Browsers [Hack #43]. Dort befindet sich ein kleines Suchfeld, die so genannte Suchleiste, über die Sie Google durchsuchen können, indem Sie einen Begriff eingeben. Doch das Beste: Sie brauchen sich nicht mit Google allein zufrieden zu geben. Sie können auch andere Sites durchsuchen lassen, indem Sie ein Suchmaschinen-Add-in für die betreffende Site in der Suchleiste installieren. So könnten Sie, anstatt nur Google als Internet-Suchmaschine zu benutzen, beispielsweise auch Ask Jeeves (*http://www.ask.com*) oder A9 (*http://www.a9.com*) verwenden.

Und Sie sind nicht auf Suchmaschinen-Sites beschränkt, sondern können die Suche auch auf individuelle Websites ausdehnen, beispielsweise Amazon (*http://www.amazon.de*), eBay (*http://www.ebay.de*), Wikipedia oder was auch immer. Sie müssen lediglich das Suchmaschinen-Plugin finden und installieren.

Dafür klicken Sie auf den Pfeil nach unten neben dem G im Suchfeld und wählen SUCHMASCHINEN HINZUFÜGEN. Dadurch gelangen Sie auf *http://mycroft.mozdev.org/download.html*, ein Verzeichnis für hunderte von Suchmaschinen, die mit Firefox benutzbar sind. Gehen Sie zu der gewünschten Suchmaschine und klicken Sie auf ihren Link. Dann erscheint ein Dialogfeld wie das in Abbildung 4-38 und fragt Sie, ob Sie diese Site der Suchleiste hinzufügen möchten. Sobald Sie auf OK klicken, wird das erledigt.

Abbildung 4-38: Die neue Suchmaschine für die Firefox-Suchleiste wird bestätigt

Um zu wählen, welche Suchmaschine in der Suchleiste verwendet werden soll, klicken Sie in dem Feld neben dem G in der Suchleiste auf den Pfeil nach unten und treffen in der Liste Ihre Wahl. Wenn Sie nun einen Suchbegriff eingeben, wird mit dieser Maschine gesucht. Zugleich wird die neue Suchmaschine als Default eingerichtet, bis Sie wieder eine andere auswählen.

Das alles mag gut und schön sein. Aber muss man sich mit den Suchmaschinen zufrieden geben, für die es bereits Plugins gibt? Es ist gar nicht so schwer, ein eigenes Plugin zu erstellen.

Um dies zu tun, öffnen Sie einen Editor wie Notepad, geben der Datei den Namen der Site, für die Sie eine Suchmaschine erstellen möchten, und fügen die Erweiterung *.src* hinzu. In unserem Beispiel werden wir eine Suchmaschine kreieren, die die Website der US-Regierung durchsucht. Daher nennen wir sie *White House.src* und speichern sie im Ordner *C:\Programme\ Mozilla Firefox\searchplugins\.*

Die erste Zeile des Plugins sollte das Such-Tag `<search` sein und die nächste eine Angabe, für welche Version von Netscape das Plugin geschrieben wurde. Ich weiß natürlich, dass Firefox nicht Netscape ist, aber beide beruhen auf dem gleichen Mozilla-Code, und aus unerfindlichen Gründen muss die neuste Versionsnummer von Netscape eingegeben werden. Diese war 7.1, als dieses Buch geschrieben wurde. Also setzen wir den Text `version="7.1"` unter den Such-Tag, so dass die ersten beiden Zeilen nun folgendermaßen aussehen:

```
<search
version="7.1
```

Als Nächstes geben Sie Ihrem Plugin einen Namen:

```
name="My Plugin"
```

My Plugin ersetzen Sie durch den Namen des Plugins, das Sie gerade schreiben. In unserem Fall nennen wir es `White House`.

Nun muss das Plugin beschrieben werden:

```
description="Mein erstes Such-Plugin"
```

Es sieht jetzt folgendermaßen aus:

```
<search
version="7.1"
name="White House"
description="Durchsuche www.whitehouse.gov"
```

Nun sagen wir dem Plugin, was es tun soll, wenn jemand einen Suchbegriff eingibt und auf Enter drückt. Mit anderen Worten: Wir erklären ihm, wie es die Site durchsuchen soll. Um diese Information zu beschaffen, gehen Sie zu der Site, für die Sie eine Suchmaschine bauen möchten, führen eine Suche durch und schauen den ersten Teil der resultierenden URL bis zu dem Fragezeichen (?) an. Dies sagt Ihnen, welche Maßnahme Ihre Suchmaschine ergreifen soll. Für die Site *http://www.whitehouse.gov* lautet dieser erste Teil der URL vor dem ? so: *http://www.whitehouse.gov/query.html.*

Hier ist die Syntax:

```
action="http://myplugin.faq/search"
```

In unserem Fall sieht die Codezeile also folgendermaßen aus:

```
action="http://www.whitehouse.gov/query.html"
```

Nun müssen Sie den Namen des Suchformulars einsetzen. Das ist der Name der Site, auf der Sie sich befinden, und zwar in folgender Syntax:

```
searchForm="http://myplugin.faq"
```

Also in unserem Beispielfall wiederum:

```
searchForm="http://www.whitehouse.gov"
```

Darunter setzen Sie folgenden Code:

```
method="GET"
```

Dies veranlasst das Plugin, die GET-Suchmethode zu verwenden. Da diese als Einzige unterstützt wird, haben Sie hier keine große Auswahl. Nach dieser Zeile wird das Such-Tag geschlossen:

```
>
```

Nun sieht unser Plugin folgendermaßen aus:

```
<search
version="7.1"
name="White House"
description="Search www.whitehouse.gov"
action="http://www.whitehouse.gov/query.html"
searchForm="http://www.whitehouse.gov"
method="GET"
>
```

Fügen Sie jetzt eine Zeile hinzu, die den Webmastern und Administratoren der Website mitteilt, dass jemand die Site mit Plugins durchsucht. Dazu schreiben Sie folgende Zeile:

```
<input name="sourceid" value="Mozilla-search">
```

Als Nächstes sagen Sie Ihrem Plugin, welche Syntax es verwenden soll, wenn es den Suchbegriff sucht, den Sie in die Suchleiste eingeben. Dies ist von Site zu Site unterschiedlich. Schauen Sie noch einmal auf die URL, die erscheint, wenn Sie die Site durchsuchen. Interessant ist, was zwischen dem ersten Ampersand (&) und Ihrem Suchbegriff steht. Bei *www.whitehouse.gov* ist dies qt.

Hier sehen Sie die Syntax dieser Zeile:

```
<input name="query" user="">
```

In unserem Beispiel lautet sie also folgendermaßen:

```
<input name="qt" user="">
```

Nun müssen Sie den gesamte Suchabschnitt mit einem schließenden </search>-Tag beenden:

```
</search>
```

Zum Schluss sieht die Datei so aus:

```
<search
version="7.1"
name="White House"
description="Search www.whitehouse.gov"
```

```
action="http://www.whitehouse.gov/query.html"
searchForm="http://www.whitehouse.gov"
method="GET"
>

<input name="sourceid" value="Mozilla-search">
<input name="qt" user="">

</search>
```

Und das war's schon. Schließen Sie Firefox und starten Sie ihn neu. Klicken Sie in der Suchleiste auf den Pfeil nach unten, erscheint jetzt Ihr Suchmaschinen-Plugin. Wählen Sie es aus, geben Sie den Suchbegriff ein, drücken Sie auf Enter, und schon wird die Site durchsucht.

Den Hack hacken

Wenn Sie in der Suchleiste mit rechts auf den Pfeil nach unten klicken, sehen Sie, dass viele Plugins ein kleines Symbol haben, Ihres jedoch nicht. Das liegt daran, dass Sie kein Symbol angelegt haben. Erstellen Sie ein 16×16 Pixel großes Symbol, nennen Sie es genau wie Ihr Plugin und speichern Sie es als *.jpg* oder *.png*. Dann legen Sie es in den Ordner *C:\Programme\ Mozilla Firefox\searchplugins*. In unserem Beispiel haben wir ein Symbol namens *White House.jpg* erstellt.

Informationen darüber, wie man Symbole anlegt, finden Sie unter »Eigene Cursor und Symbole kreieren« [Hack #19]. Sie finden auch vorgefertigte Symbole in der richtigen Größe, wenn auch nicht im richtigen Format, im Internet. Wenn Sie viele Websites besuchen, sehen Sie in Ihrem Browser ein kleines Symbol links von *http://*, das vielleicht auch neben dem *http://* in Ihrer Favoritenliste steht, da die Sites im Browser ein so genanntes *Favicon* anzeigen lassen.

Sie können das Favicon für Ihre Site suchen, speichern und in das *.jpg*- oder *.png*-Format konvertieren, um es dann für Ihr Suchmaschinen-Plugin einzusetzen. Um das Favicon für eine Site zu finden, gehen Sie zu *http://www. website.com/favicon.ico* wobei *website* der Favorit ist, dessen Symbol Sie suchen. Wenn Sie beispielsweise zu *http://www.oreilly.com/favicon.ico* gehen, finden Sie das Symbol von O'Reilly. Denken Sie aber daran, dass nicht alle Websites ein Favicon haben.

Versuchen Sie nun über Firefox, das Symbol zu beschaffen, öffnet sich ein Dialogfeld, das Sie fragt, was Sie mit der Datei vorhaben. Speichern Sie sie auf Ihrer Festplatte. Wenn Sie den Internet Explorer benutzen, öffnen Sie das Symbol selbst in Ihrem Browser. Klicken Sie mit rechts darauf, wählen Sie BILD SPEICHERN UNTER und speichern Sie es auf der Festplatte.

Das Bild liegt im Format *.ico* vor und muss in ein *.jpg* oder *.png* konvertiert werden. Das geht ganz hervorragend mit dem Programm IrfanView, das unter *http://www.irfanview.com* erhältlich ist. Einzelheiten über die Durchführung der Konvertierung finden Sie unter »Bildkonvertierung im Handumdrehen« **[Hack #99]**. Achten Sie darauf, die Datei unter *C:\Programme\Mozilla Firefox\searchplugins* zu speichern.

Siehe auch

- Wenn Sie es möchten, können Sie Ihr Plugin anderen Nutzern zur Verfügung stellen und zum Herunterladen auf der Site *http://mycroft. mozdev.org/download.html* anbieten. Dafür müssen Sie dem Plugin noch etwas Code hinzufügen. Einzelheiten finden Sie unter *http://mycroft. mozdev.org/deepdocs/quickstart.html#firstplugin*. Diese Site gibt Ihnen auch genauere Anleitungen zur Erstellung eigener Such-Plugins.

HACK #45 Googeln Sie Ihren Desktop

Googeln Sie Ihren Desktop und den ganzen Rest: Dateisystem, Posteingang, Instant Messenger, ja sogar Ihren Browser-Cache.

Google gibt sich nicht damit zufrieden, Ihnen beim Suchen im Internet zu helfen. Es nimmt sich auch der Müllhalde auf Ihrem Desktop an.

Der Google Desktop (*http://desktop.google.de*) ist Ihr eigener kleiner Privatserver. Er hockt im Hintergrund, geht Ihre Dateien und Ordner durch, versieht Ihre ein- und ausgehenden E-Mails mit einem Index, hört, ob Instant Messenger-Chats laufen und browst mit Ihnen im Web. Alles was Sie sehen und sofort wieder vergessen, wird der Google Desktop sehen und sich merken. Er ist das fotografische Gedächtnis für Ihren Computer.

Und das auch noch in Echtzeit.

Allerdings erst nach dem Frühjahrsputz. Wenn Sie Google Desktop installieren, nutzt er jede freie Zeit, um durch das Dateisystem, die E-Mail-Anwendungen, die Instant Messages und den Browser-Cache zu schweifen. Sein angeborener Sinn für Höflichkeit sorgt dafür, dass der Indexer Ihnen keine Prozessorzeit streitig macht, sondern nur in Aktion tritt, wenn Sie einmal weggehen, ein Telefonat erledigen oder für mindestens 30 Sekunden einnicken. Sobald Sie die Maus oder Tastatur wieder anfassen, verzieht sich der Google Desktop wieder in seine Ecke und wartet geduldig, bis er das nächste Mal Gelegenheit hat, sich umzuschauen.

Nach der ersten Bestandsaufnahme lehnt sich der Google Desktop-Server zurück und wartet darauf, dass irgendetwas Interessantes passiert. Sobald Sie eine E-Mail senden oder empfangen, eine AOL-Instant Messenger-Konversation (AIM) mit einem Bekannten beginnen oder eine PowerPoint-Präsentation starten, merkt er es und verpasst der Aktion blitzschnell einen Index.

Der Google Desktop erstellt Volltext-Indizes für:

- Textdateien, Microsoft Word-Dokumente, Excel-Arbeitsblätter und PowerPoint-Präsentationen, die auf Ihrer Festplatte liegen
- E-Mails in Outlook oder Outlook Express
- AIM-Konversationen
- im Internet Explorer geöffnete Websites

Doch auch alle anderen Dateien, die Sie herumliegen haben, Fotos, MP3s, Filme und so weiter, werden nach Dateinamen indiziert. Also wird der Google Desktop, der ein Porträt von Onkel Alfred (*uncle_alfred.jpg*) nicht von einem Song von »Uncle Cracker« (*uncle_cracker__double_wide__who_ s_your_uncle.mp3*) unterscheiden kann, beides unter »uncle« ablegen.

Der Sinn des Ganzen ist, Ihren Computer mit der gleichen Leichtigkeit, Geschwindigkeit und vertrauten Oberfläche durchsuchen zu können, die Sie von Google bereits gewöhnt sind. Der Google Desktop hat auf Ihrem Computer seine eigene Homepage, die Sie in Abbildung 4-39 sehen, egal ob Sie gerade online sind oder nicht. Geben Sie eine Suchanfrage ein, wie Sie es auch auf der richtigen Google-Site tun würden, und klicken Sie auf die Schaltfläche DESKTOP-SUCHE, um Ihren persönlichen Index zu durchsuchen. Oder klicken Sie auf WEB DURCHSUCHEN, um Ihre Suche an Google zu überstellen.

Doch ich greife vor.

Gehen wir nun einige Schritte zurück und laden erst einmal den Google Desktop herunter. Dann installieren wir ihn und kommen zur eigentlichen Suchfunktion.

Google Desktop installieren

Der Google Desktop läuft nur unter Windows und erfordert Windows XP oder Windows 2000 SP3 oder höher. Die Anwendung selbst ist winzig, belegt aber 700 MByte Speicher auf Ihrer Festplatte und funktioniert am besten, wenn Ihr Computer mindestens 400 MHz und 128 MB RAM hat.

Gehen Sie jetzt in Ihrem Browser zu *http://desktop.google.com*, laden Sie den Google Desktop-Installer herunter und lassen Sie ihn laufen. Er installiert die Anwendung, bettet ein kleines Symbol auf Ihrer Taskleiste ein und hinterlässt eine Verknüpfung auf Ihrem Desktop. Ist er fertig installiert und eingerichtet, öffnet sich Ihr Standardbrowser und bittet Sie, einige Einstellungen vorzunehmen, wie es in Abbildung 4-40 gezeigt wird.

Abbildung 4-39: Die Homepage des Google Desktop

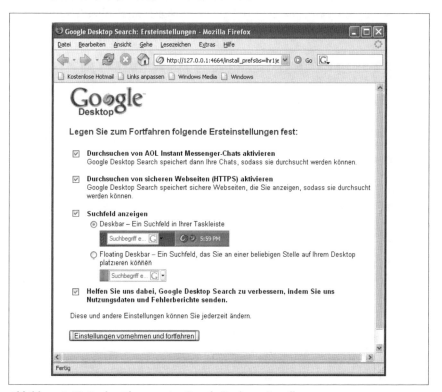

Abbildung 4-40: Suchpräferenzen im Google Desktop einstellen

Klicken Sie auf EINSTELLUNGEN VORNEHMEN UND FORTFAHREN, erhalten Sie
die Nachricht, dass der Google Desktop eine erste Index-Aktion startet. Mit
einem Klick auf ZUR GOOGLE DESKTOP SEARCH-STARTSEITE gelangen Sie auf
die Homepage des Google Desktop (Abbildung 4-39).

Desktop durchsuchen

Ab jetzt brauchen Sie nicht mehr die Windows-Suche aufzurufen und in die
Tischkante zu beißen, während Windows endlos Dateien durchnudelt, um
am Ende doch zu versagen. Wenn Sie jetzt etwas suchen möchten, setzen Sie
einfach einen Doppelklick auf das Google Desktop-Symbol auf der Taskleiste und googeln danach. Sie müssen nicht mehr endlos Posteingang, Post-
ausgang, versendete Objekte und Ordner durchkämmen oder Ihr Hirn zer-
martern, was Ihnen Ihr AIM-Buddy noch einmal geraten hat. Klicken Sie
einfach auf das Google-Symbol.

Abbildung 4-41 zeigt das Ergebnis einer Google Desktop-Suche nach Web.
Diese erbrachte 33 E-Mails, 1 Datei, 0 Chats und 10 Web-Protokolle. Wie
man an den Symbolen links neben den Ergebnissen erkennt, sind die ersten
drei Web-Protokolle. Diese werden nach Datum sortiert, können aber mit
einem Klick auf den Link NACH RELEVANZ SORTIEREN oben rechts in der
Ergebnisliste auch nach Relevanz sortiert werden.

Abbildung 4-41: Ergebnisse der Google Desktop-Suche

Die Abbildungen 4-42, 4-43 und 4-44 zeigen die Darstellung verschiedener Suchergebnisse: Jedes Ergebnis wird in einer Weise angezeigt, die auf den Inhalt abgestimmt ist. In Abbildung 4-42 sehen Sie eine Datei, die im Browser wiedergegeben wird. Seiten aus dem Google-Cache werden wie in Abbildung 4-43 präsentiert.

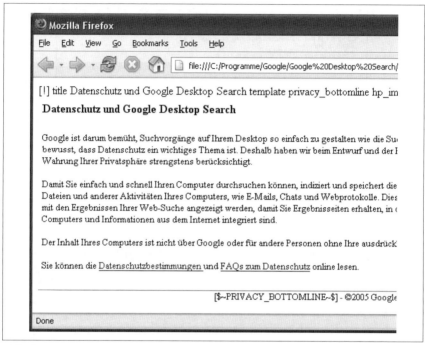

Abbildung 4-42: Eine Datei wird im Browser wiedergegeben

Die diversen Links mit den Namen ANTWORTEN, ALLEN ANTWORTEN, ERSTELLEN usw., die mit einer individuellen Nachricht zusammenhängen (Abbildung 4-44) funktionieren folgendermaßen: Wenn Sie darauf klicken, wird in Outlook oder Outlook Express die entsprechende Aktion angestoßen.

Suchsyntax des Google Desktop

Google wäre nicht Google, wenn es keine spezielle Suchsyntax dazu gäbe.

Das Boolesche OR funktioniert erwartungsgemäß (z.B. hacks OR snacks), die Negation ebenfalls (z.B. hacks -evil).

Ein filetype:-Operator beschränkt das Suchen auf einen bestimmten Dateityp: filetype:powerpoint oder filetype:ppt (*.ppt* ist die Erweiterung für PowerPoint-Dateien) sucht nur nach Microsoft PowerPoint-Präsentationen,

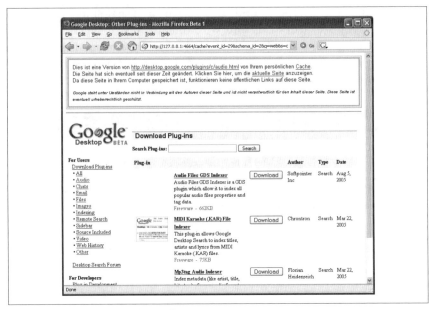

Abbildung 4-43: Eine gecachte Webseite

Abbildung 4-44: Eine E-Mail

während `filetype:word` oder `filetype:doc` (*.doc* ist der Word-Dateityp) die Suche auf Microsoft Word-Dokumente eingrenzt.

Suchen im Web

Vielleicht denken Sie, dass ich eigentlich über das Googeln kein Wort mehr zu verlieren bräuchte, und damit haben Sie ganz Recht. Aber das Googeln per Google Desktop hat mehr zu bieten, als man annimmt. Schauen Sie sich die Ergebnisse meiner Google-Suche nach dem Begriff hacks in Abbildung 4-45 genauer an.

Abbildung 4-45: Ergebnisse der Google Desktop-Suche im Web

Wenn Sie zweimal hingesehen haben, kommen Sie zurück.

Falls Sie es nicht gemerkt haben: Beachten Sie die beiden neuen Quicklinks 27 RESULTS STORED ON YOUR COMPUTER.

Es sind immer noch dieselben Ergebnisse (plus noch einige andere, wenn mein Indexer inzwischen schwer aktiv war), die meine frühere Google Desktop-Suche auf meinem lokalen Rechner erbracht hatte. Als zusätzliche Gedächtnisstütze werden sie durch das Google Desktop-Symbol gekennzeichnet. Wenn Sie auf eines dieser lokalen Ergebnisse klicken, landen Sie an derselben Stelle wie zuvor und sehen alle 27 Ergebnisse, eine HTML-Seite oder ein Microsoft Word-Dokument. Wenn Sie auf einen anderen Quicklink oder ein Suchergebnis klicken, passiert das, was Sie von Google-Suchergebnissen gewohnt sind.

Hinter den Kulissen

Bevor Sie argwöhnen, die Ergebnisse einer lokalen Suche, also Ihre lokalen Dateien, würden einfach an Google geschickt, lesen Sie zunächst einmal weiter. In Wirklichkeit fängt nämlich der Google Desktop-Server Google-Internetrecherchen ab, übergibt sie an den Google-Webserver auf Ihrem Rechner und führt die gleiche Suche auch in dessen lokalem Index durch. Dann holt er sich die Ergebnisse der Internetrecherche, die von Google zurückgeliefert werden, fügt sie in die lokalen Ergebnisse ein und präsentiert sie in Ihrem Browser als zusammenhängendes Ganzes.

Alles, was Ihre lokalen Daten betrifft, wird ausschließlich auf Ihrem Computer erledigt. Weder die Dateinamen noch die Dateien selbst werden an den Google-Webserver geschickt.

Mehr Informationen über Google Desktop und Datenschutz werden angezeigt, wenn Sie mit rechts auf das Google Desktop-Symbol auf der Taskleiste klicken und ABOUT → PRIVACY anklicken.

Schalter drehen und Einstellungen vornehmen

Die Browser-Oberfläche und das Taskleisten-Symbol des Google Desktop haben eine Menge Schalter und Einstellungen, an denen Sie herumspielen können.

Sie können auf der Webseite »Google Desktop-Einstellungen« Ihre Wünsche vorgeben. Klicken Sie auf den Link DESKTOP-EINSTELLUNGEN auf der Google Desktop-Homepage oder einer Ergebnisseite, um die Einstellungen auf den Bildschirm zu holen, wie in Abbildung 4-46 gezeigt.

Durch einen Klick auf den Link HIDE, der sich neben jedem Quicklink auf dem Google Desktop befindet, können Sie die lokalen Suchergebnisse ausblenden, wenn Sie Resultate einer Google-Websuche an einen Freund oder Kollegen weitergeben. Sie können die Desktop-Quicklink-Ergebnisse auch auf der Einstellungsseite des Google Desktop ein- und ausschalten.

Wenn Sie auf den Link ELEMENTE ENTFERNEN neben der Schaltfläche DESKTOP-SUCHE oben rechts auf jeder Ergebnisseite klicken, können Sie die Elemente des Google Desktop-Index durchgehen und einzelne daraus löschen, wie in Abbildung 4-47 gezeigt. Beachten Sie: Wenn Sie irgendeines dieser Elemente ein weiteres Mal öffnen oder anzeigen, bekommt es einen neuen Index und erscheint wieder in den Suchergebnissen.

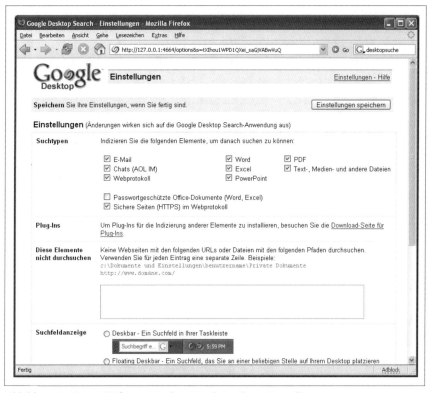

Abbildung 4-46: Die Webseite mit den Google Desktop-Einstellungen

Mit einem Rechtsklick auf das Taskleisten-Symbol des Google Desktop können Sie suchen, Einstellungen vornehmen, den Status Ihres Index überprüfen oder die Indizierung wieder aufnehmen, den Google Desktop beenden oder in den «Info»-Dokumenten stöbern, wie in Abbildung 4-48 zu sehen ist.

Als ich einmal mit dem Google Desktop eine Nadel im Heuhaufen meines Computers suchte, blieb mir eines besonders im Gedächtnis: Ich stolperte über eine alte E-Mail, von der ich sicher war, dass sie nicht mehr existierte.

Siehe auch

- Der Google Desktop Proxy (*http://www.projectcomputing.com/resources/ desktopProxy*) blickt bei der Desktop-Suche über den Desktop hinaus. Auf Ihrem Computer sitzt ein kleiner Proxyserver, der Abfragen von anderen Rechnern im Netzwerk entgegennimmt, an das lokale Google Desktop-Modul übermittelt und die Ergebnisse weiterleitet.

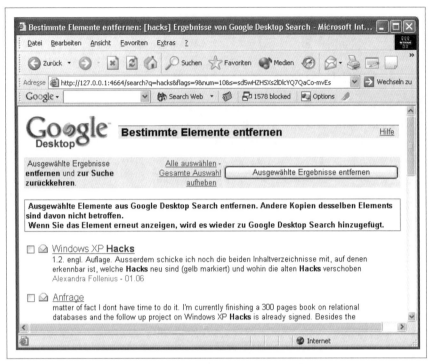

Abbildung 4-47: Elemente aus dem Google Desktop-Index entfernen

Abbildung 4-48: Das Google Desktop-Taskleistenmenü hat kleine Schalter und andere Einstellungsmöglichkeiten

- X1 (*http://www.x1.com*) ist eine andere Desktop-Suchmaschine. Sie durchsucht mehr Dateitypen als Google Desktop und ermöglicht es, die Suche genauer einzugrenzen. Aber sie beansprucht auch mehr Speicher und Systemressourcen und kostet $ 74,95 (nach einer freien Probephase). Auch die Bedienung ist etwas komplizierter als beim Google Desktop.

- »Besser als Google: Die Windows-Desktopsuche« [Hack #46]

Rael Dornfest

HACK
#46 # Besser als Google: Die Windows-Desktopsuche

Sie finden den Google Desktop stark? Die Windows-Desktopsuche verweist ihn auf die Plätze! Mit ihr können Sie Ihren PC in erstaunlichem Maße tunen.

»Googeln Sie Ihren Desktop« [Hack #45] zeigt, wie Sie das schöne Desktop-Suchtool von Google nutzen können, um Ihren Computer genau wie bei einer Google-Internetrecherche zu durchsuchen.

Aber jetzt kommt die Überraschung! Microsoft schlägt Google auf seinem eigenen Terrain. Die Windows-Desktopsuche findet E-Mails und Dateien auf Ihrem Computer noch viel besser, da sie sich direkt in Windows, Outlook, Outlook Express und Microsoft Office einklinkt und Suchmöglichkeiten bietet, die beim Google Desktop fehlen. Und sie kann noch mehr als das: Die gefundenen E-Mails und Dateien kann sie verschieben, löschen, kopieren, beantworten – fast alles, was mit Windows geht, kann auch die Desktopsuche. Im Google Desktop können Sie Ihre Suchergebnisse lediglich anzeigen lassen.

Die deutsche Toolbar können Sie unter *http://toolbar.msn.de* herunterladen.

Dieses tolle Suchprogramm ist so mit das beste Utility, das auf dem Markt ist, und: Es kostet nichts!

Microsoft hat die Windows-Desktopsuche nicht von Grund auf neu geschaffen. Ihr Kern ist ein Programm namens Lookout von einer Firma, die von Microsoft aufgekauft wurde. Microsoft hat dann Lookout verändert und frisiert, um die Windows-Desktopsuche auf die Beine zu stellen.

Auf den ersten Blick haben der Google Desktop und die Windows-Desktopsuche einige Ähnlichkeit. Die Windows-Desktopsuche geht ebenso wie der Google Desktop den PC durch und indiziert alle E-Mails, Dateien und Ordner sowie Ihre Termine und Aufgaben in Outlook. Wenn Sie eine Suche starten, wird an Stelle des ganzen PCs nur der Index durchsucht, und die Ergebnisse kommen blitzschnell.

Die Windows-Desktopsuche erstellt Volltext-Indizes für folgende Elemente:

- Textdateien, Microsoft Word-Dokumente, Excel-Arbeitsblätter, Power-Point-Präsentationen, OneNote-Dokumente, also für sämtliche Microsoft Office-Dokumente auf Ihrer Festplatte.

- E-Mails in Outlook oder Outlook Express.
- Alle Outlook-Daten, einschließlich Kontakten, Kalender und Aufgaben, eigentlich mit so ziemlich allem, was es in Outlook gibt.
- Schlüsselwörter in den Titeln von Musikstücken, Bildern und Videos.
- Webseiten, die auf dem Computer gespeichert sind, aber nicht alle Webseiten, die Sie besucht haben.

Anders als der Google Desktop hat die Windows-Desktopsuche eine richtige Benutzeroberfläche an Stelle einer einfachen Webseite. Sie sehen sie in Abbildung 4-49.

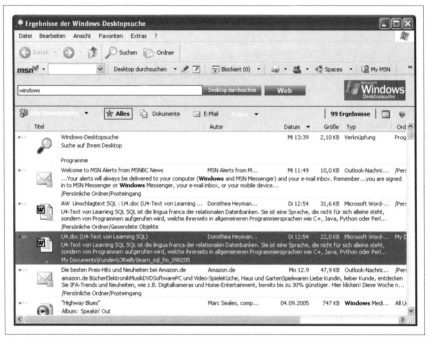

Abbildung 4-49: Die Windows-Desktopsuche ist eine richtige Anwendung mit eigenem Interface

Diese Oberfläche werden wir uns später in diesem Hack einmal genauer anschauen, doch zunächst kümmern wir uns um die Installation.

Windows-Desktopsuche installieren

Die Windows-Desktopsuche ist ein kostenloser Download, der nur auf Windows XP läuft. Die Installation ist ganz einfach. Sie laden das Programm herunter (siehe Hinweis am Anfang dieses Hacks) und führen den Installer aus.

Das Programm installiert sich selbst an mehreren Stellen, unter anderem als kleines Eingabefeld auf der Taskleiste und als Symbolleiste in Outlook.

 Um das Programm in Outlook sichtbar zu machen, wählen Sie ANSICHT → SYMBOLLEISTEN → MSN SUCHE TOOLBAR.

Wenn es bereits auf der Taskleiste ist, erscheint es als kleines Eingabefeld mit einem Schmetterling links, wie in Abbildung 4-50 gezeigt. Zusätzlich erscheint im Infobereich (rechts auf der Taskleiste) eine kleine Lupe. Dies ist der Indexer des Programms.

Abbildung 4-50: Das Eingabefeld der Windows-Desktopsuche auf der Windows-Taskleiste

Wenn sich das Programm nicht von selbst öffnet und Sie auffordert, Einstellungen vorzunehmen, dann tun Sie das eben selbst. Am wichtigsten ist die Einstellung, die festlegt, was in den Index aufgenommen werden soll. Aus unerfindlichen Gründen werden nach Voreinstellung lediglich die E-Mails und der Ordner *Eigene Dateien* mit einem Index versehen. Da das Programm dann keine anderen Elemente auf der Festplatte mehr finden kann, korrigieren Sie diese Einstellung als Erstes. Klicken Sie in der Taskleiste mit rechts auf die Lupe und wählen Sie OPTIONEN ZUR DESKTOPSUCHE, um den Bildschirm aus Abbildung 4-51 aufzurufen. Wählen Sie E-MAIL UND ALLE FESTPLATTEN und markieren Sie E-MAIL-ANLAGEN INDIZIEREN, damit auch die E-Mail-Anhänge dazugehören. Klicken Sie auf OK.

Klicken Sie jetzt im Infobereich auf die Lupe und wählen Sie JETZT INDIZIEREN. Die Indizierung beginnt. Das kann zwischen einer Stunde und fast einem Tag dauern, je nachdem, wie viele Dateien Sie haben und wie schnell Ihr Prozessor ist.

 Defragmentieren Sie Ihre Festplatte, bevor Sie die Windows-Desktopsuche installieren und einen Index erstellen lassen. Auf einer defragmentierten Platte geht das Indizieren viel schneller, da die Dateien zusammenhängend gespeichert sind.

PC durchsuchen

Möchten Sie nun Ihren PC durchsuchen, klicken Sie in das Suchfeld auf der Windows-Taskleiste und geben einen Suchbegriff ein. (Um den Cursor sofort

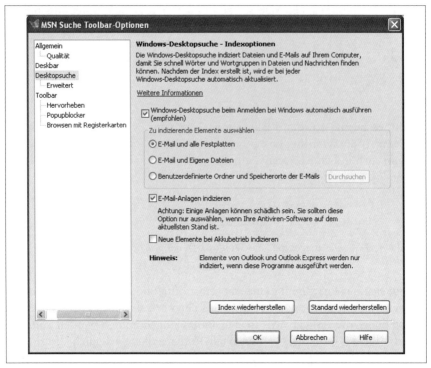

Abbildung 4-51: Die Windows-Desktopsuche bekommt die Anweisung, die gesamte Festplatte und nicht nur die Mails und eigenen Dateien zu indizieren

im Suchfeld zu platzieren, drücken Sie auf Strg-Alt-M.) Die Windows-Desktopsuche startet die Suchoperation buchstäblich bei jedem Tastendruck und zeigt bereits während der Eingabe des Begriffs Ergebnisse an. Während Sie den Suchbegriff eintippen, erscheinen die Resultate in dem Fenster, das Sie in Abbildung 4-52 sehen.

Diese sofortige Suche ist sehr gut, aber noch besser ist, was Sie mit den Resultaten tun können. Wenn Sie mit rechts auf eines der Ergebnisse klicken, öffnet sich ein Menü, in dem Sie mit der Datei oder Mail je nach Dateityp Verschiedenes anstellen können. Wenn Sie, wie in Abbildung 4-53 gezeigt, eine E-Mail mit rechts anklicken, können Sie sie in Outlook öffnen, drucken, beantworten, weiterleiten, kopieren, löschen oder in einen anderen Ordner verschieben. Sie haben also die gleichen Möglichkeiten wie in Outlook. Und damit das funktioniert, braucht Outlook noch nicht einmal geöffnet zu sein: Wenn Sie die Mail beispielsweise lesen möchten, startet Outlook automatisch.

Wenn Sie dagegen mit rechts auf ein Word-Dokument klicken, bekommen Sie noch viel mehr Möglichkeiten, wie Abbildung 4-54 zeigt, nämlich fast

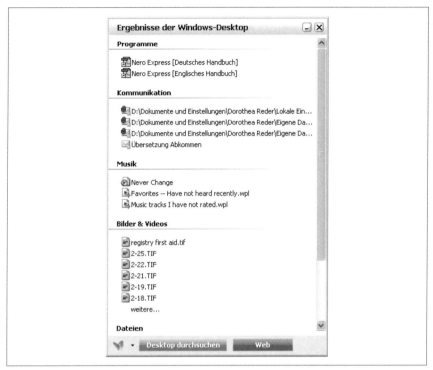

Abbildung 4-52: Ergebnisse während der Eingabe, hübsch nach Kategorien sortiert

alles, was Sie tun können, wenn Sie die Datei im Windows Explorer mit rechts anklicken.

Das ist die Schnellsuche mit der Windows-Suchleiste. Wenn Sie jedoch die ganze Mächtigkeit dieses Tools ausschöpfen möchten, geben Sie einen Suchbegriff ein, drücken auf Enter oder klicken auf den Pfeil rechts neben dem Eingabefeld, wählen die Ansichtsoption GROSSE SYMBOLE und gelangen dadurch zu dem Bildschirm aus Abbildung 4-55.

Klicken Sie mit rechts auf eine beliebige Datei, erhalten Sie dasselbe Menü, das erscheint, wenn die Resultate auftauchen.

Doch dieser Bildschirm gibt Ihnen noch viel mehr Möglichkeiten als nur diese. Sie können die Ergebnisse unterschiedlich anordnen, indem Sie auf TITEL, AUTOR, DATUM, GRÖSSE oder TYP klicken und in auf- oder absteigender Reihenfolge sortieren. Und Sie können nach Kategorien suchen lassen: Wenn Sie beispielsweise auf E-MAIL klicken, erscheinen alle Ergebnisse aus den E-Mails, und wenn Sie auf MUSIK klicken, erscheinen alle Ergebnisse aus den Musikdateien. Klicken Sie hingegen auf DOKUMENTE, werden die Ergebnisse aus den Microsoft Office-Dokumenten angezeigt usw.

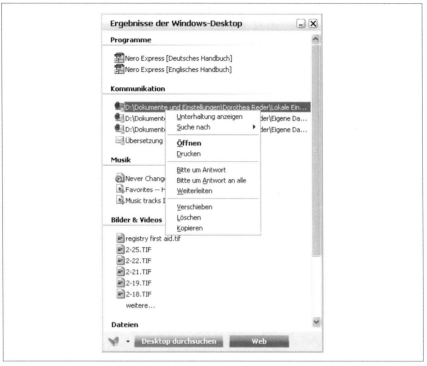

Abbildung 4-53: Ein Rechtsklick auf eine Datei oder E-Mail ruft ein kontextabhängiges Menü auf, in dem Sie entscheiden, was Sie mit der Datei oder Mail anstellen möchten.

Einige Nutzer, die zwei Computer haben und ihre Outlook-
.pst-Datei zwischen diesen hin- und herkopieren, könnten
Probleme mit der Windows-Desktopsuche bekommen, und
zwar in der Weise, dass sie dasselbe Element mehrmals
zurückgibt. Diese Anwender kopieren ihre *.pst*-Datei von
einem Computer auf den anderen, um immer und überall die
neuste Version ihrer Outlook-Daten zu haben. Doch wenn
man *.pst*-Dateien übereinander kopiert, kann die Windows-
Desktopsuche dies missverstehen und dieselben E-Mails
mehrmals in einer Suche auflisten. Wenn Ihnen das passiert,
sollten Sie den Index neu erstellen. Wählen Sie in der Windows-Desktopsuche OPTIONEN ZUR DESKTOPSUCHE und klicken Sie im Fenster MSN SUCHE TOOLBAR-OPTIONEN auf die
Schaltfläche INDEX WIEDERHERSTELLEN. Dann erhält Ihr PC
einen neuen Index (das kann einige Stunden dauern), und
der neue Index ersetzt den alten. Nun dürften eigentlich
keine Mehrfachnennungen mehr in der Ergebnisliste auftauchen.

Abbildung 4-54: Ein Rechtsklick auf ein Word-Dokument ruft diese Optionen auf

Die Suchsyntax der Windows-Desktopsuche

Die eigentliche Stärke des Programms liegt nicht in den einfachen Suchfunktionen, auch wenn diese, wie Sie gesehen haben, bereits ganz nett sind, sondern in der Suchsyntax, die man verwenden kann. Diese Syntax wurde speziell geschaffen, um eine Suche in Dokumenten auf dem PC zu unterstützen. Anders als beim Google Desktop können Sie auf diese Weise in bestimmte Ordner hineinschauen. Sie können nach dem Autor eines Dokuments suchen, nach dem Sender und Empfänger einer E-Mail usw. Und natürlich kann das Program auch Boolesche Suchoperationen durchführen, beispielsweise mit OR, AND, Wildcards und so weiter.

Angenommen, Sie möchten alle E-Mails finden, die Ihnen von Joe Metz geschickt wurden, einen Anhang haben und das Wort *budget* enthalten. Führen Sie also folgende Suche aus:

```
art:email von:Joe Metz hat:anlage budget
```

Wenn Sie im Ordner *Money* alle PowerPoint-Präsentationen mit dem Wort *ROI* suchen, sagen Sie:

```
art:präsentation ordner:Money ROI
```

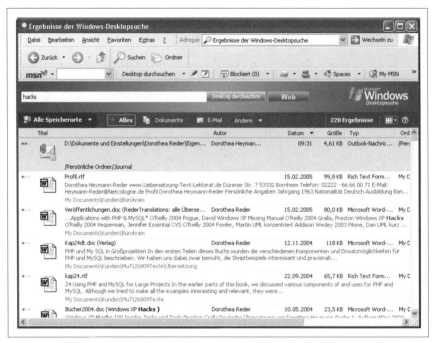

Abbildung 4-55: Umfangreichere Ergebnisse von der Windows-Desktopsuche

Tabelle 4-2 zeigt die Suchsyntax.

Tabelle 4-2: Die Syntax der Windows-Desktopsuche

Syntax	Bedeutung
hat:anlage	Sucht nach E-Mails mit Anhängen.
vor:	Sucht nach Dateien, die vor einem Datum angelegt wurden.
nach:	Sucht nach Dateien, die nach einem Datum angelegt wurden.
autor:	Sucht nach Dokumenten von einer bestimmten Person.
von:	Sucht nach E-Mails von einer bestimmten Person.
an:	Sucht nach E-Mails an eine bestimmte Person.
art:kontakte	Durchsucht Kontakte.
art:email	Durchsucht E-Mails.
art:besprechung	Durchsucht Meetings in Outlook.
art:aufgaben	Durchsucht Aufgaben in Outlook.
art:notizen	Durchsucht Notizen in Outlook.
art:doks	Durchsucht Textdokumente.
art:präsentationen	Durchsucht Präsentationen.
art:tabellen	Durchsucht Tabellenkalkulationen.
art:musik	Durchsucht Musikdateien.

Tabelle 4-2: Die Syntax der Windows-Desktopsuche (Fortsetzung)

Syntax	Bedeutung
art:bilder	Durchsucht Grafikdateien.
art:videos	Durchsucht Videos.
art:favoriten	Durchsucht Favoriten.
speicher:outlook	Durchsucht Outlook.
speicher:oe	Durchsucht Outlook Express.
ordner:	Durchsucht einen bestimmten Ordner.

Und das ist nur ein kleiner Auszug aus der Syntax. Eine vollständige Aufstellung bekommen Sie, indem Sie mit rechts die Lupe auf der Taskleiste anklicken und HILFE → DESKTOPSUCHE-HILFE wählen, zum Abschnitt TIPPS UND TRICKS gehen, auf TIPPS FÜR DIE EINGRENZUNG IHRER SUCHE klicken und ganz unten im linken Fensterbereich die ERWEITERTE ABFRAGEREFERENZ aufrufen.

Indizierung ein- und ausschalten

Doch etwas besitzt der Google Desktop, das die Windows-Desktopsuche nicht hat: Echtzeitindizierung. Nach der ersten Indexaktion indiziert der Google Desktop Ihre Dateien und E-Mails sofort, wenn sie angelegt oder empfangen werden. Das tut die Windows-Desktopsuche nicht. Sie führt nach der Erstellung des ersten Index nur in Ruhepausen des Computers eine Indizierung durch. Wenn Sie etwas suchen, zeigen die Ergebnisse also nicht die Daten an, die nach der letzten Indexerstellung hinzugekommen sind.

Die Windows-Desktopsuche indiziert Outlook oder Outlook Express nur, wenn diese Programme geöffnet sind. Wenn Sie dies wünschen, müssen Sie die Programme also vor dem Indizieren starten.

Sie können dem Tool allerdings manuell mitteilen, an welcher Stelle ein Index erstellt werden soll, während Sie arbeiten. Klicken Sie mit rechts auf die Lupe mit dem Schmetterling im Infobereich und wählen Sie JETZT INDIZIEREN. Dadurch fängt die Lupe an, langsam zu pulsieren: Das Indizieren ist im Gang und läuft weiter, während Sie arbeiten.

Wenn Sie nicht wissen, ob Ihr Index noch aktuell ist, klicken Sie mit rechts auf die Lupe und wählen INDIZIERUNGSSTATUS. Daraufhin öffnet sich ein Bildschirm wie der in Abbildung 4-56, auf dem Sie erkennen können, wie viele Elemente bereits indiziert wurden und wie viele noch auf die Indizierung warten. Um den Vorgang zu starten, klicken Sie auf JETZT INDIZIEREN.

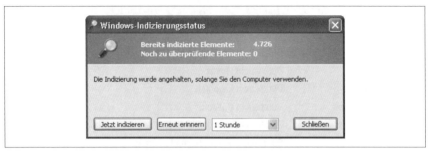

Abbildung 4-56: Indexstatus überprüfen

Auf diesem Bildschirm können Sie Windows auch mitteilen, wie lange der PC untätig sein soll, ehe das Indizieren beginnt. Aus der Auswahlliste neben ERNEUT ERINNERN wählen Sie, wie lange der Computer warten soll, bis das Indizieren beginnt. Es stehen Zeiträume von 15 Sekunden bis zu einem Tag zur Verfügung.

 Die Windows-Desktopsuche indiziert große Dateien nicht komplett durch. In Dateien, die mehr als 1 MByte groß sind, wird nur dieses erste 1MByte indiziert, so dass keine Suchbegriffe gefunden werden, die erst an einer späteren Stelle einer großen Datei auftauchen. Gegenwärtig gibt es keine Möglichkeit, solche großen Dokumente vollständig zu indizieren.

Siehe auch

*   »Googeln Sie Ihren Desktop« [Hack #45]

 ## Bessere Internetsuche auf dem Desktop

#47   Die Standardsuchfunktionen des IE sind, nun ja, etwas bräsig. Installieren Sie doch spezielle Suchleisten von Google und anderen Quellen und verbessern Sie die Standardsuchfunktionen des IE.

Gab es das Web schon, bevor es Google gab? Ja, aber es war verdammt schwierig, etwas darin zu finden. Die Standardsuchfunktion des Internet Explorer lässt eine Menge zu wünschen übrig, wobei die Verwendung der Windows-Suchfunktion an Stelle von Google nicht das geringste Ärgernis ist. Aber Sie können eine Menge dafür tun, dass das Internet auf dem Desktop besser durchsuchbar wird. Sie können Such-Symbolleisten herunterladen, die sich in den Browser integrieren lassen, und auch die Suchfunktionen des Internet Explorer lassen sich verbessern.

Die Google-Toolbar

Die beste Möglichkeit, Internetsuchen zu verbessern, ist die Installation der Google-Toolbar. Das Tolle an der Google-Toolbar ist, dass sie von Google ist. Sie bietet die komplette Funktionalität von Google, ohne dass man dafür die Website besuchen muss. Um die Google-Toolbar für den IE herunterzuladen, gehen Sie zu *http://www.google.de* und klicken auf GOOGLE-TOOLBAR. Danach befolgen Sie die Installationsanweisungen. Die Symbolleiste funktioniert nur mit dem Internet Explorer. Sobald Sie sie installiert haben, können Sie die Funktionen von Google nutzen, ohne die Google-Website zu besuchen; einfach, indem Sie den Suchbegriff in die Symbolleiste eingeben. Die Symbolleiste bietet sogar eine Funktion, die über die Google-Website hinausgeht: Am PageRank können Sie erkennen, wie beliebt die Website ist, die Sie gerade besuchen.

> Die Website Mozdev.org (*http://www.mozdev.org*) hat eine andere Google-Symbolleiste namens Googlebar (*http://googlebar.mozdev.org*) für Netscape 7/Mozilla entwickelt. Sie emuliert die meisten Funktionen der Google-Toolbar, mit Ausnahme von PageRank. Wenn Sie Firefox benutzen, können Sie eine Googlebar-Erweiterung **[Hack #43]** verwenden.

Das Beste an der Google-Toolbar ist, dass Sie eine Google-Suche auf der Website durchführen können, auf der Sie sich gerade befinden. Das ist besonders nützlich, wenn die Website selbst kein Suchfeld oder nur schlechte Suchfunktionen hat. Ich ziehe die Google-Toolbar jeder eingebauten Suchfunktion vor. Unter anderem können Sie mit der Google-Toolbar Sites finden, die mit der aktuell besuchten zusammenhängen, und fremdsprachige Websites ins Englische übersetzen. Die Google-Toolbar hebt auf Wunsch sogar Ihre Suchbegriffe auf einer Website hervor.

> Von der Google-Website aus können Sie nur auf einer einzigen Site des gesamten Internets eine zielgerichtete Suche durchführen. In das Suchfeld der Google-Toolbar können Sie site:www.namedersite.com suchbegriff eingeben. Wenn Sie beispielsweise die Website *www.newscientist.com* nach dem Wort »cloning« durchsuchen möchten, geben Sie Folgendes ein: site:www.newscientist.com cloning. Sie bekommen als Ergebnis alle Seiten der Website, auf denen das Wort »cloning« auftaucht. Weitere Tipps und Tricks zu Google finden Sie in den *Google Hacks* oder im *Google Pocket Guide* (beide von O'Reilly).

Die Verwendung der Google-Toolbar ist denkbar einfach: Man gibt einen Suchbegriff ein und drückt auf Enter. Wenn Sie statt des gesamten Internets nur die aktuelle Website durchsuchen möchten, klicken Sie auf der Toolbar auf eine kleine Schaltfläche mit zwei hervortretenden Augen auf einem Fernglas.

Wenn Sie Google-Suchen lieber auf Ihrem Desktop statt im Browser durchführen möchten, gibt es auch dafür ein Mittel. Laden Sie das kostenlose Programm GAPIS von *http:// www.searchenginelab.com/common/products/gapis* herunter. Um es zu benutzen, benötigen Sie einen Entwicklerschlüssel von Google, aber um diesen zu bekommen, müssen Sie nicht wirklich ein Entwickler sein, und kostenlos ist er auch. Den Schlüssel erhalten Sie unter *http://www.google.com/apis/*. Diese Website empfiehlt auch das Herunterladen des Google Developer's Kit, aber nötig ist das nicht, um an einen kostenlosen Schlüssel zu kommen. Klicken Sie stattdessen auf CREATE A GOOGLE ACCOUNT und folgen Sie den Instruktionen. Sobald Sie den Account haben, müssen Sie den Schlüssel bei erstmaliger Nutzung des Programms in GAPIS eingeben. Danach können Sie Google-Suchen mit GAPIS statt mit der Google-Toolbar oder -Website vornehmen.

Wenn Sie sich Sorgen um den Schutz Ihrer Daten machen, sollten Sie die Option PAGERANK deaktivieren. So lange sie aktiviert ist, merkt sich die Google-Toolbar, welche Seiten Sie besuchen.

Yahoo! und Ask Jeeves haben ähnliche Toolbars. Die Yahoo! Companion-Toolbar finden Sie unter *http://toolbar.yahoo. com*. Sie ermöglicht nicht nur eine Yahoo!-Suche, sondern auch andere Funktionen, wie das Abfragen eines Yahoo!-E-Mail-Kontos und das Blockieren von Popups. Mit der Ask Jeeves-Toolbar (*http://sp.ask.com/docs/toolbar*) können Sie von jedem Ort des Webs aus eine Ask Jeeves-Suche starten. Außerdem enthält sie Links für Wettervorhersagen, Nachrichten und vieles mehr.

Siehe auch

- *MetaGer* (*http://www.metager.de*) ist eine Metasuchmaschine, die Suchanfragen an eine Vielzahl hauptsächlich deutscher Suchmaschinen schickt und die Ergebnisse nach Trefferwahrscheinlichkeit sortiert anzeigt. MetaGer kann sehr vielfältig an die eigenen Vorlieben angepasst werden und bietet praktische Funktionen wie beispielsweise die Überprüfung gefundener Links oder eine vorbildliche Hilfestellung zur Verfeinerung der Sucheinstellungen.

- *WebFerret* von FerretSoft (*http://www.ferretsoft.com*) ist eine kostenlose Metasuchmaschine, die Ihre Suche an mehrere Suchmaschinen weiterleitet und alle Ergebnisse in einem einzigen Fenster anzeigt, wobei die Ergebnisse in eine neue Reihenfolge gebracht werden.
- *Copernic Agent Basic*, eine Metasuche von Copernic (*http://www.copernic.com*), ermöglicht zielgerichtetere Suchen, indem sie Ihre Suchanfrage an spezialisierte Suchmaschinen diverser Kategorien sendet, sofern Sie eine *targeted search* auswählen.
- »Googeln Sie Ihren Desktop« **[Hack #45]**
- »Besser als Google: Die Windows-Desktopsuche« **[Hack #46]**

HACK #48 Java-Applets ohne Crashs und Probleme ausführen

Um aus dem Web möglichst viel herauszuholen, benötigen Sie die aktuellste Version von Java. Das kann schwieriger sein, als Sie denken, aber dieser Hack zeigt Ihnen, wie es geht.

Im Internet ein Java-Applet auszuführen sollte eigentlich keine Kunst sein: Man klickt auf einen Link, und das Applet läuft. Doch leider stellen XP-Anwender immer wieder fest, dass das nicht immer der Fall ist. Man besucht eine Java-Site, und die Spiele, die interaktive Börsen-Site, der Wetterbericht oder andere Gimmicks, für die Java erforderlich ist, wollen einfach nicht funktionieren.

Leider gibt es keine Patentlösung für alle Java-Sorgen. Es gibt zu viele mögliche Ursachen, angefangen von Anzeigefehlern über eine veraltete Java-Version bis hin zu allem Möglichen. Hier sind die wichtigsten Tipps beschrieben, wie Sie Java auf Ihrem Computer wieder ans Laufen bringen können.

Ist eine Java Virtual Machine (JVM) installiert?

Um Java-Applets ausführen zu können, muss auf Ihrem System eine Java Virtual Machine (JVM) installiert sein. Microsoft und Sun hatten früher einmal konkurrierende JVMs ins Rennen geschickt. Applets, die für eine JVM geschrieben sind, müssen nicht unbedingt mit einer anderen JVM funktionieren.

Um die Verwirrung komplett zu machen, fechten Microsoft und Sun einen erbitterten Rechtsstreit um Java aus, der dem Gerichtsverfahren von Jarndyce und Jarndyce in Dickens' Roman *Bleakhaus* in nichts nachsteht. Diesen Streit zwischen Microsoft und Sun näher zu erläutern würde wohl ebenso viele Seiten füllen wie Dickens' Tausend-Seiten-Werk. Man kann immerhin festhalten: Auf Grund einer gerichtlichen Verfügung darf Microsoft seine JVM (namens Microsoft VM) seit Januar 2004 nicht mehr verbreiten. Und in Ihrer Version von XP ist möglicherweise eben diese Microsoft-Version aktiviert.

Wenn Sie nun also Probleme mit Java haben, sollten Sie als Erstes nachsehen, ob eine JVM installiert ist und ob Sie die von Sun, die von Microsoft oder beide verwenden. Um zu schauen, ob die Microsoft VM aktiviert ist, wählen Sie im Internet Explorer EXTRAS → INTERNETOPTIONEN → SICHERHEIT. Dann markieren Sie die Internet-Zone, wählen STANDARDSTUFE, klicken auf STUFE ANPASSEN und scrollen das Feld herunter, bis Sie zum Bereich MICROSOFT VM gelangen, der in Abbildung 4-57 zu sehen ist.

Abbildung 4-57: Hier erkennen Sie, ob die Microsoft VM aktiviert ist

Wenn die Option JAVA DEAKTIVIEREN markiert ist, bedeutet dies, dass die Microsoft VM auf Ihrem System ausgeschaltet wurde.

Um zu prüfen, ob Sie die Sun JVM besitzen und aktiviert haben, wählen Sie im Internet Explorer EXTRAS → INTERNETOPTIONEN → ERWEITERT und scrollen das Fenster nach unten. Wenn Sie den Eintrag JAVA (SUN) mit einem markierten Kontrollkästchen sehen, ist die JVM von Sun installiert, wie es in Abbildung 4-58 der Fall ist.

Fehlen Microsoft oder Sun JVM, gibt es eine ganz einfache Lösung: Installieren Sie eine davon. Da Microsoft den Support für seine VM nach dem Januar 2004 einstellt hat, installieren Sie am besten die Sun JVM von *http://www.java.com/en/download/windows_automatic.jsp*.

Falls die Microsoft oder die Sun JVM zwar angezeigt wird (wie in Abbildung 4-57 und 4-58), aber nicht aktiviert ist, müssen Sie sie aktivieren. Um im Bildschirm von Abbildung 4-57 die Microsoft VM zu aktivieren, wählen Sie HOHE SICHERHEIT. Das aktiviert die VM, trifft jedoch Sicherheitsvorkehrungen zum Schutz vor wild gewordenen Java-Applets. Um die Sun JVM zu aktivieren, markieren Sie das Kontrollkästchen unter JAVA (SUN), wie in Abbildung 4-58 gezeigt.

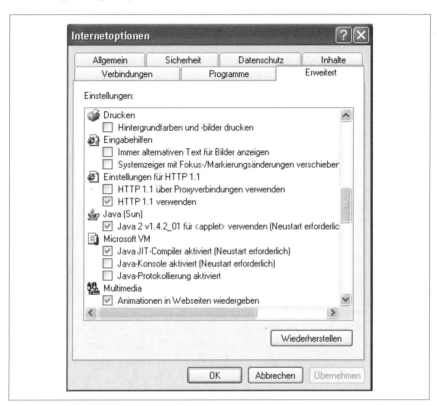

Abbildung 4-58: Nachschauen, ob die Sun JVM installiert ist

Alte JVM-Versionen deinstallieren

Vielleicht besteht Ihr Problem darin, dass Sie eine zu alte JVM oder Microsoft VM haben, die aktualisiert werden muss. Unter *http://java.sun.com* können Sie die aktuelle Versionsnummer mit der vergleichen, die auf Ihrem Bildschirm (siehe Abbildung 4-58) angegeben ist. Wenn Ihre Version die ältere ist, sollten Sie die neuere installieren. Sofern Sie noch die Microsoft VM verwenden, sollten Sie stattdessen nun die VM von Sun installieren, da Microsoft seine VM nicht mehr unterstützt.

Gelegentlich wurden Probleme bei dem Versuch beobachtet, eine neuere JVM über eine ältere zu installieren. Daher empfehle ich, zuerst die alte JVM oder Microsoft VM zu deinstallieren und dann die neue von *http://www.java.com/en/download/windows_automatic.jsp* zu laden. Leider ist die Deinstallation einer VM gar nicht so einfach und erfordert sowohl Eingriffe in die Registrierung als auch das manuelle Löschen von Dateien. Im Folgenden ist beides beschrieben.

Eine alte Sun JVM deinstallieren.

Dazu gibt es eine gute und eine schlechte Nachricht. Die gute ist: Vielleicht lässt sich das Ding auf einen Schlag deinstallieren. Die schlechte: Falls nicht, müssen Sie in die Registrierung.

Um eine alte Sun JVM zu deinstallieren, wählen Sie SYSTEMSTEUERUNG → SOFTWARE, markieren den Eintrag JAVA RUNTIME ENVIRONMENT, klicken auf ÄNDERN/ENTFERNEN und tun, was der Deinstallationsassistent Ihnen gebietet. Dann müsste die JVM eigentlich deinstalliert sein.

Doch manchmal verbleibt auch nach dem Ausführen des Assistenten der Eintrag JAVA RUNTIME ENVIRONMENT weiter in der Liste der installierten Programme. Theoretisch dürfte das keine Probleme verursachen, da die zu Grunde liegende JVM ja deinstalliert ist, aber in der Praxis kann es dennoch Ärger geben. Daher ist es am besten, Sie entfernen auch den Eintrag JAVA RUNTIME ENVIRONMENT aus der Programmliste. Dazu müssen Sie Registrierungseinträge und einen Ordner löschen.

Rufen Sie den Registrierungs-Editor [Hack #83] auf und gehen Sie zu HKEY_LOCAL_MACHINE\Software\Microsoft\Windows\CurrentVersion\Uninstall. Dort finden Sie viele Schlüssel in geschweiften Klammern, wie etwa {B7915B05-FC28-11D6-9D24-00010240CE95}. Einer dieser Schlüssel ist der Java-Uninstall-Registrierungseintrag, den Sie löschen müssen. Doch am Namen des Schlüssels können Sie nicht erkennen, welcher dieser zu löschende Eintrag ist, da die Namen nicht deskriptiv und die Werte nur lange Zahlenfolgen sind, die in geschweiften Klammern stehen. Um den richtigen zu finden, müssen Sie nach einem Schlüssel suchen, dessen DisplayName einen String hat, der mit Java beginnt, zum Beispiel Java 2 SDK, SE v1.4.1_02. Suchen Sie nach dem Wort Java, indem Sie in der Registrierung Strg-F drücken, Java eingeben und dann die Suche danach starten. So kommen Sie zu dem Schlüssel, der gelöscht werden muss. Ehe Sie dies jedoch tun, sollten Sie den vollständigen Namen des Schlüssels notieren, da Sie diesen für den nächsten Schritt benötigen. Erst dann löschen Sie ihn.

Als Nächstes gehen Sie zum Uninstall-Ordner von Java und löschen ihn. Löschen Sie *C:\Programmdateien\InstallShield Installation Information\{<Java 2 clsid key>}*, wobei *{<Java 2 clsid key>}* der Wert des gelöschten Registrierungsschlüssels ist. Wenn Sie danach das Fenster SOFTWARE öffnen, ist der Java-Eintrag verschwunden.

Die Microsoft VM deinstallieren. Auch die Deinstallation der Microsoft VM macht ein bisschen Arbeit. Geben Sie in das Feld AUSFÜHREN den Befehl `RunDll32 advpack.dll,LaunchINFSection java.inf,UnInstall` ein. In einer Warnmeldung werden Sie gefragt, ob Sie die Deinstallation wirklich beabsichtigen. Klicken Sie auf JA, um fortzufahren, und starten Sie den PC neu, wenn Sie dazu aufgefordert werden.

Nach dem Neustart löschen Sie Folgendes:

- den Ordner *C:\Windows\java*
- die Datei *java.pnf* aus dem Ordner *C:\Windows\inf*
- die Dateien *jview.exe* und *wjview.exe* aus dem Ordner *C:\Windows\ system32*
- den Registrierungs-Unterschlüssel `HKEY_LOCAL_MACHINE\SOFTWARE\Micro-soft\Java VM`
- den Registrierungs-Unterschlüssel `HKEY_LOCAL_MACHINE\SOFTWARE\Micro-soft\Internet Explorer\AdvancedOptions\JAVA_VM`

Dann ist die Microsoft VM vollständig entfernt. Nun können Sie die Sun JVM von *http://www.java.com/en/download/windows_automatic.jsp* installieren.

Anzeigeeinstellungen ändern

Java-Applets funktionieren nur mit einer Farbeinstellung von mindestens 256 Farben. Wenn Sie diese Minimaleinstellung nicht haben, stürzt Ihr System ab, sobald Sie eine Website mit einem Java-Applet besuchen. Um die Anzeigeeinstellungen zu ändern, klicken Sie mit der rechten Maustaste auf den Desktop, wählen EIGENSCHAFTEN → EINSTELLUNGEN und in der Drop-downliste FARBQUALITÄT einen Wert, der mindestens 256 Farben ermöglicht.

Wenn Sie mindestens 256 Farben eingestellt haben, aber immer noch Probleme bekommen, ist vielleicht Ihr Videotreiber fehlerhaft. Um festzustellen, ob dies die Wurzel Ihres Übels ist, stellen Sie eine geringere Auflösung und Farbtiefe als die aktuelle ein, zum Beispiel 800 × 600 an Stelle von 1.024 × 768, und bei den Farben statt HÖCHSTE (32 BIT) die MITTLERE (16 BIT). Wenn dies das Problem löst, ist vielleicht Ihr Bildschirmtreiber fehlerhaft. Dann müssen Sie die Website des Herstellers besuchen und einen neuen Treiber herunterladen.

KAPITEL FÜNF

Netzwerke
Hacks #49–58

XP ist das für Netzwerke am besten geeignete Betriebssystem, das Microsoft je hergestellt hat. Es erkennt nicht nur automatisch schon bei der Installation Ihr Netzwerk, sondern enthält auch eine Reihe von Assistenten und anderen Funktionen, die den Anschluss von Netzwerken und Geräten zu einem Kinderspiel machen. Und es besitzt eine Reihe von eingebauten Kommandozeilen-Tools zur Diagnose und Beseitigung von Problemen im Netzwerk.

In diesem Kapitel finden Sie Netzwerk-Hacks, Kommandozeilen-Tools für die Problembehandlung in Netzwerken, Einstellungen für einen schnelleren Internetzugang und Tipps zur Optimierung von Heimnetzwerken.

HACK #49 DNS-Einstellungen für schnelleren Internetzugriff

Hier sind ein paar DNS-Hacks, damit Sie schneller an die Websites kommen.

Sie gehen ins Internet, indem Sie Hostnamen wie *www.oreilly.de* eingeben, aber da Webserver und Internet-Router keine menschliche Sprache verstehen, müssen sie diese Wörter in numerische IP-Adressen übersetzen. Wann immer Sie einen Hostnamen wie *www.oreilly.de* eingeben, muss dieser zu einer IP-Adresse wie zum Beispiel 208.201.239.37 aufgelöst werden. DNS-Server leisten diese Namensauflösung automatisch und unbemerkt, während Sie im Internet surfen.

Die DNS-Einstellungen kann man auf diverse Arten ändern, um schnelleren Zugriff aufs Internet zu bekommen.

Internetzugriff mit der HOSTS-Datei beschleunigen

Es dauert einige Zeit, bis Ihre Anfrage an einen DNS-Server geleitet wurde und dieser die richtige IP-Adresse zur Namensauflösung gefunden und an

Ihren PC zurückgeschickt hat. Diese Zeit können Sie sparen, indem Sie auf Ihrem eigenen PC eine lokale *HOSTS*-Datei mit Hostnamen und IP-Adressen anlegen oder bearbeiten. Wenn Sie eine solche Datei angelegt haben, schaut XP zuerst in ihr nach, ob ein Eintrag für den gesuchten Hostnamen vorhanden ist, und löst die Adresse selbst auf, wenn es einen solchen findet. Das spart Ihnen die Anfrage an einen DNS-Server und das Warten auf Antwort, ehe Sie eine Website besuchen können. Die *HOSTS*-Datei ist eine einfache Textdatei, die Sie mit einem Editor erstellen und bearbeiten können.

Eine bestehende *HOSTS*-Datei liegt bereits unter *C:\Windows\System32\ Drivers\Etc\HOSTS*. Sie hat keine Dateierweiterung, sondern heißt einfach nur *HOSTS*. Öffnen Sie sie mit dem Editor und geben Sie die IP-Adressen und Hostnamen der Websites ein, die Sie am häufigsten besuchen, beispielsweise:

```
208.201.239.37      oreilly.com
216.92131.107       simtel.net
```

Die Einträge sollten jeweils einzeilig sein. Die IP-Adresse steht in der ersten Spalte und der Hostname in der zweiten. Die beiden Spalten sollten durch mindestens ein Leerzeichen getrennt sein. Sie können Kommentare in diese Datei schreiben, indem Sie die Kommentarzeilen mit einem # einleiten. Dieses Zeichen führt dazu, dass die gesamte Zeile der Datei ignoriert wird. Sie können das # auch hinter einen Hostnamen setzen; dann wird nur der dahinter stehende Kommentar ignoriert. Ein Beispiel für einen Kommentar wäre:

```
130.94.155.164          gralla.com   # Beta
```

Wenn Sie die Datei fertig bearbeitet haben, speichern Sie sie wieder an ihrem vorigen Speicherort ab.

Sorgen Sie dafür, dass Ihre *HOSTS*-Datei immer auf dem neusten Stand bleibt. Sonst können Sie sich selbst den Zugriff auf so manche Website verwehren. Wenn beispielsweise die Website *http://www.gralla.com* eine neue IP-Adresse bekommt, während in Ihrer *HOSTS*-Datei noch die alte, verkehrte Adresse steht, findet Ihr Browser die Website nicht mehr, weil er die falschen Adressdaten übermittelt.

DNS-Cache-Einstellungen von XP anpassen

Um DNS beim Besuch einer Website zu beschleunigen, legt XP die DNS-Daten in einem lokalen DNS-Cache auf Ihrem PC ab. Wenn Sie auf eine Website gehen, schaut XP zuerst in diesem lokalen DNS-Cache nach, ob die DNS-Daten darin bereits vorliegen. Wenn es die Daten lokal findet, muss es keinen entfernten DNS-Server nach IP-Informationen abfragen. Der Cache besteht aus den zuletzt abgefragten Hostnamen und den Einträgen aus Ihrer *HOSTS*-Datei.

Dieser Cache enthält negative und positive Einträge. *Positive* Einträge sind die, bei denen das Nachschlagen im DNS Erfolg hatte. Wenn XP im Cache einen positiven Eintrag findet, nutzt es sofort diese DNS-Daten, um Sie zur angefragten Website zu geleiten.

Negative Einträge sind die, bei denen keine Übereinstimmung gefunden wurde und Sie den Fehler »Cannot find server or DNS Error« gemeldet bekamen. Wenn XP einen negativen Eintrag im Cache findet, macht es sich erst gar nicht die Mühe, die Website zu suchen.

Negative Einträge können zu Problemen führen. Wenn Sie versuchen, mit einer Site Verbindung aufzunehmen, die einen negativen Eintrag in Ihrem Cache hat, bekommen Sie auch dann eine Fehlermeldung, wenn die Probleme der Site zwischenzeitlich behoben wurden.

Das können Sie mit einem Registrierungs-Hack ändern. Standardmäßig speichert XP negative Einträge fünf Minuten lang im Cache; danach werden sie gelöscht. Aber wenn Sie möchten, können Sie verhindern, dass negative Einträge überhaupt in den Cache gelangen, so dass sich das Problem erst gar nicht stellt. Laden Sie den Registrierungs-Editor **[Hack #83]** und gehen Sie zu `HKEY_LOCAL_MACHINE\SYSTEM\CurrentControlSet\Services\Dnscache\Parameters`. Dort erstellen Sie einen neuen `DWORD`-Wert namens `NegativeCacheTime` und geben ihm den Wert 0. (Falls der `DWORD`-Wert bereits vorhanden ist, setzen Sie seinen Wert auf 0.) Der `DWORD`-Wert legt fest, wie viele Sekunden negative Einträge im DNS-Cache verbleiben. Wenn Sie möchten, können Sie mit dem Wert 1 veranlassen, dass diese Einträge eine Sekunde lang gespeichert werden.

Verlassen Sie nun die Registrierung. Damit die Änderung wirksam wird, müssen Sie den Computer neu starten oder den Cache mit dem Befehl `ipconfig /flushdns` in der Eingabeaufforderung leeren.

> Mehr Informationen über die Verwendung von `ipconfig` finden Sie unter »Netzwerkprobleme mit ping, tracert und pathping beheben« **[Hack #51]**.

Dieser Befehl leert Ihren DNS-Cache einschließlich aller negativen und positiven Einträge. Er bleibt leer, bis Sie wieder damit anfangen, Websites zu besuchen. Wenn Sie dem `DWORD` den Wert 0 gegeben haben, werden negative Einträge dann allerdings nicht mehr gespeichert.

In der Registrierung können Sie auch bestimmen, wie lange positive Einträge im DNS-Cache verbleiben sollen. Standardmäßig werden sie für 24 Stunden

gespeichert. Um die Voreinstellung zu ändern, gehen Sie zu `HKEY_LOCAL_`
`MACHINE\SYSTEM\CurrentControlSet\Services\Dnscache\Parameters` und erstellen ein `DWORD` namens `MaxCacheEntryTtlLimit`. (Ist es bereits vorhanden, ändern Sie nur seinen Wert.) Geben Sie als Wert den Zeitraum ein, den der Eintrag im Cache bleiben soll. Der Zeitraum wird in Sekunden in Dezimaldarstellung eingegeben.

DNS-Probleme beheben

Wenn Sie keine Verbindung zu einer Website bekommen, ist häufig ein DNS-Problem die Ursache. Sie können jedoch etwas gegen solche Probleme unternehmen. Um herauszufinden, ob DNS an den Verbindungsschwierigkeiten schuld ist, pingen **[Hack #51]** Sie die Site, indem Sie an der Eingabeaufforderung oder im Feld AUSFÜHREN wie folgt den Befehl ping absetzen:

```
ping www.zdnet.com
```

Wenn die Site funktioniert, bekommen Sie eine Antwort wie diese:

```
Pinging www.zdnet.com [206.16.6.252] with 32 bytes of data:

Reply from 206.16.6.252: bytes=32 time=119ms TTL=242
Reply from 206.16.6.252: bytes=32 time=79ms TTL=242
Reply from 206.16.6.252: bytes=32 time=80ms TTL=242
Reply from 206.16.6.252: bytes=32 time=101ms TTL=242

Ping statistics for 206.16.6.252:
    Packets: Sent = 4, Received = 4, Lost = 0 (0% loss),
Approximate round trip times in milli-seconds:
    Minimum = 79ms, Maximum = 119ms, Average = 94ms
```

Ist sie nicht erreichbar, lautet die Antwort beispielsweise so:

```
Ping request could not find host. Please check the name and try again.
```

Wenn sich beim Pingen herausstellt, dass der Webserver antwortet, aber Ihr Browser immer noch keine Verbindung zu ihm herstellen kann, liegt möglicherweise ein DNS-Problem vor. In diesem Fall unternehmen Sie Folgendes:

Prüfen Sie Ihre HOSTS-Datei. Wenn Ihre *HOSTS*-Datei einen falschen oder überholten Eintrag enthält, bekommen Sie keine Verbindung. Selbst wenn Sie sich nicht erinnern können, die *HOSTS*-Datei selbst bearbeitet zu haben, kann sie dennoch Einträge enthalten, da manche Internet-Beschleunigungstools die Datei bearbeiten, ohne Ihnen Bescheid zu sagen. Öffnen Sie die *HOSTS*-Datei mit dem Editor und schauen Sie nach, ob die Website, mit der Sie keine Verbindung bekommen, darin aufgeführt ist. Wenn ja, löschen Sie den Eintrag. Nun müsste die Verbindung funktionieren.

Prüfen Sie Ihre DNS-Einstellungen. Vergewissern Sie sich, dass Ihre DNS-Einstellungen für Ihren Provider bzw. Ihr Netzwerk die richtigen sind. Fragen Sie den Provider oder Netzwerkadministrator, welche Einstellungen korrekt wären. Um Ihre geltenden Einstellungen zu erfahren, doppelklicken Sie dann im Ordner NETZWERKVERBINDUNGEN auf die Verbindung, die Probleme bereitet, wählen STATUS → NETZWERKUNTERSTÜTZUNG → DETAILS und schauen unten auf der Registerkarte nach, welches Ihre DNS-Server sind. Sind es nicht die, die es sein sollten, klicken Sie mit der rechten Maustaste auf die Problemverbindung und wählen EIGENSCHAFTEN → NETZWERK. Dann markieren Sie INTERNET-PROTOKOLL (TCP/IP) und wählen wieder EIGENSCHAFTEN. Tragen Sie die richtigen DNS-Server ein oder markieren Sie DNS-SERVERADRESSE AUTOMATISCH BEZIEHEN, sofern Ihr Provider oder Netzwerkadministrator dies von Ihnen verlangt.

Leeren Sie Ihren DNS-Cache. Das Problem kann auch mit Ihrem DNS-Cache zusammenhängen. Daher sollten Sie diesen leeren, indem Sie `ipconfig /flushdns` an einer Eingabeaufforderung eingeben.

Stellen Sie fest, ob Ihr Provider DNS-Probleme hat. Vielleicht ist Ihr Provider der Verursacher des Problems. Eventuell ist einer seiner DNS-Server abgestürzt, und Sie senden Ihre Anfrage ausgerechnet an diesen Server. Pingen Sie die DNS-Server Ihres Providers und löschen Sie die, die nicht antworten, aus Ihrer DNS-Liste, wie weiter oben in diesem Hack beschrieben.

HACK #50   Router optimieren

Mit Routern können Sie einen Breitband-Internetzugang gemeinsam nutzen und ein Heimnetzwerk aufbauen. Hier erfahren Sie, wie Sie das Beste aus Ihrem Router herausholen.

Es ist ganz einfach, mit Hilfe von billigen Hubs und Routern, so genannten *lokalen Gateways*, ein Heimnetzwerk mit gemeinsam genutztem Internetzugang einzurichten. Doch die Standardeinstellungen sind nicht immer optimal, da kein Netzwerk die Patentlösung für alle Lebenslagen darstellt. Und oft ist die Dokumentation der Router so schlecht, dass man kaum erkennen kann, welche Voreinstellungen und Optionen überhaupt vorhanden sind.

Die Optionen für Router sind modellbedingt unterschiedlich. Im Folgenden gebe ich Tipps, wie Sie die gebräuchlichsten und wichtigsten Einstellungen optimieren können:

Einstellungen für CONNECT ON DEMAND und MAXIMUM IDLE TIME
Je nachdem, welchen Internetprovider Sie haben, werden Sie vom Internet getrennt, nachdem Sie es eine gewisse Zeit nicht genutzt haben. Um

dieses Problem zu lösen, sollten Sie in Ihrem Router die Option CON-
NECT ON DEMAND aktivieren, falls sie existiert. Dadurch wird Ihre Internetverbindung automatisch wiederhergestellt, wenn Sie einen Internetdienst nutzen, selbst wenn Ihr Provider Sie vorher abgeklemmt hat.
Wenn es eine Einstellungsmöglichkeit für die MAXIMUM IDLE TIME gibt,
setzen Sie diesen Wert auf 0, damit Ihr Router die Internetverbindung
immer aufrechterhält, egal wie lange sie untätig bleibt. In der Praxis müssen Sie nur eine dieser beiden Optionen einstellen, da jede auch einzeln
eine dauerhafte Internetverbindung für Sie offen hält.

Keep Alive

Mit dieser Einstellung bleibt Ihre Internetverbindung auch dann beste-
hen, wenn Ihr PC nicht genutzt wird. Sie ähnelt den Optionen CON-
NECT ON DEMAND und MAXIMUM IDLE TIME, allerdings mit dem Unter-
schied, dass sie ein Trennen Ihrer Verbindung überhaupt nicht zulässt.
Falls vorhanden, ist sie daher sogar noch besser als die beiden anderen
Optionen.

Router Password

Ihr Router benötigt ein Passwort, damit Sie ihn als Administratorkonto
nutzen können. Er wird bereits mit voreingestelltem Passwort geliefert;
bei Routern von Linksys lautet dieses zum Beispiel `admin`. Aus Sicherheitsgründen sollten Sie ein neues Passwort einstellen.

Enable Logging

Aus Sicherheitsgründen sollten Sie mit dieser Option die Protokollierung
einschalten, um Protokolle des gesamten ein- und ausgehenden Datenver-
kehrs ansehen zu können. Je nach Router können die Protokolle dauerhaft auf Ihrer Festplatte gespeichert oder nur temporär angeschaut
werden. Unter Umständen können Sie von der Website des Herstellers
zusätzliche Software herunterladen, die ein dauerhaftes Speichern der Protokolle ermöglicht. So verwenden beispielsweise die Router von Linksys
temporäre Protokolle, doch wenn Sie den Linksys Logviewer von *http://
www.linksys.com* herunterladen, können Sie diese auch dauerhaft speichern. Die Protokolle können mit einem Editor oder einem Log-Analyseprogramm wie dem kostenlosen AWStats (*http://awstats.sourceforge.net*)
untersucht werden.

Spezielle Hub-/Router-Einstellungen für DSL-Zugang

Wenn Sie einen DSL-Zugang haben, müssen Sie die Einstellungen Ihres
Routers eventuell ändern, damit Ihr Netzwerk Internetzugriff bekommt.
Denn manchmal blockieren die Voreinstellungen des Routers den Zugang
zum Internet. Folgende Einstellungen sollten Sie bearbeiten:

PPPoE (Point to Point Protocol over Ethernet)
Fast alle DSL-Provider benutzen dieses Protokoll für den Internetzugang. Standardmäßig ist es auf Routern jedoch deaktiviert. Wenn Sie DSL haben, müssen Sie es aktivieren.

Keep Alive
Manche DSL-Provider trennen Sie automatisch nach einer gewissen Zeit der Untätigkeit vom Internet. Falls Ihr Router eine KEEP ALIVE-Option hat, aktivieren Sie sie, indem Sie in das Optionsfeld daneben klicken. Damit ist gewährleistet, dass Sie nicht vom Internet getrennt werden.

MTU (Maximum Transmission Unit)
DSL-Benutzer sollten generell für die MTU den Wert 1492 einstellen. Die MTU ist die maximale Paketgröße, die über ein Netzwerk übertragen werden kann. Pakete, die größer sind, als in der MTU eingestellt, werden in kleinere Pakete zerlegt. Da DSL-Provider die MTU oft auf 1492 setzen, können Sie durch Einstellung abweichender Werte Ihren Internetzugang langsamer machen.

> Am besten fragen Sie Ihren DSL-Provider, welchen Wert er benutzt, da die Werte von Provider zu Provider unterschiedlich sein können.

VPN-Einstellungen

Wenn Sie ein virtuelles privates Netzwerk (VPN) [Hack #82] nutzen, um sich von zu Hause aus mit Ihrem Firmennetzwerk zu verbinden, und zusätzlich einen Router verwenden, können Sie bei der Verbindung mit dem VPN auf Probleme stoßen. Manche Router sind spezialisiert auf die Arbeit mit VPNs und haben spezielle Setup-Bildschirme dafür. Wenn Sie einen solchen Router besitzen, sind Sie fein raus. Besorgen Sie sich nur die richtige Verschlüsselung, Authentifizierung usw. für das VPN von Ihrem Netzwerkadministrator und geben Sie diese Daten in den VPN-Setup-Bildschirm ein.

Doch wenn Sie einen Router ohne spezifische VPN-Einstellungen verwenden, wird es kompliziert. Das gilt sogar dann, wenn Ihr Router behauptet, er käme prima mit VPNs zurecht. Insbesondere eine Voreinstellung, die bei den meisten Routern tief im Setup-Bildschirm verborgen ist, kann den VPN-Zugriff torpedieren. Manche Router haben eine Option namens BLOCK WAN REQUEST. Diese ist standardmäßig aktiviert und blockt Anfragen aus dem Internet in das Netzwerk ab, darunter auch Ping-Anfragen. Ist diese Option aktiviert, wird damit auch der VPN-Zugriff blockiert. Für einen VPN-Zugriff müssen Anfragen aus dem Internet an das Netzwerk durchgelassen werden, so dass bei einer Blockierung solcher Anfragen das ganze VPN nicht mehr funktioniert. Wenn Sie einen Router von Linksys haben, deaktivieren Sie diese Einstellung, indem Sie im Administratorbildschirm auf ADVANCED → FILTERS klicken, dann DISABLE BLOCK WAN REQUEST auswählen und auf APPLY klicken. Wenn Sie einen anderen Router haben, müssen Sie in die Dokumentation schauen.

VPNs tunneln sich über diverse Protokolle durch das Internet, beispielsweise mit IPSec oder dem Point-to-Point Tunneling Protocol (PPTP). Diese müssen Sie bei Ihrem Router aktivieren, wenn es mit einem VPN harmonieren soll.

Spezifische Internetdienste aktivieren: Port Forwarding

Router nutzen oft Network Address Translation (NAT), wobei die eine externe IP-Adresse des Netzwerks von allen Netzwerkcomputern gemeinsam genutzt wird, aber jeder einzelne Computer weiterhin seine eigene, interne IP-Adresse behält, die im Internet nicht zu Tage tritt. So sieht es beispielsweise im Internet aus, als habe jeder Computer die Adresse 66.32.43.98, aber intern haben alle verschiedene Adressen, etwa 192.168.1.100, 192.168.1.101 und so weiter. Die meisten Router verfügen über integrierte DHCP-Server, die die internen IP-Adressen zuweisen. Mit diesen internen IP-Adressen können die einzelnen PCs untereinander kommunizieren und Internetverbindungen aufnehmen, und darüber hinaus stellen die Adressen einen Schutz des Netzwerks dar: Da für das Internet jeder PC die IP-Adresse des Routers hat, bleiben die tatsächlichen Ressourcen der Netzwerkrechner unsichtbar und können nicht gekapert werden. Der Router selbst hat keine Ressourcen, die einen Angriff auf Ihre PCs ermöglichen würden, und somit sind Sie in Sicherheit.

Wenn Sie allerdings in Ihrem Netzwerk Server haben, die Internetdienste bereitstellen (etwa einen FTP- oder Webserver), oder wenn Sie bestimmten PCs für bestimmte Zwecke (beispielsweise Spiele) eine eingehende Verbindung aus dem Internet gestatten müssen, bekommen Sie Schwierigkeiten, weil diese PCs keine für das restliche Internet erkennbaren IP-Adressen haben.

Mit dem folgenden Trick können Sie Ihren Router benutzen, um eingehende Anfragen an das richtige Gerät in Ihrem Netzwerk weiterzuleiten: Wenn Sie zum Beispiel einen FTP-, Web- oder Mailserver besitzen und anderen eine Verbindung gestatten möchten, können Sie eingehende Anfragen direkt an diese Server durchreichen. Die PCs im Internet benutzen die IP-Adresse Ihres Routers, und Ihr Router leitet die Anfragen an das passende Netzwerkgerät weiter. Normalerweise wäre eine Verbindung mit diesen Geräten nicht möglich, da sie vom Router interne LAN-Adressen als IP-Adressen zugewiesen bekommen, die vom Internet aus nicht erreicht werden können.

Nicht alle Router haben diese Fähigkeit. Um einen Linksys-Router wie ge-
schildert zu konfigurieren, melden Sie sich beim Administratorbildschirm an
und wählen ADVANCED → FORWARDING. Sie sehen dann den Bildschirm aus
Abbildung 5-1.

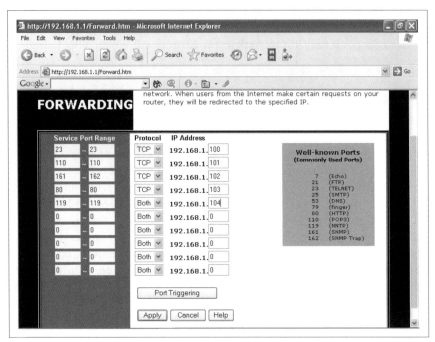

Abbildung 5-1: Anfragen an den richtigen Server oder Knoten weiterleiten

Wenn diese Funktion aktiviert ist, schaut sich der Router eingehende Anfragen an, erkennt, an welchen Port sie gerichtet sind (zum Beispiel an Port 80
für HTTP-Anfragen), und leitet sie dann an das entsprechende Gerät weiter.

Geben Sie für jedes Gerät die IP-Adresse, das Verbindungsprotokoll und den
oder die Ports für die Weiterleitung von Anfragen an. Außerdem sollten Sie
DHCP (Dynamic Host Configuration Protocol) für jedes Gerät deaktivieren,
an das Sie Anfragen durchlassen möchten, und diesen Geräten stattdessen
statische, interne IP-Adressen geben. Wenn Sie stattdessen weiter DHCP
verwenden, können sich die IP-Adressen der Server oder anderen Geräte
ändern und dadurch unerreichbar werden. Schauen Sie in der Dokumentation Ihres Routers nach, wie Sie ihn dazu bringen, bestimmten Geräten statische IP-Adressen zuzuweisen.

In Tabelle 5-1 sind Portadressen für gebräuchliche Internetdienste aufgeführt. Eine vollständige Liste von Ports finden Sie unter *http://www.iana.org/
assignments/port-numbers*.

Tabelle 5-1: Gebräuchliche Internet-TCP-Ports

Portnummer	Dienst
7	Echo
21	FTP
22	PCAnywhere
23	Telnet
25	SMTP
42	Nameserv, WINS
43	Whois, nickname
53	DNS
70	Gopher
79	Finger
80	HTTP
81	Kerberos
101	HOSTNAME
110	POP3
119	NNTP
143	IMAP
161	SNMP
162	SNMP trap
1352	Lotus Notes
3389	XP's Remote Desktop
5010	Yahoo! Messenger
5190	America Online Instant Messenger (AIM)
5631	PCAnywhere data
5632	PCAnywhere
7648	CU-SeeMe
7649	CU-SeeMe

Eine MAC-Adresse für Ihren Router klonen

Früher wurden private Netzwerke von den Kabelnetzbetreibern ausgesperrt oder mit zusätzlichen Gebühren belegt. Der Hintergedanke dabei: Wenn jemand mehrere Computer hat, die so viel Bandbreite belegen, soll er auch dafür zahlen.

Diese Zeiten sind zum Glück vorbei oder sollten es zumindest sein. Wenn Sie noch zu den Unglücklichen gehören, deren Kabel- oder DSL-Anbieter für Heimnetzwerke zusätzliche Gebühren verlangt, können Sie dieses Problem auch umgehen.

Dieser Hack wird Ihnen dabei helfen, und er wird Ihnen ebenfalls helfen, falls Ihr Kabel- oder DSL-Anbieter von Ihnen die Media Access Control-(MAC-)Adresse Ihres Netzwerks verlangt, ehe Ihre Verbindung funktioniert. Wenn Sie zu Beginn Ihrer Breitbandverbindung noch einen einzigen PC hatten, aber später zu Hause einen Router installiert haben, um ein Netzwerk einzurichten und denselben Internetzugang für mehrere PCs zu nutzen, müssen Sie dem Provider die MAC-Adresse Ihres neuen Routers mitteilen.

Um Ihre vorhandene MAC-Adresse mit dem neuen Router zu benutzen, können Sie die Adresse auch klonen. Für Ihren Provider sieht das so aus, als hätte sich Ihre MAC-Adresse gar nicht geändert. Vielleicht ist dies sogar dann ein guter Weg, wenn Ihr Kabelnetzbetreiber keine zusätzlichen Gebühren für den Anschluss mehrerer PCs berechnet, da es Ihnen die Mühe erspart, beim Support anzurufen und eine neue MAC-Adresse zu beantragen.

Da allerdings nicht alle Router diese Funktion haben, ist Ihrer vielleicht gar nicht dazu in der Lage. Die meisten Router von Linksys ermöglichen diese Vorgehensweise; also können Sie, wenn Sie einen solchen Router benutzen, mit dem nachfolgend beschriebenen Verfahren Ihre MAC-Adresse klonen. Die einzelnen Schritte können je nach Modell ein wenig abweichen:

1. Finden Sie die MAC-Adresse Ihres Netzwerkadapters heraus (das ist die MAC-Adresse, die Ihr Provider bereits kennt). Dies tun Sie, indem Sie an einer Eingabeaufforderung `ipconfig /all` eingeben und unter dem Eintrag ETHERNET ADAPTER LOCAL AREA CONNECTION nachsehen. Dort befindet sich ein Eintrag wie dieser:

   ```
   Physical Address. . . . . . . . : 00-08-A1-00-9F-32
   ```

   Das ist Ihre MAC-Adresse.

2. Nun gehen Sie (bei einem Linksys-Router) in den Administratorbildschirm und wählen ADVANCED → MAC ADDR. CLONE. Es öffnet sich ein Bildschirm wie der in Abbildung 5-2.

3. Geben Sie die MAC-Adresse ein, die Sie von Ihrem Netzwerkadapter erfahren haben, und klicken Sie auf APPLY. Ihr Router wird nun von Ihrem Provider wiedererkannt. Beachten Sie, dass Sie Ihr Modem vielleicht aus- und wieder einschalten müssen, ehe der Router erkannt wird.

Wenn Ihr Provider eine MAC-Adresse verlangt und Sie keine vorhandene klonen, müssen Sie ihm die MAC-Adresse Ihres Routers geben. Vergewissern Sie sich, dass es auch die richtige ist. In der Regel hat ein Router zwei MAC-Adressen: eine LAN-MAC-Adresse und eine WAN-MAC-Adresse. Da die LAN-Adresse nur für das interne Netzwerk benutzt wird, müssen Sie dem Provider folglich die WAN-MAC-Adresse geben. Mit der LAN-Adresse würden Sie keinen Zugang zum Internet bekommen.

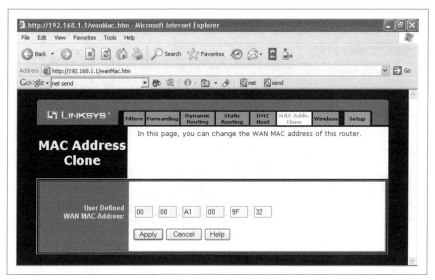

Abbildung 5-2: Eine vorhandene MAC-Adresse klonen

Bandbreite im Netzwerk verwalten

Bei Heimnetzwerken mit einem einzigen Internetzugang gibt es ein Problem: Es kann vorkommen, dass ein einziger PC die gesamte Bandbreite braucht. Wenn zum Beispiel jemand in Ihrem Haus Filesharing-Software benutzt, kann das die gesamte noch freie Bandbreite Ihres Netzwerks belegen, und alle anderen, die gerade online sind, haben nur noch eine Verbindung im Schneckentempo.

Doch dieses Problem ist leicht zu lösen. Verwenden Sie einfach eine Software, die die Bandbreite für die einzelnen PCs in Ihrem Netzwerk einschränkt! Wenn Ihre Bandbreite 3 MBit/s beträgt, können Sie beispielsweise die einzelnen PCs auf 0,5 MBit/s beschränken. So funktioniert Filesharing immer noch mit einer annehmbaren Übertragungsrate, aber die anderen PCs behalten dennoch ihre schnellen Verbindungen.

Der NetLimiter (*http://www.netlimiter.com*), den Sie in Abbildung 5-3 sehen, ist ein sehr gutes Programm für diesen Einsatzzweck.

Nicht nur Bandbreiten-Limits, sondern auch Übertragungsraten für Uploads und Downloads für individuelle Programme lassen sich auf diese Weise für den einzelnen PC einstellen. So könnten Sie beispielsweise einem PC einen größeren Teil seiner Bandbreite für Filesharing und einen kleineren Teil für E-Mails zuweisen. NetLimiter ist Shareware: Das Programm kann kostenlos ausprobiert werden, muss aber nach Ablauf von 28 Tagen für $ 29,95 gekauft werden.

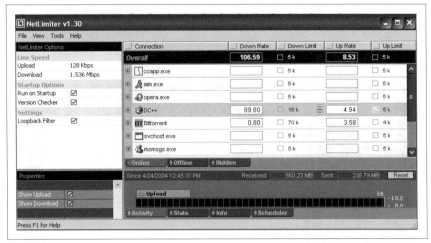

Abbildung 5-3: NetLimiter kann die Bandbreite für einzelne PCs im Netzwerk
beschränken

HACK #51 Netzwerkprobleme mit ping, tracert und pathping beheben

Wenn Sie Netzwerkverbindungsproblemen einfach nicht auf die Schliche
kommen, müssen Sie an die Eingabeaufforderung gehen.

Wenn Sie Probleme mit Ihrem Netzwerk und den Netzwerkverbindungen
haben und wirklich Hilfe benötigen, können Sie die Benutzeroberfläche von
XP vergessen. Da finden Sie nicht, was Sie brauchen. Um den Problemen auf
den Grund zu gehen, müssen Sie zu Befehlszeilen-Tools greifen. ping und
tracert sind bekannte Tools, die Sie vielleicht selbst schon einmal benutzt
haben. Aber möglicherweise sind Sie sich über die Mächtigkeit dieser Tools
und die ganzen Optionen, die Sie mit ihnen benutzen können, gar nicht im
Klaren. Und von pathping, einer Art Kombination aus beiden Tools, haben
Sie vielleicht noch nie gehört.

TCP/IP-Probleme mit ping beheben

Die schnellste, beliebteste und oft auch hilfreichste Art, TCP/IP-Probleme zu
beheben, ist ping. Mit ping finden Sie heraus, ob die Ressource oder der Server, mit dem Sie Verbindung über das Internet aufnehmen möchten, überhaupt aktiv ist und ob die Hops zu dieser Ressource oder dem Server funktionieren. ping sendet *Internet Control Message Protocol*-(ICMP-)Echo-
Request-Nachrichten an das Ziel, das Sie überprüfen möchten, empfängt
daraufhin Antworten und gibt Ihnen Informationen über den Verbindungs-
pfad zwischen Ihnen und Ihrem Ziel und über die Geschwindigkeit, mit der
die Datenpakete diese Reise zurücklegen. Wenn Sie beispielsweise Probleme

mit dem E-Mail-Abruf von einem Server haben, sollte Ihre erste Maßnahme darin bestehen, den Server zu pingen, um zu schauen, ob er überhaupt aktiv ist und reagiert. Um ping zu benutzen, gehen Sie zu einer Eingabeaufforderung und tippen Folgendes ein:

```
ping ziel
```

Hierbei ist *ziel* ein Hostname oder eine IP-Adresse, zum Beispiel *pop3. catalog.com*, *zdnet.com* oder *209.217.46.121*. Als Antwort bekommen Sie Informationen im folgenden Format:

```
Pinging zdnet.com [206.16.6.208] with 32 bytes of data:

Reply from 206.16.6.208: bytes=32 time=83ms TTL=242
Reply from 206.16.6.208: bytes=32 time=73ms TTL=242
Reply from 206.16.6.208: bytes=32 time=91ms TTL=242
Reply from 206.16.6.208: bytes=32 time=72ms TTL=242

Ping statistics for 206.16.6.208:
    Packets: Sent = 4, Received = 4, Lost = 0 (0% loss),
Approximate round trip times in milli-seconds:
    Minimum = 72ms, Maximum = 91ms, Average = 79ms
```

Wenn der Host inaktiv ist, erhalten Sie an Stelle dieses Berichts die Nachricht »Request timed out«.

Falls Sie einen Hostnamen eingeben, meldet ping die IP-Adresse zurück und gibt einen detaillierten Bericht über seine vier Verbindungsversuche sowie eine Zeitmessung (in Millisekunden). Es gibt an, wie lange das Paket für die Rundreise zwischen Ihrem PC und dem Host gebraucht hat, liefert die *Time To Live*-(TTL-)Informationen über jedes Paket und gibt eine Zusammenfassung seiner Erkenntnisse.

Das TTL-Feld kann Ihnen sagen, wie viele Hops das Paket von Ihnen zu seinem Ziel zurückgelegt hat. Ursprünglich gab TTL nur an, wie viele Sekunden ein Paket bis zu seinem Ablauf aktiv bleiben konnte, um sicherzugehen, dass die Pakete nicht bis zum Sankt-Nimmerleins-Tag im Internet herumhüpfen und Verkehrstaus verursachen. Doch seither wurde dieser Wert neu interpretiert, und er gibt nunmehr an, wie viele Hops ein Paket bis zu seinem Ziel zurücklegen darf. Standardmäßig sind es 255. Jedes Mal, wenn das Paket einen neuen Hop tut, wird seine TTL um eins reduziert. Die von ping gemeldete TTL-Zahl ist die endgültige TTL des Pakets, wenn es an seinem Ziel angekommen ist. Um die Anzahl seiner Hops zu ermitteln, subtrahieren Sie seine anfängliche TTL (standardmäßig 255) von der, die ping gemeldet hat. Im obigen Beispiel brauchten die Pakete 13 Hops bis zu ihrem Ziel.

Sie können ping mit Optionen wie diesen hier benutzen:

```
ping -a -l 45 208.201.239.237
```

Dieser Befehl setzt die Größe des gesendeten Pakets von dem Standardwert 32 Bytes auf 45 Bytes herauf und löst die IP-Adresse als Hostname auf. Das bedeutet, er listet den Hostnamen der IP-Adresse auf.

ping hat eine Vielzahl nützlicher Optionen, mit denen Sie alle möglichen Probleme beheben können. Den einfachen ping-Befehl nutzen Sie, um zu prüfen, ob eine Internet- oder Netzwerkressource aktiv ist und ob es Verzögerungen bei dem Versuch gibt, sie zu erreichen. Doch wie Sie in Tabelle 5-2 sehen, können Sie ping und seine Optionen auch für viele andere Zwecke einsetzen, beispielsweise um zu einer IP-Adresse den Hostnamen oder zu einem Hostnamen die IP-Adresse herauszufinden.

Tabelle 5-2: Nützliche Optionen zu ping

Option	Wirkung
-a	Löst eine IP-Adresse als Hostname auf.
-f	Schaltet für ein Paket das Nicht-fragmentieren-Flag ein. So werden die Pakete, die Sie senden, nicht zerlegt. Das kann nützlich sein, wenn Sie testen möchten, ob Pakete einer bestimmten Größe noch durchkommen.
-i *wert*	Setzt den Wert des TTL-Felds auf eine Zahl zwischen 0 und 255. Wenn Sie dieses Feld benutzen, müssen Sie eines wissen: Auch wenn das Feld auf den neuen, von Ihnen angegebenen Wert gesetzt wurde, sieht es im ping-Bericht so aus, als hätte es immer noch den Wert 255. Wenn Sie also die TTL auf 20 setzen und das Paket 15 Hops tut, meldet ping den TTL-Wert 240.
-l *wert*	Pingt mit der in *wert* angegebenen Anzahl von Bytes.
-n *anzahl*	Gibt die Anzahl der gesendeten ICMP Echo Request-Nachrichten an Stelle der Standardanzahl 4 an.
-r *anzahl*	Zeigt die IP-Adressen der Hops bis zum Ziel. Hier geben Sie eine Zahl zwischen 1 und 9 an. Wenn die Anzahl der tatsächlichen Hops diesen Wert überschreitet, bekommen Sie die Meldung »Request timed out«.
-s *anzahl*	Zeigt einen Zeitstempel für den Echo Request und den Echo Reply Request für alle Hops der Route an. Hier geben Sie eine Zahl zwischen 1 und 4 vor. Wenn die Anzahl der tatsächlichen Hops diesen Wert überschreitet, bekommen Sie die Meldung »Request timed out«.
-t	Sendet die Echo Request-Nachricht immer weiter, bis durch Strg-Pause, Pause oder Strg-C abgebrochen wird.
-w *wert*	Gibt an, wie viele Millisekunden höchstens auf eine Echo Reply-Nachricht zu jeder Echo Request-Nachricht gewartet wird, bevor eine Timeout-Meldung ausgegeben wird. Der Standardwert ist 4,000 (4 Sekunden).

Das Netzwerk und den internen Datenpfad mit tracert beobachten

Oft haben Sie ein Verbindungsproblem mit Ihrem Netzwerk oder dem Internet nicht deswegen, weil Ihr Zielserver inaktiv ist, sondern weil irgendwo auf dem Weg dorthin ein Router nicht funktioniert. Für solche Arten von Problemen bietet sich tracert an. Es zeigt den Pfad, den die Daten auf dem Weg zu dem Server oder dem Dienst einschlagen, den Sie in Ihrem Netzwerk oder im Internet zu erreichen versuchen. Wie ping sendet auch dieser Befehl ICMP Echo Request-Meldungen an das Ziel, das Sie überprüfen möchten. Geben Sie an einer Eingabeaufforderung tracert *ziel* ein, wobei *ziel* eine IP-Adresse oder ein Hostname sein kann. Hier sehen Sie eine typische Antwort von einem tracert-Befehl:

```
Tracing route to redir-zdnet.zdnet.com [206.16.6.208]
over a maximum of 30 hops:

  1     9 ms    11 ms    10 ms   10.208.128.1
  2     8 ms     8 ms     7 ms   bar02-p0-1.cmbrhe1.ma.attbb.net [24.128.8.53]
  3     9 ms     *        32 ms   bar03-p7-0.wobnhe1.ma.attbb.net [24.147.0.193]
  4     8 ms    14 ms     9 ms   12.125.39.213
  5    12 ms    10 ms     9 ms   gbr2-p70.cb1ma.ip.att.net [12.123.40.102]
  6    25 ms    26 ms    24 ms   gbr4-p80.cb1ma.ip.att.net [12.122.5.65]
  7    36 ms    39 ms    64 ms   gbr4-p40.cgcil.ip.att.net [12.122.2.49]
  8    33 ms    33 ms    48 ms   gbr3-p60.cgcil.ip.att.net [12.122.1.125]
  9    72 ms    80 ms    78 ms   gbr3-p30.sffca.ip.att.net [12.122.2.150]
 10    72 ms    77 ms    73 ms   idf26-gsr12-1-pos-6-0.rwc1.attens.net
                                 [12.122.255.222]
 11    76 ms    78 ms    79 ms   mdf3-bi4k-2-eth-1-1.rwc1.attens.net
                                 [216.148.209.66]
 12    73 ms    72 ms    74 ms   63.241.72.150
 13    72 ms    74 ms    71 ms   redir-zdnet.zdnet.com [206.16.6.208]
```

Wenn das Ziel nicht erreicht werden kann, erhalten Sie die Nachricht »Destination unreachable«.

Wie Sie sehen, zeigt tracert die IP-Adresse und den Hostnamen sowie die Zeit jedes Hops. Wenn Sie Probleme mit Ihrem Netzwerk haben, finden Sie hiermit die Ursache: Verschuldet ein Hop eine besonders lange Verzögerung, haben Sie die Wurzel des Übels gefunden.

Mit tracert können Sie mehrere Optionen benutzen, etwa diese:

```
Tracert -d -h 45 zdnet.com
```

Dieser Befehl beobachtet den Weg zu *zdnet.com*, wobei nur die IP-Adressen der Router angezeigt werden und maximal 45 Hops auf dem Weg zum Ziel zulässig sind. Tabelle 5-3 zeigt die nützlichsten Optionen von tracert.

Tabelle 5-3: Nützliche Optionen von tracert

Option	Wirkung
-d	Keine Hostnamen der Router anzeigen.
-h *wert*	Höchstzahl von Hops, die bis zum Ziel beobachtet werden.
-w *wert*	Höchstzahl von Millisekunden, die auf eine Antwort gewartet wird.

Netzwerkprobleme mit pathping beheben

Der Befehl pathping funktioniert wie eine Kombination aus ping und tracert. Geben Sie pathping wie folgt an der Eingabeaufforderung ein:

```
pathping ziel
```

Hierbei ist *ziel* entweder ein Hostname oder eine IP-Adresse, etwa *pop3. catalog.com* oder *209.217.46.121.* Die Antwort, die Sie erhalten, hat zwei Teile: eine Liste der Hops auf dem Weg bis zum Ziel und die statistischen Daten zu diesen Hops, einschließlich der Anzahl der Pakete, die bei dem Hop verloren gingen. Als Optionen können Sie beispielsweise folgende angeben:

```
pathping -n -w 1000 oreilly.com
```

Dieser Befehl lässt pathping die IP-Adresse des Routers nicht auflösen und lässt es eine Sekunde (1.000 Millisekunden) auf eine Echo Replay-Nachricht warten. Tabelle 5-4 listet die wichtigsten pathping-Optionen auf.

Tabelle 5-4: Nützliche Optionen für pathping

Option	Wirkung
-n	Die Hostnamen der einzelnen Router werden nicht angezeigt.
-h wert	Höchstzahl der Hops, die bis zum Ziel nachverfolgt werden. Der Standardwert ist 30 Hops.
-w wert	So viele Millisekunden wird maximal auf eine Antwort gewartet.
-p	So viele Millisekunden wird maximal gewartet, bis ein neuer ping abgesetzt wird. Der Standardwert ist 250.
-q wert	Die Anzahl der zu übermittelnden ICMP Echo Request-Nachrichten. Der Standardwert ist 100.

Siehe auch

- »Netzwerkprobleme mit netsh, netstat und ipconfig beheben« [Hack #52]

HACK #52 Netzwerkprobleme mit netsh, netstat und ipconfig beheben

Hier finden Sie noch mehr Befehlszeilen-Tools zur Behebung von Netzwerkproblemen.

Neben den bekannten Netzwerk-Tools wie ping, tracert und pathping [Hack #51] gibt es noch andere Befehle mit vielfältigen Einsatzmöglichkeiten, um Probleme mit Netzwerkverbindungen zu reparieren: netsh, netstat und ipconfig.

Netzwerk- und Internetverbindungen mit netsh reparieren

netsh ist ein vielseitiges Diagnose-Tool für den Einsatz auf der Befehlszeile und bietet einen überaus reichhaltigen Befehlsvorrat (eine vollständige Liste der verfügbaren Befehle finden Sie im Hilfe- und Supportcenter von XP, wenn Sie als Suchbegriff netsh eingeben). Im Folgenden werden nur die interessantesten dieser Befehle beschrieben.

Vielleicht die nützlichsten aller netsh-Befehle sind die netsh diag-Befehle. Sie geben Informationen über die Netzwerkkonfiguration Ihres PCs, finden beispielsweise die IP-Adressen seines Mail-, Newsgroup- und DNS-Servers sowie weiterer Ressourcen.

Es gibt zwei Möglichkeiten, netsh zu benutzen: entweder direkt an der Eingabeaufforderung mit allen Optionen oder auf der netsh-Konsole. Sie rufen die Konsole auf, indem Sie zuerst an der Eingabeaufforderung netsh und dann am netsh>-Prompt den Befehl eingeben. Um beispielsweise alle Netzwerkadapter Ihres PCs aufführen zu lassen, können Sie also netsh diag show adapter an der Eingabeaufforderung eingeben, oder Sie können den netsh>-Prompt aufrufen und dahinter diag show adapter schreiben.

Mit dem Befehl netsh bekommen Sie Verbindung zu und Informationen über Ihre Ressourcen. Um beispielsweise die IP-Adresse Ihres DNS-Servers zu erfahren, tippen Sie netsh diag show dns ein, und für die IP-Adresse Ihres Mailservers geben Sie netsh diag connect mail ein.

Tabelle 5-5 listet die nützlichsten Befehle zu netsh diag auf. Vor jeden Befehl müssen Sie netsh diag schreiben. Beachten Sie, dass zu jedem einzelnen Befehl wiederum eine Vielzahl von Optionen gehört. Einzelheiten darüber finden Sie im Hilfe- und Supportcenter mit einer Suche nach netsh.

Tabelle 5-5: Nützliche Befehle zu netsh diag

Befehl	Wirkung
connect ieproxy	Richtet, falls vorhanden, eine Verbindung mit dem Proxyserver von IE ein.
connect mail	Richtet eine Verbindung mit dem Standard-Mailserver von Outlook Express ein.
connect news	Richtet eine Verbindung mit dem Standard-Newsgroup-Server von Outlook Express ein.
ping adapter	Richtet eine Verbindung mit dem angegebenen Adapter ein.
ping dhcp	Richtet eine Verbindung mit einem DHCP-Server ein.
show adapter	Listet alle Adapter des PCs auf.
show all	Listet alle für den lokalen PC definierten Netzwerkobjekte auf, etwa Adapter, Netzwerk-Clients, Server, Modems und andere.
show dhcp	Listet alle DHCP-Server für den angegebenen Adapter auf.

Tabelle 5-5: Nützliche Befehle zu netsh diag (Fortsetzung)

Befehl	Wirkung
show dns	Listet alle DNS-Server für den angegebenen Adapter auf.
show gateway	Listet alle Router für den angegebenen Adapter auf.

Offene Netzwerkverbindungen mit netstat untersuchen

Wenn Sie eine Momentaufnahme aller ein- und ausgehenden Netzwerkverbindungen erstellen möchten, verwenden Sie netstat. Geben Sie dazu an einer Eingabeaufforderung den Befehl netstat ein. Er listet alle Verbindungen einschließlich des Protokolls, der lokalen und der Internetadresse sowie des Verbindungszustands auf, etwa wie hier:

```
Active Connections
Proto  Local Address      Foreign Address            State
TCP    PrestonGralla:1031 localhost:2929             ESTABLISHED
TCP    PrestonGralla:2887 192.168.1.103:netbios-ssn  TIME_WAIT
TCP    PrestonGralla:2899 www.oreillynet.com:http    ESTABLISHED
TCP    PrestonGralla:2900 www.oreillynet.com:http    ESTABLISHED
TCP    PrestonGralla:2932 mail.attbi.com:pop3        ESTABLISHED
TCP    PrestonGralla:2936 vmms2.verisignmail.com:pop3 ESTABLISHED
```

Hieraus erfahren Sie, welche Verbindungen aktiv sind, mit welchem Netzwerk- oder Internetgerät sie eingerichtet wurden und welche lokale Ressource die Verbindung initiiert hat. Der Befehl eignet sich am besten, wenn Sie Netzwerkprobleme haben und herausfinden möchten, ob bestimmte Ports offen sind, warum bestimmte Computer im Netzwerk Verbindungsprobleme haben und dergleichen mehr. Zu netstat gibt es auch Optionen. Offene Ports und Verbindungen lassen Sie beispielsweise mit folgender Syntax anzeigen: netstat -a. Tabelle 5-6 gibt einen Überblick über die netstat-Optionen.

Tabelle 5-6: netstat-Optionen

Option	Wirkung
-a	Zeigt alle offenen Verbindungen und Ports an.
-e	Zeigt eine Ethernet-Statistik über gesendete und empfangene Pakete an. Kann mit der Option -s kombiniert werden.
-n	Zeigt die Adressen und Ports als numerische IP-Adressen an.
-o	Zeigt die Prozess-ID (PID) an, zu der die Verbindung gehört.
-p *proto*	Zeigt die durch dieses Protokoll verwendeten Verbindungen an; das Protokoll kann IP, IPv6, ICMP, ICMPv6, TCP, TCPv6, UDP oder UDPv6 sein.
-r	Zeigt die Routing-Tabelle des Netzwerks an.
-s	Zeigt eine Statistik zu jedem Protokoll an. Die Option listet eigentlich alle Statistikdaten zu allen Protokollen auf, aber in Kombination mit der Option -p können Sie auch nur die Daten zu einem bestimmten Protokoll anzeigen lassen.
interval *wert*	Lässt netstat wiederholt mit *wert* Sekunden Pause zwischen den Anzeigen laufen. Um die Datenanzeige anzuhalten, drücken Sie auf Strg-C.

TCP/IP-Probleme mit ipconfig beheben

Ein überaus mächtiges Tool zur Analyse und Behebung von TCP/IP-Problemen ist das Befehlszeilen-Tool ipconfig. Es liefert Informationen über Ihre Adapter, einschließlich der zugehörigen IP-Adresse, der Subnetzmaske, des Standardgateways, der MAC-Adresse, des DNS-Servers, der Frage, ob DHCP aktiviert ist, und noch vieles andere mehr. Um grundlegende Informationen über Ihre Adapter zu bekommen, geben Sie an einer Eingabeaufforderung ipconfig ein. Sie erhalten dann einen Bericht wie diesen:

```
Windows IP Configuration
Ethernet adapter Local Area Connection:
        Connection-specific DNS Suffix  . : ne1.client2.attbi.com
        IP Address. . . . . . . . . . . . : 192.168.1.100
        Subnet Mask . . . . . . . . . . . : 255.255.255.0
        Default Gateway . . . . . . . . . : 192.168.1.1
PPP adapter {6A724E76-AB59-4ABC-BBF5-41CA4410EB8D}:
        Connection-specific DNS Suffix  . :
        IP Address. . . . . . . . . . . . : 172.165.155.106
        Subnet Mask . . . . . . . . . . . : 255.255.255.255
        Default Gateway . . . . . . . . . :
```

Wie Sie sehen, gibt ipconfig elementare Informationen über Ihre IP-Adresse, die Subnetzmaske, das Standardgateway und ein verbindungsspezifisches DNS-Suffix, falls vorhanden. Viel mehr Einzelheiten bekommen Sie jedoch mit der Option /all, indem Sie ipconfig /all eintippen. Für die meisten Zwecke sollten Sie diese /all-Option benutzen. Der Bericht wird dadurch viel umfassender, etwa wie hier:

```
Windows IP Configuration
        Host Name . . . . . . . . . . . . : PrestonGralla
        Primary Dns Suffix  . . . . . . . :
        Node Type . . . . . . . . . . . . : Hybrid
        IP Routing Enabled. . . . . . . . : No
        WINS Proxy Enabled. . . . . . . . : No
Ethernet adapter Local Area Connection:
        Connection-specific DNS Suffix  . : ne1.client2.attbi.com
        Description . . . . . . . . . . . : CNet PRO200WL PCI Fast Ethernet
Adapter
        Physical Address. . . . . . . . . : 00-08-A1-00-9F-32
        Dhcp Enabled. . . . . . . . . . . : Yes
        Autoconfiguration Enabled . . . . : Yes
        IP Address. . . . . . . . . . . . : 192.168.1.100
        Subnet Mask . . . . . . . . . . . : 255.255.255.0
        Default Gateway . . . . . . . . . : 192.168.1.1
        DHCP Server . . . . . . . . . . . : 192.168.1.1
        DNS Servers . . . . . . . . . . . : 204.127.202.19
                                            216.148.227.79
        Lease Obtained. . . . . . . . . . : Saturday, December 28, 2002 8:
53:40 AM
        Lease Expires . . . . . . . . . . : Sunday, December 29, 2002 8:
53:40 AM
```

```
PPP adapter {6A724E76-AB59-4ABC-BBF5-41CA4410EB8D}:
        Connection-specific DNS Suffix  . :
        Description . . . . . . . . . . : WAN (PPP/SLIP) Interface
        Physical Address. . . . . . . . : 00-53-45-00-00-00
        Dhcp Enabled. . . . . . . . . . : No
        IP Address. . . . . . . . . . . : 172.165.155.106
        Subnet Mask . . . . . . . . . . : 255.255.255.255
        Default Gateway . . . . . . . . :
        DNS Servers . . . . . . . . . . : 64.12.104.134
        NetBIOS over Tcpip. . . . . . . : Disabled
```

ipconfig können Sie auch verwenden, um IP-Adressen herauszugeben und zu erneuern und um noch andere Probleme zu beheben. Um beispielsweise die IP-Adresse eines Adapters zu erneuern, verwenden Sie folgenden Befehl:

```
ipconfig /renew "adaptername"
```

Hierbei ist *adaptername* der Name des Adapters, dessen IP-Adresse erneuert werden soll. Sie müssen den Namen in Anführungszeichen setzen und, wenn er aus mehr als einem Wort besteht, Leerzeichen zwischen die Wörter setzen. Tabelle 5-7 führt noch andere ipconfig-Optionen auf.

Tabelle 5-7: Befehlszeilenoptionen für ipconfig

Option	Wirkung
/all	Vollständige Informationen über die TCP/IP-Konfiguration.
/displaydns	Informationen aus dem DNS-Resolver-Cache (mehr dazu in [Hack #49].
/flushdns	Leert den DNS-Resolver-Cache [Hack #49].
/registerdns	Erneuert alle DHCP-Leases und registriert DNS-Namen erneut.
/release "adapter"	Gibt die IP-Adresse für den angegebenen Adapter heraus.
/renew "adapter"	Erneuert die IP-Adresse für den angegebenen Adapter.
/setclassid "adapter" newclassid	Setzt die DHCP Class ID für den angegebenen Adapter auf einen neuen Wert.
/showclassid "adapter"	Zeigt die DHCP Class ID für den angegebenen Adapter an.

Siehe auch

*   »Netzwerkprobleme mit ping, tracert und pathping beheben« [Hack #51]

Schneller im Netzwerk browsen

#53 Mit ein paar Kunstgriffen in der Registrierung browsen Sie schneller im Netzwerk.

Wenn Sie in der NETZWERKUMGEBUNG andere Computer untersuchen, kann es lange dauern, bis die Liste der gemeinsam genutzten Ressourcen eines anderen Computers angezeigt wird. Denn Windows XP prüft zuerst die geplanten Tasks auf diesem Computer, ehe es seine Ressourcen auflistet.

 Um einen Task mit dem Windows XP-Taskplaner zu planen, wählen Sie START → ALLE PROGRAMME → ZUBEHÖR → SYSTEMPROGRAMME → GEPLANTE TASKS.

Diese überflüssige Prüfung kann leicht 30 Sekunden in Anspruch nehmen. Das Warten können Sie sich ersparen, indem Sie die Prüfung in der Registrierung abschalten:

1. Starten Sie den Registrierungs-Editor, indem Sie regedit [Hack #83] an einer Eingabeaufforderung eingeben.

2. Öffnen Sie diesen Registrierungsschlüssel:

   ```
   HKEY_LOCAL_MACHINE\SOFTWARE\Microsoft\Windows\CurrentVersion\Explorer\
   RemoteComputer\NameSpace
   ```

3. Löschen Sie folgenden Schlüssel (seinen Wert bilden die geplanten Tasks, wie in Abbildung 5-4 gezeigt):

   ```
   {D6277990-4C6A-11CF-8D87-00AA0060F5BF}
   ```

4. Schließen Sie die Registrierung und starten Sie neu.

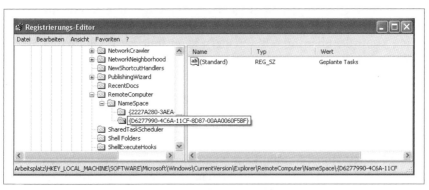

Abbildung 5-4: Die Registrierung wird geändert.

Das war's! Jetzt können Sie einen anderen Computer ohne größere Verzögerung untersuchen.

Wei-Meng Lee

Andere PCs mit Remotezugriff steuern

#54   Sie können einen Computer über das Internet steuern – also virtuell seinen Mauszeiger bewegen und auf seiner Tastatur tippen. Dazu verwenden Sie entweder die integrierten Funktionen von XP oder ein anderes Programm.

Wäre es nicht schön, wenn man sich vom Büro aus in den heimischen Computer einwählen könnte, um rasch mal in die E-Mail zu schauen oder eine Datei abzurufen, die man mit nach Hause genommen hatte? Wie wäre das, wenn Sie auf Reisen über Ihren Laptop den Heim- oder Bürocomputer benutzen könnten? Mit einem Remoteüberwachungsprogramm ist es möglich, einen anderen Computer über das Internet zu benutzen, seinen Bildschirm auf einem anderen Bildschirm zu sehen und ihm mit der Maus oder über die Tastatur Befehle zu geben. Windows XP hat dazu eine eingebaute Funktion namens Remotedesktop; Sie können aber auch eine Software eines anderen Herstellers verwenden. Windows Messenger [Hack #97] ermöglicht es überdies, dass Chat-Teilnehmer den Computer des jeweils anderen mitbenutzen können.

Der Computer, den Sie steuern, ist der *Remoteserver*, und der, vor dem Sie sitzen, ist der *Remoteclient*. Windows XP hat ein integriertes Remoteclientprogramm (Remotedesktopverbindung), und Windows XP Professional hat ein Remoteserverprogramm (Remotedesktop), das immer nur mit einem Client arbeitet. Das bedeutet, dass ein einziger Computer aus der Entfernung Kontrolle über Ihren PC erlangen kann (mit etwas Glück sind Sie das selbst!).

> Die Terminaldienste von Windows 2000 und Windows Server 2003 fungieren beide als Remoteserver, die mehrere Remoteclientverbindungen zulassen.

Windows XP Home Edition kann nicht als Remoteserver herhalten. Wenn Sie aus der Entfernung auf ein System mit der Home Edition zugreifen möchten, müssen Sie auf Windows XP Professional aufrüsten oder eine andere Software einsetzen. Wir empfehlen VNC, ein kleines, kostenloses Open Source-Programm (Informationen und kostenlose Downloads stehen unter *http://www.realvnc.com* zur Verfügung).

Windows XP-Remoteserver konfigurieren

Wenn Sie in der Lage sein möchten, Ihr Windows XP Professional-System remote zu steuern, müssen Sie es als Remoteserver einrichten. Melden Sie sich als Administrator an und wählen Sie START → SYSTEMSTEUERUNG → LEISTUNG UND WARTUNG → SYSTEM (oder drücken Sie auf Windows-Pause), klicken Sie auf die Registerkarte REMOTE, markieren Sie im Bereich REMOTE-

DESKTOP das Kontrollkästchen, um eingehende Verbindungen zuzulassen (BENUTZERN ERLAUBEN, EINE REMOTEDESKTOPVERBINDUNG HERZUSTELLEN), und klicken Sie außerdem auf die Schaltfläche REMOTEBENUTZER AUSWÄHLEN, wenn Sie bestimmen möchten, welche Benutzerkonten von Remoteclients verwendet werden können. (Windows gestattet automatisch Verbindungen des aktuellen Benutzers sowie aller Benutzer in den Benutzergruppen der Administratoren und Remotedesktopbenutzer.)

Normalerweise verbinden sich Remoteclients mit dem Server über ein LAN oder eine Internet-Standverbindung. Sie können den Remoteserver aber auch so konfigurieren, dass er eingehende Telefonverbindungen akzeptiert, falls Sie ein Einwählmodem haben. Eine DFÜ-Verbindung, die eingehende Verbindungen über Telefon akzeptiert, erstellen Sie mit Hilfe des Assistenten für neue Verbindungen (klicken Sie im Fenster NETZWERKVERBINDUNGEN auf NEUE VERBINDUNG ERSTELLEN). Als Netzwerkverbindungstyp wählen Sie EINE ERWEITERTE VERBINDUNG EINRICHTEN, im nächsten Fenster markieren Sie EINGEHENDE VERBINDUNGEN ZULASSEN, und dann wählen Sie Ihr Modem und sagen, ob Sie VPN-Verbindungen akzeptieren [Hack #82] möchten. Abschließend legen Sie fest, mit welchen Benutzerkonten die eingehende Verbindung hergestellt werden kann.

Firewalls blocken Remoteverbindungen [Hack #77] und [Hack #78] in aller Regel ab. Wenn Sie möchten, dass Ihr Remoteserver vom Internet aus erreichbar bleibt, müssen Sie folglich einen Port auf der Firewall öffnen [Hack #80]. Der Remotedesktop verwendet den Port 3389. Wenn Sie die integrierte Firewall von Windows XP nutzen, rufen Sie das Fenster NETZWERKVERBINDUNGEN auf, klicken mit der rechten Maustaste auf die Internetverbindung, wählen aus dem Kontextmenü EIGENSCHAFTEN, klicken auf die Registerkarte ERWEITERT und dann auf EINSTELLUNGEN, um das Dialogfeld ERWEITERTE EINSTELLUNGEN aufzurufen. Dort markieren Sie das Kontrollkästchen REMOTEDESKTOP; falls nur das Dialogfeld DIENSTEINSTELLUNGEN erscheint, klicken Sie lediglich auf OK.

> Wenn Sie den Port des Remotedesktopservers in einen anderen als 3389 umändern möchten (vielleicht, um Hacker draußen zu halten), sollten Sie sich den Artikel Q187623 der Microsoft Knowledge Base anschauen. (Geben Sie unter *http://support.microsoft.com* die Artikelnummer in das Feld SEARCH THE KNOWLEDGE BASE ein.)

Wenn Sie sich von Ihrem Remoteclient aus verbinden (wie weiter unten in diesem Hack beschrieben), müssen Sie einen DNS-Namen oder eine IP-Adresse angeben. Falls Ihr Computer sich über DFÜ, DSL oder Kabel verbindet, ändert sich seine IP-Adresse mit jeder Verbindung, und ein DNS-

Name ist auch nicht vorhanden. Eine Lösung wäre es, dass jemand für Sie auf dem Remoteserver das Fenster NETZWERKVERBINDUNGEN aufruft, mit der rechten Maustaste auf die Internetverbindung klickt, den Befehl STATUS aus dem Kontextmenü wählt, auf die Registerkarte NETZWERKUNTERSTÜTZUNG klickt und Ihnen per Telefon oder E-Mail die IP-Adresse mitteilt, die er dort sieht. Das nützt jedoch nichts, wenn Sie niemanden haben, der das tun könnte. Sie können stattdessen auch einen dynamischen DNS-Dienst [Hack #55] unter *http://www.dyndns.org* oder *http://www.tzo.com* nutzen. Der dynamische DNS-Dienst unter DynDNS.org gibt Ihnen einen kostenlosen Domainnamen der Form *<ihrname>.dyndns.org* (die Site bietet Ihnen zig Domainnamen an, zu denen Sie Ihren eigenen Namen hinzusetzen können). TZO.com gibt Ihnen eine Subdomain unter *<yourname>.tzo.com* für $ 25 pro Jahr. Sie installieren ein kleines Programm auf Ihrem Computer, das den dynamischen DNS-Dienst automatisch benachrichtigt, wenn sich die IP-Adresse Ihres Computers ändert.

Ein letzter Hinweis zur Konfiguration: Wenn sich ein Client über Remotedesktop mit Ihrem Computer verbindet, meldet sich der Benutzer bei einem der Windows XP-Benutzerkonten an. Sie können sich nicht in Konten einloggen, die kein Kennwort haben. Wählen Sie also ein Konto, das für Remotebenutzer da sein soll, und versehen Sie es mit einem Kennwort.

Einen Remoteclient einrichten

Um den in Windows XP integrierten Remoteclient einzurichten, gehen Sie ins Internet und wählen START → ALLE PROGRAMME → ZUBEHÖR → KOMMUNIKATION → REMOTEDESKTOPVERBINDUNG. (Wenn dieses Programm fehlt, müssen Sie es von Ihrer Windows XP-CD installieren.) In das Dialogfeld REMOTEDESKTOPVERBINDUNG geben Sie den DNS-Namen oder die IP-Adresse des Servers ein und klicken auf VERBINDEN. Melden Sie sich mit dem Windows XP-Benutzerkonto und -Kennwort für den Remoteserver an. Jetzt zeigt Ihr Bildschirm das, was sich auf dem Bildschirm des Servers tut. Eine Verbindungsleiste erscheint als Schaltfläche auf dem Bildschirm und zeigt die IP-Adresse des Remoteservers mit den Schaltflächen zum Minimieren, Wiederherstellen und Maximieren, um die Größe des Remoteclient-Fensters variieren zu können.

Sobald Sie verbunden sind, können Sie mittels Copy-and-Paste Daten aus dem Remoteclient-Fenster in andere Fenster übertragen. Sie können auch lokale Dateien benutzen: Ihre lokalen Festplattenlaufwerke erscheinen im Windows Explorer unter ARBEITSPLATZ. Wenn Sie vom Remoteclient aus etwas drucken möchten, geht der Druckjob an Ihren lokalen Standarddrucker und nicht an den des Servers.

Margaret Levine Young

Server durch Zuordnung von Hostnamen zu einer dynamischen IP-Adresse immer erreichbar machen

Sorgen Sie dafür, dass Ihre Website oder Ihr Internetserver immer verfügbar ist.

Wenn Sie einen eigenen Web-, Mail- oder sonstigen Server zu Hause haben und über ein Kabel- oder DSL-Modem an das Internet angeschlossen sind, kann es häufig vorkommen, dass man sich nicht mit Ihrem Server verbinden kann. Das liegt in der Regel daran, dass Breitband-Provider Ihnen eine dynamische IP-Adresse zuweisen, die sich regelmäßig ändert, und zwar auch dann, wenn Sie Ihren PC nicht ausschalten. Wegen dieser ständig wechselnden IP-Adressen bekommen Ihre Nutzer keine Verbindung. Einen Tag lautet die Adresse 66.31.42.96 und am nächsten Tag schon 66.41.42.136, und wer die aktuelle IP-Adresse nicht kennt, kann Sie auch nicht finden. Selbst durch die Anschaffung und Veröffentlichung einer eigenen Domain (zum Beispiel *gralla.com*) können Sie das Problem nicht lösen, da DNS-Server ebenso wenig in der Lage sind, Ihre wechselnden IP-Adressen nachzuvollziehen. Die Nutzer geben Ihren Domainnamen ein, aber die Server können Ihre IP-Adresse nicht ermitteln, und wieder sind Sie unerreichbar.

Doch auch dieses Problem hat eine Lösung: Sie können den Hostnamen Ihres Servers einer dynamischen IP-Adresse zuordnen. Wenn Sie das tun, spielt es keine Rolle mehr, wenn Ihre IP-Adresse wechselt: Sobald ein Nutzer die URL Ihrer Website eingibt, wird er automatisch an die neue IP-Adresse weitergeleitet.

Das können Sie sogar gratis bewerkstelligen, indem Sie sich bei einem Dienst registrieren lassen, der eine automatische Zuordnung bietet. Mehrere Dienste tun dies kostenfrei, darunter auch No-IP.com (*http://www.no-ip.com*). Wenn Sie sich bei diesem Dienst anmelden, wählen Sie einen Hostnamen für Ihren Server und geben den Leuten, die sich mit ihm verbinden möchten, diesen Hostnamen. Der Name, den Sie wählen, endet auf *.no-ip.com*, wie zum Beispiel *grallasite.no-ip.com*.

Haben Sie Ihren Hostnamen, laden Sie Clientsoftware herunter, die Ihre IP-Adresse permanent beobachtet und die aktuelle IP-Adresse an die No-IP.com-Site meldet. Wann immer die IP-Adresse wechselt, wird dies an die Site gemeldet. Der Client überprüft Ihre IP-Adresse alle drei Sekunden.

Immer wenn sich ein PC mit Ihrem Server zu verbinden versucht, geht er zuerst zu einem No-IP.com-Server. Dieser schlägt die aktuelle IP-Adresse Ihres Servers nach und leitet den Nutzer an diesen weiter. Der Nutzer macht alles wie immer: Er gibt Ihre URL ein und wird mit Ihrer Site verbunden.

Wenn Sie eine Domain haben und deren Hostnamen einer dynamischen IP-Adresse zuordnen möchten, anstatt eine auf No-IP.com endende Adresse zu verwenden, müssen Sie bei No-IP.com den Dienst No-IP Plus für $ 24,95 monatlich abonnieren.

Nutzen Sie zu Hause einen Router, um mit mehreren PCs einen gemeinsamen Internetzugang zu verwenden, können Sie mit diesem Dienst Probleme bekommen. Viele Gateways nutzen die Network Address Translation (NAT), bei der alle Netzwerk-PCs eine einzige externe Internetadresse gemeinsam nutzen, aber intern unterschiedliche Netzwerkadressen bekommen. Der No-IP.com-Client vollzieht Ihre externe Adresse nach, aber da diese eine Adresse von allen Netzwerk-PCs und nicht nur vom Server genutzt wird, wird der eingehende Verkehr nicht an Ihren Server weitergeleitet. Das können Sie beheben, indem Sie mit der Portweiterleitungsfunktion Ihres Routers den Eingangsverkehr an den Server senden [Hack #50].

Eventuell stoßen Sie auch noch auf ein anderes Problem: Wenn Sie Ihren Server zu testen versuchen, indem Sie sich von einem Computer innerhalb des Netzwerks aus mit ihm verbinden, kommt die Verbindung vielleicht nicht zu Stande. Das liegt daran, dass Sie sich von einem Ort innerhalb des Netzwerks nicht mit der externen IP-Adresse verbinden können. Dafür gibt es nur eine Lösung: Sie verbinden sich von einem Punkt außerhalb des Netzwerks mit dem Server oder bitten eventuell einen Bekannten, dies zu tun.

Es gibt noch einen Punkt, auf den Sie achten müssen: Wenn Sie hinter einer Firewall sitzen, kommt der No-IP.com-Client eventuell nicht gut genug zu der No-IP.com-Site zurück, um über einen Wechsel Ihrer IP-Adresse zu berichten. Wenn Sie eine Firewall wie ZoneAlarm Hack #78] verwenden, die auch die nach außen gehenden Verbindungen blockiert, weisen Sie sie an, für den Client diese Verbindungen nach draußen zuzulassen. Je nach verwendeter Firewall müssen Sie außerdem den TCP-Port 8245 öffnen, denn dieses ist der Port, den der Client benutzt, um No-IP.com über Ihre neue IP-Adresse zu informieren.

Siehe auch

- »Eine Website mit Internet Information Services (IIS) hosten« [Hack #41]

Die von DHCP zugewiesene IP-Adresse erneuern

Gelegentlich kommt es vor, dass ein PC, nachdem ihm von einem DHCP-Server eine IP-Adresse zugewiesen worden ist, offenbar nicht mehr im Netz ist und auch keinen Internet- oder Netzwerkzugriff mehr bekommt. Dagegen hilft nur eine neue IP-Adresse.

Wenn Sie trotz Netzwerk plötzlich keine Daten mehr senden und empfangen, keine Netzwerkressourcen mehr nutzen und auch nicht mehr ins Internet gehen können, kann das an einem Problem mit der von DHCP zugewiesenen IP-Adresse liegen. Die einfachste Lösung ist eine neue IP-Adresse: Werfen Sie die alte auf den Müll und bitten Sie den DHCP-Server, Ihnen eine neue zu geben.

Bevor Sie das versuchen, müssen Sie sich aber zuerst vergewissern, dass Sie wirklich eine DHCP-IP-Adresse und keine statische IP-Adresse haben. Klicken Sie im Startmenü auf NETZWERKUMGEBUNG und wählen Sie NETZWERKVERBINDUNGEN ANZEIGEN. Danach klicken Sie mit der rechten Maustaste auf Ihre Netzwerkverbindung, wählen EIGENSCHAFTEN, suchen auf der Registerkarte NETZWERK den Eintrag INTERNETPROTOKOLL (TCP/IP) heraus und klicken abermals auf EIGENSCHAFTEN. Hier ist auf der Registerkarte ALLGEMEIN das Optionsfeld IP-ADRESSE AUTOMATISCH BEZIEHEN aktiviert, wenn Sie DHCP nutzen.

Nachdem Sie sich vergewissert haben, dass Sie DHCP nutzen, geben Sie Ihre aktuelle IP-Adresse frei, indem Sie an einer Eingabeaufforderung ipconfig/release eintippen. Der Befehl ipconfig ist ein vielseitiges Kommando, mit dem sich viele Netzwerkprobleme lösen lassen. Er wird in »Netzwerkprobleme mit netsh, netstat und ipconfig beheben« [Hack #52] genauer beschrieben. Um die IP-Adresse zu erneuern bzw. eine neue vom DHCP-Server zu beziehen, geben Sie ipconfig /renew ein. Mit Ihrer neuen IP-Adresse müsste das Problem jetzt behoben sein.

Um Ihre neue IP-Adresse zu ermitteln, geben Sie wieder ipconfig an der Eingabeaufforderung ein. Eine andere Möglichkeit ist, im Ordner NETZWERKVERBINDUNGEN Ihre Verbindung zu markieren, mit der rechten Maustaste auf STATUS zu klicken und dann die Registerkarte NETZWERKUNTERSTÜTZUNG aufzurufen. Sie sehen dann das Dialogfeld aus Abbildung 5-5 mit Ihrer neuen IP-Adresse und der Bestätigung, dass diese von einem DHCP-Server zugewiesen wurde.

Abbildung 5-5: Die Bestätigung, dass Sie eine neue IP-Adresse bekommen haben

HACK
#57 Eine getrennte TCP/IP-Verbindung reparieren
So kommen Sie nach TCP/IP-Problemen schnell wieder ins Internet.

TCP/IP-Probleme können extrem schwierig zu beheben sein und tauchen gelegentlich ohne erkennbaren Grund auf. Gerade sah alles noch so aus, als funktioniere es, und plötzlich kommt man mit den üblichen Protokollen nicht mehr ins Internet. Wenn Ihre Verbindung abbricht, können Sie Folgendes tun:

Versuchen Sie es mit der automatischen Reparatur. Klicken Sie mit der rechten Maustaste im Ordner NETZWERKVERBINDUNGEN auf die getrennte Verbindung und wählen Sie REPARIEREN.

Führen Sie den Netzwerkassistenten aus. Dieser führt Sie Schritt für Schritt durch die TCP/IP- und Netzwerkkonfiguration und korrigiert die Fehler, die Sie vielleicht unabsichtlich eingebaut haben.

Setzen Sie den Router zurück. Wenn Sie ein Heimnetzwerk haben, können die Schwierigkeiten an dem Router oder der Verbindung zwischen Router und Breitband-Provider liegen. Folgen Sie den Anweisungen dazu, wie man den Router zurücksetzt.

Setzen Sie Ihr Kabel- oder DSL-Modem zurück. Wenn Sie eine Breitbandverbindung haben, kann das Problem durch die von Ihrem Provider zugewiesene IP-Adresse verursacht worden sein. Schalten Sie Ihr Kabel- oder DSL-Modem aus, stöpseln Sie das Ethernet-Kabel aus und lassen

Sie alles für fünf Minuten ausgeschaltet. Starten Sie dann neu. Dies ist auch der ideale Zeitpunkt, um gleichzeitig den Router zurückzusetzen. Überdies können Sie, nachdem Sie die Verbindung wieder hergestellt haben, Ihre IP-Adresse freigeben und wie oben beschrieben erneuern.

TCP/IP auf die Originalkonfiguration zurücksetzen. Wenn alles andere nichts hilft, können Sie versuchen, Ihren TCP/IP-Stack in den Zustand zurückzuversetzen, den er bei der Installation von XP hatte. Verwenden Sie dazu das NetShell-Programm [Hack #52] und geben Sie den Befehl `netsh int ip reset [protokolldateiname]`, wobei *protokolldateiname* der Name einer Protokolldatei ist, in der NetShell seine Aktivitäten aufzeichnet.

Kaufen Sie ein neues Ethernet-Kabel. Vielleicht ist Ihr altes Kabel gebrochen oder der Anschluss lose, oder es haben Mäuse daran genagt.

HACK #58 Nutzen Sie Ihren Internetzugang von mehreren Computern gleichzeitig

Die Internetverbindungsfreigabe stellt sämtlichen Rechnern in Ihrem Netzwerk eine Internetverbindung zur Verfügung, und das unabhängig vom Betriebssystem und ohne langwierige Konfiguration.

Sie besitzen einen PC mit Windows XP. Sehr wahrscheinlich haben Sie einen Internetzugang. Und vielleicht haben Sie zu Hause oder in Ihrem Büro noch andere Computer, die auch ab und an ins Internet sollen, und sei es auch nur, um die Windows-Update-Site zu besuchen. Für diese häufig anzutreffende Situation hat Microsoft in Windows XP die Internetverbindungsfreigabe eingebaut, die nicht nur zuverlässig ein kleines Netzwerk aus Rechnern der verschiedensten Betriebssysteme mit einem Internetzugang versorgt, sondern auch noch kinderleicht einzurichten ist.

Es führen zwar viele, aber noch lange nicht alle Wege nach Rom. Und einige sind länger und beschwerlicher als andere. Auf die Bereitstellung eines Internetzugangs im Netzwerk übertragen bedeutet dies, dass es mehrere Verfahren gibt (Proxy, NAT, Router), und für jedes dieser Verfahren gibt es eine große Zahl von Programmen. Viele dieser Programme sind kompliziert einzurichten, und die meisten kosten Geld. Ein Proxy beschränkt Sie bei der Internetnutzung praktisch auf die Protokolle HTTP(S) und FTP. Für einen gerouteten Zugang benötigen Sie offizielle IP-Adressen im LAN, was nicht nur teuer, sondern auch äußerst unsicher ist.

Die Internetverbindungsfreigabe von Windows XP nutzt NAT (Network Address Translation) und ist kostenlos. Sie bietet den PCs im LAN einen fast vollwertigen Internetzugang – nur einige wenige Protokolle lassen sich über NAT nicht oder nur schwer nutzen. Nebenbei ist noch ein kleiner DHCP-

Server enthalten, der die richtige TCP/IP-Konfiguration an die Computer im Netzwerk verteilt.

Um die Verbindungsfreigabe zu aktivieren, benötigen Sie auf dem Computer, der den Internetzugang zur Verfügung stellt, also dem Server, eine Verbindung in das lokale Netzwerk und eine weitere ins Internet. Letztere ist typischerweise eine Modem-, ISDN- oder DSL-Verbindung. Öffnen Sie die Eigenschaften der Internetverbindung, indem Sie zunächst das Dialogfeld NETZWERKVERBINDUNGEN durch Klick auf START → EINSTELLUNGEN → NETZWERKVERBINDUNGEN aufrufen, dort mit rechts auf Ihre Internetverbindung klicken und EIGENSCHAFTEN auswählen. Klicken Sie dann auf die Registerkarte ERWEITERT.

Im Kasten GEMEINSAME NUTZUNG DER INTERNETVERBINDUNG wird die Freigabe konfiguriert. Aktivieren Sie das Kästchen ANDEREN BENUTZERN IM NETZWERK GESTATTEN, DIE INTERNETVERBINDUNG DIESES COMPUTERS ZU VERWENDEN, wie in Abbildung 5-6 zu sehen. Nach einem Klick auf OK werden Sie darauf hingewiesen, dass die IP-Adresse der LAN-Verbindung auf 192.168.0.1 festgelegt wird. Klicken Sie auf JA.

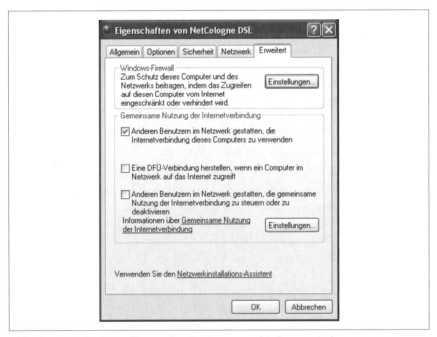

Abbildung 5-6: Die Einstellungen für eine Internetverbindung verändern

Auf den Computern, die die freigegebene Internetverbindung nutzen sollen, also den Clients, muss nun die Verwendung eines DHCP-Servers zur IP-Konfiguration eingestellt werden. Falls es sich bei den Clients um XP-Computer handelt, öffnen Sie dort die Eigenschaften der LAN-Verbindung, markieren dort INTERNETPROTOKOLL (TCP/IP), klicken auf EIGENSCHAFTEN und aktivieren IP-ADRESSE AUTOMATISCH BEZIEHEN sowie DNS-SERVERADRESSE AUTOMATISCH BEZIEHEN. Das war's!

Im Hintergrund bewirken diese wenigen Klicks eine ganze Menge: Auf dem Server wird ein DHCP-Serverdienst aktiviert. Da DHCP-Server eine feste IP-Adresse benötigen, wird die IP-Adresse des Servers auf 192.168.0.1 eingestellt, was Ihnen ja mitgeteilt wurde. Der DHCP-Dienst verteilt an alle Clients, auf denen die Nutzung von DHCP aktiviert ist, folgende IP-Konfiguration:

- IP-Adresse im Format 192.168.0.x
- Subnetzmaske: 255.255.255.0
- DNS-Server: 192.168.0.1
- Standardgateway: 192.168.0.1

Sicherlich fällt Ihnen auf, dass der Server sich selbst als DNS-Server und Gateway, also als Router, einträgt, obwohl er gar keine DNS-Dienste anbietet und auch nicht als Router arbeitet. Zwar ist der Server selbst kein DNS-Server, er kennt aber, im Gegensatz zu den Clients, den DNS-Server Ihres Providers. Daher arbeitet er als Stellvertreter, nimmt die DNS-Anfragen der Clients entgegen, leitet sie an den DNS-Server des Internet-Providers weiter und schickt dessen Antworten an den anfragenden Client zurück.

Beim Standardgateway liegt die Sache ein wenig anders: Damit die Clients alle Datenpakete, die für das Internet bestimmt sind, an den Server schicken, muss der Server bei ihnen als Standardgateway eingetragen sein. Auf dem Server werden die Pakete von der eigentlichen Software zur Verbindungsfreigabe verarbeitet, die NAT (Network Address Translation) verwendet, um mehreren Computern einen Internetzugang über eine einzige im Internet gültige IP-Adresse zur Verfügung zu stellen. Der NAT-Server »merkt« sich bei diesem Verfahren, welcher Client eine Verbindung zu welchem Server im Internet aufbaut. Wenn der Server antwortet, »weiß« der NAT-Server, welcher Client angefragt hatte, und leitet die Antwort des Internet-Servers an diesen Client weiter. Auf diese Art und Weise ist es möglich, mehrere Computer über die eine von Ihrem Internet-Provider zur Verfügung gestellte IP-Adresse mit dem Internet zu verbinden.

Vielleicht ist Ihnen in der Beschreibung zu NAT aufgefallen, dass nur von Verbindungen der Clients die Rede war, also von ausgehenden Verbindungen. Falls Sie einen Serverdienst im Internet betreiben, etwa einen Webserver, möchten Sie jedoch auch, dass eingehende Verbindungen zu demjenigen Computer im LAN weitergeleitet werden, auf dem der Webserver läuft. Dies müssen Sie konfigurieren. Gehen Sie dazu in den EIGENSCHAFTEN DER INTERNETVERBINDUNG auf dem Server zu ERWEITERT → EINSTELLUNGEN. Dort sehen Sie eine Reihe vorkonfigurierter Dienste, die Sie aktivieren können. Klicken Sie auf das Kästchen vor WEBSERVER (HTTP), woraufhin sich das Dialogfeld DIENSTEINSTELLUNGEN öffnet. Geben Sie dort den Namen des Computers im LAN ein, auf dem der Webserver ausgeführt wird.

Falls Sie einen Dienst zur Verfügung stellen möchten, der in der Liste noch nicht aufgeführt wird, klicken Sie im Dialogfeld ERWEITERTE EINSTELLUN-GEN auf die Schaltfläche HINZUFÜGEN. Es öffnet sich wieder das Dialogfeld DIENSTEINSTELLUNGEN, diesmal sind die Felder jedoch leer. Die meisten Einstellmöglichkeiten dort sind selbsterklärend, die Portnummern verdienen jedoch eine Erläuterung. Die externe Portnummer ist der Port, über den Ihr Serverdienst aus dem Internet erreichbar sein soll. Die interne Portnummer ist der Port, auf dem der Dienst auf dem Computer in Ihrem LAN tatsächlich ausgeführt wird. In den meisten Fällen werden beide Nummern gleich sein.

In der bisher beschriebenen Konfiguration muss die Internetverbindung auf dem Server manuell hergestellt werden, wenn ein Client Zugriff auf das Internet benötigt. Die Einwahl lässt sich aber auch auf zwei verschiedene Weisen automatisieren. Die Einstellungen dazu haben Sie sicher schon bemerkt, sie finden sich in den EIGENSCHAFTEN DER INTERNETVERBINDUNG auf dem Reiter ERWEITERT. Setzen Sie das Häkchen EINE DFÜ-VERBINDUNG HERSTEL-LEN, WENN EIN COMPUTER IM NETZWERK AUF DAS INTERNET ZUGREIFT, damit sich der Server bei einem Internetzugriff eines Clients automatisch einwählt. Sie können den Clients auch gestatten, die Internetverbindung des Servers zu steuern, also eine Verbindung herzustellen, oder eine bestehende Verbindung zu trennen. Setzen Sie dazu das entsprechende Häkchen.

Diese Funktion kann jedoch nur von Windows-Clients genutzt werden, nicht etwa von Linux- oder Mac-Rechnern. Auch müssen die Clients dazu konfiguriert werden, schließlich müssen sie ja »wissen«, dass da ein Computer mit Windows XP eine Internetverbindung zur Verfügung stellt. Die Konfiguration ist für jede Windows-Version unterschiedlich. Unter Windows XP gehen Sie wie folgt vor:

1. Klicken Sie auf START → EINSTELLUNGEN → NETZWERKVERBINDUNGEN → EIN HEIM- ODER EIN KLEINES FIRMENNETZWERK EINRICHTEN. Es erscheint der Netzwerkinstallations-Assistent. Klicken Sie zweimal auf WEITER.

2. Wählen Sie dann DIESER COMPUTER STELLT EINE INTERNETVERBINDUNG ÜBER EINEN ANDEREN COMPUTER IM NETZWERK ODER EIN LOKALES GATE-WAY HER, und klicken Sie dann auf WEITER.

3. Falls Sie mehrere Netzwerkkarten in Ihrem Computer haben, möchte Windows nun wissen, über welche der Karten der Server erreichbar ist. Klicken Sie auf DIE VERBINDUNGEN MIT DEM NETZWERK MANUELL WÄHLEN und dann auf WEITER.

4. Aktivieren Sie die Verbindung für das lokale Netzwerk, und klicken Sie auf WEITER. Geben Sie eine kurze Beschreibung zu Ihrem Computer ein, lassen Sie den Computernamen wie vorgegeben, und klicken Sie auf WEITER.

5. Belassen Sie den Arbeitsgruppennamen auf »MSHEIMNETZ«, und klicken auf WEITER. Es wird nun eine Übersicht der vorgenommenen Einstellungen angezeigt. Klicken Sie noch zweimal auf WEITER, und der Assistent ist beendet.

Sie haben nun im Ordner NETZWERKVERBINDUNGEN eine neue Verbindung, über deren Eigenschaften Sie die Einwahl auf dem Server steuern können.

Helge Klein

E-Mail
Hacks #59–64

Wenn es Ihnen wie den meisten anderen Computerbenutzern geht, ist E-Mail ein integraler Bestandteil Ihres Lebens. E-Mail hat das Telefon als Bindeglied zwischen Freunden und Familienmitgliedern abgelöst und ist auch im Arbeitsalltag mittlerweile absolut unverzichtbar.

Dennoch holen Sie wahrscheinlich nicht das Letzte aus der E-Mail heraus. Vielleicht werden Sie mit Junk-E-Mails (oft auch als »Spam« bezeichnet) zugemüllt oder können bestimmte Dateien, die Sie per E-Mail empfangen haben, nicht öffnen. Und wahrscheinlich wissen Sie nicht, wie man ein Backup seines E-Mail-Programms macht. In diesem Kapitel finden Sie Hacks für all dieses und noch viel mehr, darunter Registrierungs-Hacks für Outlook und Outlook Express sowie Alternativen zu Outlook. Und Sie werden Hacks für den E-Mail-Dienst Google Mail kennen lernen, mit denen Sie den Service optimal nutzen können.

HACK #59 Weg mit den Junk-E-Mails

Sie müssen sich nicht über Junk-E-Mails schwarz ärgern. Mit diesem Hack lassen sich 90 Prozent oder (in meinem Fall sogar) mehr der ungebetenen Mails vermeiden.

Wenn Sie sich gewisse Körperteile vergrößern lassen möchten, daran glauben, dass wildfremde Nigerianer Millionen von Euro auf Sie niederprasseln lassen, massenhaft Geld für wertlosen Plunder ausgeben wollen und billige sexuelle Anmache in Ihrem E-Mail-Eingang vorfinden möchten, dann haben Sie bestimmt eine Vorliebe für Junk-E-Mails.

Doch alle anderen, mich eingeschlossen, verabscheuen dieses Zeugs.

Nun gibt es zwar keine narrensichere Methode, sämtliche Junk-E-Mails ein für allemal abzuschaffen, aber ich habe herausgefunden, wie man immerhin mindestens 90 Prozent davon abblocken kann. Um diese Effizienz zu erreichen, müssen Sie fremde Software herunterladen, denn die integrierten Funktionen zum Blockieren von Junk-E-Mails in Outlook und Outlook Express schaffen das einfach nicht. (Wenn Sie jedoch unbedingt auf diesen integrierten Funktionen bestehen, wird am Ende dieses Hacks der Umgang damit erklärt.)

Es gibt zwei Arten von Programmen, um Junk-E-Mails zu blockieren: Die eine wird zwischen das E-Mail-Programm und die Mailserver geschaltet, bei denen Sie Ihre E-Mails abholen. Sie überprüft Ihre E-Mails, markiert diejenigen, die nach Junk-E-Mails aussehen, und gibt Ihnen (je nach Programm) verschiedene Möglichkeiten, wie Sie mit diesen Junk-E-Mails umgehen können: automatisch löschen, manuell löschen, eine Markierung anbringen, um dem normalen E-Mail-Programm zu zeigen, dass es sich um Junk-E-Mails handelt – und dann kann dieses E-Mail-Programm die Junk-E-Mails herausfiltern oder löschen. In allen Fällen können Sie auf Wunsch die Nachrichten vor dem Löschen lesen.

Die andere Art von Programmen wird direkt in Outlook oder ein anderes E-Mail-Programm integriert und löscht dort die Junk-E-Mails. Mir ist diese Art lieber, weil sie einfacher arbeitet und alles in einem einzigen Schritt erledigt. Doch ich habe beide Arten ausprobiert und festgestellt, dass sie beide gut funktionieren.

Als Spam-Killer, der sich zwischen Ihr E-Mail-Programm und den Mailserver schaltet, empfehle ich den kostenlosen MailWasher (*http://www.pcworld. com/downloads/file_description/0,fid,20000,00.asp*). Er importiert Ihre vorhandenen Mailserver-Einstellungen, damit Sie diese nicht ganz neu einrichten müssen, und bietet die Möglichkeit, die Nachrichten zu lesen und anzusehen, bevor sie gelöscht werden. Was ich besonders mag, ist die Funktion, die dem Absender eine fingierte »Address not found«-Nachricht schickt, so dass es aussieht, als existiere Ihre E-Mail-Adresse gar nicht. Zwar machen sich nicht alle Absender von Junk-E-Mails die Mühe, ihre Adressenliste zu aktualisieren, aber die Funktion eröffnet doch immerhin eine Chance, dass Ihr Junk-E-Mail-Aufkommen zurückgeht. Wie bei den meisten Spam-Killern können Sie eine Adressenliste mit Absendern von Junk-E-Mails anlegen. Doch da die meisten Absender von Junk-E-Mails ihre Adresse mit Spoof-E-Mails verschleiern, ist das keine große Hilfe. Sie können auch Filter anlegen, die Junk-E-Mails erkennen, indem sie auf bestimmte Wörter oder Wortgruppen in E-Mails achten.

Eine mächtigere – allerdings kostenpflichtige – Version des Programms ist für $ 37 erhältlich (*http://mailwasher.net*). Ihr Hauptvorteil besteht darin, dass sie mehrere E-Mail-Konten nach Junk-E-Mails untersucht, die Gratisversion hingegen nur ein Konto. Wenn Sie nicht mehr als ein einziges Konto auf Junk-E-Mails überprüfen müssen, liegen Sie mit der Gratisversion richtig.

Ein beliebter Trick der Absender von Junk-E-Mails besteht darin, eine Website als Ziel auszusuchen und eine *Dictionary-Attacke* (bei Microsoft auch als »Verzeichnisangriff« bezeichnet) auf viele potenzielle E-Mail-Konten eines Servers zu starten. Die Mails werden an »peter«, »maria« usw. ebenso wie an »aschmidt«, »bschmidt«, »cschmidt« usw. geschickt. Die meisten der E-Mails kommen zwar zurück, aber das stört den Absender nicht. Er codiert die E-Mail in HTML mit einem eingebetteten `<IMG>`-Tag, das Informationen enthält, um die gültigen E-Mail-Adressen eindeutig zu identifizieren. Angenommen, *cschmidt@meinefirma.de* bekommt eine E-Mail im HTML-Format. Innerhalb der E-Mail befindet sich folgendes Tag:

```
<img src=83.48.123.74/img/jojo_jpg_cschmidt_meinefirma_de.jpg>
```

Der Webserver unter 83.48.123.74 lädt das Bild namens *jojo.jpg* in eine E-Mail in cschmidts E-Mail-Programm. Wenn der Benutzer die Werbung für Viagra oder was auch immer sieht, wird er sie löschen, aber dann ist es bereits zu spät. Der Absender weiß jetzt, dass *cschmidt@meinefirma.de* existiert, weil er weiß, dass das Bild heruntergeladen wurde. In Zukunft wird cschmidt daher noch ganz andere Sachen als nur Viagra-Werbung bekommen.

Eine Möglichkeit, diese Art von Attacken zu verhindern, besteht darin, die Anzeige von HTML oder Grafik in E-Mails auszuschalten. In Outlook 2003 sind Grafiken schon in der Voreinstellung deaktiviert und werden durch ein X ersetzt. Um die Grafik anzuzeigen, müssen Sie einen Rechtsklick auf das X setzen und DOWNLOAD VON BILDERN wählen. Wenn Sie Mails von einem Spammer bekommen, können Sie natürlich gut auf die Grafik darin verzichten.

Sollte Ihr Outlook 2003 aus irgendeinem Grund Grafik in E-Mails anzeigen, können Sie das ganz leicht beenden: Wählen Sie EXTRAS → OPTIONEN → SICHERHEIT und klicken Sie im Bereich DOWNLOAD VON BILDERN auf EINSTELLUNGEN FÜR DEN AUTOMATISCHEN DOWNLOAD ÄNDERN. Es erscheint der Bildschirm aus Abbildung 6-1.

Markieren Sie jetzt den Eintrag BILDER ODER ANDEREN EXTERNEN INHALT IN HTML-NACHRICHTEN NICHT AUTOMATISCH DOWNLOADEN. Wenn Sie jedoch Bilder von Personen aus Ihren SICHERE ABSENDER- und SICHERE EMPFÄNGER-Listen automatisch anzeigen lassen möchten (siehe Einzelheiten weiter unten in diesem Hack), markieren Sie die entspechenden Kontrollkästchen. Außerdem sollten Sie neben WARNHINWEIS ANZEIGEN, BEVOR EXTERNER INHALT FÜR DAS BEARBEITEN, WEITERLEITEN ODER BEANTWORTEN VON NACHRICHTEN ABGERUFEN WIRD ein Häkchen setzen, da Outlook, wenn Sie es nicht daran hindern, die Grafik der Originalnachricht immer ungefragt mitschickt, wenn Sie diese weiterleiten, bearbeiten oder beantworten. Wenn Sie dieses Kästchen markieren, fragt Outlook vorher nach.

Abbildung 6-1: Grafikanzeige in Outlook 2003 blockieren

Leider gibt es keine Möglichkeit, dies in Outlook direkt zu tun, wenn Ihre Version älter als 2003 ist. Doch mit einem kleinen Hack lässt sich auch dieses bewerkstelligen. Wenn Sie im Posteingang sind, schalten Sie die Vorschau von Outlook mit ANSICHT → VORSCHAUFENSTER aus. (Um das Fenster wiederherzustellen, wählen Sie einfach erneut ANSICHT → VORSCHAUFENSTER.) HTML-E-Mails holen sich ihre Grafiken nur dann von den Webservern ab, wenn Sie die Mail öffnen oder im Vorschaufenster betrachten. Also brauchen Sie Spam nur ungeöffnet zu löschen, etwa mit den weiter oben beschriebenen Spam-Killern, und schon sind Sie in Sicherheit. In Outlook Express können Sie dasselbe erreichen, indem Sie ANSICHT → LAYOUT wählen und das Kontrollkästchen neben VORSCHAUFENSTER ANZEIGEN deaktivieren.

Wenn Sie Outlook 2002 benutzen und mindestens Service Pack 1 installiert haben, können Sie die HTML-Anzeige mit einem Registrierungs-Hack unterbinden. Schließen Sie Outlook und rufen Sie den Registrierungs-Editor [Hack #83] auf. Dann gehen Sie zu HKEY_CURRENT_USER\SOFTWARE\Microsoft\Office\10.0\Outlook\Options\Mail. Legen Sie einen neuen DWORD-Wert namens ReadAsPlain an und öffnen Sie ihn mit einem Doppelklick. In das Feld WERT geben Sie 1 ein und klicken dann auf OK. Wenn Sie jetzt Outlook öffnen, werden Sie feststellen, dass alle *unsignierten* E-Mails als einfacher Text und nicht als HTML angezeigt werden.

 In Eudora machen Sie das mit TOOLS → OPTIONS → DISPLAY → Deaktivieren von AUTOMATICALLY DOWNLOAD HTML GRAPHICS (schaltet die Anzeige von HTML-E-Mails aus) sowie TOOLS → OPTIONS → DISPLAY → Deaktivieren von ALLOW EXECUTABLES IN HTML CONTENT und TOOLS → OPTIONS → STYLED TEXT → Deaktivieren von SEND PLAIN TEXT ONLY (schaltet das Senden von HTML-E-Mails aus; das sollte man schon aus Höflichkeit tun).

Peer-to-Peer-Technologie gegen Junk-E-Mails

Ich habe eine Menge Outlook-Add-ins ausprobiert, die als Spam-Killer dienen, doch mein absoluter Favorit ist SafetyBar (*http://www.cloudmark.com*). Dieses Programm blockiert mehr als 95% aller Junk-E-Mails, die ich empfange. Es sammelt mit Peer-to-Peer-Technologie Erkenntnisse über tausende anderer E-Mail-Benutzer, um Junk-E-Mails zu bekämpfen. Wenn Sie es installieren, legt es einen Junk-E-Mail-Ordner in Outlook an und legt alle Junk-E-Mails darin ab. Dort können Sie die Nachrichten prüfen und löschen. Wenn Sie Junk-E-Mails erhalten, die nicht automatisch in den Ordner umgeleitet werden, können Sie sie als Junk-E-Mails markieren. Dann werden nicht nur diese Nachrichten im Junk-E-Mail-Ordner abgelegt, sondern es werden außerdem die SafetyBar-Server darüber benachrichtigt, dass Sie die betreffenden Mails als Junk-E-Mails eingestuft haben. Diese Information geht zusammen mit ähnlichen Informationen hunderttausender anderer Benutzer des Programms in eine Datenbank. Dort entscheiden mehrere Algorithmen darüber, was Junk-E-Mails sind und was nicht, und letztlich sorgt dieses Verfahren dafür, dass Junk-E-Mails auf den Rechnern aller Nutzer abgeblockt werden. Das Programm macht sich die kollektiven Erkenntnisse zu Nutze und ist damit der ultimative Spam-Killer.

Sie können Nachrichten als Junk-E-Mails blockieren und wieder zulassen. Wenn Sie also versehentlich eine E-Mail als Junk-E-Mail markiert haben, bleibt sie nicht für alle Zukunft blockiert. Ich benutze das Programm jetzt seit mehr als sechs Monaten und habe festgestellt, dass es mit der Zeit immer effektiver arbeitet. Mittlerweile blockt es nach meiner Schätzung ungefähr 95% der Junk-E-Mails ab, allerdings bei wechselnder Tagesform.

SafetyBar läuft als kleine Toolbar in Outlook (oder Outlook Express), wie in Abbildung 6-2 gezeigt. Eine schöne Sache ist die Nachrichtenleiste, die Ihnen sagt, wie viele Junk-E-Mails das Programm abgeblockt hat, wie viel Zeit es Ihnen erspart hat und wie viele Junk-E-Mails täglich blockiert werden. Je nachdem, wie ich gelaunt bin, freue ich mich, so viele Junk-E-Mails vermieden zu haben, oder ärgere mich, dass so viele kursieren.

Abbildung 6-2: SafetyBar-Toolbar in Outlook

Ein Jahresabonnement von SafetyBar kostet $ 39,95. Das ist zwar zugegebenermaßen viel Geld für einen Spam-Killer, wenn man bedenkt, dass andere gratis zu haben sind. Doch wenn Sie viele Junk-E-Mails erhalten, wird er Ihnen vermutlich diesen Preis wert sein.

Ein besonders attraktives Features von SafetyBar ist seine Buchführung über die Anzahl erhaltener E-Mails und den Prozentsatz von Spam. Es zeigt, dass mehr als die Hälfte aller E-Mails, die ich empfange, Spam sind. Von den 149.465 E-Mails, die ich empfangen habe, seit ich SafetyBar benutze, waren 84.622 Spam.

Junk-E-Mails von Anfang an vermeiden

Am besten vermeidet man Junk-E-Mails, indem man sie gar nicht erst in den Posteingang vorlässt. Doch wie landet man überhaupt auf Spam-Listen? Dazu gibt es mehrere Möglichkeiten, doch laut einer Studie des amerikanischen Center for Democracy & Technology verwenden die Absender von Junk-E-Mails am liebsten Programme, die automatisch Webseiten scannen und E-Mail-Adressen darin sammeln. Diese Adressen werden dann an andere verkauft, so dass Sie schließlich auf dutzenden von Listen stehen.

In manchen Fällen lässt es sich gar nicht vermeiden, dass Sie Ihre E-Mail-Adresse auf einer öffentlichen Website kundtun. Die Adresse von der Website herunterzunehmen ist in diesen Fällen keine Option. Doch es gibt Möglichkeiten, die Adresse vor Absendern von Junk-E-Mails auch dann zu verbergen, wenn sie für alle sichtbar ist.

Eine Möglichkeit ist es, die E-Mail-Adresse voll auszuschreiben – also »preston at gralla dot com« an Stelle von *preston@gralla.com*. Automatische E-Mail-Adressen-Sammler können die Adresse so nicht erkennen.

Zumindest früher hat dieser Trick funktioniert, doch mittlerweile sind offenbar einige Absender dahintergekommen. Neuerdings bin ich auf den Trick verfallen, die E-Mail-Adresse mit ein wenig JavaScript-Code erst beim Laden generieren zu lassen. So sehen die Adressensammler nur ein `<script>`-Tag, aber die anderen Besucher *bob@bob.com*.

```
<script type="text/javascript" language="javascript">
<!--
    {    document.write(String.
fromCharCode(60,97,32,104,114,101,102,61,34,109,97,105,108,116,111,58,98,111
,98,64,98,111,98,46,99,111,109,34,62,98,111,98,64,98,111,98,46,99,111,109,60
,47,97,62))
    }
//-->
</script>
<noscript>
<a href = "mailto:%62%6F%62%40%62%6F%62%2E%63%6F%6D">email me</a>
</noscript>
```

Den JavaScript-Generator habe ich von *http://www.u.arizona.edu/~trw/spam/ spam.htm*. Sie brauchen ihn nur mit Ihrer E-Mail-Adresse zu füttern, und schon generiert er Ihnen das JavaScript.

Eine andere Lösung ist es, statt einfachen Texts HTML-Zeichen für die Adresse zu verwenden. Auf diese Weise bekommen Besucher der Website die Adresse richtig angezeigt, da HTML den zu Grunde liegenden Code in eine lesbare Adresse umwandelt, aber ein automatisches Adressensammelprogramm ist nicht in der Lage, sie zu lesen. Um HTML-Zeichen zu verwenden, müssen Sie ANSI-Zeichen nehmen und vor jedes Zeichen ein &# setzen. Trennen Sie die HTML-Zeichen dann durch ;, und lassen Sie keinen Freiraum zwischen den Zeichen. In HTML sähe *preston@gralla.com* wie folgt aus:

```
&#112;&#114;&#101;&#115;&#116;&#111;&#110;&#64;&#103;&#114;&#97;&#108;&#108;
&#97;&#46;&#099;&#111;&#109
```

Wenn Sie allerdings Ihre E-Mail-Adresse mit HTML-Zeichen angeben, können Sie keine automatischen HTML-»MailTo«-Links einfügen: Um das zu tun, sollte der Text besser ausgeschrieben als durch HTML-Zeichen verschleiert werden.

Tabelle 6-1 zeigt ANSI-Codes der Zeichen, die Sie für E-Mail-Adressen brauchen.

Tabelle 6-1: Gebräuchliche ANSI-Codes

A	65	Q	81	g	103	w	119
B	66	R	82	h	104	x	120
C	67	S	83	i	105	y	121
D	68	T	84	j	106	z	122
E	69	U	85	k	107	@	64
F	70	V	86	l	108	.	46
G	71	W	87	m	109	0	48
H	72	X	88	n	110	1	49
I	73	Y	89	o	111	2	50
J	74	Z	90	p	112	3	51
K	75	a	97	q	113	4	52
L	76	b	98	r	114	5	53
M	77	c	99	s	115	6	54
N	78	d	100	t	116	7	55
O	79	e	101	u	117	8	56
P	80	f	102	v	118	9	57

Eine umfangreichere Liste mit ANSI-Codes und HTML-Sonderzeichen finden Sie unter to *http://www.alanwood.net/demos/ansi.html*.

Sie können jedoch noch mehr tun, um Ihre Adresse vor Absendern von Junk-E-Mails geheim zu halten. Wenn Sie sich auf einer Website registrieren, sollten Sie immer im Kleingedruckten nachschauen, ob Sie damit auch in den Empfang unerwünschter Mails einwilligen. Außerdem empfehle ich die Verwendung mehrerer E-Mail-Adressen, einschließlich solcher von Gratis-Maildiensten wie HotMail und Yahoo!. Diese Adressen können Sie benutzen, wenn Sie sich bei Websites registrieren und dadurch die Junk-E-Mails an eine andere als Ihre normale E-Mail-Adresse umleiten.

E-Mail-Header-Informationen in Outlook und Outlook Express anschauen

Da die meisten Absender von Junk-E-Mails ihre E-Mail-Adressen grundsätzlich »spoofen«, können Sie sie nicht finden. Doch nicht alle sind so schlau, und wenn Sie die Informationen in E-Mail-Headern genauer betrachten, können Sie vielleicht die Junk-E-Mails bis zu ihrem Ursprung zurückverfolgen. Haben Sie die Ursprungsadresse erst gefunden, senden Sie Ihrem Provider eine Nachricht und bitten ihn, die Mail des Absenders zu blockieren. Das funktioniert vielleicht nicht immer, aber einen Versuch ist es wert.

Das Problem für Outlook- und Outlook Express-Benutzer ist, dass diese Programme die Header-Informationen – also den ursprünglichen Absender der Nachricht, den ursprünglichen Mailserver und die Relay-Informationen in Ihren Nachrichten – nicht anzeigen. Doch es gibt einen Weg, sie dennoch zu Gesicht zu bekommen.

Klicken Sie in Outlook mit der rechten Maustaste auf die Nachricht, deren Header Sie sehen möchten, und wählen Sie OPTIONEN. Dann erscheinen die Header-Informationen unten auf dem Bildschirm, wie in Abbildung 6-3 gezeigt. Sie können durch die Daten scrollen und Teile davon kopieren und einfügen. Außerdem können Sie sie als E-Mail betrachten, indem Sie ANSICHT → OPTIONEN wählen. Die Header heißen in Outlook »Internetkopfzeilen«.

Beachten Sie, dass Sie Ihren gesunden Menschenverstand abschalten müssen, wenn Sie in Outlook Header-Informationen anschauen möchten. Wenn Sie beispielsweise ANSICHT → MESSAGE HEADER wählen, bekommen Sie keine Ansicht der Header-Informationen: Mit dieser Menüoption werden lediglich die Zeilen AN:, CC: und BETREFF: ein- oder ausgeschaltet.

Wenn Sie in Outlook Express mit der rechten Maustaste auf eine Mail klicken und dann EIGENSCHAFTEN → DETAILS wählen, sehen Sie die Header-Informationen, wie in Abbildung 6-4 gezeigt.

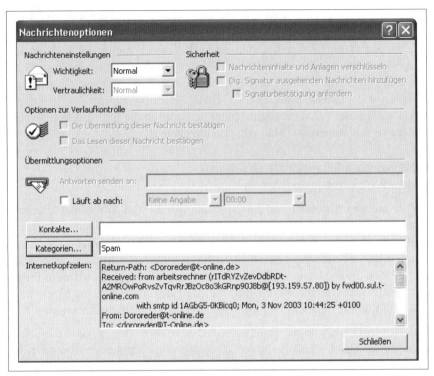

Abbildung 6-3: Header-Informationen in Outlook

Umgang mit Junkmail in Outlook Express

Sowohl Outlook als auch Outlook Express bieten Möglichkeiten, mit Junk-E-Mails umzugehen, auch wenn keines der beiden Programme darin besonders effektiv ist. Denn in beiden Programmen müssen Sie manuell festlegen, was für Sie eine Junk-E-Mail ist, und künftige Junk-E-Mails auf Grund dieser Angaben abblocken. Da Junk-E-Mails jedoch von so vielen verschiedenen Absendern kommen und so viele verschiedene Betreffzeilen benutzen, sind sie auf diese Weise kaum zu kontrollieren. Doch versuchen sollte man es immer. In Outlook Express tun Sie dazu Folgendes:

In Outlook Express können Sie E-Mail-Adressen und -Domains der Absender von Junk-E-Mails der Liste BLOCKIERTE ABSENDER hinzufügen. Dann wird jede Mail, die von einer dort aufgeführten Adresse oder Domain eingeht, automatisch in den Ordner GELÖSCHTE OBJEKTE abgelegt. Um eine Adresse oder Domain auf die schwarze Liste zu setzen, wählen Sie EXTRAS → NACHRICHTENREGELN → LISTE DER BLOCKIERTEN ABSENDER. Es erscheint die Registerkarte BLOCKIERTE ABSENDER des Dialogfelds NACHRICHTENREGELN. Wenn Sie auf HINZUFÜGEN klicken, sehen Sie den Bildschirm aus Abbil-

Abbildung 6-4: Header-Informationen in Outlook Express

dung 6-5. Geben Sie jetzt die zu blockierende E-Mail-Adresse oder Domain ein. Sie können E-Mails, Newsgroup-Nachrichten oder beides blockieren. Wenn Sie fertig sind, klicken Sie auf OK.

Umgang mit Junk-E-Mails in Outlook

Outlook geht mit Junk-E-Mails anders um als Outlook Express, und verschiedene Versionen von Outlook behandeln Junk-E-Mails unterschiedlich.

Outlook 2003 hat einen erstaunlich guten integrierten Spam-Killer. Dieser prüft eingehende Nachrichten und leitet sie gleich in den Ordner *Junk E-Mail* weiter, wenn es zu dem Schluss kommt, dass die Mail Spam ist. Dort können Sie sich die Nachricht anschauen und gegebenenfalls löschen.

Um sicherzustellen, dass der Spam-Killer auch wirklich eingeschaltet ist, wählen Sie EXTRAS → OPTIONEN, gehen auf die Registerkarte EINSTELLUN-GEN und klicken im E-Mail-Bereich des Bildschirms auf die Schaltfläche JUNK E-MAIL. Es öffnet sich der Bildschirm aus Abbildung 6-6.

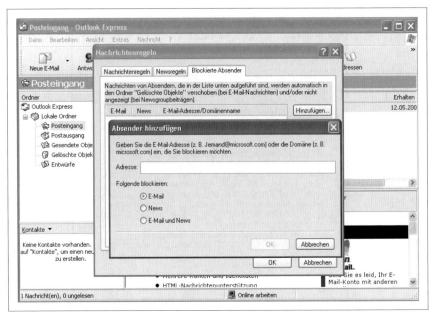

Abbildung 6-5: Ungebetene E-Mails und News in Outlook Express abblocken

Abbildung 6-6: Spam-Schutz in Outlook 2003 konfigurieren

Hier haben Sie die Wahl zwischen mehreren Möglichkeiten:

Niedrig

Verschiebt nur ganz offensichtliche Spam-Mails in den *Junk E-Mail*-Ordner. Das bedeutet, dass zwar immer noch einiger Spam durchkommt, aber andererseits werden auch keine ordentlichen E-Mails versehentlich als Spam einsortiert.

Hoch

Dies ist der aggressivste Spam-Filter. Er fängt einen höheren Prozentsatz an Spam ab, betrachtet aber nicht selten auch normale E-Mails als Spam.

Nur sichere Absender und Empfänger

Mit dieser Einstellung kommen nur Mails von Leuten oder Domains durch, die Sie als sichere Absender gekennzeichnet haben. Alle anderen Mails werden als Junk betrachtet. Für die Praxis ist diese Einstellung nicht sonderlich geeignet, da sie fast alle Ihre E-Mail-Eingänge als Spam brandmarkt.

Sie können der Liste SICHERE ABSENDER neue Absender hinzufügen, indem Sie auf die Registerkarte SICHERE ABSENDER und dann auf HINZUFÜGEN klicken, die gewünschte E-Mail-Adresse oder Domain angeben und dann auf OK klicken. Doch auch die Absender eingehender E-Mails können Sie auf diese Liste setzen. Klicken Sie die Nachricht in Outlook mit rechts an und wählen Sie JUNK E-MAIL → ZUR LISTE DER SICHEREN ABSENDER HINZUFÜGEN.

Ebenso können Sie einen Absender auch in eine Liste mit blockierten Absendern aufnehmen, die Ihnen alle Mails dieser Personen vom Leibe hält. Klicken Sie auf die Registerkarte BLOCKIERTE ABSENDER und dann auf HINZUFÜGEN, geben Sie die betreffende E-Mail-Adresse oder Domain ein und klicken Sie auf OK. Auch hier haben Sie zudem die Option, Absender empfangener E-Mails auf die schwarze Liste zu setzen. Klicken Sie dazu mit rechts in Outlook auf die Nachricht und wählen Sie JUNK E-MAIL → ZUR LISTE DER BLOCKIERTEN ABSENDER HINZUFÜGEN.

Ältere Outlook-Versionen sind nicht annähernd so effektiv in der Spam-Abwehr. Sie besitzen weder einen *Junk E-Mail*-Ordner, noch verschieben sie Spam automatisch in den Ordner mit den gelöschten Objekten. Stattdessen stellen diese Versionen Junk-Mails in grau und jugendgefährdende Mails in Kastanienbraun dar. So können Sie Ihren Posteingang nach diesen Farben absuchen und die Mails manuell löschen.

Wenn Sie in diesen Versionen von Outlook eine Mail erhalten, die Sie für Spam oder Schlimmeres halten, klicken Sie sie mit rechts an und wählen JUNK E-MAIL. Aus dem Kontextmenü wählen Sie dann die Option ZUR LISTE DER JUNK-E-MAIL-VERSENDER HINZUFÜGEN oder ZUR LISTE DER VERSENDER

NICHT JUGENDFREIER INHALTE HINZUFÜGEN. Sie können auch manuell Absender in diese Listen eintragen, indem Sie auf die Schaltfläche ORGANISIEREN auf der Outlook-Leiste klicken und dann JUNK E-MAIL wählen. Daraufhin tut sich der Bildschirm von Abbildung 6-7 auf. Hier können Sie die Liste der Abender von Junk-E-Mails oder jugendgefährdenden Inhalten ein- oder ausschalten. Um zu den Listen zu gelangen, klicken Sie auf HIER KLICKEN und dann auf JUNK-E-MAIL-VERSENDER BEARBEITEN oder VERSENDER NICHT JUGENDFREIER INHALTE BEARBEITEN. Darauf öffnet sich ein Dialogfeld, in dem Sie neue Einträge in die jeweilige Liste setzen können.

Abbildung 6-7: Spam-Filter ein- und ausschalten und den Spam-Listen neue Absender hinzufügen

 Sie können ungebetene E-Mails auch mit den normalen Filtern von Outlook behandeln. Definieren Sie eine Regel, die Mails von bestimmten Absendern oder mit bestimmten Inhalten in selbst definierten Ordnern oder unter GELÖSCHTE OBJEKTE ablegt. Die Regeln erstellen Sie, indem Sie EXTRAS → REGELASSISTENT wählen und dann den Anweisungen folgen. Versprechen Sie sich aber nicht zu viel davon, da Versender von Junk-E-Mails ihre Adressen dauernd ändern.

Siehe auch

- Das *Center for Democracy and Technology* hat einen lesenswerten Bericht darüber geschrieben, wie Junk-E-Mails generiert werden und wie man sie vermeiden kann: *http://www.cdt.org/speech/spam/030319spamreport.shtml.*

- SpamPal (*http://www.spampal.org*) ist ein kostenloses Programm zur Bekämpfung von Junk-E-Mails, das E-Mails schon als Junk markiert, ehe sie Ihr E-Mail-Programm auch nur erreichen. Danach können Sie mit den Filtern Ihres E-Mail-Programms die resultierenden Junk-E-Mails herausfiltern.

- Eine hervorragende Quelle für Neuigkeiten und Informationen über Junk-E-Mails und ihre Bekämpfung finden Sie unter *http://spam.abuse.net.*

HACK #60 Blockierte Dateianhänge in Outlook und Outlook Express öffnen

Zwingen Sie Outlook und Outlook Express, eine Fülle von Dateianhängen zu öffnen, die normalerweise blockiert bleiben.

Die Welt ist voll von ekligen E-Mail-Würmern und -Viren, und natürlich muss sich jeder davor schützen. Doch Microsoft hat in den neusten Versionen von Outlook und Outlook Express allzu drakonische Maßnahmen dagegen ergriffen: Die Programme lassen Sie eine Vielzahl von Dateianhängen gar nicht erst öffnen, einschließlich *.exe-*, *.bat-* und vieler anderer gebräuchlicher Dateierweiterungen. (Eudora macht das anders!) Die Theorie dahinter lautet: Da eine Datei mit einer solchen Erweiterung potenziell gefährlich werden könnte, werden *alle* Dateien mit solchen Erweiterungen kurzerhand blockiert. Genauso gut könnte man alle Autos verbieten, weil es Leute gibt, die damit Unfälle bauen.

Wenn Sie eine Datei mit solch einer blockierten Erweiterung zu öffnen versuchen, bekommen Sie die Fehlermeldung OUTLOOK HAT DEN ZUGRIFF AUF DIE FOLGENDEN POTENZIELL UNSICHEREN ANLAGEN BLOCKIERT. Darauf folgt eine Liste aller blockierten Anhänge der E-Mail.

Je nachdem, welche Version von Outlook oder Outlook Express Sie benutzen und ob Sie eines dieser Programme mit einem Service Pack aktualisiert haben, kann sich auch Ihre Version so verhalten. Manche älteren Versionen tun dies nicht, aber alle jüngeren sind so restriktiv, einschließlich SP2.

Wie sich Ihre Programmversion verhält, erkennen Sie am besten daran, was passiert, wenn Sie einen der blockierten Dateianhänge empfangen. Wenn er blockiert ist, müssen Sie hacken. Da Outlook und Outlook Express unterschiedlich mit dem Problem umgehen, werden wir beide Programme separat betrachten.

So zwingen Sie Outlook, blockierte Anhänge zu öffnen

Outlook weist jedem Dateianhang eine Gefahrenstufe zu. Stufe 1 bedeutet »unsicher«, so dass Outlook den Zugriff auf solche Anhänge verwehrt: Sie können sie nicht öffnen. Stufe 2 wird als mäßig gefährlich angesehen; solche Dateien können Sie nicht direkt öffnen, sondern müssen sie zuerst auf der Festplatte speichern. Mir ist zwar auch nicht recht klar, warum das sicherer sein soll, aber Microsoft wird sich wohl etwas dabei gedacht haben. Stufe 2 hat übrigens noch eine andere Absonderlichkeit: Eigentlich gibt es zunächst gar keine Dateierweiterungen, die als Gefahrenstufe 2 gelten. Damit eine Datei so eingestuft wird, muss Outlook zusammen mit einem Microsoft Exchange Server benutzt werden, und der Administrator muss mit Hilfe seiner Tools Dateierweiterungen in diese Gefahrenkategorie eingestuft haben. Daher ist der Administrator auch der Einzige, der Dateierweiterungen wieder aus dieser Kategorie herausnehmen kann. Folglich können Sie diese Kategorie getrost ignorieren, es sei denn, Sie haben einen überzeugenden Grund, die Sicherheitsrichtlinien Ihrer Firma außer Kraft setzen zu wollen. Alle Dateitypen, die nicht zu Gefahrenstufe 1 oder 2 gehören, werden als »sonstige« angesehen und können normal geöffnet werden.

Mit dem folgenden Registrierungs-Hack können Sie erzwingen, dass Outlook Sie die blockierten Dateianhänge öffnen lässt. Doch bevor Sie anfangen, sollten Sie wissen, welche die von Outlook blockierten Dateianhänge der Gefahrenstufe 1 überhaupt sind. In Tabelle 6-2 werden sie aufgeführt. Um alles noch verwirrender zu machen: Je nach Ihrer Office-Version und je nachdem, welches Service Pack Sie installiert haben, sind nicht alle diese Dateierweiterungen blockiert.

Tabelle 6-2: Blockierte Dateierweiterungen in Outlook

Erweiterung	Dateityp
.ade	Microsoft Access-Projekterweiterung
.adp	Microsoft Access-Projekt
.app	Visual FoxPro-Anwendung
.asx	Windows Media-Audio-/Videodatei
.bas	Microsoft Visual Basic-Klassenmodul
.bat	Batchdatei
.chm	Kompilierte HTML-Hilfedatei
.cmd	Microsoft Windows NT Command-Skript
.com	MS-DOS-Programm
.cpl	Systemsteuerungserweiterung
.crt	Sicherheitszertifikat
.csh	Unix-Shell-Erweiterung
.exe	Ausführbares Programm
.fxp	Kompiliertes Visual FoxPro-Programm
.hlp	Hilfedatei
.hta	HTML-Programm
.inf	Setup-Informationen
.ins	Internet Naming Service
.isp	Einstellungen für die Internetkommunikation
.js	Jscript-Datei
.jse	Jscript Encoded-Skriptdatei
.ksh	Unix-Shell-Erweiterung
.lnk	Verknüpfung

Tabelle 6-2: Blockierte Dateierweiterungen in Outlook (Fortsetzung)

Erweiterung	Dateityp
.mda	Microsoft Access-Add-in
.mdb	Microsoft Access-Programm
.mde	Microsoft Access MDE-Datenbank
.mdt	Microsoft Access-Add-in-Dateien
.mdw	Microsoft Access-Arbeitsgruppeninformationen
.mdz	Microsoft Access-Assistent
.msc	Microsoft Common Console-Dokument
.msi	Microsoft Windows Installer-Paket
.msp	Microsoft Windows Installer-Patch
.mst	Microsoft Windows Installer-Transformdatei; Microsoft Visual Test-Quelldatei
.ops	Office XP-Einstellungen
.pcd	Photo-CD-Bild; kompiliertes Microsoft Visual-Script
.pif	Verknüpfung zu einem MS-DOS-Programm
.prf	Microsoft Outlook-Profileinstellungen
.prg	Visual FoxPro-Programm
.reg	Registrierungseinträge
.scf	Windows Explorer-Befehl
.scr	Bildschirmschoner
.shb	Shell-Datenauszugobjekt
.shs	Shell-Datenauszugobjekt
.url	Internetverknüpfung
.vb	VBScript-Datei
.vbe	VBScript Encoded-Skriptdatei
.vbs	VBScript-Datei
.wsc	Windows-Skriptkomponente
.wsf	Windows-Skriptdatei
.wsh	Windows Script Host-Einstellungen

Zuerst müssen Sie entscheiden, welche der Dateierweiterungen Sie in Outlook öffnen möchten. Falls Outlook noch läuft, schließen Sie das Programm, starten dann den Registrierungs-Editor **[Hack #83]** und gehen zu dem Schlüssel HKEY_CURRENT_USER\SOFTWARE\Microsoft\Office\10.0\Outlook\Security, der, wie der Name schon sagt, für die Sicherheit von Outlook zuständig ist. Erstellen Sie einen neuen String-Wert namens Level1Remove. In das Feld Wert geben Sie den Namen der Dateierweiterung ein, die Sie öffnen möchten, also beispielsweise .exe. Hier können auch mehrere durch Semikola – nicht Leerzeichen – getrennte Dateierweiterungen eingegeben werden, etwa .exe; .bat;.pif. Tabelle 6-2 kann Ihnen bei der Auswahl helfen.

Wenn Sie fertig sind, verlassen Sie die Registrierung und starten den Computer neu. Nun lassen sich die von Ihnen angegebenen Dateitypen auch mit Outlook öffnen.

Es gibt auch ein Add-in zu Outlook, mit dem man blockierte E-Mail-Anhänge öffnen kann, ohne die Registrierung bearbeiten zu müssen. Mit dem Add-in Attachment Options, das Sie unter *http://www.slovaktech.com/ attachmentoptions.htm* erhalten, können Sie visuell ändern, welche Anhänge sich öffnen lassen, und überdies noch eine weitere Option setzen: Sie können Outlook von Fall zu Fall nachfragen lassen, ob Sie bestimmte Dateitypen öffnen möchten, anstatt sie von vornherein zu blockieren oder automatisch zu öffnen. Der Autor des Programms erbittet als Gegenleistung für die Nutzung eine Spende von $ 10.

Wenn Sie wissen, wer Ihnen einen Dateianhang sendet, können Sie den Betreffenden auch bitten, die Datei zu zippen und erneut zu schicken. Auf diese Weise bekommen Sie eine Datei mit der Erweiterung *.zip*, die nicht blockiert wird.

So zwingen Sie Outlook Express, blockierte Anhänge zu öffnen

Je nachdem, welche Version von Outlook Express Sie haben, kann dieses Programm Sie ebenso wie Outlook daran hindern, bestimmte Dateien zu öffnen.

Wenn Sie Windows XP Service Pack 1 oder Service Pack 2, Outlook Express Service Pack 1 oder Internet Explorer 6 Service Pack 1 installiert haben, werden Sie am Öffnen bestimmter E-Mail-Anhänge gehindert. Dasselbe gilt, wenn Sie eine jüngere Version von XP besitzen.

Anders als bei Outlook können Sie bei Outlook Express allerdings nicht je nach Dateierweiterung entscheiden, welche Anhänge geöffnet werden können. Stattdessen können Sie das Programm dazu veranlassen, Sie entweder alle blockierten Dateitypen öffnen zu lassen oder eben alle blockierten Dateitypen zu sperren.

Damit Sie in Outlook Express alle blockierten Dateitypen öffnen können, wählen Sie EXTRAS → OPTIONEN → SICHERHEIT und entfernen das Häkchen aus dem Kontrollkästchen SPEICHERN ODER ÖFFNEN VON ANLAGEN, DIE MÖGLICHERWEISE EINEN VIRUS ENTHALTEN KÖNNTEN, NICHT ZULASSEN, wie in Abbildung 6-8 gezeigt. Eventuell müssen Sie Outlook Express schließen und neu starten, damit die Änderung wirksam wird.

Abbildung 6-8: Outlook Express kann gezwungen werden, alle E-Mail-Anhänge zu öffnen.

Datendateien von Outlook und Outlook Express sichern und wiederherstellen

Wenn Sie ohne E-Mails und Adressbücher nicht leben können, sollten Sie sie regelmäßig sichern. Doch so einfach geht das in Outlook und Outlook Express nicht. In diesem Hack erfahren Sie dennoch Verfahren für beide Programme.

Es gibt zwei Möglichkeiten, die Datendateien von Outlook und Outlook Express zu sichern: die leichte Tour und die harte Tour. Die harte Tour besteht darin, alle Datendateien manuell zu speichern. Das kann ein langer und mühevoller Weg werden, da diese Dateien an vielen verschiedenen Orten liegen. Wenn Sie das einmal getan haben, tun Sie es nie wieder.

Die leichte Tour besteht in einem Add-in, das die Sicherung für Sie erledigt.

Manuelles Backup von Outlook

Wenn Sie lediglich Ihre Outlook-Nachrichten und -Kontakte sichern möchten, haben Sie es leicht. Outlook speichert alle Nachrichten, Kontakte und auch Ihren Kalender in einer einzigen Datei mit der Erweiterung *.pst*. Die Datei heißt in der Regel *Outlook.pst* und liegt im Ordner *C:\Dokumente und Einstellungen\<Ihr Name>\Lokale Einstellungen\Anwendungsdaten\Microsoft*

Outlook. Ist das nicht der Fall, können Sie die Datei finden, indem Sie mit der rechten Maustaste auf das Symbol OUTLOOK HEUTE klicken, EIGENSCHFTEN → ERWEITERT wählen und in dem Feld DATEINAME nachschauen. Wenn Sie Ihre alten E-Mails archiviert haben, befindet sich eine Datei namens *Archive. pst* in demselben Ordner, in dem Ihre *Outlook.pst*-Datei liegt. Um ein Backup von Outlook anzulegen, brauchen Sie nur diese Dateien auf eine CD oder einen anderen Computer zu speichern, und um sie wiederherzustellen, kopieren Sie sie an ihren ursprünglichen Ort zurück.

Wenn Sie nicht Outlook, sondern das Windows-Adressbuch für Ihre Kontakte nutzen, liegen Ihre Kontaktdaten in einer Datei mit der Erweiterung *.pab*. Also müssen Sie in diesem Fall diese Datei zusammen mit der *.pst*-Datei sichern, um ein Backup Ihrer Kontakte anzulegen.

Wenn Sie Outlook mit einem Exchange Server verwenden, liegen auf Ihrem System vielleicht gar keine *.pst*-Dateien vor. Möchten Sie Ihre Nachrichten, Kontakte und Kalenderinformationen sichern, sollten Sie ein lokales Archiv verwenden. Ihr Exchange-Administrator kann das ebenfalls für Sie erledigen. Fragen Sie den Administrator, ob er Sicherungen erstellt und wie man ein lokales Archiv anlegt.

Das ist gut und schön, wenn Sie nur E-Mails, Kalender und Nachrichten sichern möchten. Doch es sind ja noch eine Fülle weiterer Outlook-Informationen zu sichern: die Verknüpfungen auf Ihrer Outlook-Leiste, die E-Mail-Regeln, die Sie definiert haben, Einstellungen der Symbolleisten, Briefpapiere, Signaturen, Vorlagen und andere Benutzereinstellungen und Dateien. Diese müssen nicht unbedingt im selben Ordner wie *Outlook.pst* unter *C:\ Dokumente und Einstellungen\<Ihr Name>\Lokale Einstellungen\Anwendungsdaten\Microsoft\Outlook* gespeichert sein. Verschiedene Versionen von Outlook sind für die Unsitte berüchtigt, ihre Dateien immer in verschiedenen Ordnern abzuspeichern. Auch diese Dateien sollten Sie wie *Outlook.pst* auf einer CD oder in einem anderen Computer speichern und sie später bei Bedarf in ihre Ursprungsordner zurückkopieren, um sie wiederherzustellen.

Tabelle 6-3 beschreibt den Zweck der einzelnen Outlook-Dateien. Je nachdem, wie Sie Outlook verwenden, sind nicht alle dieser Dateien auf Ihrem System vorhanden.

Tabelle 6-3: Outlook-Dateien und ihre Erweiterungen

Dateityp	Erweiterung
Persönliche Ordner	*.pst*
Persönliches Adressbuch	*.pab*
Verknüpfungen auf der Outlook-Leiste	*.fav*

Tabelle 6-3: Outlook-Dateien und ihre Erweiterungen (Fortsetzung)

Dateityp	Erweiterung
Regeln des Regelassistenten (Outlook 2000 und frühere Versionen)	*.rwz*
Nicknames für AutoResolution	*.nick*
Nicknames für AutoVervollständigen (Outlook 2002)	*.nk2*
Eigene Druckereinstellungen	*OutlPrnt*
Eigene Symbolleisteneinstellungen	*Outcmd.dat*
Benutzerdefinierte Systemordneransichten	*Views.dat*
Makros und VBA-Programme	*VbaProject.otm*
Gruppeneinstellungen für Senden/Empfangen (Outlook 2002)	*.srs*
Briefpapiere	*.htm*-Dateien
Vorlagen	*.oft*-Dateien
Wörterbuch	*.dic*-Dateien
Versender von Junk-E-Mails	*Junk Senders.txt*
Versender von nicht jugendfreien Inhalten	*Adult Senders.txt*

Wenn Sie einen Laptop und einen Desktop-PC haben, wissen Sie wahrscheinlich bereits, dass man Outlook auf den beiden Computern scheinbar nicht synchronisieren kann; sie haben unterschiedliche Datenspeicher für die E-Mails. Um diese synchron zu halten, kopieren Sie einfach die *Outlook.pst*-Datei vom einen Rechner auf den anderen. Wenn Sie zum Beispiel ganz normal zu Hause oder im Büro arbeiten, müsste Ihr Desktop-PC die vollständige, aktuelle Version von *Outlook.pst* haben. Gehen Sie mit dem Laptop auf Reisen, kopieren Sie die Datei hinüber, und schon hat der Laptop eine ebenso aktuelle Version Ihrer Dateien. Und sobald Sie wieder nach Hause kommen, kopieren Sie die Datei zurück auf Ihren PC.

Manuelles Backup von Outlook Express

Da Outlook Express eine andere Datenstruktur als Outlook verwendet, müssen Sie hier auch andere Dateien sichern. Express ist chaotischer als Outlook: Das Programm speichert Ihre E-Mails in mehreren Dateien statt nur in einer einzigen, wie Outlook es macht. Sie müssen alle diese Dateien inklusive der Registrierungsschlüssel mit Ihren persönlichen Benutzereinstellungen sichern.

E-Mails werden in Outlook Express in Dateien mit der Erweiterung *.dbx* gespeichert. Um ihre Speicherorte zu finden, öffnen Sie Outlook Express und wählen EXTRAS → OPTIONEN → WARTUNG → SPEICHERORDNER. Dadurch öffnet sich das Dialogfeld aus Abbildung 6-9, das Ihnen den Speicherort der *.dbx*-Dateien verrät. Gehen Sie in diesen Ordner und sichern Sie alle *.dbx*-Dateien. Und das sind nicht eben wenige: 20 oder mehr sind die Regel, je

nachdem, wie viele Mailordner Sie angelegt haben. Um die Daten wiederherzustellen, werden sie in ihren Ursprungsordner zurückkopiert.

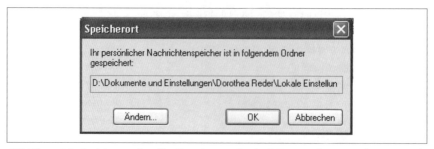

Abbildung 6-9: Speicherort der .dbx-Dateien von Outlook Express für ein Backup ermitteln

Die Dateien mit Ihren Maileinstellungen, Konten und Favoriten werden in
einem einzigen Registrierungsschlüssel gespeichert: HKEY_CURRENT_USER\SOFT-
WARE\Microsoft\Internet Account Manager. Sichern Sie den gesamten Schlüssel einschließlich aller Unterschlüssel in einer einzigen .reg-Datei. Wenn Sie
ihn wiederherstellen möchten, müssen Sie den Schlüssel wie jede andere .reg-
Datei wiederherstellen.

> Wie Sie Schlüssel in .reg-Dateien sichern und später die .reg-
> Dateien zur Wiederherstellung der Schlüssel einsetzen, wird
> zusammen mit anderen Backup-Verfahren unter »Mit .reg-
> Dateien die Registrierung sicher ändern« [Hack #85] und »Bes-
> sere Registrierungs-Sicherungen« [Hack #86] erläutert.

Da Outlook Express für seine Kontaktdaten das Windows-Adressbuch verwendet, müssen Sie dessen .wab-Dateien speichern. Diese liegen in der Regel
unter *C:\Dokumente und Einstellungen\<Ihr Name>\Anwendungsdaten\Micro-
soft\Address Book*, können sich aber auch an einem anderen Ort befinden.
Stellen Sie die .wab-Datei wieder her, indem Sie sie an ihren ursprünglichen
Ort zurückkopieren.

Nachrichtenregeln werden in der Registrierung im Schlüssel HKEY_CURRENT_
USER\Identities und seinen Unterschlüsseln gespeichert. Sichern Sie, wie im
Abschnitt »Manuelles Backup von Outlook« weiter oben in diesem Hack
beschrieben, diesen Schlüssel und seine Unterschlüssel in einer .reg-Datei
und stellen Sie ihn bei Bedarf in der Registrierung wieder her.

Backup von Outlook und Outlook Express mit Add-ins

Wenn Sie sich die Arbeit mit der manuellen Sicherung und Wiederherstellung nicht machen möchten, können Sie es mit Outlook Express Backup
und Genie Outlook Backup von Genie-Soft (*http://www.genie-soft.com*) ver-

suchen. Diese beiden Add-ins automatisieren den Sicherungsprozess. Es gibt eine breite Palette von Optionen für die Sicherung: Backup mehrerer Identitäten und Informationen, E-Mails innerhalb des Backups ansehen und Text daraus kopieren, Einsatz eines automatischen Backup-Planers, Verschlüsselung der Backups, ein mehrere Laufwerke umfassendes Backup sowie Komprimierung der Sicherungsdateien. Beide Programme sind als befristete Probeversion gratis, kosten aber später $ 29,95.

Siehe auch

- Microsoft bietet für Outlook ein kostenloses Add-in namens Personal Folders Backup, das Ihre *.pst*-Dateien automatisch sichert und wiederherstellt, allerdings nicht die Outlook-Einstellungen. Sie können es unter *http://office.microsoft.com/downloads/2002/pfbackup.aspx* herunterladen.

HACK #62 E-Mail aus dem Web mit E-Mail-Software abrufen

Hotmail- und Yahoo!-Nutzer brauchen jetzt nicht mehr auf ihr E-Mail-Programm zu verzichten, wenn sie ihre Mails nachschauen. Dieser Hack ermöglicht es, mit einem eigenen E-Mail-Client die Mails von solchen Webadressen abzurufen.

Ich habe mehr E-Mail-Konten, als einer einzelnen Person zukommt. Zusätzlich zu meinen normalen POP3-E-Mail-Konten besitze ich webbasierte Konten bei Yahoo! und Hotmail. Das bedeutet, dass es eigentlich keine Möglichkeit gibt, alle meine E-Mails an einem Ort zu kanalisieren. Ich benutze Outlook für POP3-Mails und das Web für Yahoo!- und Hotmail-Mails. Überdies bedeutet es, dass ich normalerweise nie alle meine E-Mails auf der Festplatte speichern kann, weil Yahoo! und Hotmail sie im Web speichern. Aber ich hätte gern alle meine Ein- und Ausgangsmails an einem zentralen Ort. Was tun?

Ich habe zwei kostenlose Add-ins gefunden, die es möglich machen, das normale E-Mail-Programm – Outlook, Outlook Express, Eudora oder was auch immer – auch für Yahoo! und Hotmail einzusetzen. Mit YahooPOPs! senden und emfpangen Sie E-Mails von Yahoo! und mit Hotmail Popper von Hotmail.

Yahoo!-Mail mit YahooPOPs! abrufen

Vor einigen Jahren konnte man die E-Mails von Yahoo! noch mit dem Yahoo! POP-Mailserver abholen. Das war einmal. Wenn Sie heute Ihre Mail direkt von Yahoo! holen wollen, müssen Sie dafür Gebühren zahlen.

Doch mit dem ganz leicht einzurichtenden YahooPOPs! (*http://yahoopops. sourceforge.net*) können Sie Yahoo! jetzt wie einen x-beliebigen Mailserver einsetzen, ohne etwas zahlen zu müssen. Dieses Open Source-Programm hat am einen Ende eine POP3-Schnittstelle, die mit Ihrem E-Mail-Client kommuniziert, und am anderen Ende eine HTTP-Schnittstelle, die mit Yahoo! kommuniziert und Ihre E-Mails abruft.

> Wenn Sie Linux oder Mac OS X auf einem anderen Computer benutzen, können Sie Linux- und Mac-spezifische Versionen von YahooPOPs! auf diesem Computer installieren, um auch dort die E-Mail von Yahoo! abzuholen.

Es sind zwei Schritte nötig, um dieses Verfahren ans Laufen zu bringen: Zuerst konfigurieren Sie das Programm selbst, und dann richten Sie Ihren E-Mail-Client für eine Zusammenarbeit mit dem Programm ein. Sie brauchen nicht viel an dem Programm herumzukonfigurieren, sondern können die Standardeinstellungen übernehmen. Doch ich empfehle zumindest einige kleine Änderungen, ehe Sie es benutzen.

Wenn Sie das Programm nach der Installation aufrufen, finden Sie es im Systembereich der Taskleiste. Um es zu konfigurieren, doppelklicken Sie auf das Symbol. Es bietet eine Menge Konfigurationsmöglichkeiten, bei denen Sie aber zumeist die Voreinstellungen übernehmen können. Doch in RECEIVING EMAIL unter EMAIL PREFERENCES sollten Sie das Kontrollkästchen bei DOWNLOAD EMAILS FROM THE BULK MAIL FOLDER deaktivieren (siehe Abbildung 6-10). Wenn Sie es aktiviert lassen, bekommen Sie sämtliche Junk-E-Mails, die Yahoo! in Ihren BULK MAIL-Ordner gelegt hat.

Wie Abbildung 6-10 zeigt, lassen sich hier auch noch andere Einstellungen vornehmen, beispielsweise ob Sie alle E-Mails oder nur ungelesene oder mit Flags versehene herunterladen möchten. Ich habe die Standardeinstellungen beibehalten, aber Sie können sie natürlich ändern, wie Sie wollen.

Danach richten Sie Ihr E-Mail-Programm so ein, dass es funktioniert. Wie Sie das tun, ist von Programm zu Programm unterschiedlich. Schauen Sie am besten im Internet in die Dokumentation, um das Verfahren für unterschiedliche Mailclients herauszufinden. Im Wesentlichen besteht es darin, ein neues Mailkonto in Ihrem Mailprogramm anzulegen und den Eingangsmailserver ebenso wie den Ausgangsmailserver »localhost« zu nennen. Das veranlasst Ihr Programm, sich die Mail von YahooPOPs! zu holen, also gar nicht erst direkt mit Yahoo! Kontakt aufzunehmen. YahooPOPs! erledigt das für Sie, und Ihr Mailclient holt sich die Mails dann von YahooPOPs!.

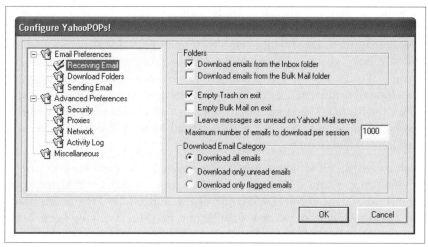

Abbildung 6-10: Passen Sie auf, dass keine E-Mail aus dem Ordner BULK MAIL heruntergeladen wird!

Um Outlook für die Arbeit mit YahooPOPs! einzurichten, wählen Sie TOOLS → E-MAIL-KONTEN → EIN NEUES E-MAIL-KONTO HINZUFÜGEN → WEITER. Dann wählen Sie POP3 als Servertyp, klicken auf WEITER und geben unter BENUTZERINFORMATIONEN Ihren Benutzernamen und die E-Mail-Adresse bei Yahoo! an. Unter den ANMELDEINFORMATIONEN geben Sie Ihre Yahoo!-Anmeldekennung und Ihr Anmeldepasswort ein. Wählen Sie unter den SER-VERINFORMATIONEN sowohl als Posteingangs- wie auch als Postausgangsser-ver »localhost«. Danach wählen Sie WEITERE EINSTELLUNGEN → ERWEITERT und erhöhen den Wert SERVERTIMEOUT auf zehn Minuten. Aktivieren Sie jetzt auf der Registerkarte POSTAUSGANGSSERVER das Kontrollkästchen neben DER POSTAUSGANGSSERVER (SMTP) ERFORDERT AUTHENTIFIZIERUNG, wählen Sie ANMELDEN MIT und geben Sie Ihre E-Mail-Adresse bei Yahoo! als Benutzername und Ihr Mailpasswort von Yahoo! als Kennwort ein. Klicken Sie auf OK, um das Dialogfeld INTERNET-E-MAIL-EINSTELLUNGEN zu schlie-ßen, danach auf WEITER und zum Schluss auf FERTIG STELLEN.

Wenn Sie das erledigt haben, erscheint Ihre Ein- und Ausgangspost von Yahoo! ebenso in Outlook wie die Mails, die von einem beliebigen POP3-Mailserver ausgeliefert werden.

E-Mails von Hotmail Mail mit Hotmail Popper abrufen

Hotmail Popper (*http://www.boolean.ca/hotpop/*) arbeitet nach dem gleichen Prinzip wie YahooPOPs!, um Ein- und Ausgangsmails vom Hotmail-Konto herunterladen zu können. Es ruft die Mails von Hotmail ab, und Ihr E-Mail-Client holt sie seinerseits von Hotmail Popper.

Da wäre jedoch noch ein Haken. Zu der Zeit, da ich dies schreibe, kann man mit der freien Version von Hotmail nicht den Hotmail Popper nutzen, um E-Mail abzurufen. Dazu benötigen Sie Hotmail plus einen entsprechenden MSN-Account, also mit anderen Worten einen zahlungspflichtigen Hotmail-Account. Früher konnte man Hotmail Popper auch mit der freien Version von Hotmail benutzen, aber dann zog Microsoft den Stecker. Da Microsoft jedoch für häufige Meinungsumschwünge bekannt ist, besteht eine Chance, dass Hotmail Popper irgendwann auch einmal wieder mit der freien Version von Hotmail funktioniert.

Auch das Setup funktioniert ganz ähnlich. Wieder konfigurieren Sie zuerst Hotmail Popper, um die Mails abzuholen, und dann Ihren E-Mail-Client, damit er die Mails abruft. Die Standardeinstellungen des Programms brauchen nicht geändert zu werden, da es schon per Voreinstellung keine Massenmails von Hotmail abruft. Das Programm läuft im Infobereich der Taskleiste; wenn Sie es konfigurieren möchten, klicken Sie dort mit der rechten Maustaste auf das Programmsymbol und wählen EIGENSCHAFTEN.

Wenn das Programm läuft, müssen Sie Ihren E-Mail-Client so konfigurieren, dass er mit ihm funktioniert. Die Konfiguration verläuft fast genauso wie bei YahooPOPs!; genaue Erläuterungen können Sie also obigem Abschnitt entnehmen. Sie legen ein neues POP3-Konto an und geben wie gewöhnlich Ihren Benutzernamen und Ihr Kennwort ein. Für ein- und ausgehende Mails verwenden Sie als Serveradresse 127.0.0.1. Den Servertimeout brauchen Sie im Gegensatz zu YahooPOPs! nicht zu erhöhen. Falls Sie jedoch Schwierigkeiten haben, die Mails von dem Server zu holen, können Sie einen höheren Wert ausprobieren, um das Problem zu lösen.

> Mit dem kostenlosen Google-E-Mail-Dienst Google Mail können Sie E-Mails mit Ihrer normalen E-Mail-Software wie beispielsweise Outlook oder Outlook Express abrufen, ohne weitere Add-ins. Einzelheiten gibt es unter »Google Mail-Hacks« [Hack #63].

Nachdem Sie alles konfiguriert haben, verwenden Sie das Programm wie ein beliebiges POP3-E-Mail-Konto.

E-Mails von GMX und Web.de abrufen

GMX und Web.de unterstützen den Abruf von E-Mails mittels POP3 von sich aus. Sie benötigen nur Ihr E-Mail-Programm, keine zusätzliche Software. Die Konfiguration Ihres E-Mail-Programms ist bei GMX in der FAQ (*http://faq.gmx.de*) und bei Web.de in der Hilfe (*http://hilfe.web.de/freemail/ Hilfe/Inhalt*) detailliert beschrieben.

Google Mail-Hacks

Die beste Suchmaschine der Welt bietet nun auch den besten Web-E-Mail-Dienst der Welt. Hier erfahren Sie, wie Sie noch mehr aus ihr herausholen.

Wenn Sie einen kostenlosen, webbasierten E-Mail-Service suchen: Der beste, den Sie bekommen können, ist Google Mail[1], keine Frage. Er bietet mehr Speicherplatz als alle anderen (zurzeit sind es krachende zwei GByte), kann Ihre E-Mails mit der kompletten Suchsyntax von Google durchsuchen, lässt Sie Ihre normale E-Mail-Software benutzen, um Mails von POP3 abzurufen – die Liste ließe sich noch fortführen. Sagen wir einfach: Das ist der E-Mail-Dienst der Wahl.

Da Google Mail derart viel zu bieten hat, wissen Sie womöglich gar nicht über alle Features Bescheid oder holen noch nicht das Beste aus ihnen heraus. Dieser Hack beschreibt, wie Sie Kontakte aus Ihrer vorhandenen E-Mail-Software in Google Mail importieren können und wie Sie Ihre normale E-Mail-Software zum Empfang von Mails über Google Mail nutzen.

Kontakte in Google Mail importieren

Wahrscheinlich haben Sie dutzende oder hunderte von Kontakten in Ihrem E-Mail-Programm angelegt. Es wäre doch schön, sie in Google Mail importieren zu können. Und das ist gar nicht so schwer; im Grunde sind dazu nur zwei Schritte nötig. Da Google Mail Kontakte im Format einer kommagetrennten Liste (Comma-Separated Values, CSV) laden kann, müssen Sie die Kontakte als Erstes in eine CSV-Datei exportieren und dann diese Datei in Google Mail importieren.

Wie das funktioniert, hängt ein wenig von Ihrer E-Mail-Software ab. In Outlook wählen Sie DATEI → IMPORTIEREN/EXPORTIEREN, um den IMPORT/EXPORT-ASSISTENTEN zu starten. Wählen Sie EXPORTIEREN IN EINE DATEI, klicken Sie auf WEITER und wählen Sie auf dem nächsten Bildschirm KOMMAGETRENNTE WERTE (WINDOWS). Dann erscheint ein Bildschirm, in dem Sie Ihren *Kontakte*-Ordner auswählen, wie in Abbildung 6-11 gezeigt, und abermals auf WEITER klicken.

Im nächsten Bildschirm geben Sie der Datei einen Namen (eine *.csv*-Erweiterung bekommt sie automatisch), gehen in den Ordner, in dem Sie sie speichern möchten, klicken auf WEITER und dann auf FERTIG STELLEN.

---

1 In Deutschland musste Google seinen Freemail-Service *Gmail* aufgrund eines Rechtsstreits in *Google Mail* umbenennen. Im Zusammenspiel mit englischsprachen Drittanbieter-Tools kann es daher zu Problemen kommen.

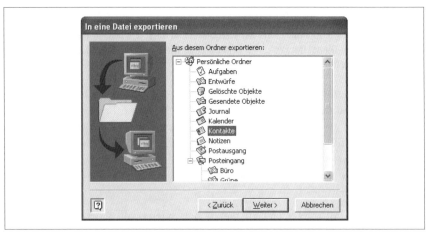

Abbildung 6-11: Der Ordner Kontakte wird ausgewählt

Nun, da die Datei bereit ist, gehen Sie zu Ihrem Google Mail-Account und klicken am linken Bildschirmrand auf KONTAKTE. Auf der Seite, die dann erscheint, klicken Sie oben rechts auf KONTAKTE IMPORTIEREN. Klicken Sie auf die BROWSE-Schaltfläche und navigieren Sie zu dem Ordner, in den Sie Ihre Kontakte exportiert haben. Wählen Sie ihn aus und klicken Sie auf ÖFF-NEN. Jetzt müssten Sie im Bildschirm aus Abbildung 6-12 sein, in dem Ihre Daten bereits ausgefüllt sind. Klicken Sie auf KONTAKTE IMPORTIEREN.

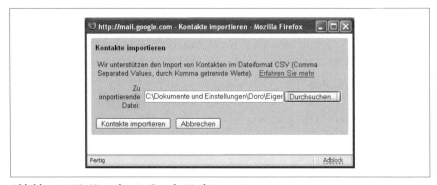

Abbildung 6-12: Kontakte in Google Mail importieren

Nach einer Minute oder etwas mehr, je nach der Geschwindigkeit Ihres Internetzugangs und der Zahl der Kontakte, sagt Ihnen eine Meldung wie die in Abbildung 6-13, dass Ihre Kontakte importiert wurden und wie viele es waren. Klicken Sie auf CLOSE. Nun stehen Ihre Kontakte zur Verfügung. Um sie anzuzeigen, klicken Sie im KONTAKTE-Bildschirm auf ALLE KONTAKTE.

Abbildung 6-13: Alle Kontakte wurden in Google Mail exportiert

Google Mail als POP3-Account

Im Gegensatz zu anderen webbasierten E-Mail-Diensten können Sie mit Google Mail auch weiterhin Ihr gewohntes E-Mail-Programm nutzen, um Mails über einen POP3-Mailserver abzurufen. (Um dies mit Yahoo! Mail oder Hotmail zu tun, benötigen Sie ein Add-in [Hack #62].) Als Erstes müssen Sie Google Mail entsprechend konfigurieren, und anschließend sagen Sie Ihrem E-Mail-Programm, wie es die Mails abrufen soll.

Klicken Sie also in Google Mail auf EINSTELLUNGEN und dann auf den Link WEITERLEITUNG UND POP oben auf der Seite. Es erscheint der Bildschirm aus Abbildung 6-14.

Wenn Sie möchten, dass Ihr E-Mail-Programm alle E-Mails abruft, die Sie jemals auf Google Mail erhalten haben, wählen Sie POP FÜR ALLE NACHRICHTEN AKTIVIEREN. Seien Sie jedoch sehr vorsichtig mit dieser Einstellung: Da Google Mail Ihnen bis zu 1 GByte Speicherplatz gibt, kann es geschehen, dass Sie am Ende hunderte MegaByte an Mails herunterladen, wenn sie sich zum ersten Mal mit Ihrer E-Mail-Software mit Google Mail verbinden. Bedenken Sie außerdem: Selbst wenn Sie nur wenige Mails in Ihrem Posteingang haben, ist das nicht alles, was auf Ihrem Google Mail-Account liegt. Die meisten Mails befinden sich im *Archiv*-Ordner; womöglich sind es gar hunderte oder tausende von Nachrichten, die in Ihrem Posteingang gar nicht angezeigt werden.

Wenn Sie POP NUR FÜR AB JETZT EINGEHENDE NACHRICHTEN AKTIVIEREN auswählen, werden nur die Nachrichten heruntergeladen, die ab dem jetzigen Zeitpunkt eintrudeln. Diese Wahl ist erheblich sicherer. Möchten Sie dennoch einige alte Mails herunterladen, können Sie immer noch in Ihren Google Mail-Account gehen und die Mails an Sie weiterleiten. So werden die weitergeleiteten Mails als neue E-Mails behandelt und heruntergeladen, während der Rest Ihrer alten E-Mails nicht heruntergeladen wird.

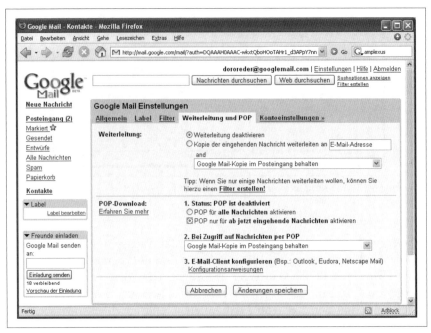

Abbildung 6-14: Google Mail für POP3-Zugriff konfigurieren

Danach müssen Sie entscheiden, was weiter mit Ihrem Google Mail-Nachrichten geschehen soll: Sollen sie auf dem Google Mail-Server verbleiben, und, wenn ja, sollen sie im Posteingang oder im Archiv verwahrt werden? Folgende Wahlmöglichkeiten stehen zur Verfügung:

Google Mail-Kopie im Posteingang behalten. Mit dieser Einstellung bleiben alle neuen Mails auf dem Google Mail-Server und in Ihrem Posteingang, auch wenn Sie sie auf Ihren PC heruntergeladen haben.

Google Mail-Kopie archivieren. Mit dieser Einstellung bleiben alle neuen Mails auf dem Google Mail-Server, werden aber in die archivierten Mails verschoben, anstatt im Posteingang zu verbleiben. Wenn Sie Google Mail im Web besuchen und Ihre Mails sehen möchten, müssen Sie somit in das Archiv schauen.

Google Mail-Kopie in den Papierkorb verschieben. Mit dieser Einstellung werden alle Mails in Ihren PAPIERKORB verschoben, wo sie von Google Mail in regelmäßigen Abständen gelöscht werden.

Nun ist es Zeit, das E-Mail-Programm zu konfigurieren, damit es die Google-Mails auch abruft. Sie richten Google Mail wie jeden anderen neuen Mail-Account ein. Als POP3-Server geben Sie pop.googlemail.com und als SMTP-Server smtp.googlemail.com ein. Wenn Sie den Account einrichten, achten Sie darauf, dass Ihre Software eine sichere Verbindung (SSL) sowohl für SMTP als auch für POP3 verwendet.

Im Folgenden wird beschrieben, wie Sie beispielsweise Outlook für POP3 Google Mail einrichten. Nachdem Sie den POP3-Zugriff in Google Mail aktiviert haben, starten Sie Outlook und wählen EXTRAS → E-MAIL-KONTEN → EIN NEUES E-MAIL-KONTO HINZUFÜGEN → WEITER. Auf dem Bildschirm SERVERTYP wählen Sie POP3 und klicken auf WEITER. Im nächsten Bildschirm geben Sie Ihren Namen, Ihre E-Mail-Adresse, Ihren Benutzernamen und Ihr Passwort ein. In das Feld POSTEINGANGSSERVER (POP3) schreiben Sie pop.googlemail.com und in das Feld POSTAUSGANGSSERVER schreiben Sie smtp.googlemail.com. Dann aktivieren Sie das Kontrollkästchen KENNWORT SPEICHERN. Der ausgefüllte Bildschirm müsste wie in Abbildung 6-15 aussehen.

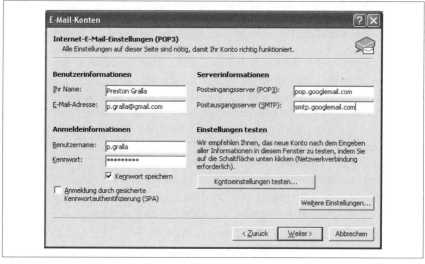

Abbildung 6-15: POP3-Zugriff in Outlook 2003 einrichten

Klicken Sie jetzt auf WEITERE EINSTELLUNGEN und dann auf die Registerkarte ERWEITERT. In den Abschnitten POP3 und SMTP setzen Sie ein Häkchen neben DIESER SERVER VERWENDET EINE SICHERE VERBINDUNG (SSL). Dadurch ändern sich die Server-Portnummern. Für POP3 sollte sich die Portnummer von 110 in 995 ändern. Passiert das nicht, geben Sie 995 in das Feld POSTEINGANGSSERVER (POP3) ein. Für SMTP geben Sie 465 in das Feld POSTAUSGANGSSERVER (SMTP) ein. Nun klicken Sie auf die Registerkarte POSTAUSGANGSSERVER, markieren das Kästchen neben DER POSTAUSGANGS-SERVER (SMTP) VERWENDET AUTHENTIFIZIERUNG, wählen GLEICHE EINSTELLUNGEN WIE FÜR POSTEINGANGSSERVER VERWENDEN und klicken auf OK. Sie gelangen jetzt zurück zu dem Bildschirm aus Abbildung 6-15. Klicken Sie auf WEITER und dann auf FERTIG STELLEN. Nun müssten Sie in der Lage sein, Mails mit Google Mail zu senden und zu empfangen.

Siehe auch

- Es gibt einige freie Add-ins, die den Funktionsumfang von Google Mail erweitern und Sie beispielsweise über neue E-Mails in Google Mail benachrichtigen oder eine To-do-Liste führen. Zu finden sind sie unter *http://www.marklyon.org/Gmail/gmailapps.htm*. (Durch die Umbenennung des deutschen E-Mail-Dienstes von Gmail in Google Mail kann es allerdings sein, dass nicht alle Tools reibungslos funktionieren.)

Outlook und Outlook Express abschaffen

HACK #64

Auch wenn es sich noch nicht herumgesprochen hat: Microsoft macht nicht die einzigen beiden E-Mail-Programme auf diesem Planeten. Eudora, Thunderbird und Pegasus sind großartige – und kostenlose – Alternativen.

Seltsam, aber wahr: E-Mail-Software gab es auch schon vor Outlook und Outlook Express. Ich muss es wissen, denn ich habe sie die ganze Zeit benutzt. Diese E-Mail-Software gibt es noch immer, und manche halten sie sogar für besser als Outlook und Outlook Express. Zwei meiner Favoriten aus der Vielzahl der vorhandenen E-Mail-Programme, Eudora und Pegasus, existieren beide schon sehr lange. Und Thunderbird ist eine Open Source-Alternative, die zusammen mit dem großartigen Firefox-Browser **[Hack #43]** entwickelt wurde. Zwar haben alle drei auch ihre Schwächen, aber dennoch bieten sie so viele einzigartige Funktionen, dass Sie, sobald Sie sie kennen, Outlook und Outlook Express auf den Müll werfen werden.

Stimmungs-Check mit Eudora

Es gab einmal eine Zeit, da war Eudora der Platzhirsch. Lange bevor es Outlook und Outlook Express gab, sah man dieses Programm allenthalben auf den Desktops der Poweruser. Und trotz seiner geringeren Verbreitung hat es auch heute noch seine Fans – und zwar aus gutem Grund, denn es bietet einige Funktionen, die keine andere E-Mail-Software hat.

Allen voran ist da eine unübertroffene Funktion, die jeder, der einmal in einem Anfall von Jähzorn eine flammende Schmährede verfasst hat, mit Kusshand begrüßen wird: Noch während Sie schreiben, analysiert Mood-Watch Ihr Agressivitätsniveau und bewertet es auf einer Skala zwischen einem Eiswürfel und drei Chilischoten. Während der Eingabe sehen Sie die Bewertung, und bevor Sie die Mail abschicken, bekommen Sie eine Warnung, falls es beleidigend werden könnte.

Eine andere tolle Sache ist die Dateifreigabe auf Peer-to-Peer-Basis für andere Eudora-Nutzer über das *Eudora Sharing Protocol* (ESP). Sie definieren Gruppen von Leuten, so genannte *Share Groups*, mit denen Sie Dateien gemeinsam nutzen möchten und die als Einzige Zugriff auf diese Dateien haben sollen. Im Gegenzug können auch Sie Dateien von anderen nutzen, die ebensolche Freigaben für Sie auf ihren Computern eingerichtet haben. Der *New ESP Share Group Wizard* erklärt Ihnen Schritt für Schritt, wie eine solche Gruppe angelegt wird. Wählen Sie TOOLS → ESP GROUPS → NEW... → CREATE A BRAND NEW SHARE GROUP → NEXT.

Vieles an diesem Tool lässt sich benutzerdefiniert einstellen, darunter auch die Fähigkeit, eine neue Mailbox ausschließlich für die betreffende Share Group einzurichten, damit die Mails dieses Personenkreises automatisch herausgefiltert und in den passenden Posteingang gelegt werden. Der Assistent fordert Sie zur Eingabe auf, wenn Sie solche Gestaltungsmöglichkeiten haben. Sie können den Namen und die Beschreibung der Share Group eingeben, Mails in einen neuen oder alten Posteingang oder Share Group-Ordner leiten (entscheiden Sie selbst, wo die Dateien der Share Group abgelegt werden sollen), und Sie können sogar aussuchen, welche Eudora-Persönlichkeit – Dominant oder was auch immer – mit der Share Group verbunden werden soll.

Außerdem können Sie alle Eudora-Einstellungen für jede Share Group separat vornehmen (indem Sie mit der rechten Maustaste auf den Gruppennamen klicken und OPTIONS wählen) und die Filteroptionen für Nachrichten aus dieser Share Group mit Hilfe der Schaltfläche ESP SETTINGS setzen (sollen die Nachrichten durch die normalen Filter gehen oder nicht?). Für jeden Benutzer können Sie angeben, welche Rolle er in der Gruppe spielt (hat er auf die Dateien Schreib- oder nur Lesezugriff oder beides?). Danach können Sie Dateien auf mehreren Computern gemeinsam nutzen und jede Art von Dokument gemeinsam mit anderen bearbeiten (siehe Abbildung 6-16) Diese Fähigkeit ist erstaunlich und kann auch Nutzer anderer E-Mail-Programme zu einem Wechsel bewegen.

Weitere Stärken von Eudora sind das Versenden von Sprachnachrichten per E-Mail und sehr mächtige Filter- und Suchfunktionen. Wenn Sie Statistiken lieben, haben Sie einen Bereich mit Ausnutzungsstatistiken (TOOLS → STATISTICS) zur Verfügung, der statistische Daten analysiert und zum Beispiel anzeigt, wie viel Zeit Sie mit dem Programm verbracht haben und zu welcher Tageszeit Sie am meisten Mails senden und empfangen. Den E-Mail-Fans wird das gefallen (siehe Abbildung 6-17).

Eine durch Anzeigen gesponserte Version von Eudora kann von *http://www. eudora.com* gratis heruntergeladen werden. Wenn Sie die Werbung loswerden möchten, können Sie entweder $ 49,95 für die Vollversion auf den Tisch des Hauses legen oder eine abgespeckte »Light«-Version nehmen.

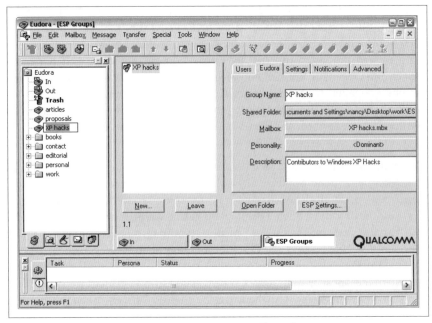

Abbildung 6-16: Gemeinsame Dateinutzung in einer Share Group

Abbildung 6-17: Statistiken zur E-Mail-Nutzung

Eine Anekdote für den Fall, dass Sie Freunde und Bekannte gern mit wenig bekannten Fakten aus der Welt der Technologie beeindrucken: Eudora wurde nach der bekannten Romanautorin Eudora Welty benannt, und zwar wegen einer Kurzgeschichte, die sie 1941 schrieb. Die Geschichte heißt »Why I Live at the P.O.« und handelt von einer Frau, die ihr gesamtes Leben in eine Postfiliale, auf Englisch »Post Office«, verlegt.

Vorwärts in die Vergangenheit mit Pegasus

Wenn auch Sie schon sehr lange mit Computern arbeiten, denken Sie bei dem Wort »Pegasus« vielleicht an Ihre Jugend zurück, als es noch keine Standard-Benutzeroberflächen gab und die Programme die Persönlichkeit des Programmierers statt der Zielgruppe widerspiegelten. Das liegt zum Teil daran, dass dieses Programm 1990 herauskam, also zu den Zeiten von Windows 3.0. Beim Anblick seines exzentrischen Layouts und seiner winzigen Symbole fühlt man sich in diese längst vergangenen Zeiten zurückversetzt.

Dies ist zugleich die Stärke und die Schwäche des Programms. Wenn Sie nach der Installation herausfinden möchten, wie es funktioniert, kann man Ihnen nur viel Glück wünschen: Es ist ein Kampf mit schwer entzifferbaren Symbolen. Sogar die Sprechblasen, die erscheinen, wenn man den Mauszeiger über einem Symbol verharren lässt, helfen nicht viel weiter. Kann mir beispielsweise irgendjemand erklären, was OPEN A LIST OF LOCAL PEOPLE ON YOUR SYSTEM heißen soll?

Die Stärke besteht jedoch darin, dass solche Absonderlichkeiten einen in die Funktionen des Programms hinüberleiten, und es ist fürwahr ein mächtiges Programm. Die Arten, wie es Regeln zur automatischen Verarbeitung von Eingangsnachrichten einsetzt, sind extrem ausgefeilt. Sie können beispielsweise Regeln definieren, mit denen Sie es anderen Nutzern ermöglichen, sich an Listserv-E-Mail-Diskussionsforen zu beteiligen, die Sie unter Pegasus laufen lassen.

Auch die Möglichkeiten zur Anzeige von Nachrichten sind ausnehmend gut. Es gibt eine Ansicht, in der man rasch zwischen der Anzeige als einfacher Text oder als HTML hin- und herschalten kann, und in der »Rohansicht« oder so genannten RAW VIEW können Sie die gesamte Nachricht einschließlich aller Header-Informationen sehen, also auch den Pfad, über den die E-Mail zu Ihnen gelangt ist.

Tief verborgen in diesem Programm schlummern überdies noch ein paar ganz seltsame Funktionen: Sie können beispielsweise eine E-Mail mit einem vorformatierten Text senden, in dem Sie jemandem mitteilen, dass er einen

Telefonanruf erhalten hat. Irgendwie habe ich das Gefühl, dass diese Funktion nicht von der Zielgruppe eingefordert worden ist.

Pegasus ist kostenlos unter *http://www.pmail.com* erhältlich, doch für Handbücher und Support müssen Sie $ 29,95 zahlen.

Das Open Source-Programm Thunderbird

Thunderbird (siehe Abbildung 6-18) ist ein bemerkenswert mächtiges Programm, insbesondere in Anbetracht der Tatsache, dass es nichts kostet. Es ist Open Source-Software und wird von Mozilla.org entwickelt, derselben Community, die auch die Browser Firefox und Mozilla entwickelt.

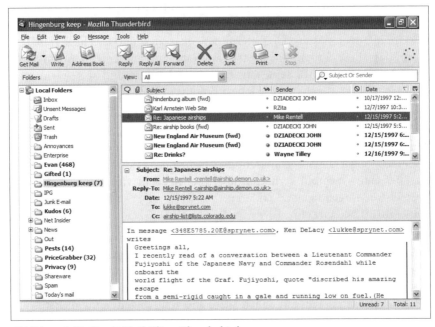

Abbildung 6-18: Der E-Mail-Client Thunderbird

Hier finden Sie alles, was man sich von einem E-Mail-Programm nur wünschen kann: Es hat die Fähigkeiten, RSS-Feeds zu empfangen und zu lesen, Newsgroups zu lesen und mehrere E-Mail-Konten zu verwalten. Hinzu kommen ein Spam-Killer, exzellente Suchfunktionen, sehr gute Filter, die ein schnelles Auffinden der gewünschten E-Mails ermöglichen, und vieles andere mehr. So bietet der Thunderbird eine eingebaute Verschlüsselung für sichere E-Mails. Besonders nützlich ist auch seine Fähigkeit, Mails in ihren Ordnern nach mehreren Kriterien zu gruppieren, darunter Datum, Priorität, Absender, Empfänger, Status, Betreff oder Label.

Wenn Sie das Programm installieren, importiert es Ihre Nachrichten und Kontakte aus anderen E-Mail-Programmen, wie etwa Outlook, Outlook Express, Netscape Mail und Eudora. Wenn Sie sehr viele Mails haben, kann das länger dauern.

Wie Firefox kann auch Thunderbird *Erweiterungen* nutzen, also frei erhältliche Add-ins, die zusätzliche Funktionen zur Verfügung stellen. Mit Erweiterungen können Sie beispielsweise nur mit Mausbewegungen E-Mails öffnen, schließen und senden oder auch andere Dinge tun: Sie halten die rechte Maustaste gedrückt, bewegen die Maus in einer bestimmten Weise, und schon ist die Aufgabe erledigt. Mit anderen Add-ins können Sie RSS-Feeds lesen, Ihren Musik-Player steuern und anderes mehr.

Das Programm ist kostenfrei unter *http://www.mozilla.org/products/thunderbird* erhältlich.

Siehe auch

- Wenn Sie zwar bei Outlook bleiben möchten, aber nach Verbesserungsmöglichkeiten suchen, sollten Sie Nelson Email Organizer (*http://www.caelo.com*) ausprobieren. Dieses Programm erleichtert die Verwaltung eines hohen E-Mail-Aufkommens, indem es die Nachrichten automatisch sortiert und in einer Reihe von intuitiv zu nutzenden Ordnern ablegt. Außerdem durchsucht es die Mails blitzschnell, benachrichtigt Sie beim Eintreffen einer neuen Mail und bietet verschiedene Ansichtsoptionen. Die Probeversion ist gratis; die Vollversion kostet $ 39,95.

KAPITEL SIEBEN

Wireless
Hacks #65–74

Die Welt kommuniziert drahtlos, und XP ist mittendrin. Drahtlose Technologien wurden bei der Konzeption von XP besonders berücksichtigt. Mittels der Funktion zum Anzeigen verfügbarer WLANs kann die Verbindung zu anderen Computern oder Access Points zu Hause und unterwegs einfach hergestellt werden.

In diesem Kapitel stellen wir Hacks für drahtlose Netzwerke vor – War Driving zum Auffinden von Netzwerken, Möglichkeiten zum Schutz Ihres privaten WLANs mittels Verschlüsselung, das Beheben von Verbindungsproblemen und mehr.

HACK #65 War Driving für den drahtlosen Zugriff

Wireless-Netzwerke sind allgegenwärtig. Gerüstet mit einem Laptop, einem Auto und einer Software namens Network Stumbler bekommen Sie freien Internetzugriff auf drahtlose FreeNets.

Eine der coolsten technischen Errungenschaften, die momentan populär sind, ist das drahtlose Netzwerk, auch WLAN genannt. Solche auf dem WiFi-Standard (802.11x) basierenden drahtlosen Netzwerke finden immer mehr Verbreitung, nicht nur im Privatbereich, sondern auch in Universitäten, Firmen, Coffeeshops, Flughäfen und anderen öffentlichen Orten. Jetzt können Sie Ihre E-Mail endlich bei Starbucks erledigen.

Oft gibt es zig solcher Netzwerke auf engstem Raum, besonders in bestimmten Stadtvierteln und Bürozentren, in denen Hightech-Firmen angesiedelt sind. An meinem Wohnort Porter Square in Cambridge, Massachusetts, koexistieren dutzende WLANs in Privatwohnungen, Apartmenthäusern und Firmen nur einen Katzensprung voneinander entfernt. Mindestens ein halbes Dutzend sind allein in meiner kleinen Straße vorhanden, meines nicht mitgerechnet. Auf meiner Terrasse habe ich nicht nur Zugriff auf mein eigenes Netzwerk, sondern empfange außerdem Signale von mindestens vier weiteren nahe gelegenen WLANs.

Da die preiswerten WLANs überall verfügbar sind, formte sich eine Gemeinde von WLAN-Netzwerkern auf Tauschbasis. Der Grundgedanke ist einfach: Andere kommen bei Ihnen vorbei und nutzen Ihr Netzwerk, um mal schnell ins Internet zu gehen, und bei anderer Gelegenheit dürfen Sie deren Netzwerke zu dem gleichen Zweck benutzen. Diese Organisationen werden als FreeNets bezeichnet. Man findet sie in amerikanischen Städten wie New York, Seattle, Houston, der San Francisco Bay Area und noch anderen mehr. Einzelheiten über diese Gemeinschaften finden Sie bei Free Networks.org (*http://www.freenetworks.org*). Manche Städte richten sogar selbst in Gewerbegebieten freie Wireless-Zonen oder so genannte Hotspots ein, wodurch jeder mit einem WiFi-fähigen Computer ins Internet kommt. Paris beispielsweise wird vielleicht bald nicht nur für seine Schönheit, Kultur, gute Küche und Touristenverachtung bekannt sein, sondern könnte sich außerdem in eine gigantische Wireless-Zone verwandeln, in der man überall Internetzugriff hat, wenn auch nicht kostenlos.

Wie findet man diese WLANs? Am besten durch das *War Driving*: Man fährt durch die Gegend, ausgerüstet mit einem Laptop, Spezialsoftware und, wenn man mehrere Netzwerke ausfindig machen möchte, mit einer Antenne, die mit der WiFi-Karte verbunden ist.

> Die äußerst umweltfreundliche Alternative ist das *War Walking*, doch mit einem Laptop ist das eine schweißtreibende Angelegenheit. Besser geht es mit einem WiFi-fähigen PDA wie dem Palm Tungsten C und einer Software namens Net-Chaser (*http://www.bitsnbolts.com*).

Wenn Sie die Software ausführen, findet sie nicht nur das Netzwerk, sondern auch eine Fülle von Daten darüber. Diese können Sie nutzen, um sich zu verbinden. Folgendes bringt sie unter anderem in Erfahrung: die SSID (den Netzwerknamen), ob Verschlüsselung genutzt wird und auf welchem Wireless-Kanal das Netzwerk sich befindet. Mit diesen Informationen sollten Sie in der Lage sein, sich mit einem FreeNet zu verbinden, also einem Netzwerk, das jeden zulässt oder ein allgemein verabredetes Sicherheitsschema verwendet, das alle Mitglieder der FreeNet-Gemeinde für ihre WLANs nutzen.

In manchen Stadtvierteln bemerken Sie gelegentlich auf dem Bürgersteig Symbole, die ungefähr wie die in Abbildung 7-1 aussehen. Dabei handelt es sich wirklich um eine Verschwörung, aber im positiven Sinn. Es sind *War Chalking*-Symbole, die den Passanten verraten, dass ein WLAN in der Nähe ist. Das linke Symbol bedeutet, dass das Netzwerk offen ist, das mittlere, dass es geschlossen ist, und das rechte, dass es WEP-Verschlüsselung nutzt. Eventuell stehen neben dem Symbol noch weitere Informationen wie etwa die SSID, um die Einwahl zu erleichtern. Die Symbole sind angelehnt an die der Obdachlosen, die während der großen Depression in Amerika Kreidemarkierungen neben Häusern anbrachten, in denen man freundlich zu ihnen war und ihnen zu essen gab. Weitere Informationen über das War Chalking finden Sie unter *http://www.blackbeltjones.com/warchalking/index2.html*.

Abbildung 7-1: War Chalking-Symbole

Wenn Sie War Driving ausprobieren möchten, sollten Sie das kostenlose Programm Network Stumbler (*http://www.netstumbler.com*) herunterladen, das Ihnen detaillierte Informationen über fast jedes nahe gelegene WLAN liefert. Abbildung 7-2 zeigt, was geschieht, wenn ich diese Software auf meiner Terrasse laufen lasse. Ich kann Signale von vier benachbarten WLANs zusätzlich zu meinem eigenen empfangen.

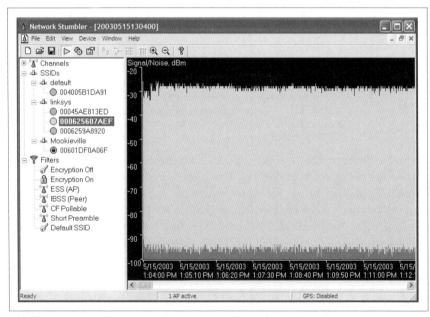

Abbildung 7-2: Wireless-Netzwerke mit Network Stumbler erkennen

Network Stumbler ermittelt zu jedem entdeckten WLAN unter anderem die SSID, den Namen, den Hersteller, den Kanal, den Typ, die Signalstärke, das Signal-Geräusch-Verhältnis und ob die Verschlüsselung aktiviert ist. Mit diesen Informationen an der Hand können Sie versuchen, eine Netzwerkverbindung aufzunehmen.

 Wenn ein Netzwerk Verschlüsselung nutzt, wird daneben ein kleines Schloss angezeigt. Schauen Sie sich das Mookie-ville-Netzwerk in Abbildung 7-2 einmal genau an, vielleicht können Sie es erkennen.

Haben Sie ein Netzwerk gefunden, können Sie Network Stumbler beenden. Um sich einzuwählen, doppelklicken Sie auf das kleine Netzwerksymbol im Systembereich (offiziell als Infobereich bezeichnet). Das ist die Stelle rechts unten auf der Taskleiste, in der sich die kleinen Symbole befinden. Es erscheint der Bildschirm DRAHTLOSE NETZWERKVERBINDUNG. Klicken Sie auf das Netzwerk, zu dem Sie eine Verbindung herstellen wollen, und nach kurzer Zeit sind Sie verbunden, wie in Abbildung 7-3 zu sehen.

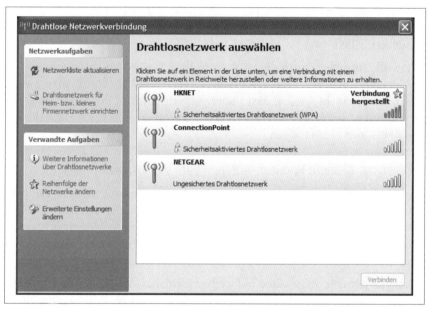

Abbildung 7-3: Das Fenster DRAHTLOSE NETZWERKVERBINDUNG

 Falls Sie schon mit einem Netzwerk verbunden sind, öffnet ein Klick auf das kleine Netzwerksymbol das Fenster DRAHT-LOSE NETZWERKVERBINDUNG, das den aktuellen Status der Verbindung anzeigt. Klicken Sie für eine Liste der anderen gefundenen Netzwerke auf DRAHTLOSNETZWERKE ANZEI-GEN. Ein Klick auf einen Eintrag der Liste stellt die Verbindung mit dem gewählten Netzwerk her.

Wenn Ihnen dieser Bildschirm nicht das von Network Stumbler gefundene Netzwerk zeigt, klicken Sie auf AKTUALISIEREN. Erscheint das Netzwerk dann immer noch nicht, liegt das daran, dass das Signal zu schwach für eine Verbindung ist. Um sich mit einem auf dem Bildschirm aufgeführten Netzwerk zu verbinden, klicken Sie auf KONFIGURIEREN und geben die erforderlichen Informationen ein. Dann bekommen Sie Zugang.

Nicht jeder wird in der Lage sein, Network Stumbler zu benutzen, da dieses Programm nicht mit allen WLAN-Karten funktioniert. Gegenwärtig arbeitet es mit den folgenden Karten (und möglicherweise noch mit ein paar anderen, die hier nicht aufgeführt sind): Lucent Technologies WaveLAN/IEEE (Agere ORiNOCO), Dell TrueMobile 1150 Series (PCMCIA und mini-PCI), Avaya Wireless PC Card, Toshiba Wireless LAN Card (PCMCIA und eingebaut), Compaq WL110, Cabletron/Enterasys Roamabout, Elsa Airlancer MC-11, ARtem ComCard 11MBit/s, IBM High Rate Wireless LAN PC Card und 1stWave 1ST-PC-DSS11IS, DSS11IG, DSS11ES sowie DSS11EG. Weitere Informationen finden Sie unter *C:\Programme\Network Stumbler\readme. html*, sofern Sie das Programm im Ordner *C:\Programme\Network Stumbler* installiert haben.

Network Stumbler findet alle WLANs in Ihrer Umgebung, nicht nur die, die zu FreeNets gehören. Daher werden Sie auch WLANs von Leuten aufstöbern, die gar nicht wissen, dass andere von draußen in ihr Netzwerk gelangen können. Seien Sie gewarnt: Es ist nicht zulässig, in die Netzwerke solcher Personen einzudringen.

Eine selbst gebaute Wireless-Antenne zum War Driving

Eine Möglichkeit, den Radius Ihres War Driving und die Signalstärke beim Anschluss an WLANs zu verbessern, ist der Bau einer eigenen Wireless-Antenne. Solche Antennen lassen sich mit ein paar Euro Materialkosten aus einer Blechdose und anderen herumliegenden Sachen selbst bauen, wenn man nur bereit ist, ein wenig zu löten.

Mein 15-jähriger Sohn Gabe hat mehrere solcher Antennen für ein Schulprojekt gebastelt und ihre Leistungsfähigkeit verglichen. Es ergab sich ein klares Bild: Die riesigen Kilodosen für Kaffee waren den normal großen Katzenfutterdosen weit überlegen.[1]

Wenn Sie noch keine WLAN-Karte erstanden haben und mit dem Gedanken spielen, eine WLAN-Antenne zu basteln, empfehle ich Ihnen eine Orinoco-Karte. Diese hat an der Seite einen kleinen Anschluss, durch den Sie ein

---

1 In Deutschland werden dem Vernehmen nach mit großen Chipsdosen gute Ergebnisse erzielt (Anm. d. Übers.).

Adapterkabel (einen so genannten *Pigtail*) einführen können. Dieses kann dann an einer kleinen Kupferdrahtantenne und einem Anschluss befestigt werden, der in der Blechdose sitzt. Ein Adapterkabel und die erforderlichen Anschlüsse können Sie im einschlägigen Fachhandel besorgen. Wenn Sie keine WLAN-Karte mit Anschluss besitzen, wird der Bau einer WLAN-Antenne unter Umständen deutlich komplizierter.

Im Internet gibt es viele Sites, auf denen Sie gute Anleitungen zum Bau von WLAN-Antennen finden, beispielsweise *www.oreillynet.com/cs/weblog/view/wlg/448*, *www.netscum.com/~clapp/wireless.html* und *www.turnpoint.net/wireless/cantennahowto.html*. Als Erstes müssen Sie die Dose leeren und spülen, dann bauen Sie die kleine Antenne, die in die Dose hineinkommt, indem Sie ein kurzes Stück dicken Kupferdrahts an einem Teil namens *N-Stecker* festlöten. Danach bohren Sie ein Loch in die Dose und fädeln diese Antenne dort hindurch. Befestigen Sie sie mit kleinen Schrauben an der Dose. Das eine Ende befestigen Sie dann an Ihrer WLAN-Karte und das andere an dem N-Stecker – und schon ist die Antenne fertig.

Siehe auch

- »WLAN-Leistung mit QCheck prüfen und den Durchsatz erhöhen« [Hack #67]
- »Netzwerkprobleme mit netsh, netstat und ipconfig beheben« [Hack #52]

HACK #66 Die Reichweite eines WLAN vergrößern

Die Effizienz und der Durchsatz von WLANs haben eine ungeheure Schwankungsbreite. Mit diesem Hack stellen Sie sicher, dass Sie den größtmöglichen Durchsatz haben.

Wenn Sie mehr als einen PC zu Hause haben, ist die beste Verbindung zwischen diesen Computern ein gemeinsam genutztes WLAN – vor allem, wenn es auf dem WiFi-Standard basiert. Dieser ist in Wirklichkeit eine ganze Gruppe von Standards, die unter dem Oberbegriff 802.11x zusammengefasst werden.

Das Schwierigste bei der Einrichtung eines Heimnetzwerks ist normalerweise der Anschluss der Kabel zwischen PC und Switch. Wenn Ihre PCs in unterschiedlichen Stockwerken untergebracht sind, müssen Sie Löcher durch Wände, Decken und Fußböden bohren, um die Kabel zu ziehen. Doch selbst wenn alle Computer auf derselben Etage stehen, haben Sie das Problem mit den Kabeln, die überall herumliegen.

Dieses Problem hatte ich in meinem 150 Jahre alten Haus in Cambridge. Wenn Sie in einem so alten Haus durch Wände, Decken und Böden bohren, sind Sie nie sicher, was Sie vorfinden – die Rosshaarisolierung war nur eine von vielen Überraschungen. Selbst mein Elektriker bekreuzigt sich, ehe er bei mir einen Bohrer in die Hand nimmt.

Also war die Entscheidung für ein drahtloses Netzwerk schnell getroffen. Mittlerweile habe ich ein halbes Dutzend PCs und Laptops sowie drei Drucker in ganz unterschiedlichen Ecken des Hauses; alle sind durch eine Kombination aus verkabeltem und drahtlosem Netzwerk miteinander verbunden und teilen sich denselben Breitband-Internetzugang. Und ist das Wetter hier einmal schön (was nach meinen Berechnungen zweimal im Jahr vorkommt), nehme ich meinen Laptop und setze mich auf die Terrasse, wo ich immer noch mit dem Internet und meinem Heimnetzwerk verbunden bleibe.

Doch alle drahtlosen Netzwerke, einschließlich meines eigenen, haben einen Haken: Sie liefern die Daten nie mit der Geschwindigkeit, die ihre Bandbreite eigentlich erlauben würde. Ein Faktor, der sich auf den Datendurchsatz auswirkt, ist die Entfernung zwischen dem Access Point und dem WLAN-PC. Compaq weist darauf hin, dass der Durchsatz der drahtlosen Access Points von 11 MBit/s bei einer Distanz von rund 50 Metern auf 5,5 MBit/s und bei einer Distanz von 100 Metern auf 2 MBit/s zurückgeht. Doch das ist noch weit untertrieben: Viele Nutzer beobachten weit drastischere Geschwindigkeitsverluste, häufig um den Faktor zwei.

Die Entfernung ist nur einer der Faktoren, die sich auf die Leistung auswirken. Auch Interferenzen mit anderen Geräten und der Grundriss des Gebäudes können drastische Auswirkungen haben. Doch es gibt Maßnahmen, mit denen Sie die Reichweite und den Durchsatz Ihres Netzwerks verbessern können:

Bringen Sie Ihren Wireless Access Point an einem zentralen Ort an. So ist die Wahrscheinlichkeit am größten, dass alle Ihre WLAN-PCs einen guten Datendurchsatz erzielen. Wenn Sie den Access Point in den letzten Winkel Ihres Hauses verbannen, bekommen nur die PCs in der Nähe ausreichenden Durchsatz, aber die weiter entfernten nicht.

Richten Sie die Antenne Ihres Access Point senkrecht aus. Generell ist die Datenübertragung besser, wenn die Antennen senkrecht statt waagerecht stehen. Das ist jedoch der Anfang der Ausrichtung Ihrer Antenne: Je nach Grundriss Ihres Hauses können weitere Änderungen erforderlich werden.

Richten Sie die Antennen der WLAN-PCs auf den Access Point aus. Auch wenn die 802.11-Technologie dies nicht erfordert, erhöht sich doch die Signalstärke, wenn Sie die Antennen auf diese Weise ausrichten. Wireless-USB-Karten haben oft kleine Antennen, die sich positionieren lassen, doch bei den meisten Wireless-PC-Karten fehlen diese. Daher kann es schwierig sein, die Antennenausrichtung in einer Wireless-PC-Karte herauszufinden. Wenn Ihre PC-Karte keine erkennbare Antenne hat,

Neue WiFi-Ausrüstung kaufen

Es gibt mehrere Versionen des 802.11x WiFi-Standards. Bevor Sie WiFi-Geräte kaufen, sollten Sie sich also gut informieren, da manche Geräte viel schneller sind als andere. Der zuerst verabschiedete Standard war 802.11b. Die Geräte, die diesem Standard genügen, sind am billigsten. (Dieser Standard wird häufig bei öffentlichen Wireless-Hotspots in Cafés, Flughäfen, Hotels oder an anderen Orten verwendet.) Er operiert im 2,4-GHz-Bereich und bietet einen maximalen Durchsatz von 11 MBit/s.

Der neuere Standard, 802.11g, operiert im gleichen Frequenzbereich, hat aber einen Durchsatz von 54 MBit/s und ist somit wesentlich schneller als 802.11b. Die 802.11g-Ausrüstung ist nicht wesentlich teurer als eine 802.11b-Ausrüstung. Wenn Sie eine neue WiFi-Infrastruktur aufbauen, sollten Sie deswegen zu diesen Geräten greifen.

802.11b- und 802.11g-Geräte arbeiten zusammen. Dabei müssen Sie allerdings eine Sache beachten: Wenn Sie 802.11g- und 802.11b-Geräte mischen, operiert das gesamte Netzwerk mit der geringeren 802.11b-Geschwindigkeit. Wenn Sie einen 802.11g-Router und 802.11b-Adapter haben, läuft des Netzwerk also mit der geringeren Geschwindigkeit. Aber das Gleiche gilt auch, wenn Sie einen 802.11g-Router, drei 802.11g-Adapter und nur einen einzigen 802.11b-Adapter nutzen. Das gesamte Netzwerk läuft trotzdem mit der geringeren Geschwindigkeit, auch zwischen den 802.11g-Adaptern und dem 802.11g-Router. Wenn Sie sich für 802.11g entscheiden, müssen Sie deswegen sicherstellen das all Ihre Geräte 802.11g-und nicht 802.11b-Geräte sind.

Vielleicht stoßen Sie auch auf 802.11g-Router und -Adapter, die erheblich höhere Geschwindigkeiten versprechen als 802.11g, meist 108 MBit/s. Das funktioniert nur, wenn Sie die gesamte Hardware vom gleichen Hersteller kaufen, weil proprietäre Protokolle verwendet werden, um diese Geschwindigkeiten zu erreichen. Wenn Sie Komponenten verschiedener Hersteller mischen, erhalten Sie nur die gewöhnliche 802.11g-Geschwindigkeit, nicht die versprochenen schnelleren Geschwindigkeiten.

befindet sich diese in der Regel in der Peripherie der Karte selbst. Diese sollten Sie folglich auf den Access Point richten.

Platzieren Sie den Access Point nicht an einer Außenwand. Denn sonst senden Sie Signale aus dem Haus heraus statt in das Haus hinein. Das ist schön und gut, wenn Sie Ihren Nachbarn Zugriff auf Ihr Netzwerk geben möchten, aber nicht wirklich toll, wenn Sie alle PCs in Ihrem Haus erreichen wollen.

Platzieren Sie Ihren Access Point und Ihre PCs nicht in der Nähe von Mikrowellenherden oder kabellosen Telefonen. Viele Mikrowellenherde und kabellose Telefone arbeiten im selben 2,4-GHz-Bereich wie das 802.11b-

WiFi-Equipment und können daher Störungen verursachen. Kabellose Telefone sind dabei noch problematischer als Herde.

Positionieren Sie die Antennen von Access Point oder PCs nicht in der Nähe von Aktenschränken oder anderen großen Metallobjekten. Diese können sowohl Störungen verursachen als auch den Durchsatz drastisch senken.

Verwenden Sie externe Antennen und Verstärkerantennen. Manche PC-Karten ermöglichen die Installation externer Antennen, die Sie kaufen oder selbst bauen können. Sie haben einen kleinen Anschluss, den Sie mit einem Adapterkabel und einem Draht verbinden. Danach verbinden Sie den Draht mit der Antenne. (Wie Sie eine eigene Antenne bauen, erfahren Sie unter »War Driving für den drahtlosen Zugriff« [Hack #65].) Manche Access Points lassen auch die im Handel erhältlichen Verstärkerantennen zu.

Falls Sie WLAN-Produkte von Linksys verwenden, können Sie eine Reihe von Zusatzprodukten erwerben, die die Reichweite und die Signalstärke erhöhen. Zum Beispiel schickt der WRE54G Wireless-G Range Expander ankommende Signale verstärkt weiter, wodurch sich die Reichweite des Netzwerks vergrößert. Er funktioniert sowohl im Zusammenspiel mit 802.11g- als auch mit 802.11b-Routern. Spezielle High Gain-Antennen verstärken das ankommende Signal. Sie können ganz einfach die an Ihrem Router angebrachten Antennen durch diese speziellen Versionen ersetzen. Auch dies funktioniert mit den Funkstandards 802.11g sowie 802.11b.

Andere Hersteller bieten ähnliche Zusatzprodukte an. Genauere Angaben finden Sie auf der Website Ihres Herstellers.

Versuchen Sie es immer wieder. Die beste Möglichkeit, den optimalen Platz für einen Access Point und die WLAN-PCs zu finden, ist ständiges Experimentieren und Beobachten des Durchsatzes. Die Grundrisse von Häusern und Büroräumen sind so verschieden, dass es keine Patentlösung für alle gibt.

Behalten Sie immer den Durchsatz im Auge, wenn Sie Änderungen vornehmen. Auf diese Weise erkennen Sie leicht, welche Positionen für den Access Point und die PCs die besten sind. Um den echten Datendurchsatz zu ermitteln, verwenden Sie das kostenlose Netzwerkanalyseprogramm QCheck [Hack #67].

Siehe auch

* »WLAN-Leistung mit QCheck prüfen und den Durchsatz erhöhen«
  [Hack #67]
* »War Driving für den drahtlosen Zugriff« [Hack #65]

WLAN-Leistung mit QCheck prüfen und den Durchsatz erhöhen

XP kann Ihnen nichts über den tatsächlichen Durchsatz Ihres Netzwerks sagen. Dazu benötigen Sie eine kostenlose Software, die Ihnen auch bei der Optimierung des Durchsatzes hilft.

Wenn Sie neue Netzwerkhardware wie Hubs/Router und Netzwerkkarten kaufen, sagt man Ihnen normalerweise, welchen Datendurchsatz diese Hardware offiziell schafft, zum Beispiel 100 MBit/s für ein Ethernet-Netzwerk oder 11 MBit/s für ein 802.11b-WLAN.

Diese Zahlen spiegeln jedoch nur den Idealfall wider, der nie erreicht wird. Drahtlose Netzwerke sind besonders empfindlich und anfällig für Interferenzen und andere Störungen. Es kann für die tatsächliche Geschwindigkeit des Netzwerks schon einen großen Unterschied machen, wo Sie Ihre Access Points und PCs platzieren und wie Sie deren Antennen ausrichten [Hack #66]. Sie sollten die wirkliche Verbindungsgeschwindigkeit Ihres Netzwerks, insbesondere Ihres WiFi-Netzwerks, kennen, um die Leistung optimieren und Probleme beheben zu können.

Doch wie erfährt man diese Werte? Wenn Sie eine WiFi-Karte haben, bekommen Sie Informationen, wenn Sie auf das kleine Netzwerksymbol im Infobereich (auch *Systembereich* genannt) rechts auf der Taskleiste klicken. Dadurch rufen Sie den Bildschirm STATUS VON DRAHTLOSE NETZWERKVERBINDUNG auf, der in Abbildung 7-4 gezeigt ist.

Dieses Dialogfeld hat nur einen Fehler: Es ist total ungenau. Zwar geben die kleinen grünen Balken und die Anzeige der Signalstärke ein vage Vorstellung von der relativen Stärke Ihrer Netzwerkverbindung, aber die Geschwindigkeitsanzeige ist, soweit ich es beurteilen kann, gar keine echte Messung: Offenbar sagt sie nur aus, welche Geschwindigkeit mit Ihrer Hardware maximal erreicht werden kann, verrät aber nichts über die wirkliche Geschwindigkeit der aktuellen Verbindung. Bei meinem WLAN will mir das Dialogfeld immer weismachen, die Geschwindigkeit betrage 11 MBit/s, selbst wenn Echtzeitmessungen belegen, dass sie in Wirklichkeit noch nicht einmal halb so hoch ist.

Wie also kann man die reale Netzwerkgeschwindigkeit messen? Mit dem kostenlosen QCheck von NetIQ (*http://www.ixiacom.com/products/performance_applications/pa_display.php?skey=pa_q_check*). QCheck führt eine Serie von Tests durch, die sich auch auf Durchsatz und Reaktionsgeschwindigkeit beziehen, und liefert ein realistisches Bild Ihrer Netzwerkleistung. Wenn Sie ein WLAN zu optimieren versuchen, sollten Sie auf jedem Netzwerkcomputer QCheck ausführen, um grundlegende Leistungsdaten zu ermitteln. Danach

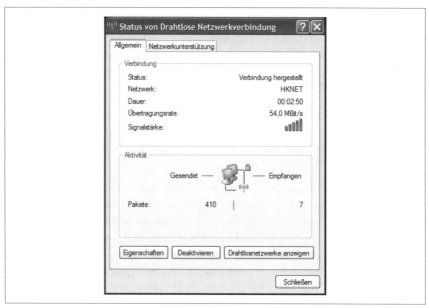

Abbildung 7-4: Das Dialogfeld STATUS VON DRAHTLOSE NETZWERKVERBINDUNG

können Sie den Test wiederholt ausführen, wenn Sie die Basisstation und PCs versetzt, die Positionierung der Antennen geändert und andere Modifikationen vorgenommen haben, die in [Hack #66] beschrieben sind. So können Sie Feineinstellungen zur Optimierung Ihres Netzwerks vornehmen.

Sobald QCheck auf allen Computern installiert ist, misst es die Netzwerkleistung zwischen jeder Kombination aus zwei PCs. QCheck besteht aus zwei Komponenten: aus der Konsole, auf der Sie die Tests ausführen (siehe Abbildung 7-5), und aus einem Endpunkt, der unsichtbar im Hintergrund auf jedem PC läuft, auf dem QCheck installiert wurde. Die genauen Messdaten fallen von Test zu Test verschieden aus. Das Programm arbeitet, indem es Daten im Netzwerk von einem PC zum anderen schickt. Diese Daten werden dann von dem Empfänger-PC an den Absender-PC zurückgesandt, und QCheck misst die Dauer der gesamten Rundreise, berechnet den Durchsatz und zeigt die Ergebnisse an.

Beachten Sie den Durchsatz in Abbildung 7-5: Er beträgt 5,128 MBit/s. Ich habe die Geschwindigkeit in meinem WLAN gemessen, als ich auf der Terrasse saß, die rund 10 Meter von meinem Access Point entfernt ist. Nur um Ihnen zu beweisen, wie viel genauer QCheck ist: Das Dialogfeld STATUS VON DRAHTLOSE NETZWERKVERBINDUNG meldete mir eine Geschwindigkeit von 11 MBit/s, also genau die Geschwindigkeit, die mein Laptop haben würde, wenn ich nur wenige Zentimeter von meinem Access Point entfernt säße. (Und in Wirklichkeit läge die Verbindungsgeschwindigkeit eines WLAN

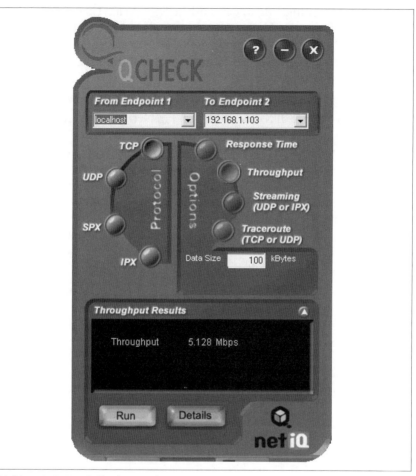

Abbildung 7-5: Die QCheck-Konsole

selbst dann, wenn die Geräte so eng beieinander stünden, noch deutlich unter 11 MBit/s.)

Um die QCheck-Tests auszuführen, öffnen Sie die Konsole und wählen dann,
zwischen welchen beiden PCs die Verbindungsgeschwindigkeit gemessen
werden soll. Nur einer davon muss der PC mit der geöffneten Konsole sein,
aber auf beiden muss QCheck installiert sein. Sie brauchen die Konsole nicht
auf jedem Computer auszuführen, da die Endpunkte ohnehin unsichtbar im
Hintergrund laufen: Bei der Installation von QCheck werden die Endpunkte
automatisch beim Hochfahren mitgestartet.

Sie müssen die IP-Adressen der zu testenden PCs wissen. Wenn einer der
PCs die Konsole ausführt, wählen Sie für diesen Endpunkt *localhost*. Um die
IP-Adresse anderer Netzwerk-PCs zu finden, gehen Sie zuerst auf den

gewünschten PC, öffnen dann den Ordner NETZWERKVERBINDUNGEN, doppelklicken auf Ihre Verbindung (wahrscheinlich LAN-VERBINDUNG oder DRAHTLOSE NETZWERKVERBINDUNG) und klicken dann auf die Registerkarte NETZWERKUNTERSTÜTZUNG. Dort finden Sie Ihre IP-Adresse.

Wenn Sie die zu testenden PCs ausgewählt haben, wählen Sie die Art des Tests. Der beste Benchmark-Test ist THROUGHPUT mit den Protokollen TCP und UDP. Wenn Sie IPX oder SPX für Ihr Netzwerk einsetzen (manche benutzen immer noch diese älteren Protokolle an Stelle von TCP/IP), können Sie auch für diese Protokolle Durchsatz-Benchmark-Tests durchführen. Doch es gibt nicht mehr viele Heimnetzwerke, die diese Protokolle einsetzen. Wenn Sie irgendwelche Streaming-Medien in Ihrem Netzwerk benutzen, also beispielsweise MP3-Dateien oder digitale Musik auf einem PC im Netzwerk abspielen und dann zu einem anderen Ort in Ihrem Haus »streamen« lassen, sollten Sie den UDP-Streaming-Test wählen. Da Streaming-Medien das UDP-Protokoll verwenden, können Sie die Leistung dieser Medien nur durch einen UDP-Test ermitteln.

Lassen Sie den Test mehrmals laufen, zur Sicherheit immer mit einem Zeitabstand von mindestens einer halben Stunde. Wegen der empfindlichen Natur drahtloser Datenübertragungen können sich die Durchsatzraten von einem Augenblick zum nächsten dramatisch ändern. Ein paar Minuten nach dem in Abbildung 7-5 gezeigten Test führte ich ihn erneut aus und bekam einen Durchsatz von 1,602 MBit/s gemeldet. Dieses Ergebnis war allerdings unnormal; die anderen wichen nicht so stark von den ersten Tests ab.

Siehe auch

*   »War Driving für den drahtlosen Zugriff« **[Hack #65]**

HACK #68 Schützen Sie Ihr WLAN

Böse Jungs interessieren sich nicht nur für Firmennetzwerke. Auch Ihr privates WLAN kann zum kostenlosen Surfen oder Ausspähen Ihrer Daten missbraucht werden. Hier zeigen wir Ihnen, wie Sie Ihr Netzwerk absichern und dessen unberechtigte Nutzung unterbinden.

Ein WLAN lädt Trittbrettfahrer und Datenspione geradezu ein. Anders als drahtgebundene Netze endet es nicht an der Haustür, denn das Funksignal reicht meist bis auf die Straße und in andere Gebäude. Jeder, der an Ihrem Haus oder Ihrer Wohnung vorbeikommt, kann Ihr Netzwerk mit einer WLAN-Karte aufspüren und sich damit verbinden **[Hack #65]**. Er kann dann nicht nur Ihren Internetzugang mitnutzen (sofern Ihr Netz durch einen Router an das Internet angeschlossen ist), sondern bei aktivierter anonymer

Dateifreigabe auch alle Ihre persönlichen Daten lesen, löschen oder anderweitig missbrauchen.

Natürlich kann man einiges tun, um sich solch unliebsame Gäste vom Leibe zu halten: Stellen Sie sicher, dass die Datenübertragung in Ihrem WLAN verschlüsselt wird [Hack #69]. Falls Ihre PCs Netzwerkfreigaben anbieten, schützen Sie diese mit einem Passwort. Öffnen Sie dazu nach einem Rechtsklick auf den freigegebenen Ordner dessen Eigenschaften, wählen das Register FREIGABE (nur unter XP Professional vorhanden) und setzen dort ein Passwort.

Doch das sind nur die Basics. Sie müssen noch viel mehr tun, um Ihr Netzwerk sicher zu machen. Kein einzelner Hack sichert Ihr Netz wirklich, aber die Kombination unserer Tipps macht es den meisten Nicht-FBI-Beamten verdammt schwer hereinzukommen.

Broadcasten Sie nicht die Netzwerk-SSID

Die SSID (Service Set ID) ist der Name Ihres Netzwerks. Die SSID wird vom Access Point in die weite Welt gefunkt und teilt anderen mit, dass ein WLAN vorhanden ist und wie es heißt. Wer die SSID Ihres Netzes kennt, kann sich deutlich leichter mit ihm verbinden.

Das Abschalten des SSID-Broadcasts macht Ihr WLAN also sicherer. Doch genügt das allein nicht, da die SSID von anderen immer noch erraten werden kann. In ihrer Grundeinstellung haben alle Modelle eines Herstellers die gleiche SSID; Netgear-Produkte verwenden zum Beispiel »Netgear«. Angreifer müssen also nur die Standard-SSIDs der wichtigsten Hersteller durchprobieren, um sich mit Ihrem Netz verbinden zu können.

Was also tun? Ändern Sie zunächst den Namen des WLANs, bevor Sie den Broadcast der SSID abschalten. Eindringlinge können ihn so nicht sehen und auch nicht mehr einfach erraten. Wie das geht, ist von Hersteller zu Hersteller verschieden und manchmal auch von Modell zu Modell. Bei vielen Netgear-Routern geht es jedoch so:

Öffnen Sie in Ihrem Browser die Verwaltungs-Website des Geräts (diese hat normalerweise die Adresse *http://192.168.0.1*) und melden Sie sich an.

Klicken Sie auf den Menüpunkt WIRELESS-KONFIGURATION und suchen Sie ein Eingabefeld, das mit NETZWERKNAME (SSID) beschriftet ist. Geben Sie dort den neuen Namen des Netzwerks ein. Suchen Sie das Kontrollkästchen BROADCAST DES NETZWERKNAMENS ERLAUBEN (SSID) und stellen Sie sicher, dass der Haken nicht gesetzt ist, wie in Abbildung 7-6 gezeigt. Klicken Sie auf ANWENDEN. Falls Sie dies über eine WLAN-Verbindung gemacht haben, werden Sie sofort die Verbindung zum Access Point verlieren.

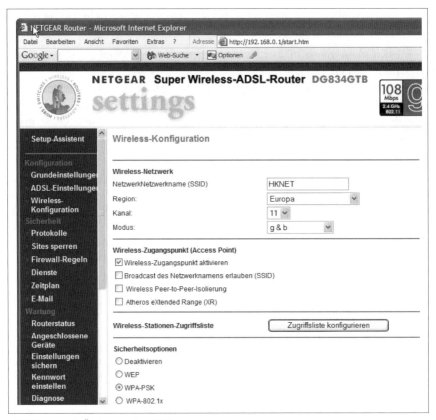

Abbildung 7-6: Änderung der SSID

 Achten Sie darauf, das WLAN nicht zu deaktivieren – schalten Sie nur das Broadcasting der SSID ab.

Stellen Sie nach dem Ändern des Netzwerknamens auf jedem drahtlos verbundenen Rechner die Verbindung unter Verwendung des neuen Namens wieder her. In Windows XP SP2 klicken Sie dazu auf das kleine Drahtlos-Symbol neben der Uhr. Im sich öffnenden Fenster klicken Sie auf ERWEITERTE EINSTELLUNGEN und dann auf DRAHTLOSNETZWERKE. Klicken Sie im Abschnitt BEVORZUGTE NETZWERKE auf HINZUFÜGEN, tippen Sie die SSID ein und klicken zweimal auf OK. Falls Sie eine XP-Version vor SP2 verwenden, sollten Sie sie auf Grund der unzähligen Verbesserungen, insbesondere im Bereich Sicherheit, dringend aktualisieren.

 Nicht alle Access Points erlauben das Abschalten des SSID-Broadcasts.

Sind Sie gerade dabei, Ihr Netzwerk für Dritte unsichtbar zu machen, sollten Sie daran denken, regelmäßig den vom Router verwendeten Übertragungskanal zu ändern. Auf diese Weise weiß jemand, der sich schon einmal Zugriff verschafft hat, nicht, auf welchem Kanal gerade übertragen wird. Wählen Sie auf der Verwaltungs-Website des Routers einen neuen Übertragungskanal und speichern Sie die Einstellungen.

Begrenzen Sie die verfügbaren IP-Adressen

Ihr Router verwendet DHCP, um jedem PC im Netzwerk eine eindeutige IP-Adresse zuzuteilen. Dieses können Sie nutzen, um noch auf eine andere Weise ungebetene Gäste aus Ihrem Netz herauszuhalten: Begrenzen Sie die Anzahl der vom Router ausgegebenen Adressen auf die Anzahl der Computer, die Sie tatsächlich einsetzen. So kann niemand anders eine IP-Adresse von Ihrem DHCP-Server bekommen, weil alle verfügbaren Adressen bereits vergeben sind.

Der DHCP-Server des Routers vergibt IP-Adressen, wann immer ein Computer eine solche anfordert, um auf das Netzwerk zugreifen zu können, und der Router lässt Sie die Maximalzahl an auszugebenden Adressen einstellen. Um diese Zahl zu begrenzen, klicken Sie in der links angeordneten Menüleiste auf LAN-IP-KONFIGURATION. Nun können Sie eine Start- und eine Endadresse festlegen. Alle Adressen innerhalb dieses Bereichs können vom Router an verbundene Computer ausgegeben werden. Wählen Sie die Start- und Endadressen so, dass für jeden Rechner genau eine Adresse vorhanden ist. Klicken Sie dann auf ANWENDEN, wie in Abbildung 7-7 gezeigt. Denken Sie daran, die Zahl der verfügbaren Adressen anzupassen, wenn Sie einen Computer zum Netzwerk hinzufügen oder daraus entfernen.

Wenn Sie diese Technik verwenden, sollten Sie auch daran denken, die Anzahl an IP-Adresse im Router jedes Mal anzupassen, wenn Sie einen PC ausschalten oder vom Netzwerk trennen. Wenn Sie beispielsweise einen Laptop auf eine Dienstreise mitnehmen, müssen Sie die Zahl der IP-Adressen um eins reduzieren.

Prüfen und filtern Sie MAC-Adressen

Am einfachsten prüfen Sie auf Eindringlinge im Netzwerk, indem Sie sich eine Liste aller PCs im Netz ansehen. Wenn Sie einen unbekannten Computer entdecken, heißt das, dass Sie einen ungebetenen Gast haben.

Um eine Übersicht über alle aktuell mit dem Netzwerk verbundenen Geräte zu erhalten, loggen Sie sich am Router ein und klicken auf ANGESCHLOSSENE GERÄTE. Sie erhalten eine Liste aller PCs im Netz samt IP- und MAC-Adressen, wie in Abbildung 7-8 gezeigt.

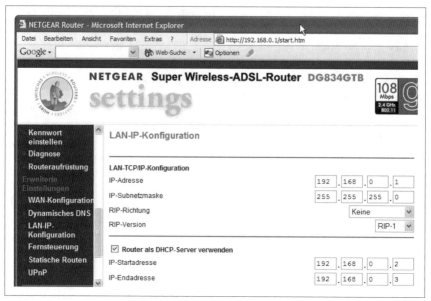

Abbildung 7-7: Begrenzen der Anzahl der IP-Adressen, die der DHCP-Server austeilt

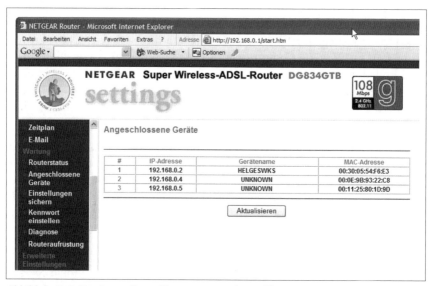

Abbildung 7-8: Die Liste aller willkommenen und unwillkommenen Gäste im WLAN

Um die Sicherheit zu erhöhen, können Sie nur denjenigen PCs den Zugriff gestatten, deren MAC-Adressen Sie selbst freigegeben haben. Wie dies gemacht wird, ist von Gerät zu Gerät unterschiedlich, aber bei Netgear-Routern wählen Sie im Hauptbildschirm WIRELESS-KONFIGURATION → ZU-

GRIFFSLISTE KONFIGURIEREN. Setzen Sie ein Häkchen in das Kontrollkästchen ZUGRIFFSKONTROLLE AKTIVIEREN. Im Abschnitt VERFÜGBARE WIRELESS-STATIONEN werden die aktuell mit dem Netzwerk verbundenen Computer angezeigt. Wählen Sie nacheinander jedes Gerät aus und klicken Sie auf HINZUFÜGEN. Nach einem Klick auf ANWENDEN haben nur noch die von Ihnen ausgewählten Computer Zugriff auf Ihr WLAN.

Wenn Sie einen weiteren Computer in Ihr Netz lassen wollen, müssen Sie dessen MAC-Adresse hinzufügen. Um diese herauszufinden, tippen Sie auf der Kommandozeile `ipconfig /all` ein und drücken Enter. Suchen Sie in den ausgegebenen Daten nach dem Eintrag PHYSIKALISCHE ADRESSE. Sie sollten dort eine Zahlen-Buchstaben-Kombination wie beispielsweise 00-08-A1-00-9F-32 sehen. Das ist die MAC-Adresse der Netzwerkkarte des Computers. Tippen Sie diese Adresse ohne die Bindestriche auf der Seite WIRELESS-STATIONEN-ZUGRIFFSLISTE in das Feld MAC-ADRESSE ein und vergeben Sie einen Namen für den neuen Computer. Damit hat auch dieser PC Zugriff auf Ihr WLAN.

Überprüfen Sie die Router-Logs

Ihr Router protokolliert alle Aktivitäten in Ihrem Netzwerk. Durch Überprüfen der Protokolle können Sie herausfinden, ob jemand versucht hat, in Ihr Netz einzudringen, oder dies vielleicht sogar geschafft hat.

Wie die Protokolle angezeigt werden können, ist von Router zu Router unterschiedlich. Bei meinem Linksys-Gerät werden ein- und ausgehende Verbindungen in separaten Protokollen gespeichert. Melden Sie sich am Router an, klicken Sie auf ADMINISTRATION und dann auf LOGS. Sie sehen nun zwei Schaltflächen: INCOMING LOG und OUTGOING LOG.

Ein Klick auf INCOMING LOG zeigt in einer Liste den eingehenden Datenverkehr der letzten Zeit, einschließlich der Quell-IP-Adresse und der Ziel-Portnummer auf einem Computer in Ihrem Netzwerk. Es ist sehr schwierig, diese Informationen korrekt zu interpretieren, und für unsere Zwecke auch nicht notwendig. Viel interessanter ist das OUTGOING LOG, das den ausgehenden Datenverkehr auflistet. Es zeigt die Quell-IP-Adresse, das Ziel und den angesprochenen Port. Wenn Sie hier unbekannte Ziele oder Quell-IP-Adressen sehen, haben Sie einen Eindringling.

Da beide Logs nur den aktuellen Verkehr im Netz zeigen, enthalten sie nicht viele direkt verwertbare Informationen. Es gibt aber Software zum Herunterladen, die Ihre Router-Protokolle sehr genau analysiert und Ihnen viele nützliche Dinge mitteilt, zum Beispiel ob Ihr Netz gerade angegriffen wird, woher die Attacke kommt, die Art des Angriffs und weitere interessante Informationen mehr.

Das beste Programm dieser Art ist Shareware und damit nicht kostenlos. Link Logger (*http://www.linklogger.com*) unterstützt Router von Netgear, ZyXEL und Linksys. Wenn es läuft, sammelt es automatisch Informationen aus Ihren Router-Protokollen, überwacht Ihr Netzwerk, zeigt, welche Schwachstellen gerade ausgenutzt werden, und bietet zur Übersicht eine Vielzahl an Berichten und Graphen. Sollten Sie feststellen, dass Sie gerade angegriffen werden, zeigt es Computername, IP-Adresse und Quellport des Angreifers und der angegriffenen PCs, wie in Abbildung 7-9 gezeigt. Außerdem gibt Link Logger an, um welche Art von Attacke es sich handelt.

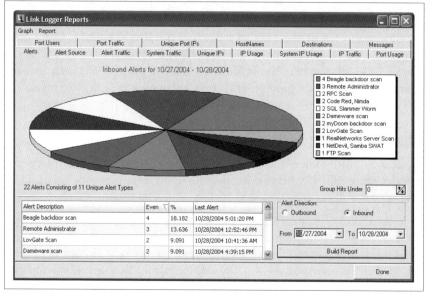

Abbildung 7-9: Ein Bericht von Link Logger

Sie können einen Bericht erstellen lassen, wie zum Beispiel den in Abbildung 7-9, der alle Angriffe und Warnmeldungen innerhalb eines bestimmten Zeitraums samt Häufigkeit jedes Angriffstyps aufführt.

Schlagen Sie zurück

Sie können Link Logger auch verwenden, um Informationen über eine Attacke an den Provider des Angreifers zu senden und ihn zu bitten, etwas gegen solches Verhalten zu unternehmen. Dazu müssen Sie den Provider als Allererstes ausfindig machen. Dann schicken Sie ihm eine E-Mail und hängen die Protokolle an die Nachricht an.

Scrollen Sie im Hauptfenster von Link Logger, bis Sie mehrere Angriffe von der gleichen Person finden, wie in Abbildung 7-10 gezeigt (jeder Angriff wird durch einen Totenkopf gekennzeichnet). Führen Sie eine ARIN WHOIS-Da-

tenbanksuche auf *http://network-tools.com* durch, indem Sie die IP-Adresse in
das Eingabefeld am unteren Rand der Seite eingeben und auf Enter drücken.

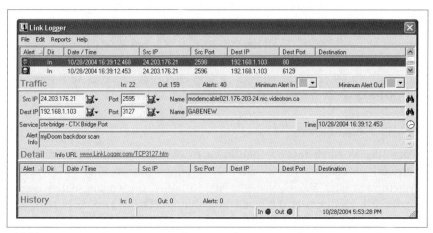

Abbildung 7-10: Link Logger verwenden, um Informationen über einen Angreifer zu ermitteln

Sie sehen nun den Namen und die Kontaktdaten des Providers, wie in Abbildung 7-11 gezeigt.

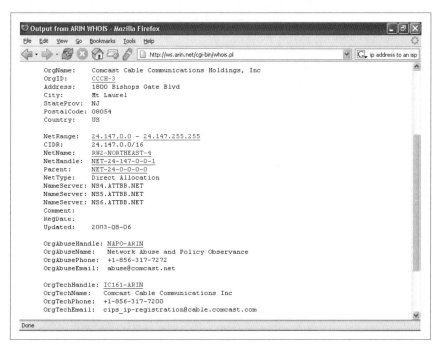

Abbildung 7-11: Ermitteln des Providers eines Angreifers

Meist enthalten die Kontaktdaten auch die E-Mail-Adresse eines Verant-
wortlichen, der Beschwerden über Angriffe von Kunden des Providers entgegennimmt. Oft lautet diese Adresse *abuse@providername*.

Da Sie nun die richtige E-Mail-Adresse kennen, schicken Sie Ihre Beschwerde
los und hängen das Protokoll des Angriffs an. Klicken Sie dazu mit rechts auf
die entsprechenden Einträge bei Link Logger und wählen Sie COPY, um die
Protokolle in die Zwischenablage zu kopieren. Fügen Sie diese Informationen in die E-Mail ein und senden Sie sie an den Provider des Angreifers.

Den Hack hacken

Trotz aller Vorsichtsmaßnahmen kann es vorkommen, dass jemand in Ihr
Netzwerk eingebrochen oder zumindest Informationen über Ihr Netz herausgefunden hat. War Driver [Hack #65] posaunen die Zugangsdaten ungesi-
cherter WLANs gern in die weite Welt hinaus. Daher könnte es sein, dass
sich auch Angaben über Ihr Netzwerk auf irgendeiner öffentlich zugänglichen Webseite finden, für jedermann einsehbar. Falls dies der Fall ist, kann
irgendjemand auf die Idee kommen, die veröffentlichten Informationen zu
verwenden, um in Ihr WLAN einzubrechen.

Zunächst müssen Sie die MAC-Adresse Ihres Routers herausbekommen. Oft
wird Sie auf der Verwaltungsseite des Routers angezeigt, doch auch wenn
dies nicht der Fall ist, können Sie sie leicht herausbekommen. Pingen Sie
dazu auf der Kommandozeile die IP-Adresse des Routers an (Sie können sie
der Dokumentation entnehmen). Wenn Sie einen Netgear-Router haben,
lautet die Adresse normalerweise 192.168.0.1. Geben Sie also, falls Sie ein
Netgear-Gerät besitzen, an der Kommandozeile Folgendes ein:

```
ping 192.168.0.1
```

Eigentlich müssten Sie den Router nicht anpingen. Es hat aber den Vorteil,
dass beim Pingen die MAC-Adresse des Routers ermittelt und im ARP-
Cache Ihres Rechners gespeichert wird. Dann müssen Sie sie nur noch aus
dem ARP-Cache heraussuchen.

Geben Sie nach dem Ping an der Kommandozeile dieses ein:

```
arp -a
```

Die Befehlsausgabe sollte der in Abbildung 7-12 ähneln. Die gesuchte MAC-
Adresse wird direkt unterhalb von PHYSIKALISCHE ADRESSE angezeigt.

Da Sie nun die MAC-Adresse des Routers kennen, können Sie prüfen, ob Informationen über ihn auf einer Webseite veröffentlicht wurden. Gehen Sie
zu *http://www.wigle.net* und klicken Sie auf der linken Bildschirmseite auf
SEARCH. Bevor die Suchfunktion zur Verfügung steht, müssen Sie sich jedoch auf der Seite kostenlos registrieren.

Abbildung 7-12: Ermitteln der MAC-Adresse des Routers

Melden Sie sich nach der Registrierung an. Sie sehen die in Abbildung 7-13 gezeigte Seite. Tippen Sie die MAC-Adresse Ihres Routers ins Eingabefeld BSSID OR MAC ein – setzen Sie jedoch an Stelle der Bindestriche Doppelpunkte zwischen die einzelnen Elemente der Adresse, wie zum Beispiel:

```
00:0b:db1c:7b:3b
```

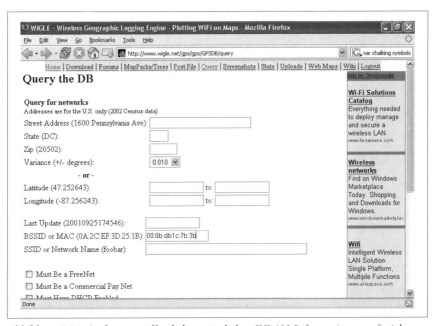

Abbildung 7-13: Suchen von öffentlich zugänglichen WLAN-Informationen auf wigle.net

Klicken Sie auf QUERY. Falls nur eine leere Seite erscheint, gibt es keine öffentlich zugänglichen Informationen über Ihr Netzwerk. Wird Ihr WLAN jedoch angezeigt, sehen Sie eine ganze Menge Daten, einschließlich der SSID, des Übertragungskanals usw.

Falls Ihr Netz gefunden wurde, sollten Sie schnell handeln. Wenden Sie die in diesem Hack beschriebenen Techniken an und aktivieren Sie zusätzlich die Verschlüsselung [Hack #69].

Siehe auch

- Eine Liste von Free- und Shareware zum Analysieren der Router-Protokolle finden Sie auf *http://lists.gpick.com/Firewall_Log_Tools.htm*. Dort werden mehr als ein Dutzend Tools samt Beschreibung und Download-Adressen aufgeführt.

- »Aktivieren Sie die Verschlüsselung« [Hack #69]

HACK #69 Aktivieren Sie die Verschlüsselung

Das Betreiben eines unverschlüsselten WLAN kommt einer Einladung an Schwarzsurfer und Einbrecher gleich. Hier lesen Sie, wie Sie solche ungebetenen Gäste fernhalten.

WLANs sind wahnsinnig praktisch – und unglaublich einfach zu missbrauchen. Der gesamte Datenverkehr, der in der Luft herumschwirrt, wenn Sie Dateien von einem PC zum anderen übertragen oder im Internet surfen, kann von jedem, der sich in der Nähe befindet, mit frei erhältlichen Programmen, so genannten Sniffern, mitgeschnitten werden. Jeder Tastendruck kann so mitverfolgt werden.

»Schützen Sie Ihr WLAN« [Hack #68] zeigt eine Vielzahl von Vorichtsmaßnahmen auf, die Ihnen helfen, Ihr WLAN sicherer zu machen. Mit diesen Hacks können Sie die meisten Eindringlinge fernhalten. Doch jemand, der wirklich entschlossen ist, in Ihr Netzwerk einzudringen, kann nur durch *Verschlüsselung* daran gehindert werden.

Es gibt zwei Verschlüsselungsstandards für WLANs, WEP (Wired Equivalent Privacy – eine Bezeichnung, die nicht allzu ernst genommen werden sollte) und WPA (WiFi Protected Access). WEP ist älter und mittlerweile mit simplen Methoden und frei erhältlicher Software innerhalb von Minuten zu knacken. WPA ist neuer und deutlich sicherer. Falls Sie jedoch ältere WLAN-Karten oder -Router einsetzen, kann es passieren, dass WPA nicht von allen Geräten unterstützt wird. Denken Sie daran, dass alle zu Ihrem WLAN gehörenden Geräte den gewünschten Verschlüsselungsstandard unterstützen müssen.

> Wenn nicht Ihre gesamte Hardware WPA unterstützt, sollten Sie sich nach Firmware-Updates auf den Hersteller-Webseiten umsehen, die diese Funktion nachrüsten. Erfahrungsgemäß gibt es für manche Router solche Updates, für WLAN-Karten jedoch meist nicht.

Wie Sie die Verschlüsselung einschalten, ist von Hersteller zu Hersteller und manchmal sogar von Modell zu Modell unterschiedlich. Auch die Konfiguration der WLAN-Karten unterscheidet sich stark. Dieser Hack zeigt Ihnen, wie die Verschlüsselung bei einem Netgear-Router aktiviert wird.

Verwenden Sie WPA, falls Ihre Hardware das unterstützt. Ansonsten, und wenn Sie die geringe Sicherheit von WEP mit Ihrem Gewissen vereinbaren können, verwenden Sie stattdessen WEP.

Aktivieren der WEP-Verschlüsselung

Um WEP verwenden zu können, müssen Sie es auf dem Router aktivieren, einen Schlüssel wählen und alle WLAN-Karten zur Verwendung von WEP mit dem gewählten Schlüssel konfigurieren.

Gehen Sie zunächst zur Verwaltungs-Webseite Ihres Routers. Öffnen Sie dazu bei einem Netgear-Gerät im Browser die Adresse *http://192.168.0.1* und melden sich an.

Klicken Sie auf WIRELESS-KONFIGURATION und dann im Abschnitt SICHER-HEITSOPTIONEN auf WEP. Dadurch erscheinen zusätzliche Felder zur Konfiguration von WEP-Parametern.

Nun müssen Sie sich zwischen 64- und 128-Bit-Verschlüsselung entscheiden. Nehmen Sie 128 Bit, falls alle Ihre WLAN-Karten dies unterstützen.

Es könnte sein, dass Sie widersprüchliche oder in die Irre führende Angaben über die von Ihrem Router unterstützte Schlüssellänge finden. Manche Hersteller geben 40 statt 64 Bit und 104 statt 128 Bit an. Beides ist jedoch äquivalent. Das liegt daran, dass bei WEP ein 24 Bit langer Initialisierungsvektor verwendet wird, der nicht vom Anwender festgelegt werden kann. Dieser Vektor wird von einigen zur Schlüssellänge hinzugezählt, von anderen wiederum nicht.

Wählen Sie in dem mit VERSCHLÜSSELUNGSSTÄRKE beschrifteten Listenfeld nun entweder 64 BIT oder 128 BIT. Abhängig davon, wie Sie sich entscheiden, ändert sich das Formular ein wenig, das Sie nun ausfüllen müssen, wie in den Abbildungen 7-14 und 7-15 gezeigt.

Tippen Sie nun ein Kennwort in das entsprechende Eingabefeld ein und klicken Sie auf GENERIEREN. Hierdurch wird der WEP-Schlüssel erzeugt, den Sie fortan auf dem Router und Ihren PCs verwenden. Es wird nicht nur einer, sondern direkt vier Schlüssel werden erzeugt, von denen Sie immer nur einen auf einmal verwenden. Um die Sicherheit zu erhöhen, können Sie von Zeit zu Zeit zwischen diesen vier Schlüsseln umschalten. Sie müssen die Schlüssel nicht auf diese Art automatisch generieren lassen, sondern können sich auch selbst welche ausdenken und direkt eintippen. Vermutlich sind die Schlüssel dann jedoch leichter zu knacken. Es ist also meist von Vorteil, die vom Router erzeugten Schlüssel zu verwenden.

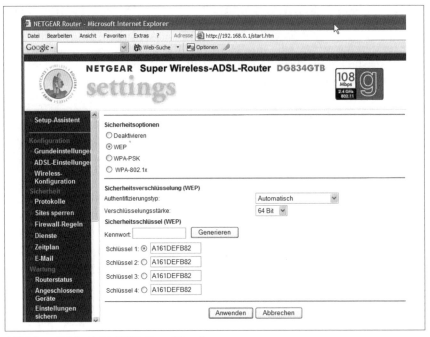

Abbildung 7-14: 64-Bit-WEP-Verschlüsselung

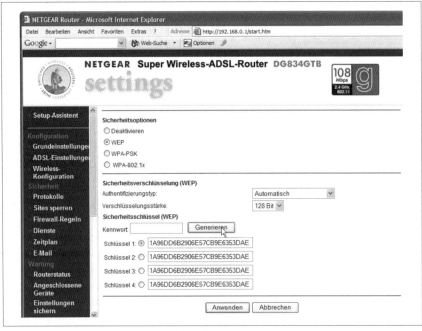

Abbildung 7-15: 128-Bit-WEP-Verschlüsselung

Diese Schlüssel sollten Sie sich nun notieren, unabhängig von der gewählten Schlüssellänge. Sie müssen auf jedem PC eingegeben werden, der auf das Netzwerk zugreifen soll.

Klicken Sie auf EINSTELLUNGEN SPEICHERN. Damit wird die Verschlüsselung mit dem gewählten Schlüssel auf dem Router aktiviert. Von jetzt an können nur noch Computer, die WEP mit dem richtigen Schlüssel verwenden, mit dem Router kommunizieren.

Dies muss nun noch auf allen PCs konfiguriert werden. Klicken Sie dazu auf das Symbol für die WLAN-Verbindung rechts unten neben der Uhr. Klicken Sie auf EIGENSCHAFTEN, dann auf DRAHTLOSNETZWERKE, markieren Sie Ihr Netzwerk und klicken Sie auf EIGENSCHAFTEN. Es erscheint der Dialog aus Abbildung 7-16, allerdings sind die Felder noch nicht ausgefüllt.

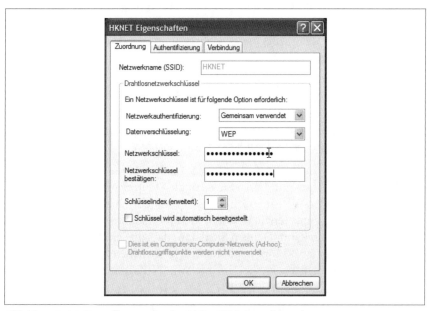

Abbildung 7-16: Einstellungen für die 64-Bit-WEP-Verschlüsselung

Wählen Sie als Netzwerkauthentifizierung GEMEINSAM VERWENDET und als Datenverschlüsselung WEP. Stellen Sie sicher, dass der Haken im Kontrollkästchen SCHLÜSSEL WIRD AUTOMATISCH BEREITGESTELLT nicht gesetzt ist, und tippen Sie den auf dem Router erzeugten Schlüssel ein. Wählen Sie im Auswahlfeld SCHLÜSSELINDEX (ERWEITERT) auf allen PCs den gleichen Index aus. Nachdem Sie zweimal mit OK gespeichert haben, sollte der PC über WEP verschlüsselten WLAN-Zugriff haben.

Falls die Kommunikation mit WEP nicht funktioniert, könnte das an Problemen mit der Netzwerkauthentifizierung liegen. Experimentieren Sie mit den Einstellungen OFFEN und GEMEINSAM VERWENDET.

Ändern Sie zur Erhöhung der Sicherheit regelmäßig den Schlüsselindex auf jedem PC. Das muss nicht auf dem Router gemacht werden, da dieser alle erzeugten Schlüssel akzeptiert.

Aktivieren der WPA-Verschlüsselung

Die Vorgehensweise ist ähnlich der für WEP. Sie müssen sich zunächst jedoch vergewissern, dass Ihre Version von XP WPA unterstützt. Dies ist ab Service Pack 2 der Fall. Um festzustellen, welche Service Pack-Version Sie haben, klicken Sie mit rechts auf ARBEITSPLATZ und wählen EIGENSCHAFTEN. Im Register ALLGEMEIN wird die Betriebssystemversion und das höchste installierte Service Pack angezeigt.

Falls Sie SP2 noch nicht haben, können Sie die Unterstützung von WPA durch einen Patch hinzufügen, den Sie über *http://www.microsoft.com/downloads/details.aspx?FamilyId=009D8425-CE2B-47A4-ABEC-274845DC9E91* herunterladen können. Besser ist es jedoch, auf *http://windowsupdate.microsoft.com* das gesamte System auf SP2 zu aktualisieren.

Sollte Ihr Rechner nun WPA unterstützen, müssen Sie noch prüfen, ob dies auch für Ihre Hardware gilt. Lesen Sie dazu die Dokumentation oder schauen Sie auf der Hersteller-Website nach. Falls WPA nicht unterstützt wird, sehen Sie nach, ob die Funktionalität durch herunterladbare Firmware-Updates nachgerüstet werden kann. Denken Sie daran, dass alle an der Netzwerkkommunikation beteiligten Komponenten auf dem aktuellen Stand sein müssen. Laden Sie sich die neusten Treiber für Ihre WLAN-Karten herunter.

Sobald Ihre Systeme und sämtliche Hardware WPA unterstützen, öffnen Sie die Verwaltungsseite des Routers und melden sich an. Klicken Sie auf WIRELESS-KONFIGURATION und wählen Sie im Abschnitt SICHERHEITSOPTIONEN WPA-PSK aus.

Tippen Sie in das mit KENNWORT beschriftete Eingabefeld einen zwischen acht und 63 Zeichen langen Schlüssel ein. Je länger der Schlüssel ist und je mehr unterschiedliche und zufällige Zeichen er enthält, desto sicherer ist er. Schreiben Sie sich den gewählten Schlüssel auf. Sie müssen ihn auf allen PCs eingeben, die auf das Netzwerk zugreifen sollen.

Klicken Sie auf ANWENDEN. Damit verwendet der Router WPA-Verschlüsselung mit dem eingegebenen Schlüssel. Abbildung 7-17 zeigt Ihnen, wie der

Bildschirm nun aussehen sollte. Ab jetzt können nur noch PCs, die WPA-Verschlüsselung mit Ihrem Schlüssel verwenden, mit dem Router kommunizieren.

Abbildung 7-17: Eingabe eines langen WPA-Schlüssels am Router

Ist der Router nun für die Verwendung von WPA konfiguriert, müssen Sie auf jedem drahtlos angebundenen PC WPA aktivieren und die korrekten Schlüssel eingeben. Klicken Sie dazu auf jedem PC auf das Symbol für die drahtlose Netzwerkverbindung rechts unten neben der Uhr. Klicken Sie auf EIGENSCHAFTEN, dann auf DRAHTLOSNETZWERKE, markieren Sie Ihr Netzwerk und klicken Sie auf EIGENSCHAFTEN.

Wählen Sie als Netzwerkauthentifizierung WPA-PSK und als Datenverschlüsselung TKIP. Tippen Sie den auf dem Router erzeugten Schlüssel ein. Nachdem Sie zweimal mit OK gespeichert haben, sollte der PC über WPA verschlüsselten WLAN-Zugriff haben.

Sowohl bei WEP als auch bei WPA sollte der Schlüssel regelmäßig geändert werden, da es durch das Mitschneiden einer genügend großen Zahl von Netzwerkpaketen möglich ist, die Verschlüsselung zu knacken. Dies ist sehr viel schwieriger, wenn der Schlüssel öfter geändert wird, da dann weniger Datenpakete pro Schlüssel verschlüsselt werden.

Siehe auch

- In der Zeitschrift c't wird regelmäßig über die Konfiguration und Sicherheit von WLANs berichtet. Der Artikel »Jenseits von WEP – WLAN-Verschlüsselung durchleuchtet« bietet einen guten Überblick. Er kann

unter *http://www.heise.de/kiosk/archiv/ct/04/21/214* online für 70 Cent
erworben werden.

- Weitere Informationen über WPA finden Sie auch im Microsoft Knowledge Base-Artikel 815485 (*http://support.microsoft.com/default.aspx?scid
  =kb;en-us;815485*).

Sperren Sie Schwarzsurfer aus

**Heutzutage scheint jedermann einen Laptop oder PDA mit WLAN-Karte zu
betreiben. Wenn Sie zu Hause oder in der Firma ein WLAN nutzen und
Angst haben, dass Passanten sich mit Ihrem Netz verbinden und Ihnen
Bandbreite klauen, sollten Sie die folgenden Tipps beherzigen.**

Wie wir in »War Driving für den drahtlosen Zugriff« **[Hack #65]** beschrieben
haben, ist es ein Leichtes, im Vorbeifahren Ihr WLAN zu entdecken. Falls
Sie sich nun nicht genügend abgesichert haben oder jemand viel Energie auf-
wendet, können sich Schwarzsurfer in Ihr Netz einklinken und Ihre Internet-
bandbreite klauen, indem sie zum Beispiel Musik oder Filme herunterladen.
Das bedeutet nicht nur, dass die nutzbare Bandbreite für Sie viel geringer
wird, sondern auch, dass eventuelle illegale Handlungen des Eindringlings
auf Sie zurückfallen.

Es gibt eine einfache Methode, um herauszufinden, ob jemand bei Ihnen
schwarz mitsurft, und ihm in dem Fall Warnungen zu schicken, Sie seien
sich seiner Tat bewusst und er möge doch bitte aus Ihrem Netz verschwinden. Laden Sie AirSnare herunter, ein freies Programm, das Ihr Netz bezüglich Eindringlingen überwacht, zeigt, wer sie sind und was sie tun, und ihnen Warnungen schickt.

AirSnare benötigt die Tool-Bibliothek WinPcap, die Routinen zum Sammeln und Analysieren von Netzwerkpaketen bereitstellt. Laden und installieren Sie WinPcap von *http://winpcap.polito.it/install/default.htm*. Anschließend können Sie AirSnare von *http://home.comcast.net/~jay.deboer/airsnare*
herunterladen und installieren.

Eigentlich ist AirSnare keine Free-, sondern so genannte
Beggarware. Der Autor »bettelt« um eine Spende von Benutzern, denen sein Programm gut gefällt.

Bevor Sie AirSnare verwenden, müssen Sie eine Liste der MAC-Adressen
aller Computer erstellen, die auf Ihr WLAN zugreifen sollen. Nur wenn Sie
dem Programm mitteilen, wem erlaubt ist, das Netzwerk zu nutzen, kann es
Sie warnen, wenn der Zugriff von nicht autorisierten Computern erfolgt.

Die MAC-Adresse Ihres PCs können Sie auf verschiedenen Wegen herausbekommen. Eine einfache Methode besteht darin, an der Windows-Kommandozeile `ipconfig /all` einzutippen, gefolgt von Enter. In den nun angezeigten Daten finden Sie die MAC-Adresse in der Zeile mit der Beschriftung PHYSIKALISCHE ADRESSE. Die MAC-Adresse selbst sieht zum Beispiel so aus: 00-08-A1-00-9F-32.

Notieren Sie die MAC-Adressen aller PCs in Ihrem Netzwerk, auch die von Rechnern, die vielleicht über Ethernet anstatt WLAN an das Netz angeschlossen sind. Wenn Sie zum Beispiel einen Laptop haben, den Sie manchmal über WLAN und manchmal mittels Ethernet-Kabel verbinden, sollten Sie sich beide von `ipconfig` angezeigte MAC-Adressen aufschreiben.

Gehen Sie nun zum Verzeichnis *C:\Programme\AirSnare*, öffnen Sie die Datei *trustedMAC.txt* mit Notepad und tippen Sie jede Ihrer MAC-Adressen in eine neue Zeile ein, gefolgt von einem Leerzeichen und einer Beschreibung des Computers, zu dem die jeweilige Adresse gehört, zum Beispiel:

```
00-08-A1-00-9F-32 Mein Laptop
```

Starten Sie nun AirSnare durch den Aufruf von *AirSnare.exe* aus dem Installationsverzeichnis. Da das Programm nicht automatisch Verknüpfungen im Startmenü oder auf dem Desktop anlegt, können Sie es entweder direkt starten oder sich einfach selbst dort, wo Sie es wünschen, Verknüpfungen zu *AirSnare.exe* anlegen.

 AirSnare arbeitet nicht mit allen WLAN-Karten zusammen. Wenn Sie die Fehlermeldung `runtime error '-2147220982 (8004020a)' procedure packetsethwfilter failed. error code= 0` erhalten, bedeutet das, dass Ihre Karte nicht unterstützt wird. Versuchen Sie, die Software auf einem anderen Rechner zu installieren.

Wählen Sie aus der beim Start erscheinenden Liste Ihre Netzwerkkarte aus, und AirSnare wird aktiv. Wann immer es eine MAC-Adresse in Ihrem Netz entdeckt, die nicht auf der von Ihnen eingegebenen Positivliste steht, ertönt ein Warnsignal, und die Bildschirmfarbe wird rot. Danach wird jeder Datenverkehr zwischen der unbekannten MAC-Adresse und den übrigen Netzwerkteilnehmern im Fenster UNFRIENDLY MAC WATCH ausgegeben. Zu jedem Paket sehen Sie detaillierte Angaben, unter anderem Zielport und -IP-Adresse. Gängige Ports, zum Beispiel für FTP, HTTP oder POP3, werden vom Programm erkannt und mit Namen dargestellt.

Die angezeigten Informationen können Sie in eine Logdatei schreiben lassen, indem Sie auf STOP klicken und dann auf WRITE TO LOG FILE. Das Protokoll landet nun in einer Textdatei, deren Name aus der Zeichenkette *ASlog*

und dem aktuellen Datum und der Uhrzeit besteht. Die Datei könnte beispielsweise *ASlog031605_2305.txt* heißen, sie wäre dann am 16. März 2005
um 23:05 Uhr abgespeichert worden.

Sollten Sie erfahren, dass jemand ungebeten in Ihrem Netz herumturnt,
möchten Sie ihn mit Warnungen auch wieder hinauskomplimentieren. Das
geht mit dem Modul AirHorn (übersetzt: Lufthupe). Klicken Sie auf WIN-
DOW → AIRHORN WINDOW. Es erscheint der in Abbildung 7-18 gezeigte
Dialog. Tippen Sie in das Eingabefeld SERVER den Namen Ihres Computers
oder seine IP-Adresse ein. Wenn Sie sich über diese Angaben nicht im
Klaren sind, können Sie sie mit dem weiter oben erwähnten Kommando
ipconfig /all ermitteln.

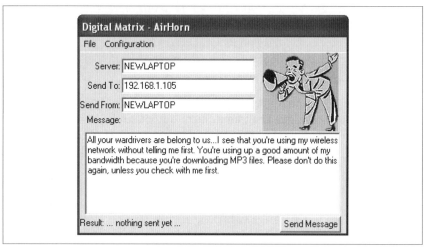

Abbildung 7-18: Senden einer Warnung an einen Eindringling

Geben Sie im Eingabefeld SEND TO die IP-Adresse des Computers ein, an
den Sie die Warnung schicken möchten. Sie sehen dessen IP-Adresse im
Fenster UNFRIENDLY MAC WATCH. Tippen Sie dann im Eingabefeld SEND
FROM noch Ihren Namen oder ein Kürzel ein, wie in Abbildung 7-18 gezeigt.
Klicken Sie auf SEND MESSAGE, und die Warnung ist auf den Weg gebracht.

Es gibt jedoch ein einziges Problem mit dem Warnmodul: Es funktioniert
nur, wenn sowohl auf Ihrem als auch auf dem Computer des Schwarzsur-
fers der Windows-Nachrichtendienst eingeschaltet ist. Es handelt sich hierbei wohlgemerkt nicht um das Chat-Programm Windows Messenger. Der
Nachrichtendienst wird vielmehr verwendet, um Nachrichten an Computer
im lokalen Netzwerk zu schicken, zum Beispiel wenn ein Administrator das
Abschalten eines Servers ankündigen will. Weil der Nachrichtendienst oft
auch von Spammern missbraucht wird, schalten viele Anwender ihn gleich

ganz ab. Auch das Service Pack 2 für Windows XP macht das [Hack #33]. Daher gibt es keine Garantie, dass die versendete Warnung auch ankommt.

Den Hack hacken

Einen Schwarzsurfer im Netz entdecken ist eine Sache, aber ihn rauszuwerfen eine ganz andere. Manchmal mag eine Warnung genügen, doch wenn einer von Ihnen beiden den Nachrichtendienst nicht eingeschaltet hat, klappt nicht einmal das. Was können Sie also tun, wenn die Warnung nicht übermittelt wird oder der Typ sie einfach ignoriert?

Sie können den Eindringling mit den Fähigkeiten Ihres Routers aus Ihrem Netz fernhalten. Aktivieren Sie die Zugriffsliste, wie in »Schützen Sie Ihr WLAN« [Hack #68] beschrieben. Damit erhalten nur noch jene Rechner Zugriff auf Ihr WLAN, deren MAC-Adressen Sie explizit in die Zugriffsliste eingetragen haben.

Siehe auch

- »Schützen Sie Ihr WLAN« [Hack #68]
- »Aktivieren Sie die Verschlüsselung« [Hack #69]

HACK #71 Beheben Sie Hotspot-Störungen
Verhindern Sie das »Stottern« der WLAN-Verbindung, wenn sich mehrere Hotspots in der Nähe befinden.

WLAN-Hotspots sind toll, um sich unterwegs schnell und unkompliziert mit dem Internet zu verbinden. Es gibt sie immer häufiger – in Cafés, Hotels, Flughäfen und Bahnhöfen.

Obwohl Hotspots ungemein praktisch sind, bereiten sie doch auch Probleme. Falls Sie sich beispielsweise in einer Gegend befinden, in der sich viele Hotspots nahe beieinander befinden, könnte Ihre Verbindung zu *stottern* anfangen: Ihre aktuelle Verbindung könnte abbrechen, und Ihr PC würde von Hotspot zu Hotspot wechseln, ohne dass Sie Netzzugang hätten.

Was kann man dagegen tun? Hier zeigen wir Ihnen, wie Sie dieses Problem löst.

Beenden Sie das Hotspot-Stottern

In einigen Stadtvierteln gibt es so viele Hotspots, dass an manchen Stellen mehrere Netze verfügbar sind. Wenn ich in einem Café am Davis Square sitze, in der Nähe meines Hauses in Cambridge, findet mein Laptop, je nach Café, mindestens zwei Hotspots, manchmal sogar drei oder noch mehr.

Sind mehrere Hotspots in der Nähe, deren Signale alle schwach sind, wird Ihre Verbindung stottern und zwischen den Netzen springen. Wenn die Verbindung zu einem Netz zu schwach wird, stellt XP automatisch die Verbindung mit einem anderen her, bis dessen Signal zu schwach wird, und so weiter. Dadurch sind Sie mit keinem Netz lange genug verbunden, um einen sinnvoll nutzbaren Internetzugang zu haben.

Das Stottern wird durch genau diejenige Komponente verursacht, die es Ihnen erlaubt, einfach und schnell die Verbindung zu Hotspots herzustellen. Es handelt sich um den Systemdienst *Konfigurationsfreie drahtlose Verbindung*, der automatisch beim Hochfahren gestartet wird. Läuft dieser Dienst, prüft er alle drei Minuten auf neue WLANs in Reichweite. Falls während einer solchen Prüfung die Signalstärke Ihres Netzes gerade schwach ist, wird XP Sie automatisch mit einem anderen, besser erreichbaren Netz verbinden. Das Resultat ist ein Stottern und Springen Ihrer Verbindung, die den Internetzugang im Großen und Ganzen unbrauchbar macht.

Wie kann man dies hacken? Durch Stoppen des Diensts, während Sie eine funktionierende Verbindung haben. Auf diese Weise wird Ihre vorhandene Verbindung nicht geändert, auch wenn die Signalstärke variiert. Wenn Sie den Hotspot nicht mehr nutzen möchten, starten Sie den Dienst wieder, damit die nächste Verbindung reibungslos klappt.

Um den Dienst zu stoppen, klicken Sie auf START → AUSFÜHREN und geben services.msc ein. Damit wird die Verwaltungskonsole für Systemdienste geöffnet. Suchen Sie den Dienst *Konfigurationsfreie drahtlose Verbindung*, klicken Sie mit rechts darauf und wählen Sie BEENDEN, wie in Abbildung 7-19 gezeigt. Damit wird die Ausführung des Diensts gestoppt und damit das Stottern und Springen. Wenn Sie den Hotspot nicht mehr nutzen möchten, wiederholen Sie diese Schritte, wählen aber nach dem Rechtsklick STARTEN statt BEENDEN.

Den Hack hacken

Den Dienst *Konfigurationsfreie drahtlose Verbindung* ständig zu beenden und wieder zu starten ist mühselig. Wenn Sie sich oft mit Hotspots verbinden, können Sie das Ganze vereinfachen, indem Sie sich je eine Verknüpfung zum Beenden und zum Starten des Diensts auf den Desktop legen.

Gehen Sie dazu im Explorer ins Verzeichnis *C:\Windows\System32*. Ziehen Sie die Datei *net.exe* mit der rechten Maustaste auf den Desktop, um eine Verknüpfung mit ihr zu erzeugen. Geben Sie der Verknüpfung einen aussagekräftigen Namen, indem Sie mit rechts darauf klicken, UMBENENNEN auswählen und einen Namen eingeben wie zum Beispiel KdV Beenden. Klicken Sie nochmals mit rechts auf die Verknüpfung, wählen Sie EIGENSCHAFTEN,

Abbildung 7-19: Deaktivieren der Konfigurationsfreien drahtlosen Verbindung

und hängen Sie im Eingabefeld ZIEL an den Dateinamen net.exe ein Leerzeichen und die Parameter stop wzcsvc an. Im Feld sollte nun stehen: C:\Windows\System32\net.exe stop wzcsvc.

Wiederholen Sie diese Schritte, um eine Verknüpfung zum Starten des Diensts zu erstellen. Geben Sie aber im Feld ZIEL an Stelle von stop start ein: C:\Windows\System32\net.exe start wzcsvc. Jetzt können Sie die Konfigurationsfreie drahtlose Verbindung durch einfaches Klicken auf die Desktop-Symbole beenden und wieder starten.

Konfigurieren Sie Bluetooth

Bluetooth ist eine tolle Sache, um Computer mit einer Vielzahl an Geräten zu verbinden. Hier erfahren Sie, wie es unter XP konfiguriert wird.

Heutzutage gibt es eine Menge Geräte mit Bluetooth-Unterstützung. Bluetooth ist zwar einfach zu verwenden, dennoch wissen die wenigsten, wie es genutzt wird. Dieser Hack erklärt die Funktionsweise von Bluetooth, wie Bluetooth konfiguriert wird, und gibt Ihnen Informationen dazu, wie Sie Bluetooth in Ihrem Leben einsetzen können.

Manche User verwechseln Bluetooth mit den 802.11x-Standards für WLAN-Technologien, da beides drahtlose Kommunikationsverfahren sind. WLAN wird jedoch zur Vernetzung von Computern eingesetzt, während Bluetooth eine Vielzahl von Geräten miteinander verbindet. Ein WLAN muss die letzten Ecken Ihrer Wohnung abdecken, um effektiv nutzbar zu sein, Bluetooth dagegen überbrückt eher kurze Distanzen. Genauer gesagt, haben die meisten Bluetooth-Geräte eine Reichweite von zehn Metern.

Bluetooth kann die unterschiedlichsten Geräte miteinander verbinden – PCs, Handys, Headsets, PDAs, Tastaturen, GPS-Empfänger, Digitalkameras und sogar Ihr Auto. Jedes Gerät unterstützt eines oder mehrere so genannte Profile, die festlegen, mit welchen Gerätetypen kommuniziert werden kann und wie die Kommunikation abläuft. Wenn zwei Geräte ein gemeinsames Profil unterstützen, können sie miteinander kommunizieren, falls nicht, unternehmen sie noch nicht einmal einen Versuch.

Installation von Bluetooth

Ich selbst lernte Bluetooth kennen, als ich eine neue Maus für meinen Laptop brauchte. Wegen der erforderlichen direkten Sicht zwischen Maus und Empfänger wollte ich nicht eine dieser über Infrarot angeschlossenen Mäuse haben, da kam Bluetooth gerade recht. Ich kaufte also einen Bluetooth-Adapter für den USB-Port meines Laptops und eine Bluetooth-Maus. Zusätzlich zu Bluetooth-USB-Sticks sind auch Erweiterungskarten für den PCI-Slot erhältlich, die fest in einen Desktop-Computer eingebaut werden. Der Installationsmechanismus ist im Wesentlichen der gleiche.

Der Plug-and-Play-Mechanismus von Windows XP funktioniert so zuverlässig, dass ich neue Geräte normalerweise einfach anschließe, ohne mich mit der beiliegenden Installations-CD herumzuplagen. Auf Grund der Funktionsweise von Bluetooth ist es jedoch besser, zunächst die Software zu installieren, damit man Bluetooth vor der Verwendung konfigurieren kann.

Sie werden feststellen, dass Sie bei der Installation der Software von einem Schwung Assistenten begrüßt werden, die wissen möchten, wo die Programme installiert werden sollen und ähnliche Dinge mehr. Die Installationsroutine zeigt unter Umständen eine Meldung an, in der es um Bluetooth-Geräte und signierte Treiber geht. Das ist nur eine Vorsichtsmaßnahme und dient Ihrer Bequemlichkeit. Wenn Sie auf OK klicken, wird während der Installation nicht vor unsignierten Treibern gewarnt. Wenn nicht, erhalten Sie eine große Zahl von Meldungen, in denen sich Windows über unsignierte Treiber mokiert.

Stecken Sie Ihren Bluetooth-Adapter ein, sobald die Installation abgeschlossen ist. Falls Sie eine PCI-Karte erworben haben, bauen Sie diese in einen freien Slot ein und starten den Rechner neu. Windows XP wird den neuen Adapter erkennen und die zuvor installierten Treiber für ihn verwenden. Während der Treiberinstallation werden Ihnen wahrscheinlich eine Reihe von Meldungen im Systembereich auf der Taskleiste neben der Uhr angezeigt.

Nachdem Windows XP die Treiber geladen hat, können Sie damit beginnen, Ihren Bluetooth-Adapter zu konfigurieren. Ein Doppelklick auf die in Abbildung 7-20 gezeigte Bluetooth-Umgebung öffnet ein Fenster, in dem Sie nach in der Nähe befindlichen Bluetooth-Geräten suchen können. Auch im Systembereich neben der Uhr gibt es ein Bluetooth-Symbol. Es zeigt einen blauen Kreis mit einem stilisierten B darin. Das B wechselt je nach Status der Bluetooth-Verbindung die Farbe – Rot, wenn kein Bluetooth-Adapter angeschlossen ist, Weiß, wenn einer angeschlossen ist, und Grün, wenn gerade Daten übertragen werden.

Abbildung 7-20: Die Bluetooth-Umgebung

Öffnen Sie das Fenster BLUETOOTH-UMGEBUNG. Falls sich ein eingeschaltetes Bluetooth-fähiges Gerät in der Nähe befindet, könnte es in der angezeigten Liste auftauchen. Ignorieren Sie am besten während des folgenden Konfigurationsprozesses die dort sichtbaren Geräte. In der oberen linken Ecke des Fensters gibt es unter der Überschrift BLUETOOTH-AUFGABEN einige Links. Klicken Sie auf die mit BLUETOOTH-SETUP-ASSISTENT beschriftete Verknüpfung. Die in Abbildung 7-21 gezeigten Auswahlmöglichkeiten entsprechen den möglichen Verwendungszwecken Ihres Adapters. Wählen Sie zunächst die letzte Option, deren Text mit ICH MÖCHTE DEN NAMEN ... beginnt.

Abbildung 7-21: Der Bluetooth-Setup-Assistent

Wenn Sie Bluetooth zur Nutzung eines bestimmten Gerätetyps konfigurieren möchten, beispielsweise einer Maus oder eines Headsets, wählen Sie die mit ICH KENNE DEN DIENST, DEN ICH NUTZEN MÖCHTE ... beschriftete Option. Möchten Sie eine Verbindung zu einem bestimmten Gerät herstellen (falls mehrere Menschen in Ihrer Nähe Bluetooth-Geräte verwenden), wählen Sie ICH SUCHE EIN BESTIMMTES BLUETOOTH-GERÄT ... und klicken dann auf WEITER. Als Nächstes geben Sie Name und Typ (Desktop oder Laptop) Ihres Computers an. Ich verwende hier nicht den richtigen Computernamen, weil der eingetragene Wert über Funk an alle in der Nähe befindlichen Geräte übermittelt wird. Leute, die versuchen, über Bluetooth angebundene Computer zu hacken, könnten den wahren Computernamen zu ihrem Vorteil nutzen. Klicken Sie auf FERTIG STELLEN und gehen Sie wieder zur Bluetooth-Umgebung.

Jetzt ist eine gute Zeit, Ihr Bluetooth-Gerät (die Gegenstelle) einzuschalten, falls noch nicht geschehen, und sicherzustellen, dass es ordnungsgemäß funktioniert. Starten Sie dann erneut den Bluetooth-Setup-Assistenten. Wählen Sie diesmal im Auswahlmenü ICH KENNE DEN DIENST ... und klicken Sie auf WEITER. Der Assistent präsentiert nun eine Liste aller ihm bekannten Gerätetypen. Wenn Sie zukünftig etwa einen Drucker oder eine Maus anschließen möchten, gehen Sie genau so vor wie vorhin. Um ein Headset einzurichten, wählen Sie KOPFHÖRER aus und klicken auf WEITER.

Auf der in Abbildung 7-22 gezeigten nächsten Seite sucht Windows XP nach allen Bluetooth-Geräten in Reichweite. Falls Ihr Gerät nicht erkannt wird, sollten Sie prüfen, ob es eingeschaltet und Bluetooth bei ihm aktiviert ist. Es könnte ein Connect- oder Pair-Schalter vorhanden sein, der das so genannte Pairing mit dem PC erst startet. Wenn sehr viele Geräte gefunden werden, können Sie nach Gerätetypen filtern lassen. Markieren Sie das gewünschte Gerät und klicken Sie auf WEITER.

Jetzt versucht der Bluetooth-Assistent, die Verbindung mit dem ausgewählten Gerät herzustellen. Wenn alles geklappt hat, sollten Sie das in Abbildung 7-23 gezeigte Fenster sehen. Haben Sie den gewünschten Dienst ausgewählt und auf FERTIG STELLEN geklickt, ist das Pairing zwischen Ihrem Headset und Ihrem PC abgeschlossen.

Falls Sie vorhaben, mehrere Bluetooth-Geräte mit Ihrem PC zu verwenden, fügen Sie sie der Reihe nach mit dem Bluetooth-Setup-Assistenten hinzu und wählen die Option ICH KENNE DEN DIENST, DEN ICH NUTZEN MÖCHTE ... für jedes Gerät. Die grundsätzliche Vorgehensweise ist immer die gleiche wie in unserem Beispiel, auch wenn bei manchen Geräten noch zusätzlich spezielle Einstellungen vorgenommen werden müssen.

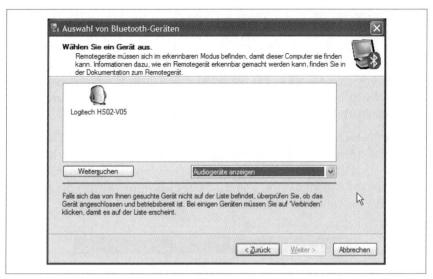

Abbildung 7-22: Bluetooth-Geräteauswahl

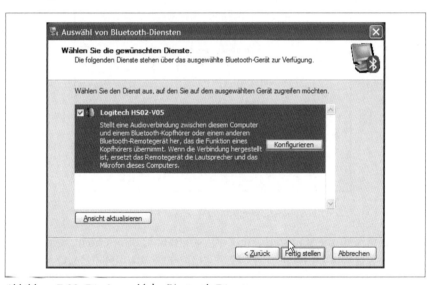

Abbildung 7-23: Die Auswahl des Bluetooth-Diensts

Absichern Ihrer Bluetooth-Verbindung

Indem Bluetooth die Anzahl der benötigten Kabel reduziert, kann es die Handhabung des Rechners deutlich angenehmer machen. Unglücklicherweise kann jedermann der drahtlosen Kommunikation zuhören oder sogar daran teilhaben. Deswegen müssen Sie einige Vorsichtsmaßnahmen ergreifen.

Die erste besteht darin, auf Ihrem Computer nur die benötigten Bluetooth-Dienste zu aktivieren. Im Bluetooth-Setup-Assistenten können Sie nach Auswählen der Option ICH MÖCHTE DIE BLUETOOTH-DIENSTE AKTIVIEREN ... verschiedene Varianten der Bluetooth-Kommunikation ein- oder ausschalten. Deaktivieren Sie alles, was Sie im Moment nicht nutzen. Diese Dienste können leicht im Bluetooth-Setup-Assistenten über die Verknüpfung MEINE BLUETOOTH-DIENSTE ANZEIGEN wieder aktiviert werden.

Bei der nächsten Vorsichtsmaßnahme geht es darum, andere Geräte auszusperren. Öffnen Sie die Bluetooth-Umgebung und klicken Sie auf KONFIGURATION ANZEIGEN ODER ÄNDERN. Im in Abbildung 7-24 gezeigten Dialog BLUETOOTH-KONFIGURATION können Sie festlegen, wie Ihr Bluetooth-Adapter mit der Außenwelt kommuniziert.

Abbildung 7-24: Die Bluetooth-Konfiguration

Klicken Sie auf die Registerkarte ZUGÄNGLICHKEIT. Entfernen Sie das Häkchen bei der Option ERMÖGLICHEN SIE ANDEREN BLUETOOTH-GERÄTEN DAS AUFFINDEN DIESES COMPUTERS. Dies verhindert unerwünschte Zugriffe von unbekannten Geräten. Im Register ERKENNUNG können Sie konfigurieren, welche Gerätetypen von Ihrem Computer gefunden werden können. Das ist sinnvoll, wenn Sie sich in einem Büro oder Zug mit sehr vielen eingeschalteten Bluetooth-Geräten befinden. Im Register LOKALE DIENSTE kann festgelegt werden, wie verschiedene Gerätetypen mit Software auf Ihrem PC interagieren. Das ist nötig, um zum Beispiel einen PDA zu synchronisieren, Musik zu hören oder Dateien zu übertragen.

Zwei der bekannteren Sicherheitsprobleme von Bluetooth heißen *Blueja-cking* und *Bluesnarfing*. Zu deren Ausnutzung ist es erforderlich, dass sich der Angreifer innerhalb des Funkradius des Opfers befindet, der bei den meisten Handys und Laptops zehn Meter beträgt. Beim Bluejacking wird eine vom Opfer nicht angeforderte Nachricht auf dessen Gerät, meist ein Mobiltelefon, übertragen. Dies wird meist aus Spaß oder Angeberei gemacht. Ihr Telefon vibriert, und Sie erhalten eine Nachricht, in der sich über Ihren Haarschnitt oder Ihr Handy lustig gemacht wird. Der Angreifer befindet sich ganz in der Nähe, und es ist nicht unwahrscheinlich, dass er etwa 15 Jahre alt ist. Bluesnarfing ist weit gefährlicher, weil der Angreifer hier darauf aus ist, Informationen aus Ihrem Handy-Adressbuch auszulesen. Vor beiden Sicherheitslücken können Sie sich am wirkungsvollsten schützen, indem Sie die Bluetooth-Funktion Ihres Telefons deaktivieren, wenn Sie sie nicht verwenden.

Netzwerke mit Bluetooth

Bluetooth ist zum Aufbau von Netzwerken weit schlechter geeignet als WLAN: Es erreicht mit 723 KBit/s gegenüber 54 MBit/s nur einen Bruchteil der Übertragungsrate eines modernen WLAN, und auf Grund der geringen Reichweite müssen sich die beteiligten Geräte nah beieinander befinden. Aus diesen Gründen ist Bluetooth keine Konkurrenz für WLANs.

Es gibt jedoch Situationen, in denen ein schnell aufgebautes Bluetooth-Netzwerk nützlich ist. Wenn Dateien zwischen zwei nicht vernetzten Computern ausgetauscht werden müssen, aber niemand einen USB-Stick dabeihat, können die Daten über eine Bluetooth-Verbindung übertragen werden. Behalten Sie im Hinterkopf, dass die erreichbare Übertragungsrate gering ist. Details zum Dateitransfer via Bluetooth finden Sie in »Nutzen Sie ein Ad-hoc-WLAN« [Hack #74].

Wie Sie mit Ihrem PC und Bluetooth über ein Handy ins Internet gehen, lesen Sie in »Gehen Sie mit einem Bluetooth-Handy ins Internet« [Hack #73].

Siehe auch

- Die O'Reilly Wireless Website (*http://wireless.oreilly.com*) bietet viele Informationen rund um Bluetooth.
- *Windows XP Unwired* von Wei-Meng Lee (O'Reilly) ist eine nützliche Informationsquelle.
- *Wireless Hacks* von Rob Flickenger (O'Reilly) enthält noch viel mehr Bluetooth-Hacks.
- »Gehen Sie mit einem Bluetooth-Handy ins Internet« [Hack #73]
- »Nutzen Sie ein Ad-hoc-WLAN« [Hack #74]

Eric Cloninger

HACK
#73
Gehen Sie mit einem Bluetooth-Handy ins Internet

Kümmern Sie sich nicht um normale Einwahlverbindungen, Hotspots oder WLANs. Das Internet ist bei Ihnen, egal wo Sie sind, solange Sie Ihr Bluetooth-fähiges Handy dabeihaben.

Heutzutage unterstützen die meisten Handys Bluetooth-Verbindungen. Wenn Sie ein solches Telefon haben, ist der Internetzugang vom Laptop aus nur einen Anruf entfernt. Alles was Sie dazu tun müssen, ist, den Laptop und das Telefon einzuschalten, sie miteinander zu verbinden und die Internetverbindung herzustellen. Dazu benötigen Sie natürlich einen Bluetooth-fähigen Laptop.

> Falls Ihr Laptop keinen eingebauten Bluetooth-Adapter hat, kaufen Sie einfach einen der vielen angebotenen USB-Bluetooth-Adapter von Firmen wie AVM, D-Link oder Belkin. Stecken Sie das etwa 20 Euro teure Gerät in einen freien USB-Port, folgen Sie den Installationsanweisungen, und Sie können loslegen.

Erwarten Sie keine DSL-Geschwindigkeit, zumindest noch nicht. Die genaue Verbindungsgeschwindigkeit hängt von dem von Ihrem Handy verwendeten Übertragungsverfahren ab: UMTS ist schneller als GPRS, und das ist wiederum flotter als GSM.

Das genaue Aussehen der Konfigurationsdialoge variiert etwas von Telefon zu Telefon, daher zeige ich für diesen Hack die Konfiguration für ein Sony Ericsson T68i. Die einzelnen Schritte sollten bei anderen Handys sehr ähnlich sein.

Schalten Sie zunächst Telefon und Laptop ein und stellen Sie sicher, dass diese sich in Reichweite zueinander befinden. Aktivieren Sie dann auf dem Handy den Bluetooth-Funk, indem Sie auf den Joystick-Button drücken und CONNECT → BLUETOOTH → OPTIONS → OPERATION MODE → ON wählen.

Anschließend müssen Sie das Handy *sichtbar* machen, damit der Laptop es finden kann. Drücken Sie auf den Joystick-Button und wählen Sie CONNECT → BLUETOOTH → DISCOVERABLE.

Nun suchen Sie unter XP das Telefon. Öffnen Sie die Bluetooth-Umgebung und klicken Sie auf GERÄTE IN REICHWEITE ANZEIGEN. Sie sollten ein Symbol für das Sony Ericsson T68i sehen. Klicken Sie darauf mit rechts und wählen Sie VERFÜGBARE DIENSTE SUCHEN. Sie erhalten eine Liste der auf dem Telefon verfügbaren Dienste. Klicken Sie mit rechts auf den Dienst DIAL-UP NETWORKING ... und wählen Sie DFÜ-NETZWERK VERBINDEN, wie in Abbildung 7-25 gezeigt.

Abbildung 7-25: Internetverbindung über ein Handy herstellen

Sie werden gefragt, ob Sie die Verbindung annehmen oder ablehnen möchten oder das Gerät zu den durch Pairing dauerhaft bekannten Geräten hinzufügen möchten. Wählen Sie PAARWEISE GERÄTEVERBINDUNG HERSTELLEN, damit sich Laptop und Handy beim nächsten Mal von allein finden, ohne dass Sie das Procedere erneut vollständig durchlaufen müssen.

Wenn Sie PAARWEISE GERÄTEVERBINDUNG HERSTELLEN auswählen, erscheint der in Abbildung 7-26 gezeigte Dialog. Wählen Sie eine PIN für diese Paarung und tippen Sie sie ins Eingabefeld BLUETOOTH-PIN-CODE ein.

Abbildung 7-26: Paarung von Handy und Laptop

 Es ist günstig, für die PIN nur Nummern zu verwenden, da es schwierig bis unmöglich sein kann, auf einer Handy-Tastatur Buchstaben einzugeben, wenn nach der PIN gefragt wird.

Auf dem Handy müssen Sie die Paarung noch akzeptieren. Tun Sie das und tippen Sie die auf dem PC festgelegte PIN ein.

Von jetzt an können Sie sich über Bluetooth genau so wie über ein Modem mit dem Internet verbinden. Windows XP fragt Sie nach Benutzername, Passwort und einer Telefonnummer. Verwenden Sie die Daten, die Sie auch sonst zur Verbindung mit Ihrem Provider benutzen. Klicken Sie auf WÄHLEN, und kurz darauf sind Sie mit dem Netz der Netze verbunden.

HACK
#74

Nutzen Sie ein Ad-hoc-WLAN

Sie wollen mehrere PCs über WLAN vernetzen, haben aber keinen WLAN-Router zur Verfügung? Mit der Ad-hoc-Netzwerkunterstützung von XP kein Problem.

Manchmal braucht man ein Netz nicht, damit sich mehrere PCs eine Internetverbindung teilen können. Vielmehr möchte man einfach nur Dateien austauschen, den Drucker eines anderen Computers verwenden oder sich gegenseitig Nachrichten zuschicken. Mit anderen Worten: all das tun, was man mit einem Netzwerk so anstellen kann.

Aber was ist, wenn Sie das alles nutzen möchten, aber keinen Router haben?

Sie können ein Ad-hoc-Netzwerk aufbauen, in dem sich die einzelnen Computer und PDAs direkt miteinander verbinden. Sie benötigen dafür keine zusätzliche Software; XP bringt die nötigen Fähigkeiten von Haus aus mit.

Alles was Sie benötigen, sind PCs mit WLAN-Karten. Um ein Ad-hoc-Netzwerk aufzubauen, werden auf einem PC die Grundeinstellungen vorgenommen, und die anderen verbinden sich dann einfach mit dem Ad-hoc-Netzwerk.

Doppelklicken Sie auf dem PC, auf dem die Einstellungen vorgenommen werden, auf das WLAN-Symbol im Systembereich der Taskleiste neben der Uhr. Klicken Sie auf EIGENSCHAFTEN, auf die Registerkarte DRAHTLOSNETZWERKE und dann auf HINZUFÜGEN. Es erscheint der in Abbildung 7-27 gezeigte Dialog.

Tippen Sie einen Netzwerknamen in das SSID-Eingabefeld. Aktivieren Sie am unteren Rand das Kontrollkästchen DIES IST EIN COMPUTER-ZU-COMPUTER-NETZWERK (AD-HOC); DRAHTLOSZUGRIFFSPUNKTE WERDEN NICHT VERWENDET.

Falls Sie keine Verschlüsselung verwenden möchten, wählen Sie in der mit Datenverschlüsselung beschrifteten Dropdown-Liste DEAKTIVIERT aus. Falls Sie Verschlüsselung einsetzen möchten, gehen Sie nach der Anleitung in »Aktivieren Sie die Verschlüsselung« [Hack #69].

Bestätigen Sie zweimal mit OK. Ihr Netzwerk ist nun einsatzbereit. Obwohl Sie es selbst eingerichtet haben, können Sie es nicht sehen. Andere in der Umgebung sehen es jedoch sehr wohl und können sich leicht damit verbinden.

Klicken Sie mit rechts auf jedem PC, den Sie mit dem Netzwerk verbinden möchten, auf das WLAN-Symbol im Systembereich und wählen Sie VERFÜGBARE DRAHTLOSNETZWERKE ANZEIGEN. Sie sollten die SSID des gerade einge-

Abbildung 7-27: Aufsetzen eines Ad-hoc-Netzwerks

richteten Netzes sehen. Um sich damit zu verbinden, klicken Sie einfach auf
VERBINDEN. Je nachdem, wie Sie die Sicherheitseinstellungen vorgenommen
haben, können Sie nun Dateien übertragen, die Festplatte des anderen Computers durchsuchen, Nachrichten versenden, Drucker anderer Rechner nutzen und so weiter.

Falls ein anderer Computer das Ad-hoc-Netzwerk aus irgendeinem Grund
nicht findet, müssen Sie die WLAN-Einstellungen dieses Rechners überprüfen. Er könnte so konfiguriert sein, dass Ad-hoc-Netzwerke nicht angezeigt
werden. Doppelklicken Sie auf das WLAN-Symbol im Systembereich, auf
ERWEITERTE EINSTELLUNGEN ÄNDERN und dann auf die Registerkarte
DRAHTLOSNETZWERKE. Klicken Sie hier auf Erweitert, um das in Abbildung 7-28 gezeigte Fenster anzuzeigen. Stellen Sie sicher, dass NUR ZU-
GRIFFSPUNKTNETZWERKE (INFRASTRUKTUR) nicht angeklickt ist. Klicken Sie
auf SCHLIESSEN. Das Netz müsste nun gefunden werden.

Da es im Netz keinen Router gibt, ist auch kein DHCP-Server verfügbar, um
IP-Adressen zu verwalten. Windows ist dennoch in der Lage, sich auf jedem
PC automatisch selbst eine eindeutige Adresse zuzuweisen. Diese Adressen
liegen im Bereich von 169.254.0.0 bis 169.254.0.16.

Abbildung 7-28: Die Anzeige aller Arten von WLANs zulassen

Dateien übertragen mit Bluetooth

Auch mit Bluetooth können Ad-hoc-Netzwerke aufgebaut werden. Genauer gesagt, können mit Bluetooth ausschließlich Ad-hoc-Netzwerke aufgebaut werden, da es keinen Infrastrukturmodus wie WLAN kennt. Jedes Mal, wenn Sie also eine Bluetooth-Verbindung aufbauen, stellen Sie ein kleines Ad-hoc-Netz her. Details dazu finden Sie in »Konfigurieren Sie Bluetooth« [Hack #72] und »Gehen Sie mit einem Bluetooth-Handy ins Internet« [Hack #73].

Um Dateien zwischen zwei PCs mit Bluetooth zu übertragen, muss zuerst die Paarung erfolgt sein [Hack #73]. Klicken Sie dazu mit rechts auf einem Rechner auf den Eintrag für den anderen PC und wählen Sie DISCOVER AVAILABLE SERVICES. Sie werden ein Dateitransfersymbol sehen. Doppelklicken Sie darauf. Je nach den Sicherheitseinstellungen werden Sie gegebenenfalls nach einer PIN gefragt. Falls ja, verwenden Sie auf beiden Computern die gleiche PIN.

 Bluetooth ist bei Dateitransfers viel langsamer als 802.11g (WLAN) – 750 KBit/s im Vergleich zu 54 MBit/s.

Der andere Computer erscheint nun in der Bluetooth-Umgebung, und Sie können Dateien zwischen den beiden Geräten übertragen.

Den Hack hacken

Sie können ein Ad-hoc-Netzwerk verwenden, um eine einzige Internetverbindung von mehreren Rechnern aus zu nutzen. In einem solchen Fall gibt der Benutzer, der das Ad-hoc-Netz aufsetzt, seine Internetverbindung frei. Wer sich dann mit dem Ad-hoc-Netz verbindet, hat einen Internetzugang. Natürlich muss der Computer, auf dem die Internetverbindung freigegeben wird, über einen funktionierenden Internetzugang verfügen, zum Beispiel über ein DSL-Modem.

Klicken Sie mit rechts auf dem Computer, auf dem das Ad-hoc-Netzwerk aufgesetzt wurde, auf NETZWERKUMGEBUNG und wählen Sie EIGENSCHAFTEN. Das Fenster NETZWERKVERBINDUNGEN erscheint. Klicken Sie wiederum mit rechts auf die WLAN-Verbindung und wählen Sie EIGENSCHAFTEN. Ein Klick auf ERWEITERT fördert den in Abbildung 7-29 gezeigten Dialog zu Tage.

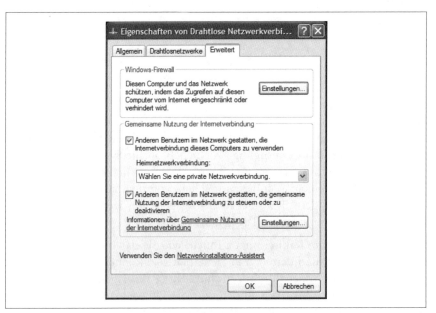

Abbildung 7-29: Teilen einer Internetverbindung mit anderen Ad-hoc-Netzwerkteilnehmern

Aktivieren Sie das Kontrollkästchen ANDEREN COMPUTERN IM NETZWERK GESTATTEN, DIE INTERNETVERBINDUNG DIESES COMPUTERS ZU VERWENDEN und klicken Sie auf OK. Aktivieren Sie weiterhin das Kontrollkästchen ANDEREN COMPUTERN IM NETZWERK GESTATTEN, DIE GEMEINSAME NUTZUNG DER INTERNETVERBINDUNG ZU STEUERN ODER ZU DEAKTIVIEREN nur dann, wenn Sie die Kontrolle über die Verbindungsherstellung von anderen Computern aus zulassen möchten. Klicken Sie dann nochmals auf OK.

Falls Sie auf Ihrem PC Serverdienste betreiben, die von anderen Computern aus erreichbar sein sollen, wie vielleicht ein FTP- oder Mailserver, klicken Sie auf EINSTELLUNGEN und setzen ein Häkchen neben jeden benötigten Dienst. Dann klicken Sie zweimal auf OK.

Haben Sie all das erledigt, wird Ihr PC wie ein DHCP-Server arbeiten und private IP-Adressen an die anderen Computer verteilen, die auf das Internet zugreifen. Im Prinzip machen Sie Ihren PC zu einem WLAN-Router.

KAPITEL ACHT

Sicherheit

Hacks #75–82

Von dem Moment an, in dem Sie Ihren PC einschalten und mit dem Internet oder einem anderen Netzwerk verbinden, begeben Sie sich schon in Gefahr. Snooper und Eindringlinge versuchen, in Ihr System einzubrechen, Cracker installieren Trojaner, um Ihren Computer unter Kontrolle zu bekommen oder zu einem Zombie zu machen, von dem aus ohne Ihr Wissen Attacken gegen andere PCs oder Websites gefahren werden. Internet und Netzwerke werden mit jedem Tag gefährlicher.

Die Hacks in diesem Kapitel zeigen Ihnen, wie Sie das Internet oder andere Netzwerke nutzen und dennoch in Sicherheit sein können. Sie erfahren, wie Sie Dateien und Ordner durch Verschlüsselung verbergen können, wie Sie die Schwachstellen Ihres PCs finden, wie Sie Firewalls nutzen können, um Ihren PC vor Attacken abzuschirmen und anderes mehr.

HACK #75 Dateien und Ordner mit dem Encrypting File System verbergen

Schützen Sie sämtliche Daten auf Ihrem PC mit der eingebauten Verschlüsselung von Windows XP Professional vor neugierigen Blicken.

Wenn Sie Windows XP Professional besitzen, können Sie Ihre Dateien mit dem *Encrypting File System* (EFS) so verschlüsseln, dass niemand sonst sie lesen kann.

Auch wenn es den Nutzern der Home Edition nicht gefällt: EFS steht für Windows XP Home Edition nicht zur Verfügung.

EFS bietet auch die Möglichkeit, nur ausgewählte Dateien und Ordner zu verschlüsseln. Sie können eine einzige oder alle Dateien und Ordner verschlüsseln. Die verschlüsselten Dateien werden im Windows Explorer grün angezeigt, damit auf den ersten Blick erkennbar ist, welche Dateien verschlüsselt worden sind. Mit verschlüsselten Dateien und Ordnern können Sie arbeiten, ohne von der Verschlüsselung etwas zu merken: Sie können sie öffnen und schließen wie jede andere Datei. Beim Öffnen werden sie entschlüsselt und beim Schließen wieder verschlüsselt, aber Sie sind die einzige Person, die die Dateien lesen und benutzen kann. Da die Verschlüsselung an Ihren Benutzernamen geknüpft ist, kommen andere Benutzerkonten auf demselben Computer nicht an sie heran, wenn Sie ihnen nicht ausdrücklich Zugriff auf bestimmte Konten gewähren.

> Jedes Mal, wenn Sie eine Datei verschlüsseln, generiert EFS für diese Datei eine Zufallszahl, die als *File Encryption Key* (FEK) bezeichnet wird. EFS verwendet diesen FEK, um den Inhalt der Datei mit einer Variante des *Data Encryption Standard*-(DES-)Algorithmus zu verschlüsseln, die man DESX nennt. (DESX verwendet eine mächtigere Verschlüsselung als DES.) Der FEK selbst wird ebenfalls verschlüsselt, und zwar mit einer RSA-Public-Key-Verschlüsselung.

Für EFS gelten einige Beschränkungen, die man kennen sollte:

- EFS funktioniert nur auf NTFS-Partitionen. Wenn Sie eine FAT- oder FAT32-Partition haben, müssen Sie diese in NTFS umwandeln [Hack #30], ehe Sie EFS nutzen können.

- EFS funktioniert nicht mit komprimierten Dateien. Sie müssen solche Dateien dekomprimieren, wenn Sie sie verschlüsseln möchten. Umgekehrt muss eine verschlüsselte Datei zunächst entschlüsselt werden, ehe sie komprimiert werden kann.

- EFS kann keine Dateien verschlüsseln, die im Ordner *C:\Windows* vorliegen oder mit dem Attribut System gekennzeichnet sind.

Bei der Arbeit verhalten sich verschlüsselte Dateien und Ordner scheinbar so wie andere Dateien auf der Festplatte. Doch in Wirklichkeit gibt es Unterschiede: Es kann passieren, dass Dateien, die Sie für verschlüsselt hielten, plötzlich ohne erkennbaren Grund entschlüsselt sind. Bevor Sie die Verschlüsselung einschalten, sollten Sie daher verstehen, welche Aktionen Sie mit verschlüsselten Dateien und Ordnern durchführen können und wie sie sich auswirken. In Tabelle 8-1 finden Sie alles, was Sie wissen müssen.

Tabelle 8-1: Verhalten verschlüsselter Dateien oder Ordner

Aktion	Ergebnis
Unverschlüsselte Dateien in einen verschlüsselten Ordner kopieren oder verschieben.	Dateien werden automatisch verschlüsselt.
Verschlüsselte Dateien von einem verschlüsselten Ordner in einen unverschlüsselten kopieren oder verschieben.	Dateien bleiben verschlüsselt.
Verschlüsselte Dateien von einem verschlüsselten Ordner auf ein Nicht-NTFS-Laufwerk verschieben.	Dateien werden entschlüsselt. Vorher bekommen Sie allerdings eine Warnung und die Gelegenheit, die Operation abzubrechen.
Dateien mit dem Sicherungsprogramm von XP sichern.	Die gesicherten Dateien und Ordner bleiben verschlüsselt.
Verschlüsselte Datei umbenennen.	Datei bleibt auch nach der Umbenennung verschlüsselt.
Verschlüsselte Datei löschen.	Die wiederherstellbare Datei im Papierkorb bleibt verschlüsselt.

Dateien und Ordner verschlüsseln

Um eine Datei oder einen Ordner zu verschlüsseln, klicken Sie mit der rechten Maustaste darauf und wählen EIGENSCHAFTEN → ALLGEMEIN → ERWEITERT. Es erscheint das in Abbildung 8-1 gezeigte Dialogfeld.

Abbildung 8-1: Dateien oder Ordner mit dem Dialogfeld ERWEITERTE ATTRIBUTE verschlüsseln

Markieren Sie das Kontrollkästchen INHALT VERSCHLÜSSELN, UM DATEN ZU SCHÜTZEN. Beachten Sie, dass Sie, wenn Sie dieses Kästchen markieren, nicht gleichzeitig INHALT KOMPRIMIEREN, UM SPEICHERPLATZ ZU SPAREN aktivieren können. Sie können ein Objekt entweder verschlüsseln oder komprimieren, aber nicht beides gleichzeitig.

 Wenn im EIGENSCHAFTEN-Dialogfeld keine Schaltfläche mit der Beschriftung ERWEITERT erscheint, verwenden Sie kein NTFS und können daher auch keine Verschlüsselung nutzen.

Klicken Sie jetzt zweimal auf OK. Wenn Sie einen Ordner verschlüsseln, erscheint das Dialogfeld ÄNDERUNGEN DER ATTRIBUTE BESTÄTIGEN, das in Abbildung 8-2 gezeigt wird. Hier haben Sie die Wahl, entweder nur den Ordner oder den Ordner einschließlich aller Unterordner und Dateien zu verschlüsseln. Wenn Sie nur den Ordner verschlüsseln, wird keine der bereits darin enthaltenen Dateien verschlüsselt, wohl aber neue Dateien, die Sie in dem Ordner anlegen oder in ihn kopieren oder verschieben.

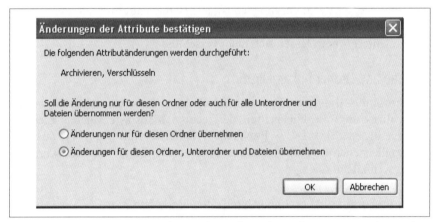

Abbildung 8-2: Sie können entweder nur den Ordner oder auch seine Unterordner und Dateien verschlüsseln

Wenn Sie eine Datei in einem unverschlüsselten Ordner verschlüsseln, erscheint eine Verschlüsselungswarnung wie in Abbildung 8-3. Nun haben Sie die Möglichkeit, entweder nur die Datei oder neben der Datei auch den übergeordneten Ordner zu verschlüsseln. Im Allgemeinen sollten Sie dies tun, denn wenn Sie nur die Datei verschlüsseln, kann es leicht passieren, dass Sie sie wieder entschlüsseln, ohne es zu merken. Manche Anwendungen speichern Kopien von Dateien und löschen das Original: In solchen Fällen werden Dateien allein schon dadurch entschlüsselt, dass man sie bearbeitet. Wenn Sie den Ordner verschlüsseln, werden alle Dateien darin mit verschlüsselt, auch die neu gespeicherte Datei. Klicken Sie auf OK, wenn Sie Ihre Wahl getroffen haben.

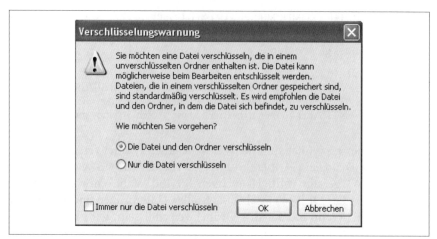

Abbildung 8-3: Zusätzlich zur Datei wird auch der Ordner verschlüsselt

Beachten Sie, dass es nicht möglich ist, alle Dateien auf Ihrem System zu verschlüsseln. Dateien mit dem Attribut System und Dateien in *C:\Windows* und seinen Unterordnern lassen sich nicht verschlüsseln.

Dateien und Ordner entschlüsseln

Die Entschlüsselung von Dateien und Ordnern funktioniert genau wie die Verschlüsselung: Sie klicken mit der rechten Maustaste auf das Element, wählen EIGENSCHAFTEN → ERWEITERT, entfernen das Häkchen aus dem Kontrollkästchen INHALT VERSCHLÜSSELN, UM DATEN ZU SCHÜTZEN und klicken zweimal auf OK.

Anderen Zugriff auf verschlüsselte Dateien gewähren

Auch verschlüsselte Dateien können Sie immer noch mit anderen Anwendern gemeinsam so nutzen, als gäbe es keine Verschlüsselung – XP bezeichnet das als »transparent«. Diese gemeinsame Nutzung ist aber nur mit anderen Anwendern auf demselben Computer oder im selben Netzwerk möglich. Sie müssen angeben, wer die Dateien benutzen darf und wer nicht. Klicken Sie dazu mit der rechten Maustaste auf eine unverschlüsselte Datei und wählen Sie EIGENSCHAFTEN → ALLGEMEIN → ERWEITERT. Wieder erscheint das Dialogfeld ERWEITERTE ATTRIBUTE. Wenn Sie jetzt auf DETAILS klicken, erscheint das Dialogfeld VERSCHLÜSSELUNGSDETAILS, das Sie in Abbildung 8-4 sehen. Darin sind alle Benutzer aufgeführt, die die Datei transparent verwenden dürfen. Klicken Sie auf HINZUFÜGEN.

Es erscheint das Dialogfeld BENUTZER AUSWÄHLEN. Wählen Sie den Benutzer, dem Sie Ihre verschlüsselten Dateien zugänglich machen wollen, und

Abbildung 8-4: Das Dialogfeld VERSCHLÜSSELUNGSDETAILS

klicken Sie auf OK. Auf der Liste erscheinen nur diejenigen Benutzer, die über Encrypting File System-Zertifikate verfügen. Ein solches Zertifikat bekommt man am einfachsten, indem man eine beliebige Datei verschlüsselt. Dabei wird das Zertifikat automatisch generiert.

An der Eingabeaufforderung ver- und entschlüsseln

Wenn Sie lieber mit der Eingabeaufforderung als auf einer grafischen Benutzeroberfläche arbeiten, können Sie die Ver- und Entschlüsselung auch mit dem Befehlszeilen-Programm *cipher.exe* vornehmen. Um herauszufinden, ob das Verzeichnis, in dem Sie sich gerade befinden, ver- oder entschlüsselt ist, geben Sie an der Eingabeaufforderung cipher ohne weitere Parameter ein. cipher informiert Sie über den Zustand des Verzeichnisses. Für einzelne Dateien zeigt das Programm neben unverschlüsselten Dateien ein U und neben verschlüsselten ein E an.

Mit Parametern kann cipher Dateien und Ordner ver- und entschlüsseln, Verschlüsselungsinformationen anzeigen, neue Schlüssel generieren und einen Wiederherstellungsagenten-Schlüssel sowie ein Zertifikat erstellen.

Um einen Ordner zu ver- oder entschlüsseln, verwenden Sie den vollständigen Pfad, den Dateinamen (falls es sich um eine Datei handelt) sowie die passenden Optionen aus Tabelle 8-2. Die Option /E verschlüsselt Ordner oder Dateien, und /D entschlüsselt sie. Sofern sich das auf mehrere Ordner oder Dateien bezieht, werden diese durch einfache Leerzeichen voneinander getrennt. Um beispielsweise die Ordner \Secret und \Topsecret zu verschlüsseln, geben Sie folgenden Befehl ein:

```
cipher /E \Secret \Topsecret
```

Mit dem Befehl cipher können Sie auch Jokerzeichen einsetzen. An Stelle der GUI die Eingabeaufforderung zu nutzen ist besonders praktisch, wenn Sie Massen- oder Batch-Verarbeitungen durchführen möchten, also beispielsweise mehrere Dateien oder Ordner oder Dateitypen innerhalb von Ordnern zugleich verschlüsseln. Angenommen, Sie möchten alle *.doc*-Dateien in den Ordnern \Secret und \Topsecret verschlüsseln, aber die anderen Dateien in diesen Ordnern nicht. Dazu geben Sie folgenden Befehl:

```
cipher /E  /A \Secret\*.DOC  \Topsecret\*.DOC
```

Tabelle 8-2 listet die nützlichsten Befehlszeilen-Optionen für cipher auf. Wenn Sie die Hilfe aufrufen möchten, geben Sie an der Eingabeaufforderung cipher /? ein.

Tabelle 8-2: Befehlszeilen-Optionen für cipher

Option	Wirkung
/A	Wirkt auf einzelne Dateien eines Ordners.
/D	Entschlüsselt den angegebenen Ordner.
/E	Verschlüsselt den angegebenen Ordner.
/F	Verschlüsselt alle angegebenen Objekte, einschließlich derer, die bereits verschlüsselt worden sind.
/H	Zeigt alle Dateien in einem Ordner an, einschließlich der als verborgen oder systemeigen gekennzeichneten. Die Attribute *hidden* oder *system* werden nicht angezeigt, wenn Sie den Befehl cipher absetzen.
/I	Führt die angegebene Operation auch bei Fehlern weiter aus. Standardmäßig hält cipher an, wenn Fehler auftreten.
/K	Legt einen neuen Dateischlüssel für den Benutzer an, der cipher ausführt. Wenn diese Option gewählt wird, werden alle anderen Optionen ignoriert.
/R	Generiert einen EFS-Wiederherstellungsagentenschlüssel und ein -Zertifikat und speichert diese in einer *.pfx*-Datei, die das Zertifikat und einen privaten Schlüssel enthält, sowie einer *.cer*-Datei, die nur das Zertifikat enthält.
/S	Führt die Operation auf dem Ordner und allen seinen Unterordnern durch.
/U	Aktualisiert den Dateiverschlüsselungs- oder Wiederherstellungsagentenschlüssel für jede verschlüsselte Datei.

Tabelle 8-2: Befehlszeilen-Optionen für cipher (Fortsetzung)

Option	Wirkung
/U /N	Listet alle verschlüsselten Dateien auf, aktualisiert aber nicht die Dateiverschlüsselungs- oder Wiederherstellungsagentenschlüssel des Benutzers.
/Q	Gibt nur Basisinformationen über die Datei oder den Ordner.
/W	Entfernt Daten von verfügbarem, unbenutztem Speicherplatz auf der Festplatte. Normalerweise wird beim Löschen einer Datei in XP nur der Eintrag in der Dateisystemtabelle gelöscht; die Daten bleiben davon unberührt, bis sie von einer anderen Datei überschrieben werden. Diese Option entfernt alle Daten dieser zuvor gelöschten Dateien. Vorhandene Daten werden nicht geschädigt.

HACK #76 Sicherheit mit Shields UP! testen

Kommen Sie zu dieser Website, um Ihren PC gratis einem Sicherheitscheck zu unterziehen.

Wissen Sie *wirklich*, wie sicher Ihr PC vor Eindringlingen ist? Wahrscheinlich nicht. Doch es gibt ein kostenloses Tool im Internet, das Ihren PC auf Sicherheitslücken untersucht und Ihnen die Ergebnisse mitteilt.

Die Site wird von der Gibson Research Corporation betrieben und testet Ihren Computer. Sie versucht, Verbindungen zu den bekanntesten und verwundbarsten Ports Ihres PCs herzustellen. Sie führt zwei Tests durch und meldet und erklärt Ihnen die Ergebnisse: wo Sicherheitslücken bestehen und wie gefährlich diese sind. Außerdem bietet die Site eine Menge nützlicher Informationen über Sicherheit im Internet sowie kostenlose und kostenpflichtige Sicherheitssoftware zum Herunterladen. Besuchen Sie die Website *http://www.grc.com*. Vielleicht müssen Sie ein bisschen herumklicken, ehe Sie die Tests finden, aber wenn Sie nur immer auf Shields UP! klicken, kommen Sie letztlich dorthin.

Am besten eignet sich diese Site, um die Sicherheitslücken Ihres PCs zu identifizieren, dann eine Firewall zu installieren **[Hack #77** und **Hack #78]** und hinterher zu bewerten, was Sie erreicht haben. Die Site meldet Ihnen, ob es immer noch Lücken im System gibt, die Sie schließen müssen. Abbildung 8-5 zeigt die Ergebnisse eines Tests auf einem PC ohne Firewall. Die Sicherheit könnte besser sein, da die Site etliche geschlossene Ports und sogar einen offenen finden konnte. Abbildung 8-6 zeigt, dass der PC nach der Installation der Firewall im »Stealth-Modus« arbeitet: Er scheint noch nicht einmal da zu sein.

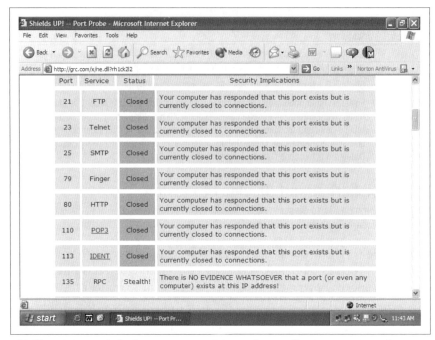

Abbildung 8-5: Der Sicherheitsstatus eines PCs vor der Installation einer Firewall

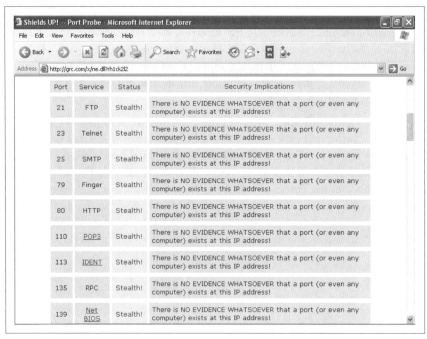

Abbildung 8-6: Der Sicherheitsstatus nach der Installation einer Firewall

HACK
#77

Computerschutz mit der neuen Windows-Firewall

Da das SP2 die Windows-Firewall in XP standardmäßig einschaltet, sind Sie bereits automatisch gegen eingehende Attacken geschützt. Hier erfahren Sie, wie Sie die Windows-Firewall konfigurieren können, damit sie maximalen Schutz und größtmögliche Flexibilität bietet, und wie Sie sie nutzen, um potenzielle Attacken zu protokollieren und Informationen über Eindringlinge an Ihren Provider zu schicken.

Von dem Augenblick an, in dem Sie sich mit dem Internet verbinden, besteht die Gefahr, von Eindringlingen heimgesucht zu werden – vor allem, wenn Sie eine Breitbandverbindung haben. PCs mit Breitbandverbindung sind verlockende Ziele, da ihre Hochgeschwindigkeitsverbindungen ideale Sprungbretter für Attacken auf andere Netzwerke oder Websites sind.

Immer wenn Sie online sind, ist Ihr System eines der vielen, die permanent von *Crackern* (böswilligen Hackern) und *Wannabes* (auch *Script Kiddies* genannt) auf Schwächen gescannt werden, die automatische Probes schicken, um PCs mit Sicherheitslöchern zu finden. Solche Probes sind derart häufig und unaufhörlich, dass sie beinahe eine Art Hintergrundrauschen des Internets darstellen.

Eines der besten Schutzmittel gegen diese Probes oder zielgerichtetere Attacken ist eine *Firewall*. Firewalls sitzen zwischen Ihnen und dem Internet als eine Art Türsteher, der nur freundliche Besucher hereinlässt.

 Wenn Sie ein Heimnetzwerk haben, gibt Ihnen vielleicht auch schon Ihr Router einen Firewall-Schutz. Wie Sie diesen optimieren und das Beste aus den Router-Funktionen herausholen können, erfahren Sie unter »Router optimieren« [Hack #50] und »Schützen Sie Ihr WLAN« [Hack #68].

In diesem Hack lernen Sie, wie Sie das Beste aus der Windows-Firewall machen. Damit ist die Firewall gemeint, die in XP SP2 eingebaut und standardmäßig eingeschaltet ist, wenn Sie SP2 installieren.

 Vor dem SP2 hieß diese Firewall Internetverbindungsfirewall (ICF). Sie ähnelte der Windows-Firewall bis auf einige Abweichungen, insbesondere im Firewall-Zugriff und in den Features.

Die Windows-Firewall bietet eine grundlegende Sicherheit im Internet, indem sie alle ungebetenen Dateneingänge und Verbindungen mit Ihrem PC und Netzwerk abblockt, es sei denn, Ihr PC oder ein anderer Computer in

Ihrem Netzwerk hat die Verbindung selbst verlangt. Ausgehende Requests und Verbindungsanfragen Ihres Computers werden dagegen nicht blockiert, so dass Sie das Internet ganz normal benutzen können, sei es zum Websurfen, für E-Mail, FTP oder anderes.

 Wenn Sie die Windows-Firewall oder eine andere Firewall nutzen, können Sie Probleme bekommen, falls Sie einen Webserver oder FTP-Server betreiben oder Telnet-Zugriff auf Ihren Rechner erlauben möchten. Da Firewalls sämtliche eingehende Kommunikation unterbinden, die nicht explizit verlangt wurde, können Besucher nicht mehr auf Ihre Site gelangen oder Telnet-Zugriff auf Ihren PC bekommen. Es ist jedoch möglich, Zugriff auf diese Ressourcen zu gestatten und dennoch den Firewall-Schutz aufrechtzuerhalten [Hack #80].

Die Windows-Firewall hat einen bedeutenden Nachteil: Sie bietet keinen Schutz gegen Trojaner wie den Back Orifice-Trojaner. Mit *Trojanern* können andere Benutzer Ihren PC und seine Ressourcen kontrollieren und beispielsweise als Sprungbrett für Angriffe auf Websites missbrauchen, damit es so aussieht, als seien Sie der Schuldige. Oder jemand könnte alle Ihre Dateien kopieren und Ihre persönlichen Daten in Erfahrung bringen, wie etwa Ihre Kreditkartennummer oder Kontoverbindung, wenn Sie diese auf Ihrem PC gespeichert haben.

Die Windows-Firewall kann Trojaner nicht stoppen, da sie nur den Eingangsverkehr überwacht und Trojaner von Ihrem PC aus Verbindungen nach draußen herstellen. Um Trojaner zu stoppen, müssen Sie eine Firewall eines Drittanbieters besorgen. Die beste ist ZoneAlarm [Hack #78].

Wenn Sie XP SP2 installieren, sind Sie automatisch geschützt, da hier die Windows-Firewall bereits aktiviert ist. Dennoch besteht ein Restrisiko, dass sie vielleicht ausgeschaltet ist. Um dies zu überprüfen, gehen Sie von der Systemsteuerung aus in das Sicherheitscenter. Dort müsste neben dem Firewall-Button ein grünes Licht und die Meldung AKTIV erscheinen, wie in Abbildung 8-7 gezeigt.

Wenn die Firewall nicht aktiv ist, klicken Sie auf das Symbol WINDOWS-FIREWALL unten im Bildschirm und dann auf AKTIV und auf OK.

Programme durch die Firewall durchlassen

Die Windows-Firewall bietet Schutz gegen Bedrohungen von außen, kann aber auch Probleme verursachen. Viele Programme sind darauf angewiesen, dass Eingangsverbindungen akzeptiert werden, und werden deshalb von der Firewall an ihrer Arbeit gehindert. So müssen zum Beispiel Instant Mes-

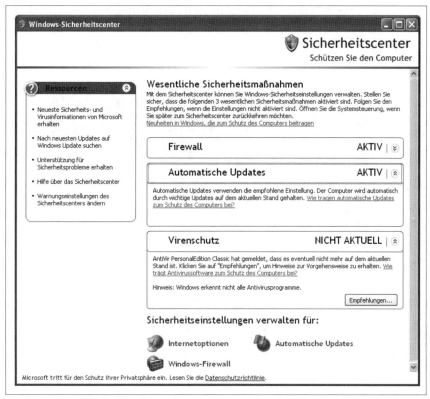

Abbildung 8-7: Überprüfen Sie, ob die Windows-Firewall eingeschaltet ist

saging-Programme und FTP-Programme in der Lage sein, Verbindungen dieser Art anzunehmen, doch sie werden von der Windows-Firewall blockiert.

Normalerweise bekommen Sie, wenn Sie diese Programme zum ersten Mal ausführen, eine Warnung von der Windows-Firewall (siehe Abbildung 8-8). Diese Warnung zeigt Ihnen den Namen des Programms und seines Urhebers und fragt, ob Sie das Programm auch weiterhin blockieren möchten. Wenn Sie der Windows-Firewall die Anweisung geben möchten, das Programm funktionieren zu lassen, klicken Sie auf NICHT MEHR BLOCKEN. Um das Programm weiterhin zu blockieren, klicken Sie auf WEITERHIN BLOCKEN. Was die Auswahl ERNEUT NACHFRAGEN betrifft, so muss leider gesagt werden, dass sie in Wirklichkeit nie wieder nachfragt, sondern nur dieses eine Mal, wenn Sie das Programm ausführen, eingehende Verbindungen zulässt. Wenn Sie das Programm wieder schließen, bekommen Sie beim nächsten Mal, wenn Sie es benutzen, dieselbe Warnung.

Das ist zwar gut und schön, aber die Windows-Firewall lässt diese Warnung nicht jedes Mal erscheinen. So kann es passieren, dass manche Programme bei eingeschalteter Firewall nicht funktionieren, aber dennoch keine Meldung darüber ausgegeben wird. In diesem Fall müssen Sie die Windows-Firewall manuell beauftragen, dass sie bestimmte Programme durchlassen soll, indem Sie diese Programme auf eine Liste mit Ausnahmen setzen.

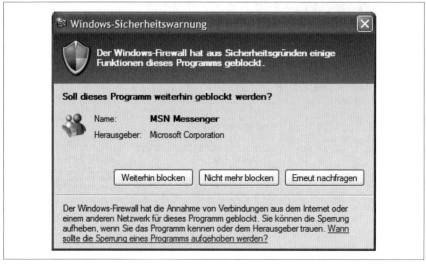

Abbildung 8-8: Eine Warnung von der Windows-Firewall

Dazu wählen Sie SYSTEMSTEUERUNG → SICHERHEITSCENTER → WINDOWS-FIREWALL und klicken auf die Registerkarte AUSNAHMEN, die in Abbildung 8-9 gezeigt wird. Auf dieser Registerkarte sind alle Programme aufgeführt, für die die Firewall eingehende Verbindungen akzeptiert. Wenn hier ein Programm aufgeführt, aber nicht mit einem Häkchen versehen ist, wird es von der Firewall blockiert. Damit die Firewall eingehende Verbindungen für dieses Programm zukünftig nicht mehr blockiert, setzen Sie ein Häkchen in das Kästchen neben dem Programm und klicken auf OK.

 Wenn Sie eine Warnung von der Windows-Firewall bekommen und auf ERNEUT NACHFRAGEN klicken, wird das Programm auf der Registerkarte AUSNAHMEN aufgeführt, jedoch ohne das nebenstehende Häkchen.

Um ein Programm auf die Liste mit den Ausnahmen zu setzen, klicken Sie auf PROGRAMM und rufen damit den Bildschirm aus Abbildung 8-10 auf. Wählen Sie hier ein Programm und klicken Sie auf OK und noch einmal auf OK, um es Ihrer Liste hinzuzufügen. Erscheint das Programm, das Sie hinzufügen möchten, nicht im Dialogfeld PROGRAMM HINZUFÜGEN, klicken Sie auf die Schaltfläche DURCHSUCHEN, suchen es und fügen es auf diese Weise hinzu.

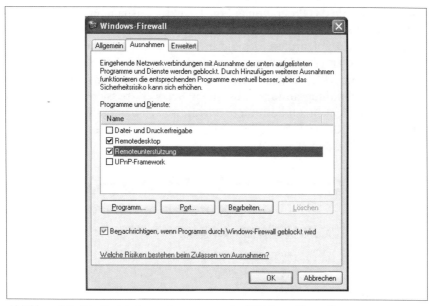

Abbildung 8-9: Die Registerkarte AUSNAHMEN der Windows-Firewall

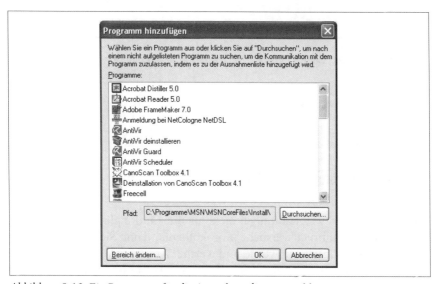

Abbildung 8-10: Ein Programm für die Ausnahmenliste auswählen

Es gibt Programme, auf die nicht alle Nutzer zugreifen sollen. Eventuell möchten Sie beispielsweise nur Nutzern aus Ihrem eigenen Netzwerk die Arbeit mit einem Instant Messenger-Programm ermöglichen. Auch dazu gibt es einen Kniff.

Zuerst setzen Sie das Programm auf die Liste der Ausnahmen. Dann markieren Sie es und wählen BEARBEITEN → BEREICH ÄNDERN, um das gleichnamige Dialogfeld aufzurufen, das Sie in Abbildung 8-11 sehen. Wählen Sie
jetzt NUR FÜR EIGENES NETZWERK (SUBNETZ) und klicken Sie zweimal hintereinander auf OK. Ab jetzt lässt Ihre Firewall für den Instant Messenger
nur noch Verbindungsanfragen aus Ihrem Netzwerk passieren. Um die Verbindungsmöglichkeit auf bestimmte IP-Adressen zu beschränken, wählen Sie
BENUTZERDEFINIERTE LISTE, geben die gewünschten IP-Adressen ein und klicken abermals zweimal auf OK.

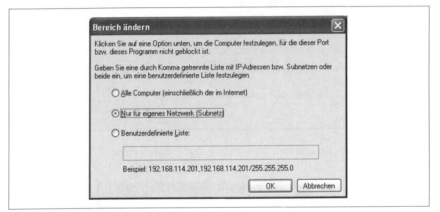

Abbildung 8-11: Der Zugriff aufs Netzwerk wird nur bestimmten Personen erlaubt

Wenn Sie irgendwelchen Servern auf Ihrem System (beispielsweise Webservern) Verbindungen erlauben möchten
oder bestimmte Ports in der Firewall öffnen möchten, lesen
Sie dazu »Ein Weg durch die Firewall« **[Hack #80]**.

Firewall-Aktivitäten mit dem Windows-Firewall-Log beobachten

Die Windows-Firewall kann noch mehr als nur Eindringlinge abwehren: Sie
kann auch alle Einbruchsversuche protokollieren, damit Sie überprüfen können, ob Ihr PC angegriffen wurde und welcher Art diese Attacken waren, die
die Windows-Firewall blockiert hat. Diese Informationen können Sie dann
an Ihren ISP übermitteln, damit er die Eindringlinge feststellen kann.

Wenn Sie ein Heimnetzwerk besitzen, können Sie Add-ons
besorgen, die automatisch alle Angriffe protokollieren und
Ihnen helfen, Eindringlinge ausfindig zu machen **[Hack #68]**.

Als Erstes legen Sie ein Windows-Firewall-Log an. Wählen Sie im Sicherheits-center WINDOWS-FIREWALL → ERWEITERT und klicken Sie auf die Schaltflä-che EINSTELLUNGEN im Bereich SICHERHEITSPROTOKOLLIERUNG. Damit rufen Sie das Dialogfeld aus Abbildung 8-12 auf.

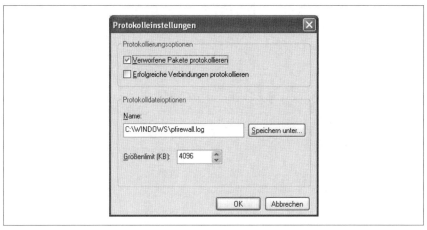

Abbildung 8-12: Ein Windows-Firewall-Log anlegen

Hier können Sie wählen, ob Sie verworfene Pakete, erfolgreiche Verbindun-gen oder beides protokollieren möchten. Ein *verworfenes Paket* ist ein Daten-paket, das von der Windows-Firewall blockiert wurde. Eine erfolgreiche Verbindung bedeutet nicht, dass sich ein Angreifer erfolgreich mit Ihrem PC verbinden konnte, sondern umgekehrt, dass *Sie* Verbindungen mit dem In-ternet hergestellt haben, also beispielsweise mit Websites. Daher gibt es in der Regel keinen Grund, erfolgreiche Verbindungen zu protokollieren. Wenn Sie es trotzdem tun, wird Ihr Protokoll sehr schnell sehr groß, und es wird immer schwieriger, Meldungen über wirklich gefährliche Aktivitäten darin wiederzufinden. Daher protokollieren Sie am besten nur verworfene Pakete.

Nachdem Sie Ihre Wahl getroffen haben, suchen Sie einen geeigneten Spei-cherplatz für das Log, stellen seine maximale Größe ein und klicken auf OK. Ich lasse mein Log nicht größer als 1 MByte werden, aber Sie können natür-lich auch größere oder kleinere Logs anlegen, je nachdem, wie wichtig Ihnen Festplattenplatz oder das Log insgesamt ist.

Ihr Log wird dann in einem Format namens W3C Extended Log (*.log*) ange-legt, das Sie mit Notepad oder einem anderen Texteditor oder auch mit einem Log-Analyseprogramm wie dem kostenlosen AWStats (*http://awstats. sourceforge.net*) öffnen können. Abbildung 8-13 zeigt ein von der Windows-Firewall angelegtes Log in Notepad.

```
pfirewall - Editor
Datei  Bearbeiten  Format  Ansicht  ?
#Version: 1.5
#Software: Microsoft Windows Firewall
#Time Format: Local
#Fields: date time action protocol src-ip dst-ip src-port dst-port size tcpflags tcpsyn tcpack tcpwin icmptype icmpcode info
path

2005-07-04 10:46:56 DROP UDP 0.0.0.0 255.255.255.255 68 67 330 - - - - - - - RECEIVE
2005-07-04 10:47:00 DROP UDP 0.0.0.0 255.255.255.255 68 67 330 - - - - - - - RECEIVE
2005-07-04 10:47:09 DROP UDP 0.0.0.0 255.255.255.255 68 67 330 - - - - - - - RECEIVE
2005-07-04 10:47:25 DROP UDP 0.0.0.0 255.255.255.255 68 67 330 - - - - - - - RECEIVE
2005-07-04 10:52:40 DROP UDP 0.0.0.0 255.255.255.255 68 67 330 - - - - - - - RECEIVE
2005-07-04 10:52:45 DROP UDP 0.0.0.0 255.255.255.255 68 67 330 - - - - - - - RECEIVE
2005-07-04 10:52:52 DROP UDP 0.0.0.0 255.255.255.255 68 67 330 - - - - - - - RECEIVE
2005-07-04 10:53:08 DROP UDP 0.0.0.0 255.255.255.255 68 67 330 - - - - - - - RECEIVE
2005-07-04 10:58:11 DROP UDP 0.0.0.0 255.255.255.255 68 67 330 - - - - - - - RECEIVE
2005-07-04 10:58:15 DROP UDP 0.0.0.0 255.255.255.255 68 67 330 - - - - - - - RECEIVE
2005-07-04 10:58:23 DROP UDP 0.0.0.0 255.255.255.255 68 67 330 - - - - - - - RECEIVE
2005-07-04 10:58:40 DROP UDP 0.0.0.0 255.255.255.255 68 67 330 - - - - - - - RECEIVE
2005-07-04 11:03:56 DROP UDP 0.0.0.0 255.255.255.255 68 67 330 - - - - - - - RECEIVE
2005-07-04 11:04:01 DROP UDP 0.0.0.0 255.255.255.255 68 67 330 - - - - - - - RECEIVE
2005-07-04 11:04:09 DROP UDP 0.0.0.0 255.255.255.255 68 67 330 - - - - - - - RECEIVE
2005-07-04 11:04:24 DROP UDP 0.0.0.0 255.255.255.255 68 67 330 - - - - - - - RECEIVE
2005-07-04 11:10:20 DROP UDP 0.0.0.0 255.255.255.255 68 67 330 - - - - - - - RECEIVE
2005-07-04 11:10:23 DROP UDP 0.0.0.0 255.255.255.255 68 67 330 - - - - - - - RECEIVE
2005-07-04 11:10:30 DROP UDP 0.0.0.0 255.255.255.255 68 67 330 - - - - - - - RECEIVE
2005-07-04 11:10:47 DROP UDP 0.0.0.0 255.255.255.255 68 67 330 - - - - - - - RECEIVE
2005-07-04 11:13:35 DROP TCP 213.165.64.20 84.44.224.16 110 1411 40 FA 2846472367 2854329545 5840 - - - RECEIVE
2005-07-04 11:13:35 DROP TCP 213.165.64.20 84.44.224.16 110 1411 40 A 2846472368 2854329546 5840 - - - RECEIVE
2005-07-04 11:13:41 DROP TCP 213.165.64.20 84.44.224.16 110 1412 40 FA 1118528133 760979779 5840 - - - RECEIVE
2005-07-04 11:13:41 DROP TCP 213.165.64.20 84.44.224.16 110 1412 40 A 1118528134 760979780 5840 - - - RECEIVE
2005-07-04 11:16:18 DROP UDP 0.0.0.0 255.255.255.255 68 67 330 - - - - - - - RECEIVE
2005-07-04 11:16:21 DROP UDP 0.0.0.0 255.255.255.255 68 67 330 - - - - - - - RECEIVE
2005-07-04 11:16:30 DROP UDP 0.0.0.0 255.255.255.255 68 67 330 - - - - - - - RECEIVE
2005-07-04 11:16:45 DROP UDP 0.0.0.0 255.255.255.255 68 67 330 - - - - - - - RECEIVE
2005-07-04 11:22:15 DROP UDP 0.0.0.0 255.255.255.255 68 67 330 - - - - - - - RECEIVE
2005-07-04 11:22:19 DROP UDP 0.0.0.0 255.255.255.255 68 67 330 - - - - - - - RECEIVE
2005-07-04 11:22:26 DROP UDP 0.0.0.0 255.255.255.255 68 67 330 - - - - - - - RECEIVE
2005-07-04 11:22:42 DROP UDP 0.0.0.0 255.255.255.255 68 67 330 - - - - - - - RECEIVE
2005-07-04 11:28:08 DROP UDP 0.0.0.0 255.255.255.255 68 67 330 - - - - - - - RECEIVE
2005-07-04 11:28:13 DROP UDP 0.0.0.0 255.255.255.255 68 67 330 - - - - - - - RECEIVE
2005-07-04 11:28:21 DROP UDP 0.0.0.0 255.255.255.255 68 67 330 - - - - - - - RECEIVE
2005-07-04 11:28:36 DROP UDP 0.0.0.0 255.255.255.255 68 67 330 - - - - - - - RECEIVE
2005-07-04 11:34:20 DROP UDP 0.0.0.0 255.255.255.255 68 67 330 - - - - - - - RECEIVE
2005-07-04 11:34:23 DROP UDP 0.0.0.0 255.255.255.255 68 67 330 - - - - - - - RECEIVE
2005-07-04 11:34:30 DROP UDP 0.0.0.0 255.255.255.255 68 67 330 - - - - - - - RECEIVE
2005-07-04 11:34:46 DROP UDP 0.0.0.0 255.255.255.255 68 67 330 - - - - - - - RECEIVE
2005-07-04 11:39:54 DROP UDP 0.0.0.0 255.255.255.255 68 67 330 - - - - - - - RECEIVE
2005-07-04 11:39:58 DROP UDP 0.0.0.0 255.255.255.255 68 67 330 - - - - - - - RECEIVE
2005-07-04 11:40:06 DROP UDP 0.0.0.0 255.255.255.255 68 67 330 - - - - - - - RECEIVE
2005-07-04 11:40:22 DROP UDP 0.0.0.0 255.255.255.255 68 67 330 - - - - - - - RECEIVE
2005-07-04 11:45:48 DROP UDP 0.0.0.0 255.255.255.255 68 67 330 - - - - - - - RECEIVE
2005-07-04 11:45:51 DROP UDP 0.0.0.0 255.255.255.255 68 67 330 - - - - - - - RECEIVE
```

Abbildung 8-13: Ein von der Windows-Firewall generiertes Log

Jeder Log-Eintrag hat bis zu 16 einzelne Daten pro Event, doch die ersten acht Spalten sind die wichtigsten.

> In einem Editor stehen die Spaltennamen nicht bündig über den Daten, doch in einem Log-Analyseprogramm werden sie bündig ausgerichtet.

Tabelle 8-3 beschreibt die wichtigsten Spalten.

Tabelle 8-3: Spalten im Windows-Firewall-Log

Name	Beschreibung
Date	Datum des Ereignisses im Format *jahr-monat-tag*.
Time	Uhrzeit des Ereignisses im Format *stunde:minute:sekunde*.
Action	Gibt an, welche Operation von der Firewall protokolliert wurde, etwa DROP für den Abbruch oder OPEN für das Öffnen einer Verbindung und CLOSE für das Schließen einer Verbindung.
Protocol	Das verwendete Protokoll, wie beispielsweise TCP, UDP oder ICMP.
Source IP (src-ip)	Die IP-Adresse des Computers, der die Verbindung startete.
Destination IP (dst-ip)	Die IP-Adresse des Computers, mit dem die Verbindung versucht wurde.

Tabelle 8-3: Spalten im Windows-Firewall-Log (Fortsetzung)

Name	Beschreibung
Source Port (src-port)	Die Portnummer des Computers, von dem der Verbindungsversuch kam.
Destination Port (dst-port)	Der Port, mit dem der sendende Computer Verbindung aufnehmen wollte.
size	Die Paketgröße.
tcpflags	Informationen über TCP-Kontroll-Flags in TCP-Headern.
tcpsyn	Die TCP-Sequenz eines Pakets.
tcpack	Die TCP-Acknowledgement-Nummer des Pakets.
tcpwin	Die TCP-Fenstergröße des Pakets.
icmtype	Informationen über die ICMP-Nachrichten.
icmcode	Informationen über die ICMP-Nachrichten.
info	Informationen über einen Log-Eintrag.

Die SOURCE IP ADDRESS ist der Ursprung des Angriffs. Vielleicht fällt Ihnen auf, dass immer wieder dieselbe IP-Adresse gemeldet wird; in diesem Fall sind Sie wahrscheinlich das Zielobjekt eines Angreifers geworden. Es ist aber auch möglich, dass der Eindringling automatisierte Prüfprogramme, so genannte »Probes«, an tausende von PCs im gesamten Internet schickt und Ihr PC nicht direkt angegriffen wird. In beiden Fällen können Sie die Log-Informationen an Ihren ISP schicken und ihn bitten, die Quelle der Einbruchsversuche ausfindig zu machen. Senden Sie entweder das gesamte Log an den ISP oder kopieren Sie nur die wichtigen Teile in eine separate Datei.

Probleme mit E-Mail und der Windows-Firewall

Je nachdem, welches E-Mail-Programm Sie nutzen und wie es Nachrichten über neue E-Mails erhält, könnte die Windows-Firewall Ihrem E-Mail-Abruf in die Quere kommen. Vielleicht verhindert sie nicht den Empfang von E-Mails, aber sie könnte die Benachrichtigungsfunktion Ihres E-Mail-Programms außer Kraft setzen.

Die Windows-Firewall steht dem normalen Benachrichtigungsfeature von Outlook Express nicht im Wege, da die Bitte um Nachricht über neue E-Mails von Outlook Express, also innerhalb der Firewall, ausgelöst wird. Wenn der Server auf den Request antwortet, erkennt die Firewall, dass er auf eine Anfrage von Outlook Express reagiert, und lässt die Kommunikation passieren.

Wenn Sie jedoch Outlook nutzen und sich mit einem Microsoft Exchange Server über einen Remoteprozeduraufruf (RPC) verbinden, um E-Mail-Benachrichtigungen zu senden (wie es bei Exchange normalerweise geschieht), bekommen Sie Schwierigkeiten, weil ein RPC von einem Server und nicht von Outlook initiiert wird. Daher lässt die Firewall die Benachrichtigung nicht durch. In diesem Fall können Sie Ihre E-Mails zwar immer noch abrufen, müssen aber manuell überprüfen, ob neue Mails eingegangen sind. Automatische Benachrichtigungen vom Server bekommen Sie nicht mehr. Wenn Sie also nach der Installation der Windows-Firewall keinen Hinweis auf neue Mails mehr erhalten, bedeutet das nicht, dass Kollegen, Freunde und Spammer plötzlich nichts mehr von Ihnen wissen wollen, sondern nur, dass Sie den E-Mail-Eingang manuell überprüfen müssen.

Den Hack hacken

Die Registerkarte AUSNAHMEN der Windows-Firewall ist besonders nützlich für all jene, die in einem nicht öffentlichen Netzwerk mit Dateifreigabe arbeiten, diese Funktion aber ausschalten möchten, wenn sie sich mit einem öffentlichen Netzwerk wie beispielsweise einem WiFi-Hotspot verbinden. Wenn Sie einen Hotspot aufsuchen, gehen Sie vor der Verbindungsaufnahme zu der bewussten Registerkarte, entfernen das Häkchen aus dem Kasten DATEI- UND DRUCKERFREIGABE und klicken auf OK. Schon ist die Dateifreigabe ausgeschaltet. Wenn Sie dann wieder in Ihr Heim- oder Firmennetzwerk gehen, schalten Sie das Feature einfach wieder ein.

Siehe auch

- Weitere Informationen über die Windows-Firewall finden Sie im Microsoft Knowledge Base-Artikel 875357 (*http://support.microsoft.com/kb/875357*).
- »ZoneAlarm: Die beste kostenlose Firewall« [Hack #78]
- »Router optimieren« [Hack #50]
- »Schützen Sie Ihr WLAN« [Hack #68]
- »Ein Weg durch die Firewall« [Hack #80]

HACK #78 ZoneAlarm: Die beste kostenlose Firewall

Um den bestmöglichen Schutz zu genießen, sollten Sie diese Firewall installieren, die der Windows-Firewall von XP weit überlegen ist: Sie schützt Sie auch vor Trojanern und anderen Gefahren.

Die Windows-Firewall, die im Lieferumfang von XP enthalten ist, hat eine sehr üble Schwachstelle: Sie kann den Ausgangsverkehr nicht beobachten, der von Ihrem PC in das Internet geht. Viele Trojanische Pferde richten Schaden an, indem sie sich selbst auf Ihrem System installieren und dann anderen Personen Kontrolle über Ihren PC geben. So werden von Ihrem PC aus Websites, Server und andere Computer angegriffen. Die Windows-Firewall bietet dagegen keinen Schutz; sie sagt Ihnen nicht, wenn ein Trojaner eine Verbindung nach außen einzurichten versucht. So kann dieser sein zerstörerisches Werk ohne Ihr Wissen verrichten.

Es gibt jedoch andere Firewalls, die diesen Schutz bieten. Eine gutes Exemplar ist ZoneAlarm (*http://www.zonealarm.com*). Es gibt sie in vier Versionen, die ein unterschiedliches Maß an Schutz gewährleisten: Eine ist kostenlos, für die drei anderen muss man zahlen. Doch schon die kostenlose Version bietet einen hervorragenden Schutz sowohl gegen Bedrohungen, die von außen kommen, als auch vor Trojanern, die von innen nach außen gehen. Sie sagt Ihnen überdies, ob jemand Ihren Computer mit einem Prüfprogramm (engl. *probe*) nach Sicherheitslücken scannt, und liefert Informationen über den Übeltäter, einschließlich seiner IP-Adresse und der Art des Prüfprogramms.

ZoneAlarm mit Antivirus fügt zum Preis von 24,95 € für ein Jahresabonnement den Funktionen der kostenlosen Firewall einen Viren- und Würmerschutz hinzu. ZoneAlarm Pro bietet zum Abonnementspreis von 49,95 € jährlich zwar keinen Viren- und Wurmscanner, aber verbesserten Firewall-Schutz: Sie blockiert Popups und Cookies, verhindert, dass Ihre persönlichen Daten von Ihrem Computer in das Internet verschickt werden, und hat bessere Beobachtungs- und Berichtsfunktionen über mögliche Angreifer. ZoneAlarm Security Suite kombiniert für 69,95 € jährlich alle diese Features: Virenscanner, freie und Pro-Version, Schutz gegen Gefahren des Instant Messaging und Phishing, Spam-Killer und dergleichen mehr. Sie sollten ZoneAlarm zumindest ausprobieren, zumal das Programm frei erhältlich ist. Wenn Sie mehr Schutz möchten, können Sie immer noch auf eine zahlungspflichtige Version umsatteln. Ich nutze schon seit Jahren die freie Version und hatte bisher noch kein Bedürfnis, eine der kostenpflichtigen zu erwerben. Abbildung 8-14 zeigt einen Bericht von ZoneAlarm Pro über eine überwachte und blockierte Aktivität.

ZoneAlarm blockt Trojaner ab

Die wichtigste Funktion von ZoneAlarm ist seine Fähigkeit, den von Ihrem PC nach außen gerichteten Verkehr zu blockieren. Auf diese Weise stellen Sie sicher, dass kein Trojaner Ihr System infiziert und sich nach außen verbindet, um mit einem Übeltäter Kontakt aufzunehmen oder andere von Ihrem PC aus zu attackieren. Alle Versionen von ZoneAlarm, sowohl die kostenlosen als auch die zahlungspflichtigen, bieten diesen Schutz. Da er so wichtig ist, steht er im Mittelpunkt dieses Hacks.

Nachdem Sie ZoneAlarm installiert haben, klicken Sie im linken Fenster auf FIREWALL. Dort können Sie die Stärke des Schutzes wählen – von MITTEL bis

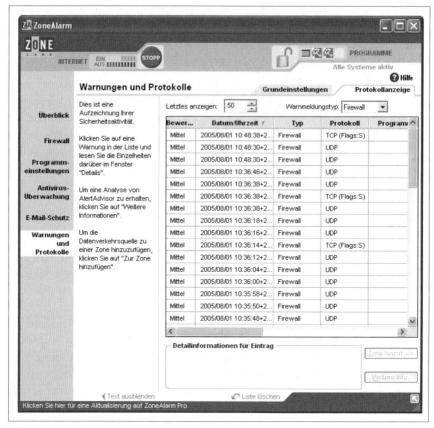

Abbildung 8-14: ZoneAlarm hat eine bedrohliche Aktivität festgestellt und blockiert

HOCH –, den Sie für die Internetzone und die Trusted Security Zone (vertrauenswürdige Zone) wünschen. Letztere ist für Computer in Ihrem Netzwerk gedacht – oder für Server, denen Sie aus anderen Gründen blind vertrauen. Diese Einstellungen erklären sich von selbst.

Wenn Sie anfangen, ZoneAlarm zu benutzen, erscheinen immer wieder Warnungen wie die in Abbildung 8-15, sobald ein Programm von Ihrem PC aus ins Internet zu gehen versucht. Wahrscheinlich handelt es sich dabei um Programme, die Sie kennen: den Internet Explorer, Outlook Express oder ähnliche. Wenn es ein Programm ist, das Sie kennen und dem Sie immer den Internetzugang gewähren möchten, klicken Sie in das Kästchen DIESE EIN-STELLUNG SPEICHERN und dann auf ZULASSEN, wenn das Programm Internetzugang bekommen soll.

Wenn es sich um ein Programm handelt, das Sie nicht kennen oder für das Sie keinen Grund sehen, warum es sich mit dem Internet verbinden sollte, klicken Sie auf WEITERE INFORMATIONEN. Sie werden dann eventuell ge-

Abbildung 8-15: Eine Warnung von ZoneAlarm

fragt, ob Ihr Browser auf das Internet zugreifen darf. Klicken Sie auf JA, und Sie gelangen auf die Website von ZoneAlarm, wo Sie Informationen über die Warnung finden können. Generell sollten Sie nur Programmen, die Sie kennen, Internetzugang geben. Wenn Sie ein neues Programm gestartet haben, das Internetzugang benötigt, und dann die Warnmeldung bekommen, können Sie ihm regelmäßigen Internetzugang gewähren. Oder Sie gestatten einem neuen Programm, die Website seines Herstellers für automatische Updates und Patches zu kontaktieren. Doch wenn die Warnung ohne erkennbaren Grund irgendwann aufscheint und es sich um ein unbekanntes Programm handelt, sollten Sie ihm den Zugriff auf das Internet verwehren und sofort einen Virenscanner ausführen, um nachzuschauen, ob Sie sich einen Trojaner eingefangen haben.

Wenn Sie einem Programm Zugriff auf das Internet geben und das Kontrollkästchen markieren, das besagt, dass Sie beim nächsten Mal keine Warnung mehr benötigen, hat dieses Programm immer Internetzugang. Falls Sie jedes Mal eine Warnung bekommen möchten, wenn sich das betreffende Programm rührt, lassen Sie das Kontrollkästchen einfach frei.

Nachdem Sie einem Programm regelmäßigen Internetzugriff gewährt haben, wird es von ZoneAlarm auf die Liste der vertrauenswürdigen Programme gesetzt. Diese Liste können Sie nachträglich bearbeiten, indem Sie beispielsweise ein Programm von der Liste nehmen oder die zugehörigen Sicherheitseinstellungen ändern: Klicken Sie im linken Fenster von ZoneAlarm auf PROGRAMMEINSTELLUNGEN und dann auf die Registerkarte PROGRAMME. Dort sehen Sie einen Bildschirm ähnlich dem in Abbildung 8-16.

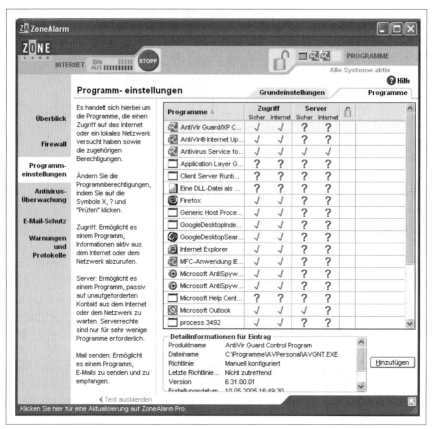

Abbildung 8-16: Internetzugang für einzelne Programme ändern

Hier können Sie einstellen, wie die einzelnen Programme ins Internet gelangen dürfen. Durch Markieren der passenden Spalte können Sie wählen, ob das Programm Zugriff auf das Internet oder auf die Trusted Zone bekommt, ob Sie ihm gestatten möchten, dort als Server zu fungieren, und anderes mehr. Wenn Sie ein Häkchen in eine Spalte setzen, bedeutet dies, dass das Programm ins Internet gehen darf, ein X bedeutet, dass es dies nicht darf, und ein ? bedeutet, dass es immer nachfragen muss, ehe es Internetzugang bekommt.

Siehe auch

- »Spyware und Web-Bugs besiegen« **[Hack #34]**
- »Cookie gefällig?« **[Hack #35]**
- »Anonym surfen, ohne Spuren zu hinterlassen« **[Hack #36]**
- »Ein Weg durch die Firewall« **[Hack #80]**

PC-Schutz durch Proxyserver

Viele Privatfirmen schützen sich mittlerweile durch die Nutzung von Proxyservern. Den gleichen Schutz können Sie aber auch gratis und zu Hause genießen, ohne teure Hardware dafür anschaffen zu müssen.

Proxyserver schützen Ihren PC, indem sie eine Art von Relais bilden: Der Internet Explorer kontaktiert statt der Website den Proxy. Dieser liefert Ihnen die Webseite, wenn er sie im Cache hat. Ist sie dort nicht, kontaktiert er die Website, holt die Seite und liefert sie Ihnen dann. Auf diese Weise treten Sie nie direkt in Kontakt mit einer Website oder einer anderen Stelle im Internet; das übernimmt fortan der Proxy für Sie. So ist es auch der Proxy und nicht Sie, der zur Zielscheibe von Attacken oder Datenschutzverstößen der Website wird. Proxyserver lassen sich für mehrere Arten von Internetzugang konfigurieren, nicht nur für das Surfen.

Viele Firmen verwenden Proxyserver im Rahmen ihrer unternehmensweiten Sicherheitsstrategie, und wenn Sie für eine solche Firma arbeiten, wurde Ihr Arbeitsrechner speziell für die Nutzung von Proxies konfiguriert. Doch selbst wenn Sie nicht in einer Firma mit einem Proxyserver arbeiten, können Sie dennoch einen solchen Server zum Schutz Ihres PCs einsetzen. Sie müssen den Server noch nicht einmal selbst einrichten und ausführen, sondern können einen der vielen freien Server nutzen, die im Internet zur Verfügung stehen.

Einen Proxyserver einzurichten erfordert zwei Schritte. Erstens müssen Sie einen kostenlosen, öffentlichen Proxyserver finden und zweitens Ihren PC so einrichten, dass er ihn nutzt. Um einen Proxyserver zu finden, gehen Sie auf die Website Stay Invisible (*http://www.stayinvisible.com*) und klicken auf VIEW PROXIES. Die Site listet hunderte von freien, öffentlichen Proxies in aller Welt auf und aktualisiert die Liste jeden Tag, wie in Abbildung 8-17 zu sehen ist.

Wählen Sie einen Proxyserver aus der Liste aus und kopieren Sie seine IP-Adresse und Portnummer. Wenn Sie überprüfen möchten, ob der Server funktioniert, gehen Sie in den Bereich CHECK YOUR PROXY links auf der Website, geben die IP-Adresse und die Portnummer ein und klicken auf CHECK. Wenn der Server funktioniert, erscheint eine Seite mit seiner IP-Adresse und seinem Namen (oft lautet der Name genau wie die IP-Adresse). Wenn der Server nicht arbeitet, erhalten Sie eine Nachricht, die Ihnen sagt, dass keine Verbindung möglich war.

Erfragen Sie zunächst von Ihrem Provider Name und Port seines Proxyservers. Öffnen Sie dann den Internet Explorer und wählen Sie EXTRAS → INTERNETOPTIONEN → VERBINDUNGEN und dann EINSTELLUNGEN (falls Sie

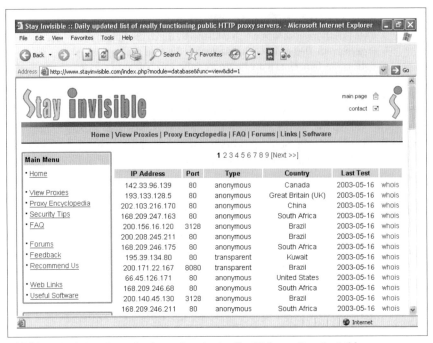

Abbildung 8-17: Die Liste der freien Proxies in aller Welt von Stay Invisible

eine DFÜ-Verbindung nutzen) bzw. LAN-EINSTELLUNGEN (falls Sie über eine Standleitung wie beispielsweise LAN, Kabelmodem oder DSL mit dem Internet verbunden sind). Die Optionen sind für beide Zugangsarten gleich. Abbildung 8-18 zeigt das Dialogfeld EINSTELLUNGEN FÜR LOKALES NETZWERK (LAN) zur Konfiguration eines Proxyservers.

Geben Sie darin die Adresse und Portnummer des Proxy ein. Für lokale Domains müssen Sie keinen Proxyserver einsetzen, da diese sicher sind. Markieren Sie das Kontrollkästchen PROXYSERVER FÜR LOKALE ADRESSEN UMGEHEN, wenn Sie genau wissen, dass Ihre lokale Domain sicher ist.

Wenn Sie im Büro sind und Ihre Firma für verschiedene Internetdienste wie FTP und Gopher verschiedene Proxies einsetzt, klicken Sie auf die Schaltfläche ERWEITERT. Dort können Sie für jeden Internetdienst spezielle Daten eingeben.

Den Hack hacken

Wenn Sie Ihren PC so einrichten möchten, dass nur der Besuch bestimmter Websites möglich ist – vielleicht für Ihr Kind, das nur begrenzt Zugang zum Internet bekommen soll –, können Sie die Proxyserver-Einstellungen entsprechend ändern.

Abbildung 8-18: Proxy im Dialogfeld EINSTELLUNGEN FÜR LOKALES NETZWERK (LAN) konfigurieren

Gehen Sie zum Dialogfeld EINSTELLUNGEN FÜR LOKALES NETZWERK (LAN) (siehe Abbildung 8-18) und richten Sie die Verwendung eines Proxyservers ein. Klicken Sie dann auf die Schaltfläche ERWEITERT, um das Dialogfeld PROXYEINSTELLUNGEN aufzurufen, wie in Abbildung 8-19 gezeigt.

Beim Eintrag HTTP: geben Sie ein Wort wie beispielsweise niemand oder eine nicht existierende Internetadresse ein. So veranlassen Sie den Internet Explorer, einen Proxy zu nutzen, den es gar nicht gibt. Im Endeffekt sperren Sie dadurch den Zugang zum Internet, da der IE zu dem angegebenen Proxy statt zu einer Website geht. Doch da dieser Proxy gar nicht vorhanden ist, kann Ihr Browser auch keine Website besuchen.

Als Nächstes markieren Sie das Kontrollkästchen neben FÜR ALLE PROTO-KOLLE DENSELBEN SERVER VERWENDEN. Damit ist gewährleistet, dass Sie nicht nur den Zugang zum Web, sondern auch zu anderen Internetdiensten blo-ckieren.

Jetzt haben Sie den Internetzugang für diesen PC wirkungsvoll blockiert. Als Nächstes aktivieren Sie eine Einstellung, die den Computer nur bestimmte Websites besuchen lässt. Im Bereich AUSNAHMEN geben Sie, durch Semi-kola getrennt, die Webadressen ein, die besucht werden dürfen. Dadurch

Abbildung 8-19: Im Dialogfeld PROXYEINSTELLUNGEN *wird der Besuch von Websites eingeschränkt*

wird der Internet Explorer angewiesen, nur für die angegebenen Adressen den Proxy zu umgehen. Er lädt die betreffenden Seiten unmittelbar und ohne Umweg über den nicht vorhandenen Server.

Sobald diese Einstellungen wirksam werden, sucht Ihr PC immer dann, wenn er ins Web gehen möchte, zuerst einen nicht vorhandenen Proxyserver. So kommt er erst gar nicht ins Internet hinein. Doch zu den Websites, die als Ausnahmen angegeben wurden, kommen Sie immer durch.

Siehe auch

- »Offene Ports schließen und Protokolle blockieren« [Hack #81]
- »Sicherheit mit Shields UP! testen« [Hack #76]
- »Anonym surfen, ohne Spuren zu hinterlassen« [Hack #36]

HACK #80 Ein Weg durch die Firewall

Manchmal bieten Firewalls ein Übermaß an Schutz, indem sie auch solchen Eingangsverkehr als ungebeten blockieren, der eigentlich erwünscht ist, beispielsweise wenn Sie eine Website hosten. Hier wird erklärt, wie Sie eine Lücke in der Firewall offen lassen, um speziellen Datenverkehr durchzulassen.

Die meisten Firewalls blockieren alle ungebeten eintreffenden Daten und Verbindungen. Das kann zum Problem werden, wenn Sie eine Website, einen E-Mail- oder FTP-Server oder einen anderen Dienst betreiben, der auf die Annahme von fremden Datenpaketen angewiesen ist. Aber Sie können für diese Art von Daten eine Lücke in Ihrer Firewall öffnen und dennoch potenzielle Angreifer weiter auf Distanz halten.

Als Erstes müssen Sie entscheiden, welche Art von Daten und Verbindungen Sie durchlassen möchten, und dann müssen Sie herausfinden, welche Ports diese benutzen. Wenn Sie beispielsweise einen Webserver haben, müssen Sie Datenverkehr für Port 80 zulassen. Tabelle 5-1 [Hack #50] listet gebräuchliche Ports auf; weitere finden Sie unter *http://www.iana.org/assignments/port-numbers*.

Wie Sie bestimmten Datenverkehr durchlassen können, ist von Firewall zu Firewall unterschiedlich. In der eingebauten Windows-Firewall von XP müssen Sie in der Systemsteuerung SICHERHEITSCENTER wählen. (Wenn im Systembereich bereits ein Sicherheitscenter-Symbol angezeigt wird, klicken Sie stattdessen auf dieses Symbol.) Dann klicken Sie auf das WINDOWS-FIREWALL-Symbol unten im Bildschirm und danach auf die Registerkarte AUSNAHMEN. Daraufhin erscheint das Dialogfeld AUSNAHMEN, wie in Abbildung 8-20 gezeigt. Um einen Dienst zu aktivieren und seinen Eingangsverkehr durch die Firewall durchzulassen, markieren Sie das Kontrollkästchen neben dem gewünschten Dienst und klicken auf OK.

> Die Windows-Firewall ist in SP2 eingebaut. Wenn Ihre Windows-Version noch kein SP2 besitzt, wird sie als Internetverbindungsfirewall (ICF) bezeichnet. Diese wird genau wie die Windows-Firewall konfiguriert.

Für dieses Dialogfeld müssen Sie nicht die Portnummern der Dienste kennen, deren eingehende Daten Sie durchlassen möchten. Sie müssen lediglich wissen, für welchen Dienst Sie dies gestatten möchten. XP blockiert oder öffnet selbsttätig den zugehörigen Port.

Sie können ganz leicht ein neues Programm auf die Liste der Ausnahmen setzen, um es durch die Firewall zu lassen [Hack #77].

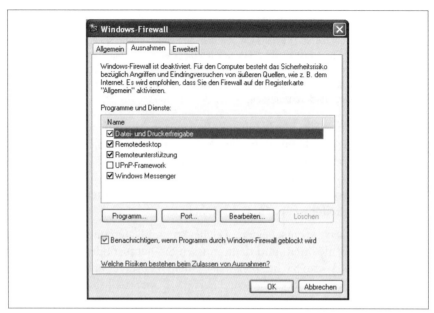

*Abbildung 8-20: Bestimmte Dienste und Arten von Datenverkehr durch die Windows-
Firewall durchlassen*

Zusätzlich zu anderen Programmen möchten Sie unter Umständen auch,
dass bestimmte Dienste durch die Firewall kommen. Wenn Sie beispielsweise einen Webserver, FTP-Server oder anderen Server betreiben oder ein
VPN [Hack #82] haben, das auch andere nutzen sollen, müssen Sie die Firewall
anweisen, die Requests dieser Dienste durchzulassen.

Wählen Sie also in der Systemsteuerung SICHERHEITSCENTER und klicken Sie
auf das Symbol WINDOWS-FIREWALL unten im Bildschirm. Klicken Sie auf
ERWEITERT, markieren Sie die Verbindung, für die Sie den Dienst durchlassen möchten, und klicken Sie dann auf EINSTELLUNGEN. Nun wählen Sie
den Dienst, der durchkommen soll, wie in Abbildung 8-21 gezeigt, und klicken auf OK und noch einmal auf OK. Nun kann der gewünschte Dienst auf
der ausgewählten Verbindung die Windows-Firewall umgehen. Wenn Sie
dies auch für andere Verbindungen ermöglichen möchten, wählen Sie auf
der Registerkarte ERWEITERT eine andere Verbindung aus und führen den
ganzen Vorgang erneut durch.

Es besteht die Gefahr, dass die Standardeinstellungen für die Dienste, die Sie
gestatten möchten, nicht richtig funktionieren. In dem Fall können Sie sie
bearbeiten. Je nach der Art des Diensts können Sie seinen Namen, seine IP-
Adresse, die Beschreibung, die Nummern des internen und externen von
dem Dienst verwendeten Ports oder das Protokoll (TCP oder UDP) ändern.

Abbildung 8-21: Einen Dienst auswählen, der die Windows-Firewall umgehen darf

Wenn Ihr Unternehmen beispielsweise ein VPN mit einer anderen Portnummer als der von der Windows-Firewall vorgesehenen verwendet, können Sie die von der Windows-Firewall benutzte Portnummer ändern, damit Ihr VPN funktioniert. Manche Dienste haben fest vorgegebene Eigenschaften, die sich nicht ändern lassen, andere haben veränderliche. So kann zum Beispiel der Remotedesktop nur 3389 als externen und internen Port und TCP als Protokoll verwenden; das lässt sich nicht ändern. Doch einige der Dienste, insbesondere die VPN-Verbindungen, ermöglichen Ihnen, Ports und Protokoll zu ändern.

Um die Eigenschaften eines Diensts zu bearbeiten, wählen Sie ihn aus und klicken auf BEARBEITEN, um den Bildschirm DIENSTEINSTELLUNGEN aufzurufen, wie in Abbildung 8-22 gezeigt.

Bei diesem Vorgehen können Sie aus einer Reihe von Diensten auswählen, ob sie die Windows-Firewall umgehen sollen. Tabelle 8-4 beschreibt, welcher Dienst was tut. Beachten Sie, dass der Eintrag msmsgs in Ihrem System auftauchen kann, aber nicht muss. Windows Messenger erscheint, wenn Sie den Windows Messenger oder Outlook Express (der Messenger-Komponenten verwendet) bereits genutzt haben. Anders als die anderen Dienste ist dieser nach Voreinstellung aktiviert, so dass er schon jetzt die Windows-Firewall umgehen kann.

Abbildung 8-22: Einen Dienst mit eingehenden Verbindungen so konfigurieren, dass die Windows-Firewall ihn durchlässt

Tabelle 8-4: Diese Dienste können die Windows-Firewall umgehen

Dienst	Zweck
FTP-Server	Gestattet anderen eine Verbindung mit einem FTP-Server auf Ihrem PC.
Incoming Connection VPN (L2TP)	Gestattet anderen die Nutzung eines virtuellen privaten Netzwerks mit der L2TP-Tunneltechnologie.
Incoming Connection VPN (PPTP)	Gestattet anderen die Nutzung eines virtuellen privaten Netzwerks mit der PPTP-Tunneltechnologie.
Internet Mail Access Protocol, Version 3 (IMAP3)	Gestattet anderen die Verbindung mit einem IMAP3-Mailserver auf Ihrem PC, um Mails abzurufen.
Internet Mail Access Protocol, Version 4 (IMAP4)	Gestattet anderen die Verbindung mit einem IMAP4-Mailserver auf Ihrem PC, um Mails abzurufen.
Internetmailserver (SMTP)	Gestattet anderen die Nutzung eines Simple Mail Transfer Protocol-Servers (SMTP) auf Ihrem PC, um Mails zu versenden.
IP Security (IKE)	Gestattet die Verwendung der Sicherheitstechnologie Internet Key Exchange (IKE).
Msmsgs	Gestattet die Verwendung von Windows Messenger und anderer Software wie z.B. Outlook Express, die Messenger-Komponenten benutzt.
Post-Office Protocol, Version 3 (POP3)	Gestattet anderen die Verbindung mit einem POP3-Mailserver auf Ihrem PC, um Mails abzurufen.

Tabelle 8-4: Diese Dienste können die Windows-Firewall umgehen (Fortsetzung)

Dienst	Zweck
Remotedesktop	Gestattet anderen, eine Verbindung mit Ihrem PC einzurichten und mit dem Remotedesktop von XP Professional Kontrolle über Ihren Destop zu erlangen. (Nur in XP Professional.)
Sicherer Webserver (HTTPS)	Gestattet anderen die Verbindung mit einem Webserver auf Ihrem PC, der das Protokoll HTTPS verwendet.
Telnet-Server	Gestattet anderen die Verbindung mit einem Telnet-Server auf Ihrem PC, um Ressourcen Ihres PCs zu nutzen.
Webserver (HTTP)	Gestattet anderen die Verbindung mit einem Webserver auf Ihrem PC.

Nur weil ein Dienst in Tabelle 5-1 [Hack #50] nicht aufgeführt ist, muss es noch nicht unmöglich sein, seinen eingehenden Datenverkehr an der Windows-Firewall vorbeizuleiten. Sie können jeden Dienst auf die Liste setzen, wenn Sie seinen Port sowie den Namen oder die IP-Adresse des Computers kennen, an den Sie die eingehenden Daten leiten möchten. Für einige Instant Messenger-Spiele müssen Sie beispielsweise Datenverkehr an Port 1077 passieren lassen. Um einen neuen Dienst hinzuzufügen, rufen Sie das Dialogfeld ERWEITERTE EINSTELLUNGEN aus Abbildung 8-21 auf, klicken auf HINZUFÜGEN und geben die erforderlichen Daten in das dann erscheinende Dialogfeld DIENSTEINSTELLUNGEN ein (siehe Abbildung 8-23).

Abbildung 8-23: Einen neuen Dienst für die Umgehung der Windows-Firewall einrichten

Deaktivierung der Dateifreigabe durch die Windows-Firewall beheben

Wenn Sie die Windows-Firewall aktiviert haben und versuchen, zu einem anderen Computer in Ihrem Netzwerk zu gehen, um seine freigegebenen Dateien zu benutzen, kann es geschehen, dass Sie eine Fehlermeldung bekommen und keine Verbindung zu diesen Dateien aufbauen können. Der Grund: Die Windows-Firewall schließt die Ports, die für Dateifreigabe und Server Message Block-(SMB-)Kommunikation verwendet werden. (SMB wird nur vom Netzwerk genutzt, um Datei- und Druckerzugriff zu ermöglichen.) Außerdem sind Sie vielleicht nicht in der Lage, über die Funktion NETZ-WERKVERBINDUNGEN im Internet zu surfen.

Damit die Dateifreigabe im gesamten Netzwerk funktioniert und das Browsen im Internet mit Hilfe der NETZWERKVERBINDUNGEN möglich bleibt, öffnen Sie die UDP-Ports 135 bis 139, die TCP-Ports 135 bis 139 und den TCP- und UDP-Port 445 in der Windows-Firewall.

Diagnosedienste durch die Firewall durchlassen

Das *Internet Control Message Protocol* (ICMP) ermöglicht Problembehebung und Diagnosedienste wie etwa ping [Hack #51]. Doch per Voreinstellung gestattet die Windows-Firewall keinen ICMP-Verkehr. Allerdings können Sie mehrere ICMP-Dienste durch die Firewall durchlassen, indem Sie im Dialogfeld ERWEITERTE EINSTELLUNGEN aus Abbildung 8-21 die Registerkarte ICMP wählen. Dann erscheint das Dialogfeld aus Abbildung 8-24, in dem Sie neben den Diensten, die Sie zulassen möchten, die Kontrollkästchen markieren können. Die Beschreibung eines Diensts erhalten Sie, indem Sie ihn markieren und im Bereich BESCHREIBUNG den Text lesen.

Eine Eingangstür in ZoneAlarm

Auch wenn Sie die Firewall ZoneAlarm [Hack #78] verwenden, können Sie bestimmten ungefragten Datenverkehr durchlassen. Klicken Sie auf die Schaltfläche FIREWALL an der linken Bildschirmseite und klicken Sie dann für die einzelnen Sicherheitszonen auf ERWEITERT. Das ruft ERWEITERTE EINSTELLUNGEN auf den Plan, die Sie in Abbildung 8-25 sehen. Klicken Sie auf den Dienst, den Sie durchlassen möchten und dann auf OK – schon sind Sie fertig.

Siehe auch

- »ZoneAlarm: Die beste kostenlose Firewall« [Hack #78]

Abbildung 8-24: Mit Hilfe der Registerkarte ICMP werden Diagnosedienste durch die Windows-Firewall durchgelassen.

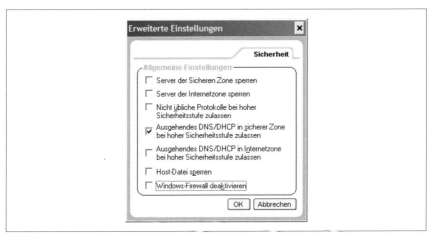

Abbildung 8-25: Bestimmte eingehende Daten durch ZoneAlarm hindurchlassen

Offene Ports schließen und Protokolle blockieren[1]

Eigentlich können Sie Ihren PC auch ohne Firewall schützen: Ports lassen sich manuell schließen, und bestimmte Protokolle können Sie manuell blockieren.

Wie in »Computerschutz mit der neuen Windows-Firewall« [Hack #77]] und »ZoneAlarm: Die beste kostenlose Firewall« [Hack #78] beschrieben, können Firewalls Ihren PC und Ihr Netzwerk vor Eindringlingen schützen. Wenn Sie jedoch keine Firewall installieren möchten, aber dennoch einen Schutz wünschen, können Sie manuell offene Ports schließen und Protokolle blockieren.

Manche dieser Ports und Protokolle sind gefährlicher als andere. Wenn Sie beispielsweise den üblichen Telnet-Port (Port 23) offen lassen, kann ein Fremder Kontrolle über Ihren Computer erlangen. Und der gemeine Trojaner Back Orifice, der ebenfalls einem Angreifer vollständige Kontrolle über Ihren PC geben kann, bedient sich mehrerer Ports, darunter unter anderem 31337 und 31338. Unter *http://www.sans.org/resources/idfaq/oddports.php* finden Sie eine Liste von Ports, die gern von Trojanern benutzt werden.

In diesem Hack müssen Sie wissen, welche Ports Sie auf Ihrem PC öffnen möchten, also beispielsweise den HTTP-Port 80 für das Surfen, und alle anderen müssen Sie schließen. Eine Liste gebräuchlicher Ports finden Sie in Tabelle 5-1 [Hack #50] und eine vollständige Liste von Ports unter *http://www. iana.org/assignments/port-numbers*.

Um Ports und Protokolle manuell zu sperren, klicken Sie auf NETZWERKUMGEBUNG und dann auf NETZWERKVERBINDUNGEN ANZEIGEN. Klicken Sie mit der rechten Maustaste auf die Verbindung, deren Ports Sie schließen möchten, und wählen Sie EIGENSCHAFTEN. Markieren Sie auf der Registerkarte NETZWERK den Eintrag INTERNETPROTOKOLL (TCP/IP) und wählen Sie abermals EIGENSCHAFTEN. Auf der Registerkarte ALLGEMEIN klicken Sie auf die Schaltfläche ERWEITERT. In dem nun erscheinenden Dialogfeld ERWEITERTE TCP/IP-EINSTELLUNGEN wählen Sie OPTIONEN, markieren TCP/IP-FILTERUNG und wählen EIGENSCHAFTEN. Das Dialogfeld TCP/IP-FILTERUNG erscheint. Um TCP-Ports, UDP-Ports und IP-Protokolle zu blockieren, wählen Sie jeweils die Option PERMIT ONLY. Dadurch werden alle TCP-Ports, UDP-Ports und IP-Protokolle effektiv blockiert.

Da Sie jedoch gar nicht alle Ports blockieren möchten, müssen Sie diejenigen, auf denen Sie Verkehr durchlassen möchten – beispielsweise Port 80 für

---

1 Die in diesem Hack beschriebene TCP/IP-Filterung lässt sich nicht für Wählverbindungen (z.B. DSL, ISDN, Modem) aktivieren.

den Webzugriff –, wieder hinzufügen. Wenn Sie im Internet surfen möchten, muss Port 80 offen bleiben. Klicken Sie auf HINZUFÜGEN, um die Ports und Protokolle, deren Verwendung Sie gestatten möchten, hinzuzufügen, wie in Abbildung 8-26 gezeigt. Sie können so viele Ports und Protokolle hinzufügen, wie Sie möchten, und hinterher auf OK klicken. Danach werden nur die aufgeführten Ports und Protokolle zur Verwendung freigegeben.

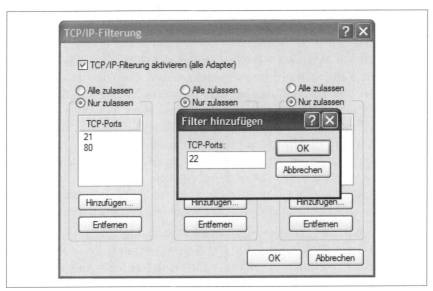

Abbildung 8-26: TCP-Ports, UDP-Ports und IP-Protokolle blockieren

Vergessen Sie nicht, dass es hunderte von TCP- und UDP-Ports gibt, die von Internetanwendungen und -diensten verwendet werden. Wenn Sie beispielsweise nur Webzugriff gestatten, können Sie andere Internetressourcen wie FTP, E-Mail, gemeinsame Dateinutzung, das Anhören von Streaming-Audio- und -Videodateien und so weiter nicht mehr nutzen. Daher sollten Sie diesen Hack nur ausprobieren, wenn Sie lediglich sehr wenige Internetdienste und -anwendungen von Ihrem PC aus nutzen möchten.

HACK #82 Ein virtuelles privates Netzwerk einrichten

Manchmal möchte man sich auch auf der Arbeit oder auf Reisen mit seinem Heimcomputer verbinden können. Wenn Sie diesen zu einem VPN-Server für ein virtuelles privates Netzwerk machen, können Sie das ohne Sicherheitsrisiko bewerkstelligen.

Wenn Sie jemals Dateien von der Arbeit mit nach Hause genommen haben, um sie auf Ihrem eigenen Computer weiter zu bearbeiten, ist es Ihnen wohl auch schon einmal passiert, dass Sie am nächsten Tag ins Büro kamen und dort merkten, dass Sie die aktuellen Dateien zu Hause vergessen hatten. Waren die Dateien wichtig, mussten Sie wieder nach Hause, um sie zu holen, oder Sie mussten sich für Ihren Chef eine faule Ausrede ausdenken, weshalb Sie diesen ultrawichtigen Bericht noch nicht fertig hatten. Vielleicht sind Sie ja auch jemand, der häufig auf Reisen ist, und sitzen plötzlich eines Montagmorgens in Ihrem Hotelzimmer mit der bitteren Erkenntnis, dass die Präsentation für das wichtige Meeting, das gleich beginnt, noch auf Ihrem Heimcomputer liegt. Wenn Ihnen irgendetwas davon bekannt vorkommt, dann ist dieser Hack das Richtige für Sie.

Bekanntlich hat Windows XP einen integrierten VPN-Client, mit dem Sie eine sichere Verbindung zu Ihrem Firmennetzwerk herstellen können. Doch weniger bekannt ist die Tatsache, dass Windows XP auch als VPN-Server herhalten kann und es Ihnen oder Menschen Ihres Vertrauens gestattet, sichere Verbindungen zu Ihrem Heimnetzwerk herzustellen. Wenn Sie eine VPN-Sitzung mit Ihrem Heimcomputer eingerichtet haben, können Sie Dateien von dessen Festplatte oder anderen Computern holen, deren Dateien freigegeben wurden. Alles, was Sie dazu brauchen, ist eine lokale Internetverbindung und ein VPN-Client, der das Point to Point Tunneling Protocol (PPTP) unterstützt – und der Client aller Windows-Versionen tut dies.

Den Heimcomputer auf die Annahme von VPN-Verbindungen vorzubereiten ist ganz einfach. Klicken Sie auf START → SYSTEMSTEUERUNG → NETZWERKVERBINDUNGEN → NEUE VERBINDUNG ERSTELLEN. Der Assistent für neue Verbindungen erscheint. In dem Assistenten müssen Sie die Optionen EINE ERWEITERTE VERBINDUNG EINRICHTEN, EINGEHENDE VERBINDUNGEN ZULASSEN und VPN-VERBINDUNGEN ZULASSEN markieren. Im sechsten Bildschirm des Assistenten können Sie bestimmen, welche Benutzer das VPN nutzen dürfen. Hier müssen Sie mindestens ein Konto auswählen, das auch ein Kennwort bekommen muss. Falls noch kein Kennwort existiert, müssen Sie eines einrichten. Im Grunde öffnen Sie damit einen Teil Ihres Computers für das Internet, also achten Sie darauf, dass das Kennwort auch gut genug ist. Nach Vollendung des Assistenten brauchen Sie nichts weiter zu tun: Das VPN kann jetzt eingehende Verbindungen entgegennehmen. Das können Sie testen, indem Sie sich mit Hilfe eines VPN-Clients mit der IP-Adresse des VPN-Servers verbinden.

Die meisten Privatanwender verwenden einen Router mit Network Address Translation (NAT), der die tatsächliche IP-Adresse des Computers, mit dem sie eine VPN-Verbindung aufnehmen möchten, verschleiert. Somit können Sie erst dann mit Ihrem Computer eine VPN-Verbindung aufbauen, wenn Sie den Router so konfiguriert haben, dass er den VPN-Verkehr zu dem VPN-Server hindurchlässt. Lesen Sie hierzu auch den Abschnitt über den VPN-Server [Hack #50].

Die Registrierung
Hacks #83–87

Für XP-Hacks eignet sich nichts so sehr wie die Registrierung. Sie enthält die Struktur des gesamten Betriebssystems, und ihre oft unverständlichen Einstellungen sind der Schlüssel zu zahllosen Hacks. In der guten alten Zeit konnte man Windows hacken, ohne sich um die Registrierung zu scheren; solide Kenntnisse der *.ini*-Dateien und ähnlicher Dinge reichten völlig aus. Das war einmal. Wenn Sie heute hacken, ist die Registrierung der Schlüssel – und zwar im wahrsten Sinne des Wortes, denn schließlich ist sie nach Schlüsseln organisiert.

Selbst wenn Sie bereits früher einmal die Registrierung bearbeitet haben, finden Sie in diesem Kapitel viel Hilfestellung. Sie erfahren nicht nur, wie Sie die Registrierung benutzen, sondern auch, warum sie so organisiert ist. Sie lernen, wie Sie die Registrierung in Sicherheit bringen, Sicherungen davon anfertigen und Tools herunterladen, um das Beste aus Ihrer Registrierung zu machen. Und als Dreingabe bekommen Sie einen ganzen Sack voll weiterer Hacks.

HACK #83 Keine Angst vor der Registrierung

Für XP-Hacks gibt es nichts Besseres als die Registrierung. Dieser Abschnitt ist eine Einführung in ihre Organisation und Nutzung.

Wer noch nicht viel mit der Registrierung zu tun hatte, begegnet ihr nicht selten mit Unbehagen. Auf den ersten Blick ist sie ein Wirrwarr aus unverständlichen Einstellungen. Doch der Wahnsinn hat in Wirklichkeit Methode. Die Registrierung ist eine hierarchisch aufgebaute Datenbank mit Informationen, die genau definieren, wie das System funktioniert. Dazu gehört jedes Einzelteil von XP und seinen Anwendungen. Der beste Weg, XP zu hacken, führt oft über die Registrierung. Und viele Betriebssystemänderungen lassen sich anders gar nicht bewerkstelligen.

Selbst wenn Sie bisher noch nie unmittelbar in die Registrierung eingegriffen haben, haben Sie sie bearbeitet, ohne etwas davon zu merken. Jedes Mal, wenn Sie in der Systemsteuerung etwas einstellen, wird diese Änderung unbemerkt in die Registrierung übernommen und dort auch in Kraft gesetzt. Die Menüs und Dialogfelder von XP sind nichts anderes als ein visuelles Frontend der Registrierung.

Wenn Sie XP optimieren und durch und durch beherrschen möchten, kommen Sie um die Registrierung nicht herum. XP enthält so viele verschiedene Einstellungen, dass es für Microsoft schlicht unmöglich war, für alles und jedes eine grafische Benutzeroberfläche einzubauen. Und oft ist ein Eingriff in die Registrierung einfacher und bietet mehr Optionen als die Benutzung der grafischen Oberfläche. Natürlich können Sie XP auch einsetzen, ohne jemals die Registrierung zu bearbeiten – und viele Nutzer tun dies auch –, aber Fortgeschrittene kennen ihren Powertool-Status.

Ändern kann man die Registrierung mit Hilfe des *Registrierungs-Editors*, auch RegEdit genannt, den Sie in Abbildung 9-1 sehen. Sie rufen ihn auf, indem Sie in das Feld AUSFÜHREN oder an der Eingabeaufforderung regedit eingeben und auf Enter drücken.

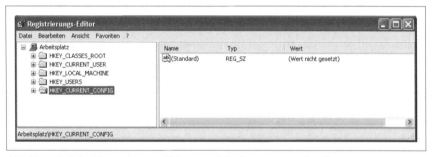

Abbildung 9-1: Im Registrierungs-Editor wird die Registrierung bearbeitet

Ehe Sie die Registrierung anfassen, müssen Sie jedoch zumindest in Grundzügen wissen, wie sie aufgebaut ist.

 Poweruser gehen oft gleich *in medias res*, ohne ins Handbuch zu schauen. Doch zum Herumprobieren ist die Registrierung der denkbar falscheste Ort, solange Sie nicht wenigstens ein bisschen von dem verstehen, was da passiert. Mit nur ein paar kleinen Änderungen können Sie Ihr System für immer und unwiederbringlich zur Strecke bringen. Daher sollten Sie vorher immer eine Sicherung machen [Hack #86] und wenigstens den größten Teil dieses Kapitels lesen.

Die fünf logischen Strukturen der Registrierung

Die Registrierung hat tausende, ja sogar zehntausende von Einstellungen, die in fünf Hauptbereichen, den so genannten *Registrierungsstrukturen*, organisiert sind. Jede Struktur können Sie sich als Wurzelverzeichnis denken; jede dient einem anderen Zweck. Wenn Sie tiefer in die Registrierung gehen, fällt Ihnen vielleicht auf, dass manche Einstellungen exakte Abbilder voneinander zu sein scheinen: Einstellungen in der einen Struktur spiegeln Einstellungen in der anderen Struktur wider. Oft ist eine Gruppe von Einstellungen lediglich ein Alias (oder *symbolischer Link*) zu einer anderen. Wenn Sie die eine Gruppe ändern, ändert sich automatisch auch die andere Gruppe in der anderen Struktur.

 Die Strukturen selbst sind in den Dateien *C:\Windows\ system32\config* und *C:\Dokumente und Einstellungen\ {benutzername}* gespeichert.

Im Folgenden werden die fünf Strukturen vorgestellt:

HKEY_CLASSES_ROOT
Diese Struktur speichert Informationen über Dateitypen, Dateierweiterungen und dergleichen. Sie instruiert XP, wie die verschiedenen Dateitypen zu handhaben sind, und steuert elementare Optionen der Benutzeroberfläche wie zum Beispiel Doppelklicks und Kontextmenüs. Außerdem enthält sie Klassendefinitionen eindeutiger Objekte (daher auch das Wort »CLASSES« in ihrer Bezeichnung), also etwa Dateitypen oder OLE-Objekte. Oft enthalten mit Dateitypen verknüpfte Klassen den Unterschlüssel Shell, der für den betreffenden Dateityp Aktionen wie beispielsweise das Öffnen und Drucken definiert.

HKEY_CURRENT_USER
Diese Struktur enthält Konfigurationsinformationen über die Systemeinstellungen des Benutzers, der gerade bei XP angemeldet ist. Sie steuert den Desktop des Benutzers und das spezifische Aussehen und Verhalten, das er für XP eingestellt hat. Außerdem verwaltet sie die Netzwerkverbindungen und Verbindungen zu Geräten wie etwa Druckern sowie die persönlichen Benutzereinstellungen wie etwa Bildschirmfarben.

HKEY_LOCAL_MACHINE
In dieser Struktur finden Sie Informationen über den Computer und sein Betriebssystem. Sie speichert Einzelheiten über sämtliche Hardware, einschließlich der Tastatur, der Druckeranschlüsse und des Speichers – also das gesamte Setup der Hardware. Hinzu kommen Informationen über die

Sicherheit, die installierte Software, den Systemstart, die Treiber, die Dienste und die spezifische XP-Konfiguration dieses Computers.

HKEY_USERS

Diese Struktur enthält die HKEY_CURRENT_USER-Strukturen aller aktuell am System angemeldeten Benutzer.

HKEY_CURRENT_CONFIG

Hier liegen die Informationen über die aktuelle Hardwarekonfiguration des Systems, so wie HKEY_CURRENT_USER Informationen über den aktuellen Benutzer des Systems speichert.

Verwendung der Schlüssel und Werte

Jede Struktur ist der Kopf einer Hierarchie: Unterhalb dieser Strukturen befinden sich Schlüssel, die wiederum Unterschlüssel mit Unterschlüsseln mit Unterschlüsseln haben können, und zwar in beliebiger Schachtelungstiefe, wie die Ordnerstruktur auf einer Festplatte.

Schlüssel und Unterschlüssel enthalten einen Wert, der eine bestimmte Einstellung darstellt. Der Schlüssel

HKEY_CURRENT_USER\Control Panel\Mouse\DoubleClickSpeed

bestimmt beispielsweise, wie viel Zeit zwischen zwei Mausklicks verstreichen darf, damit Windows sie als Doppelklick erkennt. Um diesen Zeitraum zu ändern, ändern Sie das Datum (den Inhalt) des Werts. Hier beträgt der Standardwert 500 Millisekunden, aber Sie können die Registrierung auf einen beliebigen anderen Wert einstellen, wie in Abbildung 9-2 gezeigt. Sie können diese Änderung auch im Dialogfeld EIGENSCHAFTEN VON MAUS vornehmen (START → SYSTEMSTEUERUNG → DRUCKER UND ANDERE HARDWARE → MAUS). Wenn Sie in diesem Dialogfeld Änderungen vornehmen, werden die Änderungen auch in der Registrierung nachvollzogen, denn diese steuert letztlich die Einstellungen. Eigentlich ist das Dialogfeld nur ein bequemes Frontend für die Registrierung.

Ein Schlüssel kann einen oder mehrere Werte enthalten. Im Folgenden sehen Sie die fünf wichtigsten Datentypen für Registrierungswerte:

REG_SZ *(String oder Zeichenfolgenwert)*

Dieser Datentyp ist leicht zu verstehen und zu bearbeiten, da er aus einfachem Text und Ziffern besteht. Er ist einer der gebräuchlichsten Datentypen in der Registrierung. Auch der oben erwähnte Wert für DoubleClickSpeed hat diesen Typ.

REG_MULTI_SZ *(Zeichenfolgen-Array)*

Dieser Datentyp speichert mehrere Zeichenfolgen.

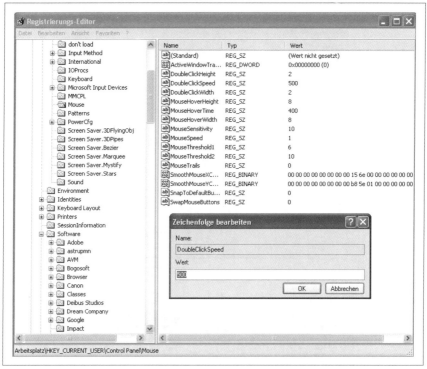

Abbildung 9-2: Den Wert eines Registrierungsschlüssels bearbeiten

REG_EXPAND_SZ *(Erweiterte Zeichenfolge)*
Dieser Datentyp enthält auch Variablen, die Windows als Verweise auf den Speicherort für Dateien verwendet. Um beispielsweise auf den Speicherort der Themes-Datei *Luna* zu verweisen, würde in der Registrierung der erweiterte Zeichenfolgenwert %SystemRoot%\resources\Themes\ Luna.theme stehen.

REG_BINARY *(Binärwerte)*
Dies ist der Typ für Binärdaten, also Nullen und Einsen. Abbildung 9-3 zeigt ein typisches Beispiel für einen solchen Wert. Von Binärwerten sollten Sie grundsätzlich die Finger lassen; bearbeiten Sie stattdessen die Zeichenfolgenwerte, die aus Text und Ziffern bestehen (siehe Abbildung 9-4).

REG_DWORD *(DWORD-Werte)*
Dieser Datentyp wird als Zahl dargestellt. Manchmal wird der Schlüssel mit einer 0 ein- oder mit einer 1 ausgeschaltet, doch auch andere Zahlen können benutzt werden. Während Sie den Wert als normale Zahl sehen, etwa 456, sieht die Registrierung ihn als Hexadezimalzahl, etwa 1C8. Abbildung 9-5 zeigt, wie ein DWORD-Wert bearbeitet wird.

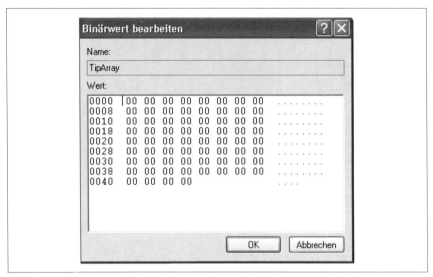

Abbildung 9-3: Binärwerte

Abbildung 9-4: Zeichenfolgenwerte bearbeiten

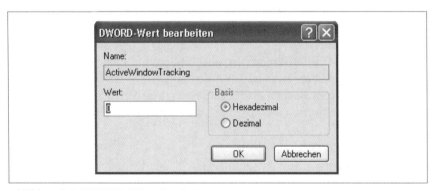

Abbildung 9-5: DWORD-Werte bearbeiten

Den Registrierungs-Editor starten

Der Registrierungs-Editor von XP hat einen Vor- und einen Nachteil. Der Vorteil ist seine einfache Bedienbarkeit, der Nachteil ist, dass er außer der einfachen Bearbeitung von Registrierungswerten keinerlei Funktionalität bietet.

 Manchmal werden die Änderungen der Registrierung schon wirksam, sobald Sie diese verlassen; manchmal müssen Sie sich dazu ab- und wieder anmelden, und in wieder anderen Fällen müssen Sie das System herunterfahren und neu starten.

Um den Registrierungs-Editor zu starten, geben Sie regedit im Feld AUSFÜHREN oder an einer Eingabeaufforderung ein und drücken die Enter-Taste. Wenn Sie den Registrierungs-Editor erstmalig starten, hebt er beim Öffnen die Struktur HKEY_CURRENT_USER hervor, wie in Abbildung 9-6 zu sehen ist. Wenn Sie den Registrierungs-Editor zuvor bereits benutzt haben, hebt er beim Öffnen den zuletzt bearbeiteten Schlüssel oder den Ort hervor, den Sie zuletzt in der Registrierung aufgesucht haben.

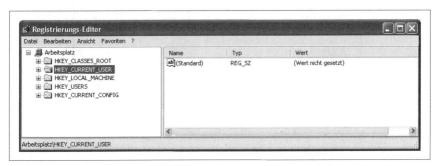

Abbildung 9-6: Der Registrierungs-Editor wird zum ersten Mal geöffnet

Mit dem Registrierungs-Editor kann man in der Registrierung genauso herumstöbern wie mit dem Windows Explorer auf einer Festplatte. Wenn Sie auf ein Pluszeichen klicken, öffnet sich die darunter liegende Hierarchieebene; klicken Sie auf ein Minuszeichen, wird sie geschlossen.

Da die Registrierung häufig mehrere Ebenen tief in Schlüssel und Unterschlüssel organisiert ist, kann die Mausnavigation darin lange dauern. Für eine einfachere Navigation gibt es jedoch Tastenkombinationen. Die rechte Pfeiltaste öffnet die Unterschlüssel eines Schlüssels; die linke schließt einen Schlüssel und geht in der Schlüsselhierarchie eine Stufe nach oben. Um zum nächsten Unterschlüssel zu gelangen, der mit einem bestimmten Buchstaben anfängt, drücken Sie auf der Tastatur die Taste mit dem betreffenden Anfangsbuchstaben.

Der Registrierungs-Editor dient zum Bearbeiten oder Löschen vorhandener oder zum Erstellen neuer Schlüssel und Werte. Manchmal werden die Änderungen wirksam, sobald man den Registrierungs-Editor schließt; manchmal ist dazu ein Neustart erforderlich. Es gibt keine Schaltfläche zum Speichern: Wenn Sie einen Wert ändern, wird diese Änderung sofort übernommen. Da es auch keine Wiederherstellungsschaltfläche gibt, müssen Sie ganz sorgfältig arbeiten.

Wollen Sie zu einem ganz bestimmten Schlüssel, ist der Suchbefehl aus dem Menü BEARBEITEN der schnellste Weg dorthin (er steht auch durch Strg-F zur Verfügung). Um aufeinander folgende Schlüssel mit dem gleichen Wert zu finden, drücken Sie die Taste F3.

Um die zu einem Wert gehörenden Daten zu bearbeiten, setzen Sie im rechten Fenster des Registrierungs-Editors einen Doppelklick auf den Wert. Dadurch öffnet sich ein Bearbeitungsfeld, wie in Abbildung 9-7 gezeigt.

Abbildung 9-7: Einen Wert bearbeiten

Bei einem Eingriff in die Registrierung ist oft schwer zu sagen, welchen Schlüssel man eigentlich genau bearbeitet, da der Editor ihn nicht hervorhebt. Stattdessen zeigt er nur ein Ordnersymbol daneben an, das leicht verfehlt werden kann. Auf der Statusleiste unten im Registrierungs-Editor müsste jedoch der Schlüssel angezeigt sein, der gerade bearbeitet wird. Ist das nicht der Fall, gehen Sie ins Menü des Editors und wählen ANSICHT → STATUSLEISTE.

Um einen Schlüssel umzubenennen, wählen Sie ihn aus und klicken im Editor-Menü auf BEARBEITEN → UMBENENNEN oder klicken mit der rechten Maustaste auf den Schlüssel und wählen den Befehl UMBENENNEN im Kontextmenü.

Schlüssel und Werte hinzufügen und löschen

Ein Eingriff in die Registrierung erfordert nicht selten das Hinzufügen oder Löschen von Schlüsseln und Werten. Um einen neuen Schlüssel anzulegen,

markieren Sie seinen Oberschlüssel im linken Fenster, wählen im Hauptmenü BEARBEITEN → NEU → SCHLÜSSEL und geben den Namen des Schlüssels ein. Sie können auch mit der rechten Maustaste auf den übergeordneten
Schlüssel klicken und im Kontextmenü NEU → SCHLÜSSEL wählen. Um einen
Schlüssel zu löschen, markieren Sie ihn und drücken die Taste Entf.

Sehr häufig müssen Sie einen Schlüssel um neue Werte ergänzen, damit seine
Änderungen überhaupt wirksam werden. Um das zu tun, markieren Sie im
linken Fenster den übergeordneten Schlüssel und wählen dann aus dem
Hauptmenü BEARBEITEN → NEU und aus dem Untermenü den Typ des neuen
Werts. Die fünf möglichen Datentypen wurden weiter oben bereits beschrie-
ben; zur Erinnerung werden sie in Tabelle 9-1 noch einmal aufgelistet.

Tabelle 9-1: Werttypen in der Registrierung

Name	Datentyp
Zeichenfolgenwert	REG_SZ
Binärwert	REG_BINARY
DWORD-Wert	REG_DWORD
Zeichenfolgen-Array-Wert	REG_MULTI_SZ
Erweiterter Zeichenfolgenwert	REG_EXPAND_SZ

Einen neuen Wert erstellen Sie, indem Sie seinen Namen eingeben und zwei-
mal die Enter-Taste drücken. Dann erscheint das Dialogfeld WERT BEARBEI-
TEN, das Sie in Abbildung 9-7 sehen. Geben Sie die Daten ein und drücken
Sie abermals auf Enter.

Siehe auch

* Eine hervorragende Sammlung von Registrierungs-Hacks finden Sie im
  »Registry Guide for Windows« unter *http://www.winguides.com/registry*.
  Am besten abonnieren Sie auch den Newsletter, der regelmäßig Tipps
  und Hacks für die Registrierung vorstellt.

H A C K   Registrierungs-Hacks vom Feinsten
#84   Acht Hacks, die die Magie der Registrierung freisetzen.

Über dieses Buch verteilt finden Sie dutzende von Registrierungs-Hacks,
doch um Ihnen ein Gefühl für die breite Einsatzmöglichkeit solcher Hacks
zu geben, habe ich hier einige sehr unterschiedliche Registrierungs-Hacks
zusammengestellt.

Programme beim Herunterfahren automatisch schließen

Wenn Sie beim Herunterfahren von Windows noch Programme offen haben, erhalten Sie eine entsprechende Warnmeldung. Dann müssen Sie die Programme schließen und Windows erneut zum Herunterfahren auffordern. Die Warnung ist reichlich sinnlos; besser wäre es, wenn XP automatisch die Programme schließen würde, ohne die Warnung auszugeben. Dann bekämen Sie keine Fehlermeldungen und müssten nicht jede einzelne Anwendung schließen, bevor Sie den Computer herunterfahren.

Damit XP so verfährt, öffnen Sie den Registrierungs-Editor und gehen zu HKEY_CURRENT_USER\Control Panel\Desktop. Setzen Sie den Wert AutoEndTasks auf 1. Falls er nicht existiert, legen Sie ihn als neuen DWORD-Wert an und setzen seinen Wert auf 1. Um ihn zu deaktivieren, löschen Sie ihn oder setzen seinen Wert auf 0.

Das Herunterfahren von XP verhindern

Manchmal möchte man ein unabsichtliches Herunterfahren von XP um jeden Preis verhindern. Mit einem Registrierungs-Hack können Sie das normale Herunterfahren außer Kraft setzen. Gehen Sie im Registrierungs-Editor zum Schlüssel HKEY_CURRENT_USER\SOFTWARE\Microsoft\Windows\CurrentVersion\Policies\Explorer und erstellen Sie einen neuen DWORD-Wert namens NoClose mit dem Datenwert 1. Schließen Sie die Registrierung und starten Sie neu, damit die Änderung wirksam wird. Von jetzt an können Sie Windows auf dem normalen Weg nicht mehr herunterfahren, sondern müssen mit Strg-Alt-Entf den Task-Manager aufrufen oder mit der rechten Maustaste auf die Taskleiste klicken, den Task-Manager wählen und das Menü HERUNTERFAHREN des Task-Managers benutzen. Wenn Sie das normale Herunterfahren wieder in Kraft setzen möchten, müssen Sie den NoClose-Wert löschen.

Den Namen des registrierten Benutzers und Unternehmens ändern

Bei der Installation von Windows XP werden ein Benutzer- und ein Firmenname als Eigentümer des Systems angegeben – und dabei bleibt es dann auch, ob Sie wollen oder nicht. Doch mit einem Registrierungs-Hack können Sie beides ändern. Gehen Sie im Registrierungs-Editor zum Schlüssel HKEY_LOCAL_MACHINE\SOFTWARE\Microsoft\Windows NT\CurrentVersion und suchen Sie die Werte RegisteredOwner und RegisteredOrganization. Geben Sie als Wertdaten den Benutzer- und Firmennamen ein, der Ihnen passt.

Timeout-Wert für Programme ändern

Wenn sich eine Anwendung aufgehängt hat und nicht mehr reagiert, zeigt XP ein Dialogfeld an, in dem Sie sich aussuchen können, ob Sie die Anwendung beenden oder noch länger warten möchten. Standardmäßig erscheint dieses Fenster, wenn die Anwendung seit fünf Sekunden nicht mehr reagiert hat.

Dies kann Probleme verursachen. Wenn beispielsweise ein Programm im Hintergrund umfangreiche Berechnungen vornimmt, gibt es keine Reaktion von sich, ehe diese Berechnungen abgeschlossen sind. Folglich nimmt das Betriebssystem nach fünf Sekunden an, das Programm sei abgestürzt, auch wenn das gar nicht der Fall ist. Mit einem Registrierungs-Hack können Sie den Zeitspanne verlängern oder verkürzen, nach der XP annimmt, dass ein Programm abgestürzt sei.

Suchen Sie im Registrierungs-Editor den Schlüssel HKEY_CURRENT_USER\Control Panel\Desktop. Wählen Sie den Eintrag HungAppTimeout und geben Sie statt des Standardwerts 5000 einen neuen Millisekundenwert ein. Nach dem Verlassen der Registrierung müssen Sie den Computer eventuell neu starten, damit die neue Einstellung wirksam wird. Erhöhen Sie den Wert in Tausenderschritten, bis Sie einen geeigneten Zeitraum gefunden haben.

Aufforderung zur Datenträgerbereinigung ausschalten

Wenn nach Meinung von XP der Festplattenplatz knapp wird, lässt das Betriebssystem eine Warnmeldung aufleuchten und empfiehlt Ihnen, eine Datenträgerbereinigung laufen zu lassen. Aber nicht jeder möchte von einem virtuellen Kindermädchen damit genervt werden, er möge doch bitte sein Durcheinander aufräumen. Die Warnung lässt sich mit einem Registrierungs-Hack ausschalten. Gehen Sie im Registrierungs-Editor zum Schlüssel HKEY_CURRENT_USER\SOFTWARE\Microsoft\Windows\CurrentVersion\Policies\ Explorer und legen Sie einen DWORD-Wert namens NoLowDiskSpaceChecks an, dem Sie den Wert 1 zuweisen. Verlassen Sie danach die Registrierung. Dasselbe können Sie mit Tweak UI [Hack #8] erreichen.

Standardinstallationsordner für Programme ändern

XP installiert neue Programme per Voreinstellung im Ordner C:\Programme. Doch auch dies lässt sich in der Registrierung ändern. Führen Sie den Registrierungs-Editor aus und gehen Sie zu HKEY_LOCAL_MACHINE\SOFTWARE\Microsoft\Windows\CurrentVersion. Suchen Sie dort den Wert Program-FilesDir. Standardmäßig lautet er C:\Programme. Wenn Sie an dieser Stelle ein anderes Laufwerk oder einen anderen Ordner eingeben, verwendet XP diesen als neues Standardinstallationsverzeichnis für neue Programme.

Energiesparmodus für Laptops ermöglichen (USB-Abfrageintervall verlängern)

Manche Laptops können auch bei Nichtbenutzung nicht in den Energiesparmodus gehen, weil die USB-Abfrage dem Prozessor vorgaukelt, das Gerät sei noch aktiv. Das System fragt einmal pro Millisekunde die USB-Anschlüsse ab, um festzustellen, ob ein Gerät vorhanden ist, und zwar auch dann, wenn gar kein Gerät angeschlossen ist. Durch diese andauernden Abfragen können manche Laptop-Prozessoren nicht in den Energiesparmodus gelangen.

Doch mit einem kleinen Eingriff in die Registrierung lässt sich das Abfrageintervall von der standardmäßigen einen Millisekunde auf einen höheren Wert heraufsetzen, damit der Laptop den Energiesparmodus einschalten kann. Dazu starten Sie den Registrierungs-Editor und gehen zu HKEY_LOCAL_MACHINE\ SYSTEM\CurrentControlSet\Control\Class\{36FC9E60-C465-11CF-8056-444553 540000}\0000. Legen Sie dort den neuen DWORD-Wert IdleEnable an und setzen Sie seinen Wert auf eine Zahl zwischen 2 und 5. Diese Zahl ist das Abfrageintervall in Millisekunden. Wenn es noch weitere Unterschlüssel zu HKEY_LOCAL_ MACHINE\SYSTEM\CurrentControlSet\Control\Class\{36FC9E60-C465-11CF-8056-444553540000} gibt, wie beispielsweise 0001, 0002, wiederholen Sie den Vorgang und legen in jedem Unterschlüssel diesen DWORD-Wert IdleEnable an. Nach dem Verlassen der Registrierung müssen Sie eventuell den Rechner neu starten, damit die Einstellungen wirksam werden. Vielleicht müssen Sie mehrere Werte ausprobieren, um einen geeigneten zu finden.

Die Größe des Maus- und Tastaturpuffers ändern

Manchmal teilt eine Fehlermeldung Ihnen einen Überlauf des Maus- oder Tastaturpuffers mit. Wenn das passiert, reicht der Puffer nicht mehr aus und muss vergrößert werden. Den Mauspuffer vergrößern Sie, indem Sie im Registrierungs-Editor den Schlüssel HKEY_LOCAL_MACHINE\SYSTEM\CurrentControlSet\Services\Mouclass\Parameters aufrufen und seinen Unterschlüssel MouseDataQueueSize heraussuchen. Seine Standardgröße beträgt 100 (hexadezimal 64). Setzen Sie die Dezimalzahl herauf, verlassen Sie die Registrierung und starten Sie neu. Eventuell müssen Sie verschiedene Werte ausprobieren, bis Sie den richtigen gefunden haben.

Den Tastaturpuffer vergrößern Sie im Unterschlüssel KeyboardDataQueueSize von HKEY_LOCAL_MACHINE\SYSTEM\CurrentControlSet\Services\Kbdclass\Parameters. Auch er ist standardmäßig auf 100 (hexadezimal 64) eingestellt. Wenn Sie die Zahl erhöhen, wird der Puffer größer. Danach verlassen Sie die Registrierung und starten den Computer neu. Auch hier gilt, dass man ein wenig herumprobieren muss, ehe man die richtige Einstellung gefunden hat.

Mit .reg-Dateien die Registrierung sicher ändern

Sparen Sie sich die Mühe und Gefahren unmittelbarer Eingriffe in die Registrierung und verwenden Sie stattdessen die *.reg*-Dateien.

Bei Eingriffen in die Registrierung können kleine Fehler große Folgen haben. Vielleicht bearbeiten Sie aus Versehen den falschen Schlüssel, setzen einen falschen Wert ein oder nehmen irgendwelche Änderungen vor, ohne es im Gewirr der Schlüssel überhaupt zu bemerken. Doch die Registrierung verzeiht nichts. Sie macht keine Sicherungen, und wenn Sie nicht selbst eine Sicherung anlegen, wie in »Bessere Registrierungs-Sicherungen« **[Hack #86]** beschrieben, haben Sie die geänderten Einstellungen am Hals.

Außerdem sind direkte Eingriffe in die Registrierung fehleranfälliger, wenn die Änderungen an mehreren Stellen zugleich vorgenommen werden, da Sie sich nicht alle Änderungen auf einmal anschauen können.

Es gibt eine Lösung für beide Probleme: Bearbeiten Sie die Registrierung mit *.reg*-Dateien. Diese Dateien enthalten reinen ASCII-Text, werden mit einem Editor angelegt und lassen sich mit der Registrierung zusammenführen, um Änderungen vorzunehmen. Sie können eine *.reg*-Datei ganz neu erstellen oder aus einem Teil der Registrierung exportieren, um sie nach einer Bearbeitung wieder zu importieren. Besonders nützlich sind *.reg*-Dateien, wenn man die Registrierung auf mehreren Computern in gleicher Weise ändern möchte oder direkte Eingriffe scheut.

Zudem sollten Sie überlegen, ob Sie nicht *.reg*-Dateien anlegen sollten, um die Teile der Registrierung zu kopieren, die Sie mit dem Registrierungs-Editor bearbeiten möchten. Wenn Ihnen im Registrierungs-Editor **[Hack #83]** ein Fehler unterläuft, können Sie immer noch die alte Version wiederherstellen, indem Sie die *.reg*-Datei mit der Registrierung zusammenführen. Auch für Suchen-und-Ersetzen-Operationen auf Teilen der Registrierung sind *.reg*-Dateien nützlich, da der Registrierungs-Editor diese Funktionalität nicht enthält. Sie können in Ihrem Texteditor mit Suchen und Ersetzen arbeiten und die geänderte Datei dann wieder mit der Registrierung zusammenführen.

Um aus einem bestehenden Teil der Registrierung eine *.reg*-Datei zu machen, rufen Sie den Registrierungs-Editor auf, markieren den zu exportierenden Schlüssel oder Teil der Registrierung und wählen DATEI → EXPORT. Wählen Sie einen Namen und einen Speicherort für die Datei. So können Sie einen einzelnen Schlüssel, einen Zweig, eine Struktur oder sogar die gesamte Registrierung exportieren. Im Folgenden sehen Sie ein Beispiel einer *.reg*-Datei, die aus dem Zweig HKEY_CURRENT_USER\Control Panel\Accessibility erstellt wurde:

```
Windows Registry Editor Version 5.00
[HKEY_CURRENT_USER\Control Panel\Accessibility]
[HKEY_CURRENT_USER\Control Panel\Accessibility\Blind Access]
"On"="0"
[HKEY_CURRENT_USER\Control Panel\Accessibility\HighContrast]
"Flags"="126"
"High Contrast Scheme"="High Contrast Black (large)"
[HKEY_CURRENT_USER\Control Panel\Accessibility\Keyboard Preference]
"On"="0"
[HKEY_CURRENT_USER\Control Panel\Accessibility\Keyboard Response]
"AutoRepeatDelay"="1000"
"AutoRepeatRate"="500"
"BounceTime"="0"
"DelayBeforeAcceptance"="1000"
"Flags"="126"
[HKEY_CURRENT_USER\Control Panel\Accessibility\MouseKeys]
"Flags"="62"
"MaximumSpeed"="80"
"TimeToMaximumSpeed"="3000"
[HKEY_CURRENT_USER\Control Panel\Accessibility\SerialKeys]
[HKEY_CURRENT_USER\Control Panel\Accessibility\ShowSounds]
"On"="0"
[HKEY_CURRENT_USER\Control Panel\Accessibility\SoundSentry]
"Flags"="2"
"FSTextEffect"="0"
"WindowsEffect"="1"
[HKEY_CURRENT_USER\Control Panel\Accessibility\StickyKeys]
"Flags"="510"
[HKEY_CURRENT_USER\Control Panel\Accessibility\TimeOut]
"Flags"="2"
"TimeToWait"="300000"
[HKEY_CURRENT_USER\Control Panel\Accessibility\ToggleKeys]
"Flags"="62"
```

Eine *.reg*-Datei wird wie jede beliebige Textdatei bearbeitet. Wie Sie sehen, fängt die erste Zeile der *.reg*-Datei mit Windows Registry Editor Version 5.00 an. Ändern Sie das nicht! Windows XP verwendet diesen Eintrag, um sich zu vergewissern, dass diese Datei wirklich Registrierungsdaten enthält. Bei älteren Windows-Versionen sah diese erste Zeile anders aus; bei Windows 95/98/Me und Windows NT 4 lautete sie entweder REGEDIT4 oder Registry Editor 4.

Die Namen der Registrierungs-Unterschlüssel stehen in eckigen Klammern und enthalten den vollständigen Pfad des Unterschlüssels, etwa [HKEY_CURRENT_USER\Control Panel\Accessibility\Keyboard Response] in unserem Beispiel. Hinter jedem Unterschlüssel stehen die Unterschlüsselwerte und -daten. Beides steht in Anführungszeichen. Im Folgenden sehen Sie einen kompletten Unterschlüsselabschnitt einschließlich Werten und Daten:

```
[HKEY_LOCAL_MACHINE\SYSTEM\CurrentControlSet\Services\Mouclass]
"ErrorControl"=dword:00000001
"Group"="Pointer Class"
"Start"=dword:00000001
```

```
"Tag"=dword:00000001
"Type"=dword:00000001
"DisplayName"="Mouse Class Driver"
```

Wie Sie sehen, stehen Daten von Zeichenfolgenwerten (String-Werten) in Anführungszeichen, DWORD-Werte hingegen haben ein dword: am Anfang und keine Anführungszeichen. Vor Binärwerten steht ein hex:, und auch sie haben keine Anführungszeichen.

Jetzt können Sie die Daten bearbeiten und die Datei speichern. Haben Sie die Änderungen vorgenommen, importieren Sie die Datei wieder in die Registrierung, indem Sie im Registrierungs-Editor DATEI → IMPORTIEREN wählen. Noch einfacher geht es, wenn Sie einfach auf die Datei doppelklicken. Dann fragt XP, ob Sie sie importieren möchten, und wenn Sie mit »Ja« antworten, importiert XP die Datei und nimmt die Änderungen an der Registrierung vor. Das ist zunächst wenig intuitiv und verwirrend: Man könnte annehmen, dass ein Doppelklick die Datei zur Bearbeitung öffnen würde. Doch in diesem Fall führt der Doppelklick die Datei mit der Registrierung zusammen. Um eine .reg-Datei zu öffnen, rufen Sie einen Texteditor auf und öffnen sie mit diesem Editor. Alternativ können Sie auch mit der rechten Maustaste auf die .reg-Datei klicken und BEARBEITEN wählen.

> Da ein Doppelklick auf eine Datei diese wieder mit der Registrierung verschmilzt, kann es leicht passieren, dass Sie die Registrierung versehentlich ändern, obwohl Sie eigentlich nur eine .reg-Datei bearbeiten wollten. Wie man sich davor schützt, erfahren Sie weiter unten in diesem Hack.

Mit .reg-Dateien Registrierungsschlüssel und -werte löschen

Sie können eine .reg-Datei nicht nur verwenden, um neue Schlüssel anzulegen oder vorhandene zu ändern, sondern auch, um Schlüssel und Werte zu löschen. Um mit Hilfe einer .reg-Datei einen Schlüssel zu löschen, setzen Sie ein Minuszeichen vor seinen Namen:

```
-[HKEY_CURRENT_USER\Control Panel\Accessibility\Keyboard Response]
```

Sobald Sie die .reg-Datei importieren, wird dieser Schlüssel gelöscht. Doch ehe Sie auf diese Weise einen Schlüssel löschen können, müssen Sie zuerst alle seine Unterschlüssel gelöscht haben.

Auch den Wert eines Schlüssels können Sie mit einer .reg-Datei löschen, indem Sie hinter das Gleichheitszeichen ein Minuszeichen setzen:

```
"BounceTime"=-
```

Wenn Sie das in die Registrierung importieren, wird der Wert gelöscht, aber der Schlüssel bleibt erhalten.

Die Registrierung schützen: Ändern Sie das Standardverhalten bei einem Doppelklick auf eine .reg-Datei

Wie weiter oben in diesem Hack bereits erwähnt wurde, wird eine *.reg*-Datei mit einem Doppelklick nicht etwa zur Bearbeitung geöffnet, sondern ohne weitere Nachfragen mit der Registrierung zusammengeführt. Das kann zu ernsthaften Problemen führen, wenn man die Datei eigentlich nur bearbeiten wollte und sie instinktiv mit dem Doppelklick wie jede andere Datei in XP auch geöffnet hat. Doch jetzt wird stattdessen ihr gesamter Inhalt in die Registrierung gespült und verursacht Änderungen, die man gar nicht beabsichtigt hatte.

Um diese Gefahr zu bannen, können Sie die Standardaktion bei einem Doppelklick auf eine *.reg*-Datei so ändern, dass sie in einem Editor zur Bearbeitung geöffnet wird. Wählen Sie im Windows Explorer EXTRAS → ORDNER-OPTIONEN → DATEITYPEN, um das Dialogfeld DATEITYPEN zu öffnen, markieren Sie den REG-Eintrag und klicken Sie auf ERWEITERT. Markieren Sie jetzt die Aktion EDIT und klicken Sie auf die Schaltfläche ALS STANDARD. Die Aktion EDIT müsste nun in Fettdruck erscheinen. Klicken Sie auf OK.

Den Standardeditor für .reg-Dateien wechseln

Der XP-eigene Editor Notepad ist eigentlich der Standardeditor für *.reg*-Dateien. Doch wenn Sie lieber einen anderen Editor verwenden möchten, können Sie diesen als Standardprogramm einsetzen. Halten Sie sich zunächst an die Anweisungen aus dem vorigen Abschnitt, um das Dialogfeld DATEITY-PEN zu öffnen und die EDIT-Aktion des REG-Eintrags zu markieren. Klicken Sie dann auf die Schaltfläche BEARBEITEN und geben Sie den vollständigen Pfad und Dateinamen des Texteditors ein, den Sie in Zukunft verwenden möchten. Zum Abschluss schreiben Sie %1. Ein Beispiel:

```
C:\Programme\TextPad 4\TextPad.exe %1
```

Klicken Sie dann zweimal auf OK.

Bearbeiten Sie *.reg*-Dateien nie mit einer Textverarbeitung wie Word (es sei denn, Sie *stellen absolut sicher*, dass sie als einfache Textdatei gespeichert werden). Textverarbeitungen fügen nämlich Codes hinzu, die die Registrierung nicht verstehen kann. Verwenden Sie einen einfachen Editor wie Notepad.

Bessere Registrierungs-Sicherungen

Katastrophen lassen sich durch Sicherungen der Registrierung vermeiden:
Auf diese Weise kann man immer auf eine saubere Kopie zurückgreifen.

Die Registrierung verzeiht nichts. Jede Änderung ist von Dauer. Eine Funktion zum Rückgängigmachen sucht man vergebens. Um die Registrierung wieder in einen brauchbaren Zustand zurückzuversetzen, müssen Sie sie erneut bearbeiten und alle komplizierten Änderungen, die Sie vorgenommen haben, im Gedächtnis behalten – wenn Sie das können. Anders als die meisten anderen Windows-Anwendungen fragt der Registrierungs-Editor nicht nach, ob Sie die Änderungen speichern möchten. Sobald die Änderung eingegeben ist, ist sie festgeschrieben. Um es mit den Worten von F. Scott Fitzgerald zu sagen: Bei Eingriffen in die Registrierung gibt es keine zweite Chance.

Daher müssen Sie Vorkehrungen treffen, um die Registrierung zu sichern und zu gewährleisten, dass Sie sie notfalls in ihren vorherigen Zustand zurückversetzen können. Am besten erstellen Sie vor jeder Bearbeitung der Registrierung eine Sicherung. Kopien der Registrierung sollten Sie nicht nur anlegen, um sich vor ungewollten Änderungen zu schützen, sondern auch, um sich gegen Systemabstürze zu wappnen bzw. das System danach wiederherstellen zu können.

Die besten Möglichkeiten zur Sicherung der Registrierung sind folgende:

Systemwiederherstellung
Sie ist die einfachste Möglichkeit zur Sicherung und Wiederherstellung der Registrierung. Die Systemwiederherstellung macht einen Snapshot vom gesamten System einschließlich der Registrierung und ermöglicht es Ihnen später, Ihr System in den Zustand des Snapshots zurückzuversetzen. Um vor einer Bearbeitung der Registrierung die Systemwiederherstellung zu benutzen, wählen Sie START → SYSTEMSTEUERUNG → LEISTUNG UND WARTUNG → SYSTEMWIEDERHERSTELLUNG und folgen den Anweisungen des Assistenten, um einen Wiederherstellungspunkt anzulegen. Wenn Sie dann nach einem Eingriff in die Registrierung den vorherigen Zustand wiederherstellen möchten, rufen Sie abermals den Assistenten auf.

Sicherungsprogramm
Auch mit dem Sicherungsprogramm von Windows lässt sich die Registrierung sichern und wiederherstellen.

Starten Sie das Sicherungsprogramm mit START → ALLE PROGRAMME → ZUBEHÖR → SYSTEMPROGRAMME → SICHERUNG. Es öffnet sich der Sicherungs- oder Wiederherstellungs-Assistent, auf dessen Willkommensbild-

schirm Sie auf ERWEITERTER MODUS klicken, um das SICHERUNGSPRO-
GRAMM aufzurufen. Darin wählen Sie SICHERUNGS-ASSISTENT (ERWEI-
TERT) und, wenn Sie auf den Bildschirm ZU SICHERNDE DATEN kommen,
die Option NUR DIE SYSTEMSTATUSDATEIEN SICHERN. Danach halten Sie
sich an die Anweisungen des Assistenten. Dieser sichert zusätzlich zur
Registrierung noch andere Systemdateien, darunter die Startdateien für
XP.

> Das Sicherungsprogramm ist standardmäßig in XP Professi-
> onal installiert, aber nicht in der XP Home Edition. Wenn
> Sie die Home Edition besitzen, müssen Sie das Sicherungs-
> programm daher manuell installieren. Weitere Sicherungs-
> strategien finden Sie unter »Eine bessere Sicherungsstrate-
> gie« [Hack #96].

Wenn Sie nicht den Sicherungsassistenten verwenden, klicken Sie im
Sicherungsprogramm auf die Registerkarte SICHERN, markieren das Kontrollkästchen neben SYSTEMSTATUS und klicken danach auf SICHERUNG
STARTEN. Zur Systemwiederherstellung starten Sie das Sicherungsprogramm und klicken auf MEDIEN WIEDERHERSTELLEN UND VERWALTEN
und dann auf WIEDERHERSTELLUNG STARTEN.

Registrierungs-Editor

Auch der Registrierungs-Editor eignet sich für eine Sicherung. Möglicherweise ist das sogar die einfachste Methode, die Registrierung zu
sichern, aber zwei Registrierungsschlüssel bleiben davon ausgenom-
men: SAM und Security. Diese Schlüssel kontrollieren Passwortrichtli-
nien, Benutzerrechte und dergleichen. Wenn Sie aber kein kompliziertes
System mit vielen Benutzern eingerichtet haben, sind diese Schlüssel
nicht wirklich wichtig.

Starten Sie den Registrierungs-Editor, indem Sie Regedit in das Feld
AUSFÜHREN oder an einer Eingabeaufforderung eingeben und auf Enter
drücken. Markieren Sie ARBEITSPLATZ. Wenn Sie eine einzelne Regis-
trierungsstruktur anklicken, wird statt der gesamten Registrierung nur
diese Struktur gesichert. Wählen Sie nun DATEI → EXPORTIEREN. Es öffnet sich das Dialogfeld REGISTRIERUNGSDATEI EXPORTIEREN, das Sie in
Abbildung 9-8 sehen. Geben Sie der Datei einen Namen, suchen Sie
einen Speicherort aus und speichen Sie sie. Sicherheitshalber sollten Sie
die Sicherungen auch auf einer CD oder einem anderen Computer speichern.

Wenn Sie die Registrierung wiederherstellen müssen, führen Sie den Registrierungs-Editor aus, wählen DATEI → IMPORTIEREN und importieren
die Datei.

Abbildung 9-8: Der Dialog REGISTRIERUNGSDATEI EXPORTIEREN ermöglicht eine Sicherung der Registrierung

Änderungen der Registrierung mit RegSpy beobachten und rückgängig machen

Mit diesem hilfreichen Programm schützen Sie die Registrierung und vollziehen nach, welche Änderungen Anwendungen in ihr vorgenommen haben.

Eine hervorragende Möglichkeit zur Sicherung der Registrierung ist das Programm RegSpy: Es beobachtet und berichtet, welche Änderungen andere Anwendungen an der Registrierung vornehmen. Somit können Sie die Registrierung wiederherstellen oder das Wissen um diese Änderungen für Feineinstellungen der Programmfunktionen nutzen. Äußerst nützlich ist die Fähigkeit von RegSpy, durch Erstellung eines RollBack-Skripts für jedes Programm auch Änderungen für einzelne Programme wieder rückgängig machen zu können. Wenn Sie die Registrierung zurückrollen, setzen Sie nur die Änderungen zurück, die dieses eine Programm vorgenommen hat, nicht die anderen. Das ist der Systemwiederherstellung von Windows XP weit überlegen, da diese nur Massenänderungen vornehmen kann und keine Möglichkeit bietet, manche Änderungen zurückzurollen und andere bestehen zu lassen.

Was mir an RegSpy am besten gefällt, ist die SnapShot-Funktion: Sie legt Dateien im JavaScript- oder Visual Basic-Format an und lässt Sie alle Registrierungseingriffe Schritt für Schritt ansehen und wiederholen. So entwickeln Sie ein viel besseres Verständnis für die Änderungen, die ein Programm bei der Installation vornimmt, und sind eher in der Lage, Änderungen rückgängig zu machen oder anzupassen. Zudem gibt es tiefe Einblicke in die Registrierung: Indem Sie beobachten, welche Änderungen die verschiedenen Programme vornehmen, lernen Sie etwas über die interne Arbeitsweise der Registrierung.

RegSpy ist als Probeversion gratis, kostet aber als Vollversion $ 19,95. Sie erhalten es unter *http://www.utils32.com/regspy.htm*.

Siehe auch

- RegCleaner und Registry First Aid (Shareware von *http://www.rosecity-software.com*). Beide Programme bereinigen die Registrierung, indem sie alte und unnötige Einträge löschen.

- Der kostenlose Registry Commander hat eine Menge Funktionen, die dem Registrierungs-Editor von Windows fehlen: eine Verlaufsliste, mit der Sie zu den zuletzt bearbeiteten Schlüsseln springen können, die Möglichkeit, Schlüssel zu kopieren und einzufügen oder mit Lesezeichen zu versehen, sowie ausgefeilte Suchfunktionen. Das Programm gibt es unter *http://www.aezay.dk/aezay/regcmd*.

- Resplendent Registrar ist eine Shareware, die noch mehr Funktionen bietet, etwa Suchen und Ersetzen, eine Defragmentierung der Registrierung, einen Aktivitätsmonitor, der alle Aktivitäten in der Registrierung beobachtet, eine Funktion zum Inhaltsvergleich zweier Registrierungsschlüssel und anderes mehr. Sie können das Tool von *http://www.resplendence.com* beziehen.

KAPITEL ZEHN

Anwendungen
Hacks #88–98

Ein Betriebssystem allein macht noch keinen Computer. Es sind die Anwendungen, die die eigentliche Arbeit tun. Wenn Sie das Beste aus XP herausholen möchten, müssen Sie also die Anwendungen hacken, die darauf laufen.

Da manche älteren Programme Schwierigkeiten mit XP haben, erläutert dieses Kapitel, wie man scheinbar inkompatible Programme auch unter diesem Betriebssystem ans Laufen bringt. Außerdem erfahren Sie, wie Anwendungen und Einträge entfernt werden, die selbst nach einer Deinstallation einfach nicht verschwinden wollen. Hinzu kommen Tricks, um Anwendungen schneller zu starten und besser an die eigenen Bedürfnisse anzupassen, und Tipps, wie man Microsoft-Office-Dokumente erzeugt und öffnet, ohne gleich einen Haufen Geld in Office zu investieren.

 HACK #88 Widerspenstige Anwendungen und Uninstall-Einträge entfernen

Die Deinstallation von Programmen kann selbst mit den integrierten Deinstallationsfunktionen schwieriger werden als erwartet. Denn niemals geht man so ganz; in der Registrierung und auf der Festplatte bleiben Spuren dieser Programme zurück. Wie Sie auch diese entfernen, erfahren Sie hier.

Das Entfernen von Programmen kann eine knifflige Angelegenheit werden. Dabei scheint es zunächst so einfach: Man wählt START → SYSTEMSTEUERUNG → SOFTWARE → PROGRAMME ÄNDERN ODER ENTFERNEN, sucht im Dialogfeld SOFTWARE das Programm heraus und klickt auf ENTFERNEN.

Doch jede Deinstallationsroutine ist nur so gut, wie ihr Programmierer sie gemacht hat. Und das bedeutet, dass Programme immer wieder ihre Spuren hinterlassen, selbst wenn man sie deinstalliert hat. Dazu gehören DLLs, die bei jedem Start von Windows geladen werden, und Registrierungseinträge, die auch nach dem Entfernen des Originalprogramms an Ort und Stelle bleiben. In beiden Fällen leidet Ihre Systemleistung, weil Ressourcen für Programme geladen werden, die gar nicht mehr vorhanden sind. Sogar überflüssige Dateien und Ordner, die nur Speicherplatz fressen, gehören zur Hinterlassenschaft.

Sie können jedoch einiges dafür tun, dass diese unbotmäßigen Anwendungen verschwinden:

- Starten Sie nach der Deinstallation den Registrierungs-Editor [Hack #83], durchsuchen Sie die Registrierung nach Schlüsseln und Werten, die das Programm zurückgelassen hat, und löschen Sie diese. Oft finden Sie Programmeinstellungen unter HKEY_LOCAL_MACHINE\SOFTWARE\Hersteller\Programmname, wobei Hersteller das Softwarehaus ist, aus dem das Programm stammt, und Programmname – na, Sie wissen schon. (Dies müssen Sie insbesondere für Häuser beachten, die mehrere Produkte vertreiben, wie etwa Symantec oder Adobe). Bevor Sie etwas löschen, sollten Sie sicherheitshalber eine Sicherung der Registrierungsschlüssel anlegen [Hack #86].

- Bevor Sie die Anwendung deinstallieren, schauen Sie auf Ihrer Festplatte nach, wo das Programm seine Dateien und Ordner speichert. Nach der Deinstallation gehen Sie an diese Speicherorte und löschen die verbliebenen Dateien, falls das noch nicht geschehen ist. Oft finden Sie die Dateien unter C:\Programme\<Hersteller>\<Programmname>.

- Nach der Deinstallation vergewissern Sie sich, dass beim Hochfahren kein Teil des Programms mehr geladen wird. Dazu müssen Sie die Einträge des Programms aus HKEY_LOCAL_MACHINE\SOFTWARE\Microsoft\Windows\CurrentVersion\Run und HKEY_CURRENT_USER\SOFTWARE\Microsoft\Windows\CurrentVersion\Run löschen.

- Erstellen Sie einen Wiederherstellungspunkt, um das System wieder in den Zustand zurückversetzen zu können, den es vor der Deinstallation des Programms hatte. Dazu wählen Sie SYSTEMSTEUERUNG → LEISTUNG UND WARTUNG → SYSTEMWIEDERHERSTELLUNG und folgen den Anweisungen des Assistenten. Wenn Sie eine Anwendung ausprobieren und sich noch nicht sicher sind, ob Sie sie behalten möchten, erstellen Sie vor ihrer Installation einen Wiederherstellungspunkt. Dann können Sie, falls Sie die Anwendung verwerfen, zu diesem Wiederherstellungspunkt zurückkehren, anstatt die Deinstallationsroutine zu verwenden. Das ist gründlicher.

- Verwenden Sie RegSpy [Hack #87]. Dieses herunterladbare Programm beobachtet Änderungen, die ein Programm, wenn es installiert wird und läuft, an der Registrierung vornimmt, und ermöglicht es, diese Änderungen zurückzurollen.

Hartnäckige Uninstall-Einträge von bereits deinstallierten Programmen entfernen

Selbst nach der Deinstallation verbleiben manche Programmeinträge aus unerfindlichen Gründen im Dialogfeld SOFTWARE. Mit der Zeit vergisst man, welche Programme man deinstalliert hat und welche nicht. Dann nimmt man auf Grund der Einträge an, die Programme seien noch vorhanden, versucht, sie zu deinstallieren, und erhält eine Fehlermeldung. Dabei lassen sich die Einträge ganz leicht entfernen.

Als Erstes versuchen Sie das Programm im Dialogfeld SOFTWARE zu entfernen. Lässt es sich nicht deinstallieren, starten Sie den Registrierungs-Editor und öffnen \HKEY_LOCAL_MACHINE\SOFTWARE\Microsoft\Windows\CurrentVersion\Uninstall. Suchen Sie den Eintrag des unbotmäßigen Programms und löschen Sie ihn. In manchen Fällen steht dort nicht der Programmname, sondern ein Eintrag der Art {3075C5C3-0807-4924-AF8F-FF27052C12AE}. In diesem Fall öffnen Sie den Unterschlüssel DisplayName: Er sollte den Programmnamen preisgeben. In diesem Fall handelt es sich um Norton Antivirus 2002. Wenn Sie den richtigen Eintrag gefunden haben, löschen Sie ihn. Machen Sie aber zur Sicherheit vorher eine Sicherungskopie der Registrierungsschlüssel [Hack #86].

Zugriff auf bestimmte Microsoft-Programme unterbinden

Microsoft musste in einem kartellrechtlichen Verfahren einem Vergleich zustimmen, nach dem auch andere als Microsoft-Programme für bestimmte Zwecke als Standardprogramme eingesetzt werden können. Dazu zählen E-Mail-Programme, Webbrowser und Programme für digitale Unterhaltungsmedien. Die Benutzer mussten eine Möglichkeit bekommen, für solche Einsatzgebiete den Zugriff auf die Microsoft-Programme zu unterbinden. Dieses Urteil erging jedoch erst lange nach Auslieferung von Windows XP, so dass viele XP-Systeme diese Möglichkeit noch nicht bieten. Doch wenn Sie eine neuere XP-Version bzw. das Windows XP Service Pack 1 (auch SP1 genannt) installiert haben, besitzt auch Ihr Betriebssystem diese Fähigkeiten.

 Ob bei Ihnen das SP1 installiert ist, stellen Sie fest, indem Sie mit der rechten Maustaste auf ARBEITSPLATZ klicken und dann EIGENSCHAFTEN wählen. Wenn Sie auf der Registerkarte ALLGEMEIN »Service Pack 1« lesen, haben Sie SP1 installiert.

Um den Zugriff auf Microsoft-Programme zu unterbinden, müssen Sie zuerst herausfinden, ob Ihr System diese Fähigkeit überhaupt hat. Wählen Sie START → SYSTEMSTEUERUNG → SOFTWARE ▸ PROGRAMME ÄNDERN ODER

ENTFERNEN und schauen Sie nach, ob das Dialogfeld SOFTWARE im linken Fenster eine Schaltfläche mit der Beschriftung PROGRAMMZUGRIFF UND -STANDARDS FESTLEGEN hat, denn damit können Sie den Zugriff auf Microsoft-Programme unterbinden. Klicken Sie auf die Schaltfläche, erhalten Sie drei Optionen zur Auswahl: MICROSOFT WINDOWS, NICHT-MICROSOFT und BENUTZERDEFINIERT. Weitere Informationen erhalten Sie, wenn Sie auf den nach unten gerichteten Doppelpfeil klicken.

Wenn Sie MICROSOFT WINDOWS wählen, werden weiterhin Microsoft-Programme als Web-Browser, E-Mail-Programm, Instant Messenger, digitale Unterhaltungsprogramme und für den Zugriff auf Java-Anwendungen eingesetzt. Wählen Sie NICHT-MICROSOFT, werden die Programme zum Standard auserkoren, die Ihr Computerhersteller auf Ihrem PC installiert hat. Klicken Sie auf BENUTZERDEFINIERT, können Sie aus allen Microsoft- und Nicht-Microsoft-Programmen auswählen, wie Abbildung 10-1 zeigt.

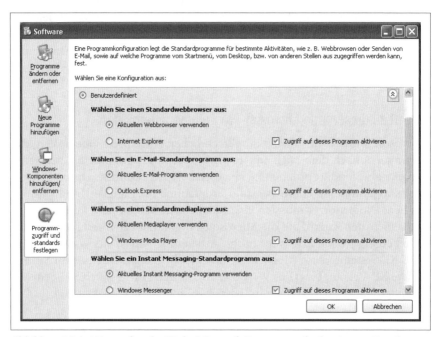

Abbildung 10-1: Microsoft- oder Nicht-Microsoft-Programme für bestimmte Zwecke auswählen

Denken Sie daran, dass »Zugriff unterbinden« nicht dasselbe ist wie »Deinstallieren«. Es bedeutet lediglich, dass das Programmsymbol entfernt wird. Wenn Sie beispielsweise den Zugriff auf den Internet Explorer entfernen, wird er deswegen nicht gleich von der Festplatte gelöscht, sondern es wird nur sein Symbol entfernt. Außerdem müssen Sie wissen, dass nicht alle Programme für E-Mail, Instant Messaging, digitale Unterhaltung und Web-Browsing auf den Listen der Nicht-Microsoft-Programme oder benutzerdefinierten Programme auftauchen. Daher ist es gut möglich, dass Sie manche Programme auf diesem Bildschirm nicht als Standardprogramme einstellen können.

Aus alledem folgt, dass sich PROGRAMMZUGRIFF UND -STANDARDS FESTLEGEN am ehesten dafür eignet, die Symbole für bestimmte Microsoft-Programme zu entfernen. Sonst taugt es nicht viel.

Siehe auch

- »XP-Programme entfernen« [Hack #15]

XP-inkompatible Anwendungen ans Laufen bringen

Werfen Sie Ihre alten Programme nicht gleich weg! Mit diesen Hacks bringen Sie sie auch unter XP ans Laufen.

Manche älteren Programme, darunter Spiele oder Anwendungen, die speziell für ältere Windows-Versionen geschrieben wurden, laufen unter XP schlecht oder gar nicht. Aber Sie können eine Menge dafür tun, dass sie wieder funktionieren: Es gibt unter anderem einen automatischen Kompatibilitätsassistenten und ein wenig bekanntes Microsoft-Tool, um diese Probleme zu lösen.

Der Kompatibilitätsassistent

Wenn Sie ein Programm haben, das mit XP nicht harmoniert, sollten Sie als Erstes die einfachste Lösung ausprobieren: den Kompatibilitätsassistenten. Wählen Sie START → HILFE UND SUPPORT → BEHEBEN EINES PROBLEMS → ANWENDUNGS- UND SOFTWAREPROBLEME → EINEN FEHLER BEHEBEN → ÄLTEREN PROGRAMMEN ERMÖGLICHEN, UNTER WINDOWS XP AUSGEFÜHRT ZU WERDEN, scrollen Sie nach unten und klicken Sie auf PROGRAMMKOMPATIBILITÄTS-ASSISTENT.

Sie werden dann aufgefordert, das inkompatible Programm auszuwählen, und müssen eine Reihe von Fragen beantworten, etwa für welches Betriebssystem das Programm geschrieben wurde oder auf welchem es zuletzt lief oder welche Bildschirmauflösung dafür empfohlen wird. Abbildung 10-2 zeigt den Assistenten in Aktion. Wenn Sie alles beantwortet haben, wendet der Assistent die Einstellungen auf das Programm an und versucht es auszuführen. Wenn die Einstellungen funktionieren, können Sie den Assistenten anweisen, das Programm immer mit diesen Einstellungen zu starten. Funktioniert es nicht, können Sie so lange andere Einstellungen ausprobieren, bis es läuft.

In manchen Fällen lässt sich ein Programm auf dem Computer gar nicht erst installieren. Dann müssen Sie den Kompatibilitätsassistenten auf dem Installations- oder Setup-Programm ausführen, das meistens *Setup.exe* heißt. Nach der Installation sehen Sie nach, ob das Programm gut läuft. Wenn nicht, führen Sie den Assistenten abermals aus, aber dieses Mal auf dem installierten Programm.

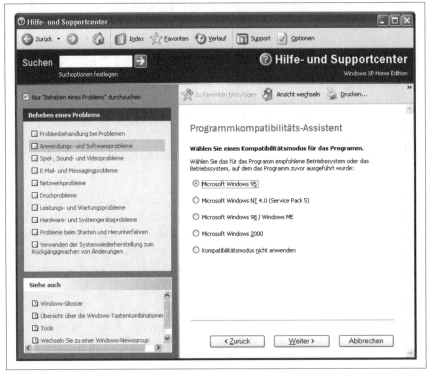

Abbildung 10-2: Der Kompatibilitätsassistent

Wenn Sie etwas gegen Assistenten haben, gibt es auch noch eine andere Möglichkeit, die Kompatibilität zu beeinflussen. Klicken Sie mit der rechten Maustaste auf die Programmverknüpfung und wählen Sie EIGENSCHAFTEN → KOMPATIBILITÄT. Es erscheint das Dialogfeld aus Abbildung 10-3, auf dem Sie die Kompatibilitätseinstellungen manuell konfigurieren können. Es bietet die gleichen Einstellungen wie der Assistent. Eventuell müssen Sie etwas herumprobieren, bis Sie die funktionierenden Einstellungen gefunden haben.

Ganz unten auf der in Abbildung 10-3 gezeigten Registerkarte kann man ERWEITERTE TEXTDIENSTE FÜR DIESES PROGRAMM deaktivieren. Da diese Einstellung nur für Spracherkennungs- und Textdienste da ist, können Sie sie für die betreffende Anwendung ausschalten, sofern Sie darin solche Dienste nut-

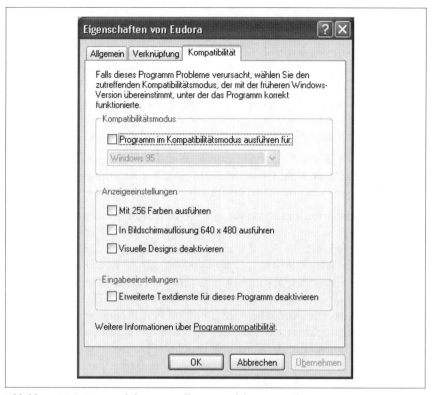

Abbildung 10-3: Kompatibilitätseinstellungen auf der Registerkarte KOMPATIBILITÄT

zen. Vielleicht funktioniert es dann. Wenn die Anwendung solche Dienste nicht verwendet, brauchen Sie sich um diese Einstellung nicht weiter zu kümmern.

Wenn der Kompatibilitätsassistent nichts nützt, versuchen Sie Folgendes:

1. Schauen Sie auf der Website des Softwareherstellers nach, ob ein Update oder Patch erhältlich ist.

2. Schauen Sie unter START → SYSTEMSTEUERUNG → WINDOWS UPDATE nach, ob dort eine Lösung für Ihr Problem schlummert.

3. Aktualisieren Sie Ihre Sound- und Videokartentreiber, indem Sie von den Hersteller-Websites die neuen Treiber herunterladen.

4. Ist das Sorgenkind ein Game, das DirectX benutzt, rüsten Sie auf die neuste Version von DirectX auf, indem Sie in *http://www.microsoft.com/downloads/* auf DirectX klicken oder DirectX suchen.

Das Application Compatibility Toolkit

Wenn der Assistent nicht funktioniert, benötigen Sie ein mächtigeres Tool: das wenig bekannte, kostenlose Microsoft-Programm Application Compatibility Toolkit. Es setzt automatisch hunderte von Programmen so in Stand, dass sie wieder unter XP laufen. Sie finden dieses Tool im Verzeichnis *\Support\Tools* der XP-CD. Noch besser ist es, Sie laden es von *http://www. microsoft.com/windows/appcompatibility/default.mspx* herunter, da im Internet immer die neusten Versionen zur Verfügung stehen.

Bevor Sie das Toolkit installieren, müssen Sie Ihren Virenscanner ausschalten. Das Programm ändert eine Vielzahl von Registrierungseinträgen und wird deshalb von Virenscannern oft für ein bösartiges Skript gehalten.

Nach der Installation brauchen Sie gar nichts weiter zu tun, um Ihre Programme zu reparieren: Alle Arbeit erledigt der Analyzer. Doch auch er kann nicht jedes Programm in Stand setzen: Um zu sehen, ob Ihres nun wieder funktioniert, müssen Sie zu *C:\Programme\Microsoft Windows Application Compatibility Toolkit\Applications\Compatibility Administrator* gehen, die Datei *Compatadmin.exe* ausführen und dann in *\System Database\Applications* hineinschauen. Dort sehen Sie hunderte von Programmen aufgelistet, die das Toolkit repariert hat. Scrollen Sie die Liste herunter und sehen Sie nach, ob Ihr Sorgenkind dabei ist und welche Reparaturen das Toolkit vorgenommen hat. Abbildung 10-4 zeigt, wie das Programm die Musiksoftware *MusicMatch Jukebox* wieder in Stand gesetzt hat.

Siehe auch

- »Älteren Programmen die XP Common Controls aufzwingen« [Hack #90]

Älteren Programmen die XP Common Controls aufzwingen

Ältere Windows-Programme sehen in XP antiquiert aus, weil ihnen die neuen Schaltflächen- und Kontrollkästchendesigns fehlen. Hier erfahren Sie, wie Sie diesen Missstand beheben.

Wenn Sie unter XP ein älteres Programm ausführen, setzt das Betriebssystem es in einen XP-gemäßen Rahmen mit abgerundeten Titelleisten, aber ansonsten verwendet das Programm noch die alte Benutzeroberfläche. Doch auch solchen Programmen kann man die modernen Common Controls von XP (beispielsweise für Schaltflächen und Kontrollkästchen) aufzwingen. Dazu müssen Sie eine Manifestdatei (eine speziell formatierte XML-Datei) anlegen und diese im selben Verzeichnis speichern, in dem auch die ältere Datei liegt.

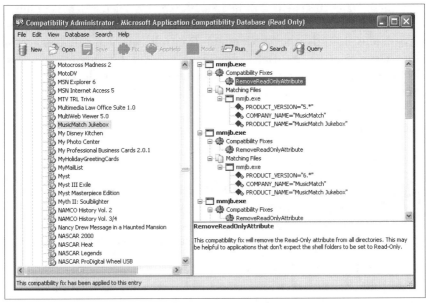

Abbildung 10-4: Das Application Compatibility Toolkit

Beispiel 10-1 zeigt, wie Sie die Manifestdatei schreiben. Unter *Beschreibung des Programms* geben Sie eine Beschreibung, unter *Programmname* den Namen des Programms ein.

Beispiel 10-1: Eine .manifest-Datei anlegen

```
<?xml version="1.0" encoding="UTF-8" standalone="yes"?>
<assembly xmlns="urn:schemas-microsoft-com:asm.v1" manifestVersion="1.0">
<assemblyIdentity
    version="1.0.0.0"
    processorArchitecture="X86"
    name="Programmname"
    type="win32"
/>
<description>Beschreibung des Programms</description>
<dependency>
    <dependentAssembly>
        <assemblyIdentity
            type="win32"
            name="Microsoft.Windows.Common-Controls"
            version="6.0.0.0"
            processorArchitecture="X86"
            publicKeyToken="6595b64144ccf1df"
            language="*"
        />
    </dependentAssembly>
</dependency>
</assembly>
```

Um diese Datei zu erstellen, öffnen Sie Notepad, kopieren den Text hinein und speichern sie im selben Ordner, in dem auch die ausführbare Datei des Programms liegt, das die XP Common Controls benutzen soll. Nennen Sie Ihre Datei wie die *.exe*-Datei, allerdings mit der Erweiterung *.manifest*. Wenn die Executable des Programms *altesprogramm.exe* heißt, heißt Ihre Manifestdatei *altesprogramm.exe.manifest*.

Siehe auch

- »XP-inkompatible Anwendungen ans Laufen bringen« [Hack #89]

HACK #91 Anwendungen mit Befehlszeilen-Verknüpfungen starten

Mit Verknüpfungen, Parametern und Optionen können Sie Programme bequem auf der Befehlszeile starten und ihre Funktionen beeinflussen.

Windows ist ein grafisches Betriebssystem, doch die schönen Symbole, Menüs und Schaltflächen sind manchmal regelrechte Arbeitsverhinderer – besonders wenn man Anwendungen starten möchte.

Ich habe mit der Computerarbeit noch in der guten alten Zeit von DOS angefangen, als richtige Männer und Frauen noch keine Mäuse und Icons brauchten (meistens, weil sie gar keine Möglichkeit dazu hatten). Daher nehme ich jede Gelegenheit wahr, an der Eingabeaufforderung zu arbeiten, vor allem, wenn es mir Zeit spart und bessere Kontrolle über meinen Computer gibt.

Daher starte ich Anwendungen häufig mit Befehlszeilen-Verknüpfungen und verwende dazu auch Parameter und Optionen. Mit diesen können Sie bestimmen, wie die Programme starten. Normalerweise hat jedes Programm eigene Parameter und Optionen, aber manche funktionieren bei vielen oder allen Programmen.

Noch mehr Zeit lässt sich sparen, wenn man die Eingabeaufforderung zusammen mit Tastenkombinationen nutzt. So können Sie beispielsweise mit Strg-Alt-W Microsoft Word mit einem geöffneten, neuen Dokument starten, das auf einer bestimmten Vorlage basiert.

Tastaturkürzel zum Starten von Anwendungen

Als Erstes erstellen Sie eine Desktop-Verknüpfung zu der Anwendung, und dann passen Sie die Verknüpfung so an, dass sie die Anwendung bereits bei Drücken einer bestimmten Tastenkombination startet. Klicken Sie mit der rechten Maustaste auf den Desktop und wählen Sie NEU → VERKNÜPFUNG.

Bestimmen Sie durch manuelle Eingabe oder eine Suche den vollständigen Pfadnamen der Anwendung, zu der die Verknüpfung gehen soll, und setzen Sie diesen in Anführungszeichen, etwa: `"C:\Programme\Microsoft Office\ Office10\WINWORD.EXE"`. Klicken Sie auf WEITER und geben Sie den Namen für die Verknüpfung ein, zum Beispiel (`Einfaches Word`). Dann klicken Sie auf FERTIG STELLEN. Klicken Sie nun mit der rechten Maustaste auf die neu erstellte Verknüpfung und wählen Sie EIGENSCHAFTEN. Auf der Registerkarte VERKNÜPFUNG, die Sie in Abbildung 10-5 sehen, setzen Sie den Cursor in das Feld TASTENKOMBINATION und drücken auf die Tastenkombination, die Sie zum Starten des Programms verwenden möchten. Zulässig sind nur Kombinationen, die aus Strg-Alt, Umschalt-Alt oder Umschalt-Strg plus einer Buchstabentaste bestehen, also beispielsweise Strg-Alt-A, Umschalt-Alt-A oder Umschalt-Strg-A. In diesem Beispiel wird Strg-Umschalt-W verwendet. Nachdem Sie auf OK geklickt haben, können Sie das Programm mit der neuen Tastenkombination starten.

Abbildung 10-5: Das Dialogfeld EIGENSCHAFTEN VON WINWORD

Auf der Registerkarte VERKNÜPFUNG können Sie auf vielerlei Weise anpassen, wie sich das Programm öffnen soll. In der Dropdown-Liste AUSFÜHREN können Sie bestimmen, ob es sich in einem minimierten, maximierten oder normalen Fenster öffnet. Im Feld AUSFÜHREN IN können Sie festlegen, wo sich die Anwendung öffnen soll. Sogar den Text, der erscheint, wenn der Mauszeiger über der Verknüpfung stehen bleibt, können Sie im Feld KOMMENTAR bestimmen. Abbildung 10-6 zeigt, wie das aussieht.

Abbildung 10-6: Ein benutzerdefinierter Kommentar

Verknüpfungen mit Optionen und Parametern kombinieren

Es ist schon eine Zeitersparnis, wenn Programme sich einfach mit einer Tastenkombination starten lassen, aber auch diese Tastenkombinationen lassen sich noch verbessern. Sie können beispielsweise gleich mehrere Tastenkombinationen für Word definieren: eine, um das Programm mit einem neuen Dokument zu öffnen, das eine bestimmte Vorlage verwendet, eine, um es mit einem bestimmten, bereits vorhandenen Dokument zu starten usw.

Angenommen, Sie möchten, dass Word beim Starten automatisch bereits ein bestimmtes Dokument anzeigt, beispielsweise *Kapitel 9.doc* aus dem Ordner *C:\Hacks*. Dann geben Sie ins Feld ZIEL, zu sehen in Abbildung 10-5, Folgendes ein (alles muss auf einer Zeile stehen):

```
"C:\Programme\Microsoft Office\Office10\WINWORD.EXE" "C:\Hacks\kapitel 9.doc"
```

Dadurch bekommen Sie noch weitaus größere Kontrolle als mit einem Doppelklick auf das Dokument oder einer einfachen Verknüpfung zu ihm. Denn hiermit können Sie nicht nur einzelne Dateien öffnen, sondern auch mit Optionen genau bestimmen, *wie* sie sich öffnen. Angenommen, Sie möchten Word unter Umgehung des Startbildschirms aufrufen. Dazu verwenden Sie die Option /q, wie hier:

```
"C:\Programme\Microsoft Office\Office10\WINWORD.EXE" /q
```

Sie können die Optionen auch mit dem Öffnen einzelner Dateien kombinieren:

```
"C:\Programme\Microsoft Office\Office10\WINWORD.EXE" /q "C:\Hacks\Kapitel 9.doc"
```

Mit diesem Befehl wird das Kapitel 9 unter Umgehung des Startbildschirms geöffnet. Wenn Sie Tastenkombinationen mit diesen Optionen und dieser Syntax einsetzen, können Sie so viele benutzerdefinierte Versionen von

Office-Anwendungen erstellen, wie Sie möchten. Die Tabellen 10-1, 10-2 und 10-3 listen Optionen für die Microsoft-Anwendungen Word, Excel und PowerPoint auf.

Tabelle 10-1: Optionen für Word

Option	Wirkung
/a	Verhindert das Laden von Add-ins und globalen Vorlagen, einschließlich der Vorlage *Normal*. Sperrt die Einstellungen von Word, so dass sie nicht mehr gelesen oder geändert werden können.
/l addinpath	Lädt ein spezifisches Word-Add-in.
/m	Startet eine neue Word-Instanz, ohne AutoExec-Makros auszuführen.
/m filen	Öffnet eine Datei, die durch eine Nummer in der Liste der zuletzt geöffneten Dateien im Dateimenü näher bezeichnet ist.
/m macroname	Führt ein spezifisches Makro aus und hindert Word daran, irgendwelche anderen AutoExec-Makros auszuführen.
/n	Startet eine neue Word-Instanz, ohne ein Dokument zu öffnen. Geöffnete Dokumente werden nicht im Fenstermenü anderer Word-Instanzen zur Auswahl gestellt.
/t templatename	Startet Word mit einem neuen Dokument, das auf der angegebenen Vorlage basiert.
/w	Startet eine neue Word-Instanz mit einem leeren Dokument. Die geöffneten Dokumente erscheinen nicht im Fenstermenü anderer Word-Instanzen.
/r	Öffnet Word, nimmt eine Neuregistrierung in der Registrierung vor und schließt es dann. Diese Option verwenden Sie, wenn es Probleme mit den Einstellungen gab und Sie das Programm neu registrieren möchten. Manchmal werden bestimmte Word-Registrierungsschlüssel beschädigt. Mit dieser Option löschen Sie solche beschädigten Schlüssel und legen neue an. Damit müssten Ihre Probleme behoben sein.
/q	Startet Word ohne einen Startbildschirm.

Tabelle 10-2: Optionen für Excel

Option	Wirkung
/r arbeitsmappen-pfad/dateiname	Öffnet die angegebene Arbeitsmappe schreibgeschützt.
/e	Öffnet Excel ohne Startbildschirm und ohne neue leere Arbeitsmappe.
/m	Öffnet Excel mit einer neuen Arbeitsmappe, in der sich ein einziges Makroblatt befindet.
/p arbeitsmappenpfad	Öffnet Excel unter Verwendung des angegebenen an Stelle des standardmäßigen Pfads.
/o	Öffnet Excel und nimmt eine Neuregistrierung in der Registrierung vor. Verwenden Sie diese Option, wenn Sie Probleme mit den Excel-Einstellungen haben und das Programm neu registrieren möchten.
/regserver	Öffnet Excel, registriert es neu und schließt es dann.
/unregserver	Öffnet Excel, deregistriert es und schließt es dann.

Tabelle 10-3: Optionen für PowerPoint

Option	Wirkung
/s	Öffnet eine Präsentation im Diashowfenster.
/p	Druckt die Präsentation.
/n template_name.pot.	Erstellt eine neue Präsentation, die auf der angegebenen Vorlage basiert.

Siehe auch

* »Windows Explorer mit Befehlszeilen-Verknüpfungen steuern« [Hack #22]

HACK #92 Microsoft-Dokumente ohne MS-Office anlegen und öffnen

Im Bereich Textverarbeitung und Tabellenkalkulation ist Microsoft der Platzhirsch. Aber Sie brauchen nicht gleich hunderte von Euro in Office zu investieren, um Microsoft-Dateien zu erstellen und zu lesen. Laden Sie doch einfach eine kostenlose Office-Suite herunter.

Die Windows-Welt hat sich nun einmal auf Gedeih und Verderb auf Word und Excel als Standardprogramme für Text und Tabellen geeinigt. Doch jeder, der sich in letzter Zeit einen Computer gekauft hat, wird Ihnen bestätigen, dass das Office-Paket von Microsoft die Kosten doch ganz empfindlich in die Höhe treiben kann.

Wenn Sie mit anderen gut zusammenarbeiten möchten, müssen Sie in der Lage sein, eigene Word- und Excel-Dateien anzulegen und fremde immerhin zu lesen. Das heißt aber noch lange nicht, dass Sie sich MS-Office zulegen müssen. Es gibt sogar ein Gratis-Office-Paket zum Herunterladen, das eine Word-kompatible Textverarbeitung, eine Excel-kompatible Tabellenkalkulation und zusätzlich noch eine Bildbearbeitungs- und eine Fotoalbumsoftware enthält. Das Paket heißt *602Pro PC SUITE* und ist bei 602 Software erhältlich (*http://www.software602.com*).

Die Textverarbeitung namens *602Text* liest Word-Dokumente einschließlich aller Formatierungen und kann Dateien sogar als Word-Dokumente speichern. Die Tabellenkalkulation, *602Tab*, liest und erstellt Excel-Dateien. Es gibt zwar nicht viele Extras von Office, wie etwa die Fähigkeit, Makros zu lesen, doch immerhin eine Funktion, die sogar in Word fehlt: Wenn Sie ein Dokument öffnen oder speichern, wird die Datei in einer Miniaturdarstellung mit den ersten paar Textzeilen angezeigt (siehe Abbildung 10-7). Wenn Sie genau hinschauen, sehen Sie unten rechts in jedem Dokument ein kleines Vergrößerungsglas. Klicken Sie darauf, wird noch mehr von dem Text angezeigt. Das ist ein schönes Mittel, vorab einen Blick auf eine Datei zu werfen, um sich zu vergewissern, dass sie auch die richtige ist.

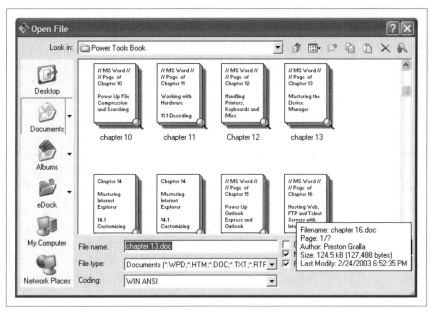

Abbildung 10-7: Datei mit 602Pro PC SUITE öffnen

Siehe auch

*   Die Office-Suite *OpenOffice.org* (*http://www.openoffice.org*) ist ebenfalls ein kostenloses Open Source-Softwarepaket, komplett mit Textverarbeitung, Tabellenkalkulation, Zeichenanwendung, Formeleditor und Präsentationssoftware. Sie öffnet und speichert Microsoft Office-Formate ebenso wie viele andere Formate. Es gibt Versionen für Windows, Macintosh, Linux und Solaris.

HACK #93 Datenklau durch verborgene Felder in Word verhindern

Verborgene Felder in Ihren Word-Dokumenten können dazu missbraucht werden, Ihren PC auszuspähen und sogar Daten zu stehlen. Das lässt sich jedoch verhindern.

Mit einem wenig bekannten Word-Trick können böse Buben Ihre privaten Informationen stehlen und sogar anderen Personen Dateizugriff auf Ihren Computer gewähren. Dazu werden Word-Felder missbraucht, die eigentlich dazu da sind, in Word-Dokumente selbstaktualisierende Daten einzufügen, beispielsweise Seitenzahlen in Kopf- oder Fußzeilen. Manche solcher Felder können verborgen werden – und weil man sie nicht sieht, weiß man nicht, was in ihnen vorgeht.

Eines dieser verborgenen Felder, IncludeText, ist im Allgemeinen nützlich, da es Word-Dokumente oder Excel-Tabellenkalkulationen in andere Word-Dokumente einfügen kann. Doch das Feld kann auch böse missbraucht werden. Angenommen, jemand sendet Ihnen ein Dokument, Sie bearbeiten es und schicken es an den Absender zurück. War ein verborgenes IncludeText-Feld mit bestimmten Dateien und ihren Speicherorten auf Ihrem PC darin, könnten diese Dateien von Ihrer Festplatte ebenfalls an den Absender des Dokuments weitergeleitet werden – ohne Ihr Wissen!

Für dieses Problem gibt es mehrere Lösungen. Eine ist ein Microsoft-Patch, der dieses Sicherheitslock flickt. Informationen und Download-Möglichkeiten gibt es unter *http://support.microsoft.com/default.aspx?scid=kb;en-us;329748*.

Eine andere Lösung besteht darin, das Gratisprogramm *Hidden File Detector* von *http://www.wordsite.com/HiddenFileDetector.html* herunterzuladen. Es fügt dem Menü EXTRAS von Word den neuen Unterpunkt DETECT HIDDEN FILES hinzu. Wenn Sie diesen Menübefehl wählen, warnt ein Dialogfeld Sie, wenn irgendwelche Dokumente durch ein Word-Feld in eine Datei eingefügt wurden, das eventuell eine Spyware sein könnte.

Sie können aber auch selbst zu Tat schreiten, indem Sie BEARBEITEN → VERKNÜPFUNGEN wählen und nachschauen, ob in Ihrem Dokument Verknüpfungen zu Dateien vorhanden sind. (Wenn nicht, ist der Menüpunkt VERKNÜPFUNGEN ohnehin ausgegraut.) Finden Sie unerwünschte Verknüpfungen, löschen Sie sie einfach.

HACK #94 Festplatte durch verbesserte Defragmentierung optimieren

Eines der einfachsten Mittel zur Beschleunigung eines PCs ist die Defragmentierung seiner Festplatte. Hier finden Sie Tipps, wie Sie die integrierte Defragmentierung von XP optimieren und mit einem fremden Programm sogar noch bessere Ergebnisse erzielen können.

Die Defragmentierung der Festplatte ist vielleicht das einfachste Mittel, um einen PC schneller zu machen und Anwendungen und Dateien rascher öffnen zu können. Dateien und Anwendungen werden, während Sie sie benutzen, in Fragmenten über die Festplatte verteilt. Wenn Sie sie dann das nächste Mal aufrufen, dauert das Öffnen länger, weil die versprengten Fragmente zuerst auf der Platte zusammengesucht und wiedervereinigt werden müssen. Eine Festplattendefragmentierung speichert Dateien und Anwendungen in zusammenhängenden Blöcken, damit sie schneller geöffnet werden können, als wenn sie über die ganze Festplatte verteilt sind.

XP verfügt über ein eingebautes Defragmentierungsprogramm, das Sie über SYSTEMSTEUERUNG → LEISTUNG UND WARTUNG → ELEMENTE AUF DER FEST-

PLATTE ANDERS ANORDNEN, DAMIT PROGRAMME SCHNELLER AUSGEFÜHRT WERDEN KÖNNEN ausführen. Doch wie fast überall gibt es auch hier Optimierungsmöglichkeiten sowie fremde Programme, die eine wirkungsvollere Defragmentierung leisten.

Startdateien defragmentieren

Eine der wichtigsten Verbesserungen der Defragmentierung von XP gegenüber den früheren Windows-Versionen besteht darin, dass XP auch Startdateien berücksichtigt und sie alle zusammenhängend speichert, um den Startvorgang zu beschleunigen. Normalerweise ist die Option DEFRAGMENTIERUNG DER STARTDATEIEN standardmäßig eingeschaltet, aber es besteht die Möglickeit, dass sie vielleicht deaktiviert oder nicht richtig eingeschaltet wurde. Mit einem Registrierungs-Hack können Sie sicherstellen, dass die Option korrekt eingeschaltet ist: Starten Sie den Registrierungs-Editor [Hack #83] und gehen Sie zu HKEY_LOCAL_MACHINE\SOFTWARE\Microsoft\Dfrg\ BootOptimizeFunction. Suchen Sie dort die Zeichenfolge Enable. Ist ihr Wert N, setzen Sie ihn auf Y. Ist er Y, lassen Sie ihn so, denn das bedeutet, dass die Startdefragmentierung eingeschaltet ist. Verlassen Sie die Registrierung und starten Sie neu. Nun werden bei der nächsten Defragmentierung auch die Startdateien einbezogen.

> Sie können auch die Auslagerungsdatei, die Ruhezustandsdatei und die Registrierungsstrukturen [Hack #83] defragmentieren. Diese Möglichkeiten bietet das Freewareprogramm *PageDefrag* (*http://www.sysinternals.com*).

Defragmentierung an der Eingabeaufforderung starten

Möglicherweise ist Ihnen die Eingabeaufforderung lieber als die grafische Benutzeroberfläche – Sie müssen sich dort nicht unbedingt durch Menüs und Dialoge klicken, um die Festplatte zu defragmentieren. (Überdies gibt Ihnen die Eingabeaufforderung eine bessere Kontrolle über die Defragmentierung, wie Sie weiter unten in diesem Hack noch sehen werden.) Um eine Festplatte zu defragmentieren, geben Sie an einer Eingabeaufforderung defrag C: ein, wobei C der Laufwerkbuchstabe der zu defragmentierenden Festplatte ist. Wenn Sie die Eingabeaufforderung benutzen, sehen Sie jetzt eine visuelle Darstellung des Defragmentierungsprozesses. Diesen können Sie nicht anhalten oder abbrechen.

defrag arbeitet zudem unsichtbar im Hintergrund, um zu gewährleisten, dass Ihre Programme schneller geladen werden. Es ist so eingerichtet, dass es alle drei Tage, wenn Ihr Computer sonst nichts tut, Programmcode in die äußeren Regionen der Festplatte verschiebt, damit die Programme schneller hochfahren. Dies können Sie auch manuell mit der Option –b veranlassen, ohne eine komplette Defragmentierung durchführen zu müssen:

```
defrag C: -b
```

Diese Aufgabe erledigt defrag in ein paar Minuten, während eine vollständige Defragmentierung leicht 20 Minuten oder mehr in Anspruch nehmen kann, je nachdem, wie defragmentiert Ihr System und wie schnell Ihre Festplatte ist.

defrag kennt noch weitere Befehlszeilen-Optionen:

/A   Analysiert das zu defragmentierende Laufwerk und zeigt einen Kurzbericht an, der die Größe der Festplatte und ihre Gesamtfragmentierung zusammenfasst. Es wird allerdings nur der Bericht angezeigt und nicht die Festplatte defragmentiert.

/V   Analysiert das zu defragmentierende Laufwerk und zeigt einen umfassenden Bericht an, in dem genau steht, wie groß die Festplatte ist und wie viel Prozent davon frei und belegt sind, wie viele Fragmente es gibt und anderes mehr. Die Option gibt den Bericht ab, defragmentiert die Festplatte und gibt einen weiteren Analysebericht über den Zustand der Festplatte nach der Defragmentierung.

/F   Erzwingt die Defragmentierung der Festplatte, auch wenn der erforderliche Mindestplatz nicht vorhanden ist. Normalerweise kann eine Festplatte nur defragmentiert werden, wenn mindestens 15 Prozent des Speicherplatzes darauf noch frei sind.

Was tun, wenn die Defragmentierung den Dienst verweigert?

Es gibt Fälle, in denen die Defragmentierung Ihr Laufwerk nicht oder nur teilweise defragmentieren kann, zum Beispiel dann, wenn Sie nicht mindestens 15 Prozent Platz darauf frei haben. Wie bereits gesagt, lässt sich dies beheben, indem man defrag C: /F an der Eingabeaufforderung eingibt, wobei C der Laufwerkbuchstabe der Festplatte ist.

Es gibt jedoch auch bestimmte Dateien und Bereiche, die die Defragmentierung ausspart: den Papierkorb, die Windows-Auslagerungsdatei, *Bootsect. dos*, *Safeboot.fs*, *Saveboot.rsv*, *Hiberfil.sys* und *Memory.dmp*. Daran lässt sich nicht viel ändern. Allerdings ist es eine gute Idee, vor einer Defragmentierung den Papierkorb zu leeren.

Oft kümmert sich die Defragmentierung beim ersten Durchlauf nicht um jede Datei. Hier gehen Sie am besten mit brutaler Gewalt vor: Lassen Sie das Programm so lange laufen, bis es auch die beim ersten Durchgang ausgesparten Dateien defragmentiert. Denken Sie daran, dass die Defragmentierung keine Dateien behandeln kann, die gerade in Bearbeitung sind: Alle

Programme müssen geschlossen werden, denn ansonsten spart die Defragmentierung vielleicht Dateien aus, weil sie von einem geöffneten Programm gerade benutzt werden. Manchmal ist ein Programm nur scheinbar heruntergefahren, läuft aber in einer Art Phantommodus weiter. Outlook tut das gern. Um wirklich sicher zu sein, dass alle Programme vor dem Start der Defragmentierung geschlossen sind, rufen Sie mit Strg-Alt-Entf oder mit einem Rechtsklick auf die Taskleiste den Task-Manager auf und schauen auf den Registerkarten ANWENDUNGEN und PROZESSE nach, ob irgendwelche Programme wie etwa Word für Windows (*Winword.exe*) oder Outlook (*Outlook.exe*) noch ausgeführt werden. Diese beiden Programme laufen nämlich manchmal sogar nach dem Beenden noch weiter.

Besorgen Sie sich ein besseres Defragmentierungsprogramm

Für die meisten Zwecke ist die Defragmentierung von XP in Ordnung. Aber wenn Sie ein Systemadministrator sind, der mehrere Computer oder sogar Server defragmentieren muss, benötigen Sie ein besseres Programm. Sogar für Einzelplatzbenutzer von XP ist eine bessere Defragmentierung sinnvoll, wenn sie die Defragmentierung nach Zeitplan durchführen oder auch solche Dateien defragmentieren möchten, mit denen das integrierte Programm von XP nichts anfangen kann. Zwei der besten Defragmentierungsprogramme für XP können vor dem Kauf kostenlos ausprobiert werden:

Diskeeper
Dieses Defragmentierungsprogramm kann eine Festplatte automatisch beim Starten defragmentieren, eine Defragmentierung zum Startzeitpunkt remote für mehrere Computer planen, Administratoren die Erstellung verschiedener Defragmentierungspläne für mehrere Computergruppen ermöglichen und Festplatten auch bei knappem Speicherplatz defragmentieren. Das Programm, das auch auf mehreren Computern leicht einsetzbar ist, kann von *http://www.execsoft.co.uk* bezogen werden. Die Probeversion lässt sich gratis herunterladen, die Vollversion kostet jedoch für einzelne Privatkunden 25,- €, für einzelne Firmenkunden 47,99 € und für mehrere Benutzer als Lizenzpaket auch mehr. Eine völlig kostenlose Version namens Diskeeper Lite Freeware ist ebenfalls erhältlich, doch diese defragmentiert immer nur eine Festplatte gleichzeitig und hat keine Planungsfunktionen.

PerfectDisk2000
Wie Diskeeper gestattet auch dieses Programm Administratoren eine planmäßige Defragmentierung mehrerer Computer in einem Netzwerk und kann Festplatten auch bei Speicherplatzknappheit noch defragmentieren. Es kommt auch mit Dateien zurecht, die das eingebaute Programm von XP nicht handhaben kann, wie beispielsweise mit der

Windows-Auslagerungsdatei, und bietet überdies eine Defragmentierung zum Startzeitpunkt. Erhältlich ist es unter *http://www.raxco.com*.
Die Probeversion ist gratis, aber die Vollversion kostet $ 44 pro Work-
station. Abbildung 10-8 zeigt die Optionen von PerfectDisk.

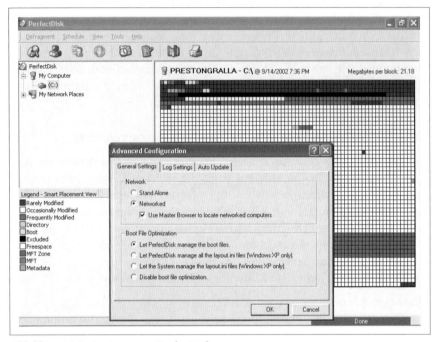

Abbildung 10-8: Optionen von PerfectDisk

Den Bildschirm mit virtuellen Desktops besser nutzen

HACK #95

Mit virtuellen Desktops lässt sich der Bildschirm weit über seine normale
Kapazität hinaus aufblasen. Überdies können Sie verschiedene Ansichten
Ihres Arbeitsbereichs kreieren.

Es kann jederzeit passieren, dass ich programmiere, Musik anhöre, Compu-
terzubehör kaufe, mit meinem GPS-System und meiner Software kämpfe,
Computerspiele mit meinem Sohn spiele oder mit meinem Verleger arbeite.
Manchmal mache ich das alles sogar gleichzeitig. Es grenzt an ein Wunder,
dass ich mich zwischen diesen ganzen Bildschirmen noch zurechtfinde.
Doch zum Glück muss ich ja nicht alles selbst organisieren.

Der *Virtual Desktop Manager* (VDM) organisiert meine Arbeit in bis zu vier
Bildschirmen, zwischen denen ich hin- und herschalten kann. VDM gehört
wie Tweak UI [Hack #8] zu den PowerToys von Microsoft.

Wenn Sie das Programm von *http://www.microsoft.com/windowsxp/pro/down-loads/powertoys.asp* herunterladen und auf Ihrem Computer installieren, fällt Ihnen zunächst nichts Neues auf. Sie müssen seine Symbolleiste aktivieren, ehe Sie es benutzen können. Dafür klicken Sie mit der rechten Maustaste auf die Taskleiste am unteren Bildschirmrand und wählen SYMBOLLEISTEN → DESKTOP MANAGER, wie in Abbildung 10-9 gezeigt.

Abbildung 10-9: Der Virtual Desktop Manager wird aktiviert

Nachdem Sie VDM aktiviert haben, erscheint auf der Taskleiste die Symbolleiste, die in Abbildung 10-10 abgebildet ist. Um zwischen mehreren Bildschirmen hin- und herzuspringen, klicken Sie auf eine der nummerierten blauen Schaltflächen. Zunächst sieht der Desktop genauso aus wie vorher, da Sie ihm noch keine Charakteristika verliehen haben.

Abbildung 10-10: Die Symbolleiste des Virtual Desktop Manager

Klicken Sie jetzt auf Schaltfläche 1 und starten Sie Ihre Textverarbeitung. Dann klicken Sie auf Schaltfläche 2 und öffnen Ihr Zeichenprogramm. Als Nächstes klicken Sie auf die Nummer 4 und öffnen Ihren Browser. Klicken Sie jetzt auf die grüne Schaltfläche mit dem Fenstersymbol darauf. Nun müsste Ihr Bildschirm etwa wie in Abbildung 10-11 aussehen. Um zu einem anderen virtuellen Desktop zu wechseln, klicken Sie einfach auf eines der vier Desktop-Bilder.

VDM ist schon ohne weitere Änderungen eine sinnvolle Ergänzung zu Windows XP. Aber wenn Sie nicht daran herumfummeln würden, wären Sie schließlich kein Hacker: Wenn Sie mit der rechten Maustaste auf eine Schaltfläche der VDM-Symbolleiste klicken, wie in Abbildung 10-12 gezeigt, können Sie VDM entsprechend Ihren Bedürfnissen konfigurieren.

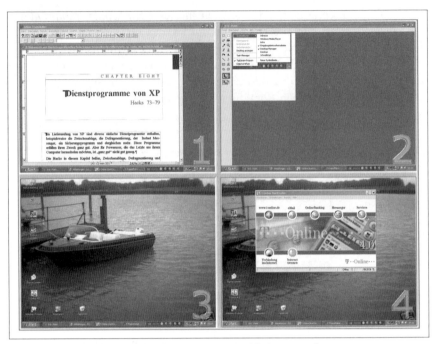

Abbildung 10-11: Die Virtual Desktop Manager-Bildschirmvorschau

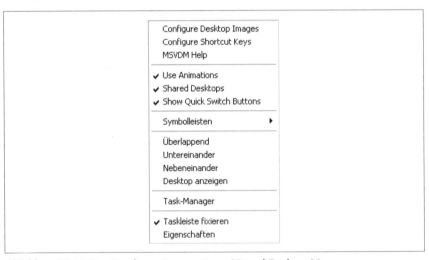

Abbildung 10-12: Das Konfigurationsmenü von Virtual Desktop Manager

Ihr Desktop hat ein Hintergrundbild, das sich nach Belieben einstellen lässt. Nach dem Kauf des Computers bzw. der Installation von XP bestand dieser Desktop-Hintergrund aus einer Landschaft mit grünen Hügeln und blauem Himmel. Da VDM vier Desktops hat, können Sie auch für jeden dieser

Desktops einen eigenen Bildschirmhintergrund einstellen. Wenn Sie aus dem Symbolleistenmenü CONFIGURE DESKTOP IMAGES wählen, sehen Sie das Dialogfeld aus Abbildung 10-13.

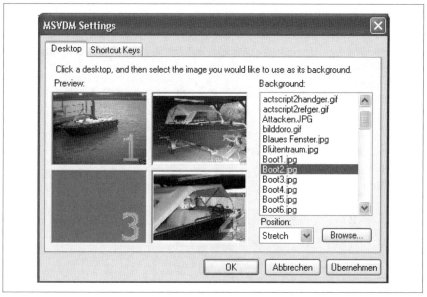

Abbildung 10-13: Virtual Desktop Manager-Hintergrundeinstellungen

Um den Hintergrund für einen virtuellen Desktop zu ändern, markieren Sie links den betreffenden Bildschirm und weisen rechts ein Hintergrundbild zu. Die Liste der Bilder stammt aus den Verzeichnissen *C:\WINDOWS\Web\ Wallpaper* und *C:\Dokumente und Einstellungen\<Ihr Name>\Eigene Dateien\Eigene Bilder*. Wenn Sie ein Bild wählen möchten, das nicht in der Liste steht, klicken Sie auf BROWSE und suchen die Bilddatei. Eventuell stellt VDM statt des Originalhintergrundbilds eine durchgängige Farbe ein, wenn Sie es erstmals ausführen. Setzen Sie es einfach auf Ihren Lieblingsbildhintergrund zurück.

Wenn Sie sich nun noch einmal Abbildung 10-13 anschauen, werden Sie feststellen, dass Desktop 3 ganz grau ist. So zeigt VDM Ihnen, dass für den betreffenden Bildschirm kein Hintergrund eingestellt wurde. Beim Aufruf dieses Bildschirms werden Sie feststellen, dass er in der Farbe angezeigt ist, die Sie in den EIGENSCHAFTEN VON ANZEIGE ausgewählt haben.

Sie können nicht nur durch Anklicken der Schaltflächen, sondern auch mit Tastenkombinationen zwischen den Desktops wechseln. Lassen Sie die Windows-Taste gedrückt (wenn Sie keine haben, können Sie die Tastenzuweisung ändern, wie unten beschrieben) und drücken Sie dann die Zifferntasten

1 bis 4, um zum jeweiligen Bildschirm zu wechseln. Den VDM-Vorschaubild-
schirm erreichen Sie, indem Sie bei gedrückter Windows-Taste auf V drücken. Um die Tastenzuweisungen für ein Hin- und Herschalten zwischen den
Desktops zu ändern, wählen Sie CONFIGURE SHORTCUT KEYS aus dem Symbolleistenmenü und benutzen das Dialogfeld aus Abbildung 10-14.

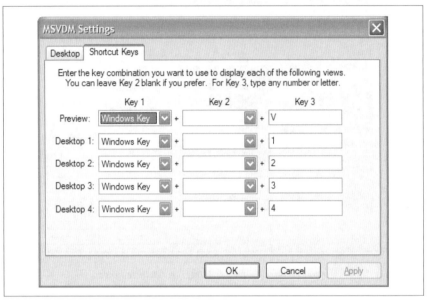

Abbildung 10-14: Tastenkombinationen für den Virtual Desktop Manager zuweisen

 Ich halte nichts davon, während der Arbeit Animationen auf
meinem Computer laufen zu lassen. Das verschwendet nur
CPU-Zyklen und meine Arbeitszeit (und zu allem Überfluss
erinnert es mich auch noch an die sprechende Büroklammer
in Word). Daher schalte ich generell alle Animationen in Windows-Desktop und Explorer aus. Wenn Sie schneller zwischen virtuellen Desktops hin- und herschalten möchten,
sollten Sie den Menüpunkt USE ANIMATIONS deaktivieren.

Betrachten Sie nun noch einmal Abbildung 10-11: Jeder Desktop hat für
jedes Programm, das gerade läuft, Schaltflächen auf der Taskleiste. VDM hat
das so eingerichtet, damit Sie laufende Programme auf allen Desktops betreiben können. Mir ist es jedoch lieber, dass jeder Desktop nur Schaltflächen
für die Programme hat, die ich darin laufen lasse. Dazu klicke ich mit der
rechten Maustaste auf der Taskleiste auf MSVDM und deaktiviere die
Option SHARED DESKTOPS.

Wenn Sie lieber mit Tastenkombinationen arbeiten und Platz auf der Taskleiste frei machen möchten, klicken Sie mit rechts auf VDM und deaktivieren den Menübefehl SHOW QUICK SWITCH BUTTONS.

Was an VDM nicht so nützlich ist, ist die Tatsache, dass es wertvollen Platz verschwendet, nur um Ihnen mitzuteilen, dass es vorhanden ist. Wenn Sie SHOW TITLE deaktivieren, verschwinden die Buchstaben MSVDM von der Symbolleiste.

Folgendes sollten Sie beim Einsatz von VDM beherzigen:

- Wenn Sie über das Dialogfeld SETTINGS ein Hintergrundbild einstellen, überschreiben die VDM-Einstellungen die Einstellungen aus dem Dialogfeld EIGENSCHAFTEN VON ANZEIGE (Ihr früheres Hintergrundbild ist dann nicht mehr ausgewählt bzw. muss neu ausgewählt werden).

- Bei Verwendung von Hintergrundbildern geht das Hin- und Herschalten zwischen den Desktops deutlich langsamer.

- Die Desktop-Verknüpfungen und -Symbole sind auch auf allen virtuellen Desktops zu sehen.

- Wenn Sie Programme haben, die alle anderen Fenster auf dem Bildschirm überlagern (etwa ein Programm mit der Option ALWAYS ON TOP), erscheinen sie auf allen Desktops.

- Windows Media Player mit dem MiniPlayer-Skin ist eines dieser Programme, die immer obenauf sind. Wenn Sie die Symbolleiste von Windows Media Player einschalten und den Player minimieren, erscheint eine Miniversion des Players auf der Taskleiste und steht auf allen Desktops zur Verfügung.

Siehe auch

- Auch die Shareware-Anwendung *Cool Desk* ist ein beliebtes Programm. Sie kostet $ 24,95 und unterstützt bis zu neun Desktops. Sie können Cool Desk von *http://www.shelltoys.com/virtual_desktop/index.html* herunterladen.

- Einer der interessantesten Desktop-Manager ist *Vern*. Dieses Programm kann gratis heruntergeladen werden, aber der Entwickler bittet die Nutzer, denen es gefällt, um einen Beitrag. Erhältlich ist das Programm bei *http://www.oneguycoding.com/vern/*.

Eric Cloninger

HACK #96 Eine bessere Sicherungsstrategie

Wappnen Sie sich vor Festplattenabstürzen und anderen Katastrophen:
Haben Sie immer eine Sicherung zur Hand.

Früher benutzte ich für meine Sicherungen 3,5-Zoll-Disketten. Um heute noch eine Sicherung auf diese Weise durchzuführen, würde ich rund 98.000 Disketten benötigen. Doch auch wenn heute für größere Systemsicherungen keine Disketten mehr eingesetzt werden, stammen viele Ansichten über Sicherungsstrategien noch aus der Steinzeit.

Ich glaube nicht, dass irgendein Anwender eines Tages hingeht und sagt: »Jetzt zerstöre ich mal schnell mein Betriebssystem.« Und doch kommen solche Sachen vor, das wissen Sie genauso gut wie ich. Ein kleiner Kunstgriff hier, ein kleiner Registrierungskniff da, eine Spannungsspitze oder vielleicht auch nur eine wild gewordene Anwendung – und schon ist der Computer Müll. Das kennen wir doch alle, und wenn es passiert und man ganz genau hinhört, vernimmt man meistens so etwas wie »Verdammt, ich wollte doch gerade ... «, wobei die Pünktchen für irgendein Sicherungsverfahren steht, das man eigentlich einsetzen wollte.

Zusätzlich zu dem Ratschlag, die Sicherung auch wirklich *vorzunehmen*, kann ich Ihnen noch ein paar weitere Schritte empfehlen, um Ihr Sicherungsverfahren einfacher, bequemer und effizienter zu gestalten.

Der Sicherungsplan

Ich empfehle, bei einer Sicherung das Betriebssystem und die Programme von den Daten zu trennen. Alle drei Bestandteile einer Sicherung – Betriebssysteme ebenso wie Programme und Daten – sind mit den Jahren gewaltig angewachsen. In den meisten Fällen ist es nur Zeitverschwendung, alles in einer einzigen großen Sicherung zusammenzuwerfen. Das gilt besonders für Privatanwender.

Bevor Sie überhaupt mit der Sicherung beginnen, müssen Sie sich selbst einige Fragen stellen:

Wie wird die Sicherung gespeichert? Viele moderne Computer werden bereits mit Geräten ausgeliefert, die sich für eine Sicherung eignen: CD-Brenner, Bandlaufwerke, ja sogar eine zweite Festplatte können Sie für die Sicherung verwenden. Mit Ausnahme der zweiten Festplatte lassen sich alle diese Speichermedien auch von ihrem Ort entfernen und in die für sie vorgesehenen Steckplätze, Laufwerke usw. ebenso leicht wieder einfügen. Im Internet gibt es eine Menge Hosting-Dienste, die gegen eine monatliche Gebühr zur entfernten Datenspeicherung genutzt werden können. Unternehmen speichern die Sicherung oft auf dem Firmenserver

– sei er nun lokal oder remote –, und von diesem Punkt an kümmert sich die EDV-Abteilung um das Ganze.

Da das beste System dasjenige ist, von dem Sie annehmen, dass Sie es wirklich benutzen werden, sollten Sie dieses für Ihre Sicherung auswählen.

Wo soll die Sicherung gelagert werden? Da an dem Ort, an dem Ihr Computer steht, ein Feuer-, Wasser- oder Diebstahlschaden eintreten könnte, sollte die Sicherung an einem anderen Ort liegen, um zur Wiederherstellung von System- und Datendateien verfügbar zu sein. Leider lässt sich eine sichere Lagerung des Backups dort, wo es gemacht wurde, schwerlich bewerkstelligen. Wenn Sie keinen Hosting-Dienst im Internet nutzen, sollten Sie die Sicherungskopien in einer dieser kleinen, feuerfesten Boxen lagern, die im Baumarkt oder Bürofachhandel erhältlich sind.

Welche Dateien müssen gesichert werden? Früher war es üblich und galt sogar als vernünftig, das gesamte System auf einmal zu sichern. Doch diese Methode hat sich durch die gewaltige Größe moderner Programme und Dateien überholt. Es gibt drei Kategorien von Daten:

Systemdateien

Es gibt keinen vernünftigen Grund, warum ein durchschnittlicher Anwender Betriebssystemdateien speichern sollte. Wirklich wichtig ist jedoch der Schutz der Originalmedien (d.h. der Windows XP-CD und aller anderen Programm-CDs). Windows XP wird mit einem Systemwiederherstellungsprogramm geliefert, das alle Systemdateien automatisch sichert. Wenn Sie es möchten, können Sie jedoch auch jederzeit einen Wiederherstellungspunkt anlegen. Die Systemwiederherstellung wurde speziell dazu geschaffen, bei Systemproblemen mit dem Betriebssystem zusammenzuwirken, um es wiederherzustellen.

Wenn Sie die Systemwiederherstellung nicht leiden können oder ihr nicht trauen, gibt es noch einige weitere Programme, die ein Abbild des Systems erstellen und es in einem Bruchteil der normalen Zeit wiederherstellen können. Ein beliebtes Programm dieser Art ist *Ghost* von Symantec (*http://www.symantec.com/ghost*).

Archivdateien

Diese Dateien werden mit mehreren Methoden angelegt, entweder als Download oder von Ihnen selbst, und ändern sich nach ihrer Erstellung nicht mehr. Bild- und Sounddateien sind gute Beispiele in dieser Kategorie. Man betrachtet oder hört sie und hat Freude daran, aber in der Regel bleiben sie nach dem erstmaligen Speichern unverändert. Solche Dateien brauchen Sie nur ein einziges Mal zu sichern.

Aktuelle Datendateien
Diese Dateien sind die wichtigsten und müssen regelmäßig gesichert und geschützt werden. Es hängt vom jeweiligen Benutzer ab, welche Dateien dazugehören, aber als Beispiele seien genannt: Textdokumente, Tabellenkalkulationen, Finanzdaten, Datenbanken, E-Mails, Internetfavoriten, Personal Information Manager (PIMs), Website-Projekte und andere Arten von Daten, die Sie regelmäßig erzeugen oder bearbeiten.

Wenn sich Ihnen die Nackenhaare bei dem bloßen Gedanken sträuben, die Arbeit eines ganzen Tages zu verlieren, sollten Sie einen festen Sicherungsplan haben und minutiös befolgen. Nur wenn Ihr Computer nichts als Spam und Freecell-Zeugs auf der Festplatte hat, können Sie sich die Sicherung sparen.

Einfachere Sicherung durch gute Systemorganisation

Wenn Ihr System gut organisiert ist, gelingt auch die Sicherung leicht. Die Datendateien sollten in einem einzigen Speicherbereich konzentriert sein, damit Ihr Sicherungsprogramm sie nicht von allen möglichen Orten zusammenkratzen muss. In Windows XP eignet sich dazu der Ordner EIGENE DOKUMENTE. Viele Programme, darunter auch Office XP, speichern standardmäßig neue Dokumente in diesem Ordner.

Viele Poweruser lehnen diesen Ordner wegen seines blöden Namens ab, doch manche haben erkannt, dass er (ebenso wie EIGENE BILDER) eine tolle Abkürzung ist, da die Programme standardmäßig ihre Daten darin speichern. Man braucht nicht die gesamte Festplatte nach seinen Bildern und Daten abzusuchen. Wenn Ihnen der Name nicht gefällt, können Sie ihn ja ändern [Hack #12]. Oder, wenn Sie lieber eine eigene Dateistruktur einrichten, aber dennoch den Namen EIGENE DOKUMENTE weiterverwenden möchten, können Sie auch dies tun [Hack #8].

Egal, welchen Speicherort Sie aussuchen: Wichtig ist, dass Sie alle Daten darin ablegen, die Sie bei Ihrer täglichen Arbeit erzeugen oder bearbeiten und die in das Backup einfließen sollen.

Die Sicherungsprogramme von Windows XP

Es ist zwar nicht absolut unverzichtbar, ein spezielles Sicherungsprogramm auf dem Computer zu haben, aber es kann Ihnen das Leben leichter machen. Windows XP Home und Professional Edition sind mit dem Sicherungs- und

Wiederherstellungsprogramm von Microsoft ausgestattet, das auch als NTBackup bezeichnet wird. Doch zum Leidwesen von XP Home-Anwendern wird dieses Programm bei ihnen standardmäßig nicht mit installiert und hat auch nicht den vollen Funktionsumfang der Version, die in XP Professional standardmäßig installiert wird. Vermutlich wird es bei XP Home deshalb nicht automatisch dabei, weil XP Home nicht die automatische Systemwiederherstellung (ASR) unterstützt, die jedoch zum Sicherungs- und Wiederherstellungsprogramm dazugehört. Das hält Sie zwar in keiner Weise davon ab, auch in der Home Edition eine vollständige Sicherung anzulegen, aber es schränkt die Wiederherstellungsmöglichkeiten ein. Fazit: Wenn Sie XP Professional haben, können Sie gleich loslegen; bei XP Home müssen Sie zuerst das Sicherungsprogramm manuell installieren:

1. Legen Sie die Windows-Installations-CD in Ihr CD-Laufwerk ein und gehen Sie zu *<CD-Laufwerk>:\VALUEADD\MSFT\NTBACKUP*, wobei *<CD-Laufwerk>* der Laufwerkbuchstabe Ihres CD-ROM-Laufwerks ist, meistens *E:*.

2. Mit einem Doppelklick auf die Datei *Ntbackup.msi* starten Sie den Assistenten, der das Sicherungsprogramm installiert.

3. Wenn der Assistent abgeschlossen ist, klicken Sie auf FERTIG STELLEN.

Die »Wiederherstellungs«-CD

Vor ein paar Jahren hätte ich auf diesen Kasten noch verzichten können. Doch mittlerweile hat es sich zu meinem Unmut eingebürgert, dass die PC-Hersteller ihren Produkten so genannte »Wiederherstellungs«-CDs beilegen. Diese nutzlosen kleinen Plastikscheiben stellen lediglich die Konfiguration des PCs gemäß »Herstellerspezifikation« wieder her. »Herstellerspezifikation« bedeutet im Grunde, dass die CD Ihr System völlig auslöscht und XP neu installiert – mit all dem Müll (Werbung und dergleichen), den der Hersteller hineingepackt hat, anstatt Ihnen eine saubere Installations-CD für Windows XP zu gönnen. Wenn Sie ein solches XP haben, müssen Sie ein Sicherungsprogramm eines Fremdherstellers anschaffen oder, wenn Sie das vor sich selbst verantworten können, eine richtige Windows-CD von einem Freund ausleihen und das Sicherungsprogramm installieren. Eigentlich sollte das Sicherungsprogramm von Anfang an zum Lieferumfang Ihrer Windows XP-Version gehören.

Doch es gibt einige Dinge, die jeder Hacker über NTBackup wissen sollte:

Ich will meine CDs! Das darf doch nicht wahr sein: Mit NTBackup kann man nicht direkt auf CD sichern. Das erwiesenermaßen beste, stabilste und ausgereifteste Betriebssystem, das Microsoft je angeboten hat, kann im Sicherungsprogramm keinen CD-Brenner ansprechen. Die Alternative ist, die Sicherung auf einem anderen Laufwerk vorzunehmen und dann auf CD zu kopieren. Es gibt viele andere Sicherungsprogramme, die sehr wohl unmittelbar auf CD sichern können. Microsoft behauptet, es läge am Design. Ich bin der Auffassung, es liegt am mangelnden Design. Wenn man bedenkt, wie häufig CD-Brenner mittlerweile als Sicherungsmedien eingesetzt werden – und wie billig sie sind –, stellt dieses mangelnde Design für die meisten Anwender ein Problem dar.

Es gibt jedoch eine Möglichkeit, CDs (oder DVDs, falls Sie zur Avantgarde gehören und auch bereits einen DVD-Brenner haben) zur Sicherung zu verwenden. Führen Sie zuerst ganz normal Ihre Sicherung durch und kopieren Sie dann die resultierende Datei auf eine CD. Bei der Wiederherstellung können Sie Ihr System jedoch unmittelbar von der CD zurücksichern, ohne Umweg über ein anderes Speichermedium.

Eventuell stoßen Sie auf das Problem, dass Ihre Sicherung größer ist als die 650 oder 700 MByte, die auf eine CD passen. Dieses Problem lösen Sie mit zwei oder mehr kleineren Sicherungen (je nach CD-Kapazität). Wenn Sie, wie oben empfohlen, die Daten von den Programmen und dem Betriebssystem trennen, können Sie jede dieser Komponenten einzeln auf eine andere CD packen.

Wiederherstellung. Wenn eine Sicherung angelegt wird, werden die Daten nicht genau so gespeichert, wie Sie es im Sicherungsfenster bei der Auswahl von Dateien und Ordnern angezeigt bekommen. Eine Sicherung ist eine einzelne Datei, die während des Wiederherstellungsprozesses in ihre Bestandteile aufgebrochen wird. Damit das gelingt, muss dasselbe Programm, mit dem die Sicherung erstellt wurde, auch zur Wiederherstellung verwendet werden. Normalerweise ist das kein Problem, außer in einem speziellen Fall: Die Wiederherstellung versucht, Daten an ihre ursprünglichen Speicherorte zurückzukopieren. Doch wenn die gesicherten Daten von Laufwerk *D:* stammen und dieses Laufwerk *D:* nun nicht mehr zur Verfügung steht, scheitert der Prozess.

XP Home, NTBackup und die Automatische Systemwiederherstellung (ASR). Die Windows XP Home Edition unterstützt keine automatische Systemwiederherstellung. Angeblich soll das der Grund sein, weshalb NTBackup in der Home Edition nicht standardmäßig installiert ist. Doch wenn das stimmt: Warum wird das Programm dann auf der Home-CD im Zusatzverzeichnis doch hinzugefügt? Was auch immer der Grund sein mag, Sie müssen wissen, dass die ASR nicht zur Verfügung steht, auch wenn sie in NTBackup auch auf Windows XP Home-Computern als Option angezeigt wird. Nur XP Professional-Benutzer können mit ASR arbeiten. .

Besseres Sicherungsprogramm beschaffen

Das integrierte Sicherungsprogramm von XP lässt eine Menge zu wünschen übrig. Fremde Programme, die sich als Probeversionen auch gratis aus dem Internet herunterladen lassen, bieten mehr Funktionen. Zwei der besten sind *Backup Plus* und *NTI Backup NOW! Deluxe*:

Backup Plus

Eine Stärke dieses Programms ist seine Einfachheit, insbesondere bei der Wiederherstellung. Obwohl das Programm seine Sicherungsdateien mit der Erweiterung *.bac* speichert, handelt es sich in Wirklichkeit um *.zip*-Dateien. Wenn Sie Dateien oder Ordner wiederherstellen möchten, brauchen Sie nur eine *.bac*-Datei in eine *.zip*-Datei umzubenennen und mit einem Zip-Programm zu öffnen, etwa mit dem integrierten Zip-Programm von Windows oder WinZip. Danach können Sie die Datei wie jede normale *.zip*-Datei entpacken. Das Programm ermöglicht auch Sicherungen nach Zeitplan und speichert die Sicherungen im Gegensatz zu XP auf jedem beliebigen Medium, einschließlich CDs. Backup Plus können Sie von *http://www.backupplus.net* herunterladen und gratis ausprobieren, ehe Sie es für $ 39,95 kaufen.

NTI Backup NOW! Deluxe

Dieses Sicherungsprogramm ist eines der mächtigsten und flexibelsten auf dem Markt. Es kann auf jedes Speichermedium sichern (einschließlich DVDs), hat einen Passwortschutz für Sicherungsjobs, kann beim Backup mehrere Medien und Laufwerke einbeziehen und ermöglicht es, ein komplettes Abbild Ihrer Festplatte zu speichern, damit das System auch genau so wiederhergestellt werden kann. NTI Backup NOW! Deluxe kann von *http://www.ntius.com* bezogen und gratis ausprobiert werden, ehe Sie es für $ 69,99 anschaffen.

Jim Foley und Preston Gralla

#97 Möglichkeiten von Windows Messenger nutzen

Mit dem Instant Messenger haben Sie ein Whiteboard für die Zusammenarbeit mit Kollegen im Internet und ein System zum Empfang von Warnungen.

Windows Messenger kann viel mehr als nur chatten. Es birgt mächtige Möglichkeiten, mit anderen via Internet zusammenzuarbeiten oder automatisch Warnmeldungen auf dem Desktop zu empfangen.

Verwechseln Sie den Windows Instant Messenger nicht mit dem Nachrichtendienst von XP, der zum Senden von Nachrichten in LANs gedacht ist, mit denen zum Beispiel ein Administrator die Benutzer informiert, wenn ein Server heruntergefahren werden muss. Das sind ganz unterschiedliche Programme mit ganz unterschiedlichen Zielsetzungen. Der Nachrichtendienst von XP wird von Versendern von Junk-E-Mails als Hintertürchen missbraucht, um Spam-Popups auf Ihren Bildschirm zu senden. In »Spyware und Web-Bugs besiegen« [Hack #34] wird erklärt, wie Sie ihn ausschalten können, um keine Junk-Popups mehr zu bekommen.

.NET-Alerts mit Messenger nutzen

Ein äußerst nützliches Feature von Windows Messenger ist seine Fähigkeit, diverse Mitteilungen oder *.NET-Alerts* auszugeben: Nachrichten, Berichte oder Bulletins, wie etwa Wetterberichte, Börsenkurse, Nachrichten und Verkehrsmeldungen. Ich bin ein News-Junkie, und an meinem Wohnort in New England ist Wetterbeobachtung eine Art Kontaktsport. (Wenn Sie es nicht glauben, versuchen Sie einmal, in unseren Breiten mit heiler Haut durch einen Februarsturm zu kommen.) Daher nutze ich .NET-Alerts, um immer auf der Höhe zu bleiben und die neusten Hiobsbotschaften über das Wetter rechtzeitig zu bekommen. Das können Sie auch:

Zuerst müssen Sie sich mit einem Klick auf die Registerkarte ALERTS (die wie eine Glocke aussieht) für Alerts anmelden, wie in Abbildung 10-15 gezeigt.

Als Nächstes gelangen Sie auf eine Website, auf der Sie unter verschiedenen Alerts wählen können. Suchen Sie sich einen gewünschten Alert aus und füllen Sie das Formular aus. Für jeden Alert gibt es ein anderes Formular mit anderen Angaben und Verfahren. In meinem Fall habe ich mich bei MSNBC News angemeldet, um die Schlagzeilen zu erhalten, und bei Weather.com für den Wetterbericht. Da ich außerdem ein begeisterter eBayer bin, habe ich mich für Alerts eingetragen, um Versteigerungen, die für mich interessant sind, zu beobachten. Und da ich als leidgeprüfter Bostoner natürlich ein Fan der Red Sox bin, habe ich mich überdies für ESPN.com angemeldet.

Wenn Sie alle Alerts hinzugefügt haben, die Sie interessieren, können Sie die Navigation auf der Webseite nutzen, um zu Ihrer persönlichen MY ALERTS-Seite zu gelangen, die in Abbildung 10-16 gezeigt wird. Hier können Sie Alerts verwalten, hinzufügen oder abschaffen.

Sie erhalten Ihre Alerts nach einem von Ihnen selbst bestimmten Fahrplan. Die Meldungen erscheinen als kleines Fenster neben dem Infobereich. In Abbildung 10-17 sehen Sie die eingegangenen Alters in Kurzfassung. Wenn Sie den gesamten Alert lesen möchten, klicken Sie darauf, und schon werden Sie zu einer Webseite mit dem vollständigen Text weitergeleitet.

Abbildung 10-15: Sich für Alerts anmelden

Abbildung 10-16: Managen Sie alle Ihre Alerts auf der My Alerts-Seite

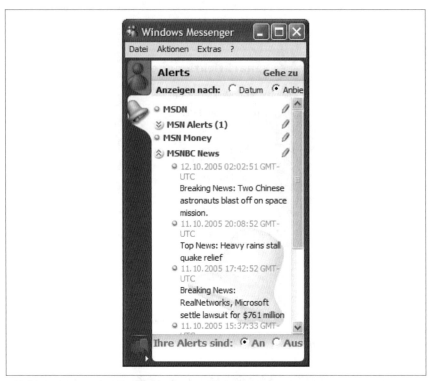

Abbildung 10-17: Alerts erscheinen im Windows Messenger-Fenster

Wenn Sie alle Alerts der letzten Zeit lesen möchten, klicken Sie auf die Registerkarte ALERTS. Dann können Sie sich die Alerts geordnet nach Datum oder Provider anzeigen lassen.

Whiteboards für Teamwork über große Entfernungen

Chat-Fenster eignen sich prima für eine einfache Kommunikation, aber wenn Sie mit anderen über größere Entfernungen hinweg zusammenarbeiten, benötigen Sie ausgefeiltere Kommunikationsmöglichkeiten. Insbesondere müssen Zeichnungen, Bilder und Text gemeinsam genutzt werden. Dies können Sie mit dem *Whiteboard* tun, einem Tool, das eine Zusammenarbeit in Echtzeit über das Internet oder ein Netzwerk via Windows Messenger ermöglicht. Es ist ein Zeichenprogramm wie Microsoft Paint, das allerdings die gemeinsame Nutzung der Zeichnungen, Diagramme, Bilder und Texte ermöglicht. Dasselbe Whiteboard erscheint auch auf den Computerbildschirmen der anderen Teilnehmer, und jeder kann darauf zeichnen, Bemerkungen schreiben und Markierungen anbringen, wie er lustig ist. Der andere Teilnehmer sieht diese Änderungen sofort auf seinem Bildschirm und kann seinerseits ebenfalls auf dem Whiteboard wirken.

Um mit jemand anderem ein Whiteboard zu starten, doppelklicken Sie auf den Namen des Betreffenden und klicken auf den Link WHITEBOARD STARTEN auf der rechten Seite des Konversationsbildschirms vom Messenger. Dann ergeht eine Einladung an den anderen Teilnehmer, und wenn er einverstanden ist, erscheint das in Abbildung 10-18 gezeigte GEMEINSAME SITZUNG-Fenster.

Abbildung 10-18: Das Whiteboard wird gestartet

Wenn Sie auf die Schaltfläche WHITEBOARD klicken, wird das Whiteboard angezeigt. Von diesem Moment an können beide Gesprächspartner die Zeichentools benutzen. Sie sind ganz einfach und funktionieren wie bei Windows Paint und anderen Grafikprogrammen. Abbildung 10-19 zeigt das Whiteboard in Aktion. Nutzen Sie den Remotezeiger, eine kleine Hand, die sich über den Bildschirm ziehen lässt, um besser hervorzuheben, woran Sie gerade arbeiten. Wenn Sie genau hinschauen, können Sie ihn auf Abbildung 10-19 erkennen.

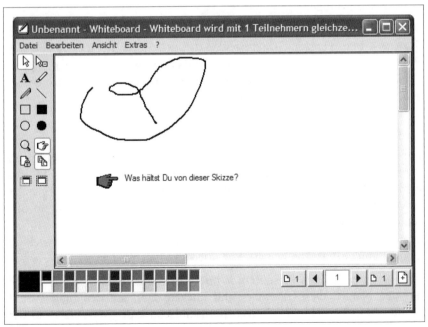

Abbildung 10-19: Das Whiteboard in Aktion

Durch Anklicken der Schaltflächen unten rechts im Bildschirm können Sie neue Seiten anlegen und zwischen den Seiten blättern. Dabei navigiert Ihr Gesprächspartner immer mit. Zusätzlich gibt es links auf dem Whiteboard noch vier Schaltflächen mit Sonderbedeutungen:

Inhalt sperren

Mit dieser Schaltfläche wird das Whiteboard gesperrt, so dass niemand sonst es ändern kann. Mit einem erneuten Klick auf die Schaltfläche wird die Sperre aufgehoben.

Synchronisierung aufheben

Wenn Sie diese Schaltfläche anklicken, können Sie auf eine andere Seite springen oder eine andere Seite anlegen. Das tun Sie rein privat, da Sie mit Ihrem Gesprächspartner währenddessen nicht synchronisiert sind. Wenn Sie die Schaltfläche ein zweites Mal anklicken, schaltet sich das Whiteboard Ihres Partners wieder zu.

Fenster auswählen

Wenn Sie auf diese Schaltfläche klicken, wird das nächste XP- oder Anwendungsfenster, in das Sie klicken, automatisch in das Whiteboard eingefügt.

Bereich auswählen

Diese Schaltfläche funktioniert ähnlich, nur dass Sie hier Bereiche statt Fenster in XP oder einer Anwendung auswählen, um sie in das Whiteboard einzufügen.

Wenn Sie mit dem Whiteboard fertig sind, klicken Sie auf die Schaltfläche SCHLIESSEN im Fenster GEMEINSAME SITZUNG. Sie haben die Möglichkeit, das Whiteboard zu speichern. Wenn Sie das tun, wird es in einem eigenen Format (als *.nmw*-Datei) gespeichert. Um es danach wieder aufzurufen, setzen Sie im Windows Explorer einen Doppelklick darauf.

Anwendungen mit dem Messenger gemeinsam nutzen

Für einfache Formen der Zusammenarbeit mag das Whiteboard gut geeignet sein, aber die gemeinsame Nutzung von Anwendungen mit dem Messenger ist noch weitaus mächtiger. Sie ermöglicht zwei Personen, in der gleichen Anwendung dasselbe Dokument zu bearbeiten. Alles, was auf Ihrem Bildschirm erscheint, erscheint auch auf dem Ihres Partners. Das ist für die gemeinsame Arbeit an Tabellenkalkulationen ideal, weil es die Entwicklung gemeinsamer »Was wäre wenn«-Szenarien so einfach macht.

Um mit einer anderen Person ein Whiteboard zu starten, doppelklicken Sie auf den Namen dieses Partners und klicken dann auf den Link WHITEBOARD STARTEN rechts im Konversationsbildschirm des Messenger. So wird der Gesprächspartner zur Zusammenarbeit eingeladen. Wenn er einverstanden ist, erscheint wie im vorigen Beispiel wieder das kleine Fenster GEMEINSAME SITZUNG (siehe Abbildung 10-18). Klicken Sie dann auf GEMEINSAME ANWENDUNG und wählen Sie die Datei und die Anwendung, mit der Sie arbeiten möchten, wie in Abbildung 10-20 dargestellt. Sie können nur Dateien und Anwendungen gemeinsam nutzen, die auf Ihrem PC bereits geöffnet sind.

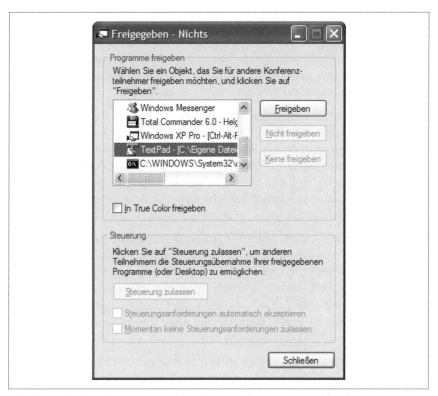

Abbildung 10-20: Gemeinsam zu nutzende Anwendung(en) auswählen

Klicken Sie auf ein oder mehrere Programme und dann auf FREIGEBEN. Nun öffnen sich die gewählten Anwendungen auch auf dem Computermonitor Ihres Gesprächspartners. Er kann sie jedoch nur betrachten, während Sie volle Kontrolle über sie haben. Eine echte Zusammenarbeit ist das nicht. Wenn der Partner das Dokument ebenfalls kontrollieren soll, klicken Sie daher auf die Schaltfläche STEUERUNG ZULASSEN – so kann der andere, nachdem er Ihre Genehmigung eingeholt hat, mit dem Dokument und der Anwendung arbeiten. Es kann aber immer nur jeweils eine Person über das Dokument verfügen; die Kontrolle kann zwischen den Beteiligten hin und her übergeben werden.

Universelles Messaging: Trillian verbindet AIM, MSN, Yahoo! und ICQ

Trillian, das Esperanto des Instant Messaging, macht die Kommunikation zwischen allen bedeutenden Messaging-Programmen möglich.

Ich lebe, also message ich. Das ist nicht nur das Credo aller Teens, sondern auch meines. Über Instant Messaging (bei Windows auch als »Sofortnachrichten« bezeichnet) halte ich Kontakt zu Lektoren, Freunden und anderen Autoren sowie zu den Lesern meiner Bücher. Und oft verbinde ich es auch mit Konferenzschaltungen: Während die meisten am Telefon sprechen, schicke ich anderen Konferenzteilnehmern Nachrichten, um Hintergrundinformationen abzufragen und gelegentlich auch wenig schmeichelhafte Bemerkungen über Leute zu machen, die sich gern selbst reden hören.

Doch wie alle Instant Messaging-Nutzer kenne auch ich den großen Nachteil dieses Tools: Die großen Instant Messaging-Programme, einschließlich des Windows Messenger, können nicht miteinander kommunizieren. Es ist fast so, als könnten Sie nur Leute anrufen, die ein Telefon desselben Herstellers wie Sie haben. Und wenn man die wirtschaftliche Lage und Selbstverliebtheit der Instant Messaging-Branche sieht, besteht wenig Hoffnung auf rasche Abhilfe.

Doch dafür gibt es einen tollen Workaround, und gratis ist er auch noch. Das universelle Instant Messaging-Programm *Trillian* ermöglicht Ihnen die Kommunikation mit Benutzern von ICQ, Windows Messenger, Yahoo! Messenger und AOL Instant Messenger, ebenso wie mit denen des alten Internetchat-Standby IRC. Sie brauchen keines dieser Programme zu installieren; lassen Sie einfach Trillian laufen (*http://www.ceruleanstudios.com*, siehe Abbildung 10-21).

Nach der Installation von Trillian geben Sie Ihre Benutzernamen und Kennwörter Ihrer anderen Instant Messenger ein. Dadurch nutzt Trillian automatisch diese Kontaktlisten, so dass Sie sie nicht erneut einzugeben brauchen. Um in Trillian einen neuen Kontakt einzugeben, klicken Sie auf ADD CONTACT, teilen Trillian mit, welches Programm Ihr Gesprächspartner benutzt, und füllen dann die Kontaktinformationen aus. Da Instant Messaging-Programme Ihre Kontakte auf ihren Servern statt lokal auf Ihrem PC speichern, stehen neue Kontakte, die Sie auf diese Weise erstellen, nicht nur in Trillian, sondern auch bei der Benutzung Ihres Instant Messaging-Programms zur Verfügung.

Wenn Sie bei mehreren solcher Programme Benutzerkonten haben, meldet Trillian Sie bei allen an, wenn Sie sich einloggen. So brauchen Sie sich nur einmal anzumelden und sind doch überall ansprechbar.

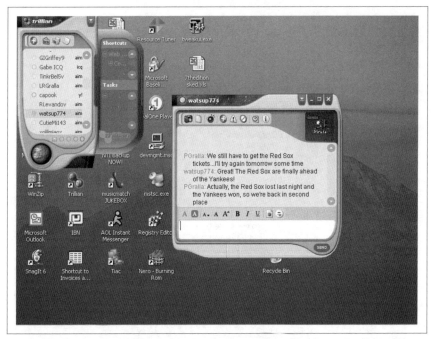

Abbildung 10-21: Universelles Instant Messaging mit Trillian

Mit Trillian können Sie einige, aber nicht alle Funktionen jedes einzelnen Instant Messaging-Programms benutzen. Sie können beispielsweise Dateien versenden, wie immer bei Messengern, aber nicht das Whiteboard oder die Anwendungsfreigabe von Windows Messenger nutzen.

Problematisch beim Instant Messaging, unabhängig vom verwendeten Programm, ist die Art, wie Ihr Rechner dabei aller Welt offen steht. Jeder, der es möchte, kann Sie kontaktieren, darunter auch die immer aggressiveren Versender von Junk-Nachrichten. Doch jedes Programm gibt Ihnen auch die Möglichkeit zu steuern, wer Sie wie kontaktieren kann. In Trillian können Sie für jedes der Programme Datenschutzeinstellungen vornehmen. Klicken Sie mit der rechten Maustaste auf das große Trillian-Symbol unten auf dem Trillian-Bildschirm und wählen Sie PREFERENCES. Scrollen Sie dann bis zu den CHATTING SERVICES unten in der Liste. Dort können Sie Datenschutzeinstellungen vornehmen, die je nach den Fähigkeiten des benutzten Programms variieren (siehe Abbildung 10-22).

Trillian lässt sich auch mit einem anderen Skin versehen. Um einen neuen Skin auszusuchen, wählen Sie auf dem in Abbildung 10-22 gezeigten PREFERENCES-Bildschirm SKINS und dann entweder LAUNCH SKIN CHOOSER, um einen bereits vorhandenen Skin zu nehmen, oder GET MORE SKINS, um eine aus dem Internet herunterzuladen.

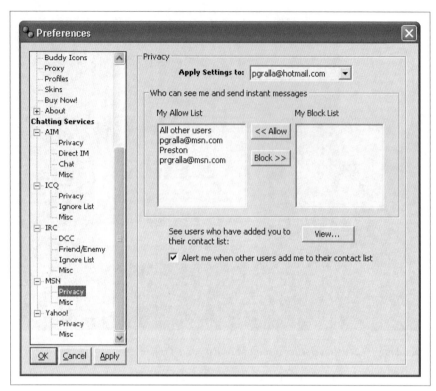

Abbildung 10-22: Datenschutzoptionen in Trillian einstellen

Trillian ist eines der wenigen Programme, die XPs Transparenz nutzen. Wenn Sie Trillian transparent machen möchten, klicken Sie in irgendeine Stelle des Programms und wählen ADVANCED OPTIONS → TRANSPARENCY. Dann können Sie eine Transparenz zwischen 10% und 90% einstellen, wobei 10% am undurchsichtigsten und 90% am durchsichtigsten ist. Ich empfehle einen Wert von 10%: Wenn Sie es noch durchsichtiger machen, wird es schwierig, das Programm zu erkennen oder damit zu chatten.

Zwei Trillian-Versionen stehen zur Wahl: Eine ist gratis, und die andere, Trillian Pro, kostet $ 25. Die Pro-Version hat ein Plugin-System, um herunterladbare Plugins anderer Hersteller integrieren zu können. Es gibt Plugins für Wetter, Nachrichten, Abfrage von POP3-E-Mail-Konten, WinAmp MP3-Software und anderes mehr. Zu den weiteren Funktionen der Pro-Version gehört eine Video-konferenzfunktion, die den Yahoo!-Teil von Trillian verwendet.

Siehe auch

- *Gaim* (*http://gaim.sourceforge.net*) ist ein anderes universelles Instant Messaging-Programm. Ältere Versionen hatten die Unsitte, auf XP ohne Vorwarnung abzustürzen, doch die neueren laufen stabiler. Es ist nicht ganz so hübsch wie Trillian und nutzt nicht so viele eingebaute Funktionen der Messaging-Programme aus. Aber es ist Open Source und läuft auf vielen Betriebssystemen, nicht nur auf Windows.

KAPITEL ELF

Grafik und Multimedia
Hacks #99-107

XP ist das erste Betriebssystem von Microsoft, das Multimedia-Hardware und Grafikfähigkeiten wahrhaft integriert. In älteren Versionen von Windows führten Tätigkeiten wie das Drehen von Filmen, Aufnehmen von Musik, Brennen von CDs und Erstellen von Grafik eher ein Mauerblümchendasein und gehörten nicht zum Kern des Betriebssystems.

Doch mit XP hat sich das geändert. Microsoft hat ihm nicht nur ein Facelifting verpasst, damit es schöner aussieht, sondern auch Windows Media Player und Movie Maker hinzugefügt. Das eine ist eine voll funktionsfähige Software für Musik und Unterhaltung, das andere ermöglicht das Drehen von Filmen und Videos.

In diesem Kapitel finden Sie Hacks, um Ihre Filme zu verbessern, CDs leichter zu brennen, Texte in iTunes und den iPod zu importieren, Grafikformate zu konvertieren und vieles andere mehr.

HACK #99 Bildkonvertierung im Handumdrehen
Wenn Sie Bilder von einem Format in ein anderes konvertieren oder die Größe vorhandener Grafikdateien eindampfen müssen, sollten Sie es mit den folgenden beiden Grafiktools versuchen.

Bei mir kommt es oft vor, dass ich Grafiken von einem Format in ein anderes konvertieren muss, beispielsweise eine hochwertige, umfangreiche Bitmap-TIFF-Datei in eine viel kleinere GIF- oder JPEG-Datei, die sich über das Internet verschicken lässt. Manchmal muss ich eine Datei verkleinern, ohne ihr Format zu ändern, beispielsweise dann, wenn ich ein Bild an Freunde oder Verwandte schicken möchte. Wenn ich eigene Symbole erstelle [Hack #19], muss ich Grafiken in das Format *.ico* umwandeln. Und gelegentlich arbeite ich mit einem Künstler zusammen, der eine Datei in einem bestimmten Format verlangt.

Das in Windows XP integrierte Programm Paint reicht dafür nicht aus. Es kann nur einige wenige Grafikformate konvertieren (beispielsweise nicht *.pcx* oder *.ico*) und ermöglicht keine Anpassung der Grafik: Sie können zum Beispiel nicht die Kompression von *.jpg*-Dateien ändern, um sie noch kleiner zu machen. Auch Batchkonvertierungen sind mit Paint ausgeschlossen. Um eine Datei umzuwandeln, müssen Sie sie öffnen und in einem anderen Format speichern.

Für die Art von Bildkonvertierung, die ich benötige, brauche ich kein aufgeblasenes Grafikprogramm wie Photoshop mit seinem genauso aufgeblasenen Preis von bis zu 600 Dollar. (*Photoshop Elements* ist zwar eine Alternative, aber auch nicht gerade kostenlos.) Stattdessen beschaffe ich mir lieber die Freeware- und Shareware-Programme, die im weiteren Verlauf dieses Hacks beschrieben werden.

IrfanView

Für die meisten Bildkonvertierungen benutze ich das kostenlose Programm IrfanView (*http://www.irfanview.com*), das nach seinem Schöpfer Irfan Skiljan benannt ist. Mit ihm können Sie Bilder einzeln oder in Gruppen bearbeiten, viele verschiedene Formate handeln und den Konvertierungsprozess gut steuern. Wenn Sie beispielsweise eine Datei in das JPEG-Format konvertieren, können Sie die Bildqualität einstellen – etwa, ob Sie das Bild in Graustufen oder als *progressive Grafik* speichern möchten, die den Bildschirm nach und nach bedeckt, während sie aus dem Internet heruntergeladen wird.

Eine Batchkonvertierung nehmen Sie vor, indem Sie das Programm starten und dann DATEI → BATCHKONVERTIERUNG wählen, in das Verzeichnis mit den zu konvertierenden Dateien gehen und diese dann auswählen. Suchen Sie das Ausgabeformat und die Optionen heraus, die Sie auf die Dateien anwenden möchten. Ich zum Beispiel musste einmal für ein Projekt mehrere große TIFF-Grafiken in JPEGs konvertieren. Die resultierenden Dateien mussten ganz klein sein und in Graustufen und im progressiven Format abgespeichert werden. Abbildung 11-1 zeigt, welche Optionen ich in IrfanView eingestellt habe.

Wenn Sie nur eine einzige Datei konvertieren möchten, öffnen Sie sie und speichern sie im gewünschten Format. Dazu verwenden Sie die Optionen, die in Abbildung 11-1 gezeigt werden.

IrfanView kann aber noch mehr, als nur Bilder zu konvertieren. Ich verwende es beispielsweise als Allzweck-Dateibetrachter. Es funktioniert auch mit Scannern zusammen, um Bilder auf Ihren PC zu bringen, und enthält ein paar einfache Bildbearbeitungswerkzeuge.

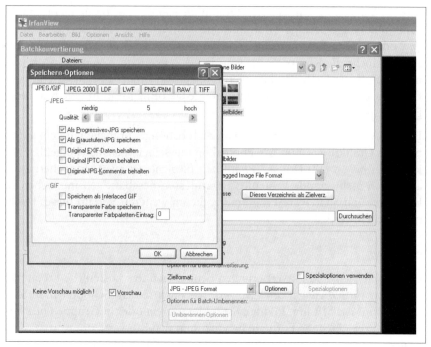

Abbildung 11-1: Batchkonvertierung von Dateien mit IrfanView

ImageConverter .EXE

Eine Fähigkeit, die IrfanView fehlt, ist die Anzeige von Vorher-Nachher-Bildern der Konvertierungsobjekte. Man kann beispielsweise nicht im Voraus sehen, wie das Bild nach der Konvertierung aussehen wird. Das kann aus einer Konvertierung ein *Vabanquespiel* machen: Man wählt die Konvertierungsoptionen, konvertiert das Bild und lässt sich vom Ergebnis überraschen. Ist es nicht wunschgemäß, muss man mit anderen Optionen wieder von vorn beginnen und hoffen, dass es dieses Mal funktioniert.

ImageConverter .EXE (*http://www.stintercorp.com/genx/imageconverter.php*) zeigt einen Vorher-Nachher-Vergleich der Bilder, bevor die eigentliche Konvertierung stattfindet. Das Programm verrät Ihnen auch die Größe der Bilder. Sie können also schon vor der Konvertierung so lange an den einzelnen Stellschrauben drehen, bis Größe und Qualität stimmen. Abbildung 11-2 zeigt, wie ich eine JPEG-Datei verkleinere und dabei versuche, möglichst viel Detailtreue und Qualität beizubehalten. Links ist das 242 KByte große Originalbild zu sehen, rechts das nur 36 KByte große JPEG, das jedoch fast die gleiche Qualität hat. Daher speichere ich das kleine JPEG.

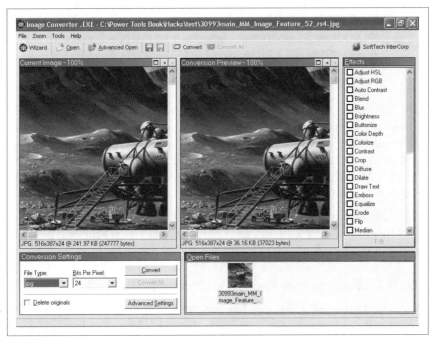

Abbildung 11-2: Bildqualität und -größe vergleichen

Auch dieses Programm bietet Batchkonvertierungen ebenso wie Einzelbild-konvertierungen an. Überdies können Sie beim Konvertieren eine Fülle von Spezialeffekten hinzufügen und bearbeiten, etwa die Farbtiefe und den Kontrast ändern, Bewegungsunschärfe (engl. *motion blur*) hinzufügen, die Tontrennung (engl. *posterizing*) für das Bild einstellen usw. Das Programm gibt es als Probeversion gratis, aber die Vollversion kostet $ 35.

Siehe auch

- *Paint Shop Pro* (*http://www.paintshoppro.com*) ist ein tolles Rundum-glücklich-Grafikprogramm, das ebenfalls eine Bildkonvertierung einzeln oder in Gruppen leistet. Sie können es gratis ausprobieren, müssen aber für die Vollversion eine Registrierungsgebühr von $ 99 zahlen.

- Der Quintessential Player, gratis von *http://www.quinnware.com* erhältlich, kann sehr gut Musik von einem Digitalformat in ein anderes konvertieren. Einzelheiten finden Sie unter »Ogg Vorbis für digitale Musik« [Hack #104].

HACK
100

CDs ohne Probleme brennen

Mit XP können Sie ganz einfach digitale Musik auf dem PC aufnehmen und auf CD brennen. Hier erfahren Sie, wie es sich vermeiden lässt, dass Ihre Musikaufnahmen Sprünge, Knistern, Zischen usw. aufweisen, und bekommen Tipps für das Brennen von CDs.

Mit dem Windows Media Player können Sie CDs brennen und digitale Musik aus CDs gewinnen (»rippen«) und auf Ihrer Festplatte speichern. Doch jeder, der das schon einmal gemacht hat, weiß, dass solche Aktionen nie reibungslos über die Bühne gehen. Wenn Sie Musik rippen, weisen Ihre digitalen Musikdateien Sprünge und Kratzer auf, und mit gebrannten CDs verhält es sich kaum anders.

Auch ich habe mit solchen Problemen gekämpft, vor allem beim Kopieren von Opernmusik: Diese krankt ganz besonders an einem Problem, das beim Kopieren von Musik oft gleich mehrere Sprünge pro CD verursacht.

Abhilfe bei Sprüngen und Kratzern in digitaler Musik

Wenn Sie Musik von CDs oder LPs aufnehmen, weist die resultierende Musikdatei oft Kratzer und Sprünge auf. Da diese viele Ursachen haben können, werden im Folgenden auch gleich mehrere Problemlösungen beschrieben.

.wav-Dateien säubern: Wenn Sie Aufnahmen von alten LPs machen, ist zumeist nicht der Computer das Problem, sondern der Umstand, dass das Vinyl der LP beschädigt ist. So kommen Sprünge und Kratzer in die Aufnahme. Diese lassen sich jedoch mit Hilfe von herunterladbarer Software beheben.

WAVClean (*http://www.excla.com/WAVclean/English*) und *WaveCorrector* (*http://www.wavecor.co.uk*) entfernen Kratzer, Sprünge, Knistern, Zischen und ähnliche Geräusche aus der Musik von alten Platten. Das funktioniert in mehreren Schritten:

Zuerst nehmen Sie mit dem Windows Media Player oder einer ähnlichen Software die Musik auf. Sie müssen dazu das Format *.wav* verwenden, denn es ist das einzige, mit dem die beiden Programme zurechtkommen. Danach säubern Sie die *.wav*-Dateien mit einem der Programme. Welches Sie verwenden, hängt davon ab, ob Sie die Säuberung automatisch oder manuell vornehmen möchten und wie schlimm die Nebengeräusche sind. WAVClean funktioniert selbstständiger: Sie laden die *.wav*-Datei, wählen SCRUB, suchen aus den Grundeinstellungen die passenden aus, und das Zischen und Knistern wird eliminiert. Aber eben nur das Zischen und Knistern, denn tiefere Kratzer lassen sich damit nicht beheben.

Dagegen zeigt WaveCorrector eine richtige Oszilloskopansicht der Musikdateien, in der Sprünge und dergleichen in Blau hervorgehoben werden. Sie
können das Programm die Datei korrigieren lassen oder die Korrekturen als
Vorschau ansehen und dann selbst vornehmen. WaveCorrector hat auch
eine Aufnahmefunktion, so dass sich der Media Player oder andere Aufnah-
mesoftware wie etwa die MusicMatch Jukebox (*http://musicmatch.com*) oder
der Quintessential Player (*http://www.quinnware.com*) erübrigen.

Wenn Sie die Musikdateien gesäubert haben, können Sie sie in das *.mp3-*
oder *.wma*-Format konvertieren und mit MusicMatch Jukebox auf der Festplatte speichern oder die *.wav*-Datei direkt mit Windows Media Player,
MusicMatch Jukebox oder einem ähnlichen Programm auf CD brennen.

Beide Korrekturprogramme sind Shareware und können gratis ausprobiert
werden, doch wenn Sie sie weiterhin nutzen möchten, kosten WAVClean
$ 30 und WaveCorrector $ 45.

Tipps gegen Sprünge und Kratzer: Wenn Sie Ihre digitale Musik von einer CD
statt einer LP aufgenommen haben, können die Nebengeräusche an Ver-
schmutzungen der Original-CD liegen. Vielleicht hilft es, die Unterseite der
CD sauber zu wischen. Eventuell ist diese Unterseite aber auch zerkratzt: In
diesem Fall benötigen Sie Spezialreinigungszubehör, das in Platten- und
Computerläden erhältlich ist.

> Lassen Sie während der Aufnahmen keine Freunde oder
> Familienmitglieder durch die Wohnung trampeln! Wenn der
> Boden bebt, können CD-Spieler springen, genau wie früher
> die Tonabnehmer von Plattenspielern, falls Sie sich noch an
> diese Antiquitäten erinnern.

Wenn Ihr Aufnahmeprogramm es zulässt, können Sie auch die Aufnahmege-
schwindigkeit senken oder mit einer geringeren Bitrate aufnehmen.

> Mit dem Windows Media Player können Sie zwar nicht die
> Aufnahmegeschwindigkeit verlangsamen, aber die Bitrate
> senken. Mit MusicMatch Jukebox geht beides.

Falls Ihr CD-Laufwerk sehr alt ist, können die Probleme auch darin liegen.
Beim Aufzeichnen von Musik mit alten, langsamen Laufwerken entstehen
häufig Sprünge. Da hilft nur ein neues CD-Laufwerk.

Wenn selbst gebrannte CDs Sprünge haben

Manchmal haben zwar die Quelle und die aufgezeichneten Dateien keine
Sprünge, aber die CD, auf die Sie die Musik brennen. Da hilft es oft schon,
die Geschwindigkeit des Brennvorgangs zu senken. Die meisten Brennpro-
gramme ermöglichen eine Anpassung der Brenngeschwindigkeit. Im Windows Media Player wählen Sie dazu EXTRAS → OPTIONEN → GERÄTE und
markieren Ihr CD-ROM-Laufwerk. Dann klicken Sie auf EIGENSCHAFTEN
und wählen die Registerkarte AUFNAHME, die in Abbildung 11-3 zu sehen
ist. Aus der Auswahlliste WÄHLEN SIE DIE SCHREIBGESCHWINDIGKEIT wählen
Sie eine langsamere Geschwindigkeit als SCHNELLSTE. Sie sollten außerdem
beim Brennen einer CD alle anderen Programme schließen, damit Festplatte, Prozessor und Systemressourcen sich ausschließlich dem Brennvor-
gang widmen können.

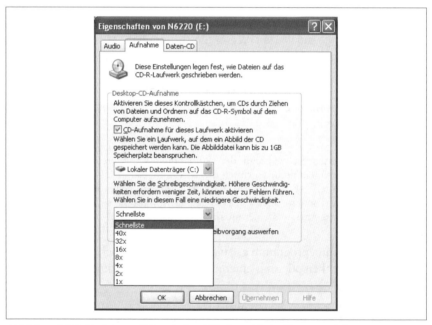

*Abbildung 11-3: Sie können CDs mit dem Windows Media Player auch langsamer
brennen*

Wenn dieses Vorgehen das Problem immer noch nicht löst, probieren Sie
einmal, analog statt digital aufzunehmen. Hilft das immer noch nicht, können Sie FEHLERKORREKTUR VERWENDEN aktivieren. Dadurch wird das Brennen zwar noch mehr verlangsamt, aber vielleicht behebt es das Problem.

Sprünge in langen Musikstücken

Auf Opern-CDs oder anderen CDs mit besonders langen Musikstücken verteilt sich eine einzige Arie oder eine andere Musikeinheit gelegentlich über zwei oder mehr Tracks. Wenn ein CD-Player die CD abspielt, klingt es dennoch, als sei die Arie auf nur einem Track aufgenommen: Die Musik fließt bruchlos dahin. Doch der Windows Media Player und ähnliche Brennsoftware, etwa MusicMatch Jukebox, fügen automatisch beim Brennen einer CD Pausen zwischen zwei Tracks ein. Wenn Sie eine Opern-CD aufnehmen und brennen, wird die Arie dadurch unterbrochen.

Manche Programme gestatten es, diese Pause zwischen zwei Spuren beim Brennen zu eliminieren. Doch damit werden gleich *alle* Pausen auf der CD entfernt, und die ganze Oper wird abgespielt, als handele es sich nur um ein einziges Lied. Ganz ohne Pausen stellt sich jedoch auch kein Musikgenuss ein. Was tun, wenn man für Cecilia Bartoli oder Renée Fleming schwärmt?

Dieses Problem lässt sich mit einem Programm beheben, das ein exaktes Duplikat einer kompletten CD anfertigt, also nicht nur einzelne Dateien kopiert. Sowohl *Exact Audio Copy (http://www.exactaudiocopy.de)* als auch *Nero Burning ROM (http://www.nero.com)* können das leisten. Die Programme erstellen Abbilder der CD und verwenden diese, um eine neue CD zu brennen. Opern-CDs, die so erstellt wurden, haben keine unnatürlichen Pausen. Exact Audio Copy ist kostenlos, während Nero Burning ROM zwar als Shareware gratis ausprobiert werden kann, aber danach $ 69 kostet.

Musik aus der Bibliothek

Wenn Sie eine digitale Musik- oder CD-Sammlung aufbauen möchten, können Sie das nicht nur im Internet tun. Auch öffentliche Bibliotheken haben eine Menge zu bieten. Viele verfügen über hervorragende CD-Sammlungen, insbesondere mit Klassik, Opern oder Jazz. Auch wenn dieses Vorgehen unter rechtlichen Gesichtspunkten mehr als zweifelhaft ist, können Sie technisch gesehen auch von CDs der Bibliothek Musik aufnehmen und eigene CDs davon brennen. Viele Bibliotheken ermöglichen es, im Internet den Katalog zu durchforsten und CDs anzufordern. Sie können also bequem von zu Hause aus Musik ordern und werden per E-Mail benachrichtigt, wenn die CD da ist. An meinem Wohnort in Cambridge, MA, stelle ich oft solche Anfragen, und da meine Bibliothek zum Bibliotheksverbund gehört, steht mir die gesamte CD-Sammlung dieses Verbunds zur Verfügung. Oft schaue ich in den *Penguin Guide to Compact Discs*, um die beste Aufnahme einer Oper zu finden, bestelle die CD und verleibe sie dann meiner Sammlung digitaler Musik ein.

Siehe auch

- »Ogg Vorbis für digitale Musik« [Hack #104]
- »Windows Media Player mit TweakMP verbessern« [Hack #105]

HACK
101 Streaming-Musik auf dem PC speichern

Bauen Sie eine digitale Musiksammlung durch Speichern von Dateien im MP3-Format auf, wenn Sie Radiosendungen im Internet hören.

Wenn ich an meinem Computer sitze, verbringe ich viel Zeit damit, Streaming-Musik von Internet-Radiostationen wie *http://www.shoutcast.com*, *http://www.live365.com* oder einem der vielen Sender zu lauschen, die direkt über Windows Media Player und MusicMatch Jukebox zugänglich sind.

> Um Radiosender mit dem Windows Media Player zu hören, starten Sie ihn mit START → ALLE PROGRAMME → ZUBEHÖR → UNTERHALTUNGSMEDIEN → WINDOWS MEDIA PLAYER und klicken dann auf die Schaltfläche RADIOEMPFÄNGER.

Oft möchte ich dann ein Lied gleich nach seinem Ende ein zweites Mal hören, zum Beispiel eine Pavane von dem englischen Renaissancekomponisten John Dowling, die in meiner CD-Sammlung noch fehlt. Doch da diese Radiostationen Musik auf Ihren PC streamen lassen, können Sie diese scheinbar nicht zurückholen und erneut anhören. Dasselbe gilt für Hörproben von Amazon und anderen Vertrieben digitaler Musik: Man kann den Clip nach dem Anhören nicht speichern wie andere Dateien.

Doch es gibt eine Möglichkeit, auch Streaming-Musik oder andere Streaming-Audiodateien auf dem PC als digitale Musikdateien abzuspeichern: Mit dem *Super MP3 Recorder* (*http://www.supermp3recorder.com*) können Sie solche Musik in den Formaten MP3 und WAV auf die Festplatte bannen. Das Programm ist als Shareware-Probeversion gratis, kostet aber ansonsten als Normalversion $ 19,95 und als Professional-Version $ 29,95. Mit der Professional-Version können Sie auch Sounds bearbeiten und die Aufnahme zu vorgemerkten Zeitpunkten starten.

Wenn Sie Streaming-Musik aufzeichnen möchten, installieren und starten Sie das Programm und klicken auf OPTION, um das Fenster aus Abbildung 11-4 aufzurufen. Hier können Sie einstellen, in welchem Format Sie die Musik aufzeichnen möchten. Wenn Sie die Sounddatei später nicht bearbeiten möchten, wählen Sie MP3 als Aufnahmeformat, da WAV-Dateien extrem groß werden.

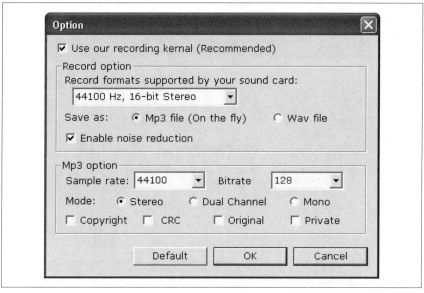

Abbildung 11-4: Vor der Aufnahme Dateiformat und Soundqualität einstellen

Klicken Sie auf OK und kehren Sie zum Hauptbildschirm von Super MP3 Recorder zurück. Klicken Sie jetzt auf VOLUME CONTROL. Hiermit können Sie nicht nur die Lautstärkeregelung sehen, sondern auch das Eingabemedium wählen, von dem Sie aufnehmen möchten. Das Programm kann von einem CD-Player, Mikrofon, Aux-Gerät und mehreren anderen Quellen aufnehmen. Da es laut Voreinstellung nur von CD aufnimmt, müssen Sie die Option WAVE OUT wählen, wenn Sie von einem Audiostream aufzeichnen möchten.

Die Musikdateien werden standardmäßig im Ordner *C:\Programme\Super-Mp3RecorderProfessional* gespeichert. Um einen anderen Speicherort zu wählen, klicken Sie auf BROWSE und wählen den neuen Ordner aus.

Jetzt ist alles für die Aufnahme vorbereitet. Lauschen Sie dem Radiosender (oder einer anderen Streaming-Eingabe) und klicken Sie auf die Schaltfläche RECORDING, wenn Sie mit der Aufzeichnung beginnen möchten. Das Programm meldet jetzt, dass die Aufnahme begonnen hat, und zeigt Informationen über das Aufnahmeformat an (siehe Abbildung 11-5).

Da sich das Programm genau wie ein Kassettenrekorder bedienen lässt, können Sie die Aufzeichnung auch anhalten und beenden. Wenn Sie fertig sind, gehen Sie in den Ordner, in dem Sie die Musik gespeichert haben, und finden dort die Datei abspielfertig vor, allerdings unter einem komischen Namen, wie zum Beispiel *rec0611-143130.mp3*. Falls Sie einen aussagekräftigeren Namen bevorzugen, können Sie schon vor Beginn der Aufzeichnung im Feld DESTINATION FILE, das in Abbildung 11-5 zu sehen ist, einen Namen eingeben.

Abbildung 11-5: Internet-Radiosendung in einer MP3-Datei aufzeichnen

Siehe auch

- *Ripcast Streaming Audio Ripper* ist ein ähnliches Programm, wurde allerdings auf *SHOUTcast*-Server abgestimmt, die MP3-Streaming-Dateien liefern. Somit funktioniert es nicht mit allen Streaming-Audioformaten. Das Programm ist als Probeversion gratis und als Vollversion für $ 9,98 erhältlich. Sie können es im Internet und von *http://www.xoteck.com/ ripcast* herunterladen.

HACK 102 Texte in iTunes und iPod importieren

Alle Karaoke-Besessenen haben mehrere Möglichkeiten, Songtexte in einen iPod- und iTunes-Workflow zu importieren.

Passiert es Ihnen auch, dass Sie jedes Mal, wenn »It's the End of the World (As We Know It)« von R.E.M. im Radio läuft, mit Ihren Freunden über die Frage in Streit geraten, was Michael Stipe da eigentlich singt? Korrigieren auch Sie Ihre Freundin jedes Mal, wenn sie die Lieder aus dem Autoradio (falsch) mitsingt? Haben auch Sie Spaß daran, sich Mut anzutrinken und auf jedem Karaoke-Event, das Sie finden können, zahllose Wildfremde mit Ihren Sangeskünsten zu erfreuen? Wenn Sie diese Fragen mit Ja beantworten können, ist dieser Hack das Richtige für Sie. Ich zeige Ihnen, welche Möglichkeiten Sie haben, um die Songtexte in iTunes und iPod herunterzuladen.

Natürlich könnten Sie auch Firefox oder den Internet Explorer starten und die Songtexte manuell auf Absolute Lyric (*http://www.absolutelyric.com*) oder einer ähnlichen Website nachschlagen, aber schließlich lebt man im 21. Jahrhundert. Also halten wir uns lieber an Die Unglaublichen als an Fred Feuerstein und automatisieren unsere Welt.

Zwei gute Adressen für Windows-User, um Songtexte zu laden, sind Canto Pod und EvilLyrics.

Canto Pod

Canto Pod (*http://www.staylazy.net/canto*; Donateware) von Sharedlyrics.net ist ein Songtexte-Suchprogramm für alle Windows-Varianten. Wenn Sie es zum ersten Mal ausführen, müssen Sie sich mit einem kostenlosen Account bei Sharedlyrics.net registrieren. Danach werden Sie auf einen Einstellungsbildschirm geleitet, auf dem Sie Ihren iPod auswählen und Ihren Benutzernamen und Ihr Kennwort eingeben. Wenn Sie angemeldet sind, klicken Sie auf SAVE, um auf die Hauptseite von Canto Pod zu gelangen, die in Abbildung 11-6 zu sehen ist.

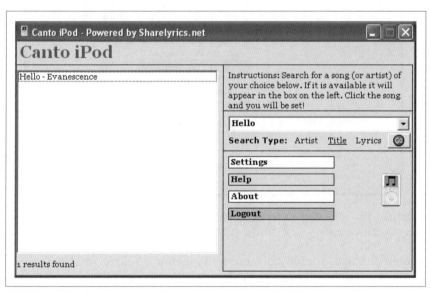

Abbildung 11-6: Hauptseite von Canto Pod; gesucht wird »Hello«

Sobald Canto Pod den Text Ihres Songs in der Datenbank Sharedlyrics.net gefunden hat, setzen Sie einen Doppelklick auf den Text, und schon lädt

Canto Pod ihn als Contacts-Datei auf Ihren iPod hoch. Ein zusätzliches Plus: Er funktioniert mit jeder Generation von iPod. Doch leider ist zu dem Zeitpunkt, da ich dies schreibe, die Datenbank Sharedlyrics.net noch etwas dünn besiedelt.

EvilLyrics

EvilLyrics (*http://www.evillabs.sk/evillyrics/index.php*; Donateware), ein Windows-Programm, das mit vielen Playern einschließlich iTunes funktioniert, ist womöglich das vollständigste und funktionstüchtigste aller Songtextprogramme, die ich kenne. Um es zu nutzen, müssen Sie es herunterladen und installieren. Achten Sie darauf, das Kästchen zu markieren, um das iTunes-Plugin beim Setup zu installieren, wie in Abbildung 11-7 gezeigt wird.

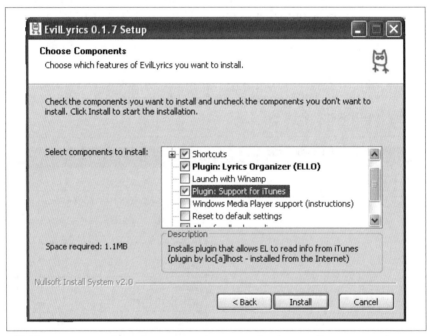

Abbildung 11-7: Der Plugin-Support für iTunes muss bei der Installation von EvilLyrics eingeschaltet werden

Unmittelbar nach der Installation des Programms sollten Sie den Karaoke-Index aktualisieren, indem Sie zu der Einstellungsseite gehen und die Registerkarte ADVANCED wählen, die in Abbildung 11-8 gezeigt wird. Klicken Sie auf die Schaltfläche UPDATE INDEX und warten Sie auf die Nachricht, dass der Index aktualisiert wurde. Dann klicken Sie auf APPLY und OK, um das Dialogfeld PREFERENCES wieder zu schließen.

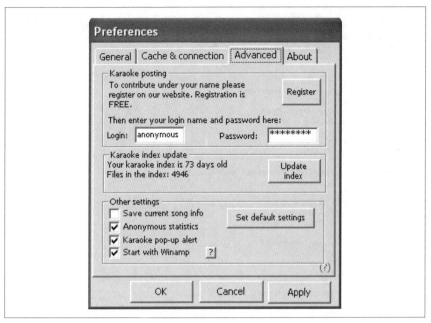

Abbildung 11-8: Der Karaoke-Index wird mit der Registerkarte für erweiterte Einstellungen aktualisiert

Die Benutzeroberfläche ist ganz einfach: Man gibt einen Suchbegriff ein oder spielt einfach ein Musikstück in einem Player ab, während EvilLyrics geöffnet ist. Automatisch sucht das Programm nach Übereinstimmungen mit dem Song. Nachdem die Suche, wie in Abbildung 11-9 gezeigt, abgeschlossen ist, können Sie die Ergebnisse in einen Web-Browser Ihrer Wahl laden, um zu schauen, ob eine getimte Karaoke-Version der Datei verfügbar ist und wie ihr Timing von anderen Benutzern bewertet wurde.

Auf der Webseite klicken Sie einfach auf IMPORT INTO EVILLYRICS, um die Karaoke-Datei herunterzuladen. Wenn Sie die IN-BROWSER-Option anklicken, erscheinen die Informationen der aktuellen Suche in Ihrem Browser, wie es in Abbildung 11-10 gezeigt wird.

Wenn die Datei in EvilLyrics geladen wird, klicken Sie auf die Lupe, um ein kleines Fenster mit dem Songtext aufzurufen. Klicken Sie gleich am Anfang des Songs auf diesen Button, wird der Text Zeile um Zeile gleichzeitig mit der Musik durchgescrollt. Jetzt können Sie Ihre Freunde zu einer Karaoke-Party zusammenrufen!

Abbildung 11-9: Die Benutzeroberfläche von EvilLyrics, nachdem nach»seven nation army« gesucht wurde

Den Hack hacken

Wenn Sie einen iPod der dritten oder einer noch neueren Generation besitzen, können Sie die Texte Ihrer Lieblingslieder als einfache Textdateien in den *Notes*-Ordner des iPod laden, um sie portabel zu machen. Vielleicht sollten Sie auch Links zu den Liedtexten auf Ihrem iPod erstellen: So können Sie einen Liedtext auf dem iPod aufrufen und den Song, während Sie noch lesen, einfach durch einen Klick auf den Link abspielen. Wie Sie solche Links in Ihren Notes anlegen können, erfahren Sie in *iPod and iTunes Hacks* von Hadley Stern (O'Reilly).

C. K. Sample III

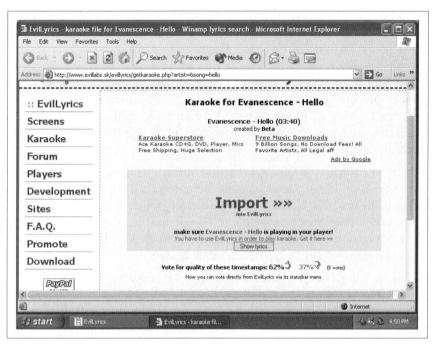

Abbildung 11-10: Download der Karaoke-Datei

Konvertieren aus dem iTunes-Format von Apple

Mit Apple iTunes können Sie Ihre Musik nicht einfach auf andere Geräte als den iPod kopieren. Dieser Hack zeigt, wie man die digitale Rechteverwaltung von iTunes abschaltet und Dateien nach Belieben überall verwendet.

Ich mag meinen iPod, und der iTunes Music Store ist eine echte Killer-Anwendung. Ich finde es toll, dass es jetzt möglich ist, einen speziellen Song, den man noch aus dem Jahr 1978 kennt, einzeln zu erwerben, ohne gleich ein ganzes Album kaufen zu müssen.

Die iTunes-Software selbst hat jedoch auch ihre Schattenseiten. Sie startet sehr langsam und belegt im Vergleich zu anderen Playern viel Speicher. Ich will die Musik, die ich gekauft habe, anhören können, ohne jedes Mal iTunes ausführen zu müssen. Außerdem würde ich die Songs, die ich vom iTunes Music Store gekauft habe, nicht nur auf meinem iPod abspielen können. In diesem Teil des Hacks erfahren Sie, wie Sie die digitale Rechteverwaltung (Digital Rights Management, DRM) von Ihrer erworbenen Musik entfernen und zukünftig selbst entscheiden, wann und wo Sie die Stücke anhören.

Der Hack behandelt lediglich die technischen Aspekte. Ich werde nicht die juristischen oder ethischen Fragen im Zusammenhang mit digitaler Musik streifen, da ich nur ein einfacher Ingenieur vom Lande und kein Rechtsanwalt bin. Doch obwohl ich nicht Jura studiert habe, habe ich sehr wohl einen Sinn dafür, was Recht und Unrecht ist. Die Verfahren, die ich im Folgenden beschreibe, können natürlich auch dazu benutzt werden, die Grenzen des Legalen zu überschreiten. Vergessen Sie daher nicht: Der bloße Umstand, dass man etwas kann, bedeutet noch lange nicht, dass man es auch tun sollte.

Für diesen Hack verwenden wir eine Software namens iOpener, die von *http://hymn-project.org/download.php* heruntergeladen werden kann. Falls diese Seite von der Bildfläche verschwinden sollte, können Sie das Programm mit einer Suchmaschine wie Google ausfindig machen. Laden Sie die Binärversion des Programms herunter, nicht die Quelldateien. Die Datei müsste *iOpener-0.2-setup.zip* oder ähnlich heißen.

Bevor Sie jedoch zur Tat schreiten, sollten Sie einige Vorsichtsmaßnahmen treffen. Einige User haben im Internet berichtet, der iOpener habe ihre Originaldateien unspielbar gemacht. Ich mag das nicht so recht glauben, da das Programm bei mir niemals Probleme verursacht hat, aber Vorbeugen ist besser als Heilen. Daher sollten Sie vor allem anderen Ihre iTunes-Musik an einen sicheren Speicherort kopieren. Wahrscheinlich liegen Ihre iTunes in einem Ordner namens *Eigene Dateien\Eigene Musik\iTunes\iTunes Music*.

Nachdem Sie Ihre Audiodateien kopiert haben, installieren Sie iOpener auf einem Computer, der bereits autorisiert ist, geschützte iTunes abzuspielen. Starten Sie den iOpener und halten Sie Ihren Benutzernamen und Ihr Passwort für iTunes bereit. iOpener schaut sich alle Dateien in den Ordnern *iTunes Library* und *Purchased Music* an. Befinden sich darunter geschützte iTunes-Dateien, werden diese mit Ihrem Benutzernamen und Passwort entsperrt. Das funktioniert aber nicht bei Stücken, die unter einem anderen Account-Namen erworben wurden. Wenn iOpener die Musikdateien gefunden und konvertiert hat, versucht er die Konvertierung kein weiteres Mal. Doch immer wenn Sie neue Dateien in den Ordnern *iTunes Library* und *Purchased Music* speichern, werden auch sie von iOpener konvertiert. Dadurch kann iTunes sehr langsam werden, vor allem beim Hochfahren. Seien Sie also auf eine lange Wartezeit gefasst, wenn Sie viele Musikdateien in diesen beiden Ordnern abgelegt haben.

Um die Konvertierung manuell zu starten, klicken Sie auf der Taskleiste das iOpener-Symbol an und wählen SHOW IOPENER. Das ruft den Bildschirm aus Abbildung 11-11 auf. Wenn Sie auf dem Hauptbildschirm den Button mit der Aufschrift IOPEN! anklicken, geht das Programm an die Arbeit. Die

Schaltfläche PREFS gibt Ihnen die Möglichkeit, iOpener anzuweisen, vor der Konvertierung eine Sicherungskopie der Musikstücke zu machen (empfohlen) und zu entscheiden, ob alle neu gespeicherten Dateien gleich auch konvertiert werden sollen (Geschmackssache). Das ist schon alles, was das Programm zu bieten hat. Es ist weder cool noch sexy, aber das, was es kann, kann es gut.

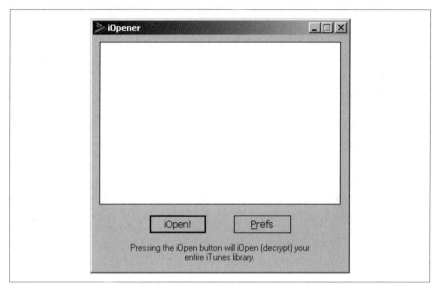

Abbildung 11-11: Der Hauptbildschirm des iOpener

Wenn iOpener die Dateien konvertiert hat, können Sie sich Ihre iTunes-Musikordner anschauen. Beachten Sie, dass jeder Song jetzt in zwei Exemplaren vorliegt: einer Datei mit der Erweiterung *.m4p* und einer mit der Erweiterung *.m4a*. Die *.m4p*-Datei ist eine DRM-geschützte iTunes-Datei und die *.m4a*-Datei eine ungeschützte AAC-Audiodatei.

Ihr Benutzername und Ihre Account-Informationen für den iTunes Music Store sind in der ungeschützten AAC-Datei gespeichert. Bis jetzt haben Sie lediglich die Beschränkungen für das Abspielen von der Datei entfernt. Der Autor von iOpener hat das mit Absicht getan, und ich stimme mit seinen Ansichten überein. Gehen Sie verantwortungsvoll mit diesem Tool um und missbrauchen Sie es nicht.

Nun sind Sie also glücklicher Besitzer ungeschützter AAC-Dateien. Doch vorläufig können Sie damit noch nicht allzu viel anfangen: Zuerst müssen Sie die Dateien in ein anderes Format wie etwa MP3 oder Ogg Vorbis **[Hack #104]** konvertieren, die für eine Vielzahl von Geräten tauglich sind.

Ein gutes Konvertierungsprogramm ist der Quintessential Player, der kostenlos bei *http://www.quinnware.com* erhältlich ist. Wie man ihn installiert und verwendet, erfahren Sie unter »Ogg Vorbis für digitale Musik« **[Hack #104]**. Um das AAC-Format lesen zu können, benötigen Sie ein Eingabe-Plugin wie das MP4-Plugin von der Website von Quinnware. Laden Sie es herunter und führen Sie den Installer auf Ihrem Computer aus.

Nach der Installation des M4P-Plugins starten Sie den Quintessential Player. Laden Sie mit Hilfe des ADD- oder +-Buttons die nunmehr ungeschützten iTunes-Dateien in den Playlist Editor oder ziehen Sie die Dateien mit der Maus aus dem Windows Explorer in den Editor. Achten Sie darauf, dass Sie nur die Dateien mit der Erweiterung *.m4a* verwenden, nicht die mit der Erweiterung *.m4p*. Klicken Sie nun in der Wiedergabeliste eine Datei mit rechts an und wählen Sie CONVERT → CONVERT ALL FILES → OGG VORBIS, wenn Sie die Dateien in Ogg Vorbis konvertieren möchten, oder wählen Sie ein anderes Zielformat. Das Programm beginnt dann mit der Konvertierung der Dateien.

Ist die Konvertierung abgeschlossen, erscheinen die konvertierten Dateien in dem Ausgabeverzeichnis, das Sie in den Ogg Vorbis-Codierungseinstellungen **[Hack #104]** eingestellt haben. Nun können Sie mit den Dateien tun, was immer Sie wollen.

> Dieser Hack funktioniert nur, wenn Ihr Computer bereits von iTunes autorisiert wurde, geschützte Dateien abzuspielen. Das bedeutet, dass Sie mindestens eine iTunes Music Store-Datei mit iTunes abspielen müssen, bevor Sie diesen Hack versuchen. Außerdem ist es möglich, dass manche Dateien in Quintessential nicht sauber konvertiert werden. Eventuell müssen Sie die Konvertierung mit dem Kommandozeilen-Tool hymn (*http://hymn-project.org*; kostenfrei) vornehmen und dann die von hymn konvertierte Datei in Quintessential öffnen.
>
> Außerdem funktioniert iOpener nicht mit Hörbüchern, die bei iTMS gekauft wurden. Die Datei selbst unterscheidet sich nicht von anderen Audiodateien; sie hat lediglich eine andere Erweiterung. Daher müssen Hörbücher mit hymn konvertiert werden.

Siehe auch

- »Ogg Vorbis für digitale Musik« **[Hack #104]**
- »Texte in iTunes und iPod importieren« **[Hack #102]**

Eric Cloninger

Ogg Vorbis für digitale Musik

Ogg Vorbis ist das kompakteste Format für digitale Musik und bietet höchste Qualität bei geringstmöglicher Dateigröße. Mit Ogg Vorbis können Sie Audiodateien rippen und brennen sowie Ihre vorhandenen Stücke in Ogg Vorbis oder von Ogg Vorbis in andere Dateiformate konvertieren.

Das beste Format für digitale Musik ist Ihnen vielleicht noch gar nicht zu Ohren gekommen: *Ogg Vorbis*. Seine Soundqualität ist viel besser als die von MP3 oder Windows Media, seine Kompression schlägt MP3 locker, und auch mit dem AAC-Format ist es in Bezug auf die Soundqualität auf Augenhöhe. Außerdem können Software- und Hardwarehersteller Ogg Vorbis nach Belieben ohne Lizenzen oder Gebühren in ihren Produkten verwenden. Und das bedeutet, dass Sie es selbstverständlich auch benutzen dürfen. Andere populäre Formate wie etwa MP3 unterliegen Patenten oder Nutzungsbedingungen, nach denen es nicht immer erlaubt ist, sie zu verwenden oder in eigene Produkte zu übernehmen.

Ogg bezieht sich auf das Format der Datei, die die Daten enthält, und *Vorbis* auf die Methode, die zur Codierung der Audiodaten verwendet wird. Ogg ist ein Format, das für viele verschiedene Medien taugt, nicht nur für Audiodaten. Auch Video, Sprechtexte und Streaming-Daten können mit Ogg behandelt werden, und alle diese Anwendungen heißen unterschiedlich. Doch im allgemeinen Sprachgebrauch ist mit Ogg fast immer Ogg Vorbis gemeint.

In diesem Hack erfahren Sie, wie man Ogg Vorbis-Dateien aus CDs erstellt und vorhandene Musikdateien in Ogg konvertiert. Danach werden einige Möglichkeiten angesprochen, Ogg Vorbis-Audiodateien abzuspielen.

Stücke von CD in Ogg Vorbis übernehmen

Dieselbe Firma, die den Vorbis-Encoder erfand, entwickelte auch die zugehörige Codiersoftware. Der Encoder wurde in eine Reihe von Programmen eingebaut, die CDs kopieren und die darauf befindlichen Musikstücke in Ogg Vorbis konvertieren können, darunter Winamp (*http://www.winamp.com*), dMC CD Audio Input (*http://www.dbpoweramp.com*) und der Quintessential Player (*http://www.quinnware.com*).

Ich konzentriere mich hier auf den Quintessential Player (auch QCD genannt), da dieser mir die gewünschten Features zu einem akzeptablen Preis liefert – nämlich kostenlos. Den QCD-Installer können Sie von der Quinnware-Website unter *http://www.quinnware.com* herunterladen. Normalerweise finden Sie den Download-Link auf der Hauptseite. Außerdem müssen Sie sich zu der *Plugin* Gallery begeben, das QCD-Plugin für Ogg Vorbis suchen und auch dieses auf Ihren PC herunterladen. Zuerst installieren Sie QCD und dann das QCD Ogg Vorbis-Plugin. Eventuell müssen Sie danach Ihren Computer neu starten.

Wenn Sie das Programm ausführen, sieht es wie in Abbildung 11-12 aus. QCD soll nur im Vordergrund laufen, wenn es gebraucht wird, und sieht daher nicht wie die üblichen Programme mit Menüleiste und rechteckigem Fenster aus. Der kleine Button oben links oder ein Rechtsklick an irgendeiner Stelle des Players ruft die Menüs auf.

Abbildung 11-12: Der Quintessential Player

Wenn QCD läuft, klicken Sie auf den Menü-Button oben links oder setzen einen Rechtsklick in den Bereich des Players. Suchen Sie nun den Menübefehl PREFERENCES oder drücken Sie Strg-P. In der Liste der Optionen, die nun auf der linken Seite erscheint, suchen Sie den Eintrag ENCODE FORMAT und klicken ihn an. Nun müsste der Bildschirm aus Abbildung 11-13 erscheinen. Wählen Sie OGG VORBIS aus den angezeigten Möglichkeiten. (Wenn diese Auswahl nicht zur Verfügung steht, haben Sie das Ogg Vorbis-Plugin nicht richtig installiert.)

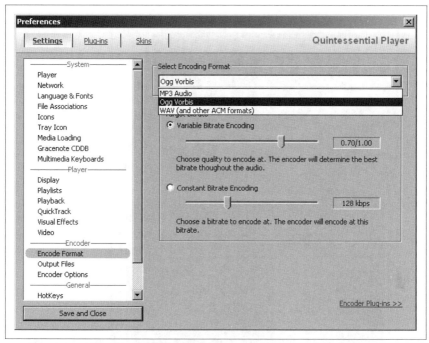

Abbildung 11-13: Der QCD-Bildschirm zur Einstellung des Codierformats

Beim Ogg Vorbis-Format können Sie zwischen einer Codierung mit variabler Bitrate (VBR) und einer mit konstanter Bitrate (CBR) wählen. Am besten ist die VBR-Einstellung 5, da sie eine sehr gute Wiedergabequalität bietet: besser als 160 Kbit/s CBR in MP3, aber dennoch mit der gleichen Dateigröße.

Nachdem Sie das Format und die Einstellungen für die Codierung gewählt haben, gehen Sie zu OUTPUT FILES direkt unterhalb von ENCODE FORMAT. Es erscheint ein Bildschirm, auf dem Sie angeben können, wo und unter welchen Namen Ihre kopierten Musikdateien gespeichert werden sollen. Treffen Sie Ihre Wahl und beginnen Sie mit dem Kopieren.

Legen Sie eine Audio-CD in Ihren CD-Player ein. Klicken Sie Bildschirme weg, die eventuell auf Grund des eingeschalteten »Autorun«-Features erscheinen könnten; schließlich wollen Sie QCD ausführen und nicht von anderen Programmen gestört werden. In QCD suchen Sie den Button ADD oder + im Playlist Editor und wählen die CD aus, die in QCD importiert werden soll.

Wenn Sie die Musikstücke in QCD geladen haben, können Sie den Codiervorgang starten. Klicken Sie im Playlist Editor ein Stück mit rechts an, wie es in Abbildung 11-14 gezeigt wird.

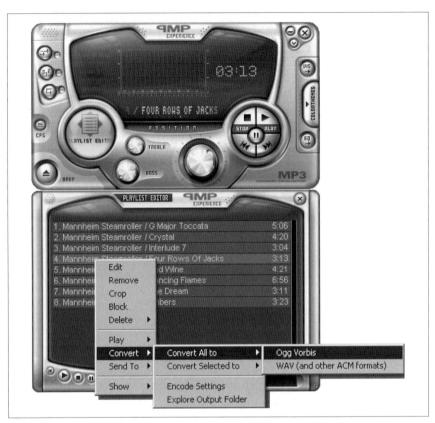

Abbildung 11-14: Musikstücke werden mit QCD in Ogg Vorbis konvertiert

Wählen Sie nun den Menübefehl CONVERT, dann CONVERT ALL TO und schließlich OGG VORBIS. Nun müsste das Kopieren und Codieren beginnen. Am besten lassen Sie jetzt Ihren Computer in Ruhe seine Arbeit tun, ohne währenddessen andere Tasks auszuführen. Normalerweise dauert es nicht länger als eine Viertelstunde, um eine 74-Minuten-Audio-CD zu rippen und zu konvertieren. Wenn das erledigt ist, besitzen Sie alle darauf befindlichen Dateien im Ogg Vorbis-Format.

Vorhandene Audiodateien in Ogg Vorbis konvertieren

Stellen Sie sich vor, Sie nehmen mit einer Polaroid™- oder Handy-Kamera ein Foto auf, stellen es auf einen Tisch und fotografieren dann dieses Bild. Würde wohl ein Foto, das auf diese Weise kopiert wird, schmeichelhaft aussehen? Würden Sie wollen, dass diese Kopie eines Fotos das einzige Erinnerungsstück an Ihre Großeltern ist? Wohl eher nicht. Einen Verlust an Bildqualität Ihrer Fotos würden Sie ebenso wenig akzeptieren wie einen Verlust an Soundqualität Ihrer Audiodateien.

MP3 und Ogg Vorbis sind jedoch beides Formate, die einen gewissen Qualitätsverlust bedingen: so genannte Lossy-Formate. Beide lassen einen Teil des Audiosignals unter den Tisch fallen, um eine möglichst effiziente Kompression zu erzielen. Dabei handelt es sich um denjenigen Teil des Signals, den die Meisten ohnehin nicht hören können oder wollen. Doch es wäre immerhin möglich, dass Sie sich doch für diesen Teil des Signals interessieren. Wenn Sie Dateien von einem derartigen Format in ein anderes konvertieren, kommen die Verluste der ersten und der zweiten Konvertierung zusammen – gerade so, als würden Sie ein Foto von einem Foto machen.

Manchmal ist es gar nicht möglich, mit einer Originalaufnahme oder dem Negativ eines Films zu arbeiten. Es bleibt jedoch die Tatsache, dass Lossy-Formate eine schlechtere Soundqualität bedingen. Ich kann damit leben, Sie vielleicht auch.

MP3-Dateien lassen sich mit dem Quintessential Player im Handumdrehen in Ogg Vorbis konvertieren. Zuerst laden Sie die vorhandenen Mediendateien in den Playlist Editor. Dazu verwenden Sie den ADD- oder +-Button oder ziehen die Dateien mit der Maus aus dem Windows Explorer in den Editor. Abbildung 11-15 zeigt eine Reihe von MP3-Audiodateien, die für QCD in der Warteschlange stehen. Klicken Sie mit rechts auf eine der Dateien und wählen Sie, wie bereits zuvor, CONVERT → CONVERT ALL FILES → OGG VORBIS. Dieses Mal kopieren Sie allerdings keine CD, sondern konvertieren von MP3 in Ogg Vorbis.

Die Konvertierung von MP3 in Ogg Vorbis dauert etwa halb so lange wie das Kopieren einer CD in Ogg Vorbis. Nach der Konvertierung liegen die konvertierten Dateien im selben Verzeichnis wie die MP3-Dateien, es sei denn, Sie haben in den Codierungseinstellungen für Ogg Vorbis ein anderes Ausgabeverzeichnis angegeben.

Wiedergabeoptionen für Ogg Vorbis

Der Quintessential Player ist einer von vielen Player für PCs. Wenn Sie einen Player aussuchen, ist es ganz und gar Ihnen überlassen, welche Features Sie sich wünschen. Es gibt mehr Features, als ich hier behandeln kann. In Tabelle 11-1 sind einige der beliebtesten Player mit ihren zugehörigen Websites aufgeführt. Sie haben die Qual der Wahl.

Abbildung 11-15: MP3-Audiodateien werden mit QCD in Ogg Vorbis konvertiert

Tabelle 11-1: Ogg Vorbis-Player

Programm	Kosten	Website	Zusatzsoftware für die Wiedergabe von Ogg Vorbis erforderlich?
Quintessential Player	frei (Sie können dem Autor eine Karte schicken)	*http://www. quinnware.com*	nein
WinAmp	frei für die *Lite-*Version $ 14.95 für die *Pro-*Version	*http://www.winamp. com*	nein
Windows Media Player 9 und 10	frei (im Bundle mit Windows XP)	*http://www. windowsmedia.com*	ja; Download und Installation über *http://www. illiminable.com/ogg/*

Tabelle 11-1: Ogg Vorbis-Player (Fortsetzung)

Programm	Kosten	Website	Zusatzsoftware für die Wiedergabe von Ogg Vorbis erforderlich?
iTunes	frei	*http://www.itunes. com*	ja; Download und Installation über *http://qtcomponents. sourceforge.net/*
dbPowerAmp	frei	*http://www. dbpoweramp.com*	nein

Neben Ihrem PC können Sie auch Palm Powered oder Pocket PC zur Wiedergabe von Ogg Vorbis-Audiodateien verwenden. Flash- und festplattenbasierte Player stehen ebenfalls zur Verfügung. Kenwood produziert einen Heimtheater-Receiver, der Ogg Vorbis ebenfalls unterstützt. Die Gerätehersteller überschlagen sich zwar nicht gerade, um das Format zu unterstützen, aber die Lage wird immer besser. Da die Firma, die das MP3-Patent besitzt, begonnen hat, ihre Rechte durchzusetzen, wenden sich die Hersteller zunehmend Ogg Vorbis zu. Ich hoffe, dieser Trend wird sich in der Zukunft fortsetzen.

Für Ihren Palm gibt es zwei Player: AeroPlayer von Aerodrome Software und Pocket Tunes von NormSoft. Ich habe beide mit Ogg Vorbis-Dateien getestet und dabei festgestellt, dass auch beide sehr gut funktionieren. AeroPlayer und PocketTunes kosten jeweils $ 14,95 und können von *http://www. palmgear.com* heruntergeladen werden. Pocket PC-Benutzer finden unter *http://www.pocketgear.com* eine Fülle von Möglichkeiten. MortPlayer ist eine viel gelobte Freeware-Wiedergabeoption und Pocket Player ein kommerzielles Programm zum Preis von $ 19,95, das beste Bewertungen erhielt.

Wenn Sie einen Player speziell für Musik wünschen, haben Sie ebenfalls eine große Auswahl. Zurzeit unterstützt der Apple iPod Ogg Vorbis noch nicht, und ich würde nicht warten wollen, bis er es endlich tut. Die Flash-Player der Serie iRiver 700 und 800 unterstützen Ogg Vorbis ebenso wie ihre festplattenbasierten Player. Einzelheiten finden Sie unter *http://www.iRiverAmerica.com*. Ein weiterer festplattenbasierter Player, der Ogg Vorbis unterstützt, ist Rio Karma (*http://www.rioaudio.com*).

Ogg Vorbis ist eine viel versprechende neue Technologie mit sonniger Zukunft. Offene Standards und hochwertige Software machen es für Hersteller und Softwareentwickler gleichermaßen attraktiv. Hinzu kommen seine außerordentlichen akustischen Eigenschaften und Kompressionsraten. Wenn die Hardwarehersteller dieses Format übernehmen, könnte es eines Tages sogar MP3 entthronen.

Siehe auch

- Weitere Informationen über Ogg Vorbis, einschließlich technischer Details, finden Sie unter *http://www.xiph.org* und den daran angeschlossenen Websites.

Eric Cloninger

HACK 105 Windows Media Player mit TweakMP verbessern

Windows Media Player ist nicht gerade der bequemste Player, CD-Ripper oder CD-Brenner. Doch mit dem Powertoy TweakMP wachsen ihm neue Kräfte.

Der Windows Media Player ist nicht jedermanns Sache. Er kann verwirrend und benutzerunfreundlich sein und lässt einige grundlegende nützliche Features vermissen. Doch ein kostenfreies, einfaches Dienstprogramm von Microsoft, das Powertoy TweakMP, kann ihm auf die Sprünge helfen. Jeder, der den Windows Media Player nutzt, sollte es downloaden und benutzen.

Microsoft bezeichnet das Powertoy TweakMP als »unsupported«. Das bedeutet, dass das Unternehmen keinen technischen Support bietet, wenn Sie Schwierigkeiten mit dem Programm haben. Andererseits: Wann hätte Microsoft überhaupt jemals eine Ihrer technischen Supportanfragen zu Produkten wie Windows XP und Microsoft Office, bei denen es angeblich Support gibt, beantwortet?

Gehen Sie zuerst zu der Seite mit den Basisinformationen über das Powertoy TweakMP: *http://www.microsoft.com/windows/windowsmedia/9series/player/plugins/tweakmp/readme.aspx*.

Wenn Sie hier ankommen, stellen Sie möglicherweise fest, dass die Version um eins hinter dem Windows Media Player selbst zurückliegt. Gegenwärtig gibt es den Windows Media Player in der Version 10, aber TweakMP behauptet, es sei für die Version 9 geschrieben. Das spielt jedoch keine Rolle, da TweakMP Version 9 auch mit dem Windows Media Player Version 10 prima funktioniert. Und bis Sie dieses Buch lesen, ist vielleicht auch TweakMP längst aktualisiert worden.

Scrollen Sie auf der Seite bis INSTALLING THE PLUG-IN herunter, klicken Sie auf den Link zur Download-Seite und scrollen Sie dann diese Seite bis zum Plugin TweakMP PowerToy für Windows Media Player durch. Mit einem

Klick laden Sie die Datei herunter, und mit einem Doppelklick installieren Sie sie.

Danach starten Sie den Windows Media Player und wählen EXTRAS → PLUG-INS → TWEAKMP, um das Programm auszuführen. Es müsste jetzt ein Bildschirm wie in Abbildung 11-16 erscheinen.

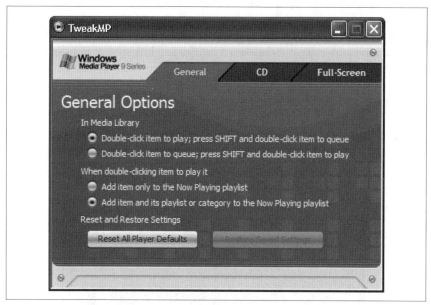

Abbildung 11-16: Das Powertoy TweakMP

Jede Registerkarte bietet andere Features. Die Registerkarte GENERAL steuert die allgemeinen Funktionen des Windows Media Player, die Registerkarte CD das Rippen und Brennen von CDs und die Registerkarte FULL-SCREEN die Vollbildfunktion des Windows Media Player. Folgendes sollten Sie wissen:

General

Über diese Registerkarte können Sie die Wiedergabe von Dateien steuern und die Dateien in eine Wiedergabeliste stellen. Sie können die Datei abspielen (Doppelklick) oder einer Wiedergabeliste hinzufügen (Umschalt-Doppelklick). Und Sie können wählen, was passieren soll, wenn Sie eine Datei abspielen. Soll sie der aktuellen Wiedergabeliste hinzugefügt werden, oder möchten Sie das betreffende Stück *und* seine gesamte Kategorie oder Wiedergabeliste auf die aktuelle Wiedergabeliste setzen? Die Registerkarte GENERAL wird in Abbildung 11-16 gezeigt.

CD

Dies ist vielleicht die praktischste Registerkarte von TweakMP; ein einziges ihrer Features lohnt bereits den gesamten Download: Sie passt beim Brennen einer CD automatisch die Lautstärke der verschiedenen Stücke an. Wenn Sie eine CD aus Dateien zusammenstellen, die Sie aus verschiedenen Quellen gesammelt oder von verschiedenen CDs kopiert haben, hat normalerweise jedes Stück eine andere Lautstärke. So kommt es, dass auf einer selbst gebrannten CD manche Stücke zu leise und andere zu laut sind. Doch TweakMP nivelliert die Lautstärke der verschiedenen Stücke so, dass sie alle mit der gleichen relativen Lautstärke wiedergegeben werden. Dazu müssen Sie lediglich das Kästchen neben AUTOMATICALLY LEVEL THE VOLUME OF FILES WHEN COPYING TO AN AUDIO CD markieren, wie in Abbildung 11-17 gezeigt.

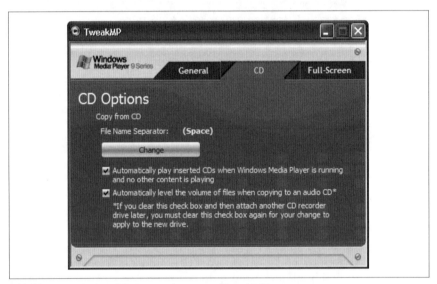

Abbildung 11-17: Die CD-Registerkarte von TweakMP

Ein anderes praktisches Feature ist die Fähigkeit, das Trennzeichen zwischen den einzelnen Bestandteilen des Dateinamens (z.B. Titel und Interpret des Songs) zu ändern, wenn Sie eine CD kopieren. Standardmäßig wird ein Leerzeichen zwischen diese Angaben gesetzt. Auf dieser Registerkarte können Sie jedoch ein oder mehrere andere Zeichen (bis zu fünf) auswählen, wobei die Zeichen \, /, :, *, ?, <, > und | allerdings nicht benutzt werden dürfen. Klicken Sie einfach auf den CHANGE-Button, geben Sie das oder die Zeichen in das Feld FILE NAME SEPARATOR ein und klicken Sie auf OK.

Auf dieser Registerkarte können Sie auch festlegen, ob der Windows Media Player eine CD automatisch abspielen soll, wenn sie in das Laufwerk eingelegt wird.

Full-Screen

Mit der Registerkarte FULL-SCREEN, die in Abbildung 11-18 zu sehen ist, lässt sich der Vollbildmodus des Windows Media Player steuern.

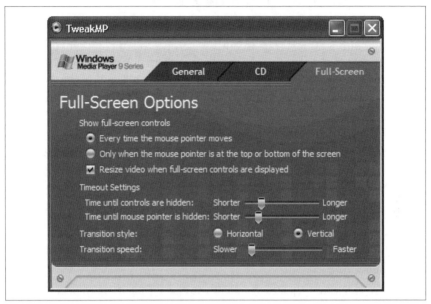

Abbildung 11-18: Die Full-Screen-Registerkarte

Der Vollbildmodus des Windows Media Player, der in Kraft tritt, wenn der Player maximiert wird, lässt sich über diese Registerkarte steuern. Hier legen Sie fest, ob die Vollbild-Steuerelemente bei jeder Bewegung des Mauszeigers erscheinen sollen oder nur dann, wenn sich der Zeiger am oberen oder unteren Bildschirmrand befindet, und ob der Videoteil des Bildschirms skaliert wird, wenn die Vollbild-Steuerelemente angezeigt werden. Sie können auch einstellen, nach welcher Zeit die Steuerelemente oder der Mauszeiger verschwinden sollen, wenn keine Mausbewegung registriert wird, und welche Übergänge beim Ein- und Ausblenden angezeigt werden.

Siehe auch

- »CDs ohne Probleme brennen« [Hack #100]
- »Streaming-Musik auf dem PC speichern« [Hack #101]
- »Die Datenschutzprobleme des Windows Media Player beheben« [Hack #106]

HACK
106   Die Datenschutzprobleme des Windows Media Player beheben

Hinter dem schicken Äußeren des Windows Media Player lauern potenzielle Angriffe auf Ihre Daten. Das können Sie ändern.

Der Windows Media Player Version 8 von Windows XP kann zu einer ernsthaften Bedohung Ihres Datenschutzes werden, da theoretisch der Firma Microsoft ermöglicht wird zu beobachten, welche DVDs Sie abspielen. Aus diesen Informationen könnte man eine Art *Supercookie* auf Ihrem PC erstellen, der Websites den Austausch von Informationen über Sie gestattet. Sie können jedoch den Datenschutz bei der Nutzung des Windows Media Player verbessern.

Wenn Sie den Windows Media Player einsetzen, um Filme auf DVD abzuspielen, kontaktiert der Media Player jedes Mal, wenn eine DVD gespielt wird, einen Microsoft-Server, von dem er sich den Titel und die Kapiteldaten der DVD holt. Der Server erkennt dabei Ihre Version des Media Player und verwendet ein Cookie, um die DVD, die Sie sehen, zu identifizieren. Danach zeichnet er Daten über Ihre DVDs in einer Datenbank auf Ihrer Festplatte unter *C:\Dokumente und Einstellungen\All Users\Anwendungsdaten\Microsoft\ Media Index* auf.

Microsoft behauptet, das verwendete Cookie sei ganz anonym und könne Sie nicht persönlich identifizieren. Außerdem versichert die Firma, sie würde gar nicht beobachten, welche DVDs die einzelnen Benutzer anschauen, und niemand würde je aus dem Internet auf Ihren PC zugreifen. Es wird gesagt, dass die Daten ausschließlich von Ihrem eigenen Computer genutzt werden und dass der Media Player beim zweiten Mal, wenn Sie eine zuvor bereits abgespielte DVD in das Laufwerk einlegen, die Informationen aus der Datenbank statt vom Microsoft-Webserver holt.

Doch Microsoft hatte in der Vergangenheit schon einiges an Datenschutzproblemen. Sie können der Firma also vertrauen, aber Sie können es auch bleiben lassen. Für dieses Problem gibt es zwei Lösungen: Sie können die Cookie-Steuerungen auf die höchste Sicherheitsstufe setzen [Hack #35], so dass Ihr PC alle Cookies zurückweist. Das bringt jedoch wieder andere Probleme mit sich, da Sie dann die Personalisierung und andere Funktionen vieler Websites nicht mehr nutzen können. Eine bessere Lösung ist es, den Media Player zu öffnen und DATEI → OFFLINE ARBEITEN zu wählen. Dann kontaktiert der Player keinen Microsoft-Server mehr.

Das famose Supercookie vom Windows Media Player ist eine eindeutige ID-Nummer in der Form einer 128-Bit-GUID (Globally Unique Identifier), die Ihrem Player zugewiesen und in der Registrierung gespeichert wird. Sie finden sie in `HKEY_CURRENT_USER\SOFTWARE\Microsoft\WindowsMedia\WMSDK\Gene-ral\UniqueID`. Diese ID kann mit JavaScript von jeder Website abgerufen werden. Sie wird als Supercookie bezeichnet, weil wirklich *jede Website* an sie herankommt. Normalerweise können Websites nämlich nur die Cookies abrufen, die sie selbst angelegt und auf Ihrem PC gespeichert haben. Dadurch wird es für die Websites schwieriger, Informationen über Sie auszutauschen. Doch dieses Supercookie ist für jede Website zugänglich und kann zwischen den Websites nach Belieben weitergegeben werden, um ein tief gehendes Profil von Ihrer Art der Internetnutzung zu erstellen. Zu alledem kann seine Verwendung von Cookie-Blockern nicht blockiert werden.

Doch es gibt ein ganz einfaches Mittel, dieses Problem zu beheben und Ihre Daten zu schützen. Wählen Sie im Windows Media Player EXTRAS → OPTIONEN → PLAYER und entfernen Sie im Bereich INTERNETEINSTELLUNGEN das Häkchen aus dem Kontrollkästchen neben IDENTIFIKATION DES PLAYERS DURCH INTERNETSITES ZULASSEN. Voilà: Problem erkannt, Gefahr gebannt.

Wenn Sie den Windows Media Player 9 herunterladen und installieren, können Sie die Datenschutzprobleme schon von Anfang an ausschalten, indem Sie ein wenig auf die Fragen bei der Installation achten, insbesondere auf die nach Ihren Datenschutzpräferenzen (siehe Abbildung 11-19).

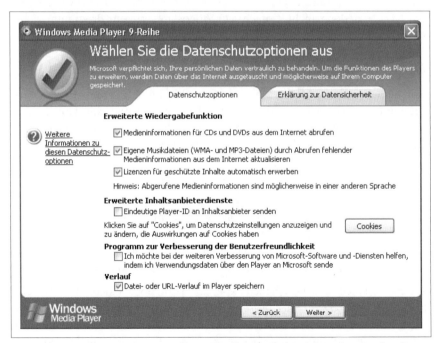

Abbildung 11-19: Datenschutzeinstellungen bei der Installation des Windows Media Player 9

Die Option unter PROGRAMM ZUR VERBESSERUNG DER BENUTZERFREUND-
LICHKEIT ist am problematischsten. Wenn Sie in diesem Bereich das Kontrollkästchen markieren, verrät der Windows Media Player Ihren Musik-
und Filmgeschmack Microsoft und speichert das Supercookie auf Ihrem PC.
Wenn Sie auf Datenschutz achten, sagen Sie einfach »Nein«.

Siehe auch

- Weitere Informationen über Datenschutzprobleme mit dem Windows
  Media Player finden Sie in Fachartikeln des Datenschutzexperten Richard
  Smith unter *www.computerbytesman.com/privacy/supercookie.htm* und
  www.computerbytesman.com/privacy/wmp8dvd.htm.

Videos mit Windows Movie Maker drehen

**So drehen Sie bessere Videos mit dem integrierten Windows Movie Maker
von XP.**

XP ist das Microsoft-Betriebssystem mit den besten Multimedia-Fähigkeiten
und besitzt auch ein integriertes Programm für die Erstellung und Bearbeitung von Videos und Homevideos: den Windows Movie Maker. (Sie rufen
ihn mit START → ALLE PROGRAMME → ZUBEHÖR → WINDOWS MOVIE MAKER
auf.) Da es jedoch nicht einfach ist, Videos mit diesem Programm richtig
hinzubekommen, sollten Sie zuerst die folgenden Tipps lesen.

Videos korrekt aufzeichnen

Mit dem Windows Movie Maker können Sie Filme bearbeiten und ihnen
Titel und Spezialeffekte hinzufügen. Doch alles steht und fällt damit, ob das
Video korrekt aufgenommen wurde. Daher sollten Sie als Erstes gewährleis-
ten, dass Ihr Video auf die bestmögliche Weise auf Ihre Festplatte gelangt.

Wenn Sie eine analoge Videokamera oder ein Videoband haben, müssen Sie
diese analogen Signale irgendwie digitalisieren. Dazu können Sie eine Videokarte oder ein Gerät verwenden, das sich an den FireWire- oder USB-Port
anschließen lässt. Falls Sie eine Videokarte benutzen, müssen Sie dafür sorgen, dass sie XP-fähige Treiber verwendet, sonst gibt es Schwierigkeiten. Um
herauszufinden, ob die Treiber XP-fähig sind, schlagen Sie in der *Windows
Compatibility List* unter *www.microsoft.com/windows/catalog* nach.

Wenn Sie einen USB-Port haben, können Sie analoge Videos mit *DVD Express*, *Instant DVD 2.0* oder *Instant DVD+DV* importieren. Beide erhalten Sie
unter *http://www.adstech.com*. Dies sind Hardware-Software-Kombinationen:
Um das Video auf Ihren PC zu bekommen, schließen Sie das analoge Videoge-
rät an USB Instant Video oder USB InstantDVD an und verbinden dann das

USB-Kabel des Letzteren mit dem USB-Port Ihres Computers. (Ein ähnliches Produkt namens *Dazzle Digital Video Creator* leistet dasselbe. Sie erhalten es unter *http://www.dazzle.com*.)

Nun schlagen Sie in Ihrer Systemdokumentation nach, welche Art von USB-Anschluss Sie haben. Ist es ein USB 1.1-Port, können Sie keine hochwertigen Videos darüber importieren und installieren besser eine Videokarte. Ist es ein USB 2.0-Port, können Sie ihn benutzen.

Falls Ihr PC FireWire-tauglich ist, sind Sie ebenfalls fein raus, da FireWire durch seine hohe Geschwindigkeit für den Import von Videos prädestiniert ist. Sie müssen allerdings eine zusätzliche Hardware anschaffen: die *SCM Microsystems Dazzle Hollywood DV-Bridge*. Stöpseln Sie dann das S-Video-Kabel in die Hollywood DV-Bridge ein und verbinden Sie die Hollywood DV-Bridge über ein FireWire-Kabel mit Ihrem FireWire-Port. Nun können Sie Videos auf Ihren PC schicken. Weitere Informationen finden Sie unter *http://www.dazzle. com/products/hw_bridge.html*.

Sind Hardware und Kamera erst eingerichtet, ist das Aufzeichnen von Videos ein Kinderspiel: Sie öffnen den Windows Movie Maker, wählen DATEIAUF-NAHME, starten die Kamera oder das Video und klicken auf AUFNAHME.

Video mit einer Digitalkamera aufnehmen

Wenn Sie eine digitale Videokamera oder Webcam besitzen, benötigen Sie keine zusätzliche Hardware, um ein Video aufzuzeichnen. Alles, was Sie brauchen, ist ein FireWire-Port an Ihrem PC. Digitale Kameras haben in der Regel eingebaute FireWire-Ports (eventuell unter der Bezeichnung IEEE 1394 oder i.Link). Wenn Ihr PC keinen FireWire-Port besitzt, können Sie eine FireWire-Karte installieren. Solche Karten sind für unter 100 Euro erhältlich. Achten Sie darauf, dass die Karte OHCI-fähig ist. (OHCI steht für *Open Host Controller Interface*.)

Wenn Sie Ihre Digitalkamera an einen FireWire-Port anschließen und einschalten, fragt Windows nach, was Sie mit der Kamera machen möchten. Antworten Sie, dass Sie eine Aufnahme mit Movie Maker planen. Dann wird der Movie Maker mit dem Dialogfeld AUFNAHME gestartet, und im Vorschaufenster wird ein Video angezeigt.

Die besten Einstellungen für die Videoaufnahme

Bevor Sie mit der Aufzeichnung beginnen, sollten Sie sich eine Vorschau des Videos im Dialogfeld AUFNAHME anschauen (siehe Abbildung 11-20). Dort haben Sie Gelegenheit, die Videoeinstellungen zu justieren, denn mit den richtigen Einstellungen steht und fällt Ihr Video.

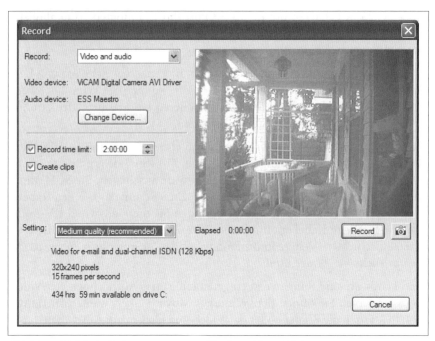

Abbildung 11-20: Aufnahmeoptionen mit Windows Movie Maker

Schauen Sie sich das Listenfeld EINSTELLUNGEN in Abbildung 11-20 an: Hier können Sie die Qualität des Videos bestimmen, also den wichtigsten Parameter überhaupt. Die Einstellung hängt von der Eingabequelle ab. Mit digitalen Videokameras können Sie höherwertige Aufnahmen machen als mit analogen, also bekommen Sie hier auch mehr Optionen zur Wahl. Der Movie Maker hat eine Reihe von voreingestellten Profilen, darunter drei ganz elementare: hohe, mittlere und niedrige Qualität. Wenn Sie ein Profil wählen, sagt Ihnen Movie Maker, wie viele Stunden und Minuten an Aufnahmezeit Sie zur Verfügung haben. Dieser Wert richtet sich nach dem Festplattenplatz und den Erfordernissen des Profils. Es kann sein, dass Sie mit der Einstellung HOHE QUALITÄT 193 Stunden, mit der Einstellung NIEDRIGE QUALITÄT dagegen 1.630 Stunden zur Verfügung haben.

Diese drei Profile sind jedoch nicht Ihre einzigen Wahlmöglichkeiten. Es stehen noch weit mehr Profile zur Auswahl (und ich rate Ihnen, diese zu nutzen), je nachdem, was Sie mit dem Video vorhaben. Sie möchten es ins Internet stellen? Oder nur zu Hause aufführen? Auf einem PDA betrachten? Für jeden Zweck gibt es ein Profil.

Um ein Profil auszusuchen, wählen Sie den Punkt WEITERE im Listenfeld EINSTELLUNG. Darunter öffnet sich ein weiteres Listenfeld mit anderen Profi-

len, wie in Abbildung 11-21 gezeigt. Diese Profile wurden für spezielle Zwecke entwickelt: etwa zur Aufzeichnung von Videos für das Web, für PDAs
mit Farb-Display und anderes mehr.

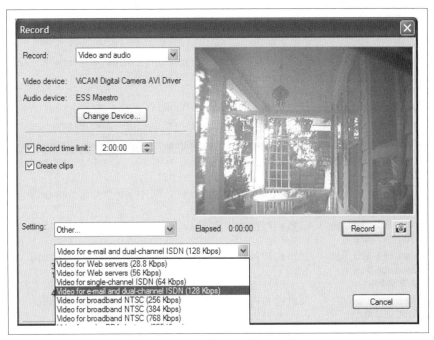

Abbildung 11-21: Aus anderen voreingestellten Profilen wählen

Jedes Mal, wenn Sie ein Profil wählen, erscheint darunter die Bildgröße des
Videos, seine Bildrate pro Sekunde und, wenn Sie ein Profil aus WEITERE
gewählt haben, zusätzlich die Videobitrate. Die Einstellungen haben folgende Bedeutungen:

Videoanzeigegröße
Größe des Videos in Pixel, zum Beispiel 740 × 480 oder 320 × 240.

Bilder pro Sekunde
Anzahl der pro Sekunde aufgezeichneten Bilder. Für ein ruckelfreies
Video sind 30 Bilder pro Sekunde erforderlich, was der Einstellung HOHE
QUALITÄT entspricht. Bei mittlerer und niedriger Qualität werden nur 15
Bilder pro Sekunde aufgenommen.

Videobitrate
Die Bitrate der Videoaufzeichnung. Je höher die Bitrate ist, desto besser
ist die Qualität.

Audiobitrate und -eigenschaften
> Diese werden nicht in den Einstellungen von Windows Movie Maker angezeigt, variieren aber je nach gewähltem Profil. Die Audioeigenschaften werden in Kilohertz (kHz) gemessen: Je höher diese Zahl ist, desto besser ist die Qualität. Und ebenfalls gilt hier: Je höher die Bitrate ist, umso besser ist die Qualität.

Um Ihnen bei der Auswahl eines geeigneten Profils zu helfen, zeigt Tabelle 11-2 die Einstellungen der Movie Maker-Profile.

Tabelle 11-2: Einstellungen für die Movie Maker-Profile

Profilname	Video-anzeigegröße	Videobitrate	Audio-eigenschaften	Audiobitrate
Video für Webserver (28.8 Kbit/s)	160 x 120 Pixel	20 Kbit/s	8 kHz	8 Kbit/s
Video für Webserver (56 Kbit/s)	176 x 144 Pixel	30 Kbit/s	11 kHz	10 Kbit/s
Video für Einzelkanal-ISDN (64 Kbit/s)	240 x 176 Pixel	50 Kbit/s	11 kHz	10 Kbit/s
Video für E-Mail- und Zweikanal-ISDN (128 Kbit/s)	320 x 240 Pixel	100 Kbit/s	16 kHz	16 Kbit/s
Video für Breitband-NTSC (256 Kbit/s)	320 x 240 Pixel	225 Kbit/s	32 kHz	32 Kbit/s
Video für Breitband-NTSC (384 Kbit/s)	320 x 240 Pixel	350 Kbit/s	32 kHz	32 Kbit/s
Video für Breitband-NTSC (768 Kbit/s)	320 x 240 Pixel	700 Kbit/s	44 kHz	64 Kbit/s
Video für Breitband-NTSC (1500 Kbit/s)	640 x 480 Pixel	1368 Kbit/s	44 kHz	128 Kbit/s
Video für Breitband-NTSC (2 Mbit/s)	640 x 480 Pixel	1868 Kbit/s	44 kHz	128 Kbit/s
Video für Breitband-Filminhalt (768 Kbit/s)	640 x 480 Pixel	568 Kbit/s	44 kHz	128 Kbit/s
Video für Breitband-Filminhalt (1500 Kbit/s)	640 x 480 Pixel	1368 Kbit/s	44 kHz	128 Kbit/s
Video für PDA-Farb-geräte (150 Kbit/s)	208 x 160 Pixel	111 Kbit/s	22 kHz	32 Kbit/s
Video für PDA-Farb-geräte (225 Kbit/s)	208 x 160 Pixel	186 Kbit/s	22 kHz	32 Kbit/s
DV-AVI (25 Mbit/s)	720 x 480 Pixel (NTSC) 720x525 Pixel (PAL)	1411 Kbit/s	48 kHz	16 Kbit/s

Tipps zum Brennen eigener DVDs

Beim Kopieren oder Drehen von Videos und Brennen auf DVD mit Movie Maker sollten Sie folgende Tipps beachten:

- Der USB 1.0-Standard ist nicht schnell genug, um eine Kamera oder eine andere Videoquelle an den PC anzuschließen. Sein Durchsatz von 11 Mbit/s reicht nicht aus, um hochwertige Videos aufzuzeichnen. Diese benötigen eine Bildrate von 30 Bildern pro Sekunde mit 24-Bit-Farbe und einer Auflösung von 640 × 480. Dazu ist ein Durchsatz von mindestens 210 Mbit/s erforderlich. USB 2.0, das eine Geschwindigkeit von 480 Mbit/s hat, und FireWire mit seinen 400 Mbit/s sind da besser.

- Vergewissern Sie sich, dass Sie viel Platz auf der Festplatte frei haben, wenn Sie Ihre Videos auf DVD brennen möchten. Das Video wird vor dem Brennen auf der Festplatte zwischengespeichert und nimmt dort in der Regel mehrere GByte Platz ein.

- Defragmentieren Sie Ihre Festplatte [Hack #94], bevor Sie DVDs zusammenstellen und brennen. Das maximiert die Leistung. Wenn Sie eine zweite Festplatte haben, können Sie diese statt Ihrer Hauptfestplatte für die DVD-Erstellung verwenden. Unabhängig von der Geschwindigkeit Ihrer CPU sollten Sie beim Import von Videos und beim DVD-Brennen alle Hintergrundanwendungen ausschalten.

- Wenn Sie Videos mit hoher Qualität auf DVD brennen, können Sie davon ausgehen, dass eine Stunde Film auf eine DVD passt. Bei niedrigerer Qualität (geringere Bitrate) bekommen Sie rund zwei Stunden auf eine DVD. Denken Sie aber daran, dass mit niedrigerer Qualität aufgenommene DVDs vielleicht nicht auf Ihrem eigentlichen DVD-Player laufen, sondern nur auf dem DVD-Player Ihres Computers.

- Da es für das Brennen von DVDs keinen endgültigen, überall akzeptierten Standard gibt, laufen nicht alle selbst gebrannten DVDs auf allen DVD-Playern. Die meisten DVD-Player spielen DVD-R-Disks ab, aber nicht alle kommen mit DVD-RW oder DVD+RW zurecht. Auf die Aussagen der Hersteller können Sie sich zwar nicht immer verlassen, aber trotzdem sollten Sie die neusten Informationen auf den Websites beachten.

- Wenn Sie Ihr Video erstellt haben und bereit sind, es auf DVD zu brennen, sollten Sie sich dafür viel Zeit nehmen. Das Brennen einer einstündigen DVD kann je nach CPU und Laufwerkgeschwindigkeit zwei Stunden in Anspruch nehmen.

Siehe auch

- Wenn Sie mehr Funktionen wollen, als Windows Movie Maker zu bieten hat, sollten Sie es mit *Ulead DVD Movie Factory* versuchen. Zusätzlich zu den grundlegenden Videobearbeitungswerkzeugen können Sie mit diesem Programm Übergänge, Spezialeffekte und Menüs hinzufügen. Außerdem bietet es Hintergrundbilder, voreingestellte Layouts und Musik, die Sie in die Videos einbringen können. Das Programm kann auf DVD, VCD und SVCD brennen und Dateien in mehreren Videoformaten abspeichern. Es ist als Probeversion gratis erhältlich, aber wenn Sie es behalten möchten, müssen Sie $ 44,95 zahlen. Sie können das Programm von diversen Download-Sites oder von *http://www. ulead.com* beziehen.

Systemleistung
Hacks #108–114

XP enthält eine Reihe von Tools, mit denen sich die Systemleistung steigern lässt. Integrierte Programme wie die Leistungskonsole können dutzende von Leistungswerten überwachen und automatisch Maßnahmen ergreifen, wenn die Messwerte unter ein bestimmtes Niveau absinken. Es gibt Hacks zur besseren Ausnutzung des Arbeitsspeichers und Registrierungs-Hacks, um das System schneller zu machen.

In diesem Kapitel geht es um diese und andere Methoden, die Effizienz von XP zu steigern. Außerdem erfahren Sie, wie Sie Systemprobleme beheben können, die nach einem Upgrade auf SP2 auftreten.

HACK 108 Die Systemleistung mit der Leistungskonsole beobachten

Bevor Sie nun gleich draufloshacken, sollten Sie zuerst wissen, wie die Systemleistung überwacht wird. Als Poweruser interessiert es Sie, wie es zu Leistungsverschlechterungen und -unterbrechungen kommen kann. Die Leistungskonsole eignet sich prächtig, um Ressourcen aller Art im Auge zu behalten.

Obwohl die Computer von Jahr zu Jahr schneller werden, sitzen wir aus irgendwelchen Gründen immer noch oft herum und warten.

Wenn Sie die Wurzel des Übels finden möchten, das Ihren Computer so langsam macht, rufen Sie die Leistungskonsole (perfmon) auf, die die Aktivitäten von Windows XP und seinen Komponenten beobachtet und grafisch darstellt. Zuerst erkläre ich Ihnen, wie eine Protokolldatei (ein Log) angelegt wird, und dann, wie man aus den Konsolen-Logs den größtmöglichen Nutzen zieht.

Visuelle Effekte reduzieren

Die visuellen Effekte von Windows XP – beispielsweise das Einblenden und Schieben von Menüs, Hintergrundbilder für Ordner und Schatten für Symbolbeschriftungen – machen es zwar zu dem optisch schicksten Betriebssystem, das Microsoft je hergestellt hat, aber alle diese Effekte fordern auch Tribut in Form von Systemleistung, insbesondere dann, wenn Sie einen älteren Computer haben.

XP gibt Ihnen die Möglichkeit, zwischen den visuellen Effekten und der Systemleistung abzuwägen. Sie können die visuellen Effekte alle einsetzen oder alle abschalten; Sie können von Ihrem System entscheiden lassen, welche eingesetzt werden sollen, oder Sie können selbst einzeln entscheiden, welchen Effekt Sie wünschen und welchen nicht. Klicken Sie mit der rechten Maustaste auf ARBEITSPLATZ und dann auf EIGENSCHAFTEN → ERWEITERT → EINSTELLUNGEN (im Bereich SYSTEMLEISTUNG). Um alle Effekte abzuschalten, markieren Sie FÜR OPTIMALE LEISTUNG ANPASSEN, und um alle Effekte einzuschalten, wählen Sie FÜR OPTIMALE DARSTELLUNG ANPASSEN. Um einzelne Effekte zu aktivieren, wählen Sie BENUTZERDEFINIERT und markieren die Kontrollkästchen der gewünschten Effekte. Experimentieren Sie ein wenig herum und schauen Sie, wie sich das auf die Systemleistung auswirkt.

Logs einrichten

Wählen Sie START → AUSFÜHREN und geben Sie perfmon ein. Sie sehen jetzt die *Microsoft Management Console* (MMC) mit einer Titelleiste namens LEISTUNG. Im linken Fenster klicken Sie auf SYSTEMMONITOR, um eine grafische Darstellung der aktuellen Systemleistung anzeigen zu lassen, einschließlich Prozessor, Arbeitsspeicher und Festplatte. Mit den Schaltflächen auf der Symbolleiste lassen sich die Daten, die der Graph anzeigt, sowie das Format ändern. Doch der Graph zeigt nur die aktuellsten Daten an; für eine Langzeitanalyse taugt er nichts.

Um Protokolldateien für die Systemleistung anzulegen, klicken Sie im linken Fenster auf LEISTUNGSDATENPROTOKOLLE UND WARNUNGEN. Dort stehen drei Protokollarten zur Wahl: Leistungsindikatorenprotokolle (mit regelmäßigen Messdaten der Leistungsindikatoren), Protokolle der Ablaufverfolgung (mit den Werten der Leistungsindikatoren bei besonderen Vorkommnissen, beispielsweise einem Absturz) und Warnungen (die Maßnahmen, die Windows ergreifen soll, wenn ein Indikator einen spezifischen Wert erreicht). Im Textformat gespeicherte Protokolldateien enthalten eine Zeile pro Beobachtung, wobei die Einzelwerte durch Kommata oder Tabulatoren getrennt und normalerweise im Ordner *C:\Perflogs* gespeichert werden. Diese Protokoll-dateien lassen sich zum Zweck der Analyse, Berichterstattung oder grafi-schen Aufbereitung in ein Tabellenkalkulations- oder Datenbankprogramm importieren. Außerdem stehen für Protokolldateien SQL- und Binärformate (also nicht Text) zur Verfügung. (Im Artikel Q296222 der Microsoft Know-ledgeBase wird erklärt, wie Sie die Daten direkt in eine SQL-Datenbank schreiben können.)

Ein Indikatorenprotokoll erstellen Sie, indem Sie im linken Fensterteil mit der rechten Maustaste auf LEISTUNGSINDIKATORENPROTOKOLLE klicken und NEUE PROTOKOLLEINSTELLUNGEN wählen. Geben Sie dem neuen Protokoll einen Namen und klicken Sie auf OK. Auf der Eigenschaftenseite des Proto-kolls (siehe Abbildung 12-1) bestimmen Sie auf der Registerkarte ALLGE-MEIN durch Anklicken der Schaltfläche INDIKATOREN HINZUFÜGEN, welche Werte protokolliert werden sollen. Eine sehr hübsche Funktion ist die Mög-lichkeit zu wählen, ob Sie Ihren lokalen PC oder einen anderen Netzwerk-computer im LAN überwachen möchten. Fügen Sie jedoch nicht zu viele Indikatoren hinzu, sonst wird Ihre Protokolldatei schnell sehr groß und un-übersichtlich und lässt sich nicht mehr gut analysieren. Um einen Indikator hinzuzufügen, wählen Sie zuerst das Leistungsobjekt aus (also den zu über-wachenden Teil des Computersystems, wie zum Beispiel den Arbeits-speicher oder Festplatten) und wählen dann aus der angezeigten Liste die Indikatoren.

Unter INTERVALL stellen Sie ein, wie oft Sie die Daten aufzeichnen möchten. Ist das Intervall zu kurz, füllt Ihre Protokolldatei schon bald die gesamte Festplatte. Eine minütliche Aufzeichnung reicht für den Anfang. Auf der Re-gisterkarte PROTOKOLLDATEIEN geben Sie Namen, Typ und Speicherort der Datei an. Wenn Sie die Datei in ein Tabellenkalkulations- oder Datenbank-programm übernehmen möchten, wählen Sie als Typ TEXTDATEI (KOMMA GETRENNT). Auf der Registerkarte ZEITPLAN geben Sie an, wie die Protokol-lierung gestartet und beendet werden soll: manuell, automatisch oder zu vorgegebenen Zeiten.

 Auch das Ausführen der Leistungskonsole kann Ihren Com-puter stark verlangsamen. Führen Sie sie nur dann aus, wenn es nötig ist, und stellen Sie keine zu kurzen Protokollierungs-intervalle ein. Lassen Sie die Protokollierung nach ein oder zwei Tagen enden, sonst läuft sie weiter, bis Ihre Festplatte voll ist.

Abbildung 12-1: Ein Leistungsprotokoll wird erstellt

Welche Werte müssen beobachtet werden?

Folgende Indikatoren lohnen eine Protokollierung:

\Speicher\Seiten/sec
Gibt an, wie viele Seiten von der Festplatte gelesen oder auf sie geschrieben werden, wenn Windows der Speicher ausgeht. Daten auf die Festplatte auszulagern und dann wieder von ihr zu lesen kann die Systemleistung stark beeinträchtigen. Eventuell sollten Sie für mehr Arbeitsspeicher sorgen.

\Physikalischer Datenträger\Durchschnittliche Warteschlangenlänge
Gibt an, wie viele Lese- und Schreibanforderungen auf die Festplatte warten. Ist diese Zahl sehr hoch, bedeutet das, dass ein schnelleres Festplattenlaufwerk die Leistung insgesamt verbessern würde.

\Physikalischer Datenträger\% Schreibzeit
Prozentsatz der Zeit, die die Festplatte aktiv war. Auch dies ist ein Indikator für zu langsame oder überlastete Festplatten.

\Prozessor\% Prozessorzeit

Prozentsatz der Zeit, die der Prozessor mit allen Arten von Prozessen beschäftigt war. Dieser Wert verrät Ihnen, ob Verzögerungen an einer Überlastung der CPU liegen.

Leistungsprotokolle lesen

Mit dem Systemmonitor der MMC können Sie eine Protokolldatei als Graph betrachten. Klicken Sie im linken Bereich des MMC-Fensters auf SYSTEM-MONITOR und dann auf der Symbolleiste auf das Symbol PROTOKOLLDATEN ANZEIGEN. Setzen Sie Ihre Protokolldatei auf die Liste. Das Aussehen des Graphs können Sie ändern, indem Sie auf der Symbolleiste des Monitors die Schaltfläche EIGENSCHAFTEN anklicken.

Um den Inhalt einer kommagetrennten (*.cvs-*)Protokolldatei in Excel oder einem anderen Tabellenkalkulationsprogramm anzuschauen, setzen Sie im Windows Explorer einen Doppelklick auf den Dateinamen. Excel wird sich vielleicht beschweren, dass die Datei noch geöffnet sei (weil die Leistungskonsole immer noch Daten in sie schreibt). Klicken Sie auf BENACHRICHTIGEN, um den bisherigen Inhalt der Datei anzeigen zu lassen. Mit Excel können Sie die Indikatoren analysieren, als Graphen darstellen lassen und drucken.

Warnungen

Eine Warnung legen Sie an, um eine Nachricht zu erhalten, wenn ein Indikator einen spezifischen Wert überschreitet. So teilt Ihnen beispielsweise die Leistungskonsole mit, wenn die Leerlaufzeit des Prozessors unter zehn Prozent fällt. Eine neue Warnung legen Sie an, indem Sie im linken Fensterteil des MMC-Fensters mit der rechten Maustaste auf WARNUNGEN klicken und NEUE WARNUNGSEINSTELLUNGEN wählen. Nun fügen Sie einen oder mehrere Indikatoren hinzu und geben die Ober- und Untergrenze an, bei deren Über- bzw. Unterschreitung Windows aktiv werden muss. Auf der Registerkarte AKTION geben Sie an, was Windows tun soll, wenn die Warnung eintritt. Vor allem können Sie veranlassen, dass Windows einen Hinweis in ein Ereignisprotokoll schreibt oder ein Programm ausführt.

Margaret Levine Young

HACK

109 Vorhandenen Arbeitsspeicher optimal ausnutzen

Die beste Möglichkeit, Ihre Systemleistung zu optimieren, ist eine bessere Ausnutzung des Arbeitsspeichers. Hier sind mehrere Hacks, die Sie ausprobieren können, ehe Sie sich mehr Speicher zulegen.

Egal, wie viel Arbeitsspeicher Sie haben, es ist nie genug. Mehr RAM zu installieren ist meist der schnellste Weg zu mehr Performance.

Aber Sie können XP auch schneller machen, indem Sie den vorhandenen Arbeitsspeicher besser nutzen. In diesem Hack werden Sie erfahren, wie Sie die Performance durch effizientere Ausnutzung des Speichers steigern können.

Mit dem Task-Manager den Arbeitsspeicher besser nutzen

Wenn Ihr System zu wenig Arbeitsspeicher hat oder seinen vorhandenen Speicher nicht richtig nutzt, wird Ihr Computer langsamer. Denn in solchen Fällen verlagert das System Daten und Programme in eine Auslagerungsdatei auf der Festplatte, und diese ist langsamer als der Arbeitsspeicher. Bis zu einem gewissen Grad ist dieser Vorgang normal, aber wenn die Auslagerungsdatei übermäßig viel genutzt wird oder die Speicherlast gar nicht mehr tragen kann, wird Ihr System lahm und macht Schwierigkeiten.

Die Registerkarte SYSTEMLEISTUNG des Task-Managers, die Sie in Abbildung 12-2 sehen, ist die beste Möglichkeit zur Überwachung des Arbeitsspeichers. Um den Task-Manager auszuführen, drücken Sie Strg-Umschalt-Esc. Danach klicken Sie auf die Registerkarte SYSTEMLEISTUNG. Hier können Sie die vorhandenen Informationen interpretieren und die Speichernutzung verbessern.

Das Wichtigste an der Registerkarte aus Abbildung 12-2 sind die Anzeigen zur Auslastung der Auslagerungsdatei und die Tabellen darunter, die ein detaillierteres Bild Ihrer Arbeitsspeicherauslastung zeichnen.

Die Diagramme zur Auslagerungsdatei sind selbsterklärend: Sie zeigen die Ausnutzung aktuell und als Verlaufsdiagramm. Wenn Sie feststellen, dass die Auslagerungsdatei oft und stark beansprucht wird, bedeutet dies, dass der vorhandene Arbeitsspeicher entweder vom System nicht optimal genutzt wird oder schlicht nicht mehr ausreicht. Ist das der Fall, sollten Sie weiter unten in diesem Hack nachlesen, wie Sie den Arbeitsspeicher besser nutzen können.

Die Daten unter dem Diagramm zur Auslagerungsdatei können schwer zu entziffern sein. Tabelle 12-1 erklärt die Bedeutung dieser Daten und gibt Empfehlungen, wie Sie eine bessere Arbeitsspeichernutzung daraus ableiten können.

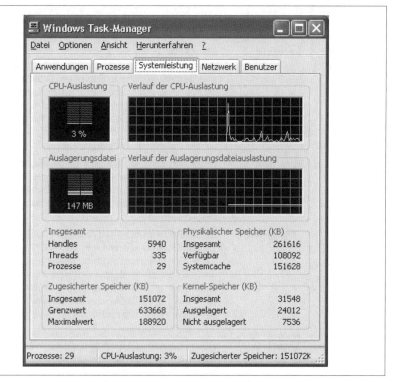

Abbildung 12-2: Die Registerkarte SYSTEMLEISTUNG des Task-Managers

Tabelle 12-1: Registerkarte SYSTEMLEISTUNG: Arbeitsspeicherdaten

Kategorie	Unterkategorie	Bedeutung
Insgesamt	Handles	Handles ermöglichen es einem Programm, Systemressourcen wie Registrierungsschlüssel, Schriftarten und Bitmaps zu nutzen. Manchmal schließen schlecht geschriebene Programme die Handles nicht, wenn sie beendet werden. Das führt zu Verlusten an Arbeitsspeicher. In der Praxis braucht diese Zahl jedoch nicht beobachtet zu werden.
	Threads	Ein Thread ist ein genau abgegrenzter Teil eines Programms, der unabhängig von anderen Programmteilen einen einzigen Task ausführt. Auch diese Zahl braucht in der Praxis nicht beachtet zu werden.
	Prozesse	Diese Zahl gibt an, wie viele Programme und Dienste (Prozesse) gerade auf Ihrem System laufen. Beobachten Sie sie, wenn Sie wissen möchten, ob auf Ihrem PC zu viele Programme und Dienste ausgeführt werden. Um unnötige Dienste abzuschalten, schauen Sie unter »Programme und Dienste aus dem Systemstart herausnehmen« **[Hack #4]** nach.

Tabelle 12-1: Registerkarte SYSTEMLEISTUNG: *Arbeitsspeicherdaten (Fortsetzung)*

Kategorie	Unterkategorie	Bedeutung
Zugesicherter Speicher (KB)	Insgesamt	Gibt in KByte an, wie viel physikalischer Speicher (RAM) und virtueller Arbeitsspeicher (Auslagerungsdatei) gerade genutzt wird. Je mehr Programme, Dateien und Daten gerade geöffnet sind, umso größer ist der zugesicherte Speicher, und je größer der zugesicherte Speicher ist, umso mehr Anforderungen werden an Ihr System gestellt. Um den zugesicherten Speicher zu verkleinern, müssen Sie Programme und Dateien (insbesondere große) schließen.
	Grenzwert	Dieser Wert gibt in KByte an, wie viel physikalischer und virtueller Speicher für Ihren PC gegenwärtig zur Verfügung steht. Um den Grenzwert zu erhöhen, können Sie die Auslagerungsdatei vergrößern oder mehr Arbeitsspeicher installieren.
	Maximalwert	Gibt in KByte den Höchstwert der Gesamt-Arbeitsspeicherauslastung an, der während Ihrer aktuellen Sitzung erreicht wurde. Diesen Wert sollten Sie bei jeder Sitzung anschauen, um zu wissen, ob der Maximalwert oft den Grenzwert erreicht oder annähernd erreicht. Wenn das der Fall ist, müssen Sie für mehr Arbeitsspeicher sorgen, entweder mit zusätzlichen Speichermodulen oder durch Vergrößerung der Auslagerungsdatei.
Physikalischer Speicher (KB)	Insgesamt	Zeigt in KByte an, wie viel Arbeitsspeicher in Ihrem PC vorhanden ist. Diese Zahl kann verwirrend sein. Wenn Sie sie durch 1.024 teilen, haben Sie den Wert in MByte.
	Verfügbar	Zeigt an, wie viel KByte Arbeitsspeicher gerade verfügbar ist. Wenn dieser verfügbare Arbeitsspeicher belegt ist, fängt Ihr System an, die Auslagerungsdatei zu nutzen.
	Systemcache	Gibt in KByte an, wie viel Arbeitsspeicher insgesamt für die zuletzt benutzten Daten und Programme genutzt wird. Programme und Daten können auch dann im Systemcache verbleiben, wenn sie bereits geschlossen wurden. Der PC sieht immer zuerst im Systemcache nach, wenn er ein Programm oder eine Datei öffnet, da diese Ressourcen im Cache schneller aufgerufen werden können als von der Festplatte.
Kernel-Speicher (KB)	Insgesamt	Gibt in KByte an, wie viel Arbeitsspeicher insgesamt von den Hauptkomponenten des XP-Kernels belegt wird. Zum Kernel gehören die zentralen Programme und Dateien des Betriebssystems.
	Ausgelagert	Gibt in KByte an, wie viel Platz in der Auslagerungsdatei von den Hauptkomponenten von XP belegt wird.
	Nicht ausgelagert	Gibt in KByte an, wie viel Arbeitsspeicher von den Hauptkomponenten von XP belegt wird.

Und so können Sie die Informationen dieser Registerkarte für die bessere Nutzung Ihres Arbeitsspeichers einsetzen:

- Wenn der Wert ZUGESICHERTER SPEICHER – INSGESAMT den Wert PHYSI-KALISCHER SPEICHER – INSGESAMT übersteigt, benötigen Sie wahrscheinlich mehr Arbeitsspeicher. Wenn der zugesicherte Speicher regelmäßig größer als der verfügbare physikalische Speicher ist, bedeutet dies, dass Ihr Computer regelmäßig auf die Auslagerungsdatei zurückgreifen muss, was Ihr System verlangsamt. Sie sollten mehr Arbeitsspeicher hinzukaufen: Er ist nicht teuer, aber Ihre Systemleistung wird explodieren.

- Bevor Sie eine Anwendung starten, die viel Arbeitsspeicher belegt, sollten Sie auf der Registerkarte SYSTEMLEISTUNG nachschauen, welche unbenutzten Anwendungen viel Speicher belegen, und diese zuerst schließen. Die Registerkarte PROZESSE des Task-Managers listet alle laufenden Prozesse und Programme auf und zeigt, wie viel Arbeitsspeicher sie belegen. Klicken Sie zweimal auf die Spaltenüberschrift SPEICHERAUS-LASTUNG, um die Elemente nach absteigender Arbeitsspeicherbelegung anzuordnen. Programme, die Sie nicht wirklich benötigen, sollten vor dem Starten einer speicherintensiven Anwendung geschlossen werden.

- Wenn ZUGESICHERTER SPEICHER – MAXIMALWERT oft in der Nähe von ZUGESICHERTER SPEICHER – GRENZWERT liegt, müssen Sie den Arbeitsspeicher vergrößern. Wenn dies geschieht, bedeutet es, dass Ihr PC oft an die Grenzen seines Arbeitsspeichers kommt. Kaufen Sie entweder mehr Speicher hinzu, oder vergrößern Sie Ihre Auslagerungsdatei.

 Wie Sie mit dem Task-Manager Ihr System schneller machen, erfahren Sie in »Mehr Systemleistung durch den Task-Manager« [Hack #112].

Allgemeine Ratschläge zur besseren Arbeitsspeichernutzung

Da Sie nun mit dem Task-Manager umgehen können, gebe ich hier noch ein paar mehr Tipps für eine bessere Ausnutzung des vorhandenen Speichers:

Entfernen Sie DLLs aus dem Arbeitsspeicher-Cache. Wenn Sie feststellen, dass Ihr System langsamer wird, wenn es längere Zeit XP ausgeführt hat, oder dass Ihr Arbeitsspeicher aus unerfindlichen Gründen schrumpft, kann das daran liegen, dass DLLs längst geschlossener Programme im Arbeitsspeicher zurückgeblieben sind.

Mit einem einfachen Registrierungs-Hack können Sie veranlassen, dass XP unbenutzte DLLs automatisch aus dem Arbeitsspeicher-Cache entfernt. Starten Sie den Registrierungs-Editor [Hack #83] und gehen Sie zu HKEY_LOCAL_MACHINE\SOFTWARE\Microsoft\Windows\CurrentVersion\Explorer. Erstellen Sie einen neuen DWORD-Wert namens AlwaysUnloadDll und geben Sie ihm den Wert 1. Verlassen Sie dann die Registrierung und starten Sie den Computer neu, damit die neue Einstellung wirksam wird. Beachten Sie jedoch, dass sie bei manchen Programmen Probleme bereiten kann. Einige Windows-Programme, vor allem ältere und 16-Bit-Programme, können auf Grund dieser Einstellung Fehlermeldungen generieren. Wenn das geschieht, müssen Sie den neuen Schlüssel löschen oder ihm den Wert 0 geben.

Verwenden Sie weniger Farben. Eine 32-Bit-Farbeinstellung braucht viel mehr Arbeitsspeicher und belastet den Prozessor weit stärker als eine 16-Bit-Farbeinstellung. Wenn Sie vor allem Geschäftsanwendungen wie Textverarbeitung und Tabellenkalkulation nutzen, werden Sie zwischen 16- und 32-Bit-Farben womöglich kaum einen Unterschied bemerken und kommen daher ganz gut auch mit 16 Bit aus. Um die Farbtiefe zu ändern, klicken Sie mit der rechten Maustaste auf den Desktop und wählen EIGENSCHAFTEN → EINSTELLUNGEN und dann im Feld FARBQUALITÄT die MITTLERE (16 BIT).

Meiden Sie DOS-Programme. DOS-Programme machen es XP unmöglich, den Arbeitsspeicher richtig zu verwalten. Da sie den Speicher, den sie belegen, nicht mehr freigeben, gestatten sie überdies keine Auslagerung zu Gunsten von anderen Programmen oder Prozessen. Wenn Sie noch irgendwelche DOS-Anwendungen fahren, sollten Sie sie schnellstmöglich durch Windows-Anwendungen ersetzen.

Reduzieren Sie die Desktop-Symbole. Jedes Symbol auf dem Desktop belegt Speicher. Löschen Sie also die Symbole, die Sie nicht regelmäßig benutzen. Führen Sie dazu den Desktopbereinigungs-Assistenten aus, der unbenutzte Symbole automatisch löscht. Klicken Sie dazu mit der rechten Maustaste auf den Desktop und wählen Sie EIGENSCHAFTEN → DESKTOP → DESKTOP ANPASSEN → DESKTOP JETZT BEREINIGEN. Der Assistent leitet Sie Schritt für Schritt an, die unbenutzten Symbole zu entfernen. Wenn Sie ihn alle 60 Tage ausführen möchten, markieren Sie das Kontrollkästchen DESKTOPBEREINIGUNGS-ASSISTENT ALLE 60 TAGE AUSFÜHREN.

Reduzieren Sie die Zahl der Hintergrundanwendungen und -dienste. Vielleicht laufen ohne Ihr Wissen viele Programme und Dienste im Hintergrund. Schauen Sie im Infobereich nach, ob dort irgendwelche Programme laufen, die Sie nicht benötigen. Schließen Sie diese und sorgen Sie dafür, dass sie nicht mehr automatisch beim Hochfahren gestartet werden. XP startet beim Hochfahren oft Dienste, die Sie nicht benötigen [Hack #4]. Wenn Sie beispielsweise keine WLAN-Karte haben, benötigen Sie auch nicht den konfigurationsfreien WLAN-Dienst.

Siehe auch

- »Mehr Systemleistung durch den Task-Manager« [Hack #112]

HACK 110 | Mehr Power: So machen Sie XP mit der Registrierung schneller

Nutzen Sie Ihr Wissen über die Registrierung: Hacken Sie Windows XP zur Höchstgeschwindigkeit.

Die Erstellung und Vermarktung von Dienstprogrammen für Windows XP ist ein schnell wachsender Markt. Eine Google-Suche fördert hunderte von Websites und Programmen zum Tunen von Windows XP zu Tage. Doch egal, welche Art von Schnittstelle entwickelt wird, um das Betriebssystem einfacher modifizieren zu können: Am Ende steht immer ein Eingriff in die Registrierung. Für manche mögen die kommerziellen Tuning-Tools vielleicht das Mittel der Wahl sein, aber mit ein paar Vorsichtsmaßnahmen lässt sich die Systemleistung auch ganz ohne fremde Tools steigern.

Wie Sie bereits in Kapitel 7 erfahren haben, lässt sich die Registrierung mit Regedit **[Hack #83]** bearbeiten. Treffen Sie die Sicherheitsvorkehrungen, die in diesem Kapitel beschrieben werden, und machen Sie ein Backup der Registrierung **[Hack #86]**, egal wie gut Sie sich darin auch auskennen mögen.

Kein einzelner Kunstgriff kann einen alten PC zum Lustobjekt eines Game-Fans machen. Selbst eine ganze Reihe von Kunstgriffen wird die Leistung nicht ins Unermessliche steigern, aber jeder einzelne bringt etwas. Wenn Sie keine übersteigerten Erwartungen haben, können Sie auf diese Weise etwas über die Registrierung lernen und hoffentlich auch einen Zugewinn an Leistung erzielen.

Geschwindigkeit der Menüs

Als XP aufkam, gab es heftige Kontroversen über die neue Benutzeroberfläche. Doch trotz anfänglicher Kritik bleiben die meisten Nutzer bei der Standardeinstellung, anstatt die klassische Ansicht der früheren Windows-Versionen wiederherzustellen. Allerdings möchte manch einer die Verzögerung abschaffen, die beim Klicken auf das Startmenü eintritt. Ich sehe nicht ein, warum es diese Verzögerung gibt. Effekte sind ja gut und schön, aber schließlich klicke ich auf das Ding, weil ich etwas daraus brauche, also her damit! Ein kleiner Kunstgriff in der Registrierung sorgt dafür, dass es künftig schneller geht.

Gehen Sie zum Registrierungsschlüssel HKEY_CURRENT_USER\Control Panel\ Desktop\MenuShowDelay. Dort finden Sie den Standardwert 400 vor. Wenn Sie die Verzögerung ganz abschaffen möchten, können Sie den Wert auf 0 setzen, doch dann ist es fast unmöglich, die Maus schnell genug zu bewegen, um nicht auf dem Weg zu Ihrer Auswahl ALLE PROGRAMME zu aktivieren. Suchen Sie also einen Wert, der zu Ihnen passt, und testen Sie dann, ob Sie den richtigen Kompromiss zwischen Schnelligkeit und Bedienbarkeit gefunden haben.

Verlagern Sie den Windows-Kernel in den Arbeitsspeicher

Es ist nun einmal so, dass alles, was im Arbeitsspeicher ausgeführt wird, schneller läuft als alles, was einen Zugriff auf die Festplatte und den virtuellen Speicher erforderlich macht. Anstatt zuzulassen, dass der Kernel, der das Fundament von XP ist, die langsamen Paging Executive-Funktionen benutzt, sollten Sie mit dem folgenden Hack den DWORD-Wert von DisablePagingExecutive auf 1 setzen.

 Diesen Hack dürfen Sie *nur* ausprobieren, wenn das System mindestens 256 MByte RAM hat!

Setzen Sie den Registrierungsschlüssel HKEY_LOCAL_MACHINE\SYSTEM\CurrentControlSet\Control\Session Manager\Memory Management\DisablePagingExecutive auf 1, um die Auslagerung zu unterbinden und den Kernel im Arbeitsspeicher auszuführen (wenn Sie den Wert 0 einsetzen, machen Sie diesen Hack wieder rückgängig). Verlassen Sie die Registrierung und starten Sie neu.

Ändern Sie die Vorabrufparameter

Der *Vorabruf* oder das »Prefetching« (das Einlesen von Systemstartdateien in einen Cache, um sie schneller laden zu können) wird oft übersehen, kann aber massive Auswirkungen auf die Startzeit des Systems haben. Mit dem nun folgenden Trick können Sie bestimmen, welche Komponenten von den Vorabrufparametern Gebrauch machen. Um zu sehen, welche Dateien mit welcher Einstellung abgerufen werden, leeren Sie den Vorabruf-Cache unter *C:\Windows\Prefetch* und aktivieren dann eine der in diesem Hack beschriebenen Einstellungen. Leeren Sie den Cache und wiederholen Sie den Vorgang für jede Einstellung.

Setzen Sie den Registrierungsschlüssel HKEY_LOCAL_MACHINE\SYSTEM\CurrentControlSet\Control\Session Manager\Memory Management\PrefetchParameters\EnablePrefetcher auf 0, um den Vorabruf zu deaktivieren, auf 1, um Startdateien von Anwendungen vorabzurufen, auf 2, um Startdateien vorabzurufen, oder auf 3, um so viele Dateien wie möglich vorabzurufen.

Deaktivieren Sie die 8.3-Namenskonvention in NTFS

Dateien, die die Namenskonvention 8.3 verwenden, können die Leistung von NTFS-Laufwerken beeinträchtigen. Wenn Sie keine guten Gründe haben, die 8.3-Namenskonvention beizubehalten (etwa weil Sie 16-Bit-Programme verwenden), können Sie die Leistung steigern, indem Sie diese Konvention deaktivieren:

Setzen Sie den DWORD-Schlüssel HKEY_LOCAL_MACHINE\SYSTEM\CurrentControlSet\Control\FileSystem\NtfsDisable8dot3NameCreation in der Registrierung auf 1. Schließen Sie die Registrierung und starten Sie den Computer neu.

Jim Foley

HACK 111 Reparatur und Wiederherstellung mit der Wiederherstellungskonsole

Wenn Windows den Dienst verweigert, können Sie auf der DOS-ähnlichen Wiederherstellungskonsole Reparaturen durchführen.

Die Wiederherstellungskonsole ist ein letztes Mittel, das Sie anwenden können, wenn Windows nicht hochfährt. Falls Windows noch startet, sollten Sie allerdings auf jeden Fall die Systemwiederherstellung ausprobieren, ehe Sie zu diesem letzten Mittel greifen. (Das gilt besonders, wenn Sie Änderungen an der Hardware vorgenommen haben.)

Um die Systemwiederherstellung aufzurufen, wählen Sie SYSTEMSTEUERUNG → LEISTUNG UND WARTUNG → SYSTEMWIEDERHERSTELLUNG.

Wenn Windows nicht startet, versuchen Sie zuerst, von der Installations-CD den Setup-Assistenten von Windows XP mit der Reparaturoption auszuführen oder Windows im abgesicherten Modus hochzufahren.

Falls von diesen einfacheren Maßnahmen keine funktioniert, kann Ihnen nur noch die DOS-ähnliche Wiederherstellungskonsole dabei helfen herauszufinden, was mit Windows, dem System, der Startpartition oder Ihrem Master Boot Record (MBR) nicht stimmt. Die DOS-ähnlichen Befehle ermöglichen es, einen Blick auf die Dateien und Ordner von Windows zu werfen und sie möglicherweise auch zu reparieren. Doch auch am MBR und am Startsektor sind Reparaturen möglich.

Die Wiederherstellungskonsole lässt sich so konfigurieren, dass man bei der Anmeldung kein Administratorkennwort eingeben muss. Dazu setzen Sie im Registrierungs-Editor **[Hack #83]** den Wert des Schlüssels HKEY_LOCAL_MACHINE\ SOFTWARE\Microsoft\Windows NT\CurrentVersion\Setup\RecoveryConsole\SecurityLevel auf 1.

Die Wiederherstellungskonsole starten

Um zur Wiederherstellungskonsole zu kommen, starten Sie den Computer von der Installations-CD von Windows XP und halten sich an die Anweisungen. Wenn Sie gefragt werden, welche Windows-Installation Sie möchten, geben Sie die Nummer der Installation ein (1, wenn Windows XP das einzige installierte Betriebssystem ist) und drücken auf Enter. Geben Sie dann das Kennwort für das Administratorkonto ein. Wenn die Wiederherstellungskonsole läuft, wird der Prompt C:\WINDOWS> angezeigt, der Ihnen den Namen des aktuellen Ordners (Verzeichnisses) sagt.

> Haben Sie vor, die Wiederherstellungskonsole öfter zu benutzen, sollten Sie sie Ihrem Bootmenü hinzufügen (dem Menü, das bei Multiboot-Systemen erscheint). Sie müssen dazu als Administrator angemeldet sein. Wählen Sie START → AUSFÜHREN und geben Sie den Befehl d:\i386\winnt32. exe /cmdcons ein (wobei d: durch den Laufwerkbuchstaben Ihres CD-Laufwerks ersetzt werden muss, falls dieser nicht D lautet). Die Wiederherstellungskonsole belegt rund 7 MByte Plattenplatz und speichert ihre Dateien unter \Comdcons auf Ihrem Systemlaufwerk.

Nun können Sie Befehle eingeben und mit Enter bestätigen, genau wie in den guten alten Tagen von DOS. Doch nicht alle DOS-Befehle sind möglich (siehe »Den Hack hacken« am Ende dieses Hacks), und Sie können auch nicht die Dateien aller Ordner sehen. Sie sind beschränkt auf die Windows-Programmordner (meist unter C:\Windows), ihre Unterordner und den Wurzelordner der Windows-Partition (meist C:\ ), Laufwerke von Wechselmedien (Disketten-, ZIP- und CD-Laufwerke, allerdings nur schreibgeschützt) sowie auf den Ordner \Cmdcons (dieser enthält das Programm der Wiederherstellungskonsole selbst, falls Sie sie Ihrem Bootmenü hinzugefügt haben).

Wenn Sie DOS kennen, werden Ihnen die Befehle der Wiederherstellungskonsole vertraut vorkommen, auch wenn es weniger sind und manche anders als bei DOS funktionieren. Um eine Liste der verfügbaren Befehle anzeigen zu lassen, tippen Sie help ein und drücken auf Enter. Wenn Sie wissen möchten, wie ein bestimmter Befehl funktioniert, geben Sie ihn mit einem Leerzeichen und /? dahinter ein (beispielsweise expand /?). Sobald Sie Ihre Arbeit mit der Wiederherstellungskonsole beendet haben, geben Sie exit ein, drücken die Enter-Taste und starten den Computer neu.

Schauen Sie sich um

Verwenden Sie folgende Befehle, um sich in Ihrem System umzuschauen:

cd *ordner*

> Wechselt zum angegebenen Ordner. Zwei Punkte (..) an Stelle des Ordnernamens bringen Sie zum übergeordneten Ordner. Zu einem anderen Laufwerk wechseln Sie, indem Sie den Laufwerkbuchstaben mit einem Doppelpunkt dahinter eingeben und auf Enter drücken.

dir *ordner* oder dir *dateiname*

> Listet den Inhalt des Ordners einschließlich Dateien und Unterordnern auf. Für den Dateinamen können Sie auch * als Jokerzeichen einsetzen (beispielsweise dir *.dll). Sie sehen dann den Zeitpunkt der letzten Änderung, die Attribute, die Größe (in Bytes) und den Dateinamen. Die Attribute werden durch Buchstaben dargestellt: d (Verzeichnis oder Ordner), h (verborgen), s (System), e (verschlüsselt), r (schreibgeschützt), a (seit der letzten Sicherung geändert) und c (komprimiert).

map

> Listet die Laufwerkbuchstaben mit zugehörigem Dateiformat (FAT32 oder NTFS), der Größe und dem Pfadnamen des jeweiligen Laufwerks auf.

type *dateiname*

> Zeigt den Dateiinhalt als Text an. Bei *.exe*-Dateien, Grafik- und anderen Nicht-Textdateien sehen Sie nur Müll.

Wenn ein Datei- oder Pfadname Leerzeichen enthält, muss er in doppelte Anführungszeichen eingeschlossen werden.

MBR, Startsektor oder Bootmenü reparieren

Wenn Ihr System keine Startpartition findet, versuchen Sie, den MBR zu reparieren. Geben Sie fixmbr ein, um den MBR auf der Startpartition neu einzutragen (die Startpartition ist das Laufwerk oder die Partition, von der der Computer gestartet wird).

Wenn das System zwar die Startpartition findet, aber der Windows-Startsektor auf der Windows-Partition (das Laufwerk oder die Partition, auf der Windows installiert ist) beschädigt ist, müssen Sie den Windows-Startsektor neu schreiben, indem Sie fixboot eingeben. Um anzugeben, welches Laufwerk die Windows-Partition ist, können Sie den Laufwerkbuchstaben hinzusetzen (zum Beispiel fixboot c:).

Windows XP hat ein Bootmenü, in dem Sie wählen können, welches Betriebssystem gestartet werden soll. (Das Menü erscheint nur, wenn mehrere Betriebssysteme vorhanden sind.) Um dieses Bootmenü zu reparieren, verwenden Sie den Befehl bootscan. Geben Sie bootcfg /scan ein, um alle Ihre Partitionen und Laufwerke nach Windows-Installationen zu durchforsten.

Mit `bootcfg /list` lassen Sie die *boot.ini*-Einträge auflisten (diese Datei enthält Ihre Bootmenü-Einträge).

Reparaturen an Windows

Wenn mit Ihrer Windows-Installation etwas nicht stimmt, können Sie die problematischen Dateien mit den folgenden Befehlen ändern oder ersetzen:

`attrib` *dateiname flag*
> Ändert das Attribut einer Datei (*dateiname*). Das *flag* kann + (hinzufügen oder einschalten) oder – (entfernen oder ausschalten) sein, gefolgt von r (schreibgeschützt), s (System) oder h (verborgen).

`chkdsk` *laufwerk*
> Prüft und repariert Dateien oder Ordner auf *laufwerk*. Mit der Option /p können Sie das Laufwerk auch dann prüfen, wenn keine Probleme markiert sind.

`copy` *quellpfad zielpfad*
> Kopiert die Datei von *quellpfad* und nennt die neue Datei *zielpfad*. Da das Jokerzeichen Stern (*) mit diesem Befehl nicht funktioniert, können Sie immer nur eine einzige Datei kopieren.

`diskpart`
> Hiermit können Sie Partitionen hinzufügen oder löschen, aber nicht verschieben oder größer bzw. kleiner machen. (Dazu benötigen Sie ein Programm wie PartitionMagic von *http://www.partitionmagic.com*.)

`expand` *pfadname*
> Dekomprimiert Dateien aus einer *.cab*-Datei und speichert sie in den aktuellen Ordner. Wenn die *.cab*-Datei mehr als eine Datei enthält, müssen Sie /f:* hinzusetzen, um alle Dateien zu extrahieren. Oder Sie geben /f:* /d ein, um alle Dateien aus der *.cab*-Datei aufzulisten, und extrahieren dann mit expand *pfadname* /f:*dateiname* nur die, die Sie brauchen.

Den Hack hacken

Standardmäßig erlaubt die Wiederherstellungskonsole weder Jokerzeichen noch das Kopieren von Dateien von lokalen Laufwerken auf Wechselmedien, noch den Befehl cd, um Dateien aus Unterordnern in allen Ordnern auf allen lokalen Festplatten aufzulisten. Außerdem erhalten Sie jedes Mal eine Warnmeldung, wenn Sie vorhandene Dateien mit anderen überschreiben.

Doch wenn Sie die Professional Edition haben, können Sie dieses Verhalten mit dem Gruppenrichtlinien-Editor ändern. Diesen rufen Sie auf, indem Sie an einer Eingabeaufforderung gpedit.msc eingeben. Gehen Sie dann zu Richtlinien für Lokaler Computer\Computerkonfiguration\Windows-Einstellungen\ Sicherheitseinstellungen\LokaleRichtlinien\Sicherheitsoptionen. Rechts doppelklicken Sie in der Liste der Richtlinien auf WIEDERHERSTELLUNGSKON- SOLE: KOPIEREN VON DISKETTEN UND ZUGRIFF AUF ALLE LAUFWERKE UND ALLE ORDNER ZULASSEN. Markieren Sie die Option AKTIVIERT und klicken Sie auf OK.

Dadurch werden allerdings noch keine Änderungen vorgenommen; das müssen Sie auf der Wiederherstellungskonsole selbst erledigen. Öffnen Sie die Konsole und verwenden Sie folgende Befehle, um ihr Verhalten anzupassen:

set allowwildcards = true
> Durch diesen Befehl können Sie die Jokerzeichen * und ? in Befehlen der Wiederherstellungskonsole benutzen.

set allowallpaths = true
> Hiermit können Sie den Befehl cd zur Auflistung aller Dateien und Unterordner sämtlicher Ordner auf allen lokalen Laufwerken verwenden.

set allowremovablemedia = true
> Hiermit können Sie Dateien von lokalen Laufwerken auf Wechselmedien kopieren.

set nocopyprompt = true
> Diese Einstellung verhindert Warnmeldungen, wenn Dateien über andere Dateien kopiert werden.

Margaret Levine Young

Mehr Systemleistung durch den Task-Manager
Dieses bescheidene Programm kann mehr als nur anzeigen, welche Programme gerade laufen: Es kann Ihnen sogar beim Performance-Tuning behilflich sein.

Die meisten XP-User wissen, dass der Task-Manager alle Programme und Prozesse anzeigt, die auf ihrem System ablaufen, und dass er es ermöglicht, diese Prozesse einzeln zu beenden. Doch das ist noch längst nicht alles: Mit dem Task-Manager lässt sich eine Feineinstellung der Systemleistung bewerkstelligen.

Der Task-Manager kann Ihnen auch helfen Ihren Arbeitsspeicher besser auszuschöpfen. Mehr darüber unter »Vorhandenen Arbeitsspeicher optimal ausnutzen« **[Hack #109]**.

Drei Möglichkeiten, den Task-Manager aufzurufen, sind gebräuchlich:

- Sie drücken Strg-Alt-Entf.
- Sie drücken Strg-Umschalt-Esc.
- Sie klicken mit rechts auf die Taskleiste und wählen TASK-MANAGER.

Der Task-Manager, den Sie in Abbildung 12-3 sehen, hat fünf Registerkarten, von denen allerdings nur ANWENDUNGEN, PROZESSE und SYSTEMLEISTUNG zur Performanceverbesserung genutzt werden. Am unteren Rand der Registerkarten finden Sie eine Kurzzusammenfassung des aktuellen Systemstatus einschließlich der CPU-Auslastung, der Anzahl der laufenden Prozesse und des für das System reservierten Arbeitsspeichers.

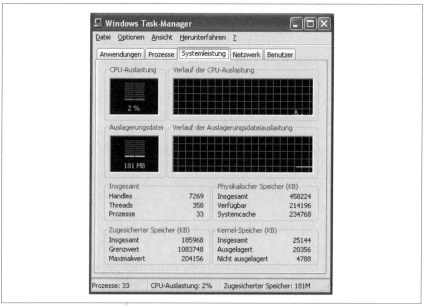

Abbildung 12-3: Die Registerkarte SYSTEMLEISTUNG des Task-Managers

Bevor Sie anfangen, mit diesen Registerkarten zu jonglieren, um Ihre Systemleistung zu verbessern, benötigen Sie allerdings zuerst etwas Hintergrundwissen.

Die Registerkarte Anwendungen

Die Registerkarte ANWENDUNGEN zeigt eine Liste mit allen Anwendungen, die gerade auf Ihrem PC laufen, wie beispielsweise Word, Excel und andere. Außerdem meldet diese Registerkarte den Status jeder Anwendung, also vor allem, ob sie ausgeführt wird oder nicht auf Eingabe reagiert.

Wenn Sie eine Anwendung in der Liste mit rechts anklicken, erscheint ein Kontextmenü, in dem Sie die Anwendung verwalten können: Sie haben die Möglichkeit, in das betreffende Programm zu wechseln, es in den Vordergrund zu holen, es zu minimieren, zu maximieren oder zu schließen, wie in Abbildung 12-4 gezeigt.

Abbildung 12-4: Die Registerkarte ANWENDUNGEN *des Task-Managers*

Die Registerkarte Prozesse

Die Registerkarte PROZESSE meldet jeden Prozess, der auf Ihrem Computer abläuft, darunter eine Reihe von Diensten, die vom Betriebssystem ausgeführt werden. Hier erfahren Sie auch, wie viel CPU-Leistung und Arbeitsspeicher jeder Prozess belegt.

Wenn Sie einen Prozess mit rechts anklicken, erscheint ein Menü, in dem der Prozess verwaltet oder geschlossen werden kann, wie in Abbildung 12-5 gezeigt.

Die Registerkarte Systemleistung

Die Registerkarte SYSTEMLEISTUNG zeigt Leistungsmessdaten an, wie etwa die CPU-Auslastung insgesamt und ihren Verlauf, die Nutzung der Auslagerungsdateien und ihren Verlauf, die Arbeitsspeicherauslastung und weitere statistische Daten, wie in Abbildung 12-6 gezeigt. Diese Registerkarte werden Sie mehr als andere benötigen, wenn Sie die Systemleistung beobachten und Engpässe beheben.

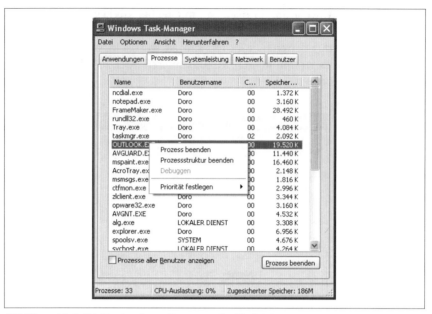

Abbildung 12-5: Die Registerkarte PROZESSE *des Task-Managers*

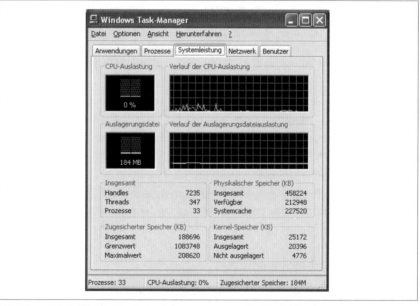

Abbildung 12-6: Die Registerkarte SYSTEMLEISTUNG *des Task-Managers*

Die Registerkarte SYSTEMLEISTUNG zeigt Tabellen und vier Graphen zur Systemleistung Ihres Computers an. Die Graphen sind einfach zu verstehen:

CPU-Auslastung
   Zeigt an, wie viel Prozent Ihrer CPU der PC gerade benutzt.

Verlauf der CPU-Auslastung
   Zeigt, wie sich die CPU-Auslastung mit der Zeit entwickelt.

Auslagerungsdatei
   Zeigt, wie viel von Ihrer Auslagerungsdatei zurzeit belegt ist.

Verlauf der Auslagerungsdateiauslastung
   Zeigt, wie sich dieser Wert mit der Zeit entwickelt hat.

Der Task-Manager aktualisiert seine Daten alle zwei Sekunden, und jeder senkrechte Strich in den Graphen repräsentiert ein Zwei-Sekunden-Intervall. Um diesen Zeitraum zu ändern, wählen Sie aus dem Task-Manager-Menü ANSICHT → AKTUALISIERUNGSGESCHWINDIGKEIT und entscheiden zwischen HOCH und NIEDRIG. Wählen Sie HOCH, werden die Werte zweimal pro Sekunde aktualisiert; wählen Sie NIEDRIG, werden sie nur alle vier Sekunden aktualisiert. Zum Stoppen der Aktualisierung klicken Sie auf ANGEHALTEN. Um sofort neue Werte abzurufen, drücken Sie F5.

CPU-Auslastung überwachen

Moderne Mikroprozessoren (1 GHz oder höher) können die meisten Aufgaben locker bewältigen, aber CPU-intensive Software oder Tasks wie Computer Aided Design-(CAD-)Programme, das Brennen von CDs und bestimmte Spiele können ein System sehr verlangsamen. Mit dem Task-Manager können Sie die CPU-Auslastung überwachen und, je nachdem, wie die Werte ausfallen, Maßnahmen treffen, damit Ihr System schneller läuft.

Die CPU-Auslastung überwachen Sie mit Hilfe der Registerkarten PROZESSE und SYSTEMLEISTUNG. Zwei Werte sind dabei interessant: die gesamte CPU-Auslastung und die jeweilige CPU-Last der einzelnen Prozesse und Programme.

CPU-Last der einzelnen Programme und Prozesse ermitteln. Wenn die CPU zu langsam wird, liegt das oft daran, dass einzelne Programme oder Prozesse zu viel von ihrer Aufmerksamkeit beanspruchen. Wie viel Prozent der Systemleistung von einem Programm beansprucht wird, lässt sich ermitteln. Wenn Sie den Übeltäter herausgefunden und geschlossen haben, wird Ihre Systemleistung in die Höhe schnellen. Falls Sie die betreffende Anwendung gerade brauchen, sollten Sie so lange andere Anwendungen schließen, die die CPU belasten.

Dafür klicken Sie auf der Registerkarte PROZESSE des Task-Managers auf die Überschrift CPU-AUSLASTUNG. Die Liste der Prozesse und Programme wird dann nach CPU-Auslastung in absteigender Reihenfolge umsortiert, so dass die Leistungsfresser ganz oben erscheinen. Beachten Sie, dass der oberste Eintrag oftmals einen Leerlaufprozess erwähnt; hier wird mitgeteilt, wie viel von Ihrer CPU ungenutzt ist. Nun suchen Sie nach Prozessen oder Programmen, die einen beträchtlichen Teil Ihrer CPU-Leistung beanspruchen, und schließen sie, ehe Sie CPU-intensive Anwendungen wie CAD-Programme oder CD-Brennsoftware ausführen.

CPU-Auslastung in Echtzeit beobachten. Wenn Ihre CPU regelmäßig einen hohen Prozentsatz ihrer Kapazität braucht, ist dies ein Hinweis auf einen Leistungsengpass. Sie sollten dann Ihre CPU aufrüsten, einen neuen Computer kaufen oder weniger Programme ausführen. Doch wie kann man feststellen, ob die CPU einen Leistungsengpass hat? Prüfen Sie Ihre CPU-Auslastung. Führen Sie den Task-Manager aus und wählen Sie OPTIONEN → AUSBLENDEN, WENN MINIMIERT. Nun bleibt der Task-Manager, wenn Sie ihn minimieren, dennoch im Systembereich der Taskleiste erhalten.

Minimieren Sie jetzt den Task-Manager. Er wird nunmehr als kleines Balkendiagramm im Systembereich der Taskleiste angezeigt, das grün aufleuchtet, wenn Ihre CPU beansprucht wird. Um die aktuelle CPU-Auslastung anzuzeigen, ziehen Sie den Mauszeiger auf das Task-Manager-Symbol im Systembereich. Probieren Sie verschiedene Kombinationen von Programmen aus und beobachten Sie bei jeder Kombination die CPU-Auslastung. Wenn Sie feststellen, dass Ihre CPU regelmäßig überlastet wird, ist es an der Zeit, eine stärkere CPU oder einen neuen Computer zu erwerben.

Programmen und Prozesse mehr CPU-Anteil geben

XP gibt jedem auf einem PC laufenden Programm oder Prozess eine *Basispriorität*, die bestimmt, welchen Anteil an der Systemleistung dieses oder dieser im Verhältnis zu anderen Programmen bekommt. XP kann folgende Prioritäten zuweisen:

* NIEDRIG
* NIEDRIGER ALS NORMAL
* NORMAL
* HÖHER ALS NORMAL
* HOCH
* ECHTZEIT

Die meisten Programme und Prozesse bekommen die normale Priorität. Gelegentlich möchten Sie jedoch, dass ein Programm wie CAD oder eine Grafikanwendung von Ihrer CPU bevorzugt behandelt wird. So bekommt das Programm die CPU-Leistung, die es benötigt, und läuft schneller und sauberer ab. Auf der anderen Seite können Sie Hintergrundprozessen oder Programmen, die kaum je auf die CPU zugreifen müssen, eine niedrigere Priorität verleihen.

Mit dem Task-Manager lassen sich die Prioritäten von Prozessen und Programmen ändern. Hierbei verstehen sich die Begriffe NIEDRIG, NIEDRIGER ALS NORMAL, NORMAL, HÖHER ALS NORMAL und HOCH von selbst, aber der Begriff ECHTZEIT ist erklärungsbedürftig. Die Priorität ECHTZEIT widmet dem betreffenden Task eine überaus große Zahl von CPU-Zyklen, und zwar so viele, dass unter Umständen noch nicht einmal mehr der Task-Manager selbst in der Lage ist, ein Programm oder einen Prozess mit einer so hohen Priorität zu unterbrechen. Daher sollten Sie grundsätzlich nicht die ECHT-ZEIT-Priorität zuweisen, es sei denn, das betreffende Programm ist das einzige, das auf dem PC ausgeführt wird. Doch wenn dies der Fall ist, hat es ja ohnehin bereits die volle Aufmerksamkeit der CPU, so dass sich diese Einstellung erübrigt.

Um auf der Registerkarte PROZESSE die Priorität eines laufenden Programms oder Prozesses zu ändern, klicken Sie mit rechts auf den betreffenden Eintrag, markieren PRIORITÄT FESTLEGEN und wählen die Priorität für das Programm, wie es in in Abbildung 12-7 zu sehen ist.

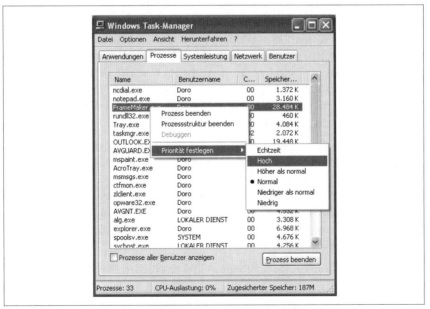

Abbildung 12-7: Einem einzelnen Prozess oder Programm wird eine neue Priorität verliehen

Mit diesem Feature sollten Sie vorsichtig umgehen, da es unbeabsichtigte Folgen bis hin zu einem instabilen System verursachen kann. Wenn Sie Probleme feststellen, sollten Sie es nicht mehr verwenden.

> Bitte merken Sie sich: Wenn Sie einem Prozess oder Programm eine neue Priorität zuweisen, bleibt diese nur so lange erhalten, wie das Programm läuft. Sobald es endet und neu gestartet wurde, tritt die Standardeinstellung von XP wieder in Kraft.

HACK 113 Hausputz auf der Festplatte

Bahnen Sie einen Weg durch den Datenmüll, reinigen Sie Ihre Festplatte und machen Sie ungeahnte Platzreserven frei. Diese Hacks, Techniken und Downloads zeigen Ihnen, wie.

Egal wie viel Plattenplatz Sie haben, es ist nie genug. Ihre Festplatte ist mit alten Dateien zugemüllt, die Sie nie wieder brauchen, mit temporären Dateien, zwischengespeicherten Daten und mehr Ramsch, als man sich vorstellen kann. Der folgende Hack zeigt Ihnen, wie Sie zu einer sauberen Festplatte kommen.

Separate Profile für die Festplattenbereinigung

Die Datenträgerbereinigung von XP (SYSTEMSTEUERUNG → LEISTUNG UND WARTUNG → SPEICHERPLATZ AUF DER FESTPLATTE FREIGEBEN) ist eine Möglichkeit, die Festplatte nach der Methode »schnell und schmutzig« von überflüssigen Dateien zu befreien. Sie berechnet, wie viel Festplattenplatz Sie sparen können, indem Sie eine Reihe von verschiedenen Dateitypen und Caches bereinigen oder alte, selten benutzte Dateien komprimieren und archivieren (siehe Abbildung 12-8).

Es kann jedoch recht Zeit raubend sein, jedes Mal all die verschiedenen Optionen zu aktivieren oder zu deaktivieren. Und einfach die Einstellungen vom letzten Mal wiederzuverwenden ist auch nicht jedermanns Sache. Manchmal möchte man nur bestimmte Dateien löschen, während andere noch eine Weile bewahrt werden sollen. So können zum Beispiel die temporären Internetdateien das Surfen im Web beschleunigen, da sie die Grafiken Ihrer Lieblings-Websites schon bereithalten.

Um dieses Problem zu lösen, können Sie verschiedene Profile für die Festplattenbereinigung anlegen. So können Sie immer dann, wenn Sie Ihre Festplatte auf eine bestimmte Weise säubern möchten, einfach nur das zugehörige Profil ausführen. Möchten Sie eine andere Zusammenstellung von Bereinigungsoptionen nutzen, wechseln Sie einfach das Profil.

Abbildung 12-8: Die Datenträgerbereinigung teilt Ihnen mit, wie viel Plattenplatz Sie freischaufeln können

Diese Profile stehen zwar nicht in der normalen Benutzerführung von XP zur Verfügung, können aber mit einer Befehlszeilen-Version der Datenträger-bereinigung angelegt werden: *cleanmgr.exe.* Zuerst legen Sie ein neues Profil für die Datenträgerbereinigung an, dann wählen Sie START → AUSFÜHREN und geben cleanmgr /Saveset:*n* ein, wobei *n* eine Zahl zwischen 1 und 65535 ist. Nun erscheint das Dialogfeld BEREINIGEN DES DATENTRÄGERS wie in Abbildung 12-9, in dem Sie aussuchen können, welche Elemente mit die-sem Profil bereinigt werden sollen.

Auf den ersten Blick scheint es sich um denselben Dialog wie in der GUI-Version der Datenträgerbereinigung zu handeln, aber wenn man genauer hinschaut, hat man mehr Optionen für die Bereinigung. So lassen sich auch Debugging-Dump-Dateien, Stup-Log-Dateien, Katalogdateien für den Con-tent Indexer, temporäre Setup-Dateien, alte *Chkdsk*-Dateien und diverse andere Elemente bereinigen, die die GUI-Version nicht zu bieten hat.

> Wenn Sie ein Profil anlegen, um eine andere als die Win-dows-Festplatte zu bereinigen, sind die meisten dieser Optio-nen ausgeschaltet. Es lassen sich dann nur der Papierkorb und die Katalogdateien für den Content Indexer automa-tisch bereinigen.

Abbildung 12-9: Der Bildschirm für das Bereinigen des Datenträgers

Treffen Sie Ihre Wahl und klicken Sie auf OK, um das Bereinigungsprofil anzulegen. Um dieses Profil zu einer beliebigen Zeit auszuführen, geben Sie cleanmgr /saverun:*n* ein, wobei *n* die Nummer des Profils ist.

Wenn Sie die Datenträgerbereinigung nutzen (egal ob die GUI oder die Befehlszeilen-Version), seien Sie vorsichtig mit dem Löschen von heruntergeladenen Programmdateien. Oft handelt es sich dabei um nützliche ActiveX-Programme und Java-Add-ins. Lassen Sie nur diejenigen Programme löschen, von denen Sie genau wissen, dass Sie sie nicht mehr brauchen.

Festplatte ohne die Datenträgerbereinigung von XP säubern

Oft ist ein manueller Hausputz wirkungsvoller als die automatische Datenträgerbereinigung. Denn diese findet nicht immer alle Dateien, die gelöscht werden sollen, entfernt aber dafür andere, die man lieber behalten möchte. So löscht die Datenträgerbereinigung, entgegen ihren Beteuerungen, gar nicht alle Dateien im *TEMP*-Verzeichnis und rührt auch keine Dateien an, die jünger als eine Woche sind.

Zu einer manuellen Bereinigung gehören folgende Schritte:

1. Leeren Sie den Papierkorb.

2. Suchen Sie alle Dateien mit den Erweiterungen .*bak* und .*tmp* sowie Dateien, deren Namen mit ~ beginnen (für die Suche verwenden Sie die Wildcard *, also beispielsweise *.tmp, *.bak und ~*.*). Löschen Sie alle diese Dateien, soweit sie nicht von gestern oder heute stammen. Eventuell lassen sich manche Dateien nicht löschen, da sie gerade in Gebrauch sind. Das ist kein Grund zur Beunruhigung; lassen Sie die Dateien einfach in Ruhe.

3. Löschen Sie Ihre temporären Internetdateien, indem Sie im Menü des Internet Explorer EXTRAS → INTERNETOPTIONEN → ALLGEMEIN → DATEIEN LÖSCHEN wählen.

4. Löschen Sie die Dateien in Ihren *TEMP*-Ordnern. Eventuell gibt es zwei dieser Ordner: einen namens *C:\TEMP* und einen namens *C:\Windows\ TEMP*.

5. Löschen Sie alte Systemwiederherstellungspunkte, da diese eine Menge Platz belegen. Sie können alle außer dem aktuellsten Wiederherstellungspunkt entfernen, sollten sich allerdings vorher vergewissern, dass Sie die alten Punkte auch wirklich nicht mehr benötigen. Führen Sie die Datenträgerbereinigung aus, wählen Sie die Registerkarte WEITERE OPTIONEN und klicken Sie im Abschnitt SYSTEMWIEDERHERSTELLUNG auf BEREINIGEN.

Ein besseres Programm zum Putzen der Festplatte

Die Datenträgerbereinigung funktioniert für ein kostenloses integriertes Dienstprogramm gar nicht so schlecht. Sie können jedoch Tools downloaden, die diese Aufgabe besser erledigen, etwa Dateiduplikate finden und löschen, verwaiste Verknüpfungen auf nicht mehr existente Programme entfernen und dergleichen mehr. Unter den vielen derartigen Programmen sind CleanUp! und System Mechanic zwei der besten.

CleanUp! (*http://www.emesoft.se*; $ 18, Trial-Version möglich) hat alle Fähigkeiten der Datenträgerbereinigung von Windows XP und kann zusätzlich Verknüpfungen und Favoriten finden und löschen, die nicht mehr gültig sind. Es zeigt Ihnen Registrierungseinträge, die auf nicht mehr vorhandene Dateien verweisen, und lässt Sie Internet Explorer-AutoVervollständigen-Einträge untersuchen und nach Bedarf löschen.

System Mechanic (*http://www.iolo.com*; $ 59,95, Trial-Version verfügbar) ist weit mehr als nur ein Festplattenbereinigungssystem. Neben den normalen Reinigungsarbeiten sucht und löscht es überflüssige Dateien, die von deinstallierten Programmen zurückgelassen wurden, findet und löscht Dateiduplikate und sucht und repariert kaputte Verknüpfungen. Darüber hinaus säubert es die Registrierung, ermöglicht Feineinstellungen an Windows, schützt Ihre Privatsphäre und anderes mehr. Insgesamt besteht es aus einer Suite von 15 Programmen.

HACK 114 Probleme mit SP2-Upgrades beseitigen

Das Windows XP Service Pack 2 (SP2) ist ein Segen für alle, die nach größerer Sicherheit und drahtlosem Zugang streben; es kann jedoch auch automatische Updates blockieren, Programme anhalten und Schlimmeres. Hier finden Sie Lösungen für diese Probleme.

SP2 ist einfach ein Muss, und sei es nur wegen seiner neuen Sicherheitsfunktionen. Doch es ist bei Weitem nicht perfekt. Auf vielen Computern hat es bereits Schaden angerichtet, und vielleicht ist Ihrer der Nächste. Eventuell können Sie die Microsoft-Website für automatische Updates nicht kontaktieren oder die Windows-Firewall hindert bestimmte Programme an der Arbeit, und Ihre Firewall oder Ihr Virenscanner laufen auch nicht mehr, nachdem Sie SP2 installiert haben. In diesem Hack erfahren Sie, was Sie tun können, um diese Probleme zu lösen, und wie Sie schlimmstenfalls SP2 wieder deinstallieren können.

Probleme mit Windows Update lösen

Eine hervorragende Möglichkeit, mit Windows auf dem Stand der Technik zu bleiben, ist ein regelmäßiger Besuch der Windows Update-Site (*http://v5. windowsupdate.microsoft.com*). Doch viele Nutzer bekommen nach der Installation von SP2, wenn Sie auf dieser Site auf einen Link klicken, die Meldung: HTTP Error 500 - Internal Server Error, Error 0x8ddd0010. Wie immer im Web erfahren Sie leider nicht, was genau schief gegangen ist und wie man das Problem beheben kann.

Wenn die Seite nicht lädt, kann noch etwas anderes passieren: Bei einem Klick auf den Link VIEW INSTALLATION HISTORY oder DETAILS erscheint bloß eine leere Seite. Vielleicht bekommen Sie auch die Nachricht, dass ein Popup blockiert wurde.

Das Problem ist, dass der von SP2 installierte Popup-Blocker des Internet Explorer auch diejenigen Popups blockiert, die zur Benutzung der Site notwendig sind. Sie müssen SP2 veranlassen, die Popups der Microsoft Update-Site zuzulassen.

Im Internet Explorer wählen Sie dazu EXTRAS → POPUPBLOCKER → POPUP-
BLOCKEREINSTELLUNGEN und geben in das Feld ADRESSE DER WEBSITE, DIE
ZUGELASSEN WERDEN SOLL den Wert http://v5.windowsupdate.microsoft.
com ein. Klicken Sie dann auf HINZUFÜGEN, wie in Abbildung 12-10 gezeigt.

*Abbildung 12-10: Der Internet Explorer wird veranlasst, Popups von Windows Update
durchzulassen*

Klicken Sie auf SCHLIESSEN. Da jetzt die Popups dieser Site nicht mehr blockiert werden, müssten die Updates nun funktionieren. Sollten Sie auf anderen Websites ebenfalls Probleme wegen blockierter Popups bekommen,
wiederholen Sie das Ganze und geben die entsprechende URL ein.

 Weitere Informationen über den Popupblocker von SP2 finden Sie unter »Popups verhindern – mit oder ohne SP2«
[Hack #33].

Probleme mit der Windows-Firewall beheben

Die wichtigste Neuerung des SP2 in puncto Sicherheit ist die eingeschaltete
Windows-Firewall [Hack #77] (früher Internetverbindungsfirewall oder ICF
genannt). Diese Firewall bietet einen Basisschutz, ist aber nicht annähernd
so wirkungsvoll wie andere Firewalls, etwa ZoneAlarm [Hack #78].

Doch die Windows-Firewall kann leider auch eine Reihe von Systemproblemen verursachen. Hier erfahren Sie, wie diese zu lösen sind.

Firewall lässt sich nicht konfigurieren. XP gibt Ihnen Kontrolle über die Nutzung der Windows-Firewall. Sie können beispielsweise bestimmte Programme und Dienste durchlassen oder die Firewall sogar ganz abschalten.

Um die Firewall zu konfigurieren, rufen Sie im Systembereich der Taskleiste das Sicherheitscenter auf und klicken dann auf das Windows-Firewall-Symbol unten im Bildschirm. Dann erscheint das Windows-Firewall-Dialogfeld von Abbildung 12-11.

Abbildung 12-11: In dem Windows-Firewall-Dialogfeld können Sie die Firewall konfigurieren

 Wenn in Ihrem Systembereich kein Sicherheitscenter zu finden ist, können Sie es auch in der Systemsteuerung aufrufen und dann auf das Windows-Firewall-Symbol unten im Bildschirm klicken.

Doch unter Umständen stellen Sie fest, dass manche oder sogar alle Optionen der Registerkarte ausgegraut sind. Warum das?

Wahrscheinlich sind Sie nicht als Administrator angemeldet. Melden Sie sich ab und dann als Administrator wieder an, und schon ist das Problem gelöst.

Windows-Firewall blockiert Programme oder Dienste. Sie haben gerade SP2 installiert und sind bereit, mit einem Freund zu chatten und Ihre Erfahrungen weiterzugeben. Also starten Sie den AOL Instant Messenger – aber niemand kann Ihnen eine Nachricht schicken. Was ist geschehen?

Es ist nichts Schlimmes passiert. Die Windows-Firewall tut nur ihre Arbeit: Sie blockiert eingehende Verbindungen, die nicht von Ihnen angefordert wurden, und dazu zählen auch die AOL Instant Messenger-Nachrichten. Sie werden also am Eintreffen gehindert.

Dieses Problem beheben Sie, indem Sie in der Firewall den AOL Instant Messenger als Ausnahme definieren und sie dadurch anweisen, ihn durchzulassen. Für andere Programme ist es eventuell erforderlich, bestimmte Ports in der Windows-Firewall zu öffnen. Wie Sie solche Ausnahmen einrichten und Ports öffnen, erfahren Sie in »Ein Weg durch die Firewall« [Hack #80] und »Offene Ports schließen und Protokolle blockieren« [Hack #81].

Die Windows-Firewall ist dafür bekannt, dass sie bei zig Programmen und Spielen Probleme verursacht, insbesondere durch das Blockieren der Ports. Nicht immer ist klar, welche Ports Sie öffnen müssen, damit die betreffenden Programme wieder funktionieren. Microsoft hat eine lange Liste von Programmen, die Probleme mit der Windows-Firewall haben, und auf dieser Liste erfahren Sie auch, welche Ports Sie öffnen müssen, damit das Programm wieder funktioniert. Genaueres erfahren Sie unter *http://support.microsoft. com/default.aspx?kbid=842242.*

Warnhinweise wegen Virenscannern abschalten

Viele Nutzer ärgern sich beim SP2 am meisten über seine offensichtliche Inkompatibilität mit Norton Antivirus und anderen Virenscannern und Firewalls. Obwohl Norton Antivirus eingeschaltet ist, warnt das Sicherheitscenter von SP2 jedes Mal, wenn man den Computer startet, vor Gefahren, da kein Virenscanner aktiviert sei. So entsteht der Eindruck, dass Norton Antivirus nicht mehr läuft.

In Wirklichkeit läuft er aber sehr wohl, nur SP2 erkennt ihn nicht. Zum Glück lässt sich das leicht beheben: Führen Sie das Live Update von Norton Antivirus aus. Dann lädt Norton einen Patch herunter, der SP2 mitteilt, dass eine Antivirensoftware läuft, und die Warnungen gehören der Vergangenheit an. Um das Live Update für Norton Antivirus auszuführen, setzen Sie einen Doppelklick auf das Antivirus-Symbol im Systembereich, klicken auf LIVE UPDATE und befolgen die Update-Anleitung.

Wenn Sie einen anderen Virenscanner oder eine Firewall benutzen, schauen Sie auf der Website des Herstellers nach, ob ähnliche Patches vorhanden sind. Wenn nicht, müssen Sie dem SP2-Sicherheitscenter klar machen, dass es keine Warnungen mehr einblenden soll: Wählen Sie in der Systemsteuerung das Sicherheitscenter an und klicken Sie links im Bildschirm auf WARNUNGSEINSTELLUNGEN DES SICHERHEITSCENTERS ÄNDERN. Dann entfernen Sie die Häkchen aus den Kontrollkästchen FIREWALL und VIRENSCHUTZ, wie in Abbildung 12-12 gezeigt.

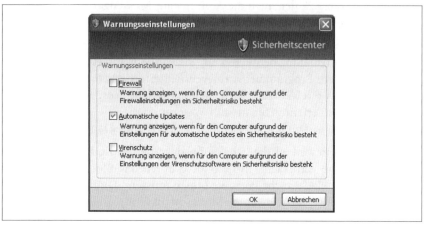

Abbildung 12-12: Sicherheitswarnungen abschalten

Wenn Sie jetzt auf OK klicken, belästigt SP2 Sie in Zukunft nicht mehr mit überflüssigen Sicherheitswarnungen.

SP2 deinstallieren

Als letzte Möglichkeit bleibt Ihnen immer noch die Deinstallation von SP2. Das funktioniert genau wie bei jedem anderen Programm auch über die Auswahl SOFTWARE in der Systemsteuerung. Scrollen Sie die Liste der Programme durch, bis Sie den Eintrag WINDOWS XP SERVICE PACK 2 finden. Markieren Sie ihn wie in Abbildung 12-13 und klicken Sie auf ENTFERNEN, um SP2 von Ihrem System zu deinstallieren.

Es besteht jedoch die Möglichkeit, dass SP2 im Bereich SOFTWARE gar nicht auftaucht. Doch keine Sorge: Sie können es dennoch deinstallieren. Microsoft hat einen verborgenen Assistenten, der Ihnen dabei hilft. Geben Sie an der Eingabeaufforderung oder im Feld AUSFÜHREN c:\windows\$NtService-PackUninstall$\spuninst\spuninst.exe ein und drücken Sie auf Enter, um den Windows XP Service Pack 2-Entfernungsassistenten zu starten. Klicken Sie auf WEITER und befolgen Sie die Instruktionen, um SP2 zu deinstallieren.

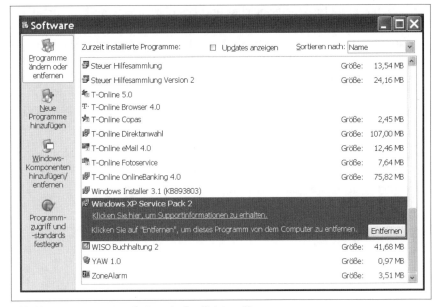

Abbildung 12-13: SP2 einfach und schnell deinstallieren

 Wenn Sie vor der Installation von SP2 einen Wiederherstellungspunkt erstellt haben, können Sie Ihr System mit der Systemwiederherstellung in den alten Zustand zurückversetzen. Das kann jedoch zu einem schlimmen »Aha-Erlebnis« führen: Wenn Sie nach der Installation von SP2 irgendwelche Software aufgespielt oder Systemänderungen vorgenommen haben, wird die Software deinstalliert, und die Änderungen werden rückgängig gemacht. Und Wiederherstellungspunkte sind nicht von Dauer: Unter Umständen bleiben sie Ihrem System nur für wenige Wochen erhalten. Diese Option steht Ihnen somit vielleicht gar nicht zur Verfügung. Viel besser ist es, das SP2 zu deinstallieren, wie es in diesem Hack beschrieben ist.

Siehe auch

- Wenn Sie Probleme mit dem SP2 haben, besuchen Sie die SP2-Support-Site von Microsoft unter *http://support.microsoft.com/windowsxpsp2.*

- Eine Reihe von Programmen haben Konflikte mit SP2. Einzelheiten und Lösungsmöglichkeiten finden Sie unter *http://support.microsoft.com/kb/ 884130.*

- SP2 belegt mehr Arbeitsspeicher und Festplattenplatz als die Vorgänger-versionen von XP. Wenn Sie SP2 oder eine andere Version von XP abspecken möchten, sollten Sie XPlite (*http://www.litepc.com/xplite.html*) ausprobieren. Mit diesem Programm können Sie 120 separate XP-Komponenten entfernen und Ihr Betriebssystem dadurch beträchtlich schlanker machen. Entfernte Komponenten können Sie später auf Wunsch wieder installieren. Das Programm ist Shareware; die Registrierung kostet $ 40.

- »Popups verhindern – mit oder ohne SP2« **[Hack #33]**

- »Computerschutz mit der neuen Windows-Firewall« **[Hack #77]**

- »ZoneAlarm: Die beste kostenlose Firewall« **[Hack #78]**

- »Ein Weg durch die Firewall« **[Hack #80]**

- »Offene Ports schließen und Protokolle blockieren« **[Hack #81]**

KAPITEL DREIZEHN

Hardware
Hacks #115–120

Von der Hardware merkt man nur dann etwas, wenn sie Schwierigkeiten macht. Solange alles nach Plan läuft, spürt man sie nicht, und so soll es auch sein.

Es gibt eine Vielzahl von Möglichkeiten, die Hardware so zu optimieren, dass der Computer schneller läuft, und mit den integrierten Dienstprogrammen von XP lassen sich eventuell auftretende Schwierigkeiten lösen. Dieses Kapitel stellt Hacks vor, mit denen Sie Hardwareprobleme beheben, eine neue Tastaturzuordnung bewerkstelligen, Laptop- und LCD-Bildschirme besser lesbar machen und durch Verbindung zweier PCs ein billiges Netzwerk einrichten können.

HACK 115 Meldungen des Geräte-Managers besser verstehen

Der Geräte-Manager eignet sich großartig zum Beheben von Hardwareproblemen – sofern man seine Fehlermeldungen versteht. In diesem Hack wird beschrieben, wie Sie die kryptischen Meldungen deuten und zum Wohle Ihrer Hardware nutzen können.

Wenn Sie nur genug Hardware auf Ihrem System installieren und deinstallieren, sind Fehlermeldungen und Systemkonflikte Ihr tägliches Brot. XP unterdrückt solche Konflikte zwar viel besser als alle Vorläuferversionen, aber gelegentlich kommen sie dennoch an die Oberfläche.

Der erste Schritt zur Lösung solcher Probleme ist der eingebaute Hardware-Ratgeber von XP. Wählen Sie START → HILFE UND SUPPORT → HARDWARE → BEHEBEN EINES HARDWAREPROBLEMS und klicken Sie dann unter EINEN FEHLER BEHEBEN auf HARDWARE-RATGEBER. Sie gelangen nun zu einer Art Assistent, dessen Anweisungen Sie folgen.

Doch das löst nicht immer den Konflikt. Zum Glück hat XP ein anderes eingebautes Tool zur Lösung von Systemkonflikten: den Geräte-Manager, XPs bestes Allround-Tool für Hardwareprobleme. Geben Sie devmgmt.msc an einer Eingabeaufforderung oder im Feld AUSFÜHREN ein, dadurch bekommen Sie eine Liste aller auf Ihrem System installierten Geräte angezeigt, ähnlich wie in Abbildung 13-1.

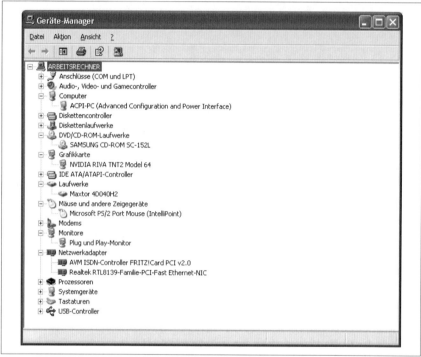

Abbildung 13-1: Der Geräte-Manager zeigt alle auf Ihrem System installierten Geräte an

Wenn Sie Informationen über ein Gerät wünschen, klicken Sie mit der rechten Maustaste darauf und wählen EIGENSCHAFTEN. Dann erscheint ein Eigenschaften-Dialogfeld mit mehreren Registerkarten, wie in Abbildung 13-2 gezeigt. Es liefert Ihnen umfangreiche Informationen über das Gerät sowie eine Schaltfläche zur PROBLEMBEHANDLUNG.

Wenn Sie den Geräte-Manager mit der in Abbildung 13-1 gezeigten Ansicht öffnen, wird neben jedem Gerät, das an einem Systemkonflikt beteiligt ist, ein Symbol angezeigt. Ein gelbes Ausrufezeichen bedeutet, dass das Gerät in einem Konflikt oder sonstigen Schwierigkeiten steckt. Ein rotes »X« heißt, dass das Gerät deaktiviert ist. Ein blaues »i« (als Abkürzung für »Information«) bedeutet, dass die Ressourcenkonfiguration des Geräts über den Geräte-Manager geändert wurde.

Abbildung 13-2: Die Registerkarte ALLGEMEIN des Geräte-Managers

 Das blaue »i« erscheint nur, wenn Sie im Menü ANSICHT des Geräte-Managers die Ansicht RESSOURCEN NACH TYP oder RESSOURCEN NACH VERBINDUNG gewählt haben.

Nur die gelben und roten Symbole weisen auf Probleme hin. Um mehr über die Art des Problems zu erfahren, doppelklicken Sie auf das Gerät neben dem Symbol. Sie erhalten dann im Feld GERÄTESTATUS der Registerkarte ALL-GEMEIN eine Fehlermeldung mit einem Fehlercode (siehe Abbildung 13-2). Eigentlich sollen diese Fehlermeldungen zur Lösung des Problems beitragen, aber leider sind sie bestenfalls kryptisch, und wenn Sie sie gelesen haben, sind Sie nicht schlauer als vorher.

Aber mit dem richtigen Wissen im Hinterkopf können Sie eben doch die Fehlermeldung richtig interpretieren. Die Beschreibungen in Tabelle 13-1 (nach dem MS Knowledge Base-Artikel 125174) sagen Ihnen, wie Sie den Geräte-Manager zur Lösung Ihrer Probleme nutzen können.

Tabelle 13-1: Fehlercodes und -meldungen des Geräte-Managers und mögliche Lösungen

Code	Fehlermeldung	Empfohlene Lösung
1	Das Gerät ist nicht richtig konfiguriert.	Aktualisieren Sie die Treiber, indem Sie auf der Registerkarte TREIBER die Schaltfläche AKTUALISIEREN anklicken und dann den Anweisungen des Hardwareupdate-Assistenten folgen. Sie können auch das Gerät im Geräte-Manager entfernen und dann in der Systemsteuerung den Hardware-Assistenten ausführen.
2	Das Treiberladegerät <typ> für dieses Gerät konnte den Gerätetreiber nicht finden.	Aktualisieren Sie die Treiber, indem Sie auf der Registerkarte TREIBER die Schaltfläche AKTUALISIEREN anklicken und dann den Anweisungen des Hardwareupdate-Assistenten folgen. Sie können auch das Gerät im Geräte-Manager entfernen und dann in der Systemsteuerung den Hardware-Assistenten ausführen.
3	Der Treiber für dieses Gerät ist entweder beschädigt, oder es stehen nicht genügend Arbeitsspeicher oder andere Ressourcen zur Verfügung.	Aktualisieren Sie die Treiber, indem Sie auf der Registerkarte TREIBER die Schaltfläche AKTUALISIEREN anklicken und dann den Anweisungen des Hardwareupdate-Assistenten folgen. Sie können auch das Gerät im Geräte-Manager entfernen und dann in der Systemsteuerung den Hardware-Assistenten ausführen. Zusätzlich können Sie die Arbeitsspeicher- und Systemressourcen überprüfen, indem Sie mit der rechten Maustaste auf ARBEITSPLATZ klicken, EIGENSCHAFTEN → ERWEITERT wählen und dann unter SYSTEMLEISTUNG die Schaltfläche EINSTELLUNGEN anklicken, um Einblick in die Probleme zu erhalten. Eventuell müssen Sie mehr Arbeitsspeicher installieren. Sie können auch auf der Registerkarte ALLGEMEIN des Geräte-Managers die Schaltfläche PROBLEMBEHANDLUNG anklicken, um den Hardware-Ratgeber ausführen zu lassen.
4	Dieses Gerät funktioniert nicht ordnungsgemäß. Eventuell ist einer der Treiber oder die Registrierung beschädigt.	Aktualisieren Sie die Treiber, indem Sie auf der Registerkarte TREIBER die Schaltfläche AKTUALISIEREN anklicken und dann den Anweisungen des Hardwareupdate-Assistenten folgen. Sie können auch das Gerät im Geräte-Manager entfernen und dann in der Systemsteuerung den Hardware-Assistenten ausführen. Wenn beides nicht hilft, besorgen Sie sich vom Hersteller eine neue *.inf*-Treiberdatei.
5	Der Treiber für dieses Gerät erfordert eine Ressource, die Windows nicht verwalten kann.	Aktualisieren Sie die Treiber, indem Sie auf der Registerkarte TREIBER die Schaltfläche AKTUALISIEREN anklicken und dann den Anweisungen des Hardwareupdate-Assistenten folgen. Sie können auch das Gerät im Geräte-Manager entfernen und dann in der Systemsteuerung den Hardware-Assistenten ausführen.

*Tabelle 13-1:   Fehlercodes und -meldungen des Geräte-Managers und
mögliche Lösungen (Fortsetzung)*

Code	Fehlermeldung	Empfohlene Lösung
6	Ein anderes Gerät belegt die Ressourcen, die dieses Gerät benötigt.	Klicken Sie auf der Registerkarte ALLGEMEIN die Schaltfläche PROBLEMBEHANDLUNG an, um den Hardware-Ratgeber zu starten.
7	Die Treiber für dieses Gerät müssen erneut installiert werden.	Klicken Sie auf TREIBER ERNEUT INSTALLIEREN.
8	Mit Code 8 sind viele Fehlermeldungen verbunden.	Klicken Sie auf TREIBER AKTUALISIEREN oder entfernen Sie das Gerät im Geräte-Manager und führen Sie den Hardware-Assistenten in der Systemsteuerung aus.
9	Mit Code 9 sind viele Fehlermeldungen verbunden.	Entfernen Sie das Gerät im Geräte-Manager und führen Sie dann in der Systemsteuerung den Hardware-Assistenten aus. Wenn das nicht funktioniert, besorgen Sie sich vom Hersteller die korrekten Registrierungseinstellungen oder aktuelle Treiber. Eventuell müssen Sie auch das BIOS aktualisieren.
10	Dieses Gerät ist entweder nicht vorhanden, funktioniert nicht ordnungsgemäß, oder es wurden nicht alle Treiber installiert. Zu diesem Code kann je nach Gerät auch eine herstellerspezifische Fehlermeldung kommen.	Prüfen Sie, ob das Gerät an den Computer angeschlossen ist. Wenn das nicht hilft, aktualisieren Sie die Treiber mit Hilfe der Registerkarte TREIBER.
11	Da beim Versuch, dieses Gerät zu starten, Windows nicht mehr reagiert hat, wird kein weiterer Versuch unternommen, das Gerät zu starten.˙	Besorgen Sie sich vom Hersteller aktuelle Treiber.
12	Dieses Gerät findet nicht genug ⟨typ⟩-Ressourcen. Hinweis: ⟨typ⟩ ist ein Ressourcentyp wie etwa IRQ, DMA, Memory oder I/O.	Führen Sie den Hardware-Ratgeber aus.
13	Dieses Gerät ist entweder nicht vorhanden, funktioniert nicht ordnungsgemäß, oder es wurden nicht alle Treiber installiert.	Klicken Sie auf NACH GEÄNDERTER HARDWARE SUCHEN. Oder Sie entfernen das Gerät im Geräte-Manager und führen den Hardware-Assistenten in der Systemsteuerung aus.
14	Dieses Gerät kann erst dann richtig funktionieren, wenn Sie den Computer neu starten.	Starten Sie den Computer neu.
15	Dieses Gerät verursacht einen Ressourcenkonflikt.	Klicken Sie auf der Registerkarte ALLGEMEIN die Schaltfläche PROBLEMBEHANDLUNG an, um den Hardware-Ratgeber zu starten.
16	Windows findet nicht alle von diesem Gerät benötigten Ressourcen.	Klicken Sie auf die Registerkarte RESSOURCEN und geben Sie manuell die Einstellungen ein, die Sie der Herstellerdokumentation entnehmen können.

Tabelle 13-1: Fehlercodes und -meldungen des Geräte-Managers und mögliche Lösungen (Fortsetzung)

Code	Fehlermeldung	Empfohlene Lösung
17	Die Treiberinformationsdatei <name> veranlasst dieses Kindgerät, eine Ressource zu nutzen, die das Elterngerät nicht hat oder erkennt. Hinweise: <name> ist die *.inf*-Datei für das Gerät.	Klicken Sie auf TREIBER AKTUALISIEREN oder entfernen Sie das Gerät im Geräte-Manager und führen Sie den Hardware-Assistenten in der Systemsteuerung aus.
18	Installieren Sie die Treiber für dieses Gerät erneut.	Klicken Sie auf TREIBER ERNEUT INSTALLIEREN.
19	Ihre Registrierung ist möglicherweise beschädigt.	Klicken Sie auf REGISTRIERUNG ÜBERPRÜFEN.
20	Einer der Treiber für dieses Gerät konnte nicht geladen werden.	Klicken Sie auf TREIBER AKTUALISIEREN.
21	Das Gerät wird entfernt.	Warten Sie ein paar Sekunden und aktualisieren Sie dann die Ansicht des Geräte-Managers. Wenn das Gerät wieder auftaucht, starten Sie den Computer neu.
22	Das Gerät wurde deaktiviert.	Klicken Sie auf GERÄT AKTIVIEREN.
22	Das Gerät wurde nicht gestartet.	Klicken Sie auf GERÄT STARTEN.
23	Mit Code 23 können mehrere Fehlermeldungen erscheinen.	Klicken Sie auf EIGENSCHAFTEN oder TREIBER AKTUALISIEREN, je nachdem, welches von beiden angezeigt wird.
24	Dieses Gerät ist entweder nicht vorhanden, funktioniert nicht ordnungsgemäß, oder es wurden nicht alle Treiber installiert.	Klicken Sie auf NACH GEÄNDERTER HARDWARE SUCHEN oder TREIBER AKTUALISIEREN, je nachdem, welches von beiden angezeigt wird.
25	Das Gerät wird eingerichtet.	Starten Sie den Computer neu.
26	Das Gerät wird eingerichtet.	Starten Sie den Computer neu.
27	Die Ressourcen des Geräts können nicht verifiziert werden.	Entfernen Sie das Gerät im Geräte-Manager und starten Sie den Hardware-Assistenten in der Systemsteuerung. Wenn das Gerät dann immer noch nicht funktioniert, besorgen Sie sich aktuelle Treiber oder andere Hilfe vom Hersteller.
28	Die Treiber für dieses Gerät sind nicht installiert.	Klicken Sie auf TREIBER ERNEUT INSTALLIEREN oder entfernen Sie das Gerät im Geräte-Manager und führen Sie den Hardware-Assistenten in der Systemsteuerung aus. Wenn das Gerät dann immer noch nicht funktioniert, besorgen Sie sich aktuelle Treiber vom Hersteller.
29	Dieses Gerät funktioniert nicht ordnungsgemäß, da die steuernde Firmware des Geräts die erforderlichen Ressourcen nicht zur Verfügung stellt.	Schauen Sie in der Dokumentation des Geräts nach, wie sein BIOS aktiviert wird. Wenn das nicht funktioniert, aktivieren Sie das Gerät in den CMOS-Einstellungen Ihres Computers.

Tabelle 13-1: Fehlercodes und -meldungen des Geräte-Managers und mögliche Lösungen (Fortsetzung)

Code	Fehlermeldung	Empfohlene Lösung
30	Dieses Gerät greift auf eine Interruptanforderung (IRQ) zu, die bereits von einem anderen Gerät verwendet wird und nicht freigegeben werden kann. Sie müssen die Einstellung oder die Treibersoftware ändern, die den Konflikt verursacht.	Überprüfen Sie im Geräte-Manager, ob ein anderes Gerät dieselbe IRQ benutzt, und deaktivieren Sie dieses. Wenn Sie kein solches Gerät finden können, suchen Sie nach Treibern, die in einer *Config.sys*- oder *Autoexec.bat*-Datei geladen werden, und deaktivieren diese.
31	Dieses Gerät funktioniert nicht ordnungsgemäß, da Windows die für das Gerät erforderlichen Treiber nicht laden kann.	Klicken Sie auf EIGENSCHAFTEN. Wenn das nicht hilft, entfernen Sie das Gerät im Geräte-Manager und führen den Hardware-Assistenten in der Systemsteuerung aus. Wenn das immer noch nicht hilft, müssen Sie sich aktuelle Treiber oder andere Unterstützung vom Hersteller holen.
32	Die Treiber für dieses Gerät können nicht installiert werden, da Windows keinen Zugriff auf das Laufwerk oder Netzwerk hat, auf dem die Setupdateien gespeichert sind.	Starten Sie den Computer neu.
33	Es konnte nicht ermittelt werden, welche Ressourcen für dieses Gerät erforderlich sind.	Wenden Sie sich an den Hersteller, um das Gerät zu konfigurieren oder zu ersetzen. Sie können es auch mit dem Hardware-Ratgeber versuchen, indem Sie auf der Registerkarte ALLGEMEIN auf PROBLEMBEHANDLUNG klicken.
34	Die Einstellungen für dieses Gerät konnten nicht ermittelt werden. Schauen Sie in die Dokumentation zu diesem Gerät, und stellen Sie auf der Registerkarte RESSOURCEN die Konfiguration ein.	Ändern Sie die Hardwareeinstellungen gemäß den Herstellerangaben und konfigurieren Sie dann das Gerät auf der Registerkarte RESSOURCEN. Sie können es auch mit dem Hardware-Ratgeber versuchen, indem Sie auf der Registerkarte ALLGEMEIN auf PROBLEMBEHANDLUNG klicken.
35	Die Firmware Ihres Computersystems hat nicht genug Informationen, um dieses Gerät ordnungsgemäß konfigurieren zu können. Um es benutzen zu können, müssen Sie beim Computerhersteller ein Update der Firmware oder des BIOS beschaffen.	Klicken Sie auf der Registerkarte ALLGEMEIN die Schaltfläche PROBLEMBEHANDLUNG an, um den Hardware-Ratgeber zu starten. Wenn das nicht hilft, holen Sie sich vom Computerhersteller ein neues oder aktualisiertes BIOS.

Tabelle 13-1: Fehlercodes und -meldungen des Geräte-Managers und mögliche Lösungen (Fortsetzung)

Code	Fehlermeldung	Empfohlene Lösung
36	Das Gerät fordert einen PCI-Interrupt an, wurde aber für einen ISA-Interrupt konfiguriert (oder umgekehrt). Verwenden Sie das Setup-Programm des Computers, um den Interrupt für dieses Gerät neu zu konfigurieren.	Schauen Sie in der Dokumentation Ihres Computers nach, wie die IRQ-Einstellungen im BIOS rekonfiguriert werden. Sie können es auch mit dem Hardware-Ratgeber versuchen, indem Sie auf der Registerkarte ALLGEMEIN auf PROBLEMBEHANDLUNG klicken.
37	Der Gerätetreiber für diese Hardware kann nicht initialisiert werden.	Deinstallieren Sie den Treiber und installieren Sie ihn neu. Sie können es auch mit dem Hardware-Ratgeber versuchen, indem Sie auf der Registerkarte ALLGEMEIN auf PROBLEMBEHANDLUNG klicken.
38	Der Gerätetreiber für diese Hardware kann nicht geladen werden, da eine ältere Instanz des Gerätetreibers noch im Arbeitsspeicher liegt.	Starten Sie den Computer neu. Sie können es auch mit dem Hardware-Ratgeber versuchen, indem Sie auf der Registerkarte ALLGEMEIN auf PROBLEMBEHANDLUNG klicken.
39	Der Gerätetreiber für diese Hardware kann nicht geladen werden. Eventuell ist der Treiber beschädigt oder nicht vorhanden.	Deinstallieren Sie den Treiber und installieren Sie ihn neu. Sie können es auch mit dem Hardware-Ratgeber versuchen, indem Sie auf der Registerkarte ALLGEMEIN auf PROBLEMBEHANDLUNG klicken.
40	Windows kann auf diese Hardware nicht zugreifen, da die Dienstschlüsselinformationen in der Registrierung fehlen oder falsch aufgezeichnet wurden.	Deinstallieren Sie den Treiber und installieren Sie ihn neu. Sie können es auch mit dem Hardware-Ratgeber versuchen, indem Sie auf der Registerkarte ALLGEMEIN auf PROBLEMBEHANDLUNG klicken.
41	Der Treiber für diese Hardware wurde erfolgreich geladen, aber das Gerät konnte nicht gefunden werden.	Deinstallieren Sie den Treiber und installieren Sie ihn neu. Sie können es auch mit dem Hardware-Ratgeber versuchen, indem Sie auf der Registerkarte ALLGEMEIN auf PROBLEMBEHANDLUNG klicken. Wenn sich das Gerät nicht selbst installiert (Plug-and-Play), müssen Sie eventuell den Hardware-Assistenten ausführen. Wählen Sie dazu in der Systemsteuerung LEISTUNG UND WARTUNG → SYSTEM → HARDWARE → HARDWARE-ASSISTENT.
42	Der Treiber für diese Hardware konnte nicht geladen werden, da im System bereits ein zweites Gerät dieses Typs ausgeführt wird.	Starten Sie den Computer neu. Sie können es auch mit dem Hardware-Ratgeber versuchen, indem Sie auf der Registerkarte ALLGEMEIN auf PROBLEMBEHANDLUNG klicken.
43	Das Gerät wurde angehalten, da Probleme auftraten.	Schauen Sie in die Hardwaredokumentation. Sie können es auch mit dem Hardware-Ratgeber versuchen, indem Sie auf der Registerkarte ALLGEMEIN auf PROBLEMBEHANDLUNG klicken.

Tabelle 13-1: Fehlercodes und -meldungen des Geräte-Managers und mögliche Lösungen (Fortsetzung)

Code	Fehlermeldung	Empfohlene Lösung
44	Ein Programm oder Dienst hat dieses Gerät geschlossen.	Starten Sie den Computer neu. Klicken Sie dann auf der Registerkarte ALLGEMEIN die Schaltfläche PROBLEMBEHANDLUNG an, um den Hardware-Ratgeber zu starten.
45	Das Gerät ist gegenwärtig nicht an den Computer angeschlossen.	Schließen Sie das Gerät an den Computer an.
46	Windows kann auf das Gerät nicht zugreifen, da das Betriebssystem herunterfährt.	Keine Reparatur erforderlich; das Gerät müsste nach einem Neustart des Computers wieder funktionieren.
47	Das Gerät kann nicht benutzt werden, da es zur »sicheren Entfernung« vorgesehen ist, aber noch nicht vom Computer entfernt wurde.	Trennen Sie das Gerät vom Computer und schließen Sie es dann wieder an.
48	Die Software für dieses Gerät kann nicht gestartet werden, da sie Probleme mit Windows verursacht. Fragen Sie den Hersteller nach einem neuen Treiber.	Besorgen Sie einen neuen oder aktualisierten Treiber vom Hersteller und installieren Sie ihn.
49	Windows kann keine neuen Geräte starten, da die Systemstruktur zu groß geworden ist (das Größenlimit der Registrierung überschreitet).	Deinstallieren Sie Geräte, die nicht mehr im Gebrauch sind. Um Geräte zu finden, die immer noch Treiber verwenden, obwohl sie gar nicht mehr an den Computer angeschlossen sind, lesen Sie »Verborgene Hardware mit dem Geräte-Manager offen legen« [Hack #116] nach.

Siehe auch

- »Verborgene Hardware mit dem Geräte-Manager offen legen« [Hack #116]

HACK 116 Verborgene Hardware mit dem Geräte-Manager offen legen

Hardwaregeister und andere verborgene Geräte können Systemkonflikte hervorrufen, sind aber im Geräte-Manager nicht zu erkennen. Dieser Hack zwingt den Geräte-Manager, alle verborgenen Geräte anzuzeigen, damit Sie Konflikte beheben können.

Eines der seltsamsten Probleme, auf die Sie in XP stoßen können, sind verborgene so genannte *Geister*-Hardwaregeräte, die zwar unsichtbar sind, aber dennoch Systemkonflikte verursachen können. Im Geräte-Manager [Hack #115] sind solche Geräte nicht zu erkennen. Dieser kann also keine Probleme behandeln, die auf solchen Ursachen beruhen.

Es gibt mehrere Arten dieser verborgenen Geräte: Nicht-Plug-and-Play-Drucker, Treiber und dergleichen. Da die meisten modernen Geräte Plug-and-Play-Geräte sind (Plug-and-Play-Geräte werden in XP automatisch erkannt und konfiguriert), kann dieses Problem nur auftauchen, wenn Sie alte Hardware an Ihrem PC betreiben. In diesen Fällen kann es sein, dass das Gerät zwar physisch präsent ist, aber vom Geräte-Manager nicht angezeigt wird.

Und dann gibt es da noch die so genannten *nicht-präsenten* oder *Geister*-Geräte: Geräte, die Sie zwar von Ihrem System getrennt, aber nicht deinstalliert haben oder deren Deinstallation nicht richtig geklappt hat. Diese Geräte sind zwar physisch nicht mehr vorhanden, aber XP behandelt sie immer noch so, als seien sie es, und weist ihnen Systemressourcen zu. Wenn Sie beispielsweise eine alte Netzwerkkarte ausbauen, ohne sie zu deinstallieren, kann das zu IP- und anderen Konflikten führen, da XP die Karte immer noch für einen Bestandteil des Systems hält.

Auch über USB-Geräte, die Sie nur gelegentlich benutzen und häufig ein- und ausstöpseln, ist der Geräte-Manager oft nicht im Bilde. Dazu gehören beispielsweise MP3-Player, die Sie nur dann an Ihren PC anschließen, wenn Sie MP3-Dateien hinzufügen oder löschen möchten. XP weist solchen Geräten auch dann Ressourcen zu, wenn sie gar nicht angeschlossen sind. Wenn Sie ein USB-Gerät durch ein baugleiches anderes ersetzen, ist es besser, es zu deinstallieren, als einfach nur die Geräte auszutauschen.

Und dann gibt es da noch die Geräte, die Sie auf einen anderen Steckplatz versetzt haben. XP kann annehmen, dass in beiden Steckplätzen ein solches Gerät steckt, und folgerichtig Ressourcen für beide bereithalten.

Eine Anzeige dieser verborgenen Geräte kann bei der Problembehandlung nützlich sein. So kann beispielsweise ein verborgenes Gerät mit einem nicht-verborgenen in Konflikt treten. Außerdem gibt es Fälle, in denen Sie ein verborgenes Gerät deinstallieren müssen, beispielsweise dann, wenn Sie eine Nicht-Plug-and-Play-Netzwerkkarte auf einen anderen Steckplatz verlegt haben und sie nun von dem ersten Steckplatz deinstallieren möchten.

Um dies zu tun, müssen Sie jedoch den Geräte-Manager dazu bringen, dass er Informationen über die Geräte anzeigt. Sonst wissen Sie ja nicht, wie Sie das Problem lösen sollen.

Den Geräte-Manager zur Anzeige von Nicht-Plug-and-Play-Druckern, -Treibern und anderen Geräten zu veranlassen ist ganz einfach. Starten Sie den Geräte-Manager, indem Sie `devmgmt.msc` an einer Eingabeaufforderung eintippen und auf Enter drücken, und wählen Sie dann ANSICHT → AUSGEBLENDETE GERÄTE ANZEIGEN. Schon sind Sie im Bilde.

Die Anzeige von Geistergeräten oder nicht-präsenten Geräten ist etwas schwieriger zu bewerkstelligen. Sie müssen eine systemweite Umgebungsvariable setzen, die den Geräte-Manager zur Darstellung solcher Geräte zwingt. Klicken Sie mit der rechten Maustaste auf ARBEITSPLATZ und wählen Sie EIGENSCHAFTEN → ERWEITERT → UMGEBUNGSVARIABLEN, um das Dialogfeld UMGEBUNGSVARIABLE zu öffnen. Hier können Sie Umgebungsvariablen für das gesamte System oder auch nur für bestimmte Benutzer einstellen. Mit solchen Umgebungsvariablen werden diverse XP-Funktionen gesteuert, beispielsweise der Speicherort Ihres *Windows*-Verzeichnisses und der *TEMP*-Verzeichnisse sowie der Dateiname und der Speicherort des Befehlsprozessors, der gestartet wird, wenn Sie die Eingabeaufforderung aufrufen.

Dieses Dialogfeld hat zwei Felder: BENUTZERVARIABLEN und SYSTEMVARIABLEN. Wenn Sie eine Variable für einen einzelnen Benutzer einstellen möchten, verwenden Sie das erste Feld, wenn Sie sie systemweit einstellen möchten, das zweite Feld. Da Sie in diesem Fall Letzteres anstreben, klicken Sie im Bereich SYSTEMVARIABLEN auf NEU, um das Dialogfeld NEUE SYSTEMVARIABLE aufzurufen. Hier geben Sie als NAME DER VARIABLEN devmgr_show_nonpresent_devices und als WERT DER VARIABLEN 1 ein. Das ausgefüllte Feld wird in Abbildung 13-3 gezeigt. Klicken Sie zweimal auf OK.

Abbildung 13-3: Den Geräte-Manager zur Anzeige von Geistergeräten veranlassen

Nun haben Sie zwar die Systemvariable richtig gesetzt, aber noch zeigt der Geräte-Manager keine Geistergeräte an. Zuerst müssen Sie ihm sagen, das er dies tun soll. Starten Sie den Geräte-Manager, indem Sie devmgmt.msc an einer Eingabeaufforderung oder im Feld AUSFÜHREN eingeben, und wählen Sie ANSICHT → AUSGEBLENDETE GERÄTE ANZEIGEN. Nun werden die Geistergeräte wie in Abbildung 13-4 angezeigt. Es müsste jetzt eine ziemlich lange Liste von Geräten erscheinen, einschließlich einer Menge Nicht-Plug-and-Play-Treiber. Nicht-präsente Geräte werden in der Regel in Grau, vorhandene in Schwarz angezeigt. Gelegentlich werden einzelne Geräte mehrmals aufgeführt.

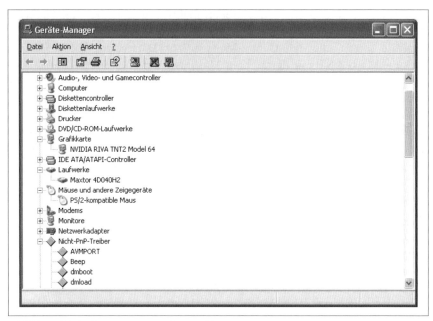

Abbildung 13-4: Geistergeräte im Geräte-Manager anzeigen

Nun können Sie die Probleme, die durch Geistergeräte entstanden sind, mit dem Geräte-Manager beheben, wie in »Meldungen des Geräte-Managers besser verstehen« [Hack #115] beschrieben. Wenn Sie Geistergeräte vorfinden, die Sie nicht mehr benutzen werden, können Sie sie deinstallieren, indem Sie mit der rechten Maustaste auf das Gerät klicken und DEINSTALLIEREN wählen.

Den Hack hacken

Falls Sie im Geräte-Manger nur gelegentlich Geistergeräte anzeigen lassen wollen und auf Ihrem Computer dafür keine neue Umgebungsvariable setzen möchten, können Sie diese Variable auch von Fall zu Fall einsetzen. Soll sie nur für einen einzigen Aufruf des Geräte-Managers gelten, geben Sie an der Eingabeaufforderung set devmgr_show_nonpresent_devices=1 ein und drücken auf Enter. Danach bekommen Sie keinen Prompt als Antwort; die Eingabeaufforderung bleibt leer. Geben Sie jetzt an derselben Eingabeaufforderung start devmgmt.msc ein und drücken Sie abermals auf Enter. Nun wird in einem separaten Fenster der Geräte-Manager gestartet. Lassen Sie ihn nun die Geistergeräte anzeigen, wie oben in diesem Hack beschrieben.

Denken Sie daran, den Geräte-Manager in derselben Instanz der Eingabeaufforderung auszuführen, in die Sie devmgr_show_nonpresent_devices=1 eingegeben haben. Wenn Sie ihn außerhalb dieser Instanz aufrufen, zeigt er die Geistergeräte nicht an.

Fühlen Sie Ihrem PC auf den Zahn und bringen Sie ihn auf Touren

Finden Sie heraus, wie schnell Ihr PC wirklich ist. Schauen Sie hinter die Kulissen, holen Sie Diagnosedaten und lassen Sie sich von Sandra erklären, wie Sie ihn schneller machen können.

Wissen Sie, wie schnell Ihr PC *wirklich* ist? Wie gut mag er sich wohl im Vergleich zu anderen schlagen? Haben Sie irgendeine Ahnung von solchen Nickeligkeiten wie seinem Speicherbanklayout, der aktuellen Bildschirmaktualisierungsrate oder davon, welcher der aktuell laufenden Prozesse am meisten Arbeitsspeicher braucht oder welche Dienste Sie getrost abstellen können [Hack #4]?

Und – wichtiger noch: Wie können Sie diese Informationen dazu nutzen, Ihren PC schneller zu machen?

Mein bevorzugtes Programm für Hardwareanalyse und -tuning, *Sandra* (*http://www.3bsoftware.com*), leistet all dieses und noch mehr. Sandra ist Shareware, und Sie können das Programm 30 Tage kostenlos ausprobieren, doch danach muss *Sandra Pro* für $ 29 erworben werden. Sandra Pro enthält zusätzlich zu den Funktionen von Sandra noch ein halbes Dutzend Analysemodule, beispielsweise für das Netzwerk oder für Schriftarten.

Wer Sandra zum ersten Mal benutzt, ist zunächst von der Vielzahl der Symbole überwältigt: Jedes führt eine andere Diagnose oder einen Benchmarktest durch, wenn man einen Doppelklick darauf ausführt. Führen Sie MEMORY BANDWIDTH BENCHMARK aus, liefert Sandra Ergebnisse wie die in Abbildung 13-5: Das Bild zeigt Leistungsmessungen auf einem meiner PCs. Es ist zu erkennen, dass das Programm die Schnelligkeit des Arbeitsspeichers misst und mit anderen Speicherchipsets vergleicht. Überdies zeigt es das Layout der Speicherbank Ihres Motherboards einschließlich der genauen Speicherkonfiguration jeder Bank – eine wichtige Größe, wenn Sie neuen Speicher hinzufügen möchten. Abbildung 13-5 zeigt mir, dass ich zwei Speicherbänke besitze, jede mit einem 128-MByte-Speicherchip. Für eine eventuelle Aufrüstung bedeutet das, dass ich einen dieser Chips herausnehmen muss und im Grunde nur wegwerfen kann.

Doch Sandra liefert nicht nur Diagnosen, sondern gibt auch Empfehlungen für das Feintuning eines PCs. In diesem Beispiel erkennt es, dass meine Grafikkarte den Hauptspeicher als Bildspeicher nutzt. Da dies die Systemleistung beeinträchtigt, empfiehlt Sandra die Anschaffung einer Grafikkarte mit eigenem RAM als möglichen Weg zu mehr Leistung.

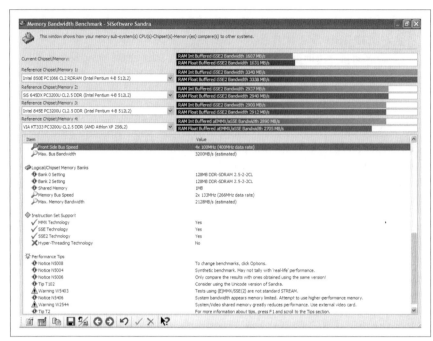

Abbildung 13-5: Test und Diagnose des Arbeitsspeichers auf meinem PC

Am schnellsten bekommen Sie einen Überblick über Ihr System und umfangreiche Tipps für das Feintuning jedes Systembestandteils, wenn Sie den PERFORMANCE TUNE-UP WIZARD ausführen. Er analysiert das gesamte System und gibt Ratschläge für die Verbesserung jeder einzelnen Subkomponente (siehe Abbildung 13-6). Für meinen PC gab er mir ein Dutzend Tipps, darunter, welche Hintergrunddienste ich abschalten kann, wie ich mein Grafiksystem schneller mache und anderes mehr.

Siehe auch

- Fresh Diagnose (*http://www.freshdevices.com*) ist ein freies Diagnose-Tool, das Ihnen umfassende Systeminformationen liefert.

HACK Tastatur neu zuordnen
118
Erschaffen Sie Ihre eigene, persönliche Tastatur, indem Sie die Tastenbelegungen nach Herzenslust neu zuordnen.

Die persönlichen Vorlieben der Benutzer in Bezug auf ihre Tastatur sind äußerst individuell. Schon die einfache Frage, wo die Tasten Alt und Strg liegen sollten, kann hitzige Diskussionen vom Zaun brechen. Wenn auch Sie ganz eigene Vorstellungen davon haben, wie eine Tastatur aussehen sollte,

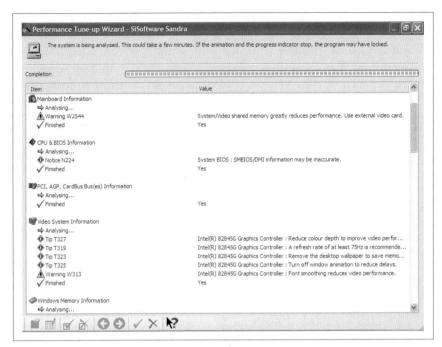

Abbildung 13-6: Sandra liefert für alle Systemkomponenten Tuning-Tipps

können Sie die Tastenbelegungen mit dem Dienstprogramm *TradeKeys* aus dem *PC Magazine* nach Herzenslust ändern. Das Programm ermöglicht die Neuzuordnung wirklich jeder Taste, einschließlich der Tasten mit Sonderfunktionen wie Rechts Strg, Alt Gr und der Windows-Taste.

Ich finde das Programm vor allem für Laptops nützlich. Laptop-Tastaturen sind erschreckend wenig standardisiert, und besonders bei Dell Inspiron macht mich die Tastenzuordnung ganz kirre. Die Windows-Taste liegt beispielsweise nicht unten links, wo sie eigentlich hingehört, sondern verbirgt sich irgendwo oben rechts. Und die Menü-Taste ist nicht unten rechts, wie es sich für jede gute Menü-Taste gehört, sondern ebenfalls in diesem Nirwana oben rechts. Also verwende ich TradeKeys: Die Taste Links Alt wird zur Windows-Taste und die Taste Rechts Strg zur Menütaste umfunktioniert. Na gut, dann habe ich zwar nur noch eine Alt- und eine Strg-Taste übrig, aber diesen Preis zahle ich gern dafür, dass jetzt die Windows- und die Menü-Taste wieder am richtigen Platz sind.

Abbildung 13-7 zeigt, wie einfach es ist, Tasten neu zuzuordnen. Wenn Sie das Programm ausgeführt haben, wählen Sie die zu ändernde Taste aus dem Bereich MAP FROM: und die Taste, die neu belegt werden soll, aus dem Bereich MAP TO:. Um beispielsweise die Taste Links Alt in eine Windows-

Taste umzufunktionieren, wähle ich LEFT ALT in MAP FROM: und LEFT
WINDOW in MAP TO:. Dann klicke ich auf MAP →. Machen Sie so weiter, bis
Sie mit der neuen Tastatur zufrieden sind, und klicken Sie dann auf SAVE.
Die neue Tastenzuordnung ist wirksam, sobald Sie sich ab- und wieder an-
gemeldet haben. Auf einigen Systemen ist dazu ein Neustart erforderlich.

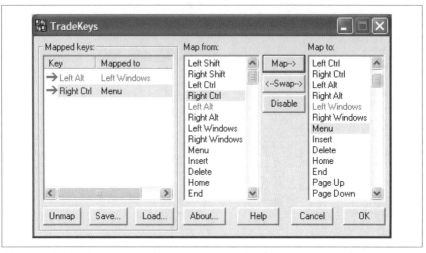

Abbildung 13-7: Tasten neu zuordnen mit TradeKeys

Sie können auch verschiedene Tastaturlayouts entwickeln und je nach Einsatzzweck Ihres Computers benutzen. Einfache Games verwenden beispielsweise Buchstabentasten zur Steuerung von Bewegungen und Aktionen.
Wenn Ihnen andere Tasten wie etwa die größeren Strg- und Alt-Tasten für
diese Zwecke lieber sind, können Sie ein Tastaturlayout für dieses Spiel und
ein anderes für den normalen Gebrauch kreieren. Um eine neue Tastaturbelegung zu erstellen, nehmen Sie zuerst die Zuordnungen vor und wählen
dann SAVE. Geben Sie der Tastatur einen aussagekräftigen Namen. Auf diese
Weise können Sie mehrere Layouts erstellen und später mit LOAD dasjenige
laden, das Sie benutzen möchten.

TradeKeys ist kostenfrei, allerdings nur, wenn Sie einen Jahresbeitrag für
den Zugang zu den Programmen von *PC Magazine* bezahlen. Für Normal-
kunden kostet das $ 19,97 im Jahr, für Abonnenten nur $ 14,97. Gehen Sie
zu *http://www.pcmag.com* und klicken Sie auf DOWNLOADS, um dieses Programm oder andere »kostenlose« Anwendungen herunterzuladen.

119 Bessere Bildschirmauflösung auf dem Laptop mit ClearType

Sie brauchen sich bei Laptops und LCD-Bildschirmen nicht mehr die Augen aus dem Kopf zu stieren. Mit diesem Programm werden auch LCD-Bildschirme leichter lesbar.

Viele Laptop-Benutzer beklagen, dass Text auf LCD-Bildschirmen schwer zu lesen sei. Noch schlimmer wird es dadurch, dass viele Laptops für eine hohe Bildschirmauflösung konzipiert sind (etwa 1.400×1.050 Pixel) und dass solch hohe Auflösungen zu besonders kleinen Schriften führen. Und die Spirale dreht sich weiter, da Laptop-Bildschirme immer größer werden und ihre Auflösung immer höher wird. Auf meinem 15-Zoll-Bildschirm mit seiner Auflösung von 1.400×1.050 Pixeln ist es beinahe unmöglich, Text zu lesen. Doch auch LCD-Bildschirme für den Desktop haben so ihre Probleme.

Mit einem einfachen Hack lässt sich die Lesbarkeit solcher Bildschirme steigern, und zwar mit der ClearType-Technologie, die Microsoft in XP eingebaut hat. Um ClearType zu aktivieren, klicken Sie mit der rechten Maustaste auf den Desktop und wählen EIGENSCHAFTEN → DARSTELLUNG → EFFEKTE, um das Dialogfeld EFFEKTE aufzurufen. Markieren Sie das Kontrollkästchen neben FOLGENDE METHODE ZUM KANTENGLÄTTEN FÜR BILDSCHIRMSCHRIFT-ARTEN VERWENDEN. Aus dem Dropdown-Feld wählen Sie CLEARTYPE und klicken zweimal auf OK. Sie werden staunen, wie anders der Schrifttyp jetzt aussieht.

Sie können ClearType nicht nur bei einem Laptop- oder LCD-Bildschirm, sondern auch für einen normalen PC-Monitor verwenden, aber empfehlen würde ich das nicht. Auf einem normalen Monitor kann es den Text verschwommen darstellen; ich habe schon gehört, dass Nutzer über Kopfschmerzen geklagt haben. Im Selbstversuch habe ich herausgefunden: Es stimmt tatsächlich, man bekommt Kopfschmerzen.

Die ClearType-Basiseinstellungen funktionieren nicht auf alle Systeme gleich gut, aber Sie können das freie Microsoft PowerToy namens ClearType Tuning Control herunterladen, mit dem sich die ClearType-Anzeige auf Ihrem System steuern lässt. Laden Sie das Tool von *http://www.microsoft. com/typography/ClearTypePowerToy.mspx* herunter, installieren Sie es und achten Sie im ersten Bildschirm darauf, dass das Kästchen TURN ON CLEAR-TYPE abgehakt ist. Dann klicken Sie auf START WIZARD.

Sie gelangen so auf eine Seite mit zwei verschiedenen Textbeispielen. Klicken Sie auf den Text, der auf Ihrem System besser aussieht, und dann auf NEXT. Sie gelangen jetzt auf eine Seite, die einen Textblock auf sechs verschiedene Weisen anzeigt. Klicken Sie wieder auf den Text, der am besten aussieht, und dann auf FINISH. Auf der letzten Seite, die sich nun öffnet, wird Text in vier verschiedenen Schriftarten gezeigt. Wenn Sie mit dem Erscheinungsbild zufrieden sind, klicken Sie auf FINISH. Möchten Sie eine andere Einstellung ausprobieren, klicken Sie auf BACK, um wieder auf die Seite mit den sechs verschiedenen Textdarstellungen zu gelangen. Wählen Sie dort einen anderen Textblock aus, klicken Sie abermals auf NEXT und, wenn Sie zufrieden sind, auf FINISH. Andernfalls probieren Sie auf der Seite mit den sechs Textblöcken so lange neue Varianten durch, bis Sie die gefunden haben, die am besten zu Ihrem System passt.

Wenn Sie jetzt ClearType wieder feintunen möchten, wählen Sie SYSTEM-STEUERUNG → DARSTELLUNG UND DESIGNS → CLEARTYPE TUNING, um die ClearType Tuning-Steuerung auszuführen.

> ClearType sieht auf manchen LCD-Bildschirmen offenbar anders aus als auf anderen. Wenn Sie Screenshots machen, um sie zu drucken, sollten Sie das Programm ausschalten, da sein Effekt auf Papier nicht immer gut aussieht.

Den Hack hacken

Wenn Sie ClearType aktivieren, steht es erst zur Verfügung, nachdem Sie sich angemeldet haben. Vorher werden die Schrifttypen nicht mit Clear-Type dargestellt. Mit einem Registrierungs-Hack können Sie das jedoch ändern: Starten Sie den Registrierungs-Editor [Hack #83] und gehen Sie zu HKEY_USERS\.DEFAULT\Control Panel\Desktop. Dort öffnen Sie den Schlüssel FontSmoothingType und ändern seinen Datenwert in 2. (Die Standardeinstellung ist 1 und bedeutet, dass bei den Schriftarten zwar die Kantenglättung, aber kein ClearType aktiviert ist. Der Wert 0 schaltet sowohl die Kantenglättung als auch ClearType aus.) Schließen Sie den Registrierungs-Editor und starten Sie neu.

HACK 120 Netzwerk für Arme mit direkter Kabelverbindung

Mit XP benötigen Sie kein voll ausgerüstetes Netzwerk, um zwei PCs zu verbinden. Hier lesen Sie, wie Sie eine schnelle, billige Verbindung schaffen können, die sich für die gemeinsame Nutzung von Dateien und andere Netzwerkaufgaben prächtig eignet.

Wenn Sie dieses Buch lesen, das ja (wie Sie wissen) *Windows XP Hacks* heißt, dann stehen Ihnen wahrscheinlich andauernd die lieben Freunde und Verwandten auf den Füßen und möchten, dass Sie ihnen helfen. (Und jetzt, nach der Lektüre dieses Buchs, können Sie das sogar!) Sie sind eben der »Computerfreak« und stehen in dem Ruf, alles »besser zu machen«. Das ist ja eine durchaus zutreffende Einschätzung Ihrer brillanten Fähigkeiten. Doch nun wollen wir ein Szenario durchspielen, das Hackern wie uns oft begegnet.

Es ist Sonntagabend, 20.00 Uhr, und Ihr Telefon klingelt. Ihr Nachbar hat die Panik, weil sein Computer verrückt spielt, just nachdem er die gewaltige PowerPoint-Präsentation für die Dienstbesprechung morgen früh fertig hatte. Sie schnappen sich Ihren Laptop und die Tasche mit dem Computerzubehör und gehen nach nebenan.

Sie nehmen vor dem Computer Platz und spielen ein bisschen daran herum. Das Ding hat wirklich Probleme: Der CD-Brenner funktioniert nicht mehr, und das Diskettenlaufwerk ist eher ein Diskettenvernichter. Wie soll der arme Kerl seine Arbeit bloß auf den Bürocomputer bekommen? Er hat noch nicht einmal einen Internetzugang, um die Dateien irgendwohin zu schicken und sie so auf Ihren Computer zu bekommen. Vielleicht ist die Datei aber auch schlicht zu groß, um sie mit einem 28,8-KBit/s-Modem versenden zu können.

Zum Glück haben Sie und Ihr Nachbar beide Windows XP auf dem Computer, und da Sie dieses Buch gelesen haben, haben Sie alles Notwendige zur Hand, um den Abend zu retten. Sie überspielen seine Dateien auf Ihren Laptop, brennen sie auf CD, und voilà. Er bietet Ihnen Geld an, aber Sie lehnen dankend ab; stattdessen merken Sie ihn insgeheim als Helfer vor, wenn Sie das nächste Mal Ihr Klavier verrücken möchten.

Das Credo der Pfadfinder: »Allzeit bereit«

Doch ehe Sie der Held dieser Geschichte werden können, müssen Sie sich das richtige Zubehör besorgen. Wenn Sie nicht alles gleich zur Hand haben, holen Sie das Fehlende aus dem nächsten Computerladen. Drei Kabel können Sie brauchen: ein serielles Kabel, ein paralleles Datenkabel oder ein Ethernet-Kabel. Alle drei sehen Sie in Abbildung 13-8.

Serielle Kabel sind die universellsten: Fast jeder Computer, der in den letzten zehn Jahren gebaut wurde, hat einen seriellen Anschluss. Der Nachteil ist, dass die Übertragungsgeschwindigkeit bei seriellen Kabeln geringer ist als bei parallelen oder Ethernet-Kabeln.

Ein serielles Kabel ist *nicht* dasselbe wie ein serielles Modemkabel. Es sieht zwar genauso aus, aber die Anschlüsse sind unterschiedlich. Für unsere Zwecke benötigen Sie ein Kabel, das an beiden Enden weibliche Anschlüsse hat. Serielle Kabel können an ihren Enden zwei verschiedene Anschlüsse besitzen: DB-9 und DB-25. DB-25 ist älter und hat 25 Pins. Wenn ein Computer einen DB-25-Anschluss hat, ist er wahrscheinlich zu alt für Windows XP. Ich besitze ein serielles Kabel, das an jedem Ende einen DB-9- und einen DB-25-Anschluss besitzt, aber den DB-25-Anschluss habe ich seit Jahren nicht benutzt. Wollen Sie also ein serielles Kabel in Ihre Notfalltasche packen, sollten Sie auf DB-9-Anschlüsse achten.

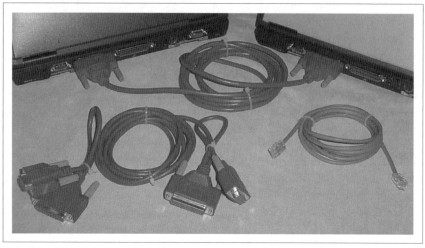

Abbildung 13-8: Serielles Kabel mit DB-9- und DB-25-Anschlüssen (links), Ethernet-Kabel (rechts) und paralleles Datenkabel (hinten)

 Wenn in Ihrem Büro Kabel und ein paar Anschlüsse herumliegen, können Sie ein serielles Kabel auch selbst fertigen. Schließen Sie, beginnend oben links, an jeden Anschluss die gleichen nummerierten Pins an. Eine Ausnahme sind die Pins 2 und 3: Diese müssen über Kreuz angeschlossen werden, so dass Pin 2 des einen Anschlusses zu Pin 3 des anderen geht und umgekehrt.

Ein *paralleles Datenkabel* ermöglicht eine schnellere Datenübertragung als ein serielles, ist aber nicht dasselbe wie ein paralleles Druckerkabel. Sie benötigen ein Kabel mit einem männlichen DB-25-Anschluss an beiden Enden. Oft wird es auch als *LapLink-* oder *FX*-Kabel bezeichnet. LapLink und FX waren kommerzielle Produkte, die früher einmal diese Funktionen ausführten. Seit diese Funktionalität in Windows XP integriert wurde, ist ein Kabel alles, was Sie brauchen.

Ein *Ethernet-Kabel* ist die schnellste und bedienungsfreundlichste Lösung. Es hat den Vorteil, mit allen Windows-Betriebssystemen zu funktionieren und das Schnellste zu sein, was Sie bekommen können. Nachteil ist, dass ältere Computer eventuell keine Ethernet-Karte oder kein TCP/IP haben. Eine Ethernet-Karte ist im Computerfachhandel für wenige Euro erhältlich.

Ein Ethernet-Kabel können Sie bauen, wenn Sie einen RJ45-Crimper und RJ45-Modulstecker besitzen: Verbinden Sie die folgenden Pins mit einem Cat-5-UTP-Kabel: 1-3, 2-6, 3-1 und 6-2. Die anderen Pins sind nicht nötig.

Ein serielles Kabel oder ein Ethernet-Kabel können Sie für wenig Geld im Computerfachhandel erwerben. Das parallele Datenkabel ist etwas schwieriger aufzutreiben, aber eine gute Sache. Doch egal für welche Lösung Sie sich entscheiden, Sie werden nur zwei Computer miteinander verbinden können.

Billig ins Netzwerk mit seriellen oder parallelen Kabeln

Verbinden Sie die beiden Computer mit dem seriellen oder parallelen Kabel. Achten Sie darauf, dass Sie nur gleichartige Ports zusammenstöpseln. Schalten Sie beide Computer ein und melden Sie sich auf beiden an.

Nun entscheiden Sie, welcher Computer der Host und welcher der Gast ist. Der *Host* unterstützt die eingehende Verbindung; der *Gast* ist derjenige, der auf den Remotecomputer zugreift.

Wählen Sie auf dem Hostcomputer SYSTEMSTEUERUNG → NETZWERK- UND INTERNETVERBINDUNGEN → NETZWERKVERBINDUNGEN → NEUE VERBINDUNG ERSTELLEN. Wenn Sie jetzt auf WEITER klicken, gelangen Sie zu einem Bildschirm mit dem Titel ASSISTENT FÜR NEUE VERBINDUNGEN. Wählen Sie das Optionsfeld EINE ERWEITERTE VERBINDUNG EINRICHTEN und klicken Sie auf WEITER. Im nächsten Bildschirm aktivieren Sie das Optionsfeld VERBINDUNG DIREKT MIT ANDEREM COMPUTER HERSTELLEN und klicken abermals auf WEITER. Wenn Sie zwischen HOST ODER GAST wählen müssen, klicken Sie auf HOST und dann auf WEITER. Nun werden Sie gefragt, mit welchem Gerät die Verbindung eingerichtet werden soll. Wenn Sie ein paralleles Kabel verwenden, klicken Sie auf PARALLELANSCHLUSS (DIREKT) (LPT1), wenn Sie ein serielles Kabel verwenden, auf den entsprechenden Kommunikationsanschluss (den, mit dem Sie Ihr serielles Kabel verbunden haben; die Bezeichnung müsste auf dem PC stehen oder ist ansonsten in der Dokumentation zu finden). Klicken Sie wieder auf WEITER. Dann wird das Dialogfeld aus Abbildung 13-9 angezeigt.

In diesem Dialogfeld werden Sie gefragt, welche Benutzer Zugriff auf den Hostcomputer bekommen sollen. Wenn Sie Bedenken bezüglich der Sicherheit des Computers haben, sollten Sie die Benutzer richtig auswählen. Ist gewährleistet, dass der Gastcomputer kein Sicherheitsrisiko darstellt, können Sie einfach den Gast auswählen und auf WEITER klicken. Nun verfügt der Computer über eine Netzwerkverbindung namens EINGEHENDE VERBINDUNGEN.

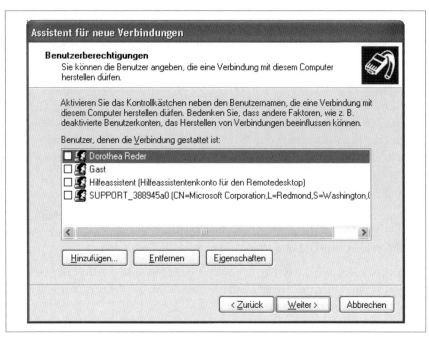

Abbildung 13-9: Der Bildschirm BENUTZERBERECHTIGUNGEN

Sie müssen den Netzwerknamen des Hostcomputers wissen. Wenn Sie ihn
nicht kennen, klicken Sie auf dem Hostcomputer auf ARBEITSPLATZ → EIGEN-
SCHAFTEN → COMPUTERNAME. Neben VOLLSTÄNDIGER COMPUTERNAME steht
der Netzwerkname Ihres Hostcomputers.

Als Nächstes muss auch der Gastcomputer konfiguriert werden. Wählen Sie
wieder SYSTEMSTEUERUNG → NETZWERK- UND INTERNETVERBINDUNGEN →
NETZWERKVERBINDUNGEN → NEUE VERBINDUNG ERSTELLEN → WEITER. Im
Assistenten für neue Verbindungen wählen Sie das Optionsfeld EINE ERWEI-
TERTE VERBINDUNG EINRICHTEN und WEITER. Im nächsten Bildschirm aktivie-
ren Sie das Optionsfeld VERBINDUNG DIREKT MIT ANDEREM COMPUTER
HERSTELLEN und klicken wieder auf WEITER. Bei der Wahl zwischen HOST
ODER GAST klicken Sie dieses Mal jedoch auf GAST und dann auf WEITER.
Wenn Sie nach dem Verbindungsnamen gefragt werden, geben Sie den Netz-
werknamen des Hostcomputers ein. Hat alles geklappt, sehen Sie dann das
Dialogfeld aus Abbildung 13-10. Klicken Sie auf FERTIG STELLEN.

Jetzt haben Sie die beiden Computer physisch und logisch miteinander verbunden. Aktivieren Sie die Verbindung mit einem Doppelklick auf das Verbin-
dungssymbol auf dem Desktop oder im Bereich NETZWERKVERBINDUNGEN
der Systemsteuerung des Gastcomputers. Wenn die Computer einander
erkennen, werden Sie nach Ihrem Benutzernamen und Kennwort gefragt.

Abbildung 13-10: Der Assistent für neue Verbindungen

Haben Sie dem Gast Zugriff auf den Host eingeräumt, brauchen Sie nichts einzugeben, sondern nur auf die Schaltfläche VERBINDEN klicken. Sobald die Verbindung hergestellt ist, zeigt XP auf der Taskleiste eine Meldung wie die in Abbildung 13-11 an.

Abbildung 13-11: Eine neue Verbindung wird gemeldet

Jetzt ist die Netzwerkverbindung hergestellt. Im Fenster NETZWERKUMGE-BUNG können Sie zum Hostcomputer gehen; die Ordnerfreigabe funktioniert genau wie in einem Ethernet-Netzwerk. Wenn Ihre Ordner und Drucker keine Berechtigungen für den Benutzer des Gastcomputers haben, kann dieser keine Dateifreigabe oder Drucker nutzen.

Denken Sie daran, dass dies nur eine Verbindung in eine Richtung ist: Ein Computer ist der Host und der andere der Gast. Diese Rollen sind unumkehrbar, es sei denn, Sie richten eine neue Verbindung ein. Wenn Sie einen Zugriff in beide Richtungen wünschen, in dem nicht ein Computer immer

Host und der andere immer Gast ist, müssen Sie eine Ethernet-Verbindung einrichten.

Billig ins Netzwerk mit einem Ethernet-Kabel

Möchten Sie zwei Computer mit einer schnellen Verbindung zusammenschließen, benötigen Sie das oben bereits erwähnte Ethernet-Kabel. Beide Computer müssen über eine Ethernet-Karte mit den korrekten Treibern und über das TCP/IP-Protokoll verfügen. Ein Vorteil von Ethernet ist, dass es mit allen Windows-Versionen und auch anderen Betriebssystemen funktioniert.

Falls Sie noch keine Ethernet-Karte besitzen: Sie kostet rund 30 Euro. Für die meisten Heimanwendungen reicht eine 10BaseT-Ethernet-Karte völlig aus, doch eine 10/100-Karte, die auch nicht viel teurer ist, kann das Zehnfache an Daten versenden. Es gibt auch so genannte *Gigabit*-Ethernet-Karten, aber diese kosten beträchtlich mehr, und nur wenige Hersteller bieten solche Highend-Lösungen in ihrem Konsumentenbereich an. Meine bevorzugte Ethernet-Karte ist 3Com 3C905BTX. Sie kostet nicht viel, und jedes Betriebssystem kommt mit ihr zurecht. Doch auch DLink DFE530TX und SMC 1244TX sind beliebt und preiswert. Die Installation einer Ethernet-Karte ist mit den Anleitungen des Herstellers nicht schwer, aber wenn Sie Ihrem Computer nicht gern an die Eingeweide gehen, können Sie das auch von einem Techniker erledigen lassen.

Verbinden Sie die beiden Computer mit dem Crossover-Kabel. Wenn auf beiden Geräten die richtigen Treiber installiert sind, erscheint ein grünes oder orangefarbenes Licht neben der Stelle, an der Sie das Kabel eingestöpselt haben. Diese Lichter zeigen an, dass zwischen den Computern eine physische Verbindung besteht und dass sich die beiden Ethernet-Karten gegenseitig erkennen. Leuchten keine Lichter auf, sind entweder die Treiber oder die Kabel nicht richtig installiert, oder die Karte hat schlicht kein Lämpchen. Die wahrscheinlichste Ursache ist die, dass die Treiber nicht richtig installiert sind. Doch ich habe auch festgestellt, dass eines von zehn Kabeln defekt ist.

Sobald die physische Verbindung hergestellt ist, muss das TCP/IP-Protokoll ans Laufen gebracht werden. Gehen Sie in die Systemsteuerung und öffnen Sie die NETZWERKVERBINDUNGEN. (Unter Windows 98 und Windows Me heißt es noch NETZWERK.) Suchen Sie in der dort angezeigten Liste nach Ihrer Verbindung und doppelklicken Sie darauf. Öffnen Sie dann das Element INTERNETPROTOKOLL (TCP/IP). (Unter Windows 98 und Windows Me sind alle Karten und Protokolle im selben Dialogfenster aufgelistet.) Suchen Sie einen Eintrag, der das Wort TCP/IP und daneben den Namen Ihrer Ethernet-Karte anzeigt.

Es gibt viele Möglichkeiten, ein LAN zu konfigurieren, aber das schnellste und einfachste Verfahren besteht darin, zwei Computer mit einem Ethernet-Kabel zu verbinden und die Werte aus Tabelle 13-2 einzusetzen.

Tabelle 13-2: Empfohlene TCP/IP-Einstellungen für eine Ethernet-Verbindung

	Computer 1	Computer 2
IP-Adresse	192.168.1.2	192.168.1.3
Subnetzmaske	255.255.255.0	255.255.255.0
Gateway	192.168.1.1	192.168.1.1
Bevorzugter DNS-Server	frei lassen	frei lassen
Alternativer DNS-Server	frei lassen	frei lassen

Nun werden sich die beiden Computer so verhalten, als gehörten sie zu einem großen Netzwerk mit Routern und allem Drum und Dran. Sie können zwar nicht ins Internet, aber Sie können Dateien und Drucker freigeben. Dieselben Einschränkungen wie hier gelten auch bei anderen Kabellösungen: Für die Benutzer des einen Computers müssen auch auf dem anderen Computer die richtigen Berechtigungen für Dateien und Drucker eingesetzt werden.

Wenn Sie Ihr billiges Netzwerk im Dauerbetrieb lassen möchten, wählen Sie die Ethernet-Lösung. Ethernet hat den Vorteil, die schnellste der drei in diesem Hack vorgestellten Kabelverbindungen zu sein, und gilt generell als *die* Hochgeschwindigkeitsnetzwerklösung schlechthin. Wenn Sie später einen dritten Computer ins Netzwerk aufnehmen oder einen Breitband-Internetzugang einrichten möchten, lässt sich Ethernet am einfachsten in die neue Netzwerkkonfiguration integrieren.

Eric Cloninger

Index

L

LAN-Einstellungen-Dialogfeld, Proxy-
server konfigurieren 366
Laptops
Energiesparmodus ermöglichen 390
(siehe auch Offline-Dateien)
LCD-Bildschirme, Auflösung verbessern
529
Leeren des DNS-Cache 228, 230
Leistung
Dateikompression und 126
Festplattendefragmentierung für PC,
verbessern 414–418
Laden von Ressourcen für deinstal-
lierte Programme 400
System- 479–512
Arbeitsspeicher optimal ausnutzen
484–488
beobachten mit Leistungskonsole
479–483
Festplatte säubern 502–506
Fresh Diagnose-Tool 526
prüfen und steigern 525–527
Registrierungs-Hacks zur Beschleu-
nigung von XP 489–491
Reparatur und Wiederherstellung
mit Wiederherstellungskonsole
491–495
SP2-Upgradeprobleme beheben
506–512
steigern mit Task-Manager
495–502
Windows XP, visuelle Effekte und
480
XPlite 512
verbessern für NTFS (NT-Datei-
system) 130
Website, verbessern mit Caching 179
WLANs 302
prüfen mit QCheck 305–308
Leistungstuning, Assistent 526
Link Logger 314
Linksys-Netzwerke, Signalstärke erhöhen
304
Linksys-Router, dauerhafte Protokolle
231
Linux, einfach auf PC ausführen 81–89

Liste der häufig verwendeten Programme
41–45
LogonStudio-Website 60
Logos, statische und animierte 134
lokale Gateways
automatische Zuordnung von Host-
name zu dynamischer IP-
Adresse, Probleme mit 252
optimieren 230–236
Hub/Router-Einstellungen für
DSL-Zugriff 231
Port-Weiterleitung für bestimmte
Internetdienste 233
Löschen von GIFs (Web-Bugs) 143
LPs (Musikaufnahmen von), Probleme
mit 444
Luna-Design 66

M

Mac
Dock-Funktionalität in XP 63
Entbloess 2-Anwendung und Fenster-
umschaltung 62
Konfabulator 61
PC mit Mac-ähnlichem Startbild-
schirm 57
TigerTabs-Erweiterungspaket 63
Widgets 61
XP mit Mac-ähnlichen Features
61–65
XP mit Tiger-ähnlichem Startbild-
schirm 59
XP-Fenster und -Menüs mit Mac-
Erscheinungsbild 60
Mac OS X Tiger-Website 60
Mac, PC wie Mac funktionieren lassen
57–65
Mail (siehe E-Mail)
MailWasher-Programm 261
main.cpl-Befehl 68
Manifest-Datei, erstellen für ältere
Programme 406
Maus
Aktionen, beschleunigen 30
DoubleClickSpeed (Registrierungs-
wert) 382
Zeiger anpassen 68

Kolophon

Das Werkzeug auf dem Cover von *Windows XP Hacks* ist ein antiker Ventilator. Ventilatoren werden seit 1880 eingesetzt, um Kühlung bei großer Hitze zu verschaffen. Antike Ventilatoren aus der Zeit vor 1900 sind äußerst selten und sehr begehrt bei Sammlern.

Der Umschlagentwurf dieses Buchs basiert auf dem Reihenlayout von Edie Freedman und stammt von Hanna Dyer, die hierfür eine Fotografie von der PhotoSpin Power Photos Nostalgia CD, Band 9, Diskette Nr. 2 verwendet hat. Das Coverlayout der deutschen Ausgabe wurde von Michael Oreal mit InDesign CS unter Verwendung der Schriftarten Helvetica Neue und ITC Garamond von Adobe erstellt. Als Textschrift verwenden wir die Linotype Birka, die Überschriftenschrift ist die Adobe Helvetica Neue Condensed, und die Nichtproportionalschrift für Codes ist LucasFont's TheSans Mono Condensed.

Hacks

BSD Hacks

Dru Lavigne, 494 Seiten, 2005, 32,- €
ISBN 3-89721-399-0

Sind Ihnen die Manpages und all die andere trockene Dokumentation zu BSDb auf Dauer doch etwas zu öde? Suchen Sie praktische Tipps, Tricks und Werkzeuge für echte Power-User und SysAdmins? Mit den 100 BSD Hacks zeigt Ihnen Dru Lavigne, wie Sie Ihre Umgebung konfigurieren, Backups machen, das System sichern und vieles mehr – und wie das Ganze auch noch Spaß macht.

Knoppix Hacks

Kyle Rankin
396 Seiten, inkl. CD-ROM
2005, 29,- €
ISBN 3-89721-404-0

Live-CDs werden immer beliebter als ideale Möglichkeit, um Linux anzutesten, ohne sich mit der Installation herumärgern zu müssen. Knoppix ist solch eine transportable Linux-Distribution und mit seinen Hunderten von unentbehrlichen Programmen und Utilities ein regelrechtes Schweizer Taschenmesser in CD-Form. Die praktische und flexible Distribution läuft »on the fly« trotzdem ist sie vollwertig einsetzbar und es stehen uneingeschränkt alle Features zur Verfügung.

Knoppix Hacks ist sowohl für Linux-Anfänger als auch für erfahrene Benutzer und für Systemadministratoren geeignet und zeigt, wie man die enormen Möglichkeiten der Knoppix-Software effektiv nutzen kann.

Mac OS X Hacks

Rael Dornfest &
Kevin Hemenway
476 Seiten, 2004, 32,- €
ISBN 3-89721-363-X

Mac OS X ist gewissermaßen Ketzerei: ein Macintosh mit einer Kommandozeile! Niemand muss sich mit den vielen neuen Möglichkeiten beschäftigen, die OS X bietet. Wer die Wildkatze aber richtig zähmen möchte, hat mit diesen 100 Hacks die Hilfestellung von Experten. Unix-Gurus zeigen Lösungen für alle die Aufgaben, mit denen man sich auf einem Unix-Desktop beschäftigen kann: Web, Mail und FTP, SSH, Perl und Shell-Scripting, Kompilieren und Konfigurieren, Prozesskontrolle und Netzwerke. Dazu kommen die Kniffe eingefleischter Mac-Profis zu unerlässlicher Software, Hardware, AppleScript, AppleTalk und vielem mehr.

Linux Desktop Hacks

Nicolas Petreley & Jono Bacon
398 Seiten, September 2005, 28,- €
ISBN 3-89721-420-2

Die 100 Hacks des Buchs zeigen, wie Sie die Features und Anwendungsprogramme auf dem Linux-Desktop optimal nutzen und sogar noch erweitern können. Fortgeschrittene Linux-Anwender erhalten viele nützliche Hinweise und Tricks zur Verwaltung des Systems, für automatisierte Abläufe, für Kernel-Aktualisierungen und für die Einbindung neuer Hardware.

Linux Server Hacks

Rob Flickenger
272 Seiten, 2003, 26,- €
ISBN 3-89721-361-3

Diese Sammlung von 100 thematisch sortierten Tricks und Tools hilft, vertrackte Probleme der Linux-Systemadministration zu lösen. Die ersten Hacks befassen sich mit den Grundlagen des Systems und zeigen beispielsweise, wie man den Kernel tunen kann. In anderen Hacks erfährt man, wie man mit CVS oder RCS Dateiänderungen verfolgen kann. Ein weiteres Kapitel behandelt die verschiedenen Möglichkeiten, Backups effizienter zu organisieren. Systemüberwachungstools, sicheren Netzwerklösungen und Webinstallationen mit Apache und MySQL sind nochmals einige Hacks gewidmet.

Netzwerksicherheit Hacks

Andrew Lockhart
320 Seiten, 2004, 28,- €
ISBN 3-89721-384-2

Mit seinen fortgeschrittenen Hacks für Linux-, OpenBSD- und Windows-Server (einschließlich 2003) beschäftigt sich dieses Buch vor allem mit dem Absichern von TCP/IP-basierten Diensten. Daneben bietet es aber auch eine ganze Reihe von raffinierten hostbasierten Sicherheitstechniken. Systemadministratoren, die schnelle Lösungen für Sicherheitsprobleme benötigen, finden hier prägnante Beispiele für Angewandte Verschlüsselung, Intrusion Detection, sicheres Tunneling, Logging, Monitoring und Trending, Incident Response und vieles mehr.

Weitere Hacks-Titel finden Sie unter:
www.oreilly.de/hacks

anfragen@oreilly.de • http://www.oreilly.de • +49 (0)221-97 31 60-0

Windows

Programmieren mit C#, 2. Auflage

Jesse Liberty, 736 Seiten, 2005 , 46,- €
ISBN 3-89721-415-6

Dieses bewährte C#-Tutorial wurde in der Neuauflage komplett überarbeitet und aktualisiert, es deckt jetzt C# 2.0 sowie das .NET-Framework 2.0 und Visual Studio 2005 ab. Das Buch führt erfahrene Programmierer und Web-Entwickler schnell in die Programmierung mit C# ein, wobei der Schwerpunkt auf der Entwicklung von .NET-Applikationen liegt. Neben den Grundlagen der Sprache werden die Entwicklung von Desktop- und Internet-Anwendungen mit ADO.NET, ASP.NET und Windows Forms behandelt. (Deutsche Ausgabe der 4. engl. Auflage)

Windows XP Hacks, 2. Auflage

Preston Gralla, 624 Seiten, 2005, 36,- €
ISBN 3-89721-428-8

Windows XP hat weit mehr als nur ein schönes Äußeres zu bieten. Die 2. Auflage der *Windows XP Hacks* lässt Power User unter die attraktive Oberfläche blicken und verborgene Befehle und Steuerungsmöglichkeiten, ungeahnte Tricks, Kommandozeilen-Zaubereien und vieles mehr entdecken. In der stark überarbeiteten Neuauflage bekommt das Thema Sicherheit deutlich mehr Gewicht: Ein neues Kapitel behandelt ausschließlich Sicherheitsthemen. Weitere neue Hacks befassen sich mit aktuellen Themen wie Popup-Blockern, Firefox, Google Mail, Bluetooth oder iTunes.

Windows Server Kochbuch

Robbie Allen, 750 Seiten, 2005, 48,- €
ISBN 3-89721-429-6

Sie erhalten mit diesem Buch Hunderte von praxiserprobten Rezepten, um Windows 2000 und den Windows Server 2003 zu administrieren. Durch präzise und praxisrelevante Lösungen sorgt das *Windows Server Kochbuch* zuverlässig dafür, dass Sie sich viele Stunden ersparen können, die Sie ansonsten mit der Fehlersuche in Ihrem System zubringen müssten. Mit diesem Buch ist endlich Schluss mit dem zähen, langwierigen Durchforsten diverser Microsoft-Dokumente oder Informationssuche in Internet-Diskussionsforen.

Praxiswissen SharePoint

Jeff Webb, 364 Seiten, 2005, 32,- €
ISBN 3-89721-435-0

Microsoft SharePoint ermöglicht es, unkompliziert und preiswert eine einheitliche Arbeitsumgebung einzurichten, die Mitarbeiter, Teams und Geschäftsprozesse miteinander verbindet. Es bietet Teams Werkzeuge für die gemeinsame Nutzung von Dokumenten, den Informationsaustausch und die Arbeitskoordination. Praxiswissen SharePoint ist ein Leitfaden zu allen Themen rund um SharePoint - von der Installation über die konkrete Nutzung bis hin zur Weiterentwicklung der Software. Das Buch richtet sich an Systemadministratoren und SharePoint-Anwender, aber auch an Entwickler, die die Software an spezielle Anforderungen im Unternehmen anpassen wollen.

Windows-Befehle für XP & Server 2003 - kurz & gut

Æleen Frisch & Helge Klein, 184 Seiten, 2004, 9,90 €
ISBN 3-89721-503-9

Windows-Befehle für XP & Server 2003 – kurz & gut beschreibt alle wesentlichen Befehle der Kommandozeilen von Windows XP und Windows Server 2003 (sowie der älteren Versionen Windows NT 4 und Windows 2000) mit ihren jeweiligen Optionen in knapper aber umfassender Form. Auch die Befehle der zu den jeweiligen Windows-Versionen existierenden Resource Kits und Support Tools sowie die Neuerungen des Service Pack 2 für Windows XP werden mit behandelt. Die Befehle sind thematisch gruppiert und innerhalb der Themenbereiche alphabetisch aufgeführt.

Active Directory, 2. Auflage

Robbie Allen & Alistair G. Lowe-Norris
726 Seiten, 2004, 48,- €
ISBN 3-89721-173-4

Das Active Directory wurde mit dem Release vom Windows Server 2003 um über 100 neue Features erweitert. Die aktualisierte zweite Auflage von *Active Directory* beschreibt diese zahlreichen Änderungen und liefert eine Fülle technischer Details zur Neu-Implementierung des AD für den Windows Server 2003 als auch zur Migration von Windows 2000 zum Windows Server 2003.

Weitere Informationen zu unserem Windows-Programm finden Sie unter:
www.oreilly.de/windows

O'REILLY®

anfragen@oreilly.de · http://www.oreilly.de · +49 (0)221-97 31 60-0

Web

Praktischer Einstieg in MySQL mit PHP

Sascha Kersken
282 Seiten, inkl. CD-Rom, 2005, 24,- €
ISBN 3-89721-403-2

Dieses Buch ist eine Einführung in MySQL für Web-entwickler, die bereits über Web- und PHP-Grund-kenntnisse verfügen und jetzt für ihre Webseiten eine Datenbank einbinden wollen – zum Beispiel, um Informationen oder Produktdaten zu katalogi-sieren oder Kundendaten abzulegen. Dem Buch bei-gelegt sind eine Referenzkarte mit SQL-Befehlen sowie eine CD mit den Dateien des Workshop-Beispiels im Buch und mit Installationsdateien für Apache, MySQL und PHP für Windows und Linux.

PHP 5 – Ein praktischer Einstieg

Ulrich Günther, 282 Seiten, 2004, 19,- €
ISBN 3-89721-278-1

PHP 5 – Ein praktischer Einstieg ist eine beispiel-orientierte PHP-Einführung für all diejenigen, die schon einmal mit HTML zu tun hatten, sich jetzt aber eine dynamische Website wünschen. Das Buch zeigt Ihnen anhand einer fiktiven Fundraising-Website für bedrohte Vögel, wie Sie mit PHP eine leistungsfähige Website Schritt für Schritt aufbauen können. Alle vorgestellten Programme – von Formularen bis zur dynamisch erstellten Grafik – werden eingehend erklärt, so dass auch Einsteiger ohne Programmiererfahrung sie leicht auf ihre eigenen Anwendungen übertragen können. Die 2. Auflage dieses Bestsellers berücksichtigt alle Neuerungen von PHP 5 und zeigt, wie Sie statt MySQL auch PHPs neue Datenbank SQLite einsetzen können.

Einführung in PHP 5

David Sklar, 382 Seiten, 2004, 29,- €
ISBN 3-89721-392-3

Wenn Sie sich auch mit PHP beschäftigen wollen, der technische Programmier-Jargon vieler Bücher Sie aber abschreckt, dann ist dieses Buch die ideale Einführung für Sie. Konzipiert als leicht verständ-liches Tutorial, können Sie mit diesem Buch PHP systematisch und durchaus auch gründlich lernen, um selbst den Code zu schreiben, der Websites erst dynamisch macht. Behandelt werden unter anderem PHP-Sprachgrundlagen, das Arbeiten mit Arrays und Funktionen, Webformulare, die Datenbank-Anbindung, Sessions, XML und Techniken zur Fehlerbehebung. Zahlreiche Übungen mit Lösungen vermitteln Ihnen schnell Erfolgserlebnisse und stellen sicher, dass Sie das gerade Gelernte auch in der Praxis umsetzen können.

Praxiswissen TYPO3

Robert Meyer
Seiten 426, inkl. CD-ROM, 2005, 28,- €
ISBN 3-89721-394-X

TYPO3 ist ein regelrechter Senkrechtstarter unter den Content Management-Systemen und hat sich zu einer echten Alternative zu kommerziellen CM-Systemen entwickelt. Praxiswissen TYPO3 ist eine gut verständliche Einführung in TYPO3, die sich auch an Einsteiger ohne ausgeprägte Programmierkenntnisse wendet. Der Autor erklärt die Zusammenhänge detailliert und praxisorientiert, verwendet Schritt-für-Schritt-Anleitungen und aussagekräftige Beispiele. Er vermittelt damit das nötige Handwerkszeug, um mit TYPO3 Websites einrichten und ausbauen zu können. – Inkl. CD-ROM und TypoScript-Referenzkarte

Flash MX 2004

Sascha Kersken, 334 Seiten, 2004, 22,- €
ISBN 3-89721-277-3

Flash MX 2004 ist eine Flash-Einführung für all diejenigen, die HTML-Grundkenntnisse besitzen und einen schnellen sowie praxisbezogenen Einstieg in Flash suchen. Kurz gefasste und leicht nach-vollziehbare Beschreibungen stellen alle wichtigen Funktionen des Programms vor. Anhand eines durchgehenden Programmier-Beispiels – dem Aufbau eines komplett in Flash erstellten Online-Shops für Musikinstrumente – illustriert der Autor die Anwendungsmöglichkeiten von Flash und die jeweils erläuterten Flash-Techniken. Durch die kompakte Darstellung mit vielen Übersichten und Tabellen bleibt das Buch auch über den schnellen Einstieg hinaus ein wertvolles Nachschlagewerk für die tägliche Arbeit mit dem Programm. Die beiliegende CD enthält eine Trial-Version von Flash MX 2004 und das Material der Beispiel-Website in ihren unterschiedlichen Stadien der Entwicklung.

ActionScript für Flash MX – Die Referenz

Colin Moock, 686 Seiten, 38,- €
ISBN 3-89721-355-9

Der zweite Band – *Die Referenz* – ist als Nachschlage-werk eine wertvolle Ergänzung mit einer Fülle weiterer Beispiele aus der Programmierpraxis. Beschrieben werden alle von ActionScript unterstützten Klassen und Objekte mit ihren Funktionen, Methoden, Eigenschaften und Event-Handlern. Durch die Vielzahl der Praxistips gibt Colin Moock gerade auch in dieser Referenz wertvolle Erfahrungen und Insiderwissen an seine Leser weiter.

O'REILLY®

anfragen@oreilly.de • http://www.oreilly.de • +49 (0)221-97 31 60-0

O'Reillys Taschenbibliothek
kurz & gut

Windows-Befehle mit XP & Server 2003
Æleen Frisch & Helge Klein, 184 Seiten, 2005, 9,90 €, ISBN 3-89721-503-9

Beschreibt alle wesentlichen Befehle der Kommandozeilen von Windows XP und Server 2003 (sowie der Versionen NT 4 und 2000) mit ihren jeweiligen Optionen.

SQL
Hans Bergsten, 88 Seiten, 2002, 8,- €, ISBN 3-89721-239-0

Bietet die wichtigsten Informationen zu SQL in einem kompakten, übersichtlichen Format und deckt die vier am weitesten verbreiteten SQL-Varianten ab: Oracle, IBM DB2, Microsoft SQL Server und MySQL.

Oracle SQL*Plus, 3. Auflage
Jonathan Gennick, 150 Seiten, 2005 9,90 €, ISBN 3-89721-513-6

Bietet eine kompakte Zusammenfassung der Syntax von SQL*Plus sowie eine Referenz zu den SQL*Plus-Befehlen und -Formatelementen.

Unix System-Administration
Æleen Frisch, 156 Seiten, 2003, 9,90 € ISBN 3-89721-250-1

Behandelt alle grundlegenden Befehle zur Unix-Systemadministration, die wichtigsten Konfigurationsdateien sowie plattformspezifische Besonderheiten.

sendmail, 2. Auflage
Bryan Costales, Eric Allman & Kathrin Lichtenberg, 116 Seiten, 2004, 8,- € ISBN 3-89721-502-0

Gibt einen kompakten Überblick über alle wichtigen Befehle, Optionen und Makro-Definitionen. Komplett aktualisiert, behandelt die Version 8.12.

Mac OS X Tiger
Chuck Toporek, 252 Seiten, 2005, 12,- € ISBN 3-89721-514-4

Behandelt ganz kompakt die wichtigsten Systemwerkzeuge, zeigt praktische Tipps für alltägliche Aufgaben und enthält eine Einführung in die meistgenutzten Unix-Befehle.

CSS, 2. Auflage
Eric A. Meyer, 138 Seiten, 2005, 8,90 € ISBN 3-89721-504-7

Kern dieser Ausgabe ist eine vollständige Referenz aller CSS-Eigenschaften, die in den Standards CSS2 und CSS2.1 definiert sind. Darüber hinaus gibt es eine kurze Einführung in die Funktionsweise und grundlegenden Konzepte von Cascading Style Sheets.

HTML, 2. Auflage
Jennifer Niederst, 104 Seiten, 2002, 8,- € ISBN 3-89721-243-9

Diese Referenz bietet einen schnell zugänglichen Überblick über alle HTML-Tags und deren wichtigste Attribute. Berücksichtigt sind HTML 4.01 sowie die Erweiterungen von Netscape und Internet Explorer.

XML, 2. Auflage
R. Eckstein mit M. Casabianca 106 Seiten, 2002, 8,- € ISBN 3-89721-235-8

Dieser Bestseller bietet eine kurze Einführung in Terminologie und Syntax von XML, einen Überblick über seine Elemente und Attribute, über XPath, XPointer, XLink und XSLT.

MySQL
George Reese, 92 Seiten, 2003, 8,- € ISBN 3-89721-257-9

Ein vollständiges Nachschlagewerk zur Syntax aller SQL-Befehle, die von MySQL unterstützt werden. Mit Informationen zu Datentypen, Operatoren und Funktionen des Datenbanksystems.

PHP, 2. Auflage
Rasmus Lerdorf, 144 Seiten, 2003, 8,90 € ISBN 3-89721-251-X

Eine ideale Kurzeinführung in Syntax und Struktur der Skriptsprache sowie eine Schnellreferenz für die Vielzahl der Funktionen.

JavaScript, 2. Auflage
David Flanagan, 136 Seiten, 2003, 8,90 € ISBN 3-89721-253-6

Eine kompakte Referenz aller Objekte, Methoden und Eigenschaften von JavaScript 1.5.

O'REILLY®

anfragen@oreilly.de · http://www.oreilly.de · +49 (0)221-97 31 60-0